[明文 中國正史 大系]

原文 譯註

後漢書(五)

(南朝)宋 范　曄 著
唐 李　賢 註
陶硯　陳起煥 譯註

明文堂

水陸攻戰畵像石(수륙공전 화상석) 탁본 부분
後漢, 가로 203cm, 세로 66cm, 山東省 出土.

狩獵出行畵像塼(수렵출행 모양의 깔개 벽돌)
後漢, 크기 미상.

鳳闕畫像塼(봉황과 집 모양의 깔개 벽돌)
後漢, 가로 44cm, 세로 38cm.

[차례]

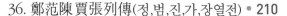

원문 역주

후한서 (五)

32 樊宏陰識列傳
〔번굉, 음식열전〕

❶ 樊宏

原文

樊宏字靡卿, 南陽湖陽人也, 世祖之舅. 其先周仲山甫, 封於樊, 因而氏焉, 爲鄕里著姓. 父重, 字君雲, 世善農稼, 好貨殖. 重性溫厚, 有法度, 三世共財, 子孫朝夕禮敬, 常若公家. 其營理産業, 物無所棄, 課役童隸, 各得其宜, 故能上下戮力, 財利歲倍, 至乃開廣田土三百餘頃. 其所起廬舍, 皆有重堂高閣, 陂渠灌注. 又池魚牧畜, 有求必給. 嘗欲作器物, 先種梓漆, 時人嗤之, 然積以歲月, 皆得其用, 向之笑者咸求假焉. 貲至巨萬, 而賑贍宗族, 恩加鄕閭. 外孫何氏兄弟爭財, 重恥之, 以田二頃解其忿訟. 縣中稱美, 推爲三老. 年八十餘終. 其素所假貸人閒數百萬, 遺令焚削文契.
責家聞者皆慚, 爭往償之, 諸子從敕, 竟不肯受.

| 註釋 | ○樊宏(번굉) 字 靡卿(미경) – 光武帝의 외삼촌. 樊은 울타리 번.
宏은 클 굉. 靡는 쓰러질 미, 화려할 미. ○南陽湖陽人也 – 湖陽은 현명.
今 河南省 南陽市 관할 唐河縣. ○周仲山甫 – 周朝의 卿士, 樊에 봉해졌기
에 樊 穆仲, 또는 樊仲山父로도 기록. ○封於樊 – 樊은 今 陝西省 西安市
서남에 해당. ○父重 – 樊重(번중), 광무제의 외조부. 번중이 딸이 樊嫺都
(번한나)로 광무제의 모친. 南頓縣令 劉欽(유흠)과 결혼하여 長女 劉黃, 次女
劉元, 長男 劉縯(유연), 次男 劉仲, 三男 劉秀, 三女 劉伯姬를 낳았다. ○陂
渠灌注 – 陂渠(피거)는 저수지와 물도랑(水路). 陂는 못 피, 비탈 파. 渠는
도랑 거. 灌注는 물을 대다. ○先種梓漆 – 種은 심다. 梓는 가래나무 재.
漆은 옻 칠. 목제가구의 방부제로 옻칠을 했다. ○時人嗤之 – 嗤 웃을 치.

[國譯]

　　樊宏(번굉)의 字는 靡卿(미경)으로, 南陽郡 湖陽縣 사람으로 世祖
(광무제)의 외삼촌이다. 그 선조는 周의 仲山甫(중산보)로 樊(번)에 봉
해졌기에 그로 성씨를 삼았는데 번씨는 鄕里에서 유명한 성씨였다.
부친 重(중)의 字는 君雲(군운)으로 대대로 농사를 잘 지었고 재산을
잘 증식했다. 번중은 온후한 성격에 절도가 있고 三世가 재물을 공
유하였는데 자손은 조석으로 예법을 지켜 공경하니 집안은 官府처
럼 언제나 엄숙하였다. 번중은 생업을 꾸리면서 버리는 것이 없었으
며 아이나 노비라도 각각 꼭 할 일이 정해졌고 어른이나 아이 모두
최선을 다했기에 재물은 해마다 배로 늘어났으며 땅을 개간하고 넓
혀 3백 여 頃(경)이 되었다. 번중이 지은 집은 여러 채에 높은 누각이

있었으며 저수지와 물도랑을 만들어 농지에 물을 대었다. 또 연못 물고기나 가축을 길러 필요한 것을 자급하였다. 어떤 기물을 만들어야 한다면 필요한 나무와 옻나무를 먼저 심었는데, 이를 보고 사람들이 웃었지만 세월이 지나면 필요한 물자를 얻을 수 있어 비웃던 사람들조차 모두 와서 빌려갔다. 거만의 자산을 모아 일족을 구제하였으며 고향 마을에도 은택을 베풀었나. 외손인 何氏 형제가 재산 싸움을 하자, 번중은 이를 부끄럽게 여겨 2頃의 토지를 내주어 쟁송을 해결하였다. 현에서는 이를 칭송하며 번중을 三老로 천거하였다. 80여 세에 죽었다. 평소에 번중이 남에게 빌려준 돈이 수백만 전이었는데 계약 문건을 모두 태우라고 유언하였다. 이에 빚진 사람 모두가 부끄러워하며 다투어 갚으려 했으나 자식들은 유언에 따라 받지 않았다.

宏少有志行. 王莽末, 義兵起, 劉伯升與族兄賜俱將兵攻湖陽, 城守不下. 賜女弟爲宏妻, 湖陽由是收繫宏妻子, 令出譬伯升, 宏因留不反. 湖陽軍帥欲殺其妻子, 長吏以下共相謂曰, "樊重子父, 禮義恩德行於鄕里, 雖有罪, 且當在後." 會漢兵日盛, 湖陽惶急, 未敢殺之, 遂得免脫.

更始立, 欲以宏爲將, 宏叩頭辭曰, "書生不習兵事." 竟得免歸. 與宗家親屬作營塹自守, 老弱歸之者千餘家. 時赤眉賊掠唐子鄕, 多所殘殺, 欲前攻宏營, 宏遣人持牛酒米穀, 勞遺赤眉. 赤眉長老先聞宏仁厚, 皆稱曰, "樊君素善, 且今見待如此, 何心攻之." 引兵而去, 遂免寇難.

| 註釋 | ○劉伯升 – 광무제의 長兄 劉縯(유연), 伯升은 字. 更始를 옹립하고 경시제의 大司徒였지만 경시제의 시샘과 미움을 받아 광무제가 즉위하기 전, 서기 23년에 처형되었다. 건무 15년(39년)에 齊 武公으로 추존되었다가 다시 武王이라 추존했다. 14권, 〈宗室四王三侯列傳〉 立傳. ○族兄賜 – 劉賜(유사), 安城 孝侯. 光武帝의 族兄(三從兄).

[國譯]

樊宏(번굉)은 젊어 큰 뜻과 덕행이 있었다. 왕망 말에 의병이 일어나자 劉伯升[劉縯(유연)]과 族兄인 劉賜(유사)는 함께 군사를 거느리고 湖陽縣(호양현)을 공격하였는데 성의 수비가 강해 함락시키지 못했다. 유사의 여동생이 번굉의 아내였기에, 호양현에서는 번굉의 처자를 잡아놓고 번굉에게 성을 나가 유백승에게 타이르게 했지만, 번굉은 유백승의 진영에 머무르며 되돌아가지 않았다. 호양현 군사의 장수는 번굉의 처자를 죽이려 했지만 호양 현령이나 관리들은 모두 "樊重(번중) 부자는 마을에서 예의를 지키고 은덕을 베풀었으니 비록 죄가 있더라도 일단은 두고 봐야 합니다." 라고 말했다.

그 무렵 漢兵은 날로 강성해졌는데 호양현에서는 당황하면서 번굉의 처자를 죽이지 않았고 결국 탈출할 수 있었다.

更始帝가 즉위하고 번굉을 장수로 삼으려 하자, 번굉은 고개를 숙여 사양하며 "書生은 兵事를 알지 못합니다." 라고 말했고, 결국 고향으로 돌아왔다. 번굉은 종족과 친속을 모아 군영을 만들고 자체

방어를 했는데 노약자 1천여 명이 귀부하였다. 그때 赤眉(적미) 무리
들이 唐子鄕(당자향)을 노략질하며 많은 사람을 살상하고서 전진하
여 번굉의 군영을 공격하려 했는데, 번굉은 소고기와 술과 곡식을
적미에게 보내주며 위로하였다. 적미의 장로도 전에 번굉이 인자후
덕하다는 말을 들었고 많은 무리가 "樊君(번군)이 평소 선량한데다
가 이번에 이렇듯 우리를 접대하니, 어찌 공격하겠습니까?" 라고 말
하며 군사를 거느리고 떠나갔기에 번굉은 도적의 피해를 면했다.

原文

　世祖卽位, 拜光祿大夫, 位特進, 次三公. 建武五年, 封長
羅侯. 十三年, 封弟丹爲射陽侯, 兄子尋玄鄕侯, 族兄忠更
父侯. 十五年, 定封宏壽張侯.

　十八年, 帝南祠章陵, 過湖陽, 祠重墓, 追爵謚爲壽張敬
侯, 立廟於湖陽, 車駕每南巡, 常幸其墓, 賞賜大會.

| 註釋 | ㅇ世祖卽位 - 서기 25년. ㅇ位特進 - 特進은 列侯나 侯王, 공
덕이 혁혁하거나 공로가 큰 원로 신하에게 내려주는 官位. 三公과 奉朝請
의 아래. 황제가 내리는 은총의 하나. 제후가 봄에 입조하여 황제를 알현
하는 것을 朝, 가을에는 請이라 한다. 三公이나 外戚, 皇室(劉氏)이나 제후
로 朝나 請에 참여할 수 있는 사람을 奉朝請이라 한다. 官職이 아니라서
정원도 없다. ㅇ帝南祠章陵 - 옛 春陵孝侯 劉仁(광무제의 큰 할아버지)이
이주해온 白水鄕을 春陵縣(용릉현)이라 했었다. 광무제는 조부와 부친의
묘를 昌陵이라 했다가 다시 章陵으로 개명하면서 용릉현을 장릉현으로 개

명했다. 章陵縣은 南陽郡의 37개 國, 縣의 하나. 今 湖北省 襄陽市(양양시) 관할 棗陽市(조양시)에 해당. ○壽張侯 - 東平國 壽張縣, 今 山東省 泰安市 관할 東平縣.

[國譯]

世祖(광무제)는 즉위하고서 樊宏(번굉)을 光祿大夫에 임명하였는데 官位는 特進으로 三公 다음이었다. 建武 5년(서기 29년)에, 長羅侯(장라후)에 봉했다. 13년, 번굉의 아우 樊丹(번단)을 射陽侯(사양후), 형의 아들 樊尋(번심)을 玄鄕侯, 族兄인 樊忠(번충)을 更父侯(경보후)에 봉했다. 15년, 번굉을 壽張侯(수장후)로 定封했다.

(建武) 18년, 광무제가 남으로 가서 章陵(장릉)에 제사한 뒤에, 호양현을 지나면서 (외조부인) 樊重(번중)의 묘에 제사를 지내고 壽張敬侯라는 작위와 시호를 다시 올렸으며, 호양현에 묘당을 짓게 하고 황제가 남쪽을 순행할 때마다 언제나 그 묘당에 가서 여러 물건을 하사하고 외가 식구를 만나보았다.

原文

宏爲人謙柔畏愼, 不求苟進. 常戒其子曰, "富貴盈溢, 未有能終者. 吾非不喜榮勢也, 天道惡滿而好謙, 前世貴戚皆明戒也. 保身全己, 豈不樂哉!"

每當朝會, 輒迎期先到, 俯伏待事, 時至乃起.

帝聞之, 常敕驂騎臨朝乃告, 勿令豫到. 宏所上便宜及言得失, 輒手自書寫, 毁削草本. 公朝訪逮, 不敢衆對. 宗族染

其化, 未嘗犯法. 帝甚重之. 及病困, 車駕臨視, 留宿, 問其
所欲言.

　宏頓首自陳, "無功享食大國, 誠恐子孫不能保全厚恩, 令
臣魂神慚負黃泉, 願還壽張, 食小鄉亭." 帝悲傷其言, 而竟
不許.

| 註釋 | ○惡滿而好謙 - 가득 찬 것을 싫어하고 겸양을 좋아하다. '天
道虧盈而益謙, 人道惡盈而好謙.' 이란 말이 있다.

[國譯]
　樊宏(번굉)은 사람이 겸허, 온유하고 조심성이 많았으며 일부러
나서려 하지 않았다. 늘 자식을 훈계하며 "차고 넘치는 富貴를 누리
고도 끝이 좋은 경우는 없다. 나는 영화와 권세를 좋아하지 않으며,
天道도 가득 찬 것을 미워하고 겸양을 좋아한다. 前世의 貴戚(귀척)
의 경우가 다 분명한 훈계이다. 자신의 몸을 온전히 지키는 것만으
로도 어찌 기쁘지 않겠느냐?"라고 말했다.
　번중은 朝會가 있을 때마다 미리 먼저 가서 엎드려 기다리다가
시간이 되면 그때서야 일어났다. 광무제가 듣고서는 수레를 모는 기
사를 보내 미리 도착하지 말라고 늘 말하게 하였다. 번굉은 時務나
정사의 득실에 대하여 상주할 것이 있으면 손으로 직접 썼고 초본은
없애버렸다. 조회에서 여럿에게 하문할 경우에는 여러 사람 앞에서
는 답변하지 않았다. 번굉의 일족도 그런 감화를 받아 법을 어기는
자가 없었다. 광무제는 번굉을 아주 존중하였다. 번굉이 병이 들자,
직접 찾아 문병하고 유숙하며 할 말이 있으면 하게 하였다.

번굉은 고개를 숙이며 "아무 공적도 없이 큰 땅을 식읍으로 받았으니 자손이 후한 은덕을 보전할 수 있을는지 걱정이 되며, 혼령이 황천에서도 부끄러울 것이니 본래 壽張侯(수장후)의 작위를 반환하고 작은 鄕이나 亭을 식읍으로 받고 싶습니다."라고 말했다.

광무제는 그 말에 슬퍼했지만 끝내 허락하지는 않았다.

原文

二十七年, 卒. 遺敕薄葬, 一無所用, 以爲棺柩一臧, 不宜復見, 如有腐敗, 傷孝子之心, 使與夫人同墳異臧. 帝善其令, 以書示百官, 因曰, "今不順壽張侯意, 無以彰其德. 且吾萬歲之後, 欲以爲式." 賻錢千萬, 布萬匹, 諡爲恭侯, 贈以印綬, 車駕親送葬.

子儵嗣. 帝悼宏不已, 復封少子茂爲平望侯. 樊氏侯者凡五國. 明年, 賜儵弟鮪及從昆弟七人合錢五千萬.

| 註釋 | ㅇ(建武) 二十七年 – 서기 51년. ㅇ同墳異臧 – 같은 봉분 안에 별도의 관을 묻다. 臧은 藏과 通. ㅇ萬歲之後 – 황제의 죽음. ㅇ子儵嗣 – 儵는 피라미 조.

[國譯]

(建武) 27년(서기 51)에 樊宏(번굉)이 죽었다. 번굉은 유언으로 薄葬(박장)을 할 것이며 다른 부장품은 필요 없다고 하였다. 관 하나만 묻고 다시 볼 것도 아니나 부패한다면 자식의 마음만 아플 것이라면

서 夫人과 같은 봉분 안에 별도의 관에 묻으라고 하였다. 광무제는 그 말이 옳다고 여기고 글을 써서 백관에게 보여주면서 말했다.

"지금 壽張侯의 뜻을 따르지 못하는 것은 그의 덕을 드러낼 길이 없기 때문이다. 내가 죽은 다음에도 이를 본받고 싶도다."

광무제는 금전 1천만 전과 布 1만 필을 부조하고, 시호는 恭侯(공후)라 했고 인수를 증여했으며 황제가 친히 장례에 임했다. 아들 樊儵(번조)가 작위를 계승하였다. 광무제는 번굉에 대한 애도의 뜻으로 다시 막내아들 樊茂(번무)를 平望侯(평망후)에 봉했다. 樊氏 제후국은 모두 五國이었다. 다음 해에 번조의 아우 樊鮪(번유)와 종형제 7인에게 모두 5천만 전을 하사하였다.

原文

論曰, 昔楚頃襄王問陽陵君曰, "君子之富何如?" 對曰, "假人不德不責, 食人不使不役, 親戚愛之, 衆人善之."

若乃樊重之折契止訟, 其庶幾君子之富乎! 分地以用天道, 實廩以崇禮節, 取諸理化, 則亦可以施於政也. 與夫愛而畏者, 何殊間哉!

註釋

○楚頃襄王 – 재위 前 298 – 263년. ○假人不德不責 – 빌려간 사람이 덕을 입었다고 생각하지 않으면 갚으라고 독촉하지 않다. ○食人不使不役 – (善人에게) 식사를 대접하지만 일을 시키지 않는다. ○其庶幾君子之富乎 – 其는 아마, 추측의 뜻. 庶幾는 거의 ~에 가깝다. ○實廩以崇禮節 – 창고(廩)가 차야 예절을 안다(倉廩實而知禮節).

　　范曄(범엽)의 史論 : 옛날 楚 頃襄王(경양왕)이 陽陵君(양릉군)이란 사람에게 물었다. "어떤 것을 君子의 富라고 하는가?"

　　양릉군이 대답하였다. "빌려간 사람이 덕을 입었다고 생각하지 않으면 채무를 독촉하지 않고, (善人에게) 식사를 대접하지만 일을 시키지 않으며, 친척들이 그 사람을 아껴주고 많은 사람이 그 사람을 착하다고 말해야 합니다."

　　만약 그러하다면 樊重(번중)이 채무를 불사르고 소송을 해결했으니 거의 '君子의 富'가 아니겠는가! 땅을 나눠주어 天道를 실천하고 창고(廩)가 차야 예절을 안다(倉廩實而知禮節)고 하였으니, 이를 취하여 정치와 교화를 해야 한다. 많은 사람들이 사랑하면서도 경외하는데 어찌 다른 말을 하겠는가!

❷ 樊儵

原文

　　儵字長魚, 謹約有父風. 事後母至孝, 及母卒, 哀思過禮, 毀病不自支, 世祖常遣中黃門朝暮送饘粥. 服闋, 就侍中丁恭受《公羊嚴氏春秋》. 建武中, 禁網尙闊, 諸王旣長, 各招引賓客, 以儵外戚, 爭遣致之, 而儵淸靜自保, 無所交結. 及沛王輔事發, 貴戚子弟多見收捕, 儵以不豫得免. 帝崩, 儵爲復土校尉.

| **註釋** | ○樊儵(번조) - 明帝 때 長水校尉 역임. 郊祀禮儀 제정에 참여. 儵는 피라미 조. 민물고기 이름. ○朝暮送饘粥 - 饘은 죽 전. 粥 미음 죽. ○服関 - 복상이 끝나다. 関은 문 닫을 결. ○侍中丁恭受《公羊嚴氏春秋》 - 丁恭은 79권, 〈儒林列傳〉(下)에 立傳.《公羊嚴氏春秋》의 嚴氏는 嚴彭祖. ○及沛王劉輔事發 - 建武 28년의 일. 劉輔(유보)는 광무제의 아들로 폐위된 郭황후의 소생, 건무 27년에 沛王(패왕)에 봉해졌다. 살인 사건에 패왕 유보가 연루되어 詔獄에 갇혔다가 풀려난 일이 있다. 이 사건과 연관되어 제후왕의 빈객을 잡아들였고 많은 사람이 처형되었다. 유보는 학문을 좋아했고 근신하며 검소했다. 章帝 元和 원년(84)에 죽었다. ○復土校尉 - 황제 능에 봉분을 만드는 작업을 주관.

[國譯]

樊儵(번조)의 字는 長魚(장어)인데 謹愼儉約한 부친의 유풍을 지켰다. 後母를 지성으로 섬겼고, 후모가 죽자 지나치게 슬퍼하여 몸을 지탱할 수 없었기에 世祖(광무제)는 늘 中黃門을 보내 아침저녁으로 죽을 보내 주었다. 복상이 끝나자 侍中인 丁恭(정공)에게《公羊嚴氏春秋》를 배웠다. 建武 연간에는 법금이 엄격하지 않아 여러 侯王이 성장하여 각자 빈객을 초치하였는데 번조가 외척이었기에 다투어 초빙하였지만 번조는 淸靜하게 자신을 지켜 교제하는 바가 없었다. 沛王 劉輔(유보)의 사건이 났을 때 貴戚 子弟 여러 명이 잡혀 들어갔지만 번조는 끼지 않았기에 화를 면했다. 광무제가 붕어하자, 번조는 復土校尉가 되었다.

永平元年, 拜長水校尉, 與公卿雜定郊祠禮儀, 以讖記正
《五經》異說. 北海周澤, 瑯邪承宮並海內大儒, 儵皆以爲師
友而致之於朝. 上言郡國擧孝廉, 率取年少能報恩者, 耆宿
大賢多見廢棄, 宜敕郡國簡用良俊. 又議刑辟宜須秋月, 以
順時氣. 顯宗並從之. 二年, 以壽張國益東平王, 徙封儵燕
侯. 其後 廣陵王荊有罪, 帝以至親悼傷之, 詔儵與羽林監南
陽任隗雜理其獄. 事竟, 奏請誅荊. 引見宣明殿, 帝怒曰,
"諸卿以我弟故, 欲誅之, 卽我子, 卿等敢爾邪!"

儵仰而對曰, "天下高帝天下, 非陛下之天下也. 《春秋》之
義. '君親無將, 將而誅焉'. 是以周公誅弟, 季友鴆兄, 經傳
大之. 臣等以荊屬托母弟, 陛下留聖心, 加惻隱, 故敢請耳.
如令陛下子, 臣等專誅而已."

帝嘆息良久. 儵益以此知名. 其後弟鮪爲子賞求 楚王英
女敬鄕公主, 儵聞而止之, 曰,

"建武時, 吾家並受榮寵, 一宗五侯. 時特進一言, 女可以
配王, 男可以尙主, 但以貴寵過盛, 卽爲禍患, 故不爲也. 且
爾一子, 奈何棄之於楚乎?"

鮪不從.

|註釋| ○(明帝) 永平元年 – 서기 58년. ○長水校尉 – 後漢에서는 前
漢 8교위를 개편한 五校尉를 두어 중앙 禁軍을 지휘케 하였는데 질록은 比

2천석으로 고위 무관이다. 屯騎校尉, 越騎校尉, 步兵校尉, 長水校尉, 射聲 校尉를 지칭. 장수교위의 군사는 흉노족으로 선발한 3천여 명. 나머지 교 위 병력은 7백 명. 그 외에 城門校尉(낙양 12개 성문 수비를 담당)가 있었 다. ㅇ儵燕侯 – 燕은 東郡의 현명. ㅇ廣陵王荊有罪 – 明帝 永平 10년, 春 2월, 廣陵王 劉荊(유형)이 죄를 짓고 자살하여 나라를 없앴다. ㅇ雜理其獄 – 그 獄案을 합동으로 심리하다. ㅇ任隗(임외) – 21권, 〈任李萬邳劉耿列 傳〉에 立傳. 任光(임광)의 아들. ㅇ《春秋》之義 –《春秋公羊傳》의 글. ㅇ君 親無將 – 주군의 血親은 반역해서는 안 된다. 將은 弑逆(시역). ㅇ季友鴆 兄 – 魯 莊公의 아들, 鴆은 짐새 짐. ㅇ經傳大之 – 경전에서도 특별한 기 록이다. ㅇ臣等專誅而已 – 專은 奏請하다. ㅇ楚王英女敬鄕公主 – 楚王 劉英이 永平 13년(서기 70) 11월에 모반하자 폐위하여 나라를 없애고 涇 縣(경현)에 옮겼는데, 이와 연관하여 죽거나 이주한 자가 수천 명이었다. ㅇ一宗五侯 – 한 집안에 제후가 5명. ㅇ時特進一言 – 이때 樊宏은 그 지 위가 特進이었다.

[國譯]

  (明帝) 永平 원년, 長水校尉가 되어 다른 公卿과 함께 郊祠(교사) 의 의례를 제정하였고, 讖記(참기)를 바탕으로《五經》의 異說을 바로 잡았다. 北海郡의 周澤(주택), 瑯邪郡(낭야군)의 承宮(승궁) 및 온 나라 의 유명한 유생들을 樊儵(번조)는 모두 師友라 생각하여 조정에 천 거하였다. 그러면서 각 郡國에서는 孝廉을 천거하고, (황제에) 보은 할만한 젊은이를 끌어 모아야 하고, 나이가 많은 大賢들이 대부분 그대로 묻혀버리니, 칙령을 내려 각 군국에서 우량한 인재를 뽑아 등용해야 한다고 건의하였다. 또 형벌의 판결은 가을을 기다려 집행 하며 계절의 氣에 순응해야 한다고 건의했다. 顯宗(明帝)는 건의를

모두 받아들였다. (永平) 2년, 壽張國(수장국)을 東平王에게 합쳐주고 (樊儵는) 燕侯(연후)로 옮겨 봉해졌다.

그 뒤에 廣陵王 劉荊(유형)이 죄를 지었는데 明帝는 친형제라서 몹시 哀傷해 하면서 조서로 번조와 羽林監인 南陽郡 출신 任隗(임외)와 함께 그 獄案을 합동으로 심리하였다. 심리가 끝나 유형의 사형을 주청하였다. (明帝는) 번조를 宣明殿(선명전)으로 불러 만나서 화를 내며 말했다.

"여러분들이 나의 동생이기에 사형하라고 말하는데, 내 아들에게도 경들이 그렇게 하겠는가!"

그러나 번조는 고개를 들고 대답하였다.

"천하는 高帝의 천하이지 폐하의 천하가 아닙니다. 《春秋》의 大義에도 '주군의 친족은 반역해서는 안 되니 반역하면 주살해야 한다.'고 하였습니다. 이 때문에 周公은 동생을 죽였고 (魯 莊公의 아들) 季友(계우)는 형을 독살해야만 했는데, 이를 經傳에서도 특별히 기록했습니다. 저희가 荊(형)이 (폐하) 친모의 동생이라서 폐하께서 聖心으로 살펴 측은히 여기기에 감히 주청하는 것입니다. 만약 폐하의 아들이라고 한다면 臣이 처형이라고 판결만하면 됩니다."

明帝는 한참을 탄식하였다. 번조는 이 때문에 더 이름이 알려졌다. 그 뒤에 동생 樊鮪(번유)가 아들 樊賞(번상)의 혼사로 楚王 劉英(유영)의 딸 敬鄕公主(경향공주)를 맞이하려 하자, 번조는 소식을 듣고 말리면서 말했다.

"建武(先帝) 시절에 우리 가문은 영광과 총애를 누려 한집안에 제후가 5명이나 되었고 그때도 特進인 내 한 마디에 딸들은 제후 왕에게, 아들들은 公主와 결혼할 수 있었지만, 벼슬과 총애가 너무 지나

치면 그것이 재앙이 되기에 그렇게 하지 않았을 뿐이다. 그런데 너의 아들 하나를 왜 楚의 그 먼 곳에 보내려 하느냐?"

그러나 번유는 듣지 않았다.

原文

十年, 儵卒, 賵贈甚厚, 謚曰哀侯. 帝遣小黃門張音問所遺言. 先是河南縣亡失官錢, 典負者坐死及罪徙者甚衆, 遂委責於人, 以償其耗. 鄉部吏司因此爲姦, 儵常疾之.

又野王歲獻甘醪,膏餳, 每輒擾人, 吏以爲利. 儵並欲奏罷之, 疾病未及得上. 音歸, 具以聞, 帝覽之而悲嘆, 敕二郡並令從之.

長子汜嗣, 以次子郴,梵爲郎. 其後楚事發覺, 帝追念儵謹恪, 又聞其止鮪婚事, 故其諸子得不坐焉.

梵字文高, 爲郎二十餘年, 三署服其重懼. 悉推財物二千餘萬與孤兄子,官至大鴻臚.

汜卒, 子時嗣. 時卒, 子建嗣. 建卒, 無子, 國絶. 永寧元年, 鄧太后復封建弟盼. 盼卒, 子尙嗣.

初, 儵刪定《公羊嚴氏春秋》章句, 世號 '樊侯學', 教授門徒前後三千餘人. 弟子潁川李脩,九江夏勤, 皆爲三公. 勤字伯宗, 爲京,宛二縣令, 零陵太守, 所在有理能稱. 安帝時, 位至司徒.

| 註釋 | ○賵贈(봉증) – 賻儀로 하사하는 물품. 賵은 보낼 봉. ○典負者 – 망실 책임자. 典은 주관하다. 負는 亡失하다. ○野王歲獻甘醪,膏餳 – 野王은 河內郡 野王縣, 今 河南省 焦作市 관할 沁陽市(심양시). 甘醪(감료)는 단술. 膏餳(고당)은 엿의 한 종류. 餳은 엿 당. ○楚事發覺 – 楚王 劉永의 반역 음모. ○謹恪(근각) – 행동을 조심하고 직무에 충실함. 恪은 삼갈 각. ○三署服其重懼 – 三署는 光祿勳의 속관 전체를 말함. 五官中郎將(中郎三 將의 우두머리, 질록 比二千石, 황제의 고급 시종관), 左中郎將(궁전 숙위, 질록 比二千石), 右中郎將(중전 전문 숙위, 황제 호위, 질록 比二千石). 각 郡國에서 孝廉으로 추천된 자는 처음에 이 三署의 낭관에 補任, 낭관은 中 郎, 議郎, 侍郎, 郎中으로 구분, 無 定員. ○大鴻臚(대홍려) – 漢 9卿의 하 나. 질록 中二千石. 諸王의 入朝 時 접대와 諸侯의 封爵에 대한 업무, 歸義 하는 蠻夷(만이, 소수민족)와 관련한 업무도 담당. ○刪定(산정) – 서적을 교 정하여 새로 엮다. ○九江夏勤 – 九江은 군명. 夏勤(하근)은 (安帝) 永初 3 년(서기 109)에 司徒가 되었다.

[國譯]

(永平) 10년(서기 67), 樊儵(번조)가 죽었는데 賻儀로 하사품이 매 우 많았고, 시호는 哀侯였다. 명제는 小黃門 張音(장음)을 보내 유언 을 물어보게 하였다. 이보다 앞서 河南縣에서 官錢을 망실한 사건이 있었는데 망실 책임자와 그와 연관하여 죽은 자 및 죄를 지어 강제 이주된 자가 아주 많았으며 책임이 있는 자에게 망실한 금전을 변상 하게 하였다. 이와 연관하여 鄕官의 部吏들이 업무와 관련하여 불법 을 자행하였는데, 번조는 평상시에 이런 조치를 싫어했었다. 또 (河 內郡) 野王縣에서는 해마다 甘醪(감료, 단술)와 膏餳(고당, 엿)을 바쳤 는데 그럴 때마다 백성을 괴롭히고, 관리는 私利를 챙겼다. 번조는

이 두 가지를 상주하여 혁파하려 했지만 병이 들어 상주하지 못했다. 장음이 돌아와 보고하자, 명제는 읽어보며 비탄에 빠져 2개 군에 명하여 필요한 조치를 취하게 하였다.

長子 樊汜(번사)가 (부친 작위를) 계승하였고, 次子인 樊郴(번침)과 樊梵(번범)을 낭관에 임용했다. 그 뒤에 楚王 劉永의 반역이 드러나자 명제는 번조의 조심성과 성실성, 그리고 또 번조가 (동생) 樊鮪(번유)의 (楚王과의) 혼사를 못하게 했다는 말을 추념하였기에 번조의 자식들은 연좌되지 않았다.

樊梵(번범)의 字는 文高(문고)인데 郎官으로 20여 년을 근무하여 三署(삼서)의 관원이 모두 그의 위엄을 두려워하였다. 번범은 그 재물 2천여 만 전을 모두 죽은 형의 아들에게 넘겨주었고, 관직은 大鴻臚(대홍려)에 이르렀다.

樊汜(번사)가 죽자, 아들 樊時(번시)가 계승했다. 번시가 죽자, 아들 樊建(번건)이 계승했다. 번건이 죽자, 아들이 없어 나라가 단절되었다. (安帝) 永寧 元年(서기 120년), 鄧太后는 다시 번건의 아우 樊盼(번반)을 봉했고, 번반이 죽자, 아들 樊尙(번상)이 계승했다.

그전에, 번조가 《公羊嚴氏春秋》章句를 刪定(산정)하였는데, 이를 세상에서는 '樊侯學(번후학)'이라 하였고, 가르친 제자가 전후로 약 3천여 명이나 되었으며, 제자 중 潁川郡(영천군)의 李脩(이수)와 九江郡의 夏勤(하근)은 모두 三公이 되었다. 하근의 字는 伯宗(백종)으로 京縣과 宛縣의 현령을 역임하고 零陵(영릉) 太守가 되었는데 임지에서 치민에 능력 있다는 칭송을 들었다. 安帝 때, 司徒가 되었다.

❸ 樊準

準字幼陵, 宏之族曾孫也. 父瑞, 好黃老言, 清靜少欲. 準
少勵志行, 修儒術, 以先父產業數百萬讓孤兄子. 永元十五
年, 和帝幸南陽, 準爲郡功曹, 召見, 帝器之, 拜郎中, 從車
駕還宮, 特補尙書郎. 鄧太后臨朝, 儒學陵替, 準乃上疏曰,

| 註釋 | ○準 – 樊准(편준)으로도 표기. ○永元十五年 – 서기 103년.
○陵替(능체) – 쇠퇴하다.

[國譯]

樊準(번준)의 字는 幼陵(유릉)으로 樊宏(번굉)의 집안 증손이다. 부
친 樊瑞(번서)는 黃老學을 좋아했고 淸靜한 생활에 욕심이 없었다.
번준은 젊어 큰 뜻을 갖고 수양에 힘썼으며, 유학을 공부했으며 선
친의 유산 수백만 전을 죽은 형의 아들에게 물려주었다. 永元 15년,
和帝가 南陽郡에 행차했을 때 번준은 郡의 功曹였는데, 和帝가 불러
보고 큰 인재로 여겨 郎中을 제수하였으며, 환궁하는 어가를 따라가
서 특별히 尙書郎에 임용되었다. 鄧太后가 臨朝하는 동안 儒學이 쇠
퇴하자, 번준은 곧 上疏하였다.

「臣聞賈誼有言, ‘人君不可以不學’. 故雖大舜聖德, 孳孳

爲善, 成王賢主, 崇明師傅. 及光武皇帝受命中興, 群雄崩擾, 旌旗亂野, 東西誅戰, 不遑啓處, 然猶投戈講藝, 息馬論道.

至孝明皇帝, 兼天地之姿, 用日月之明, 庶政萬機, 無不簡心, 而垂情古典, 遊意經藝, 每饗射禮畢, 正坐自講, 諸儒並聽, 四方欣欣. 雖闕里之化, 矍相之事, 誠不足言. 又多徵名儒, 以充禮官, 如沛國趙孝, 瑯邪承宮等, 或安車結駟, 告歸鄉里. 或豐衣博帶, 從見宗廟. 其餘以經術見優者, 布在廊廟. 故朝多蟠蟠之良, 華首之老. 每宴會, 則論難衎衎, 共求政化. 詳覽群言, 響如振玉. 朝者進而思政, 罷者退而備問. 小大隨化, 雍雍可嘉. 期門羽林介冑之士, 悉通《孝經》. 博士議郎, 一人開門, 徒衆百數. 化自聖躬, 流及蠻荒, 匈奴遣伊秩訾王大車且渠來入就學. 八方肅清, 上下無事. 是以議者每稱盛時, 咸言永平.」

| 註釋 | ○賈誼(가의) - 《漢書》48권, 〈賈誼傳〉에 立傳. ○孳孳(자자) - 새벽부터 열심히 애쓰는 모양. 孜孜(자자)와 同. 孳는 부지런할 자, 낳을 자. ○崇明師傅 - 成王은 召公과 周公을 사부처럼 모셨다. ○闕里(궐리)之化 - 闕里(궐리)는 孔子가 살았던 故里, 山東省 서남부 濟寧市 관할 曲阜市 闕里街. 曲阜는 魯國의 도읍. ○矍相(확상)之事 - 矍相은 지명. 闕里의 서쪽. 공자가 여기서 활쏘기를 했다. 활쏘기(射)는 六藝의 하나이며, 敎養이었다. 矍은 두리번거릴 확. ○安車結駟 - 安車는 앉아서 타는 수레. 結駟는 수레를 4마리의 말이 끌게 하다. ○告歸鄉里 - 告歸는 휴가. ○蟠蟠

之良 – 皤皤는 머리가 흰 모양. 皤는 머리가 센 모양 파. ○華首之老 – 머리가 센 노인. ○論難衎衎 – 衎衎(간간)은 화락한 모양. 衎은 즐길 간. ○雍雍(옹옹) – 부드럽고 온화한 모양. 화락할 옹.   ○期門羽林介冑之士 – 期門(기문)은 광록훈의 속관인 期門郎, 武帝 건원 3년(前 138) 처음 설치. 후한에서도 동일. 羽林(우림)은 羽林郎, 숙위와 시종을 담당. 질록 3백석. 介冑之士는 武人. ○咸言永平 – 전한의 文帝와 景帝, 후한의 明帝의 永平 연간(서기 58 – 75년)을 昇平시대로 꼽는다.

[國譯]

「臣이 알기로, 賈誼(가의)는 '人君은 배우지 않을 수 없다.'고 하였습니다. 그래서 大舜은 聖德을 타고났어도 부지런히 善行을 쌓았고 成王은 賢主이나 師傅를 받들었습니다. 光武 황제께서는 천명을 받아 中興할 때, 群雄이 할거하여 旌旗(정기)가 들을 덮고 동서에서 싸우며 편안할 겨를이 없었지만, 그래도 兵器를 놓고 강론케 하셨고 말에서 내려 治道를 논하게 하셨습니다.

孝明皇帝께서는 뛰어난 자질을 타고 나셔서 日月처럼 명철한 지혜로 온 나라의 정사를 친람하시느라 잠시 한가한 시간도 없었지만 古典에 뜻을 두시고 경전과 학술을 익혔으며, 매번 饗射禮(향사례)를 마치고서는 단정히 앉아 강론하셨으니 모든 유생이 듣고 사방의 백성은 기뻐하였습니다. 비록 공자 闕里(궐리)에서의 교화나 矍相(확상)에서 활쏘기에 조금도 부족하지 않았습니다. 또 많은 名儒를 초빙하여 조정의 禮官으로 충원하니 沛國(패국)의 趙孝(조효)나 瑯邪郡(낭야군)의 承宮(승궁) 등을 4마리 말이 끄는 安車를 보내 초빙하였으며 향리로 휴가를 보내기도 하였습니다. 또 넉넉한 옷에 넓은 띠를 맨 유생이 종묘로 황제를 수행하였습니다. 또 경학에 우수한 자는 조정 곳곳에 근무하였습니다. 그래서 조정에는 머리가 흰 善良이나 흰머리 노인이 많았습니다. 매번 연회를 할 때면 즐겨 화락한 모습으로 正道를 논하거나 교화를 추구하였습니다. 널리 諸家의 학설을 읽고 맑은 옥소리가 들려왔습니다. 조정에 재직하는 자는 바른 정치를 생각했고, 물러난 자는 고문에 응대하였습니다. 그리하여 크고 작은 인재들이 자신의 학문을 닦으면서 온화하게 정사를 보필하였습니다. 뿐만 아니라 期門(기문)이나 羽林(우림)의 武人조차 모두《孝經》에 능통하였습니다. 博士나 議郎 한 사람이 개강을 하면 수백 명 학도가 모여들었습니다. 이렇듯 교화가 황제로부터 이루어져서 만이의 땅까지 널리 전파되었기에 匈奴의 伊秩訾王(이질자왕)인 大車且渠(대거차거)가 들어와 학문을 했습니다. 천하 八方이 청정 평온하였으며 상하 모두가 無事하였습니다. 이러하여 사람들은 盛世를 언급할 때 모두 (明帝의) 永平 연간을 꼽았습니다.」

原文

「今學者蓋少, 遠方尤甚. 博士倚席不講, 儒者競論浮麗, 忘寔寔之忠, 習譀譀之辭. 文吏則去法律而學詆欺, 銳錐刀之鋒, 斷刑辟之重, 德陋俗薄, 以致苛刻. 昔孝文竇后性好黃老, 而清靜之化流景,武之間. 臣愚以爲宜下明詔, 博求幽隱, 發揚巖穴, 寵進儒雅, 有如孝,宮者, 徵詣公車, 以候聖上講習之期. 公卿各擧明經及舊儒子孫, 進其爵位, 使纘其業. 復召郡國書佐, 使讀律令. 如此, 則廷頸者日有所見, 傾耳者月有所聞. 伏願陛下推述先帝進業之道.」

　太后深納其言, 是後屢擧方正, 敦樸, 仁賢之士.

| 註釋 |　○競論浮麗 – 알맹이 없는 浮華(부화)한 논쟁을 하다.　○謇謇
(건건) – 곧은 말을 하는 모양. 謇은 곧을 건, 말 더듬을 건.　○諓諓(전전) –
말을 잘하는 모양. 아첨하는 모양. 천박한 모양.　○詆欺(저기) – 속이다.
기만하다. 詆는 속일 저, 꾸짖을 저.　○進業之道 – 進業之道는 進德修業하
는 도리.

[國譯]

　「지금은 학자가 거의 없고 지방은 더 심합니다. 博士는 자리에 있
지만 講學하지 않고, 유생은 알맹이 없는 浮華(부화)한 논쟁에 골몰
하며 곧은 말을 해야 할 충성심을 망각한 채 아첨하는 글이나 익히
고, 刀筆을 쥔 文吏는 法律을 바로 적용하지 않고 백성을 기만하면
서 칼날을 날카롭게 갈아 무거운 형벌을 적용하며 덕을 베풀 줄도
모르고 저속 천박에 가혹 각박하기만 합니다. 예전 孝文帝의 竇(두)
황후께서는 黃老의 학문을 좋아하시어 청정한 교화가 景帝와 武帝
까지 영향을 끼쳤습니다. 臣의 어리석은 생각이지만 응당 명철한 조
서를 내리시어 숨어있는 隱逸(은일)을 널리 구하고 巖穴(암혈)에 사
는 현자를 천거케 하고, 바른 유생을 믿고 등용하여 趙孝(조효)나 承
宮(승궁) 같은 자를 公車로 불러오며 수시로 聖上께 강론해야 합니
다. 그리고 公卿도 각자 경학에 밝은 자를 천거하고, 옛 유학자의 후
손을 찾아 관직을 수여하며 학업을 연찬할 수 있게 도와야 합니다.
또 郡國의 관리를 불러 律令을 제대로 익혀야 합니다. 이렇게 한다

면 목을 늘려 학문을 하려는 사람과 귀를 기울여 인재를 구하려는
자가 날마다 늘어날 것입니다. 폐하께서 先帝의 進德修業하시던 도
리를 널리 본받아 실천하시길 엎드려 바랍니다.」

太后는 樊準(번준)의 건의를 받아들였고, 이후로 方正하고 돈후질
박하며 어진 인재를 자주 천거케 하였다.

▌原文

準再遷御史中丞. 永初之初, 連年水旱災異, 郡國多被饑
困, 準上疏曰,

「臣聞傳曰, '饑而不損茲曰太, 厥災水.'《春秋穀梁傳》
曰, '五穀不登, 謂之大侵. 大侵之禮, 百官備而不製, 群神
禱而不祠.' 由是言之, 調和陰陽, 實在儉節. 朝廷雖勞心元
元, 事從省約, 而在職之吏, 尚未奉承. 夫建化致理, 由近及
遠, 故《詩》曰, '京師翼翼, 四方是則'. 今可先令太官,尙方,
考功,上林池籞諸官, 實減無事之物, 五府調省中都官吏京
師作者. 如此, 則化及四方, 人勞省息.

伏見被災之郡, 百姓凋殘, 恐非賑給所能勝贍, 雖有其名,
終無其實. 可依征和元年故事, 遣使持節慰安. 尤困乏者,
徙置荊,揚孰郡, 旣省轉運之費, 且令百姓各安其所. 今雖有
西屯之役, 宜先東州之急. 如遣使者與二千石隨事消息, 悉
留富人守其舊士, 轉尤貧者過所衣食, 誠父母之計也. 願以
臣言下公卿平議.」

| 註釋 | ○(安帝) 永初 - 서기 107 - 113년. ○饑而不損茲曰太 - 饑는 흉년 기. 不損은 소비를 줄이지 않다. 茲는 이 자. 이것. 太는 太甚(태심), 너무 심하다. ○厥災水 - 闕은 그 궐. 水는 水害.' ○百官備而不製 - 제도는 있지만 운영하지 않다. 관원을 감원한다는 뜻. ○群神禱而不祠 - 기도만 올리지 제사하지 않다. 제물을 차리지 않는다는 뜻. ○京師翼翼 - 翼翼은 번성한 모양. ○太官,尙方,考功,上林池籞諸官 - 모두 少府의 속관, 太官令은 황제의 식사 담당. 尙方은 도검과 같은 기물을 제작. 考功은 여러 가지 기물 제작 담당. 上林池籞諸官은 상림원의 여러 연못이나 시설관리 담당. ○五府調省中都官吏京師作者 - 太傅, 太尉, 司徒, 司空, 大將軍府. 調는 징발하다. 조정하다. 省은 줄이다. 감원하다. 中都官은 경사의 관리. 作은 일하다. 근무하다. ○凋殘 - 시들고 쇠잔하다. 凋는 시들 조. ○征和元年故事 - 武帝의 연호. 前 92 - 89년. 暴政을 금하고 부세 징발을 중지, 농업장려 등의 조치를 취했다. ○孰郡 - 孰郡은 풍년이 든 郡. 孰은 熟(익을 숙)과 통. ○西屯之役 - 당시 先零(선련) 羌族(강족)의 침입으로 車騎將軍 鄧騭(등즐) 등이 隴西 지역에 出征 중이었다. ○東州 - 冀州와 兗州(연주) 지역.

[國譯]

樊準(번준)은 다시 御史中丞으로 승진하였다. (安帝) 永初 초년에, 매년 수해와 旱害 등 재해가 겹쳐 여러 군국에서 백성이 굶주리자 번준이 상소하였다.

「臣이 알기로는, 경전에 '기근에도 줄이지 않는 것을 太甚(태심)이라 하고, 그 재해는 水害(수해)'라고 하였습니다. 《春秋穀梁傳》에서는 '오곡의 흉년을 大侵(대침)이라 하는데, 대침의 의례로는 百官은 두지만 운영하지 않고(감원한다는 뜻) 여러 神에게는 기도만 올리지 제사하지 않다.' 고 하였습니다. 이를 본다면, 음양의 조화란 사실 節儉입니다. 朝廷에서 백성을 위해 애를 쓴다고 하나 근본은 절약에 있지만, 현직 관리는 진심으로 따르지 않고 있습니다. 교화를 이루고 백성을 다스리기는 가까운 데서 먼 데로 파급되어야 하기에 《詩》에서도 '京師가 번성하니 사방이 본받는다.' 고 하였습니다. 지금 우선 (少府의) 太官, 尙方, 考功令과 上林苑의 관리 담당관에게 명하여 긴요하지 않은 기물을 감축하고, 五府(太傅, 太尉, 司徒, 司空, 大將軍府)의 관리를 조절 감원하며 경사의 中都官을 감원한다면 그 효과는 사방으로 파급되어 백성의 수고도 줄어들 것입니다.

臣이 보건대, 재해를 당한 郡의 백성은 지치고 쇠약하여 나라의 구휼로도 살아갈 수가 없을 정도이나 구휼한다는 명분만 있지 끝내 효과가 없습니다. 옛 (武帝) 征和(정화) 元年과 같은 조치를 취하고 부절을 가진 사자를 보내 백성을 위로해야 합니다. 특히 궁핍한 백성에 대해서는 荊州와 揚州(양주) 관내의 풍년이 든 郡으로 이사시켜 轉運의 비용을 절감하면서, 또 백성으로 하여금 각자 살만한 곳에 안주케 해야 합니다. 지금 서쪽 지역에서 出征 중이지만 응당 東州(冀州, 兗州 지역)의 위급을 먼저 지원해야 합니다. 황제의 사자와 지방관을 보내 상황에 따라 처리하게 하면서 부유한 백성은 그 농토를 지키게 하고, 가난한 백성이 지나가는 곳의 衣食 공급을 마치 부모를 대하듯 구호케 해야 합니다. 신의 이러한 건의를 公卿이 함께 의논하기를 바랍니다.」

太后從之, 悉以公田賦與貧人. 即擢準與議郎呂倉並守光
祿大夫, 準使冀州, 倉使兗州. 準到部, 開倉稟食, 慰安生業,
流人咸得蘇息. 還, 拜鉅鹿太守. 時饑荒之餘, 人庶流迸, 家
戶且盡, 準課督農桑, 廣施方略, 期年間, 穀粟豐賤數十倍.
而趙,魏之郊數爲羌所鈔暴, 準外禦寇虜, 內撫百姓, 郡境以
安.

五年, 轉河內太守. 時羌復屢入郡界, 準輒將兵討逐, 修
理塢壁, 威名大行. 視事三年, 以疾徵, 三轉爲尙書令, 明習
故事, 遂見任用. 元初三年, 代周暢爲光祿勳. 五年, 卒於
官.

| 註釋 | ○(鄧)太后從之 — 和帝의 2번째 황후 鄧綏(등수, 황후로 재위 102
–106년)는 鄧太后로 安帝 즉위 후 16년간 정사를 직접 처리하였다. ○開
倉稟食 — 창고를 열어 백성을 먹이다. 稟은 줄 품(給也). ○鉅鹿 — 治所는
癭陶縣(영도현), 今 河北省 남부 邢臺市 寧晋縣. ○人庶流迸 — 백성이 거의
떠나 흩어지다. 迸은 흩어져 달아날 병. ○修理塢壁 — 塢壁(오벽)은 작은
보루. 塢는 둑 오. ○(安帝) 元初三年 — 116년.

[國譯]

(鄧)太后는 번준의 건의를 받아들여 公田을 빈민에게 모두 대여
케 하였다. 바로 번준과 議郎 呂倉(여창)을 임시 光祿大夫에 임명하
여 번준은 冀州에, 여창은 兗州(연주)에 파견하였다. 번준은 임지에
가서 창고를 열어 백성을 먹이고 위무하며 생업에 종사케 하여 유민

을 모두 소생케 했다. 조정에 돌아와 鉅鹿(거록) 태수가 되었는데, 때가 큰 기근의 끝이라서 백성이 거의 떠나 흩어졌고 家戶도 거의 없었지만 번준은 적절히 농업을 장려하여 여러 조치를 취하자 일 년 만에 풍년이 들어 수십 배나 늘었다. 또 趙와 魏國 지역은 강족에게 자주 노략질을 당했는데, 번준은 밖으로는 적을 막아내면서 안으로 백성을 위무하여 군내가 평안하였다.

5년 재직 후에 河內太守로 전직하였다. 그때 羌族이 여러 번 하내군 지역을 침입하였는데, 번준은 그때마다 군사를 거느리고 토벌하면서 작은 성채를 많이 만들어 그 위엄과 명성을 크게 떨쳤다. 재직 3년에 질병으로 사임한 뒤 3차례 전직하여 尙書令이 되었고 故事에 밝아 중용되었다. (安帝) 元初 3년에, 周暢(주창)의 후임으로 光祿勳이 되었다. 재직 5년에, 재임 중 죽었다.

❹ 陰識

|原文

陰識字次伯, 南陽新野人也, 光烈皇后之前母兄也. 其先出自管仲, 管仲七世孫修, 自齊適楚, 爲陰大夫, 因而氏焉. 秦,漢之際, 始家新野.

及劉伯升起義兵, 識時遊學長安, 聞之, 委業而歸, 率子弟,宗族,賓客千餘人往詣伯升. 伯升乃以識爲校尉. 更始元年, 遷偏將軍, 從攻宛, 別降新野,淯陽,杜衍,冠軍,湖陽. 二年, 更始封識陰德侯, 行大將軍事.

| 註釋 | ○陰識(음식, ?-59년) - 光武帝皇后 陰麗華(음려화)의 이복 오빠.
父 陰陸(음륙), 異母弟로 陰興, 陰訴. 陰就가 있었다. 明帝의 외삼촌. ○新
野 - 현명. 今 河南省 서남부 南陽市 관할 新野縣. 湖北省과 접경. ○劉伯
升 - 劉繽(유연), 光武帝의 長兄. 伯升은 字. ○更始元年 - 서기 23년. ○新
野, 湖陽, 杜衍, 冠軍, 湖陽 - 모두 南陽郡의 縣名.

[國譯]

  陰識(음식)의 字는 次伯(차백)으로 南陽郡 新野縣 사람이다. 光烈
陰皇后의 前母 소생 오빠이다. 그 선조는 管仲의 후손인데, 管仲의
七世孫인 修(수)가 齊에서 楚로 가서 陰(음)의 大夫가 되었기에 陰氏
라 하였다. 秦과 漢의 교체기에 新野縣에 터를 잡았다.

  劉伯升(劉繽, 유연)이 왕망 타도의 義兵을 일으킬 때 음식은 長安에
유학하고 있었는데 소식을 듣고 학업을 중단하고 귀향하여 자제와 종
족, 그리고 빈객 등 1천여 명을 거느리고 유백승에게 가서 합세하였
다. 유백승은 음식을 교위에 임명했다. 更始 원년에, 偏將軍으로 승
진하여 유백승을 따라 宛縣(완현)을 공략했고, 별도로 新野, 湖陽(육
양), 杜衍(두연), 冠軍(관군), 湖陽縣(호양현)을 평정하였다. 경시 2년,
경시제는 음식을 陰德侯에 봉했고 대장군 직무를 겸임케 하였다.

原文

  建武元年, 光武遣使迎陰貴人於新野, 並徵識. 識隨貴人

至, 以爲騎都尉, 更封陰鄕侯. 二年, 以征伐軍功增封, 識叩頭讓曰, "天下初定, 將帥有功者衆, 臣托屬掖廷, 仍加爵邑, 不可以示天下." 帝甚美之, 以爲關都尉, 鎭函谷. 遷侍中, 以母憂辭歸. 十五年, 定封原鹿侯. 及顯宗立爲皇太子, 以識守執金吾, 輔導東宮. 帝每巡郡國, 識常留鎭守京師, 委以禁兵. 入雖極言正議, 及與賓客語, 未嘗及國事. 帝敬重之, 常指識以敕戒貴戚, 激厲左右焉. 識所用掾史皆簡賢者, 如虞廷,傅寬,薛愔等, 多至公卿校尉.

顯宗卽位, 拜爲執金吾, 位特進. 永平二年, 卒, 贈以本官印綬, 諡曰貞侯.

子躬嗣. 躬卒, 子璜嗣. 永初七年, 爲奴所殺, 無子, 國絶. 永寧元年, 鄧太后以璜弟淑紹封. 淑卒, 子鮪嗣.

躬弟子綱女爲和帝皇后, 封綱吳房侯, 位特進, 三子秩,輔, 敞, 皆黃門侍郎. 後坐巫蠱事廢, 綱自殺, 輔下獄死, 軼,敞徙日南. 識弟興.

| 註釋 | ○建武元年 - 서기 25년. ○托屬掖廷 - 원래는 永巷(영항)이라 했는데 무제 때 掖庭(액정)으로 개칭, 비빈이 거처하는 궁궐을 의미. 少府의 산하, 황궁 중 비빈의 거처를 管理하는 기관. 우두머리는 掖庭令, 宦者로 充任. ○關都尉 - 전한 무제 때 설치한 關門都尉이나 建武 9년에 폐지했다가 뒤에 다시 설치했다. 函谷關, 武關, 玉門關, 陽關 등에는 무관인 都尉를 배치하여 관문 방어, 행인 통제, 관세를 징수했다. 그중에서도 함곡관 도위는 특히 중요한 자리였는데, 關名을 쓰지 않은 關都尉는 모두 함곡관

도위로, 大臣의 자제나 황제의 신임이 두터운 자를 엄선하여 배치했다.
○鎭函谷 - 函谷關에 주둔하다. 函谷은 谷名. 函谷關은 今 河南省 三門峽
市 관할 靈寶市 동북. 함곡관은 關東에서 關中에 들어가는 요해지. 동 函
谷關, 남 武關, 서 散關, 북 蕭關(소관)으로 둘러싸인 땅을 關中이라 한다.
○以母憂 - 모친상. ○及顯宗立爲皇太子 - 顯宗은 명제. 陰皇后 소생. 建
武 19년에 태자로 책봉되었다. ○東宮 - 皇太子. ○簡賢者 - 대범하고
현명한 사람. ○永平二年 - 서기 59년. ○(安帝) 永初七年 - 서기 113년.
○(安帝) 永寧元年 - 서기 120년. ○和帝皇后 - 和帝 陰皇后, 황후 재위
96 - 102년. ○徙日南 - 徙는 이사하다. 日南은 交州刺史部 관할 최남단
郡名. 治所는 西卷縣, 今 越南國 중부에 해당.

[國譯]

　建武 원년, 光武帝는 사자를 보내 陰貴人(陰麗華)과 新野縣에서
데려오게 하면서 함께 陰識(음식)도 徵召(징소)하였다. 음식은 음귀
인을 따라와 騎都尉가 되었고, 뒤에 陰鄕侯(음향후)에 봉해졌다. 건
무 2년, 정벌한 군공에 의거 식읍을 늘려주자, 음식은 고개를 숙여
사양하며 말했다. "천하가 겨우 안정되었고 공을 세운 장수가 많이
있는데, 신은 掖廷(액정) 덕분에 작위와 식읍을 더 받는다면 천하에
공정하다고 말할 수 없을 것입니다."

　광무제는 크게 칭찬하면서 음식을 函谷關(함곡관) 도위에 임명하
자 음식은 함곡관에 주둔하였다. 음식은 侍中으로 승진했다가 모친
상을 당해 귀향하였다. 건무 15년, 原鹿侯(원록후)로 확정 봉해졌다.
顯宗(明帝)이 皇太子에 책봉되자, 음식은 執金吾 대리가 되어 東宮
(皇太子)를 輔導(보도)하였다. 광무제가 郡國을 순행할 때마다 음식
을 경사에 남겨 禁軍을 통솔케 하였다. (음식은) 입조해서는 할 말

을 다하며 정론을 폈지만 빈객들과 이야기할 때는 국사를 말하지 않았다. 광무제는 음식을 매우 존중하면서 음식을 가리키며 종친을 훈계하고 측근을 격려하였다. 음식이 등용한 하급 관리들은 모두 대범하면서도 현명하였으니 虞廷(우정), 傅寬(부관), 薛愔(설음) 등은 모두 公卿과 校尉가 되었다. 顯宗(明帝)이 즉위하며 執金吾가 되었고 관위는 特進이었다. (明帝) 永平 2년에 죽었는데, 집금오의 인수를 증여했고, 시호는 貞侯(정후)였다.

아들 陰躬(음궁)이 계승했다. 음궁이 죽자, 아들 陰璜(음황)이 계승하였다. (安帝) 永初 7년에, 노비에게 살해되었고 아들이 없어 나라가 끊겼다. (安帝) 永寧 원년, 鄧太后는 음황의 동생 陰淑(음숙)을 이어 봉했다. 음숙이 죽자, 아들 陰鮪(음유)가 계승하였다.

陰躬(음궁) 동생의 아들 陰綱(음강)의 딸이 和帝의 황후에 책봉되자 음강은 吳房侯(오방후)에 봉해졌고, 지위는 特進이었다. 음강의 세 아들인 陰秩(음질), 陰輔(음보), 陰敞(음창)은 모두 黃門侍郞이 되었다. 뒷날 巫蠱(무고) 사건이 일어나 음황후가 폐위되자 음강은 自殺하였고, 음보는 하옥되었다가 죽었고, 음질과 음창은 日南郡에 강제 이주되었다.

陰識의 동생이 陰興(음흥)이다.

❺ 陰興

原文

興字君陵, 光烈皇后母弟也, 爲人有膂力. 建武二年, 爲黃

門侍郎, 守期門僕射, 典將武騎, 從征伐, 平定郡國. 興每從
出入, 常操持小蓋, 障翳風雨, 躬履塗泥, 率先期門. 光武所
幸之處, 輒先入清宮, 甚見親信. 雖好施接賓, 然門無俠客.

　與同郡張宗,上谷鮮于褒不相好, 知其有用, 猶稱所長而
達之. 友人張汜,杜禽與興厚善, 以爲華而少實, 但私之以
財, 終不爲言, 是以世稱其忠平. 第宅苟完, 裁蔽風雨.

[國譯]

　陰興(음흥)의 字는 君陵(군릉)으로 光烈陰皇后의 同母弟로 힘이 아
주 좋았다. 建武 2년에, 黃門侍郎으로 期門僕射(기문복야)의 대리로
무장 기병을 거느리고 정벌에 나서 여러 군국을 평정하였다. 음흥은
광무제를 따라 출입할 때마다 늘 작은 우산 같은 덮개를 갖고 다녀
바람이나 비를 막거나 진흙탕에서는 밟고 건널 수도 있었고 늘 다른
期門에 솔선하였다. 光武帝가 가야할 곳에는 언제나 먼저 들어가 준
비를 하여 광무제의 큰 신임을 받았다. 그가 비록 베풀기를 잘하고
빈객을 잘 대우했지만 俠客(협객)과는 왕래하지 않았다.

　같은 군 출신 張宗(장종), 上谷郡의 鮮于褒(선우부) 같은 사람과 친
하지는 않았지만 쓸모가 있기에 장점을 칭송하며 천거하였다. 友人
張汜(장사)와 杜禽(두금)은 음흥과 아주 친했지만 겉멋만 부리고 내

실이 없다 하여 재물로 도움을 주었지만 끝까지 천거하지 않았기에 그가 성실하며 공정하다는 평을 들었다. 집은 있었지만 겨우 풍우를 가릴 정도였다.

原文

九年, 遷侍中, 賜爵關內侯. 帝後召興, 欲封之, 置印綬於前, 興固讓曰, "臣未有先登陷陣之功, 而一家數人並蒙爵土, 令天下觖望, 誠爲盈溢. 臣蒙陛下, 貴人恩澤至厚, 富貴已極, 不可復加, 至誠不願." 帝嘉興之讓, 不奪其志. 貴人問其故, 興曰, "貴人不讀書記邪? '亢龍有悔.' 夫外戚家苦不知謙退, 嫁女欲配侯王, 取婦眄睨公主, 愚心實不安也. 富貴有極, 人當知足, 誇奢益爲觀聽所譏."

貴人感其言, 深自降挹, 卒不爲宗親求位. 十九年, 拜衛尉, 亦輔導皇太子. 明年夏, 帝風眩疾甚, 後以興領侍中, 受顧命於雲臺廣室. 會疾瘳, 召見興, 欲以代吳漢爲大司馬. 興叩頭流涕, 固讓曰, "臣不敢惜身, 誠虧損聖德, 不可苟冒." 至誠發中, 感動左右, 帝遂聽之.

| 註釋 | ○(建武) 九年 – 서기 34년. ○侍中 – 侍中은 황제의 최측근 近侍官. 顧問應對 담당. 무 정원, 후한에서는 질록 比二千石의 實職. 그 우두머리가 侍中祭酒(시중제주, 비상설직, 전한에서는 侍中僕射). 어가 출행 시에 박식한 시중 1인이 參乘, 나머지는 후미에 수행. 中常侍(千石, 宦者, 뒤에 比

이천석으로 증액), 黃門侍郎(六百石), 小黃門(六百石, 宦者)을 거느림. ○賜
爵關內侯 − 爵位 名稱, 倫侯(윤후)라고도 한다. 秦漢 20등 爵位 中 제 19등,
列侯의 다음. 領土(食邑)에 대한 통치권은 없고, 호구 수만큼의 조세 수입
을 차지. 전한에서 관내 후의 식읍은 關中에도 지급했다. 관내 후의 일반
적 호칭은 '○○君' 이다. ○觖望 − 원망하다. 불평을 품다. 觖은 서운할
결. 바랄 기. ○盈溢(영일) − 차고 넘치다. ○ '亢龍有悔' − 지나치게 강한
용은 후회한다. 乾爲天(上☰下☰) 卦 上九의 爻辭. 亢(목 항)은 太過, 極强.
亢龍은 强剛不屈의 龍. ○眄睨公主 − 眄睨(면예)는 흘겨보다. 욕심을 내며
바라보다. 眄은 애꾸눈 면. 상세히 보다. 睨는 흘겨볼 예. ○降挹(강읍) −
자기를 낮추다. 겸손하다. 挹은 물을 뜨다. 당기다. ○衛尉(위위) − 9경의
하나. 禁軍을 지휘. ○眩疾(현질) − 어지럼증. ○顧命於雲臺廣室 − 顧命
(고명)은 마지막 유언. 雲臺廣室은 洛陽 南宮의 雲臺廣德殿. ○會疾瘳 −
瘳는 병 나을 추. ○苟冒 − 苟冒(구모)는 억지로 얻으려 하다. 冒는 무릅쓸
모. 탐내다. 시새우다.

[國譯]

　(建武) 9년, 侍中으로 승진했고 關內侯의 작위를 받았다. 나중에
광무제는 陰興(음흥)을 불러 제후로 봉하려고 印綬(인수)를 앞에 내
놓았는데 음흥은 굳이 사양하며 말했다.

　"臣은 성을 먼저 공격하거나 함락시킨 공적도 없으면서 一家 여
러 사람이 작위를 받았으니 천하가 질시할 만큼 이미 차고 넘칩니
다. 신은 폐하와 貴人(음귀인, 음흥의 누나, 황후가 되기 전)의 두터운 은
택으로 부귀가 이미 극에 달했으니 정말 원치 않습니다."

　광무제도 그의 사양을 가상케 여겨 그 뜻을 꺾지 못했다. 陰貴人
이 까닭을 묻자, 음흥이 말했다.

"貴人께서는 책에서 읽지 않으셨습니까? '亢龍有悔(항룡유회)'라 하였습니다. 외척 집안으로서 만약 겸손히 물러설 줄 모르고 딸을 시집보내며 제후 왕의 배필이 되게 하고 공주 며느리를 맞이한다면 제 마음은 정말 불안합니다. 부귀가 극에 달했다면 만족을 알아야 하는데, 지나친 사치는 재산은 다른 사람의 비난을 불러올 것입니다."

陰貴人도 그 말에 느낀 바 있어 진심으로 자신을 낮추면서 끝내 친정 일족을 위해 자리를 얻으려 하지 않았다.

(建武) 19년 衛尉(위위)가 되었고 皇太子(뒷날 明帝)를 보필하였다. 다음 해, 여름 광무제는 어지럼증이 심했고 음흥으로 侍中 직무를 대행케 하며 (南宮의) 雲臺廣室(운대광실)에서 顧命(고명)을 받게 하였다. 광무제는 곧 병이 나았으며 음흥을 불러 吳漢(오한)의 후임으로 大司馬에 임용하려고 하였다. 그러나 음흥은 머리를 조아리고 눈물을 흘리며 굳이 사양하였다.

"臣이 제 몸을 아껴서가 아니라, 聖德을 훼손시키기에 저는 정말로 받을 수가 없습니다."

마음에서 우러나오는 진심이라서 좌우를 감동케 하였고 광무제는 음흥의 뜻에 따랐다.

原文

二十三年, 卒, 時年三十九. 興素與從兄嵩不相能, 然敬其威重. 興疾病, 帝親臨, 問以政事以群臣能不. 興頓首曰, "臣愚不足以知之. 然伏見議郎席廣, 謁者陰嵩, 並經行明深, 踰於公卿." 興沒後, 帝思其言, 遂擢廣爲光祿勳, 嵩爲中郎

將, 監羽林十餘年, 以謹敕見幸. 顯宗卽位, 拜長樂衛尉, 遷
執金吾.

永平元年詔曰,「故侍中衛尉關內侯興, 典領禁兵, 從平天
下, 當以軍功顯受封爵, 又諸舅比例, 應蒙恩澤, 興皆固讓,
安乎里巷. 輔導朕躬, 有周昌之直, 在家仁孝, 有曾,閔之行,
不幸早卒, 朕甚傷之. 賢者子孫, 宜加優異. 其以汝南之銅
陽封興子慶爲銅陽侯, 慶弟博爲隱强侯.」

| 註釋 | ○(建武) 二十三年 - 서기 47년. ○執金吾 - 兵器를 들고 非常
에 대비한다는 뜻. 吾는 禦(막을 어)의 뜻. 질록 中二千石. 궁성 외곽 경계,
수재나 화재 등 돌발 사태 대비, 황제 행차시 집금오 병력(緹騎 2백 인)이
의장대 역할. 집금오의 副職은 丞 一人, 比千石. 집금오의 행차가 화려하
고 멋있기에 光武帝는 일찍이 "벼슬을 한다면 執金吾를, 아내를 맞이한다
면 陰麗華를 얻어야 한다.(仕宦當作執金吾, 娶妻當得陰麗華.)"라고 말했
다. ○周昌(주창) - 직언극간을 잘했던 高祖의 공신.《漢書》42권,〈張周趙
任申屠傳〉에 傳在家仁孝. ○曾,閔之行 - 曾參(증삼)과 閔子騫(민자건)의 효
행.「子曰,"孝哉閔子騫! 人不間於其父母昆弟之言."」《論語 先進》. ○隱
强侯(은강후) - 隱强은 汝南郡의 현명.

[國譯]

　(陰興은) (建武) 23년에 죽었는데, 그때 39세였다. 음흥은 평소에
사촌형인 陰嵩(음숭)과는 사이가 안 좋았지만 그 위엄을 존경하였
다. 음흥이 병이 났을 때 광무제가 친히 문병하며 여러 신하의 능력
여부를 물었다. 음흥이 머리를 조아리며 말했다.

"臣은 어리석어 잘 알지 못합니다. 그러나 제가 볼 때 議郎인 席廣(석광)과 謁者(알자)인 陰嵩(음숭)은 모두 행실이 바르고 학식이 깊어 다른 공경보다 나은 것 같습니다."

음홍이 죽은 뒤, 광무제는 그 말을 생각하여 마침내 석광을 발탁하여 光祿勳에 임용했고, 음숭은 中郎將으로 삼아 羽林軍을 10여 년 지휘하게 하였는데, 근신과 근면으로 신임을 받았다. 顯宗(明帝)가 즉위한 뒤에는 長樂宮의 衛尉(위위)가 되었다가 執金吾(집금오)로 승진하였다.

(明帝) 永平 원년에, 조서를 내렸다.

「전에 侍中이며 衛尉인 關內侯 陰興(음홍)은 禁兵을 지휘하며 (광무제를) 수행하여 천하를 평정하였으니 당연히 군공으로도 작위를 받을 만하였고 또 다른 외숙과 같이 은택을 받아야만 했으나 음홍은 굳이 사양하며 마을에 안주하였다. 짐을 보도하면서 周昌(주창)처럼 직언을 하였고, 가정에서는 인자 효도하여 曾參(증삼)과 閔子騫(민자건) 같은 효행이 있었으나 불행히도 일찍 죽었기에 짐은 이를 슬퍼한다. 賢者의 자손은 응당 우대해야 한다. 汝南郡의 銅陽(동양)에 음홍의 아들 慶(경)을 봉해 銅陽侯(동양후)로, 慶(경)의 동생 博(박)을 隱强侯(은강후)에 봉한다.」

原文

博弟員,丹並爲郎, 慶推田宅財物悉與員,丹. 帝以慶義讓, 擢爲黃門侍郎. 慶卒, 子琴嗣. 建初五年, 興夫人卒, 肅宗使五官中郎將持節卽墓賜策, 追諡興曰翼侯. 琴卒, 子萬全嗣.

萬全卒, 子桂嗣.

　興弟就, 嗣父封宣恩侯, 後改封爲新陽侯. 就善談論, 朝臣
莫及, 然性剛傲, 不得衆譽. 顯宗卽位, 以就爲少府, 位特進.
就子豐尙酈邑公主. 公主嬌妬, 豐亦猲急. 永平二年, 遂殺
主, 被誅, 父母當坐, 皆自殺, 國除. 帝以舅氏故, 不極其刑.

　陰氏侯者凡四人.

| 註釋 | ○(章帝) 建初 五年 – 서기 80년. ○酈邑公主(여읍공주) – 광무
제의 딸. ○嬌妬(교투) – 얼굴이 아름다우나 투기하다. 嬌는 아리따울 교.
妬는 투기할 투. 강생하다. ○猲急(견급) – 몹시 성급하다. 猲은 성급할 견.

[國譯]

　陰博(음박)의 아우 陰員(음원)과 陰丹(음단)은 모두 낭관이 되었고,
陰慶(음경)은 땅과 집과 재물을 모두 음원과 음단에게 주었다. 명제
는 陰慶(음경)의 의로운 양보를 보고 음경을 黃門侍郎에 등용하였
다. 음경이 죽자, 아들 陰琴(음금)이 계승했다. (章帝) 건초 5년, 陰興
(음흥)의 부인이 죽자, 肅宗(章帝)은 五官中郎將을 보내 부절을 갖고
가 묘지에서 책명으로 음흥에게 추가 시호 翼侯(익후)를 내렸다. 음
금이 죽자, 아들 陰萬全(음만전)이 계승했다. 음만전이 죽자, 아들 陰
桂(음계)가 계승했다.

　음흥의 동생 陰就(음취)는 부친의 작위인 宣恩侯(선은후)를 계승했
는데 뒤에 新陽侯(신양후)에 다시 봉해졌다. 음취는 談論을 잘 하여
朝臣들 중 따를 자가 없었는데 성격이 강하고 오만하여 여러 사람의
칭송은 없었다. 顯宗이 즉위한 뒤, 음취는 少府가 되었고 지위는 特

進이었다. 음취의 아들 陰豐(음풍)은 酈邑公主(여읍공주)와 결혼했는데 여읍공주는 얼굴이 예뻤으나 투기가 심했고 음풍 또한 몹시 성급하였다. 永平 2년, 음풍이 공주를 살해하여 처형되었고 부모까지 연루되자 모두 자살하여 나라를 없앴다. 明帝에게 음취가 외삼촌이기에 극형은 없었다.

陰氏로 제후가 된 사람은 모두 4명이었다.

原文

初, 陰氏世奉管仲之祀, 謂爲 '相君'. 宣帝時, 陰子方者, 至孝有仁恩, 臘日晨炊而竈神形見, 子方再拜受慶. 家有黃羊, 因以祀之. 自是已後, 暴至巨富, 田有七百餘頃, 輿馬僕隷, 比於邦君. 子方常言, "我子孫必將强大", 至識三世而遂繁昌, 故後常以臘日祀竈, 而薦黃羊焉.

| 註釋 | ○宣帝(선제) – 재위 前 73 - 49년. ○臘日晨炊 – 섣달 臘日(납일) 새벽에 밥을 짓다. (음력) 12월 8일, 또는 冬至로부터 3번 째 戌日(술일)이 납일이다. ○竈神(조신) – 부뚜막의 신. 竈은 부엌 조. ○僕隷(복예) – 노비. ○邦君 – 태수, 지방관.

[國譯]

그전에 陰氏(음씨)들은 대대로 '相君'이라면서 管仲(관중)을 제사했다. 宣帝(선제) 때 陰子方(음자방)이란 사람은 효도하며 인자한 사람이었는데 섣달 臘日(납일) 새벽에 밥을 짓는데 竈神(조신, 부뚜막의

신)이 모습을 나타내었다. 음자방은 두 번 절하고 부엌 신의 말씀을 들었다. 마침 집에 누런 양이 있어 양을 잡아 제사를 올렸다. 그 이후로 음자방은 갑자기 거부가 되었는데 땅이 7百여 頃(경)이나 되었고, 수레와 말, 노비 등이 태수에 견줄 정도였다. 음자방은 늘 "내 자손들은 틀림없이 강대할 것이다."라고 말했는데, 마침내 陰識(음식)에 이르러 3세에 걸쳐 번창하였기에 이후로는 늘 납일에 竈神(조신)을 제사할 때 黃羊을 제물로 바쳤다.

原文

贊曰, 權族好傾, 后門多毁. 樊氏世篤, 陰亦戒侈. 恂恂苗胤, 傳龜襲紫.

| 註釋 | ○恂恂苗胤 − 恂恂(순순)은 정성스러운 모양. 苗胤(묘윤)은 후손. 胤은 이을 윤. 후사. ○傳龜襲紫 − 제후의 지위를 전승하다. 傳龜는 제후의 금 거북이. 公侯는 紫綬(자수)에 金印(금인), 그리고 龜鈕(귀뉴)를 몸에 지녔다. 龜鈕(귀뉴)는 거북 형상을 한 印의 꼭지(손잡이 부분). 鈕는 손잡이 뉴.

[國譯]

贊曰,

권문세족은 쉽게 전복되고, 황후 문중도 자주 멸망했다.

樊氏(번씨)는 대대로 독실했고, 陰氏도 사치를 경계했다.

그 후손들은 공손했기에, 제후를 이어 누릴 수 있었다.

33 朱馮虞鄭周列傳
〔주,풍,우,정,주열전〕

❶ 朱浮

原文

朱浮字叔元, 沛國蕭人也. 初從光武爲大司馬主簿, 遷偏
將軍, 從破邯鄲. 光武遣吳漢誅更始幽州牧苗曾, 乃拜浮爲
大將軍幽州牧, 守薊城, 遂討定北邊. 建武二年, 封舞陽侯,
食三縣.

浮年少有才能, 頗欲厲風跡, 收士心, 辟召州中名宿涿郡
王岑之屬, 以爲從事, 及王莽時故吏二千石, 皆引置幕府, 乃
多發諸郡倉穀, 稟贍其妻子. 漁陽太守彭寵以爲天下未定,
師旅方起, 不宜多置官屬, 以損軍實, 不從其令. 浮性矜急
自多, 頗有不平, 因以峻文詆, 寵亦很强, 歉負其功, 嫌怨轉

積. 浮密奏寵遣吏迎妻而不迎其母, 又受貨賄, 殺害友人, 多聚兵穀, 意計難量. 寵旣積怨, 聞之, 遂大怒, 而擧兵攻浮. 浮以書質責之曰,

| 註釋 | ㅇ沛國 蕭人也 – 沛國 치소는 相縣, 今 安徽省 북부 淮北市. 蕭縣(소현)은 今 安徽省 북부 宿州市 蕭縣. ㅇ(趙國) 邯鄲(한단) – 今 河北省 남단 邯鄲市(한단시). ㅇ薊城(계성) – 전국시대 燕의 도성, 후한 廣陽郡의 치소, 幽州자사부의 치소, 今 天津市 북부 薊州區(계주구, 薊縣). ㅇ名宿 – 명성 있는 노인. 이때 宿은 경험이 많은, 오래된. ㅇ涿郡(탁군) – 治所 涿縣, 今 河北省 직할 涿州市(北京市 서남부와 연접). ㅇ漁陽太守 彭寵(팽총) – 뒷날 薊城(계성)을 차지하고 자립하여 燕王이 되었다. ㅇ歉負其功 – 歉은 뜻에 차지 않을 겸. ㅇ質責 – 叱責(질책). 質은 正也.

[國譯]

朱浮(주부)의 字는 叔元(숙원)으로 沛國 蕭縣(소현) 사람이다. 처음엔 光武를 따라 大司馬 主簿(주부)였다가 偏將軍으로 승진했고, 광무와 함께 (趙國) 邯鄲(한단)을 격파하였다. 光武가 파견한 吳漢(오한)이 更始가 임명한 幽州牧인 苗曾(묘증)을 죽이자, 곧 주부를 大將軍 겸 幽州牧으로 임명하여 薊城(계성)을 지키게 하여 북쪽 변방을 평정케 하였다. 建武 2년, 주부는 舞陽侯에 봉해졌고 식읍은 3개 縣이었다.

주부는 젊어서부터 재능이 있었고 고인의 풍모를 따르며 인정을 받고 싶어서 관내의 명성 있는 노인인 涿郡(탁군) 출신 王岑(왕잠) 같은 사람을 從事로 삼았고, 王莽 시대의 옛 二千石(太守) 등을 幕府에 데려왔으며, 여러 郡 창고 곡식을 풀어 그런 사람들의 처자도 먹여 살리게 했다.

漁陽太守인 彭寵(팽총)은 天下가 아직 안정되지 않았고 군사를 한창 동원중인데 그렇게 많은 관속을 두는 것은 옳지도 않으며 군량만 소비한다고 생각하면서 주부의 명을 따르지 않았다. 주부는 성질도 급하고 오만하고 난 체하는 성격이라 팽총에게 불만이 많아 엄한 문서로 질책하였으며, 팽총 역시 강렬한 성질에 자신의 공적을 알아주지 않는다며 주부를 혐오하며 불만이 많았다.

이에 주부는 몰래 팽총이 관리를 보내 자기 아내를 데려오면서도 모친을 데려오지 않았으며 뇌물을 받았고 友人을 살해했으며, 군사와 곡식을 계속 모으는데 그 속뜻을 알 수 없다고 상주하였다. 팽총도 주부에 불만이 많았는데 그런 사실을 알고 대노하면서 군사를 동원하여 주부를 공격하였다. 그러자 주부는 서신을 보내 팽총을 꾸짖었다.

█ 原文

「蓋聞知者順時而謀, 愚者逆理而動, 常竊悲京城太叔以不知足而無賢輔, 卒自棄於鄭也.

伯通以名字典郡, 有佐命之功, 臨人親職, 愛惜倉庫, 而浮秉征伐之任, 欲權時救急, 二者皆爲國耳. 卽疑浮相譖, 何不詣闕自陳, 而爲族滅之計乎? 朝廷之於伯通, 恩亦厚矣, 委以大郡, 任以威武, 事有柱石之寄, 情同子孫之親. 匹夫滕母尙能致命一餐, 豈有身帶三綬, 職典大邦, 而不顧恩義, 生心外畔者乎! <u>伯通</u>與吏人語, 何以爲顔? 行步拜起, 何以爲容? 坐臥念之, 何以爲心? 引鏡窺影, 何施眉目? 擧措建功, 何以爲人? 惜乎棄休令之嘉名, 造梟鴟之逆謀, 捐傳世之慶祚, 招破敗之重災, 高論<u>堯</u>,<u>舜</u>之道, 不忍<u>桀</u>,<u>紂</u>之性, 生爲世笑, 死爲愚鬼, 不亦哀乎!」

| 註釋 | ○常竊悲京城太叔 – 太叔은 춘추시대 鄭나라 사람. ○伯通以名字典郡 – 伯通(백통)은 字文述(우문술)의 字, 名字는 명분으로 삼다. ○有佐命之功 – 팽총은 한때 光武를 위해 군량을 보급하는 등 큰 도움을 주었다. ○任以威武 – 광무제는 팽총에게 대장군의 직함을 부여하며 신임했었다. ○柱石之寄 – 기둥이나 주춧돌과 같은 역할. ○匹夫滕母尙能致命一餐 – 필부의 천한 어미도 한 끼 식사의 고마움에 보은한다는 뜻. ○豈有身帶三綬 – 팽총은 광무제로부터 漁陽太守, 諸侯, 大將軍의 인수를 받았다. ○造梟鴟之逆謀 – 梟鴟(효치)는 올빼미[鴟梟(치효)]. 새끼가 성장해서는 제 어미를 잡아먹는다는 惡鳥. 흉악한 사람. ○捐傳世之慶祚 – 후손에게 전할 수 있는 복록을 걷어차다. 捐은 버릴 연.

[國譯]

「대체로 知者는 시대에 따라 일을 하고, 우매한 자는 사리를 거슬리며 망동한다고 하였으니, (춘추시대 鄭나라) 京城太叔(경성태숙)은 만족할 줄도 몰랐고, 또 현명한 자의 보필도 없어 결국 스스로 鄭나라를 잃었던 일을 나는 늘 안타까워했습니다.

伯通(彭寵의 字) 당신은 한 郡을 다스린다는 명분과 황제의 대업을 도왔다는 공로가 있다 하여 백성 위에 군림하면서 창고의 군량만을 아꼈지만, 북방 정벌의 소임을 받은 나로서는 위급한 상황에서 군량을 요청했었으니 쌍방이 국가를 위한 일이라 생각할 수 있습니다. 내가 당신을 무고했다고 의심하고 있지만 그렇다면 당신은 왜 직접 황제에게 자신을 변명하지는 않고 멸족당할 계책을 꾸미고 있습니까? 조정에서는 伯通 당신에게 후한 은택을 내려 큰 漁陽郡을 맡겼고, 대장군의 직함을 부여하였고, 나라의 기둥이나 주춧돌과 같은 역할을 기대하며 자식과 같은 정을 베풀었습니다. 필부의 천한 어미도 한 끼 식사에 보은한다는 데, 어찌 인수를 3개나 받아 大郡을 다스리며 은덕과 의리를 지키지 않고 지방에서 모반을 생각할 수 있겠소? 그러고서도 아랫사람과 무슨 면목으로 이야기를 하겠는가? 걷거나 인사를 할 때 무슨 체면이 있겠는가? 앉거나 누워서 무엇을 생각하겠는가? 어찌 고개를 들어 거울을 볼 수 있겠는가? 당신이 공을 세운들 누구를 위한 공이겠는가? 큰 공을 세웠다는 명예를 버린 당신이 애석할 뿐이며 제 어미를 잡아먹는 올빼미와 같은 역모를 꾸며서 후손에 전할 복록을 걷어차고 멸망에 이를 큰 재앙을 불러들이며 堯와 舜의 대도를 논하지 못하고, 桀王(걸왕)과 紂王(주왕) 같은 짓으로 살아서는 세상의 웃음거리가 되고 죽어서는 우매한 귀신이 될 것이니 당신을 어찌 슬퍼하지 않을 수 있겠는가!」

原文

「伯通與耿俠遊俱起佐命, 同被國恩. 俠遊廉讓, 屢有降挹之言, 而伯通自伐, 以爲功高天下. 往時遼東有豕, 生子白頭, 異而獻之, 行至河東, 見群豕皆白, 懷慚而還. 若以子之功論於朝廷, 則爲遼東豕也.

今乃愚妄, 自比六國. 六國之時, 其勢各盛, 廓土數千里, 勝兵將百萬, 故能據國相持, 多歷年世. 今天下幾里, 列郡幾城, 奈何以區區漁陽而結怨天子? 此猶河濱之人捧土以塞孟津, 多見其不知量也! 方今天下適定, 海內願安, 士無賢不肖, 皆樂立名於世. 而伯通獨中風狂走, 自捐盛時, 內聽驕婦之失計, 外信讒邪之諛言, 長爲群后惡法, 永爲功臣鑒戒, 豈不誤哉! 定海內者無私讎, 勿以前事自誤, 願留意顧老母幼弟. 凡舉事無爲親厚者所痛, 而爲見仇者所快.」

| 註釋 | ○耿俠遊(경협유) − 耿況(경황). 俠遊는 字. 당시 上谷太守였다. ○降挹之言 − 겸손한 말. 降은 損也. 挹은 뜰 읍. 낮추다. ○則爲遼東豕也 − 요동의 흰 돼지와 같다. 아주 흔한 일이다. 당신의 공적은 별 것 아니다. ○六國 − 戰國時代의 육국. ○廓土(곽토) − 領土. ○孟津(맹진) − 周 武王이 殷의 紂王(주왕)을 치려할 때 사전 약속이 없었는데도 孟津(洛陽 근처 黃河의 나루)에 모인 제후가 8백여 명이었다. ○內聽驕婦之失計 − 광무제가 팽총을 소환하였는데, 팽총은 아내의 말에 따라 광무제의 소환에 불응하였다. 12권, 〈王劉張李彭盧列傳〉의 〈彭寵傳〉참고.

[國譯]

「伯通(백통) 당신과 耿俠遊(경협유, 耿況)은 함께 군사를 일으켰고 광무제를 도와 함께 國恩을 입었습니다. 경황은 겸양하며 여러 번 겸손하게 사양하였지만 당신은 스스로 자랑하며 천하에 제일 큰 공을 세운 줄로 생각했습니다. 옛날에 遼東(요동)에서 돼지가 흰 머리를 가진 새끼를 낳자 특별한 것이라 생각하여 조정에 헌상하였지만 河東郡에 가보니 돼지가 모두 흰 것을 보고 부끄러워 돌아왔다고 하였습니다. 만약 당신의 공을 조정에서 논한다면 아마 요동 땅의 흰 돼지와 같을 것입니다.

어리석게도 지금 시대를 六國에 비유하지만, (戰國時代의) 육국은 각국의 국세가 융성하여 그 영토가 수천 리였고 막강한 백만 대군이었기에 서로 할거하며 여러 세대에 경쟁하였습니다. 지금은 천하가 겨우 몇 리마다 여러 군의 성읍이 있는데, 어찌 작고 작은 漁陽 땅을 가지고 天子와 맞서려 합니까? 이는 河水 가에 사는 사람이 한 줌의 흙을 가지고 孟津(맹진)을 막으려 하듯 자신의 역량을 모르는 짓입니다. 지금 천하는 막 평정이 되었고 海內는 안정을 바라며, 현명하든 아니든 士人은 모두 세상에 이름을 남기고자 합니다. 그러나 伯通 당신은 바람 속을 혼자 내달리며 좋은 시대를 역행하고 안으로는 교만한 여인의 실패한 말에 따르며, 밖으로는 아첨하는 사특한 부하의 말을 믿기에 길게는 법을 안 지켜 몰락한 제후가 되어 공신에게는 몰락의 본보기가 될 것이니 어찌 잘못이라 아니하겠습니까! 천하를 평정하는 자는 사적인 원한이 없으며 앞선 잘못 때문에 스스로를 망치지 말고 노모와 어린 형제들을 돌보아야 합니다. 무슨 일을 어찌하든 친족의 마음을 아프게 할 수 없으며 당신의 원수를 기쁘게 해서는 안 될 것입니다.」

寵得書愈怒, 攻浮轉急. 明年, 涿郡太守張豐亦擧兵反.

時, 二郡畔戾, 北州憂恐, 浮以爲天子必自將兵討之, 而但遣遊擊將軍鄧隆陰助浮. 浮懷懼, 以爲帝怠於敵, 不能救之, 乃上疏曰,

「昔楚, 宋列國, 俱爲諸侯, 莊王以宋執其使, 遂有投袂之師. 魏公子顧朋友之要, 觸冒强秦之鋒. 夫楚, 魏非有分職匡正之大義也, 莊王但爲爭强而發忿, 公子以一言而立信耳. 今彭寵反畔, 張豐逆節, 以爲陛下必棄捐它事, 以時滅之, 旣歷時月, 寂寞無音. 從圍城而不救, 放逆虜而不討, 臣誠惑之.

昔高祖聖武, 天下旣定, 猶身自征伐, 未嘗寧居. 陛下雖興大業, 海內未集, 而獨逸豫, 不顧北垂, 百姓遑遑, 無所繫心. 三河, 冀州, 曷足以傳後哉! 今秋稼已熟, 復爲漁陽所掠. 張豐狂悖, 姦黨日增. 連年拒守, 吏士疲勞, 甲冑生蟣虱, 弓弩不得弛, 上下焦心, 相望救護, 仰希陛下生活之恩.」

| 註釋 | ○涿郡太守張豐~反 – 건무 3년 11월(서기 27). ○畔戾(반려) – 배반하다. 畔은 叛과 同. 戾는 어그러질 려. 맞지 않다. ○投袂之師 – 소매를 떨치며 갑자기 동원한 군사. 投袂(투몌)는 소매를 떨치고 일어나다. 袂는 옷소매 몌. ○魏公子顧朋友之要 – 魏公子는 魏 昭王의 아들 信陵君. 秦이 趙의 邯鄲(한단)을 포위하자, 趙 平原君의 요청에 따라 신릉군은 魏의 군사를 동원하려고 병부를 훔쳐내 晉鄙(진비)의 군사를 동원했다. ○猶身

自征伐 - 高祖는 즉위 뒤에도 흉노, 陳豨(진희)의 반란, 黥布(경포)의 반란을 직접 진압하였다. ○三河 - 河東郡, 河內郡, 河南郡. ○曷足以傳後哉 - 曷은 曷은 어찌 갈. 언제, 어찌 ~하지 아니하랴? 의문사. ○甲胄生蟣虱 - 갑옷과 투구에 서캐(蟣)와 이(虱)가 생기다. 갑옷을 벗을 겨를이 없다. ○弓弩不得弛 - 활을 손에서 놓고 있을 겨를이 없다. 弛는 늦출 이, 쉴 이. 弛(활시위를 벗길 이)와 同.

[國譯]

彭寵(팽총)은 서신을 받고 더욱 분노하여 朱浮(주부)을 강하게 공격하였다. 다음 해(建武 3년)에는 涿郡(탁군) 태수 張豐(장풍)도 군대를 일으켜 반역하였다.

그 무렵 漁陽과 涿郡이 반역하자 북쪽 군현은 두려워 떨었는데, 주부는 광무제가 필히 직접 군사를 거느리고 토벌하리라 예상했지만, 광무제는 겨우 遊擊將軍 鄧隆(등륭)을 보내 간접적으로 주부를 돕게 했다. 주부는 두려워 떨며 광무제가 적을 방치하고 구원하지 않을 것이라 생각하여 곧바로 상소하였다.

「옛날 楚와 宋은 같은 제후국이었는데 (楚) 莊王(장왕)은 宋이 초의 사자를 억류하자 소매를 떨치며 일어나 군사를 동원하였으며, 魏公子(信陵君)는 朋友(平原君)의 요청에 의거 강한 秦의 위협을 무릅쓰고 군사를 동원했습니다. 楚와 魏가 본래 대의를 바로잡으려는 뜻은 아니었지만 莊王은 국력을 다투려 발분하였고, 魏 公子는 말 한 마디에 신의를 지켰습니다. 지금 팽총과 張豐(장풍)이 반역하였는데 폐하께서는 다른 일을 제쳐두시고 즉시 반역자를 토벌하리라 생각하였지만 세월이 많이 지났지만 아무 소식 없습니다. 혹시라도 폐하께서 포위당한 성을 구원하지 않거나 반역한 적을 방치하고 토벌하지 않을까 저로서는 매우 당혹스럽습니다.

예전 高祖께서는 영명하신 무예를 가지셨지만 천하가 평정된 뒤에도 친히 정벌에 나서면서 편히 쉴 날이 없었습니다. 폐하께서 대업을 이루셨지만 천하가 아직 안정되지 않았는데 홀로 평안을 찾으시고 북쪽 지역을 돌아보지 않으신다면 백성은 허둥대며 마음 둘 곳을 모를 것이니, 어찌 三河(河東郡, 河內郡, 河南郡)와 冀州(기주) 지역인들 후손에게 물려줄 수 있겠습니까? 올 가을 추수를 해야 하는데 다시 팽총(漁陽郡)에게 약탈당할 것입니다. 장풍도 미친 듯 반역하며 그 간악한 무리도 날마다 늘어나고 있습니다. 해마다 적을 막아 싸워야 하는 우리 관리와 군사들은 지칠 대로 지쳤으며, 갑옷과 투구에 서캐와 이(虱)가 생길 정도이며 활을 손에서 놓고 있을 겨를도 없어 상하 모두가 마음을 졸이며 원병의 도움을 바라고 폐하께서 우리를 살려주시기를 우러러 바라고 있습니다.」

原文

詔報曰,「往年赤眉跋扈長安, 吾策其無穀必東, 果來歸降. 今度此反虜, 勢無久全, 其中必有內相斬者. 今軍資未充, 故須後麥耳.」

浮城中糧盡, 人相食. 會上谷太守耿況遣騎來救浮, 浮乃得遁走. 南至良郎, 其兵長反遮之, 浮恐不得脫, 乃下馬刺殺其妻, 僅以身免, 城降於寵.

尚書令侯霸奏浮敗亂幽州, 構成寵罪, 徒勞軍師, 不能死節, 罪當伏誅. 帝不忍, 以浮代賈復爲執金吾, 徙封父城侯. 後豐,寵並自敗.

| 註釋 | ○跋扈(발호) – 날뛰다. 橫行하다. ○故須後麥耳 – 다음 해 봄 보리 수확을 기다리다. 須는 기다릴 수, 모름지기 수. ○上谷 – 군명. 治所 는 沮陽縣, 今 河北省 북부 張家口市 관할 懷來縣. ○兵長 – 병졸의 우두 머리. ○侯霸(후패) – 26권, 〈伏侯宋蔡馮趙牟韋列傳〉에 立傳. ○後豐,寵 並自敗 – 팽총은 建武 5년 봄, 노비의 손에 죽었다.

[國譯]

이에 조서가 내려왔다.

「지난해에 赤眉(적미) 무리가 長安에 橫行하였는데, 적미가 군량 이 다하면 동쪽으로 진출하리라 예상하였는데 예상대로 동쪽으로 와서 투항하였다. 이번 팽총 무리도 오래 버티지 못할 것이고 틀림 없이 내부에서 서로 죽일 자가 있을 것이다. 지금 군량이 충분하지 못하면 내년 봄보리 수확을 기다릴 수밖에 없다.」

朱浮(주부)의 성 안에서는 군량이 떨어져 사람이 사람을 먹었다. 마침 上谷太守 耿況(경황)이 기병을 보내 주부를 구원하자 겨우 탈 출하였다. 주부가 남쪽으로 내려와 良鄕(양향)이란 곳에 왔을 때 병 졸의 우두머리가 저항하며 길을 막자, 주부는 탈출할 수 없다고 말 에서 내려 아내를 찔러 죽이며 겨우 몸만 빠져나왔고, 薊城(계성)은 팽총에게 함락 당했다.

尚書令 侯霸(후패)는 주부가 幽州(유주)를 제대로 다스리지 못해

팽총의 반역을 초래했으며 군사를 제대로 지휘하지도, 또 지조를 지켜 충성을 다하지도 않았으니 처형해야 한다고 주청하였다. 그러나 광무제는 차마 그럴 수가 없어 주부를 賈復(가복)의 후임으로 執金吾에 임명하였고 父城侯로 옮겨 봉했다. 뒷날 장풍과 팽총은 저절로 멸망하였다.

帝以二千石長吏多不勝任, 時有纖微之過者, 必見斥罷, 交易紛擾, 百姓不寧. 六年, 有日食之異, <u>浮</u>因上疏曰,

「臣聞日者衆陽之所宗, 君上之位也. 凡居官治民, 據郡典縣, 皆爲陽爲上, 爲尊爲長. 若陽上不明, 尊長不足, 則干動三光, 垂示王者. 五典紀國家之政, 〈鴻範〉別災異之文, 皆宣明天道, 以徵來事者也. 陛下哀愍海內新罹禍毒, 保宥生人, 使得蘇息. 而今牧人之吏, 多未稱職, 小違理實, 輒見斥罷, 豈不粲然黑白分明哉!

然以<u>堯</u>,<u>舜</u>之盛, 猶如三考, <u>大漢</u>之興, 亦累功效, 吏皆積久, 養老於官, 至名子孫, 因爲氏姓. 當時吏職, 何能悉理, 論議之徒, 豈不誼讓. 蓋以爲天地之功不可倉卒, 艱難之業當累日也. 而間者守宰數見換易, 迎新相代, 疲勞道路. 尋其視事日淺, 未足昭見其職, 旣加嚴切, 人不自保, 各自顧望, 無自安之心. 有司或因睚眦以騁私怨, 苟求長短, 求媚

上意. 二千石及長吏迫於擧劾, 懼於刺譏, 故爭飾詐僞, 以希虛譽. 斯皆群陽騷動, 日月失行之應.

夫物暴長者必夭折, 功卒成者必亟壞, 如摧長久之業, 而造速成之功, 非陛下之福也. 天下非一時之用也, 海內非一旦之功也. 願陛下遊意於經年之外, 望化於一世之後, 天下幸甚.」

帝下其議, 群臣多同於浮, 自是牧守易代頗簡.

| 註釋 | ○二千石長吏 − 二千石은 太守의 별칭. 長吏는 지방관. ○纖微之過者 − 아주 작은 잘못. 纖은 가늘 섬. ○則干動三光 − 干은 범하다. 三光은 日, 月, 星. ○五典 − 五經. ○〈鴻範〉別災異之文 −〈鴻範〉은《書經》의 편명. 洪範 同, 鴻은 洪과 通. 箕子가 武王을 위해 지었다고 한다. ○保宥生人 − 너그러움으로 사람을 살려내다. 宥는 용서할 유. 관용. ○猶如三考 − 그 공적을 3번 살펴보다. ○因爲氏姓 − 倉氏, 庫氏들은 관직을 姓氏로 정한 예이다. ○豈不諠譁 − 어찌 시끄럽지 않겠습니까? 諠은 떠들썩할 훤, 譁는 시끄러울 화. ○睚眦以騁私怨 − 睚眦(애자)는 아주 작은 원망. 睚 눈초리 애. 흘겨보다. 眦는 흘겨볼 자. 騁은 달릴 빙. 내키는 대로하다. ○望化於一世之後 − 교화란 1세대가 지나가야 그 효과가 나타날 수 있다고 하였다.

[國譯]

광무제는 2천석 지방관들이 그 임무를 제대로 감당하지 못한다고 생각하여 아주 작은 잘못에도 어김없이 파면하였기에 임무 교대가 너무 빈번하여 오히려 백성이 평안하지 못했다. (建武) 6년에, 일식이 있자 朱浮(주부)가 상소하였다.

「臣이 알기로, 해는 모든 陽을 대표하며 上君의 지위에 해당합니다. 관리가 백성을 다스리고 郡縣의 행정을 수행하는 것도 陽과 上君을 위한 일이고 尊長을 위하는 길입니다. 만약 위에서 陽이 밝지 못하다면 尊長이 부재한 것이기 三光(日, 月, 星)을 범하여 王者에게 계시를 내리는 것입니다. 五典(五經)은 國家의 정사에 관한 기록인데 그중 〈鴻範/洪範〉은 특별히 재이에 관한 기록인데 天道를 선명하게 강조한 것은 앞으로 닥쳐올 재해의 徵驗(징험)이라 할 수 있습니다. 폐하께서는 천하 백성들이 새로운 재앙을 겪는 것을 불쌍히 여기시어 관용의 정사로 백성을 살려 내고 休養하게 하셨습니다. 지금 백성을 다스리는 관리들이 제 임무를 제대로 수행하지 못한다 하여 치적에서 조그만 과오만 있어도 배척하시는데 분명한 흑백이야 어찌 또렷하게 보이지 않겠습니까!

그렇지만 堯와 舜의 盛代에도 관리 승진과 배척에 그 공적을 3번 살펴보았다고 하였습니다. 大漢이 홍기한 이후로도 치적을 오랜 시간을 두고 평가하였기에 관리는 오래 근무할 수 있어 재임하며 늙어갔고 명성을 자손에 전했으며 관직을 성씨로 정하기도 했습니다. 물론 당대 관리의 치적을 어찌 다 정확하게 평가할 수 있었으며 그 논의가 어찌 시끄럽지 않았겠습니까? 그렇지만 天地에 걸친 큰 공적은 창졸간에 이루어지는 것이 아니며 어려운 일일수록 오랜 세월이 지나야 합니다. 요즈음 지방관들이 자주 교체되기에 새로 부임하는 사람을 맞이하느라 도로에서 지쳐버렸습니다. 평소에 그 업무 담당 기간이 짧아 업무 내용을 잘 알지 못하는데 거기다가 엄격하게 책임을 묻기에 지방관은 자신을 지킬 수 없으며 마음 편히 직분을 수행하며 일할 수도 없습니다. 담당 관리는 가끔 아주 사소한 원망에서 사적인 원한을 품어 지방관의 잘잘못을 찾아내어 윗사람의 뜻에 맞추려 합니다. 그러다 보니 태수나 현령들은 탄핵의 압박감과 비판이 두려워서 거짓을 조작하거나 헛 칭송을 얻으려 애쓰게 됩니다. 이 모두가 바로 陽의 소동이라 할 수 있고, 이 때문에 일월의 운행이 차질을 빚게 됩니다.

대체로 빨리 크는 것은 반드시 요절하고, 갑자기 이루어진 것은 빨리 무너지게 되어 있기에 만약 長久한 계획을 중단하거나 단기간의 성공을 이루려 한다면 이 또한 폐하에게도 좋은 일이 아닐 것입니다. 천하를 다스리는 것은 한 번으로 끝날 수도 없으며 하루아침에 성공할 수도 없습니다. 폐하께서 장구한 세월에 걸쳐 나라를 다스려야 하며 교화란 한 세대를 지나야 이루어진다는 점을 유념해 주신다면 온 천하 백성에게 다행일 것입니다.」

광무제는 이를 의논에 부쳤는데 많은 신하가 주부의 주장과 같아서 이후로는 지방관의 교체가 점차 줄어들었다.

原文

舊制, 州牧奏二千石長吏不任位者, 事皆先下三公, 三公遣掾史案驗, 然後黜退. 帝時用明察, 不復委任三府, 而權歸刺擧之吏. 浮復上疏曰,

「陛下淸明履約, 率禮無違, 自宗室諸王, 外家后親, 皆奉遵繩墨, 無黨勢之名. 至或乘牛車, 齊於編人. 斯固法令整

齊, 下無作威者也. 求之於事, 宜以和平, 而災異猶見者, 而豈徒然? 天道信誠, 不可不察. 竊見陛下疾往者上威不行, 不專國命, 卽位以來, 不用舊典, 信賴擧之官, 黜鼎輔之任. 至於有所劾奏, 便加免退, 復案不關三府, 罪譴不蒙澄察.

陛下以使者爲腹心, 而使者以從事爲耳目, 是爲尙書之平, 決於百石之吏, 故群下苛刻, 各自爲能. 兼以私情容長, 憎愛在職, 皆競張空虛, 以要時利, 故有罪者心不厭服, 無咎者坐被空文, 不可經盛衰, 貽後王也. 夫事積久則自重, 吏安則人自靜. 傳曰, '五年再閏, 天道乃備.' 夫以天地之靈, 猶五載以成其化, 況人道哉! 臣浮愚戇, 不勝惓惓, 願陛下留心千里之任, 省察偏言之奏.」

| 註釋 | ○不任位者 – 적임자가 아니다. ○權歸刺擧之吏 – 刺擧之吏는 13部 刺史. ○皆奉遵繩墨 – 繩墨은 목수의 먹줄. 나라의 곧은 법률. 원칙. 繩은 줄 승. 먹줄. 법도. ○齊於編人 – 齊는 같다. 동등하다. 編人은 編戶, 일반 호적에 오른 백성. ○是爲尙書之平 – 平은 評決. ○百石之吏 – 자사의 속관인 從事, 종사의 질록은 1백석. 종사는 刺史의 耳目 역할을 수행했다. ○貽後王也 – 貽는 끼칠 이. 남겨주다. ○自重 – 重은 아까워하다. 愛惜하게 여기다. ○五年再閏 – 5년마다 윤년을 맞이하다. ○不勝惓惓 – 惓惓은 삼가는 모양. 간절한 모양. 惓은 삼갈 권, 정성스러울 권.

[國譯]

舊制에 의하면 13부 자사가 二千石(太守)나 縣令, 또는 縣長 중에 비적임자를 상주하게 되면 이를 먼저 三公에게 보내고, 三公은 소속

掾史(掾吏)를 보내 확인한 뒤에 퇴출시켰다. 그러다가 광무제에 이르러 황제 스스로 퇴출 여부를 결정하고 三公府에 보내지 않았는데, 결국 퇴출 권한은 (실제로는) 13部 刺史에게 귀속되었다. 이에 朱浮(주부)가 다시 상소하였다.

「폐하께서는 淸明하시고 여러 약속을 지키시며, 禮를 지켜 과오가 없어 宗室이나 諸王은 물론 外家나 황후의 친족까지도 모두 반듯한 법도를 준수하고 結黨하여 세력을 형성하지 못했습니다. 심지어 제후이지만 牛車를 타서 일반 백성과 똑같을 정도입니다. 이는 法令이 整齊되어 아래서 위세를 부릴 수도 없게 되었기 때문입니다. 이런 사리를 따져본다면 세상은 응당 화평해야 하는데, 그래도 재해와 이변이 자주 나타나는 것을 어찌 우연한 일이라 하겠습니까? 天道는 진실 되기에 깊이 살피지 않을 수 없습니다. 제가 볼 때 폐하께서는 지난 날 천자의 권위가 약해서 마음대로 국정을 운영할 수 없었기에 즉위 이후로 옛 제도에 따르지 않고 감찰 관리를 신뢰하고 三公의 임무를 배제하였습니다. 그리하여 탄핵이 상주되면 바로 파면해 버리고 三公府에 넘기지 않았기에 잘못에 대한 견책이 꼭 분명하고 공평하지는 않았습니다.

폐하께서는 13부 자사를 腹心(복심)이라 생각하고, 자사들은 從事를 통해 보고 들었기에 尙書의 평결은 결국 질록 1백석의 從事에 의한 결정이며, 하급 관리들은 가혹과 각박함을 능력이라고 생각하게 되었습니다. 그러다보니 사사로운 情이 점차 끼어들고 직무에 개인의 증오나 애정이 작용하자 관리는 모두 공허한 일이나 시세에 순응하게 되었으며, 과오를 저지른 자는 평결에 불복하게 되고 잘못이 없는 관리는 까닭도 없이 질책을 받게 되니 결과적으로 다양한 경력을 경험하지 못한 관리를 다음 세대에 넘겨주게 됩니다. 대체로 업무를 오래 경험하게 되면 자중자애하게 되고, 관직이 안정되면 백성도 그냥 조용하게 됩니다. 그래서 경전에서도 '5년마다 윤년을 맞이하여 天道가 제대로 갖춰진다.'고 하였습니다. 영험한 天地일지라도 5년이 지나야 그 조화가 이루어지는데 하물며 인간이야 무얼 더 말하겠습니까! 臣 浮(부)는 어리석어 간절한 제 소망을 누르지 못하고 상서하오니, 폐하께서는 태수나 자사의 임무에 관심을 두시고 저의 부족한 상서를 살펴주시기 바랍니다.」

原文

　七年, 轉太僕. 浮又以國學旣興, 宜廣博士之選, 乃上書曰, 「夫太學者, 禮義之宮, 教化所由興也. 陛下尊敬先聖, 垂意古典, 宮室未飾, 干戈未休, 而先建太學, 進立橫舍, 比日車駕親臨觀饗, 將以弘時雍之化, 顯勉進之功也. 尋博士之官, 爲天下宗師, 使孔聖之言傳而不絶. 舊事, 策試博士, 必廣求詳選, 爰自畿夏, 延及四方, 是以博擧明經, 惟賢是登, 學者精勵, 遠近同慕, 伏聞詔書更試五人, 惟取見在洛陽城者. 臣恐自今以往, 將有所失. 求之密邇, 容或未盡, 而四方之學, 無所勸樂. 凡策試之本, 貴得其眞, 非有期會, 不及遠方也. 又諸所徵試, 皆私自發遣, 非有傷費煩擾於事也. 語曰, '中國失禮, 求之於野.' 臣浮幸得與講圖讖, 故敢越職.」
　帝然之.

| 註釋 | ○太僕 - 太僕(태복)은 황제의 御駕와 나라의 馬政을 관할, 9卿의 하나. 질록 中二千石. 屬官으로 大廐令, 未央令, 家馬令을 두었고 그 아래 각각 5丞과 1尉를 두었다. 龍馬監 등 5監 이외에 다수의 속관을 거느림. 中太僕은 皇太后의 수레와 거마를 관장하나 상설직은 아니었다. ○國學旣興 - 國學은 太學, 무제 元朔 5년(前 124)에 처음 설치. 五經 박사를 두었음. 후한에서도 낙양에 태학을 설립하였다. ○干戈未休 - 干戈는 방패와 창. ○進立橫舍 - 橫舍는 學舍. ○將以弘時雍之化 - 時雍은 時和. ○爰自畿夏 - 爰은 이에 원. 발어사. 畿는 京畿. 夏는 中華. ○'中國失禮, 求之於野' - 중국에서 예를 지키지 않는다면 어디서든 구할 수 없다는 뜻.

[國譯]

(朱浮는 建武) 7년, 太僕(태복)으로 轉任하였다. 주부는 또 國學(太學)이 설립 이후 博士의 선임을 확충해야 한다고 생각하여 곧 상서하였다.

「太學이란 禮義의 본 집이며 教化가 이루어지는 곳입니다. 폐하께서 先聖을 존경하시고 古典에 뜻을 가지시고 궁궐을 꾸미기도 전에, 또 평정이 끝나지도 않았지만 太學을 창건하시고 學舍를 지으셨으며, 어가가 태학에 자주 친림하시어 의례를 관람하시면서 나라에 화합의 기풍을 장려하시고 학문의 진흥을 권장하셨습니다. 博士官의 적임자를 구하는 것은 천하의 宗師로 삼아 공자의 가르침을 이어가려는 뜻입니다. 전례에 따르면, 博士의 선임은 널리 또 엄격하게 선임하되 京畿에서부터 中華와 사방 먼 곳까지 확대하고 경학에 통달한 현인을 찾아 등용하며, 學者를 정성으로 격려하면서도 원근에서 모두의 존경을 받는 인재이어야 합니다. 臣이 듣기로, 조서를 내려 박사 5명을 선임하는데 낙양성 안 사람이라고 들었습니다. 臣은

이후로 인재 초빙이 잘못되지 않을까 걱정입니다. 인재를 가까운 곳
에서만 고른다면 훌륭한 인재를 고르지 못할 수 있으며 천하 사방의
학문을 권장하는 뜻도 아닐 것입니다. 박사 선임에 책문으로 시험하
는 본뜻은 진정한 인재를 고르려는 뜻이지만 일정한 기간이 있어서
도 안될 것이며 먼 지방 인재를 놓칠 수도 있습니다. 또 부름을 받아
응시하는 자가 경비를 부담해야 하니 비용이 들어가는 번잡한 일이
어도 안될 것입니다. '中國이 禮를 실천하지 않으면 황야에서 구해
야 한다.'는 말도 있습니다. 臣 浮(부)는 다행히 圖讖(도참)을 강학한
경험이 있어 직분을 넘어 상소를 올렸습니다.」

　광무제는 상소를 받아들였다.

原文

　二十年, 代竇融爲大司空. 二十二年, 坐賣弄國恩免. 二
十五年, 徙封新息侯.

　帝以浮陵轢同列, 每銜之, 惜其功能, 不忍加罪. 永平中,
有人單辭告浮事者, 顯宗大怒, 賜浮死. 長水校尉樊鯈言於
帝曰, "唐堯大聖, 兆人獲所, 尙優遊四兇之獄, 厭服海內之
心, 使天下咸知, 然後殛罰. 浮事雖昭明, 而未達人聽, 宜下
廷尉, 章著其事." 帝亦悔之.

| 註釋 |　○(建武) 二十年 – 서기 45년.　○竇融(두융) – 23권, 〈竇融列傳〉
에 立傳.　○陵轢同列 – 陵轢(능력)은 깔보다. 欺蔑(기멸).　○單辭(단사) – 증
거를 제시하지 않은 고발.　○樊鯈(번조) – 明帝 때 長水校尉 역임. 32권,

〈樊宏陰識列傳〉立傳. 儵는 피라미 조.   ㅇ四兇之獄 - 堯가 방출한 4명의
악인. 鯀(곤). 共工, 驩兜(환두), 三苗(삼묘).   ㅇ廷尉 - 9卿의 하나. 詔命에 따
른 獄案의 수사 및 재판 담당. 질록은 中二千石. 속관 廷尉正과 左, 右廷尉
監은 질록 1천석.

[國譯]

  (建武) 20년, (朱浮는) 竇融(두융)의 후임으로 大司空이 되었다.
22년에, 황제 사면을 이용했다는 죄로 면직되었다. 25년에, 新息侯
로 옮겨 봉해졌다.

  광무제는 주부가 같은 지위의 동료라도 무시하는 일이 있어 마음
으로 못마땅하였지만 새 직함을 수여할 때마다 그 능력이 아까워 벌
을 주지는 않았다. (明帝) 永平 연간에, 어떤 자가 증거도 없이 주부
를 고발하자 顯宗(明帝)은 대노하며 주부에게 자살을 명했다. 長水
校尉인 樊儵(번조)가 명제에게 말했다. "堯帝는 大聖이라 억만인이
다 제자리를 찾았지만, 그래도 四兇의 옥사에 관용을 베풀었기에 천
하의 인심이 모두 복종하였으며, 천하 사람이 다 알게 된 뒤에야 극
형에 처하였습니다. 주부의 죄가 비록 확실할 지라도 다른 사람들이
아직 알지 못하니 응당 廷尉(정위)에게 보내 주부의 죄를 밝혀야 합
니다."

  그러자 명제는 후회하였다.

│原文│

  論曰, 吳起與田文論功, 文不及者三, 朱買臣難公孫弘十

策, 弘不得其一, 終之田文相魏, 公孫宰漢, 誠知宰相自有體
也. 故曾子曰, "君子所貴乎道者三, 籩豆之事則有司存."
而光武,明帝躬好吏事, 亦以課核三公, 其人或失而其禮稍
薄, 至有誅斥詰辱之累. 任職責過, 一至於此, 追感賈生之
論, 不亦篤乎! 朱浮譏諷苛察欲速之弊, 然矣, 焉得長者之
言哉!

| 註釋 | ○吳起與田文論功 - 《史記 孫吳起列傳》 참고. ○朱買臣 - 《漢
書》 64권, 〈嚴朱吾丘主父徐嚴終王賈傳〉 (上) 참고. 公孫弘은 《漢書》 58권,
〈公孫弘卜式兒寬傳〉 참고. ○曾子曰 - 《論語 泰伯》에 나오는 말. 「曾子
言曰~ 君子所貴乎道者三, 動容貌, ~, 正顔色, ~, 出辭氣, ~. 籩豆之事,
則有司存.」 ○籩豆之事 - 籩豆(변두)는 祭器. 籩(변)은 과일이나 포를 담는
대나무로 만든 제기. 豆는 식혜 등을 담는 목제 제기. ○賈生之論 - 賈生
은 賈誼. 大臣에게 소인에게 내리는 형벌을 줄 수 없다는 주장. ○欲速之
弊 - 일을 서두르는 폐단. 「子曰, "無欲速, 無見小利. 欲速, 則不達, 見小
利, 則大事不成."」 《論語 子路》.

[國譯]

范曄(범엽)의 史論 : 吳起(오기)와 田文(전문)이 그 공적을 비교할 때
전문이 오기를 따라갈 수 없는 것이 3가지이었고, 朱買臣(주매신)이
10가지 방책으로 公孫弘을 비난할 때 공손홍은 그중 한 가지도 나은
것이 없었지만 끝내 田文은 魏의 재상이, 公孫弘은 漢의 재상이 되었
으니, 진정 재상의 재목은 따로 있다는 사실을 알 수 있다. 그래서 曾
子(증자)는 "君子가 귀히 여겨 지켜야 할 3가지(動容貌, 正顔色, 出辭

氣)가 있고 籩豆(변두)의 일은 담당자가 있다."고 말하였다.

光武帝나 明帝는 자신이 관리의 직무를 즐겨 챙기면서 결과에 의거 三公을 문책하고 卿相을 탄핵하였는데, 사람이 혹 실수하거나 예를 챙기지 못한 것도 있다 하여 처형이나 파면, 또는 굴욕을 당해야만 했다. 직무를 수행하다가 한 번 이렇게 당하면 賈誼(가의)의 주장(大臣에게 형벌을 가할 수 없다)이 어찌 타당치 않겠는가! 朱浮(주부)가 (황제의) 가혹한 사찰과 서두르는 폐단을 심하게 풍자하였지만 그것은 사실이니 어찌 長者의 말이 아니겠는가!

❷ 馮魴

▌原文

馮魴字孝孫, 南陽湖陽人也. 其先魏之支別, 食菜馮城, 因以氏焉. 秦滅魏, 遷於湖陽, 爲郡族姓. 王莽末, 四方潰畔, 魴乃聚賓客, 招豪桀, 作營塹, 以待所歸. 是時湖陽大姓虞都尉反城稱兵, 先與同縣申屠季有仇, 而殺其兄, 謀滅季族. 季亡歸魴, 魴將季欲還其宮, 道逢都尉從弟長卿來, 欲執季.

魴叱長卿曰, "我與季雖無素故, 士窮想歸, 要當以死任之, 卿爲何言?" 遂與俱歸. 季謝曰, "蒙恩得全, 死無以爲報, 有牛馬財物, 願悉獻之."

魴作色曰, "吾老親弱弟皆在賊城中, 今日相與, 尙無所顧, 何云財物乎?"

季慚不敢復言. 魴自是爲縣邑所敬信, 故能據營自固.

| 註釋 | ○馮魴(풍방) – 馮 성 풍. 魴은 방어 방. ○作營塹 – 塹은 구덩이 참. ○以待所歸 – 귀부할만한 眞主를 기다리다.

[國譯]

馮魴(풍방)의 字는 孝孫(효손)으로 南陽郡 湖陽縣 사람이다. 그 선조는 魏(위)에서 갈라졌는데 馮城(풍성)이 식읍이었기에 성씨로 삼았다. 秦이 魏를 멸망시키자 湖陽으로 이사 왔고 南陽郡의 大姓이 되었다. 王莽 말기에 사방이 무너지고 반역할 때 풍방도 바로 빈객을 모으고 호걸을 초빙하였으며 싸울 참호를 만들면서 歸附할만한 眞主를 기다렸다. 그때 湖陽의 大姓인 虞都尉(우도위)가 성을 근거로 반기를 들었고 전부터 같은 현의 申屠季(신도계)와 원수 사이였기에 신도계의 형을 죽이고 일족을 다 죽이려고 했다. 신도계는 도망쳐 풍방에 의탁했는데 풍방이 신도계를 본향으로 데려다주러 가는 도중에 신도계를 잡으러 오는 우도위의 사촌동생인 長卿(장경)을 만났다. 이에 풍방은 우장경을 질책하였다.

"나와 신도계가 예부터 왕래하지는 않았지만, 궁박한 처지에서 나를 찾아 죽음을 각오하고 의지했거늘, 그대는 무슨 할 말이 있는가?" 그리고서는 함께 신도계의 집으로 돌아왔다. 이에 신도계는 사례하면서 말했다. "은혜를 입어 일족을 보전하였으니 이 몸이 죽더라도 다 갚지 못할 것이나 저의 우마와 재물을 모두 드리겠습니다."

그러나 풍방이 얼굴을 붉히며 말했다. "나의 老親과 어린 동생들도 모두 적의 성 안에 있거늘, 오늘 함께 도울 수 있다면 그것으로 됐지 어찌 재물을 말하겠소?"

신도계는 부끄러워 더 말하지 못했다. 풍방은 이 때문에 현읍에서 우러러보았고 그래서 자기 마을을 지키면서 버틸 수 있었다.

原文

時天下未定, 而四方之士擁兵矯稱者甚衆, 唯魴自守, 兼有方略. 光武聞而嘉之, 建武三年, 徵詣行在所, 見於雲臺, 拜虞令. 爲政敢殺伐, 以威信稱. 遷郟令. 後車駕西征隗囂, 潁川盜賊群起, 郟賊延褒等衆三千餘人, 攻圍縣舍, 魴率吏士七十許人, 力戰連日, 弩矢盡, 城陷, 魴乃遁去. 帝聞郡國反, 卽馳赴潁川, 魴詣行在所. 帝案行鬪處, 知魴力戰, 乃嘉之曰, "此健令也. 所當討擊, 勿拘州郡."

褒等聞帝至, 皆自髡剔, 負鈇鑕, 將其衆請罪. 帝且赦之, 使魴轉降諸聚落, 縣中平定, 詔乃悉以褒等還魴誅之. 魴責讓以行軍法, 皆叩頭曰, "今日受誅, 死無所恨."

魴曰, "汝知悔過伏罪, 今一切相赦, 聽各反農桑, 爲令作耳目." 皆稱萬歲. 是時每有盜賊, 並爲褒等所發, 無敢動者, 縣界淸靜.

| 註釋 | ○矯稱(교칭) − 詐稱(사칭). ○虞令 − 梁郡(國)의 虞縣 현령. 今河南省 동부의 商丘市 관할 虞城縣. ○郟令(겹령) − 郟(겹)은 潁川郡의 현명. 今 河南省 平頂山市 관할 郟縣. 郟은 땅이름 겹. ○隗囂(외효) − 13권,

〈隗囂公孫述列傳〉立傳.　○潁川(영천) – 治所 陽翟縣(양책현), 今 河南省 중부 許昌市 관할의 禹州市.　○此健令也 – 이 사람은 강력한 縣令이다. ○髡剔(곤체) – 髡은 머리 깎을 곤. 剔 머리 깎을 체. 剃와 同. 뼈 바를 척. ○鈇鑕(부질) – 도끼 모루, 도끼 받침. 처형당해도 좋다는 뜻.

[國譯]

그 무렵 天下가 안정되지 않아 사방에서 군사를 거느리고 사칭하는 자가 아주 많았는데 馮魴(풍방)은 본분을 지켰고 또 方略을 겸비했었다. 光武帝가 소문을 듣고 가상히 여겨 建武 3년에 行在所로 불러 雲臺에서 만나본 뒤에 (梁郡의) 虞縣(우현) 현령에 임명하였다. 풍방은 과감하게 처형하며 토벌하여 위엄과 신의로 칭송을 들었다. 이어 (潁川郡) 郟縣(겹현) 현령이 되었다. 뒤에 車駕(거가)가 서쪽으로 隗囂(외효)를 정벌할 때 潁川(영천)의 도적이 떼로 일어났고 겹현의 도적 延褒(연포) 등 무리 3천여 명이 현령의 관사를 포위 공격하자 풍방은 관리 70여 명을 거느리고 며칠을 힘껏 싸웠지만 활과 화살이 다하여 성은 함락되었고 풍방은 일단 숨어버렸다. 광무제는 군국에서 반란을 듣고 즉시 영천군으로 행차하였고, 풍방은 행재소에 가서 알현하였다. 광무제는 풍방의 전투를 확인하고 풍방의 역투를 인정하며 가상히 여겨 말했다. "이 사람은 강력한 縣令으로 응당 맞서 싸웠으니 州나 郡에서 체포하지 말라."

도적 연포 등은 황제의 원정 소식을 듣고 모두 머리를 깎고 도끼 모루를 짊어지고 와서 무리와 함께 용서를 빌었다. 광무제는 일단 사면하면서 풍방을 시켜 여러 마을을 돌며 투항을 받게 하자, 현은 곧 평정되었고 조서로 연포 등을 모두 풍방의 처분에 맡겼다. 이에 풍방이 군법을 적용하겠다며 꾸짖자, 도적들은 "오늘 죽더라도 한은 없습니다."라고 말했다. 이에 풍방이 말했다.

"너희들이 죄를 알고 뉘우치니, 오늘 일단은 용서할 것이니 각자 돌아가 농사를 지을 것이며 모두가 현령을 위해 귀와 눈이 되도록 하라."

무리는 모두 만세를 불렀다. 이후로 도적이 일어날 때마다 연포 등이 적발해 내자 감히 반동하는 자가 없어졌고 현은 깨끗해졌다.

原文

十三年, 遷魏郡太守. 二十七年, 以高第入代趙憙爲太僕. 中元元年, 從東封岱宗, 行衛尉事. 還, 代張純爲司空, 賜爵關內侯. 二年, 帝崩, 使魴持節起原陵, 更封楊邑鄕侯, 食三百五十戶. 永平四年, 坐考隴西太守鄧融, 聽任姦吏, 策免, 削爵土. 六年, 顯宗幸魯, 復行衛尉事. 七年, 代陰嵩爲執金吾.

魴性矜嚴公正, 在位數進忠言, 多見納用. 十四年, 詔復爵土. 明年, 東巡郡國, 留魴宿衛南宮. 建初三年, 以老病乞身, 肅宗許之. 其冬爲五更, 詔魴朝賀, 就列侯位. 元和二年, 卒, 時年八十六.

子柱嗣. 尙顯宗女獲嘉長公主, 少爲侍中, 以恭肅謙約稱, 位至將作大匠. 柱卒, 子定嗣, 官至羽林中郞將. 定卒, 無子, 國除.

○中元元年 – 광무제의 두 번째, 마지막 연호. 서기 56년. ○岱宗(대종) – 泰山. ○原陵 – 光武帝와 황후 陰麗華의 합장 능. 今 河南省 洛陽市 孟津縣 소재. ○五更(오경) – 五叟로도 표기(叟는 늙은이 수). 연로하여 致仕하고 經驗(五事인 貌, 言, 視, 聽, 思)이 풍부한 사람이란 뜻으로, 보통 지팡이를 짚지 않아도 되는 公卿 중에서 고른다. 황제가 年老한 三老와 更事致仕한 사람을 모시는 예를 시행하는 것은 백성에게 孝悌를 널리 펴기 위한 뜻이다. ○(章帝) 元和二年 – 서기 85년.

[國譯]

(建武) 13년, 魏郡太守로 승진하였다. 27년에, 우수한 考課로 趙憙(조희)의 후임으로 太僕(태복)이 되었다. 中元 원년, 황제를 수행해 東으로 岱宗(泰山)에 봉선할 때 衛尉의 직무를 대행하였다. 돌아와서는 張純(장순)의 후임으로 司空이 되었고 關內侯의 작위를 받았다. (中元) 2년, 광무제가 붕어하자, 풍방은 지절을 받아서 原陵 공사를 마쳤다. 다시 楊邑鄕侯에 봉해졌고 식읍은 350호였다.

(明帝) 永平 4년, 隴西太守 鄧融(등융)의 평가에 불법을 저리를 관리의 말을 따랐다고 책서로 면직되었고 작위와 식읍을 삭감 당했다. 6년에, 顯宗(명제)이 魯에 행차할 때 다시 衛尉의 직무를 대행하였다. 7년에, 陰嵩(음숭)의 후임으로 執金吾가 되었다.

풍방의 성격은 엄격하고 공정하여 재직 중에 여러 번 충언을 올렸고 많이 채택되었다. (永平) 14년, 조서로 작위와 식읍이 회복되었다. 다음 해 (明帝가) 동쪽 군국을 순시하면서 풍방을 남겨 南宮을 숙위하게 하였다. (章帝) 建初 3년에, 노환으로 퇴직을 신청하자 肅宗(章帝)이 허락하였다. 그해 겨울에 五更(오경, 五叟)이 되었고 조서로 풍방에게 신년 하례에 참석케 하였는데 지위는 列侯와 같았다.

(章帝) 元和 2년에 죽었는데, 나이는 86세였다.

아들 馮柱(풍주)가 계승하였다. 풍주는 顯宗의 딸 獲嘉長公主와 결혼하여 젊어 侍中이 되었으며, 공손하고 엄숙하며 검약으로 칭송을 들었고 관위는 將作大匠에 이르렀다. 풍주가 죽자, 아들 馮定(풍정)이 계승하였고 관직은 羽林中郞將이었다. 풍정이 죽었을 때 아들이 없어 나라를 없앴다.

原文

定弟石, 襲母公主封獲嘉侯, 亦爲侍中, 稍遷衛尉. 能取悅當世, 爲安帝所寵. 帝嘗幸其府, 留飮十許日, 賜駁犀具劍,佩刀,紫艾綬,玉玦各一, 拜子世爲黃門侍郞, 世弟二人皆郞中.

自永初兵荒, 王侯租秩多不充, 於是特詔以它縣租稅足石, 令如舊限, 歲入穀三萬斛, 錢四萬. 遷光祿勳, 遂代楊震爲太尉. 及北鄕侯立, 遷太傅, 與太尉東萊劉喜參錄尙書事.

順帝旣立, 石與喜皆以阿黨閻顯,江京等策免, 復爲衛尉. 卒, 子代嗣. 代卒, 弟承嗣, 爲步兵校尉.

石弟光, 和帝時詔封楊邑侯, 亦以石寵, 官至城門校尉. 卒, 子肅嗣, 爲黃門侍郞.

| 註釋 | ○駁犀具劍,佩刀,紫艾綬,玉玦 - 駁犀具劍(박서구검)은 물소 얼룩 犀角(서각, 뿔)으로 장식한 칼. 佩刀(패도)는 허리에 차는 칼. 紫艾綬(자애

수)는 자주와 쑥색(녹색)의 인수, 玉玦(옥결)은 반달 모양의 허리띠 장식 玉.
○楊震(양진) - 54권, 〈楊震列傳〉에 立傳. ○北鄕侯立 - 安帝 다음의 少
帝, 劉懿(유의), 7대 황제로 통용. 재위 서기 125년 3월~10월(陰). 연령 미
상. 능묘 미상. ○參錄尙書事 - 錄尙書事(尙書의 일을 감독, 前漢의 領尙
書事)에 참여하다. ○閻顯(염현), 江京(강경) - 閻顯(염현)은 安帝 염황후의
오빠. 安帝가 죽자 閻太后와 염현의 모의로 章帝의 손자인 濟北 惠王 壽
(수)의 아들인 北鄕侯 懿(의)를 옹립. 江京(강경)은 환관으로 태후나 황후를
시중드는 大長秋였다. 질록 二千石인 고급 환관.

[國譯]

馮定(풍정)의 동생 馮石(풍석)은 모친 公主의 封號인 獲嘉侯(획가
후)를 계승하였고 侍中이 되었다가 차츰 승진하여 衛尉가 되었다.
풍석은 당대에 인기가 있어 安帝의 총애를 받았다. 安帝는 풍석의
집에 행차하여 술을 마시며 10여 일이나 유숙했고 풍석에게 무소
얼룩 뿔로 장식한 칼과 佩刀(패도), 자주와 쑥색(녹색)의 인수, 玉玦
(옥결) 등을 각 하나씩 하사하였으며, 풍석의 아들 馮世(풍세)를 黃門
侍郞에 임명했고, 풍세의 동생 2명도 모두 郞中이 되었다.

(安帝) 永初 연간의 군사 징발로 王侯의 田租 수입이 크게 부족했
는데, 안제의 특별한 조서로 다른 현의 전조로 풍석의 부족분을 채
워주게 하였는데 1년 수입으로 곡식이 3만 斛(곡)에 4만 錢이나 되
었다. 풍석은 光祿勳으로 승진하였고 마침내 楊震(양진)의 후임으로
太尉가 되었다. (安帝가 죽고) 北鄕侯(북향후, 懿)가 즉위하자 太傅(태
부)가 되어 東萊郡(동래군) 출신 劉喜(유희)와 함께 錄尙書事에도 참
여하였다.

順帝가 즉위한 다음에 풍석과 馮喜(풍희)는 모두 阿黨인 閻顯(염

현), 江京(강경) 등과 함께 책명으로 면직되었고 다시 衛尉가 되었다가 죽었다. 아들 馮代(풍대)가 계승하였다. 풍대가 죽자, 동생 馮承(풍승)이 계승하였는데 步兵校尉가 되었다.

풍석의 동생 馮光(풍광)은 和帝 때 조서로 楊邑侯(양읍후)에 봉해졌고 풍석 때문에 총애를 받아 관직은 城門校尉였다. 풍광이 죽고 아들 馮肅(풍숙)이 계승했는데 관직은 黃門侍郎이었다.

❸ 虞延

原文

虞延字子大, 陳留東昏人也. 延初生, 其上有物若一匹練, 遂上升上, 占者以爲吉. 及長, 長八尺六寸, 要帶十圍, 力能扛鼎. 少爲戶牖亭長. 時王莽貴人魏氏賓客放從, 延率吏卒突入其家捕之, 以此見怨, 故位不升.

性敦樸, 不拘小節, 又無鄉曲之譽. 王莽末, 天下大亂, 延常嬰甲胄, 擁衛親族, 扞禦抄盜, 賴其全者甚衆. 延從女弟年在孩乳, 其母不能活之, 棄於溝中, 延聞其號聲, 哀而收之, 養至成人.

建武初, 仕執金吾府, 除細陽令. 每至歲時伏臘, 輒休遣徒繫, 各使歸家, 並感其恩德, 應期而還. 有囚於家被病, 自載詣獄, 旣至而死, 延率掾史, 殯於門外, 百姓感悅之.

| 註釋 | ○陳留東昏 – 陳留郡 치소는 治所 陳留縣, 今 河南省 동부의 開封市. 東昏(동혼)은 현명. 今 河南省 동부 開封市 관할 蘭考縣. ○力能扛鼎 – 扛鼎(강정)은 세발 솥(鼎)을 두 손으로 들어 올리다. 힘센 사람을 묘사할 때 흔히 사용. ○延常嬰甲胄 – 嬰은 두를 영. 몸에 걸치다. ○除細陽令 – 細陽은 汝南郡의 현명. 今 安徽省 서북부 阜陽市(부양시) 관할 太和縣.

[國譯]

虞延(우연)의 字는 子大(자대)로 陳留郡 東昏縣(동혼현) 사람이다. 우연이 태어날 때 비단 한 필처럼 생긴 물건이 떠올라서 하늘로 날아갔는데 점을 친 자는 그것이 길조라고 하였다. 성인이 되어 신장은 8尺6寸(195cm 정도)이었고 허리둘레가 10圍(5寸×10, 약 115cm 정도)로 그 힘은 세발솥을 두 손으로 들어 올릴 수 있었다. 젊어서 戶牖鄕(호유향)의 亭長이었다. 그때 王莽(왕망)의 貴人인 魏氏(위씨)의 빈객이 방종하자, 우연은 이졸을 거느리고 그 집에 가서 체포했는데 이 때문에 원한을 사서 더 승진하지 못했다.

우연의 성격은 돈후질박하며 小節에 얽매이지 않았기에 향리에서는 칭송을 듣지 못했다. 왕망 말기에 천하가 어지러울 때 우연은 늘 갑옷을 입고 親族을 지켜주고 도적을 막았기에 그 덕분에 살아난 사람이 매우 많았다. 우연의 4촌 여동생은 젖먹이 때 그 어머니가 살릴 수 없다 하여 도랑에 버렸는데, 우연은 아이 울음소리를 듣고 불쌍히 여겨 거두어 성인이 될 때까지 양육하였다.

建武 초기에, 執金吾 관부에 출사하였다가 (汝南郡의) 細陽 현령이 되었다. 해마다 섣달이 되면 갇혀 있는 죄수를 풀어 각자 귀가하게 하였는데 모두 그 은덕에 감읍하여 기일 내에 돌아왔다. 죄수가

집에서 병이 나면 우연이 수레로 태워서 데려왔고, 감옥에서 죽으면 掾史(연사, 掾吏)를 인솔해서 성문 밖에 묻어주니 백성이 모두 감격하며 좋아하였다.

原文

　後去官還鄉里, 太守富宗聞延名, 召署功曹. 宗性奢靡, 車服器物, 多不中節.

　延諫曰, "昔晏嬰輔齊, 鹿裘不完, 季文子相魯, 妾不衣帛, 以約失之者鮮矣." 宗不悅, 延卽辭退. 居有頃, 宗果以侈從被誅, 臨當伏刑, 攣涕而嘆曰, "恨不用功曹虞延之諫!"

　光武聞而奇之. 二十年東巡, 路過小黃, 高帝母昭靈后園陵在焉, 時延爲部督郵, 詔呼引見, 問園陵之事. 延進止從容, 占拜可觀, 其陵樹株蘗, 皆諳其數, 俎豆犧牲, 頗曉其禮. 帝善之, 敕延從駕到魯. 還經封丘城門, 門下小, 不容羽蓋, 帝怒, 使撻侍御史, 延因下見引咎, 以爲罪在督郵. 言辭激揚, 有感帝意, 乃制詔曰, "以陳留督郵虞延故, 貰御史罪." 延從送車駕西盡郡界, 賜錢及劍帶佩刀還郡. 於是聲名遂振.

| 註釋 | ㅇ太守富宗 ― 富가 姓, 宗이 名. ㅇ晏嬰(안영) ― 晏子. ㅇ以約失之者鮮矣 ― 검소하기 때문에 실패한 자는 없다. 《論語 里仁》. ㅇ小黃 ― 현명. 今 河南省 開封市 동북. ㅇ封丘 ― 현명. 今 河南省 북부 新鄕市 관할 封丘縣.

[國譯]

 (虞延은) 뒷날 관직을 사임하고 향리로 돌아왔는데 (陳留) 태수 富宗(부종)은 우연의 명성을 듣고 불러 功曹에 임명하였다. 부종은 사치를 좋아하여 수레와 의복과 여러 기물이 법도에 어긋나는 것이 많았다. 이에 우연이 바른 말을 하였다.

 "옛날 晏嬰(안영)은 齊의 재상이었으나 제대로 된 사슴가죽 갓옷도 없었으며, 季文子(계문자)는 魯의 재상이었지만 그 아내는 비단옷을 입지 못했으니 검약했기에 실패한 사람은 없습니다."

 그러나 부종이 싫어하자 우연은 즉시 사임하고 물러났다. 얼마 안 있어 부종은 사치한 죄로 처형을 당하면서 눈물을 훔치며 탄식하였다. "공조였던 우연의 말을 듣지 않은 것이 한이로다!"

 光武帝도 이를 전해 듣고 기특하게 여겼다.

 (建武) 20년, 동쪽을 순시하는 광무제가 小黃縣(소황현)을 지나가는데 거기에 高帝의 모친인 昭靈后의 園陵이 있고 그때 우연은 태수부의 督郵(독우)로 있어 광무제가 불러 만나 원릉에 관한 일을 물었다. 우연의 행동거지가 침착하고 모든 예절이 법도에 맞았으며 능원의 수목에 관한 것도 잘 알고, 제물 진설과 희생에 관한 예법에도 밝았다. 광무제는 우연을 칭찬하고 어가를 따라 魯까지 수행하라고 하였다. (魯에서) 돌아오는 길에 (陳留郡) 封丘縣에 들렀는데, 城門이 낮고 작아서 황제의 일산과 수레 덮개가 들어가지 못하자 광무제가 화를 내며 侍御史를 매질하게 하였는데 우연은 바로 황제에게 나아가 잘못했다면서 죄는 (진류군의) 독우인 자신에게 있다고 아뢰었다. 그 말이 하도 진실 되어 광무제의 마음을 움직였는데 광무제는 "陳留郡 督郵인 虞延(우연) 때문에 시어사의 죄를 용서하겠다."고

말하였다. 우연은 어가를 군의 서쪽 경계까지 모셨는데 광무제는 우연에게 금전과 칼집, 그리고 패도를 하사하여 돌아가게 하였다. 이로써 우연의 명성은 크게 알려졌다.

原文

二十三年, 司徒玉況辟焉. 時元正朝賀, 帝望而識延, 遣小黃門馳問之, 卽日召拜公車令. 明年, 遷洛陽令. 是時, 陰氏有客馬成者, 常爲姦盜, 延收考之. 陰氏屢請, 獲一書輒加箠二百. 信陽侯陰就乃訴帝, 譖延多所冤枉.

帝乃臨御道之館, 親錄囚徒. 延陳其獄狀可論者在東, 無理者居西. 成乃回欲趨東, 延前執之, 謂曰, "爾人之巨蠹, 久依城社, 不畏熏燒. 今考實未竟, 宜當盡法!" 成大呼稱枉, 陛戟郎以戟刺延, 叱使置之. 帝知延不私, 謂成曰, "汝犯王法, 身自取之!" 呵使速去. 後數日伏誅, 於是外戚斂手, 莫敢干法. 在縣三年, 遷南陽太守.

| 註釋 | ○(建武) 二十三年 – 서기 47년. ○獲一書輒加箠二百 – 청탁하는 서신을 받을 때마다 회초리 2백 대를 때리다. 箠는 매질할 방. 바구니 방. ○信陽侯陰就乃訴帝 – 陰就(음취)는 陰皇后의 친동생, 광무제의 처남. ○無理者居西 – 재론의 여지가 없는 자는 서쪽에 세우다. ○爾人之巨蠹 – 너 같이 큰 좀벌레(해충). 蠹 좀 두. 종이 책이나 옷감을 파먹는 나무 벌레. ○久依城社 – 오랫동안 권력자에 붙어살다. 城社는 마을 토지신의 사당. 사당에 사는 쥐새끼. ○不畏熏燒 – (사당의 쥐새끼처럼) 불타 죽을 걱

정을 하지 않다. 人君 측근의 소인배.

[國譯]

  (建武) 23년, 司徒 玉況(옥황)이 虞延(우연)을 등용했다. 그때 정월 초하루 하례를 할 때 광무제가 멀리서 우연을 알아보고 小黃門을 시켜 불러오게 한 뒤 당일로 公車令에 임명하였다. 다음 해 洛陽令으로 승진하였다. 이때, 陰氏(음씨)의 문객 중 馬成(마성)이란 자가 늘 법을 어기고 도적질을 하자 우연이 잡아다가 문초하였다. 음씨 집안에서 여러 번 부탁을 해왔는데 우연은 청탁 서신을 받을 때마다 회초리 2백 대를 때렸다. 그러자 信陽侯 陰就(음취)는 황제에게 하소연하며 우연의 처사가 너무 부당하다고 참소하였다. 그러자 광무제가 御道館(어도관)에 행차하여 친히 죄수 기록을 확인하였다.

  우연은 죄상에 따라 재론의 여지가 있는 자는 동쪽 줄에, 재론의 여지가 없는 자는 서쪽 줄에 세워놓았다. 그러자 마성은 눈치를 보아 동쪽 줄로 달려가자 우연이 따라가서 끄집어내며 말했다. "너 같이 큰 해충은 사당에 오래 산 쥐새끼라서 불타 죽을 걱정을 안 하겠지만 아직 죄가 다 드러나지 않았으니 법대로 처결할 것이다."

  그러자 마성은 억울하다고 소리쳤고 계단에 창을 들고 늘어선 낭관이 창으로 우연을 찌르며 놓아주라고 질책하였다. 광무제는 우연이 사적 감정이 없다는 것을 알고 마성에게 말했다. "네가 법을 어겼고 네가 저지른 것이다!" 그리고 빨리 물러나라고 꾸짖었다.

  그 며칠 뒤, 처형당하자 외척들은 모두 손을 빼고 조심하며 감히 법을 어기는 자가 없었다. 낙양 현령으로 3년을 근무한 뒤 남양 태수로 승진하였다.

永平初, 有新野功曹鄧衍, 以外戚小侯每豫朝會, 而容姿
趨步, 有出於衆, 顯宗目之, 顧左右曰, "朕之儀貌, 豈若此
人!" 特賜輿馬衣服.

延以衍雖有容儀而無實行, 未嘗加禮. 帝旣異之, 乃詔衍
令自稱南陽功曹詣闕. 旣到, 拜郎中, 遷玄武司馬. 衍在職
不服父喪, 帝聞之, 乃嘆曰, "知人則哲, 惟帝難之. 信哉斯
言!" 衍慚而退, 由是以延爲明.

| 註釋 | ○小侯 – 아직 나이가 어려 列侯(諸侯)가 아닌 사람. 다음에 작
위를 승계한 미성년 長子. ○玄武司馬 – 북문인 현무문을 관할하는 성문
교위의 사마. 질록 1천석.

[國譯]

(明帝) 永平 초년에, (南陽郡) 新野縣의 功曹인 鄧衍(등연)은 外戚
小侯로 해마다 朝會에 참여했었는데 그 용의와 태도와 행실이 아주
출중하여 顯宗(明帝)가 보고서는 측근에게 말했다.

"朕의 의표가 어찌 저 사람 같겠는가!"

그리고서는 특별히 수레와 말과 의복을 하사하였다.

우연은 등연이 비록 행실은 의젓하나 실천이 없다 하여 등연을
중시하지 않았다. 명제는 이상히 여겨 등연에게 명하여 南陽功曹라
는 직함으로 궁궐에 들어오라고 명하였다. 등연은 궁에 들어가 郎中
을 제수 받았고 승진하여 玄武門의 司馬가 되었다. 그러나 등연은
재직하며 부친상에 복상하지 않았는데, 이를 안 명제가 탄식하였다.

"知人해야 명철하며 황제에게도 어려운 일이라 하였는데, 이는 사실이로다." 등연은 부끄러워 사퇴하였고 이 때문에 우연을 현명하다고 생각하였다.

　三年, 徵代趙憙爲太尉, 八年, 代范遷爲司徒, 歷位二府, 十餘年無異政績. 會楚王英謀反, 陰氏欲中傷之, 使人私之楚謀告延, 延以英藩戚至親, 不然其言. 又欲辟幽州從事公孫弘, 以弘交通楚王而止, 並不奏聞. 及英事發覺, 詔書切讓, 延遂自殺. 家至淸貧, 子孫不免寒餒.

　延從曾孫放, 字子仲. 少爲太尉楊震門徒, 及震被讒自殺, 順帝初, 放詣闕追訟震罪, 由是知名. 桓帝時爲尙書, 以議誅大將軍梁冀功封都亭侯, 後爲司空, 坐水災免. 性疾惡宦官, 遂爲所陷, 靈帝初, 與長樂少府李膺等俱以黨事誅.

| 註釋 |　○(永平) 三年 – 서기 60년.　○楚王英謀反 – 永平 13년(서기 70) 11월, 楚王 劉英(유영)이 모반했다.　○寒餒 – 飢寒(기한). 餒는 굶주릴 뇌.　○楊震(양진) – 54권,〈楊震列傳〉에 立傳.　○靈帝 – 재위 168 – 189년. ○李膺(이응) – 67권,〈黨錮列傳〉에 立傳.

【國譯】

　(永平) 3년, 虞延(우연)은 (남양태수에서) 부름을 받아 趙憙(조희)

의 후임으로 태위가 되었고, 8년에 範遷(범천)의 후임으로 司徒가 되었는데, 태위와 사도 재직 10여 년에 특별한 치적은 없었다. 그때 楚王 劉英(유영)이 모반하였는데 陰氏(음씨)는 우연을 모함하려고 사람을 시켜 초왕의 음모를 우연에게 알려주게 하였는데, 우연은 초왕이 제후왕이며 황제의 지친이기에 그런 말을 믿지 않았다. 또 幽州(유주) 자사부의 從事인 公孫弘(공손홍)을 등용하려다가 공손홍이 楚王과 왕래하는 줄을 알고 그만두었지만 이를 황제에게 보고하지는 않았다. 초왕 유영의 사안이 발각되자, 명제는 조서를 내려 우연을 심하게 문책하였고 우연은 곧 자살하였다. 집안은 아주 청빈하여 그 자손은 추위와 굶주림을 면치 못했다.

우연의 從曾孫인 虞放(우방)의 字는 子仲(자중)이다. 젊어 태위 楊震(양진)의 문도였는데 양진이 참소를 받아 자살하자 順帝 初에 궁궐에 와서 양진의 무죄를 伸寃(신원)하여 이름이 알려졌다. 桓帝 때 尙書였는데 大將軍 梁冀(양기)를 죽여야 한다고 주장하여 나중에 都亭侯(도정후)가 되었다. 이어 司空이 되었으나 水災(수재)와 연관하여 면직되었다. 우방은 환관을 크게 증오하였는데 환관의 모함을 받아 靈帝 초년에, 長樂少府인 李膺(이응)과 함께 黨人으로 몰려 처형되었다.

❹ 鄭弘

|原文|

鄭弘字巨君, 會稽山陰人也. 從祖吉, 宣帝時爲西域都護.

弘少爲鄕嗇夫, 太守第五倫行春, 見而深奇之, 召署督郵, 舉
孝廉.

弘師同郡河東太守焦貺. 楚王英謀反發覺, 以疏引貺, 貺
被收捕, 疾病於道亡沒, 妻子閉繫詔獄, 掠考連年. 諸生故
人懼相連及, 皆改變名姓, 以逃其禍, 弘獨髡頭負鈇鑕, 詣闕
上章, 爲貺訟罪. 顯宗覺悟, 卽赦其家屬, 弘躬送貺喪及妻
子還鄕里, 由是顯名.

| 註釋 | ○會稽(회계) 山陰(산음) - 會稽는 군명. 治所 山陰縣, 今 浙江省
북부 紹興市. ○從祖吉 - 鄭吉(?-前 49年), 張騫(장건), 常惠(상혜), 鄭吉,
陳湯 등의 노력으로 전한의 서역 지배권이 확립. 前 60년에 정길이 초대
서역도호가 되었다. 《漢書》 70권, 〈傅常鄭甘陳段傳〉에 立傳. ○嗇夫(색
부) - 鄕職 名, 10里에 1亭, 10정을 1鄕이라 하고 鄕吏(향리)를 두었는데 鄕
吏로는 교화를 담당하는 三老, 聽訟과 賦稅 징수를 돕는 嗇夫(색부), 순찰과
도적 체포를 담당하는 游徼(유요)가 있었다. ○太守第五倫行春 - 第五가
성씨. 第五倫은 41권, 〈第五鍾離宋寒列傳〉에 입전. 行春은 농사가 시작되
는 봄철에 관내를 순시하다. ○諸生 - 太學의 학생. 前漢에서는 博士弟子,
後漢에서는 諸生 또는 太學生이라 불렀다.

[國譯]

　　鄭弘(정홍)의 字는 巨君(거군)으로 會稽郡(회계군) 山陰縣(산음현)
사람이다. 그의 從祖父인 鄭吉(정길)은 宣帝 때 西域都護(서역도호)였
다. 정홍은 젊어 鄕의 嗇夫(색부)였는데 太守 第五倫(제오륜)이 봄에
관내를 순시하다가 정홍을 보고 아주 기특히 여겨 불러다가 督郵(독

우)에 임명하였고 나중에 孝廉(효렴)으로 천거하였다.

정홍은 同郡 출신 河東太守 焦貺(초황)에게서 배웠다. 楚王 劉英
(유영)의 모반이 드러나면서 (왕래한) 서신 때문에 초황은 체포되었
으나 병이 심해 도중에 죽자, 그 처자가 잡혀 들어가 詔獄(조옥)에 갇
혀 1년이 넘게 고문을 당했다. 초황의 제자나 친지는 서로 연좌되는
것이 두려워 성명을 바꾸고 화를 피해 달아났지만 정홍만은 홀로 머
리를 깎고 도끼 모루〔鈇鑕(부질)〕를 짊어지고 대궐에 가서 상소를 올
려 초황의 무죄를 탄원하였다. 顯宗도 깨달은 바 있어 바로 그 가속
을 사면하였는데 정홍은 몸소 초황의 시신을 운구하며 초황의 처자
를 향리로 돌아가게 하였는데 이로써 정홍이 이름이 알려졌다.

原文

拜爲騶令, 政有仁惠, 民稱蘇息. 遷淮陽太守. 四遷, 建初
初, 爲尙書令. 舊制, 尙書郎限滿補縣長令史丞尉. 弘奏以
爲臺職雖尊, 而酬賞甚薄, 至於開選, 多無樂者, 請使郎補千
石令, 令史爲長. 帝從其議. 弘前後所陳有補益王政者, 皆
著之南宮, 以爲故事.

出爲平原相, 徵拜侍中. 建初八年, 代鄭衆爲大司農. 舊
交阯七郡貢獻轉運, 皆從東冶泛海而至, 風波艱阻, 沈溺相
係. 弘奏開零陵, 桂陽嶠道, 於是夷通, 至今遂爲常路.

在職二年, 所息省三億萬計. 時歲天下遭旱, 邊方有警,
人食不足, 而帑藏殷積. 弘又奏宜省貢獻, 減徭費, 以利饑

人. 帝順其議.

| 註釋 | ○淮陽太守 – 前漢의 淮陽國. 후한의 陳國. 治所는 陳縣, 今 河南省 동부 周口市 淮陽縣. ○(章帝) 建初初 – 서기 76년. ○臺職 – 後漢의 권력 중추기구인 尙書臺(상서대, 별칭 臺閣), 책임자는 상서령. 질록 1千石. ○平原相 – 平原國(郡)의 相. 治所 平原縣, 今 山東省 북부 德州市 관할의 平原縣. ○東冶 – 전한 武帝 이전에 존속했던 閩越國(민월국)의 도성. 今 福建省 동북부 福州市. ○零陵,桂陽嶠道 – 零陵(영릉)은 군명. 치소는 治所 泉陵縣, 今 湖南省 서남부 永州市. 桂陽(계양)은 군명. 치소는 郴縣(침현). 今 湖南省 남부 郴州市(침주시). 嶠道(교도)는 고갯길. 嶠는 높을 교. ○於是夷通 – 夷는 평평하다. 고갯길을 낮은 곳에 새로 만들어 개통하다. ○帑藏殷積 – 帑藏은 궁궐 창고의 보관물. 帑은 금고 탕, 처자 노. 殷積(은적)은 많이 쌓이다.

[國譯]

　(鄭弘은) (魯國의) 騶縣(추현) 현령이 되었는데 爲政이 인자하고 너그러워 백성을 休養生息케 했다는 칭송을 들었다. 淮陽(회양) 태수로 승진하였다가 4번 승진하여 (章帝) 建初 초에 尙書令이 되었다. 옛 제도에 의하면, 尙書郞의 임기를 다 채우면 縣長이나 令史 또는 郡丞이나 都尉에 보임되었다. 이에 정홍이 상주하기를 臺職(尙書臺)이 비록 존귀한 자리이지만 보수나 賞賜가 아주 각박하여 선임되더라도 많은 사람이 좋아하지 않으니 尙書郞을 마치면 질록 일천석의 縣令을 보임하거나 令史을 부서 책임자로 임명하는 것이 좋을 것이라고 건의하였다. 章帝는 정홍의 건의를 채용하였다. 정홍은 전후에 걸쳐 정사에 유익한 여러 건의를 하였는데 모두가 南宮에

서 채택되어 전례가 되었다.

정홍은 平原國의 相으로 나갔다가 부름을 받아 侍中에 제수되었다. (章帝) 建初 8년(서기 83)에, 鄭衆(정중)의 후임으로 大司農이 되었다. 옛 交阯(교지)자사부의 7개 군에서 바치는 토산품 운송은 모두 東冶(동야, 당시 會稽郡 冶縣)에서 바다를 통해 들어왔는데 풍파가 험하여 익사자가 계속 이어졌다. 이에 정홍이 상주하여 零陵郡과 桂陽郡을 통과하는 고갯길을 낮은 곳으로 새로 만들어 개통케 하였는데 至今까지(范曄이《後漢書》를 저술할 때) 일상적 통로가 되었다. (大司農으로) 재직 2년에 절약한 금전이 三億 兩으로 추산하였다. 그 무렵 천하가 한해를 겪었고 변방의 군사 동원으로 백성의 식량이 크게 부족하였지만 궁궐 창고는 재물이 많이 비축되어 있었다. 정홍은 백성의 징세를 줄이고 요역의 비용을 절감하여 굶주린 백성을 구제해야 한다고 건의하였다. 장제는 그런 건의에 받아들였다.

原文

元和元年, 代鄧彪爲太尉. 時擧將第五倫爲司空, 班次在下, 每正朔朝見, 弘曲躬而自卑. 帝問知其故, 遂聽置雲母屛風, 分隔其間, 由此以爲故事. 在位四年, 奏尙書張林阿附侍中竇憲, 而素行臧穢, 又上洛陽令楊光, 憲之賓客, 在官貪殘, 並不宜處位. 書奏, 吏與光故舊, 因以告之.

光報憲, 憲奏弘大臣漏泄密事. 帝詰讓弘, 收上印綬. 弘自詣廷尉, 詔敕出之, 因乞骸骨歸, 未許. 病篤, 上書陳謝,

並言竇憲之短. 帝省章, 遣醫占弘病, 比至已卒. 臨歿悉還
賜物, 敕妻子褐巾布衣素棺殯殮, 以還鄕里.

| 註釋 | ○(章帝) 元和元年 – 서기 84년. ○鄧彪(등표) – 44권, 〈鄧張徐
張胡列傳〉에 立傳. 太尉 鄧彪(등표)는 큰 공을 세운 공신의 후예로 작위를
3번이나 양보하였다. ○班次在下 – 태수 第五倫은 鄭弘을 督郵(독우)에 임
명했고, 또 孝廉(효렴)으로 천거했었다. ○素行臧穢 – 평소 행동이 더럽
다. 臧穢(장예)는 지저분하다. 臧은 감출 장, 착할 장. 穢은 더러울 예.

[國譯]

  (章帝) 元和 원년에, 鄧彪(등표)의 후임으로 太尉가 되었다. 그때
조정에서는 第五倫(제오륜)을 천거하여 司空에 임용하였는데 서열
은 太尉보다 하위였다. 매월 초하루 조회를 할 때면 정홍은 몸을 구
부려 스스로를 낮췄다. 장제가 그 까닭을 물으며 雲母屛風으로 사이
를 가려놓고 말하게 하였는데 이후 하나의 전례가 되었다. 4년간 재
직하였는데, 정홍은 尙書인 張林(장림)이 侍中 竇憲(두헌)에 아부하
면서 평소 행실이 지저분하였으며, 또 洛陽 현령 楊光(양광)은 두헌
의 빈객인데 재직하며 돈을 착복하였으니 두 사람을 그냥 둘 수 없
다고 상주하였다. 상서가 보고되었고, 태위부의 관리 하나가 양광과
서로 친했기에 이를 알려주었다.

  양광이 이를 두헌에게 말하였는데 두헌은 대신인 정홍이 인사 기
밀을 하급 관리에 누설하였다고 상주하였다. 장제가 정홍을 문책하
며 대장군의 인수를 회수케 하였다. 정홍은 스스로 廷尉府에 들어가
죄를 자청하자 조서로 정홍을 내보내게 하였는데, 정홍은 바로 사직

을 청원하였지만 장제는 허락하지 않았다. 그러나 정홍은 병이 위독하여 상서하여 사죄하면서도 竇憲의 단점을 상주하였다. 장제가 상서를 읽고 의원을 보내 정홍의 병을 치료케 하였으나 의원이 도착하기 전에 정홍은 죽었다. 정홍은 죽으면서 그동안 황제의 하사품을 모두 반환케 하고, 처자에게는 褐巾(갈건)과 布衣(포의)에 보통 관에 염을 하여 향리에 묻으라고 유언하였다.

❺ 周章

原文

　周章字次叔, 南陽隨人也. 初仕郡爲功曹. 時大將軍竇憲免, 封冠軍侯就國. 章從太守行春到冠軍, 太守猶欲謁之. 章進諫曰, "今日公行春, 豈可越儀私交. 且憲椒房之親, 勢傾王室, 而退就藩國, 禍福難量. 明府剖符大臣, 千里重任, 擧止進退, 其可輕乎?"

　太守不聽, 遂便升車. 章前拔佩刀絶馬鞅, 於是乃止. 及憲被誅, 公卿以下多以交關得罪, 太守幸免, 以此重章. 擧孝廉, 六遷爲五官中郎將. 延平元年, 爲光祿勳.

| 註釋 |　○南陽隨人也 – 隨縣, 今 湖北省의 隨州市 관할 隨縣(수현). ○功曹(공조) – 군 태수나 현령의 보좌관. 郡에는 功曹掾과 功曹史를 두었다. 郡吏 중 首席, 태수 부재 시 직무대행.　○冠軍 – 南陽郡의 현명. 今 河南省

南陽市 남쪽 鄧州市. ㅇ憲椒房之親 − 寶憲(두헌)은 寶融(두융)의 증손, 두헌의 여동생이 章帝의 章德寶皇后. 흉노 원정에 공을 세웠으나 반역을 모의하여 賜死했다. 23권, 〈寶融列傳〉에 입전. 椒房(초방)은 후추를 벽에 바른 황후의 방. 황후. ㅇ千里重任 − 태수직. 郡의 영역이 둘레가 1천 리라는 뜻. ㅇ延平元年 − 殤帝(상제)의 연호. 서기 106년.

[國譯]

周章(주장)의 字는 次叔(차숙)으로 南陽郡 隨縣 사람이다. 처음에는 남양군의 功曹(공조)가 되었다. 그 무렵 大將軍 寶憲(두헌)이 면직되어 冠軍侯에 봉해져서 封國에 와 있었다. 주장은 태수를 수행하여 봄철 각 현을 순시 중에 冠軍縣에 가게 되자 太守는 두헌을 알현하려고 하였다. 이에 주장이 바른 말을 하였다.

"오늘을 공적으로 봄철 순시 중인데, 어찌 의례를 벗어난 사적 친교를 행하려 하십니까? 게다가 두헌은 황후의 일족으로 그 권세가 황실을 흔들었지만 지금은 물러나 제후국에 와 있으니 그 화복을 헤아리기 어렵습니다. 태수께서는 황제와 부절을 나눈 대신으로 군을 다스릴 중임을 맡았는데 행동과 진퇴를 어찌 가벼이 할 수 있겠습니까?"

그래도 태수는 듣지 않고 수레에 올라탔다. 주장이 앞으로 나가 패도로 말의 가슴걸이를 잘라버리자 그때서야 그만두었다. 나중에 두헌이 주살되었을 때 공경 이하 많은 사람이 두헌과 교제하였다 하여 득죄하였지만 태수는 다행히 화를 면했고, 이 때문에 주장을 중히 여겼다. 주장은 효렴으로 천거되었고 6번 승진하여 五官中郞將이 되었다. (殤帝) 延平 원년에는 光祿勳이 되었다.

永初元年, 代魏霸爲太常. 其冬, 代尹勤爲司空. 是時中常侍鄭衆, 蔡倫等皆秉勢豫政, 章數進直言. 初, 和帝崩, 鄧太后以皇子勝有痼疾, 不可奉承宗廟, 貪殤帝孩抱, 養爲己子, 故立之, 以勝爲平原王. 及殤帝崩, 群臣以勝疾非痼, 意咸歸之, 太后以前旣不立, 恐後爲怨, 乃立和帝兄淸河孝王子祐, 是爲安帝.

章以衆心不附, 遂密謀閉宮門, 誅車騎將軍鄧騭兄弟及鄭衆, 蔡倫, 劫尙書, 廢太后於南宮, 封帝爲遠國王, 而立平原王勝. 事覺, 策免, 章自殺. 家無餘財, 諸子易衣而出, 並日而食.

| 註釋 | ○(安帝)永初元年 - 서기 107년. ○魏霸(위패) - 25권,〈卓魯魏劉列傳〉에 立傳. ○蔡倫(채륜, 63-121) - 字 敬仲. 造紙術을 발명. 별칭 蔡侯紙. 和帝 元興 원년(105)에 제지 기술에 관해 황제에 보고. 환관으로서 크게 출세했고 安帝 때 龍亭侯에 봉해졌다. 鄧태후 붕어 후에 음독자살. 鄭衆(정중)과 채륜은 78권,〈宦者列傳〉에 立傳. ○和帝崩 - 元興 元年 12월(陰). ○鄧太后以皇子勝有痼疾 - 和帝의 長子 劉勝. 불치병이 있다하여 제위에 오르지 못했다. 55권,〈章帝八王列傳〉에 附傳. ○貪殤帝孩抱 - 和帝에게 많은 아들이 태어났으나 대부분 요절하였다. 和帝는 환관과 외척이 皇子를 해친다고 생각하여 민간에 보내 양육케 하였다. 화제가 붕어하자, 鄧皇后는 민간에서 양육 중인 劉隆(유륭, 출생 후 겨우 100일)을 궁으로 데려와 즉위시켰다. 殤帝(상제, 105-106년 8월, 재위 8개월)는 중국 역사상 가장 어린 황제에, 가장 단명한 황제로 기록되었다. 短折不成曰 殤. 殤

은 일찍 죽을 상. ○ 車騎將軍 鄧騭(등즐) – 무관직으로는 大將軍 다음이 驃騎將軍(표기장군)이고, 그 다음이 車騎將軍, 거기장군 다음 지위가 衛將軍이며, 그 다음에 일반 장군이다. 거기장군은 정치 상황에 따라 三公보다 높거나 낮았다. 鄧訓의 아들, 鄧皇后의 친오빠. 騭은 오를 즐, 수말 즐. 말의 수컷. 16권, 〈鄧寇列傳〉에 입전. ○ 封帝爲遠國王 – 安帝를 먼 지방의 왕에 봉하다. ○ 策免 – 책서로 면직되다. 策書는 관리를 임명, 면직하거나 작위를 수여하는 공문.

[國譯]

(安帝) 永初 원년, (周章은) 魏霸(위패)의 후임으로 太常이 되었고, 그해 겨울에 尹勤(윤근)의 후임으로 司空이 되었다. 그때 中常侍 鄭衆(정중)과 蔡倫(채륜) 등은 권력을 쥐고 정사에 참여했는데 주장은 여러 번 直言을 올렸다. 그전에 和帝가 붕어하자, 鄧太后는 皇子 劉勝(유승)이 불치병이 있어 宗廟를 받들 수 없다 하여 嬰兒(영아)인 殤帝(상제)를 데려다 자신의 아들처럼 기르면서 제위에 올리고 劉勝은 平原王에 봉했다. 곧 殤帝가 붕어하자, 여러 신하들은 유승이 불치병이 아니라며 마음이 모두 평원왕에 쏠렸지만 鄧태후는 앞서 제위에 오르지 못한 원한을 가질 것이라 하여 和帝의 兄인 淸河 孝王의 아들 劉祐(유우)를 옹립하니, 이가 安帝이다.

주장은 많은 신하가 새 황제를 따르지 않는다고 생각하여 몰래 궁문을 폐쇄하고 車騎將軍 鄧騭(등즐) 형제 및 鄭衆(정중), 蔡倫(채륜) 등을 죽이며, 尙書를 협박하여 太后를 폐위한 뒤 南宮에 유폐시키고, 황제(安帝)를 먼 곳 왕으로 봉하고서 平原王 劉勝을 옹립하겠다는 밀모를 꾸몄다. 그러나 사전에 발각되어 (평원왕은) 책서로 면죄되었지만 주장은 자살하였다. (주장의) 집에 남긴 재산이 없어 여러

자식은 옷을 교대로 입어야 외출하고 이틀에 한 끼 식사를 할 정도
였다.

原文

  論曰, 孔子稱 '可與立, 未可與權.' 權也者, 反常者也. 將
從反常之事, 必資非常之會, 使夫擧無違妄, 志行名全. 周
章身非負圖之托, 德乏萬夫之望, 主無絶天之釁 地有旣安
之勢, 而創慮於難圖, 希功於理絶, 不已悖乎! 如令君器易
以下議, 卽斗筲必能叨天業, 狂夫豎臣亦自奮矣. 孟軻有言
曰, '有伊尹之心則可, 無伊尹之心則簒矣.' 於戱, 方來之
人戒之哉!

| 註釋 | ○可與立, 未可與權 – 子曰, "可與共學, 未可與適道, 可與適道,
未可與立, 可與立, 未可與權."《論語 子罕》. 여기 立은 공을 세우다. 또는 성
사시키다. ○反常者也 – 정상에 반하는 것이지만 좋은 결과를 가져올 임시
조치. ○身非負圖之托 – 그 자신이 어떤 특별한 임무를 부탁받은 것이 아
니다. 武帝는 어린 昭帝를 옹립 보필하라고 霍光(곽광)에게 특별한 유언을
남겼다. 주장에게는 그런 일도 없었다. ○主無絶天之釁 – 주군이 스스로
망할 정도로 하늘에 대한 잘못이 있지도 않다. 釁은 틈 흔. 약점, 허물. 釁釁
(피바를 흔)과 同. ○而創慮於難圖 – 절대적으로 성공하기 어려운 시도를 모
의하다. ○不已悖乎 – 어찌 그릇되지 않으리오. 悖는 逆也, 어긋나다. ○如
令君器易以下議 – 如令은 가령. 君器는 황제 자리. ○卽斗筲必能叨天業 –
斗筲(두소)는 아주 작은 그릇. 소인. 筲는 대그릇 소. 작은 대나무 바구니. 叨

는 탐낼 도. 天業은 帝位. ○狂夫豎臣亦自奮矣 - 豎臣(수신)은 하급 관리. 미천한 지위. ○孟軻有言曰 - 「賢者之爲臣也 其君不賢則 固可放與?」孟子曰 "有伊尹之志則可 無伊尹之志則簒也."《孟子 盡心章句 上》.

[國譯]

范曄(범엽)의 史論 : 孔子께서 '함께 도모할 수는 있지만 함께 임기 응변으로 (대의에 맞게) 처리할 수는 없다.'고 하였다. 權(權變, 임시적 조치)이란 정상에 어긋나는 것이다. 어떤 일에 정상이 아닌 조치를 취하려면 반드시 非常의 기회에 처하여 그 행동이 도리에 어긋나지도 않으면서 행실이 당당하고 명분을 세울 수 있어야 한다. 周章(주장)은 그 자신이 특별한 부탁을 받은 것도 없었고, 만인이 우러러 볼 덕행도 없었으며, 주군에게 스스로 망할 정도로 하늘에 잘못이 있지도 않았고, 아래(地) 백성은 안정을 원하는 추세였는데도 이치에 닿지 않는 시도를 모의하였으니 어찌 실패하지 않겠는가? 가령 황제의 자리를 아랫사람들이 제멋대로 논의해도 된다면 소인들도 제멋대로 帝位를 탐낼 것이며 狂夫나 미천한 관리라도 스스로 奮起(분기)할 것이다. 그래서 孟軻(맹가)가 '만약 伊尹(이윤)과 같은 마음이라면 可하지만, 伊尹과 같은 마음이 없다면 簒逆(찬역)이다.' 라고 말한 것이다. 於戲(어희)라! 뒤에 오는 사람들은 이를 경계해야 한다.

原文

贊曰, 朱定北州, 激成寵尤. 鈁用降帑, 延感歸囚. 鄭, 竇怨偶, 代相爲仇, 周章反道, 小智大謀.

| 註釋 | ○激成寵尤 – 彭寵의 반역을 촉발하다.   ○魴用降帑 – 降帑는 투항한 포로. 帑은 금고 탕. 처자 노. 虜(포로 로)와 通. 馮魴(풍방)은 투항한 적도를 용서해주고 그들을 자신의 耳目으로 활용하였다.   ○延感歸囚 – 죄수를 섣달에 일시 귀가 조치시키다.   ○小智大謀 – 「德薄而位尊, 智小而謀大, 力小而任重, 鮮不及矣.」《易 繫辭傳 下》.

[國譯]

贊曰,

朱浮(주부)는 北州를 평정했지만 彭寵(팽총)의 반역을 촉발했다.

馮魴(풍방)은 叛賊을 이용했고 虞延(우연)은 죄수를 감동시켰다.

鄭弘과 竇憲(두헌)은 서로 미워하며 대를 이어 원수가 되었다.

周章(주장)의 반역은 小智로 大謀를 꾀했기에 패망했다.

34 梁統列傳
〔양통열전〕

❶ 梁統

原文

　梁統字仲寧, 安定烏氏人, 晉大夫梁益耳, 卽其先也. 統高祖父子都, 自河東遷居北地, 子都子橋, 以貲千萬徙茂陵, 至哀,平之末, 歸安定.

　統性剛毅而好法律. 初仕州郡. 更始二年, 召補中郞將, 使安集涼州, 拜酒泉太守. 會更始敗, 赤眉入長安, 統與竇融及諸郡守起兵保境, 謀共立帥. 初以位次, 咸共推統, 統固辭曰,

　"昔陳嬰不受王者, 以有老母也. 今統內有尊親, 又德薄能寡, 誠不足以當之."

遂共推融爲河西大將軍, 更以統爲武威大守. 爲政嚴猛, 威行鄰郡.

| 註釋 | ○安定 - 군명. 治所 臨涇縣, 今 甘肅省 慶陽市 관할 鎭原縣. 烏氏(오지, 烏枝) - 현명. 縣, 氏音 支. ○北地 - 군명. 治所는 富平縣, 今 寧夏回族自治區 북부, 黃河 東岸의 吳忠市. ○茂陵(무릉) - 武帝의 능. 현명. 今 陝西省 咸陽市 관할 興平市 소재. ○酒泉太守 - 治所 祿福縣. 今 甘肅省 서북부 酒泉市. ○陳嬰(진영) - 모친의 만류로 王位를 굳이 사양하였다. 《漢書 陳勝項籍傳》에 이름이 보인다. 漢이 건국되고 堂邑侯가 되었다. ○武威大守 - 군명. 治所 姑臧縣, 今 甘肅省 중부 武威市.

[國譯]

梁統(양통)의 字는 仲寧(중녕)으로 安定郡 烏氏縣(오지, 烏枝縣) 사람이다. (春秋時代) 晉(진)의 大夫 梁益耳(양익이)가 바로 그 선조이다. 양통의 高祖父인 梁子都(양자도)는 河東郡에서 北地郡으로 이주하였는데, 양자도의 아들 梁橋(양교)는 재산이 1천만 錢의 부자라서 茂陵縣(무릉현)으로 이주하였고 (후손은) 哀帝, 平帝의 무렵에 安定郡으로 돌아왔다.

양통의 성격은 강직, 준엄하며 法律을 좋아하였다. 처음에는 州郡에 출사하였다. 更始 2년, 부름을 받아 中郞將이 되어 涼州(양주) 일대를 진무하자 酒泉太守에 제수되었다. 更始帝가 패망하고 赤眉 무리가 長安에 진입하자, 양통과 竇融(두융) 및 여러 군수들은 군사를 일으켜 양주 일대를 지키면서 우두머리를 함께 옹립하기로 하였다. 처음에는 지위에 의거 모두가 양통을 추대하였지만 양통이 굳이 사양하며 말했다.

"옛날 陳嬰(진영)이 왕으로 추대 받고도 사양한 것은 老母가 계셨기 때문입니다. 지금 저에게도 양친이 계시고, 또 덕행과 능력도 없어 감당할 수가 없습니다."

결국 모두가 竇融(두융)을 河西大將軍으로 추대하였고 양통은 다시 武威(무위) 태수가 되었다. 양통은 엄격하고 사납게 군을 다스렸기에 그 위세가 이웃 군에도 알려졌다.

建武五年, 統等各遣使隨竇融長史劉鈞詣闕奉貢, 願得詣行在所, 詔加統宣德將軍. 八年夏, 光武自征隗囂, 統與竇融等將兵會車駕. 及囂敗, 封統爲成義侯, 同産兄巡, 從弟騰並爲關內侯, 拜騰酒泉典農都尉, 悉遣還河西.

十二年, 統與融等俱詣京師, 以列侯奉朝請, 更封高山侯, 拜太中大夫, 除四子爲郞.

| 註釋 | ○建武五年 – 서기 29년. ○奉朝請 – 제후가 봄에 입조하여 황제를 알현하는 것을 朝, 가을에는 請이라 한다. 三公이나 外戚, 皇室(劉氏)이나 제후로 朝나 請을 하는 자를 奉朝請이라 한다. 그 서열은 三公의 다음이고, 特進과 제후의 윗자리이다. 官職이 아니라서 정원도 없다.

[國譯]

建武 5년(서기 29), 梁統(양통) 등은 각자 사자를 보내 竇融(두융)

의 長史 劉鈞(유균)을 따라 낙양에 가서 토산물을 헌상하였고, 광무
제의 궁궐에서 뵙기를 청원하자, 광무제는 조서를 내려 양통에게 宣
德將軍을 제수하였다. 8년 여름에, 光武帝가 친히 隗囂(외효) 원정에
나섰는데 양통과 두융 등은 군사를 거느리고 광무제를 알현하였다.
외효가 패망하자 양통을 成義侯(성의후)에 봉했고, 친형 梁巡(양순)과
사촌동생 梁騰(양등) 등을 關內侯에 봉했으며, 양등을 酒泉郡 典農都
尉에 임명한 뒤 모두 河西로 돌아가게 하였다.

　12년, 양통과 두융 등은 낙양에 가서 列侯로 奉朝請이 되어 다시
高山侯(고산후)에 봉해졌고 太中大夫를 제수 받았으며 4명의 아들은
모두 낭관이 되었다.

原文

　統在朝廷, 數陳便宜. 以爲法令旣輕, 下姦不勝. 宜重刑
罰, 以遵舊典, 乃上疏曰,

　「臣竊見元,哀二交輕殊死之刑以一百二十三事, 手殺人
者減死一等, 自是以後, 著爲常準, 故人輕犯法, 吏易殺人.
臣聞立君之道, 仁義爲主, 仁者愛人, 義者政理, 愛人以除殘
爲務, 政理以去亂爲心. 刑罰在衷, 無取於輕, 是以五帝有
流,殛,放,殺之誅, 三王有大辟,刻肌之法. 故孔子稱 '仁者必
有勇', 又曰 '理財正辭, 禁民爲非曰義'.

　高帝受命誅暴, 平蕩天下, 約令定律, 誠得其宜. 文帝寬
惠柔克, 遭世康平, 惟除省肉刑,相坐之法, 它皆率由, 無革

舊章. 武帝値中國隆盛, 財力有餘, 征伐遠方, 軍役數興, 豪桀犯禁, 姦吏弄法, 故重首匿之科, 著知從之律, 以破朋黨, 以懲隱匿. 宣帝聰明正直, 總御海內, 臣下奉憲, 無所失墜, 因循先典, 天下稱理. 至哀,平繼體, 而卽位日淺, 聽斷尙寡, 丞相王嘉輕爲穿鑿, 虧除先帝舊約成律, 數年之間, 百有餘事, 或不便於理, 或不厭民心. 謹表其尤害於體者傅奏於左.

伏惟陛下包元履德, 權時撥亂, 功逾文,武, 德侔高皇, 誠不宜因循季末衰微之軌. 回神明察, 考量得失, 宣詔有司, 詳擇其善, 定不易之典, 施無窮之法, 天下幸甚.」

| 註釋 | ○流,殛,放,殺之誅 - 流는 流配, 殛은 죄줄 극, 죽일 극. 일반적 사형. 같은 사형이라도 시신이 분리되는 참수형은 더 무거운 형벌이었다. 放은 放逐. ○大辟,刻肌之法 - 大辟(대벽)은 罪之大者이니 사형. 刻肌(각기)는 墨(묵), 劓(코벨 의), 臏(빈, 정강이뼈를 자를 빈), 刖(월, 발꿈치 벨 월)을 말함. ○仁者必有勇 - 인자는 실천하는 용기가 있다. 子曰, "有德者必有言, 有言者不必有德. 仁者必有勇, 勇者不必有仁."《論語 憲問》. ○理財正辭, 禁民爲非曰義 - '재물을 관리하고 말을 바르게 하며 백성이 나쁜 일을 못하게 하는 것을 義라고 한다.'《易 繫辭傳 下》의 말. 〈繫辭傳〉은 孔子가 지었기에 '又曰'이라고 하였다. ○約令定律 - 고조는 천하 평정 후 蕭何(소하)로 하여금 漢律을 제정, 시행케 하였다. ○寬惠柔克 - 관대 유화로 풍속을 바로잡다. ○除省肉刑,相坐之法 - 肉刑과 연좌의 법을 폐지하다. ○故重首匿之科 - 首匿(수익)은 범죄를 주동한(首) 죄와 범인을 숨겨준(匿 숨길 익) 죄. ○知從之律 - 범죄를 인지하거나 보고서도(知) 범인을 잡거나 신고하지 않고 놓아준(從, 縱) 죄를 법으로 제정하다. ○權時撥亂 - 撥亂

은 理亂. 撥은 다스릴 발. 혼란을 수습하다.

[國譯]

梁統(양통)은 나라에 유익한 건의를 여러 번 올렸다. 양통은 법령이 너무 느슨하여 백성의 범죄를 막지 못하니 중형과 과거의 법제를 준수해야 한다고 생각하여 상소하였다.

「臣이 볼 때, 元帝와 哀帝가 사형에 처할 123개 범죄를 감형케 하였고 사람을 손으로 죽인 자도 사형에서 1등급을 감형하였는데, 이후로 이것이 전례가 되어 백성은 법을 우습게 알고 관리도 쉽게 살인을 자행하고 있습니다. 臣이 알기로, 군주의 집정은 仁義를 근본으로 삼는데, 仁愛는 백성 사랑이고, 義는 치민의 원칙이며, 愛人은 악행 제거에 힘써야 하고 義를 확립하기란 혼란 예방입니다. 또 형벌 집행은 일정해야 하며 골라서 가벼운 것을 택하는 것이 아니기에 五帝 때는 流配, 사형, 放逐. 신체를 자르는 사형이 있었고, 三王 시대에도 大辟(사형)과 刻肌(각기)의 형벌로 墨(묵), 劓(의), 臏(빈), 刖刑(월형)을 집행했습니다.

공자께서 '仁者는 실천하는 용기가 있어야 한다.'고 하였고, 또 '재물을 관리하고 말을 바르게 하며 백성이 나쁜 일을 못하게 하는 것이 義' 라고 말했습니다.

高帝께서는 천명을 받아 포악한 자를 제거하시고 천하를 평정하신 뒤, 約令(約法)에 漢律을 제정하여 시행하셨으니 참으로 적정한 조치이셨습니다. 文帝께서는 관용과 유화로 풍속을 바로잡아 승평한 시대를 이룩하셨기에 肉刑(육형)과 연좌의 법률을 폐지하였지만 나머지는 전과 같이 옛 법을 고치지는 않았습니다. 武帝께서는 나라가 크게 융성하고 재정에 여유가 있어 遠方정벌에 군사를 자주 동원하면서 지방 세력가들의 위법과 姦吏(간리)의 弄法(농법)이 많아 범죄를 주동한 죄와 범인 은익 죄, 그리고 범죄를 인지하거나 알고서도 범인을 잡거나 신고하지 않고 놓아준 죄(知從之律)를 제정하여 朋黨을 혁파하고 隱匿(은익)을 징계하였습니다. 宣帝께서는 총명 정직하시어 모든 국정을 총람하시고 신하는 법을 준수하여 실수가 없었으며 옛 법 제대로 천하가 잘 다스려졌습니다. 그러다가 哀帝와 平帝가 대통을 이었지만 재위 기간이 짧고 국정 경력도 없었는데, 승상인 王嘉(왕가)는 가벼운 형벌을 고집하면서 先帝께서 확립한 옛 법제를 불과 수년 사이에 1백여 조를 고쳤는데 어떤 것은 정치에, 또는 민심에도 맞지 않았습니다. 그래서 국정에 폐해가 심각한 조항을 아래와 같이 삼가 상주하옵니다.

폐하께서는 백성에게 크신 덕을 베푸시고 혼란한 상황을 수습하셨으니 그 공덕은 (周의) 文王이나 武王보다 훌륭하시며, 은덕은 高皇帝와 같으시니 말세의 쇠퇴했던 전철을 따라서는 정말 안될 것입니다. 폐하께서는 과거의 국정상황을 상세히 고찰하시고 치적에 따른 득실을 비교하시어 담당자에게 좋은 방안을 택하도록 명령하시어 바뀔 수 없는 법제를 확정하고 오래 적용될 법을 시행하신다면 천하 백성에게도 다행일 것입니다.」

原文

事下三公, 廷尉, 議者以爲隆刑峻法, 非明王急務, 施行日久, 豈一朝所釐. 統今所定, 不宜開可. 統復上言曰,

「有司以臣今所言, 不可施行. 尋臣之所奏, 非曰嚴刑. 竊謂高帝以後, 至乎孝宣, 其所施行, 多合經傳, 宜比方今事, 驗之往古, 聿遵前典, 事無難改, 不勝至願. 願得召見, 若對尚書近臣, 口陳其要.」

| 註釋 | ○廷尉(정위) - 9卿의 하나. 詔命에 따른 獄案의 수사 및 재판 담당. 질록은 中二千石. 속관으로 廷尉正과 左, 右廷尉監은 질록 1천석. ○隆刑峻法 - 嚴刑峻法. ○豈一朝所釐 - 一朝에 고쳐야 할 일이 아니다. 釐는 다스릴 리, 고칠 리(이). ○聿遵前典 - 聿遵(율준)은 준수하다. 聿은 좇을 율, 마침내 율. 붓(筆).

[國譯]

업무가 三公과 廷尉(정위)에게 내려갔는데, 논의한 결과는 嚴刑峻法(엄형준법)은 明王의 급한 일이 아니며, 이미 오랫동안 시행되었기에 一朝에 고칠 수도 없으며, 양통이 지금 지적한 것도 허용할 수 없다고 하였다. 이에 양통은 다시 건의하였다.

「臣이 건의한 바를 담당자들은 시행할 수 없다고 하였습니다. 臣이 상주한 바는 엄격한 형벌 시행이 아닙니다. 이는 高帝 이후 宣帝까지 시행된 것으로 경전에도 합치하며, 지금의 상황을 지난 과거와 비교하더라도 이전의 제도를 따를 뿐이지 고치기 어려운 것이 아니기에 간절히 원할 뿐입니다. 저를 불러주시거나 尙書나 近臣을 대면할 수 있다면 요점을 설명하겠습니다.」

帝令尙書問狀, 統對曰,

「聞聖帝明王, 制立刑罰, 故雖堯, 舜之盛, 猶誅四兇. 經曰, '天討有罪, 五刑五庸哉'. 又曰, '爰制百姓於刑之衷'. 孔子曰, '刑罰不衷, 則人無所厝手足.' 衷之爲言, 不輕不重之謂也. 《春秋》之誅, 不避親戚, 所以防患救亂, 全安衆庶, 豈無仁愛之恩? 貴絶殘賊之路也. 自高祖之興, 至於孝宣, 君明臣忠, 謨謀深博, 猶因循舊章, 不輕改革, 海內稱理, 斷獄益少. 至初元, 建平, 所減刑罰百有餘條, 而盜賊浸多, 歲以萬數. 間者三輔從橫, 群輩並起, 至燔燒茂陵, 火見未央. 其後隴西, 北地, 西河之賊, 越州度郡, 萬里交結, 攻取庫兵, 劫略吏人, 詔書討捕, 連年不獲. 是時以天下無難, 百姓安平, 而狂狡之勢, 猶至於此, 皆刑罰不衷, 愚人易犯之所致也. 由此觀之, 則刑輕之作, 反生大患, 惠加姦軌, 而害及良善也. 故臣統願陛下采擇賢臣孔光, 師丹等議.」

議上, 遂寢不報. 後出爲九江太守, 定封陵鄕侯. 統在郡亦有治跡, 吏人畏愛之. 卒於官. 子松嗣.

| 註釋 | ○五刑五庸哉 – 고대에는 墨(묵, 墨刑), 劓(코 벨 의), 剕(발 벨 비), 宮刑, 大辟을 五刑이라 했다. 漢代에는 黥(경, 墨刑), 劓(의), 斬趾(참지, 발목을 자름), 斷舌(단설), 梟首(효수)를 五刑이라 하였다. 五庸은 다섯 번 적용하다. 庸은 用. ○刑罰不衷, 則人無所厝手足 – 刑罰不中. 衷(충)은 中, 적정하다. 厝는 둘 조. 措也. 이는 《論語 子路》에 나오는 孔子의 말이다. ○初元, 建平

- 初元은 元帝의 연호, 前 48-44년. 建平은 哀帝의 연호, 前 6-前 3년.
○至燔燒茂陵, 火見未央 - (哀帝) 元壽 2년(前 1년)의 사건. ○賢臣孔光
(공광), 師丹(사단) - 哀帝 때의 승상. ○邃寢不報 - 묵살되어 회보되지 않
았다. 寢은 잠잘 침. 쉬다. 그만두다.

[國譯]

광무제가 尙書를 시켜 질문하자 梁統(양통)이 답서를 올렸다.

「제가 알기로, 聖帝明王이라도 형벌을 시행하였기에 堯와 舜의
聖代에도 四兇을 처형하였습니다.《尙書》에서도 '죄 지은 자를 하
늘이 벌하니 五刑을 다섯 번이나 적용하였다.' 고 하였습니다. 또
'적당한 형벌로 백성을 다스린다.' 고도 하였습니다. 공자께서도
'형벌이 적정하지 않다면 백성은 손발을 둘 데가 없다.' 고 하였으
니, 衷(충, 適正, 中)이란 형벌이 가볍지도 또 무겁지도 않다는 뜻입니
다.《春秋》에서도 처형은 親戚(친척)이라도 피하지 않았으니, 이는
재난과 혼란을 예방하여 백성의 안전을 지키려는 뜻이지 인애의 은
전을 없애는 것이 아닙니다. 이는 잔악한 짓을 근절시키는 방법으로
高祖 건국 이래로 宣帝에 이르기까지 명군과 충신의 원대 심오한 방
책으로 옛 법제를 따르면서 쉽게 개정하지 않았기에 海內가 잘 다스
려졌고 수형자는 점차 줄어들었습니다. 그러나 (元帝) 初元 연간과
(哀帝) 建平 연간에 형벌 1백여 조를 경감시키면서 盜賊은 점점 많
아져서 1년에도 만 단위로 세어야 했습니다. 이 기간에 三輔에도 도
적이 횡행하고 떼도둑이 여러 곳에서 일어났으니 결국 茂陵(무릉)이
불타면서 그 화염을 未央宮에서도 볼 수 있었습니다. 그 뒤로 隴西
(농서), 北地(북지), 西河郡(서하군)의 도적들은 州郡을 넘나들며 만 리

밖 도적들과도 연계하여 무기고의 병기를 탈취했으며 관리와 백성을 죽이고 약탈하자 조서로 체포케 했지만 몇 년 동안 잡지 못하고 있습니다. 그 기간에 천하는 재해가 없어서 백성이 평온하게 살아야 했지만 미치광이 같은 세력이 이 지경에 이른 것은 모두 형벌이 적정하지 못하여 우매한 백성조차 쉽게 법을 위반했기 때문입니다. 이를 본다면 형벌의 완화는 도리어 큰 환난을 일으키고 불법자에게 이롭고 그 해악은 선량한 백성이 당하였습니다. 그래서 臣 統(통)은 폐하께서 孔光(공광)이나 師丹(사단) 같은 賢臣을 등용하시어 이를 논의토록 조치하시길 바랍니다.」

건의가 보고되었지만 결국 묵살되어 회보도 없었다. 그 뒤에 양통은 九江太守가 되었고 陵鄕侯(능향후)에 봉해졌다. 양통은 군을 다스리며 좋은 치적을 남겼으며 관리나 백성들이 두려워하면서도 친애 하였다. 재직 중에 죽었고, 아들 梁松(양송)이 계승하였다.

❷ 梁松

|原文|

松字伯孫, 少爲郞, 尙光武女舞陰長公主, 再遷虎賁中郞將. 松博通經書, 明習故事, 與諸儒修明堂,辟雍,郊祀,封禪禮儀, 常與論議, 寵幸莫比. 光武崩, 受遺詔輔政. 永平元年, 遷太僕.

松數爲私書請托郡縣, 二年, 發覺免官, 遂懷怨望. 四年冬, 乃縣飛書誹謗, 下獄死, 國除.

子扈, 後以恭懷皇后從兄, 永元中, 擢爲黃門侍郎, 歷位卿, 校尉. 溫恭謙讓, 亦敦《詩》, 《書》. 永初中, 爲長樂少府. 松弟竦.

| 註釋 | ○光武女舞陰長公主 – 建武 15년에 舞陽長公主에 봉해졌다. ○明堂, 辟雍 – 明堂, 靈臺, 辟雍(벽옹)을 三雍(삼옹)이라 칭한다. 明堂은 황제가 政教의 大典을 행하는 건물. 朝會, 祭祀, 慶賞, 養老, 教學 등의 행사를 집행하는 곳. 靈臺는 본래 周 文王 만들었다는 樓臺. 음양과 천문의 변화를 관측하는 곳. 3월과 9월에 鄕射禮를 거행했다. 누대의 높이 三丈, 12개의 문이 있으며, 天子의 누대는 靈臺, 諸侯는 觀臺라고 했다. 辟雍(벽옹)은 본래 周代의 중앙 교육기관 이름. 太學이 소재한 곳. 전체적으로 둥근 모양(하늘을 상징)을 물(教化가 물처럼 흘러 널리 퍼지라는 뜻)이 두르고 있는 형상. 제후국의 교육기관이 있는 곳은 泮宮(반궁)이라고 했다. ○乃縣飛書誹謗 – 飛書는 무기명 투서. ○恭懷皇后 – 恭懷皇后는 和帝의 생모 梁貴人. 추존한 시호. ○松弟竦 – 梁竦(양송)은 梁統의 작은아들.

[國譯]

梁松(양송)의 字는 伯孫(백손)으로 젊어 낭관이 되었고, 光武帝의 長女 舞陰長公主와 결혼하였으며 두 번 승진하여 虎賁中郎將이 되었다. 양송은 경서에 박통하고 故事를 많이 알아서 여러 유생과 함께 明堂과 辟雍(벽옹), 郊祀, 封禪(봉선)의 의례를 제정하였는데 함께 의론할 때마다 광무제의 총행이 이를 데 없었다. 光武帝가 붕어한 뒤 유조를 받아 정사를 보필하였다. (明帝)永平 원년(서기 58)에 太僕으로 승진하였다.

양송은 여러 번 私書를 보내 郡縣에 청탁을 했는데, 永平 2년에 발각되어 면직되자 원망을 품었다. 4년 겨울에 縣에서 무기명 투서를 보내 비방하자 하옥되었다가 죽자 나라를 없앴다.

아들 梁扈(양호)는 뒷날 恭懷皇后(和帝의 생모)의 사촌오빠인데, (和帝) 永元 연간에 발탁되어 黃門侍郎이 되었고 卿과 校尉를 두루 역임했다. 온량 공검하고 겸양하였으며 《詩》와 《書》에 밝았다. (安帝) 永初 연간에 長樂少府가 되었다. 梁松(양송)의 동생이 梁竦(양송)이다.

❸ 梁竦

┃原文┃

竦字叔敬, 少習《孟氏易》, 弱冠能敎授. 後坐兄松事, 與弟恭俱徙九眞. 旣徂南土, 歷江,湖, 濟沅,湘, 感悼子胥,屈原以非辜沈身, 乃作〈悼騷賦〉, 繫玄石而沈之.

顯宗後詔聽還本郡. 竦閉門自養, 以經籍爲娛, 著書數篇, 名曰《七序》. 班固見而稱曰, "孔子著《春秋》而亂臣賊子懼, 梁竦作《七序》而竊位素餐者慙."

姓好施, 不事産業. 長嫂舞陰公主贍給諸梁, 親疏有序, 特重敬竦, 雖衣食器物, 必有加異. 竦悉分與親族, 自無所服.

┃註釋┃ ○梁竦字叔敬 – 竦은 삼갈 송. 두려워하다. ○少習《孟氏易》–

前漢 今文經學者인 孟喜(맹희)가 해설한 《易》. ○九眞 - 군명. 治所 胥浦縣, 今 越南國 중부 淸化省 서북 東山縣. 하노이시 남쪽. ○旣徂南土 - 徂는 갈 조. 가다(往也). ○濟沅,湘 - 沅水(원수), 湘水(상수) 모두 長江의 지류. ○非辜沈身 - 죄도 없이 강물에 투신하여 죽다. 辜는 허물 고. ○乃作 〈悼騷賦〉 - 〈離騷〉를 지은 屈原을 추도한다는 뜻. ○名曰《七序》 - 政論文 추정, 楚辭 계열로 분류되나 오래 전에 실전되었다. ○班固 - 40권, 상하 〈班彪列傳〉에는 班彪(반표)와 아들 班固을 입전. ○孔子著《春秋》而亂臣賊子懼 - 《孟子 滕文公章句 下》의 구절. ○竊位素餐 - 하는 일없이 자리나 차지하고 국고를 축내다. 素餐(소찬)은 일 없이 국록을 받음.

[國譯]

梁竦(양송)의 字는 叔敬(숙경)으로 젊어 《孟氏易》을 배웠으며 弱冠(약관)에 이를 교수하였다. 뒷날 형 梁松(양송)의 죄에 연루되어 동생 梁恭(양공)과 함께 九眞郡에 강제 이주되었는데 남녘 땅 끝으로 가면서 長江과 호수를 거쳐 沅水(원수)와 湘水(상수)를 건넜는데 伍子胥(오자서)와 屈原(굴원)이 죄도 없이 강물에 투신하여 죽은 일을 슬퍼하며 〈悼騷賦(도소부)〉를 지어 검은 돌에 매달아 강물에 던졌다.

顯宗(明帝)이 뒷날 조서를 내려 고향 군에 돌아가도록 허락하였다. 양송은 폐문하고 양생하며 經籍을 벗 삼아 여러 편의 저서를 지어 《七序》라고 하였다. 班固(반고)가 이를 읽고 "孔子가 《春秋》를 짓자 亂臣賊子가 두려워 떨었는데, 양송이 《七序》를 지었으니 竊位素餐(절위소찬)하는 자들이 부끄러워할 것이다." 라고 칭찬하였다.

양송은 베풀기를 좋아하고 생업에 마음 쓰지 않았다. 큰형수인 舞陰公主가 여러 형제를 친소와 서열에 따라 도와주면서 특별히 양송을 존중하여 의식이나 기물에 특별히 우대하였다. 그러나 양송은 모두 친족들에게 나눠주고 자신은 누리지 않았다.

原文

竦生長京師, 不樂本土, 身負其才, 鬱鬱不得意. 嘗登高遠望, 嘆息言曰, "大丈夫居世, 生當封侯, 死當廟食. 如其不然, 閑居可以養志,《詩》,《書》足以自娛, 州郡之職, 徒勞人耳."

後辟命交至, 並無所就. 有三男三女, 肅宗納其二女, 皆爲貴人. 小貴人生和帝, 竇皇后養以爲子, 而竦家私相慶. 後諸竇聞之, 恐梁氏得志, 終爲己害, 建初八年, 遂譖殺二貴人, 而陷竦等以惡逆. 詔使漢陽太守鄭據傳考竦罪, 死獄中, 家屬復徙九眞. 辭語連及舞陰公主, 坐徙新城, 使者護守. 宮省事密, 莫有知和帝梁氏生者.

| 註釋 | ○不樂本土 – 本土는 고향, 농촌. ○徒勞人耳 – 徒는 다만. 맨손. ○竇皇后養以爲子 – 章德竇皇后(?–97년) – 황후 재위 78–88년. ○(章帝) 建初八年 – 서기 83년. ○漢陽太守 – 天水郡을 개명. 治所 冀縣, 今 甘肅省 天水市 관할의 甘谷縣. ○坐徙新城 – 지금의 河南省 중서부 洛陽市 남쪽의 伊川縣에 해당.

[國譯]

梁竦(양송)은 京師에서 낳고 자랐기에 농촌을 좋아하지 않았으며 자신의 재주를 믿어 늘 울적하며 뜻을 펴지 못했다. 일찍이 산에 올라 멀리 보면서 탄식하였다.

"大丈夫가 태어나서 살아서는 封侯가 되고 죽어 묘당의 제사를 받아야 한다. 그렇지 않다면 閑居하며 養志해야 하나니《詩》와《書》면 족히 즐길 수 있고 州郡의 직책은 사람을 고생만 시킬 뿐이다."

양송은 3남 3녀를 두었는데, 肅宗(章帝)이 양송의 두 딸을 맞이하여 모두 貴人이 되었다. 그중 작은 귀인이 和帝를 낳았는데, (章帝의) 竇皇后(두황후)가 자신의 아들로 키우자 양송의 집안에는 은밀히 축하할 뿐이었다. 뒷날 두씨들은 이를 알고 梁氏들이 得志하면 끝내 자신들에게 해가 된다 하여 (章帝) 建初 8년에 참소하여 두 貴人 양씨를 죽이고 양송 등이 반역을 꾀한다고 모함하였다. 조서로 漢陽太守 鄭據(정거)에게 보내 양송의 죄를 고문케 하여 양송은 옥사하였고, 가속은 다시 九眞郡으로 이주시켰다. 일련의 조사가 舞陰公主에게도 연좌되어 공주는 新城(신성)으로 옮겼고 사자를 보내 공주를 감호하게 하였다. 본래 궁중의 일이란 비밀이라서 和帝가 梁氏 소생인 줄을 아는 자가 없었다.

原文

永元九年, 竇太后崩, 松子扈遣從兄禪奏記三府, 以爲漢家舊典, 崇貴母氏, 而梁貴人親育聖躬, 不蒙尊號, 求得申議. 太尉張酺引禪訊問事理, 會後召見, 因白禪奏記之狀. 帝感慟良久, 曰, "於君意若何?" 酺對曰, "《春秋》之義, 母以子貴. 漢興以來, 母氏莫不隆顯, 臣愚以爲宜上尊號, 追慰聖靈, 存錄諸舅, 以明親親." 帝悲泣曰, "非君孰爲朕思之!" 會貴人姊南陽樊調妻嫕上書自訟曰,

「妾同産女弟貴人, 前充後宮, 蒙先帝厚恩, 得見寵幸. 皇天授命, 誕生聖明. 而爲竇憲兄弟所見譖訴, 使妾父竦冤死牢獄, 骸骨不掩. 老母孤弟, 遠徙萬里. 獨妾遺脫, 逸伏草野, 常恐沒命, 無由自達. 今遭値陛下神聖之運, 親統萬機, 群物得所. 憲兄弟姦惡, 旣伏辜誅, 海內曠然, 各獲其宜. 妾得蘇息, 拭目更視, 乃敢昧死自陳所天. 妾聞太宗卽位, 薄氏蒙榮, 宣帝繼統, 史族復興. 妾門雖有薄,史之親, 獨無外戚餘恩, 誠自悼傷. 妾父旣冤, 不可復生, 母氏年殊七十, 乃弟棠等, 遠在絶域, 不知死生. 願乞收竦朽骨. 使母,弟得歸本郡, 則施過天地, 存歿幸賴.」

帝覽章感悟, 乃下中常侍,掖庭令驗問之, 嫕辭證明審, 遂得引見, 具陳其狀. 乃留嫕止宮中, 連月乃出, 賞賜衣被錢帛第宅奴婢, 旬月之間, 累資千萬. 嫕素有行操, 帝益愛之, 加號梁夫人, 擢樊調爲羽林左監. 調, 光祿大夫宏兄曾孫也.

| 註釋 | ○(和帝) 永元 九年 - 서기 97년. ○南陽樊調妻嫕 - 南陽郡의 樊調(번조)의 妻 梁嫕(양예). 嫕는 유순할 예. 南陽 樊氏는 光武帝의 外家이다. ○薄氏蒙榮 - 薄氏는 文帝의 생모 薄太后의 친정. ○史族 - 宣帝의 조모인 史良娣(사량제)의 일족. 선제의 모친 王氏는 일찍 죽었다. 선제의 조모는, 곧 무제의 戾태자(劉據)의 妃. 史氏 일족은 宣帝 때 영화를 누렸다.

ㅇ掖庭令 – 원래는 永巷(영항)이라 했는데 무제 때 掖庭(액정)으로 개칭, 비빈이 거처하는 궁궐. 少府의 산하기관, 황궁 중 비빈의 거처를 管理하는 기관. 우두머리는 掖庭令, 宦者로 充任. ㅇ光祿大夫宏兄曾孫也 – 樊宏(번굉)은 32권, 〈樊宏陰識列傳〉에 立傳. 光武帝의 외삼촌.

[國譯]

(和帝) 永元 9년, 竇(두) 太后가 붕어하자, 梁松(양송)의 아들 梁扈(양호)는 사촌 형 梁禪(양선)을 三府에 보내 漢家의 舊典에는 모친의 성씨(친족)를 귀히 받들었는데 梁貴人은 聖躬(성궁, 和帝)을 생육하였지만 존호를 받지 못하였으니 사실을 밝히고 존호를 논의해 달라고 진정하였다. 太尉인 張酺(장포)는 양선을 불러 사실을 확인하였고, 장포는 和帝를 알현하고 진정 내용을 아뢰었다. 화제는 크게 감동하여 한참 뒤에 물었다. "태위의 뜻은 어떠한가?"

이에 장포는 "《春秋》의 대의로도 모친은 아들을 따라 고귀하다고 하였습니다. 漢의 건국 이래 크게 융성하지 않은 모친의 일족이 없었으니, 臣의 우견이지만 응당 존호를 올려 (梁貴人의) 혼령을 위로하고 외숙을 기록하여 親親의 道理를 밝혀야 합니다."

和帝는 슬피 눈물을 흘리며 말했다.

"태위가 아니라면 누가 짐의 마음을 헤아려주겠는가!"

그때 마침 梁貴人의 언니인 南陽 樊調(번조)의 처 嫕(예)가 상서하여 자신의 뜻을 청원하였다.

「저의 동복 여동생 귀인은 예전에 후궁으로 들어가 先帝의 厚恩을 입고 총애를 받았습니다. 皇天께서 생명을 주시어 聖明을 탄생케 하였습니다. 그러나 竇憲(두헌) 형제의 참소를 받아 저의 부친 竦(송)

은 원통하게 감옥에서 죽었고 그 시신을 거두지도 못했습니다. 老母와 고아 동생은 멀리 만 리 밖으로 옮겨갔습니다. 저만 혼자 초야에 숨어 지내며 늘 죽을까 두려워 떨면서도 어떻게 하소연할 길도 없었습니다. 지금 폐하께서 국정을 친히 통솔하시어 만물이 제자리를 찾는 거룩하신 천운을 만났습니다. 두헌 형제가 간악한 짓 때문에 처형되자 천하가 평온 안정되었고 각자 제자리를 찾았습니다. 저도 살아 숨 쉬면서 눈을 씻고 다시 우러러 보며 감히 죽음을 무릅쓰고 폐하께 진정을 올립니다. 제가 알기로, 太宗(文帝)께서 즉위하시자 薄氏(박씨, 薄太后)가 영화를 누렸고, 宣帝께서 대통을 계승하시자 (宣帝의 조모인) 史氏가 다시 융성하였습니다. 저의 일문이 비록 薄氏나 史氏만큼 가까우나 저희만은 外戚(외척)으로 아무런 은택도 없으니 참으로 슬프기만 합니다. 제 부친은 원통히 죽어 다시 살아날 수도 없지만, 모친은 이미 70이 넘었고 동생 棠(당) 등과 함께 멀고 먼 외진 곳에서 생사도 알 수 없습니다. 부친 竦(송)의 유골이나마 거둬 주시길 애원합니다. 그리고 모친과 동생이 본군으로 돌아올 수 있다면 그 은덕은 하늘과 땅과 같을 것이오니 산 사람이나 죽은 이 모두가 폐하의 은택을 받을 것입니다.」

和帝는 서신을 읽고 감동하여 곧 中常侍와 掖庭令(액정령) 등을 불러 사실을 확인하고, 嬺(예)의 진정을 확실히 알려고 불러 만나보자 嬺(예)는 사실을 모두 아뢰었다. 그러자 嬺(예)를 궁중에 머물게 하였고 한 달이 지난 뒤 내 보내주었는데 그간 옷과 이불, 금전과 비단, 집과 노비 등을 모두 하사하였는데 한 달 남짓에 자산이 천만 전에 이르렀다. 嬺(예)는 평소에 행실이 얌전하여 황제가 더욱 친애하며 梁夫人이라는 봉호를 내렸으며, 樊調(번조)를 발탁하여 羽林左監

에 임명하였다. 번조는 光祿大夫 樊宏(번굉) 형의 증손이었다.

原文

於是追尊恭懷皇后. 其冬, 制詔三公,大鴻臚曰,

「夫孝莫大於尊尊親親, 其義一也.《詩》云, '父兮生我, 母
兮鞠我, 撫我畜我, 長我育我, 顧我復我, 出入腹我. 欲報之
德, 昊天罔極.' 朕不敢興事, 覽於前世, 太宗,中宗, 實有舊
典, 追命外祖, 以篤親親. 其追封謚皇太后父竦爲褒親愍侯,
比靈文,順成,恩成侯. 魂而有靈, 嘉斯寵榮, 好爵顯服, 以慰
母心.」

遣中謁者與媼及嵒, 備禮西迎竦喪, 詣京師改殯, 賜東園
畫棺,玉匣,衣衾, 建塋於恭懷皇后陵傍. 帝親臨送葬, 百官
畢會.

| 註釋 | ○大鴻臚 − 9卿의 하나. 질록 中二千石. 諸王의 入朝 時 접대와
諸侯 封爵(봉작)에 대한 업무를 담당. 歸義하는 蠻夷(만이, 소수민족)와 관련
한 업무도 담당. ○《詩》云 −《詩經 小雅 蓼莪(요아)》. ○昊天罔極 − 크나
큰 하늘인 냥 끝이 없도다. 다 보답할 수가 없다. ○比靈文,順成,恩成侯 −
靈文은 未詳. 順成侯는 昭帝의 외조부. 恩成侯는 宣帝의 외조부. ○改殯
(개빈) − 改葬하다. 殯은 염할 빈.

[國譯]

이에 梁貴人을 恭懷皇后로 추존하였다. 그해 겨울, 三公과 大鴻

臚(대홍려)를 불러 명하였다.

「효도는 어른을 종중하고 친족을 친애하는 것보다 더 큰 것이 없고 그 뜻은 하나이다. 그래서 《詩》에서도 '아버님이 날 나으시고, 어머님이 날 기르셨으니, 나를 쓰다듬고 길러주셨고 키워주시고 먹여주셨으며, 돌아보시고 또 돌아보시어 나고 들며 아껴주셨으니, 그 은덕 갚으려 해도 크나큰 하늘이라 끝이 없도다.' 라고 하였다. 짐이 일을 만들려는 것이 아니라 前代를 보더라도 太宗(文帝)과 中宗(宣帝)이 사실 그런 전례가 있으니 (짐의) 外祖를 추존하여 親親의 뜻을 돈독히 하려 한다. 皇太后의 父親 竦(송)을 褒親愍侯(포친민후)로 추가 봉작하고 시호를 올려 이전의 靈文侯(영문후), 順成侯(순성후), 恩成侯(은성후)의 전례와 같이 하라. 外祖께서 혼령이 있다면 이 영광을 기뻐하실 것이며 작위와 복식으로 모친의 마음을 위로코자 하노라.」

이어 中謁者를 보내 梁嫕(양예) 및 梁扈(양호)와 함께 서쪽(漢陽郡)에 가서 양송을 운구하여 낙양에 와서 改葬케 하였는데 東園에서 제조한 畫棺(화관)과 玉匣(옥갑), 수의와 衾枕(금침) 등을 하사했으며 恭懷皇后의 능 곁에 무덤을 조성하였다. 和帝가 친히 장례에 임했으며 百官도 모두 참례하였다.

原文

徵還竦妻,子, 封子棠爲樂平侯, 棠弟雍乘氏侯, 雍弟翟單父侯, 邑各五千戶, 位皆特進, 賞賜第宅,奴卑,車馬,兵弩,什物以巨萬計, 寵遇光於當世. 諸梁內外以親疏並補郎,謁者.

棠官至大鴻臚, 雍少府. 棠卒, 子安國嗣, 延光中爲侍中, 有罪免官, 諸梁爲郎吏者皆坐免.

| 註釋 | ○第宅 - 第宅, 邸宅, 第는 집 제, 과거시험 제, 차례 제. ○坐免 - 坐는 연좌되다 죄를 받다. 저절로. ○延光 - 安帝 마지막 연호. 서기 122-125년.

[國譯]

梁竦(양송)의 처와 아들을 (九眞郡에서) 불러 돌아오게 하여 아들 梁棠(양당)을 樂平侯(낙평후)에, 양당의 동생 梁雍(양옹)을 乘氏侯(승씨후)에, 양옹의 동생 梁翟(양적)을 單父侯(단보후)에 봉했고 식읍은 각 5천 호였으며, 관위는 모두 特進(특진)이었고 상으로 하사한 저택과 노비, 수레와 말, 병기와 활, 기물은 巨萬으로 셀 정도였고 총애와 대우가 당대에 으뜸이었다. 梁氏 일족도 친소에 따라 모두 낭관이나 謁者(알자)에 임명되었다.

양당의 관직은 大鴻臚였고 양옹은 少府였다. 양당이 죽자, 아들 梁安國(양안국)이 계승하여 (安帝) 延光 연간에 시중이 되었는데 죄를 지어 면직되었고 낭관이었던 여러 양씨들도 연좌되어 면직되었다.

❹ 梁商

|原文|

商字伯夏, 雍之子也. 少以外戚拜郎中, 遷黃門侍郎. 永

建元年, 襲父封乘氏侯. 三年, 順帝選商女及妹入掖庭, 遷侍中,屯騎校尉. 陽嘉元年, 女立爲皇后, 妹爲貴人, 加商位特進, 更增國土, 賜安車駟馬, 其歲拜執金吾. 二年, 封子冀爲襄邑侯, 商讓不受. 三年, 以商爲大將軍, 固稱疾不起. 四年, 使太常桓焉奉策就第卽拜, 商乃詣闕受命. 明年, 夫人陰氏薨, 追號開封君, 贈印綬.

| 註釋 | ○黃門侍郞 – 少府 侍中의 속관. 六百石. 無 정원. 황제 측근으로 여러 잡무를 담당. ○(順帝) 永建元年 – 서기 126년. ○(順帝) 陽嘉元年 – 서기 132년.

[國譯]

　梁商(양상)의 字는 伯夏(백하)로 梁雍(양옹)의 아들이다. 젊어 외척으로 郞中이 되었다가 黃門侍郞으로 승진하였다. (順帝) 永建 원년에 부친의 봉작 乘氏侯를 계승하였다. 3년, 順帝가 양상의 딸과 여동생을 후궁으로 맞이하자, 양상은 侍中 겸 屯騎校尉(둔기교위)로 승진했다. (順帝) 陽嘉 원년(서기 132), 양상의 딸이 황후가 되고 여동생이 貴人이 되자, 양상에게 特進의 관위를 내리고 식읍을 더 늘려주었으며, 安車에 駟馬(사마)를 하사하였고, 또 그 해에 執金吾를 제수하였다.

　(陽嘉) 2년, 양상의 아들 梁冀(양기)를 襄邑侯(양읍후)에 봉했지만 양상은 사양하며 받지 않았다. 3년, 양상을 대장군에 임명했으나 양상은 병 때문에 받을 수 없다고 고사하였다. 4년, 太常인 桓焉(환언)이 책명을 받들고 집에 와서 대장군에 임명하자 양상은 입궐하여 책

명을 받았다. 다음 해, 부인 陰氏가 죽자 開封君(개봉군)에 追封하고 인수를 내렸다.

原文

商自以戚屬居大位, 每存謙柔, 虛己進賢, 辟漢陽巨覽, 上黨陳龜爲椽屬. 李固, 周擧爲從事中郞, 於是京師翕然, 稱爲良輔, 帝委重焉. 每有饑饉, 輒載租穀於城門, 賑與貧餒, 不宣己惠. 檢御門族, 未曾以權盛干法. 而性懦弱無威斷, 頗溺於內豎. 以小黃門曹節等用事於中, 遂遣子冀, 不疑與爲交友, 然宦者忌商寵任, 反欲陷之.

永和四年, 中常侍張逵, 蘧政, 內者令石光, 尙方令傅福, 冗從僕射杜永連謀, 共譖商及中常侍曹騰, 孟賁, 云欲徵諸王子, 圖議廢立, 請收商等案罪. 帝曰, "大將軍父子我所親, 騰, 賁我所愛, 必無是, 但汝曹共妒之耳."

逵等知言不用, 懼迫, 遂出矯詔收縛騰, 賁於省中.

帝聞震怒, 敕宦者李歙急呼騰, 賁釋之, 收逵等, 悉伏誅. 辭所連染及在位大臣, 商懼多侵枉, 乃上疏曰,

「《春秋》之義, 功在元帥, 罪止首惡, 故賞不僭溢, 刑不淫濫, 五帝, 三王所以同致康乂也. 竊聞考中常侍張逵等, 辭語多所牽及. 大獄一起, 無辜者衆, 死囚久繫, 纖微成大, 非所以順迎和氣, 平政成化也. 宜早訖竟, 以止逮捕之煩.」

帝乃納之, 罪止坐者.

|註釋| ○上黨 – 군명. 治所 長子縣, 今 山西省 동남부 長治市 관할 長
子縣. ○委重 – 중임을 맡기다. ○頗溺於內豎 – 頗는 자못 파. 溺은 빠지
다. 內豎(내수)는 환관. ○小黃門 – 황제 측근에서 시중, 尙書 관련 업무 연
락. 公主나 大妃 등 질병 시 위문, 기타. 질록 6백석 환관. ○曹節(조절) –
78권, 〈宦者列傳〉에 입전. ○(順帝) 永和四年 – 서기 139년. ○中常侍 –
질록 1천석 환관. ○內者令 – 少府의 속관. 질록 6백석 환관, 각종 의복 담
당. ○尙方令 – 질록 6백석. 각종 수제품, 御用 刀劍, 好器物 담당. ○冗
從僕射(용종복야) – 中黃門冗從僕射, 질록 6백석 환관. ○罪止首惡 – 형벌
은 首惡(魁首)에게만 집행하다. ○康乂(강예) – 평온한 통치. 乂는 다스릴
예. 治也. ○纖微成大 – 아주 작은 일도 크게 되다. 침소봉대하다. ○平政
成化也 – 정치적 평정과 교화를 이루다. ○宜早訖竟 – 응당 빨리 끝내야
한다.

[國譯]

梁商(양상)은 외척으로서 大位에 올랐지만 늘 겸양 온유하였으며
자신을 낮춰 인재를 천거하였고, 漢陽郡의 巨覽(거람), 上黨郡의 陳
龜(진귀) 등을 속관으로 거느렸으며, 李固(이고)와 周擧(주거)를 從事
中郎으로 임명하니, 京師가 만족하며 좋은 보좌관을 두었다고 칭송
하였고 황제도 중임을 맡겼다. 기근이 있을 때마다 곡식을 성문에
싣고 가서 가난하고 굶주린 백성을 구휼하면서도 자신의 施惠(시혜)
라고 말하지 않았다. 집안사람을 단속하여 권세로 법을 어기지 않게
하였다. 그러나 성격이 너무 신중하고 나약하며 위엄이 없고 환관을
너무 편애하였으니 小黃門인 曹節(조절) 등이 궁중에서 힘을 쓰자

아들인 梁冀(양기)나 梁不疑(양불의) 등을 시켜 교우하게 하였는데, 환관은 양상이 황제의 신임을 받는 것을 싫어하여 도리어 양상을 모함하였다.

그리하여 (順帝) 永和 4년에, 中常侍인 張逵(장규)와 蘧政(거정), 內者令인 石光(석광), 尙方令인 傅福(부복), 冗從僕射(용종복야)인 杜永(두영) 등이 두루 모의하여 양상과 中常侍 曹騰(조등), 孟賁(맹분)이 여러 王子들을 불러 들여 황제 폐위를 모의했다고 모함하면서 양상 등을 잡아 치죄할 것을 주청하였다. 그러나 順帝는 "대장군 父子는 내가 신임하고 조등이나 맹분은 내가 친애하니 절대 그럴 리가 없고 다만 너희들 모두의 질투이다."라고 말했다.

장규 등은 자신의 말이 받아들여지지 않자 겁을 먹고 조서를 위조하여 조등이나 맹분 등을 부서에서 체포 결박하였다.

그러자 順帝는 진노하면서 환관 李歙(이흡)을 시켜 급히 조등과 맹분을 풀어주고 장규 등을 체포하여 모두 처형케 하였다. 그런데 그들의 진술이 고위 대신에게도 연루되자 양상은 거짓 진술의 파급을 걱정하여 바로 상소하였다.

「《春秋》에도 공은 元帥(원수)에 있고 형벌은 首惡(魁首)만 집행한다고 하여 상을 많이 내리지 않고 형벌도 함부로 집행하지 않았습니다. 이로써 五帝와 三王은 평온한 통치를 할 수 있었습니다. 저는 중상시 장규 등이 조사받으며 여러 사람을 말했다고 들었습니다. 일단 큰 옥사가 일어나면 무고한 사람이 많이 걸려들고 사형 죄수를 오래 가둬야 하며 아주 작은 일도 커지게 되어 和氣를 불러오거나 정치적 안정과 교화를 이룰 수 없으니 응당 빨리 끝내고 더 이상 잡아들여서는 안될 것입니다.」

순제는 양상의 상소를 받아들였고 주동자만 처형하였다.

原文

六年秋, 商病篤, 敕子冀等曰, "吾以不德, 享受多福. 生無以輔益朝廷, 死必耗廢帑臧, 衣衾飯唅玉匣珠貝之屬, 何益朽骨. 百僚勞擾, 紛華道路, 秖增塵垢, 雖云禮制, 亦有權時. 方今邊境不寧, 盜賊未息, 豈宜重爲國損! 氣絶之後, 載至殯舍, 斂時殯斂. 斂以時服, 皆以故衣, 無更裁制. 殯已開冢, 冢開卽葬. 祭食如存, 無用三牲. 孝子善述父志, 不宜違我言也."

及薨, 帝親臨喪, 諸子欲從其誨, 朝廷不聽, 賜以東園朱壽器, 銀鏤, 黃腸, 玉匣, 什物二十八種, 錢二百萬, 布三千匹. 皇后錢五百萬, 布萬匹. 及葬, 贈輕車介士, 賜諡忠侯. 中宮親送, 帝幸宣陽亭, 瞻望車騎.

子冀嗣.

| 註釋 |　○衣衾(의금) – 壽衣와 수의를 입힌 시신을 감싸는 이불.　○飯唅(반함) – 시신의 입안에 玉을 채우고(飯) 貝를 입에 물게 하였다.(唅 머금을 함)　○秖增塵垢(지증진구) – 다만 흙먼지만 일으킨다.　○亦有權時 – 의례를 지키지 않을 수도 있다.　○無更裁制 – 다시 새로운 옷을 짓지 말라.　○三牲(삼생) – 소, 양, 돼지의 제물. 太牢(태뢰).　○朱壽器(주수기) – 붉은 칠을 한 棺(관).　○銀鏤(은루) – 관을 은으로 象嵌(상감)하다. 鏤는 새길 루.

○黃腸(황장) - 측백나무의 황색 나무속(黃心)으로 만든 덧널(槨 곽). ○輕
車介士 - 輕車는 兵車. 介士는 甲士. ○宣陽亭(선양정) - 城門 宣陽門에 있
는 亭.

[國譯]

(順帝, 永和) 6년 가을, 梁商(양상)은 병이 위독하자 아들 冀(기) 등
에게 말했다.

"나는 덕행도 없으면서 많은 복을 누렸다. 살아 조정에 큰 보탬도
되지 못했는데 죽으면 틀림없이 국고를 소모할 것이니 수의나 이불,
飯唅(반함), 玉匣(옥갑)이나 珠貝(주패) 같은 것이 시신에 무슨 득이
되겠느냐? 많은 관리들이 문상한다고 도로를 메워 흙먼지만 일으킬
것이며, 예를 따라야 한다지만 의례를 안 따를 수도 있는 것이다. 지
금 변방이 조용하지 않고 각지 도적도 그치지 않는데, 어찌 거듭 나
라에 손해만 끼칠 수 있겠는가! 내 숨이 끊어진 뒤 바로 빈소로 싣고
가서 바로 염을 하라. 염을 할 때 입힐 옷은 입던 옷으로 하고 새 옷
을 다시 짓지 말라. 염을 마치면 바로 봉분을 열고 바로 매장하라.
祭食이 있어야 한다면 三牲(삼생, 太牢)을 쓰지 말라. 본래 효자는 아
비의 뜻을 잘 따라야 하니 내 말을 어기지 말라."

양상이 죽자, 순제가 친히 문상하였고 아들들은 부친의 뜻을 따
르려 했지만 조정에서 수락하지 않으면서 東園(동원)에서 제조한 붉
은 칠에 은으로 象嵌(상감)한 棺(관)과 측백나무의 황색 속(黃心)으로
만든 덧널(槨 곽), 玉匣(옥갑) 및 여러 집기 28종과 錢 2백만, 布 3천
필을 하사하였다. 梁皇后가 錢 5백만, 布 1만 필을 하사하였다. 장례
에 나라에서 輕車(兵車)와 介士(甲士)를 보내주었고 시호 忠侯(충후)

를 내려주었다. 中宮(황후)가 친히 영결했고, 순제는 宣陽亭(선양정)에 나와 운구하는 車騎를 멀리까지 바라보았다. 아들 梁冀(양기)가 계승했다.

❺ 梁冀

原文

冀字伯卓. 爲人鳶肩豺目, 洞精矘眄, 口吟舌言, 裁能書計. 少爲貴戚, 逸遊自恣. 性嗜酒, 能挽滿, 彈棋,格五,六博, 蹴鞠,意錢之戲, 又好臂鷹走狗, 騁馬鬪雞. 初爲黃門侍郞, 轉侍中,虎賁中郞將, 越騎,步兵校尉,執金吾.

| 註釋 | ○鳶肩豺目(연견시목) – 鳶肩(연견)은 솔개가 웅크리고 앉아있을 때 마냥 치켜 올라간 어깨. 豺目(시목)은 치켜 올라간 눈매. 豺는 승냥이 시. ○洞精矘眄(동정당면) – 洞精은 투명한 눈동자. 矘眄(당면)은 바로보아도 곁눈질하는 것 같다. 直視하다. 矘은 멍하니 바라볼 당. 眄은 애꾸눈 면. ○口吟舌言 – 말을 더듬다. ○能挽滿 – 강한 활을 힘껏 당기다. ○彈棋(탄기) – 바둑알 까먹기. ○格五(격오) – 고누 놀이. ○六博 – 주사위 노름. ○蹴鞠(축국) – 공차기. ○意錢之戲 – 내기, 노름. ○臂鷹走狗 – 매사냥과 사냥개 사냥. ○騁馬鬪戲 – 말달리기와 닭싸움. ○執金吾 – 兵器를 들고 非常에 대비한다는 뜻. 吾는 禦(막을 어)의 뜻. 질록 中二千石. 궁성 외곽 경계, 수재나 화재 등 돌발 사태 대비, 황제 행차 시에 집금오 병력(緹騎 2백 인)이 의장대 역할. 집금오의 副職은 丞 一人, 比千石. 집금오의 행

차가 화려하고 멋있기에 光武帝는 일찍이 "벼슬을 한다면 執金吾를, 아내를 맞이한다면 陰麗華를 얻어야 한다.(仕宦當作執金吾, 娶妻當得陰麗華.)"라고 말했다.

[國譯]

梁冀(양기)의 字는 伯卓(백탁)이다. 사람이 치켜 올라간 어깨와 위로 째진 눈에 곁눈질하는 것 같고, 말을 더듬었지만 글씨와 계산에 능했다. 젊어서부터 貴戚(귀척)이라서 제멋대로 놀 수 있었다. 술을 좋아하였으며 강한 활을 당길 수 있었고 바둑 알 까먹기, 고누 놀이, 주사위 놀이와 공차기, 그리고 내기를 좋아하였고 매 사냥과 사냥개 사냥, 말달리기와 닭싸움도 좋아하였다. 처음에는 黃門侍郎이 되었다가 侍中, 虎賁中郎將, 越騎校尉(월기교위)와 步兵校尉를 거쳐 執金吾가 되었다.

原文

永和元年, 拜河南尹. 冀居職暴恣, 多非法, 父商所親客洛陽令呂放, 頗與商言及冀之短, 商以讓冀, 冀卽遣人於道刺殺放. 而恐商知之, 乃推疑於放之怨仇, 請以放弟禹爲洛陽令, 使捕之, 盡滅其宗親,賓客百餘人. 商薨未及葬, 順帝乃拜冀爲大將軍, 弟侍中不疑爲河南尹.

及帝崩, 沖帝始在繦褓, 太后臨朝, 詔冀與太傅趙峻,太尉李固參錄尙書事. 冀雖辭不肯當, 而侈暴滋甚.

沖帝又崩, 冀立質帝. 帝少而聰慧, 知冀驕橫, 嘗朝群臣, 目冀曰, "此跋扈將軍也." 冀聞, 深惡之, 遂令左右進鴆加煮餠, 帝卽日崩.

復立桓帝, 而枉害李固及前太尉杜喬, 海內嗟懼, 語在〈李固傳〉. 建和元年, 益封冀萬三千戶, 增大將軍府擧高第茂才, 官屬倍於三公. 又封不疑爲潁陽侯, 不疑弟蒙西平侯, 冀子胤襄邑侯, 各萬戶. 和平元年, 重增封冀萬戶, 並前所襲合三萬戶.

| 註釋 | ○(順帝) 永和元年 − 서기 136년. ○沖帝始在繦褓 − 서기 144년에 2세에 즉위, 재위 5개월, 서기 145년 붕어. 梁태후가 5개월 동안 臨朝聽政. 繦褓(강보)는 유아용 침구. 襁褓와 同. ○質帝(질제) − 138년생. 재위 145−146년(16개월). ○跋扈將軍也 − 跋扈(발호)는 제멋대로 날뛰다. 힘이 세어 제어할 수 없음. 强梁과 同. ○鴆加煮餠 − 구운 떡에 짐독을 넣다. 鴆은 짐새 짐. 중국 남방에 사는 올빼미 비슷한 毒鳥로, 살무사(蝮)를 잡아먹는 새. 짐새의 깃털을 술에 넣고 저으면 毒酒가 된다. 煮는 삶을 자. 餠은 떡 병. ○復立桓帝 − 桓은 푯말 환. 빛나다. 15세에 즉위, 재위 146−167년, 延熹(연희) 2년(159)에 梁皇后가 죽은 뒤, 환관의 힘을 빌려 외척 梁氏 일당을 제거. 환관의 부패에 따른 太學生의 개혁 요구에 桓帝가 태학생을 배척한 소위 '黨錮之禍'를 야기. ○〈李固傳〉 − 李固와 杜喬는 63권, 〈李杜列傳〉 立傳. ○(桓帝) 建和元年 − 환제의 첫 연호 서기 147년. ○(桓帝) 和平元年 − 서기 150년.

[國譯]

(順帝) 永和 원년에, 梁冀(양기)는 河南尹이 되었다. 양기는 재임 중 포악 방자하였고 많은 불법을 저질렀는데 부친 梁商의 친한 벗인 洛陽 현령 呂放(여방)이 양상에게 양기의 잘못을 여러 번 말하여 양상이 양기를 질책하자, 양기는 즉시 사람을 보내 여방을 길에서 척살하였다. 양기는 부친이 사실을 인지할까 두려워 여방의 원수가 저지른 짓으로 꾸미고 여방의 동생 呂禹(여우)를 洛陽 縣令으로 추천하였으며, 사람을 시켜 여방의 원수를 잡아들이고 그 일가의 종친과 빈객 등 1백여 명을 모두 죽였다. 양상이 죽어 장례를 마치기 전에 順帝는 양기를 대장군에 임명했고, 양기의 동생 侍中인 梁不疑(양불의)는 河南尹이 되었다.

순제가 붕어하자, 沖帝(충제)는 강보에 싸인 어린아이라서 梁태후가 臨朝聽政했는데 조서로 양기와 太傅(태부) 趙峻(조준), 태위 李固(이고)와 함께 錄尙書事에 참여케 하였다. 양기는 감당할 수 없다고 사양하였지만 사치와 포악은 더욱 심했다. 沖帝가 또 붕어하자, 양기는 質帝(질제)를 옹립하였다.

질제는 어리지만 총명하여 양기의 교만 방자를 알고 있어 조회에서 여러 신하들에게 양기를 지목하여 "이 사람은 跋扈(발호) 장군이다."라고 말했다. 양기는 심히 미워하여 측근을 시켜 구운 떡에 짐새 독을 넣어서 질제는 당일로 붕어하였다.

다시 桓帝(환제)를 옹립하였고, 李固(이고)와 전임 太尉였던 杜喬(두교)의 죄를 엮어 살해하자 온 나라가 탄식하며 두려워 떨었는데 이는 〈李固傳〉에 기록했다. (桓帝) 建和 원년에, 양기에게 식읍 1만 3천호를 주가하였고 大將軍府에 성적이 우수한 인재를 증원하여 그 관속이 三公府의 두 배가 되었다. 또 양불의를 穎陽侯(영양후)에 봉했고, 양불의 동생 梁蒙(양몽)을 西平侯(서평후)에, 양기의 아들 梁胤(양윤)을 襄邑侯(양읍후)에 봉했는데 식읍은 각 1만 호였다. (桓帝) 和平 원년에, 양기에게 식읍 1만 호를 더 늘려주어 전에 세습한 것을 합하면 모두 3만 호나 되었다.

■原文

弘農人宰宣素性佞邪, 欲取媚於冀, 乃上言大將軍有周公之功, 今旣封諸子, 則其妻宜爲邑君. 詔遂封冀妻孫壽爲襄城君, 兼食陽翟租, 歲入五千萬, 加賜赤紱, 比長公主.

壽色美而善爲妖態, 作愁眉, 㖞粧, 墮馬髻, 折腰步, 齲齒笑, 以爲媚惑. 冀亦改易輿服之制, 作平上軿車, 埤幘, 狹冠, 折上巾, 擁身扇, 狐尾單衣. 壽性鉗忌, 能制御冀, 冀甚寵憚之.

|註釋| ○弘農 – 군명. 治所 弘農縣. 今 河南省 서쪽 三門峽市 관할 靈寶市. ○陽翟縣(양책현) – 穎川郡의 治所인 陽翟縣, 今 河南省 중부 許昌市 관할의 禹州市. ○赤紱(적불) – 붉은 印綬(인수). 紱은 인끈 불. ○長公主 – 황제의 맏딸. 長公主의 예우는 藩王과 대등하였다. ○作愁眉 – 가늘고 길게 꺾어 그린 눈썹. ○㖞粧(제장) – 㖞은 울 제. 啼와 同. 粧은 꾸밀 장. 妝과 同. ○墮馬髻(타마계) – 머리를 묶어 한 쪽으로 늘어뜨리다. ○折腰步 – 허리를 흐느적거리며 걷다. ○齲齒笑(우치소) – 이가 아픈 것처럼 찡그린 미소. ○平上軿車 – 軿은 가릴 병. ○埤幘(비책) – 높이가 낮은 巾幘

(건책). 埤는 낮을 비.　○折上巾 – 巾의 위쪽을 꺾은 건.　○擁身扇(옹신선)
– 큰 부채(大扇).　○狐尾單衣 – 單衣(겉적삼)의 뒤가 여우 꼬리마냥 땅에
끌린다는 주석이 있다.　○鉗忌(겸기) – 질투심이 많다. 鉗은 칼 겸. 죄수의
목에 씌우는 굴레.

[國譯]

　弘農郡 사람인 宰宣(재선)은 평소에도 아부를 잘했는데 梁冀(양기)
에게 잘 보이려고 대장군은 周公과 같은 공덕이 있으며, 이미 그 여
러 아들을 분봉하였으니 대장군의 아내도 邑君에 봉해야 한다고 상
서하였다. 이에 조서로 양기의 아내 孫壽(손수)를 襄城君(양성군)에
봉하고 陽翟縣(양책현)의 조세까지 거두게 하여 1년 수입이 5천만 전
이나 되었고, 붉은 印綬(인수)를 하사하여 長公主와 대등하게 예우하
였다.

　양기의 아내 孫壽는 미색이 있고 요염한 짓을 잘했으니 가늘고
길게 꺾어 그린 눈썹에 울고 난 것 같은 눈 화장을 했고, 머리를 묶
어 한 쪽으로 늘어트리며 허리를 흐느적거리며 걷고, 이가 아픈 것
처럼 찡그린 미소로 사람을 媚惑(미혹)케 하였다. 양기 또한 수레나
복식 제도를 바꾸었는데 위가 평평하고 가림막을 한 수레와 낮은 巾
幘(건책)과 위쪽을 꺾은 건, 그리고 큰 부채(擁身扇)에 땅에 끌리는
單衣(겉적삼)를 입었다. 손수는 질투심이 많아 양기를 손에 쥐고 흔
들었으며 양기도 손수를 총애하면서도 두려워하였다.

初, 父商獻美人友通期於順帝, 通期有微過, 帝以歸商, 商
不敢留而出嫁之, 冀卽遣客盜還通期. 會商薨, 冀行服, 於
城西私與之居. 壽伺冀出, 多從倉頭, 篡取通期歸, 截髮刮
面, 笞掠之, 欲上書告其事. 冀大恐, 頓首請於壽母, 壽亦不
得已而止. 冀猶復與私通, 生子伯玉, 匿不敢出. 壽尋知之,
使子胤誅滅友氏, 冀慮壽害伯玉, 常置複壁中. 冀愛監奴秦
宮, 官至太倉令, 得出入壽所. 壽見宮, 輒屛御者, 托以言事,
因與私焉. 宮內外兼寵, 威權大震, 刺史, 二千石皆謁辭之.

| 註釋 | ㅇ友通期(우통기) − 友가 姓, 通期가 名. ㅇ倉頭(창두) − 심부름
꾼. 倉은 蒼(푸를 창)과 通. ㅇ太倉令 − 大司農의 속관, 질록 六百石. 郡國
에서 보내는 곡물의 조운을 담당.

[國譯]

그전에, 양기의 부친 梁商은 順帝에게 美人 友通期(우통기)를 헌상
했으나 우통기가 작은 잘못을 저지르자, 순제는 우통기를 양상에게
돌려보냈고, 양상은 집에 들 수가 없어 남에게 출가시켰는데, 양기
는 자객을 보내 우통기를 몰래 데려왔다. 마침 왕상이 죽자 양기는
상중에도 낙양성 서쪽에 거처를 마련해 주었다. 그러나 손수가 양기
의 출입을 엿보다가 여러 하인과 함께 우통기를 강제로 데려와 머리
카락을 자르고 얼굴을 할퀴며 매질을 하고서 이를 上書하려고 하였
다. 양기는 겁에 질려 손수의 모친(장모)에게 고개를 숙이며 청탁했
고 손수도 부득이 그만두었다. 양기는 다시 우통기와 사통하여 아들

伯玉(백옥)을 낳았는데 감춰두고 나오지 못하게 하였다. 그러나 손
수가 찾아 알아내고 아들 胤(윤)을 시켜 友氏(우씨) 일족을 죽여 버리
자, 양기는 손수가 백옥을 해칠까 걱정하여 늘 이중 벽장에 숨겼다.

양기는 노비 감독인 秦宮(진궁)을 총애했는데 진궁의 관직은 大倉
令이었고 손수의 거처에도 출입하였다. 손수가 진궁을 만날 때 병풍
을 치면 무엇인가를 청탁하였고 겸해서 통정도 하였다. 진궁은 양기
와 손수 양쪽의 총애를 받으며 그 권세가 천하를 흔들어 刺史나 태
수도 모두 진궁을 찾아보고 인사하며 사례하였다.

原文

冀用壽言, 多斥奪諸梁在位者, 外以謙讓, 而實崇孫氏宗
親. 冒名而爲侍中,卿,校尉,郡守,長吏者十餘人, 皆貪叨兇
淫. 各遣私客籍屬縣富人, 被以它罪, 閉獄掠拷, 使出錢自
贖, 資物少者至於死徙. 扶風人士孫奮居富而性吝, 冀因以
馬乘遺之, 從貸錢五千萬, 奮以三千萬與之, 冀大怒, 乃告郡
縣, 認奮母爲其守臧婢, 云盜白珠十斛,紫金千斤以叛, 遂收
考奮兄弟, 死於獄中, 悉沒資財億七千餘萬.

其四方調發, 歲時貢獻, 皆先輸上第於冀, 乘輿乃其次焉.
吏人齎貨求官請罪者, 道路相望. 冀又遣客出塞, 交通外國,
廣求異物. 因行道路, 發取伎女御者, 而使人復乘勢橫暴,
妻略婦女, 歐擊吏卒, 所在怨毒.

| 註釋 | ○貪叨兇淫 – 탐욕을 부리다. 叨는 탐할 도. ○籍屬縣富人 – 籍은 간략히 기록하다. ○扶風 – 右扶風의 치소는 槐里縣, 今 陝西省 咸陽市 관할 興平市. ○上第於冀 – 上第는 第一.

[國譯]

梁冀(양기)는 孫壽(손수)의 말에 따라 梁氏로 관직에 있는 많은 사람을 배척하며, 겉으로는 겸양이라 하였지만 실제는 孫氏 종친을 우대하려는 뜻이었다. 그리하여 손씨를 사칭하여 侍中이나 卿과 校尉, 郡守나 長吏가 된 자가 10여 명이나 되었는데 모두가 탐욕을 부리고 음흉하였다. 이들은 각자 문객을 몰래 보내 소속 현의 부자들을 간략히 기록하게 하여 다른 죄를 뒤집어씌우고 감옥에 가두고 고문하여 속전을 내게 하였는데 재산이 적은 자는 죽이거나 강제로 이주시켰다. 右扶風 사람 士孫奮(사손분)은 부유하나 인색한 성격이었는데 양기가 수레와 말을 보내주고 5천만 전을 빌려달라고 하였는데 사손분은 3천만 전만 보내주었다. 이에 양기는 대노하며 (사손분의) 재물을 관리하는 婢女가 白珠 10斛(곡)과 紫金(자금, 赤銅)을 훔쳐 도주하려 했지만 사손분 모친이 잡아 가두었다고 우부풍에 고발케 하여 사손분의 형제를 잡아가두고 고문하여 결국 옥사하게 한 뒤에 그의 재산 1억7천만 전을 모두 몰수하였다.

四方에서 징수하거나 歲時에 헌상하는 물건 중 제일 상등급은 양기에게 보내고 그 다음을 황제에게 보냈다. 재물로 관직을 구하거나 남을 고발하려는 자들이 도로에 줄을 이었다. 양기는 또 문객을 국경에 보내 무역으로 외국의 진기한 물건을 수집케 하였다. 그들이 길을 다니면서 시중들만한 기녀를 탈취하거나 세력을 믿고 횡포를

부리며 남의 부녀자를 약탈해 아내로 삼고 관리나 병졸을 구타하는
등 도처에서 원한을 샀다.

原文

冀乃大起第舍, 而壽亦對街爲宅, 殫極土木, 互相誇競.
堂寢皆有陰陽奧室, 連房洞戶. 柱壁雕鏤, 加以銅漆, 窗牖
皆有綺疏靑瑣, 圖以雲氣仙靈. 臺閣周通, 更相臨望, 飛梁
石蹬, 陵跨水道. 金玉珠璣, 異方珍怪, 充積臧室. 遠致汗血
名馬.

又廣開園囿, 采土築山, 十里九陂, 以像二崤, 深林絶澗,
有若自然, 奇禽馴獸, 飛走其間. 冀,壽共乘輦車, 張羽蓋, 飾
以金銀, 遊觀第內, 多從倡伎, 鳴鐘吹管, 酣謳竟路. 或連繼
日夜, 以騁娛恣. 客到門不得通, 皆請謝門者, 門者累千金.
又多拓林苑, 禁同王家, 西至弘農, 東界滎陽, 南極魯陽, 北
達河,淇, 包含山藪, 遠帶丘荒, 周旋封域, 殆將千里. 又起菟
苑於河南城西, 經亘數十里, 發屬縣卒徒, 繕修樓觀, 數年乃
成. 移檄所在, 調發生菟, 刻其毛以爲識, 人有犯者, 罪至刑
死. 嘗有西域賈胡, 不知禁忌, 誤殺一兔, 轉相告言, 坐死者
十餘人.

冀二弟嘗私遣人出獵上黨, 冀聞而捕其賓客, 一時殺三十
餘人, 無生還者. 冀又起別第於城西, 以納姦亡. 或取良人,

悉爲奴卑, 至數千人, 名曰'自賣人'.

| 註釋 | ○第舍 – 저택. ○奧室(오실) – 깊숙한 內室. ○窗牖(창유) – 窗
은 窓. 牖(창문 유)는 작은 창문. ○園囿(원유) – 정원. ○以像二崤 – 二崤
山(이효산)을 본뜨다. 今 河南省 洛寧縣의 東崤와 西崤山을 지칭. ○酣謳
竟路 – 길을 가는 내내 노래를 부르게 하다. 酣는 즐길 감. 謳는 노래할 구.
○淇水 – 衛河(위하) 지류.

[國譯]

梁冀(양기)가 대저택을 짓자 孫壽(손수) 역시 그 거리 맞은편에 저
택을 지었는데 토목공사를 아주 크게 벌리면서 서로 과시하듯 경쟁
하였다. 堂이나 침실에는 모두 背陰向陽의 奧室(오실, 깊숙한 內室)을
만들었고 늘어 선 방은 모두 문으로 연결되었다. 기둥이나 벽은 여
러 무늬를 새기고 구리를 입히거나 옻칠을 하였고, 온갖 크고 작은
창문은 비단 무늬를 놓거나 청색 사슬무늬로 장식했으며 구름과 仙
境의 靈山을 그렸다. 누대와 전각은 두루 연결되었고 서로 마주 보
면서 구름다리나 돌계단으로 연결되거나 수로 위에 걸쳐있었다. 金
玉과 각종 구슬, 그리고 異方의 진기하고 괴이한 물건이 방 안을 가
득 채웠다. 먼 서역의 汗血馬(한혈마) 등 명마를 구해 왔다.

또 園囿(원유, 정원)를 크게 넓히면서 흙을 날라 산을 만들었다. 10
리에 9개의 연못을 팠으며 二崤山(이효산)을 본떠 만들었고 우거진
숲과 깊은 계곡이 모두 자연 그대로였으며 거기에 기이한 새나 길들
인 짐승들이 뛰어놀았다. 양기와 손수는 함께 수레나 연을 타고 금
은으로 장식한 일산을 활짝 펴고 집안을 유람하면 노래를 하는 많은

기녀들이 수행했고, 악대가 풍악을 연주하며 길을 가는 내내 노래를 부르게 하였다. 때로는 밤낮으로 계속 주연이 이어졌고, 마음 내키는 대로 실컷 즐겼다. 문객이 대문에 오더라도 알릴 수가 없다 하여 문지기에게 사례를 하니 문지기가 수천 금의 재산을 모았다. 원림을 크게 확장하여 그 禁城이 王家와 같았으니 서쪽으로는 弘農郡까지, 동쪽으로는 (河南郡) 榮陽縣(형양현)까지, 남으로는 (河南郡) (魯)陽縣에 달했으며, 북쪽으로는 河水와 淇水(기수)에 닿았는데 산과 숲을 다 아우르고 먼 곳의 산언덕을 차지하여 사방 둘레가 거의 1천 리나 되었다. 또 河南의 城西에 菟苑(토원)을 만들었는데 직경이 수십 리나 되었지만 屬縣의 병졸과 죄수를 동원하여 樓觀(누관)을 불과 몇 년 사이에 다 지었다. 양기는 여러 현에 격문을 보내 살아있는 토끼를 징발하였는데 그 털을 깎아 표시를 하였으며 토끼를 잡는 자가 있으면 사형에 처하였다. 한 번은 西域의 胡氏 성을 가진 상인이 금기를 모르고 토끼 한 마리를 죽였는데 서로 고발하여 이에 연좌되어 10여 명이 죽었다.

양기의 두 동생이 사람을 보내 上黨郡에서 사냥을 하였는데 양기가 듣고서는 그 빈객을 잡아 한꺼번에 30여 명을 죽여 살아 돌아온 자가 없었다. 양기는 또 낙양성 서쪽에 별장을 지었는데 불법을 저지르고 도망한 자들을 끌어 모았고 때로는 양인을 잡아다가 수천 명을 모두 노비로 만들었는데 그들을 스스로 팔려온 사람이라고 불렀다.

原文

元嘉元年, 帝以冀有援立之功, 欲崇殊典, 乃大會公卿, 共

議其禮. 於是有司奏冀入朝不趨, 劍履上殿, 謁讚不名, 禮
儀比蕭何, 悉以定陶,成陽餘戶增封爲四縣, 比鄧禹, 賞賜金
錢,奴婢,采帛,車馬,衣服,甲第, 比霍光, 以殊元勳. 每朝會,
與三公絶席. 十日一入, 平尚書事. 宣布天下, 爲萬世法. 冀
猶以所奏禮薄, 意不悅.

專擅威柄, 兇恣日積, 機事大小, 莫不咨決之. 宮衛近侍,
並所親樹. 禁省起居, 纖微必知. 百官遷召, 皆先到冀門箋
檄謝恩, 然後敢詣尙書. 下邳人吳樹爲宛令, 之官辭冀, 冀
賓客布在縣界, 以情托樹.

樹對曰, "小人姦蠹, 比屋可誅. 明將軍以椒房之重, 處上
將之位, 宜崇賢善, 以補朝闕. 宛爲大都, 土之淵藪, 自侍坐
以來, 未聞稱一長者, 而多托非人, 誠非敢聞!"

冀嘿然不悅. 樹到縣, 遂誅殺冀客爲人害者數十人, 由是
深怨之. 樹後爲荊州刺史, 臨去辭冀, 冀爲設酒, 因鴆之, 樹
出, 死車上. 又遼東太守侯猛, 初拜不謁, 冀托以它事, 乃腰
斬之.

| 註釋 | ○(桓帝) 元嘉 元年 – 서기 151년. ○入朝不趨 – 입조하여 종
종걸음을 걷지 않는다. 趨는 달릴 추. 빨리 걷다. ○謁讚不名 – 알현, 의견
진술 때 이름을 말하지 않다. ○定陶,成陽 – 定陶는 濟陰郡의 치소, 今 山
東省 서남부 菏澤市 定陶區. 成陽은 濟陰郡의 현명. ○鄧禹(등우, 서기 2 – 58)
– 南陽 新野人, 光武帝가 '蕭何(소하)처럼 믿을 수 있는 사람'이라고 말했
다. 後漢 개국에 크게 기여, '雲臺二十八將'의 첫째. 등우의 아들이 鄧訓,

등훈의 딸이 和帝의 황후인 鄧綏(등수). 16권, 〈鄧寇列傳〉에 입전. ○霍光 (곽광, ?-前68) - 麒麟閣(기린각) 11功臣 중 첫째. 명장 霍去病의 異母弟. 昭 帝 上官皇后의 外祖父. 宣帝 霍皇后의 친부. 大司馬, 大將軍 역임. 封 博陸 侯. 武帝, 昭帝, 宣帝를 섬김. 사후에 아들(霍禹)의 모반에 의해 멸족. 霍은 삐를 곽. ○平尙書事 - 尙書의 업무를 평결하다. ○小人姦蠹(간두) - 불 법을 자행하는 사악한 소인. 蠹는 좀벌레 두. ○比屋可誅 - 집집마다 모 두 죽여 없애야 한다. ○土之淵藪 - 많은 士人이 모여 있는 곳. 淵藪(연수) 는 못과 숲. 많은 사람이 모인 곳. ○嘿然 - 嘿은 고요할 묵. ○遼東(요동) - 군명. 治所 襄平縣, 今 遼寧省 중부 遼陽市.

[國譯]

(桓帝) 元嘉 원년, 환제는 梁冀(양기)가 환제를 옹립한 공훈이 있 으니 특별히 높여 예우하려고 公卿을 모두 모아 의례를 논의케 하였 다. 이에 담당자가 양기는 입조하여 종종걸음을 걷지 않아도 되고 칼을 찬 채 신발을 신고 전각에 오를 수 있으며 알현하거나 의견 진 술할 때 이름을 말하지 않게 하여 蕭何(소하)와 같이 예우하고, 定陶 와 成陽縣 등 4개 현을 식읍으로 더 늘려 鄧禹(등우)와 같이 예우하 며, 금전, 노비, 비단, 거마, 의복, 甲第(저택)를 霍光(곽광)과 같게 하 여 다른 元勳과 달리 예우해야 한다고 상주하였다. 또 매번 조회 때 三公과 떨어진 자리에 앉게 하였다. 그리고 10일에 하루 입조하여 尙書의 업무를 평결케 하는 데, 이를 천하에 선포하여 만대의 법으 로 삼게 하였다. 그러나 양기는 오히려 예우가 각박하다고 좋아하지 않았다.

양기는 마음대로 권력을 휘두르고 위세를 부리며 흉악한 짓을 계 속하였으며 크고 작은 국사를 마음대로 결정하지 않는 것이 없었다.

궁궐 시위나 근시를 모두 친당으로 심었고 궁궐 내 황제의 기거와 사소한 일도 모두 양기에게 보고되었다. 백관의 이동이나 소환도 모두 양기의 저택에 사전 통고하여 사은한 뒤에 상서에게 보내져 결재를 올렸다. 下邳(하비) 사람 吳樹(오수)가 (南陽郡) 宛縣(완현)의 현령이 되어 부임하기 전 양기에 인사하러 갔는데 완현에 널려 있는 양기의 빈객에 대한 은정을 오수에게 부탁하였다. 이에 오수가 대답하였다.

"불법을 자행하는 사악한 소인이라면 집집마다 모두 죽여 없애야 합니다. 장군께서는 황후 때문에 중임을 맡아 대장군의 자리에서 현인과 善人을 천거하시며 조정과 대궐을 보필하고 계십니다. 완현은 큰 도시로 많은 士人이 모인 곳인데 여기서 모시고 있는 동안 長者를 칭송하는 말을 하나도 못 듣고 나쁜 사람에 대한 청탁만 들었는데, 이는 제가 들을 말이 정말로 아니었습니다."

양기는 말없이 듣기만 했지만 기분이 좋지 않았다. 오수가 완현에 도착하여 양기의 빈객이라면서 해악을 저지른 수십 명을 주살하였는데 이 때문에 양기에게 큰 원한을 샀다. 오수가 뒷날 荊州(형주) 자사가 되어 출발에 앞서 양기에 인사를 갔을 때 양기는 술대접을 하면서 짐새의 독을 넣어 오수는 집을 나와 수레에서 죽었다. 또 遼東 태수 侯猛(후맹)은 처음 제수 받고 인사를 하지 않았다 하여 양기는 다른 죄로 얽어 요참형에 처했다.

時, 郞中汝南袁著, 年十九, 見冀兇縱, 不勝其憤, 乃詣闕

上書曰,

「臣聞仲尼嘆鳳鳥不至, 河不出圖, 自傷卑賤, 不能致也.
今陛下居得致之位, 又有能致之資, 而和氣未應, 賢愚失序
者, 勢分權臣, 上下壅隔之故也. 夫四時之運, 功成則退, 高
爵厚寵, 鮮不致災. 今大將軍位極功成, 可爲至戒, 宜遵懸
車之禮, 高枕頤神. 傳曰, '木實繁者, 披枝害心.' 若不抑損
權盛, 將無以全其身矣. 左右聞臣言, 將側目切齒, 臣特以
童蒙見拔, 故敢忘忌諱. 昔舜, 禹相戒無若丹朱, 周公戒成王
無如殷王紂, 願除誹謗之罪, 以開天下之口.」

書得奏御, 冀聞而密遣掩捕著. 著乃變易姓名, 後托病僞
死, 結蒲爲人, 市棺殯送. 冀廉問知其詐, 陰求得, 笞殺之,
隱蔽其事.

學生桂陽劉常, 當世名儒, 素善於著, 冀召補令史以辱之.
時, 太原郝絜, 胡武, 皆危言高論, 與著友善. 先是, 絜等連名
奏記三府, 薦海內高士, 而不詣冀, 冀追怒之, 又疑爲著黨,
敕中都官移檄捕前奏記者並殺之, 遂誅武家, 死者六十餘
人. 絜初逃亡, 知不得免, 因輿櫬奏書冀門. 書入, 仰藥而死,
家乃得全. 及冀誅, 有詔以禮祀著等. 冀諸忍忌, 皆此類也.

|註釋| ○汝南 - 군명. ○鳳鳥不至, 河不出圖 - 子曰, "鳳鳥不至, 河不
出圖, 吾已矣夫!"《論語 子罕》. ○功成則退 - '功成身退 天之道也.'《老子
道德經》九章. ○懸車之禮 - 공명을 이루고 늙어 사직하고 귀향한 元老의
수레를(車) 縣廳에 높이 매달아(懸) 기리는 禮. ○廉問 - 探問. ○桂陽 -

군명. 治所는 郴縣(침현), 今 湖南省 남부 郴州市(침주시). ○興櫬(여츤) - 수레에 관을 싣고 가다. 櫬(널 츤)은 棺, 內棺.

[國譯]

  그때, 郎中인 汝南郡 출신 袁著(원저)는 19세로 梁冀(양기)의 흉악과 방종을 보고 울분을 참지 못하고 궁궐에 가서 상서하였다.

  「臣이 알기로, 孔子는 봉황이 오지 않고 河水에서 圖書가 나오지 않는다며 자신의 비천한 지위를 탄식하였습니다. 지금 폐하께서는 봉황이나 河圖(하도)를 불러올 바탕을 갖추었지만 和氣가 불응하는 것은 賢愚(현우)를 막론하고 모두 합당한 직위를 얻지 못했고, 세력이 신하에게 분립되었으며 상하 간의 소통이 막히고 단절되었기 때문입니다. 四時의 운행처럼 공덕을 이룬 다음에 물러난다면 높은 작위와 두터운 은총을 입었어도 재앙을 불러오는 일은 없을 것입니다. 지금 大將軍(梁冀)은 최고 지위에서 큰 공을 이루었으니 至極의 警戒를 지켜 응당 향리에 은퇴하여 편히 지내며 心身을 存養해야 합니다. 옛 글에서도 '열매가 너무 많이 열린 나무는 가지가 찢어지거나 木心이 비게 된다.'고 하였습니다. 만약 극성한 권위를 스스로 덜어내지 않는다면 앞으로 자신을 보전할 수 없을 것입니다. 臣의 말을 들은 가까운 사람들도 대장군을 나쁘게 보고 이를 갈았습니다만 臣은 단지 나이가 어리기에 뽑혀 폐하께서 싫어한다는 것을 생각하지 않고 상서를 올립니다. 옛날 舜帝이나 禹王이 서로 깨우쳤기에 丹朱(단주) 같은 자가 존재할 수 없었고, 周公이 成王을 깨우쳤기에 殷의 紂王(주왕)같은 사람이 필요 없었던 것처럼 誹謗(비방)의 罪를 폐지하여 천하 만인의 언로를 열어주어야 합니다.」

상서가 들어가자, 양기는 이를 알고 몰래 사람을 보내 元著(원저)를 잡아들이려 하였다. 원저는 이름을 바꾸었다가 나중에는 병에 걸려 죽은 것으로 위장하여 부들(蒲, 왕골)로 시신을 만들고 관을 사다가 염을 하여 장례를 치렀다. 그러나 양기는 염탐하여 거짓임을 알아내고 비밀리에 원저를 잡아다가 때려죽인 뒤에 이를 隱蔽(은폐)하였다.

太學生인 桂陽郡의 劉常(유상)은 당대의 名儒로 평소에 원저와 가까웠는데 양기는 유상을 불러 자신의 하급 관리에 임명하여 욕보였다. 그때 太原郡의 郝絜(학혈)과 胡武(호무) 등은 당당하고 峻嚴(준엄)한 말을 잘 하였는데 원저와도 친했었다. 이보다 앞서 학혈 등은 連名의 상서를 三府에 올려 海內의 高士를 천거하되 양기 편으로 만들지 말아야 한다고 말했는데, 이를 알게 된 양기가 대노하면서 원저와 같은 일당이라 의심하여 낙양의 모든 관서(中都官)에 격문으로 알려 상주한 글에 이름을 올린 자들은 모두 살해했으며, 호무의 일족을 주살케 하니 죽은 자가 60여 명이나 되었다. 학혈은 처음에는 도주하였으나 피할 수 없다는 사실을 알고 수레에 관을 싣고 양기 집에 가서 양기에게 상서하였다. 상서가 들어가자 학혈은 약을 마시고 죽어 일가족은 무사하였다. 양기가 처형된 뒤에 조서를 내려 원저 등에게 예를 갖춰 제사하게 하였다. 양기의 잔인하고 못된 짓은 대개 이런 꼴이었다.

原文

不疑好經書, 善待士, 冀陰疾之, 因中常侍白帝, 轉爲光祿

勳, 又諷衆人共薦其子胤爲河南尹. 胤一名胡狗, 時年十六,
容貌甚陋, 不勝冠帶, 道路見者, 莫不嗤笑焉. 不疑自恥兄
弟有隙, 遂讓位歸第, 與弟蒙閉門自守. 冀不欲令與賓客交
通, 陰使人變服至門, 記往來者. 南郡太守馬融, 江夏太守田
明, 初除, 過謁不疑, 冀諷州郡以它事陷之, 皆髡笞徙朔方.
融自刺不誅, 明遂死於路.

　永興二年, 封不疑子馬爲潁陰侯, 胤子桃爲城父侯. 冀一
門前後七封侯, 三皇后, 六貴人, 二大將軍, 夫人, 女食邑稱
君者七人, 尙公主者三人, 其餘卿, 將, 尹, 校五十七人. 在位
二十餘年, 究極滿盛, 威行內外, 百僚側目, 莫敢違命, 天子
恭己而不得有所親豫.

| 註釋 | ○梁不疑 - 梁冀의 동생. ○胡狗 - 글자 그대로는 '흉노의 강
아지', 무병장수를 기원하는 뜻으로 兒名은 일부러 천한 이름을 지어 불렀
다. ○時年十六 容貌甚陋 - 나이 16세에 우리나라로 말하면 경기도지사
가 되었으니, 생김새는 그렇다 치더라도 이를 보고 빈정거리지 않을 수 없
었을 것이다. ○嗤笑(치소) - 빈정거리며 웃다. 嗤는 웃을 치. 웃음거리.
○南郡太守馬融(마융, 79 - 166) - 伏波將軍 馬援(마원)의 侄孫, 馬嚴의 아들.
經學家. 鄭玄, 盧植(노식)은 마융의 門生. 60권, 〈馬融列傳〉에 立傳. 南郡의
治所는 江陵縣, 今 湖北省 荊州市 江陵縣. ○江夏太守 - 江夏郡 治所는 西
陵縣, 今 湖北省 동부 武漢市 新洲區. ○皆髡笞徙朔方 - 髡은 머리 깎을
곤. 笞는 볼기칠 태. ○融自刺不誅 - 마융은 자살을 시도하여 죽음을 면
했다가 (桓帝) 延熹 9년(서기 166)에 집에서 죽었다. ○(桓帝) 永興二年 -
서기 154년. ○三皇后 - (추존한, 和帝의 생모) 恭懷梁皇后, 順帝의 順烈

梁皇后. 桓帝의 懿獻梁皇后.

[國譯]

梁不疑(양불의)는 經書를 좋아하고 文士를 잘 대우하였고, 양기는
이를 질시하였는데 中常侍를 통해 황제에게 아뢰어 光祿勳으로 전
임시켰고, 또 여러 사람에게 눈치를 주어 자기의 아들 梁胤(양윤)을
河南尹에 임명케 하였다. 양윤은 一名 '胡狗(호구)'인데 나이 16세
에 용모가 아주 누추하여 冠服이 영 맞지 않아 길에서 보고 빈정거
리며 웃지 않는 사람이 없었다. 양불의는 형제가 틈이 난 것을 부끄
럽게 여겨 관직을 사임하고 집에 쉬면서 동생 梁蒙(양몽)과 함께 두
문불출하였다. 양기는 양불의가 다른 사람과 교제를 막으려고 사람
을 시켜 변복하고 문에서 왕래하는 사람을 기록케 하였다. 南郡太守
인 馬融(마융)과 江夏太守 田明(전명)은 관직을 제수 받고 지나며 양
불의를 찾아갔는데, 양기는 州郡 사람을 충동질하여 마융을 다른 일
로 모함하여 머리를 깎고 볼기를 때린 다음에 朔方郡으로 이주케 하
였는데, 마융은 도중에 자살을 시도하여 죽음을 면했다. 전명은 결
국 길에서 죽었다.

(桓帝) 永興 2년에, 양불의의 아들 梁馬(양마)는 潁陰侯(영음후)가
되었고, 梁胤(양윤)의 아들 梁桃(양도)는 城父侯(성보후)가 되었다. 양
기 일문에 전후 7명이 제후가 되었고, 황후가 3명, 貴人 6명, 大將軍
2명 외에 夫人과 여인으로 식읍을 받아 君의 칭호를 받은 사람이 7
명이었고, 공주와 결혼한 사람이 3인이었으며 그 외에 卿, 將, 尹, 校
尉가 57명이나 되었다. 양기는 재위 20년에 그 번영의 극점에서 내
외에 위세를 떨쳤는데 백관이 모두 질시하면서도 그 명을 어기는 자

가 없었고 천자도 양기에게는 공손하였고 정사를 직접 처리하지 못했다.

原文

帝卽不平之. 延熹元年, 太史令陳授因小黃門徐璜, 陳災異日食之變, 咎在大將軍, 冀聞之, 諷洛陽令收考授, 死於獄. 帝由此發怒.

初, 掖庭人鄧香妻宣生女猛, 香卒, 宣更適梁紀. 梁紀者, 冀妻壽之舅也. 壽引進猛入掖庭, 見幸, 爲貴人, 冀因欲認猛爲其女以自固, 乃易猛姓爲梁. 時猛姊婿邴尊爲議郞, 冀恐尊沮敗宣意, 乃結刺客於偃城, 刺殺尊, 而又欲殺宣. 宣家在延熹里, 與中常侍袁赦相比, 冀使刺客登赦屋, 欲入宣家. 赦覺之, 鳴鼓會衆以告宣. 宣馳入以白帝, 帝大怒, 遂與中常侍單超,具瑗,唐衡,左悺,徐璜等五人成謀誅冀. 語在〈宦者傳〉.

│註釋│ ○(桓帝) 延熹元年 – 서기 158년. ○太史令 – 史官의 우두머리. 질록은 6백석. 天時와 星曆을 관장, 신년 曆法 제작 배부, 나라의 큰 제사, 장례나 혼례의 택일, 禁忌, 災異, 祥瑞(상서) 기록을 담당. 太常의 속관으로 太樂, 太祝, 太宰, 太史, 太卜, 太醫令 등 6令이 있었다. ○諷 – 부추기다. 충동질하다. 암시하다. ○偃城(언성) – 河南尹 관할 偃師縣(언사현), 今 河南省 직할 偃師市(언사시, 洛陽市 동쪽). ○延熹里 – 洛陽城 마을 이름. ○〈宦者傳〉 – 78권, 〈宦者列傳〉.

[國譯]

　황제는 梁冀(양기)에게 불만을 갖고 있었다. (桓帝) 延熹(연희) 원년, 太史令인 陳授(진수)가 小黃門 徐璜(서황)을 통해 災異(재이)와 日食의 변고는 그 허물이 大將軍에게 있다고 보고하였는데, 양기가 이를 알고 洛陽令을 부추겨 진수를 잡아 고문하게 하여 진수는 옥사하였다. 환제는 이 때문에 분노하였다.

　그전에 掖庭署(액정서)에 근무하는 鄧香(등향)의 妻인 宣(선)은 딸 鄧猛(등맹)을 낳았는데, 등향이 죽자 宣(선)은 梁紀(양기)에게 개가하였다. 梁紀(양기)란 사람은 梁冀(양기)의 처인 孫壽(손수)의 외삼촌이었다. 이에 손수는 등맹을 掖庭(액정)에 들여보냈고 환제의 총애를 받으며 귀인이 되었는데, 梁冀는 등맹을 자기 딸로 만들어 자신의 세력을 공고히 하려고 등맹의 성을 梁氏로 바꾸려고 하였다. 그때 등맹의 형부(언니 남편)인 邴尊(병존)은 議郎이었는데, 梁冀는 병존이 宣(선)의 마음을 바꾸려할지 모른다 하여 자객을 시켜 偃城(언성)에서 병존을 척살하고 또 宣(선)마저 죽이려고 하였다. 그때 宣(선)의 집은 延熹里(연희리)에 있었는데, 中常侍인 袁赦(원사)와 이웃이라서 양기가 보낸 자객이 원사의 집 지붕을 타고 宣(선)의 집에 침입하려고 했다. 그러나 원사가 이를 발견하고 북을 쳐 사람을 모으면서 宣(선)에게 알렸다. 宣(선)이 궁궐로 달려가 환제에게 아뢰자 환제는 대노하면서 마침내 中常侍인 單超(선초), 具瑗(구원), 唐衡(당형), 左悺(좌관), 徐璜(서황) 등 5명이 梁冀를 죽일 계획을 세웠다. 이는 〈宦者傳〉에 기록하였다.

冀心疑超等, 乃使中黃門張惲入省宿, 以防其變. 具瑗敕
吏收惲, 以輒從外入, 欲圖不軌. 帝因是御前殿, 召諸尙書
入, 發其事, 使尙書令尹勳持節勒丞郎以下皆操兵守省閣,
斂諸符節送省中. 使黃門令具瑗將左右廐騶,虎賁,羽林,都
候斂戟士, 合千餘人, 與司隸校尉張彪共圍冀第. 使光祿勳
袁盱持節收冀大將軍印綬, 徙封比景都鄉侯. 冀及妻壽卽日
皆自殺. 悉收子河南尹胤,叔父屯騎校尉讓, 及親從衛尉淑,
越騎校尉忠,長水校尉戟等, 諸梁及孫氏中外宗親送詔獄,
無長少皆棄市. 不疑,蒙先卒. 其它所連及公卿,列校,剌史,
二千石死者數十人, 故吏賓客免黜者三百餘人, 朝廷爲空,
惟尹勳,袁盱及廷尉邯鄲義在焉. 是時事卒從中發, 使者交
馳, 公卿失其度, 官府市里鼎沸, 數日乃定, 百姓莫不稱慶.

收冀財貨, 縣官斥賣, 合三十餘萬萬, 以充王府, 用減天下
稅租之半. 散其苑囿, 以業窮民. 錄誅冀功者, 封尙書令尹
勳以下數十人.

| 註釋 | ○欲圖不軌(불궤) – 모반을 획책하다. 不軌는 不忠. ○尙書令
尹勳(윤훈) – 67권, 〈黨錮列傳〉에 立傳. ○左右廐騶 – 廐는 마구간 구. 騶
는 騎士. 말먹이는 사람 추. ○都候斂戟士 – 都候는 衛尉의 속관, 좌우 도
후 각 1인, 질록 6백석. 칼과 창을 지닌 무사를 지휘, 궁성 순찰 및 황제 명
에 의한 체포를 담당. ○司隸校尉(사예교위) – 前漢 武帝 征和 4년(前 89)
에 京師지역, 곧 三輔〔京兆, 右扶風, 左馮翊(좌풍익)〕와 三河(河東郡 河南

郡, 河內郡) 및 弘農郡 등 7郡의 관리를 규찰하고 범법자를 다스리는 임무를 수행하도록 사예교위를 설치하였는데 13자사부와 같은 기능을 수행. 秩 二千石. 後漢의 司隷校尉는 질록 比이천석, 京師와 三輔의 백관, 외척, 제후, 태수를 규찰하고 1州(三輔 등 7郡)를 직접 감찰하여 그 권세가 당당했다. 建武 元年에 광무제는 御史中丞(어사중승, 최고 감찰관), 司隷校尉(백관규찰), 尙書令의 三官을 '三獨坐'라 호칭했는데, 이는 조회 시에 전용석에 혼자 앉는다는 뜻이다. 司隷校尉部의 치소는 洛陽. 東京을 司隷라고도 칭했다. 후한에서는 105개 郡을 사예교위부 등 13자사부에 소속시켜 지방을 관할 통제했다. ○廷尉 邯鄲義(한단의) ─ 인명. 邯鄲은 복성. ○鼎沸(정비) ─ 솥에 물 끓듯 하다. 沸 끓을 비. ○縣官斥賣 ─ 현관은 국가. 때로는 황제를 지칭한다. ○王府 ─ 國庫.

[國譯]

梁冀(양기)는 마음으로 單超(선초) 등을 의심하면서, 바로 中黃門 張惲(장운)을 시켜 부서에서 숙직하게 하여 변란을 막으려 했다. 具瑗(구원)이 관리를 시켜 장운을 체포하자 (양기의 부하들은) 곧 밖에서 들어와 모반을 획책하였다. 환제는 이에 前殿에 행차하였고 여러 尙書를 불러들이고 尙書令 尹勳(윤훈)을 시켜 부절을 가지고 각 관廳서의 丞과 郞官에게 무기를 갖고 각 근무지나 누각을 지키게 하고 다른 부절은 尙書臺로 모으게 하였다. 그리고 黃門令 구원을 시켜 각 좌우 마구간(廏)의 騎士와 虎賁衛와 羽林衛, 都候斂戟士(도후검극사) 등 1천여 명을 거느리고 司隷校尉(사예교위) 張彪(장표) 등과 함께 양기의 저택을 포위하게 시켰다. 또 光祿勳 袁盱(원우)를 보내 부절을 갖고 가서 양기의 大將軍 印綬를 회수하고 比景都鄕侯(비경도향후)에 옮겨 봉하게 하였다. 양기와 그 아내인 손수는 그날 모두 자살하였다. 양기의 아들 河南尹인 梁胤(양윤), 叔父인 屯騎校尉 梁讓(양양) 및 親從衛尉인 梁淑(양숙), 越騎校尉인 梁忠(양충), 長水校尉인 梁戟(양극) 등을 모두 체포하였고, 나머지 양씨와 손씨 등 내외 일족을 모두 詔獄(조옥)에 가두었다가 어른 아이 구분 없이 다 棄市(기시)하였다. 梁不疑(양불의)와 梁蒙(양몽)은 이전에 죽었다.

기타 양기와 연결된 公卿이나 여러 교위, 刺史, 이천석 등 죽은 자가 수십 명이었으며 옛 관리나 빈객으로 면직되거나 축출된 자가 3백여 명이나 되어 조정이 텅 빌 정도였는데 다만 尹勳(윤훈)과 袁盰(원우) 및 廷尉 邯鄲義(한단의) 등이 살아남았다. 이때 사건은 갑자기 궁중에서 일어났기에 사자들이 이리저리 내달리며 公卿들도 어찌할 바를 몰랐으며 官府나 마을이 솥의 물이 끓는 듯하였다. 며칠이 지나 겨우 진정되자 백성들은 좋아하지 않는 자가 없었다.

양기의 재물을 모두 압수하여 나라에서 모두 팔았는데, 그 합계가 30여 억이나 되었고 모두 국고에 회수하였으며 온 천하에 조세의 절반을 감면하였다. 양기의 苑囿(원유)를 모두 가난한 백성에게 분배하였다. 양기를 죽이는데 공을 세운 사람을 조사하여 尙書令 尹勳(윤훈) 이하 수십 명을 제후에 책봉하였다.

原文

論曰, 順帝之世, 梁商稱爲賢輔, 豈以其地居亢滿, 而能以愿謹自終者乎? 夫宰相運動樞極, 感會天人, 中於道則易以興政, 乖於務則難乎御物. 商協回天之勢, 屬雕弱之期, 而匡朝卹患, 未聞上述, 憔悴之音, 載謠人口. 雖輿粟盈門, 何

救阻饑之厄, 永言終制, 未解尸官之尤. 況乃傾側孽臣, 傳
寵兇嗣, 以致破家傷國, 而豈徒然哉!

| 註釋 | ○地居亢滿 - 亢(목 항)은 上極. 맨 꼭대기. ○而能以愿謹自終
者乎 - 愿謹은 성실하고 신중하다. 愿은 삼갈 원. 성실하다. ○夫宰相運
動樞極 - 樞極은 북두칠성과 북극성. ○憔悴之音 - 憔悴(초췌)는 수척하
다. ○尸官之尤 - 尸官은 尸祿(시록). 하는 일 없이 국록만 축내다.

[國譯]

　　范曄(범엽)의 史論 : 順帝 재위 중에 梁商(양상)은 현량한 보필을 했
다고 칭송을 들었지만 아주 높은 지위에서 성실 신중하게 소임을 잘
마쳤다고 할 수 있겠는가? 재상은 나라의 중추적인 권력을 운영하
니 (재상의 정성이나 능력이) 하늘과 백성에 감응하고 정도에 맞으
면 쉽게 국정을 잘 운영할 수 있지만, 정도에 어긋나면 애를 써도 만
물을 제어할 수 없을 것이다. 양상은 하늘을 움직일 권력을 가졌었
지만 나라가 쇠약해질 때를 당해 온갖 재난에서 구하려는 어떤 대책
도 천자께 올리지 못하였으며, 백성들 신음하는 소리만 도처에서 들
을 수 있었다. 그가 비록 자기 집 곡식을 성문에 싣고 가서 구휼했다
지만 어떻게 기아의 어려운 액운을 구할 수 있겠는가? 양상이 薄葬
(박장)하라고 유언을 했지만 그가 국록이나 축냈다는 허물을 어찌
면할 수 있겠는가? 하물며 간악하게 삐뚤어진 얼치기 아들(梁冀)이
총애를 독점하며 흉악하게 뒤를 이었으니 국가가 부서지고 거덜 나
는 것이 어찌 저절로 그렇게 되었겠는가!

贊曰, 在河西佐漢, 統亦定筭. 褒親幽憤, 升高累歎. 商恨善柔. 冀
遂貪亂.

| 註釋 | ○在河西佐漢 - 梁統의 본 근거지는 河西郡이었다. ○定筭 -
계산을 마쳤다. ○褒親幽憤 - 梁統의 아들 梁竦(양송), 追諡가 褒親愍侯(포
친민후).

[國譯]

贊曰,

河西의 梁統(양통)은 漢을 돕기로 방책을 정했었다.

梁竦(양송)은 울분 속에 고관이나 액운에 좌절했다.

梁商(양상)은 선량했고 梁冀(양기)는 탐욕에 혼란만 키웠다.

35 張曹鄭列傳
〔장, 조, 정열전〕

❶ 張純

原文

張純字伯仁, 京兆杜陵人也. 高祖父安世, 宣帝時爲大司馬衛將軍, 封富平侯. 父放, 爲成帝侍中. 純少襲爵土, 哀,平間爲侍中, 王莽時至列卿. 遭値簒僞, 多亡爵土, 純以敦謹守約, 保全前封.

建武初, 先來詣闕, 故得復國. 五年, 拜太中大夫, 使將潁川突騎安集荊,徐,楊部, 督委輸, 監諸將營. 反又將兵屯田南陽, 遷五官中郎將. 有司奏, 列侯非宗室不宜復國. 光武曰, "張純宿衛十有餘年, 其勿廢, 更封武始侯, 食富平之半."

○京兆杜陵 – 京兆尹의 현명. 본래 杜陵은 宣帝의 능, 陵縣 이름. 今 陝西省 西安市 동남. ○高祖父 張安世(장안세, ?-前 62년) – 저명한 酷吏(혹리) 張湯(장탕)의 아들. 유능하고 선량한 重臣, 대사마 역임. ○督委輸 – 轉運을 독려하다. ○宿衛(숙위) – 봉직하다.

[國譯]

張純(장순)의 字는 伯仁(백인)으로 京兆尹 杜陵縣 사람이다. 高祖父인 張安世(장안세)는 宣帝 때 大司馬 衛將軍으로 富平侯에 봉해졌다. 부친 張放(장방)은 成帝 때 侍中이었다. 장순은 젊어 爵土(작토)를 세습하였고, 哀帝와 平帝 연간에도 侍中이었으며 王莽 시기에 列卿에 올랐다. 왕망의 찬위와 반역에 많은 사람들이 작위와 봉토를 잃었지만 장순은 돈후하고 근신하며 검소하여 선대의 봉토를 지켰다.

建武 초기에, 먼저 광무제를 찾아와 옛 봉국을 회복할 수 있었다. 5년에, 太中大夫가 되어 穎川郡의 突騎兵을 통솔하여 荊州, 徐州, 楊州 관내를 진무하며 轉運을 독려하고 여러 장수의 군영을 감독하였다. 돌아와서는 다시 군사를 거느리고 南陽郡에서 屯田하였고 五官中郎將으로 승진하였다. 담당자가 열후 중 宗室이 아니라면 옛 봉국을 회복시켜 줄 수 없다고 상신하였다. 이에 광무제는 "張純은 10여 년이나 봉직하였으니 폐하지 말고 다시 武始侯(무시후)에 봉하되 식읍은 富平侯의 절반을 지급하라."고 하였다.

原文

純在朝歷世, 明習故事. 建武初, 舊章多闕, 每有疑議, 輒以訪純, 自郊廟婚冠喪紀禮儀義, 多所正定. 帝甚重之, 以純兼虎賁中郎將, 數被引見, 一日或至數四. 純以宗廟未定, 昭穆失序, 十九年, 乃與太僕朱浮共奏言,

「陛下興於匹庶, 蕩滌天下, 誅鋤暴亂, 興繼祖宗. 竊以經義所紀, 人事衆心, 雖實同創革, 而名爲中興, 宜奉先帝, 恭承祭祀者也. 元帝以來, 宗廟奉祠高皇帝爲受命祖, 孝文皇帝爲太宗, 孝武皇帝爲世宗, 皆如舊制. 又立親廟四世, 推南頓君以上盡於舂陵節侯. 禮, 爲人後者則爲之子, 既事大宗, 則降其私親. 今禘祫高廟, 陳序昭穆, 而舂陵四世, 君臣並列, 以卑廁尊, 不合禮意, 設不遭王莽, 而國嗣無寄, 推求宗室, 以陛下繼統者, 安得復顧私親, 違禮制乎? 昔高帝以自受命, 不由太上, 宣帝以孫後祖, 不敢私親, 故爲父立廟, 獨群臣侍祠. 臣愚謂宜除今親廟, 以則二帝舊典, 願下有司博採其議.」

詔下公卿, 大司徒戴涉,大司空竇融議, "宜以宣,元,成,哀,平五帝四世代今親廟, 宣,元皇帝尊爲祖,父, 可親奉祠, 成帝以下, 有司行事, 別爲南頓君立皇考廟. 其祭上至舂陵節侯, 群臣奉祠, 以明尊尊之敬, 親親之恩."

帝從之. 是時宗廟未備, 自元帝以上, 祭於洛陽高廟, 成帝以下, 祠於長安高廟, 其南頓四世, 隨所在而祭焉.

|註釋| ○郊廟婚冠喪紀禮儀義 － 郊祀, 廟祠, 婚禮, 冠禮, 喪禮, 紀年의

禮法이나 儀義. ○虎賁中郞將 - 光祿勳의 속관, 虎賁 宿衛의 군사 지휘, 질
록 比이천석, 中郞將에는 五官, 左, 右, 羽林 중랑장 등이 있어 그 아래 속관
을 거느렸다. ○昭穆失序 - 昭穆은 종묘에 신주를 모시는 차례. 태조를 중
앙에, 2, 4, 6세는 昭라 하여 왼편에, 3, 5, 7세는 穆이라 하여 오른쪽에 모신
다. ○朱浮(주부) - 33권, 〈朱馮虞鄭周列傳〉立傳. ○蕩滌(탕척) - 씻어내
다. 蕩은 쓸어버릴 탕. 滌은 씻을 척. ○誅鋤(주서) - 죽이고 제거하다. 鋤
는 호미 서. 없애버리다. ○南頓君(남돈군) - 광무제의 부친 劉欽(유흠). ○春
陵節侯(용릉절후) - 劉買. 광무제의 고조. ○大宗 - 元帝를 뜻함. ○禘祫(체
협) - 遠祖를 함께 지내는 큰 제사. 禘는 큰 제사 체. 祫는 합사할 협.

[國譯]

　張純은 몇 대를 걸쳐 봉직했기에 옛 典禮를 잘 알았다. 建武 초에,
옛 기록이 크게 부족하여 매번 의문이 있을 때마다 장순을 찾아와
물었는데, 郊祀, 廟祠, 婚禮, 冠禮, 喪禮, 紀年의 禮法이나 儀義를 바
로잡았다. 그래서 광무제는 장순을 아주 중시하였고 장순을 虎賁中
郞將을 겸임케 하며 자주 불렀는데 어떤 때는 하루에 서너 번 씩 부
르기도 했다. 장순은 宗廟가 아직 확정되지 않았고 昭穆(소목)의 차
례가 맞지 않는다 하여 (建武) 19년에 太僕인 朱浮(주부)와 함께 상
주하였다.

　「폐하께서는 서민과 같은 지위에서 흥기하시어 천하의 간흉을 모
조리 쓸어버리시고 포악한 자를 죽여 없애 祖宗의 대업을 이으셨습
니다. 臣의 생각으로, 經書 大義의 기록도 人情에 관한 여러 마음이
라 할 수 있기에 새로운 시작과 혁신은 결국 같은 것이기에, 명분은
中興이지만 응당 先帝를 모시어 제사를 받드는 것입니다. 元帝 이래
로 宗廟에서는 高皇帝을 天命을 받은 先祖로, 孝文皇帝를 太宗으로,

孝武皇帝를 世宗으로 제사를 모시는 것은 모두 舊制와 같습니다. 또 親廟를 세워 南頓君(남돈군, 劉欽, 광무제의 先親)에서 舂陵節侯(용릉절후)까지 4대를 모시고 있습니다. 禮法에 누구의 후손이라면 그 아들이 되는 것이라 하였으니, 大宗(元帝를 지칭)을 받들고 있으니 응당 私親은 강등되어야 합니다. 지금 高廟에서의 禘袷(체협)의 제사는 昭穆(소목)이 정해져 있으니 舂陵(용릉)의 四世는 君臣이 나란한 반열이니, 이는 낮은 항렬을 존위에 배열한 것이 되어 禮에 맞지 않습니다. 가령 王莽(왕망)의 찬위를 당하지 않았다면 나라의 계승자가 없는 것이 되고, 宗室 중에서 계승을 찾는 형식을 취하면 폐하께서 대통을 이은 것이 되는데, 그렇다면 (舂陵 四祖는) 私親을 모시는 것이니 어찌 禮制에 어긋나지 않겠습니까? 옛날에 高帝께서는 직접 天命을 받으셨기에 太上皇(고조의 부친)에서 시작하지 않았으며, 宣帝는 孫子가 조부의 뒤를 계승한 것이라고 私親(生父)을 모실 수 없기에 부친의 묘당을 별도로 건립하여 따로 群臣이 제사를 모시게 하였습니다. 臣의 어리석은 견해이지만 응당 지금 親廟를 제거하여 二帝(高祖와 宣帝)의 前例를 따르는 것이 좋을 것이나 담당자가 널리 의견을 들어 정해야 할 것입니다.」

조서로 公卿이 이를 의논케 하였는데, 大司徒인 戴涉(대섭)과 大司空인 竇融(두융)이 의논을 상주하였다.

「응당 宣帝, 元帝, 成帝, 哀帝, 平帝의 五帝 四世를 지금의 親廟로 대체하고, 宣帝와 元帝를 祖와 父로 제사를 받들고, 成帝 이하는 有司를 보내 제사를 올리게 하고, 별도로 南頓君을 위한 皇考廟를 세워야 합니다. 그리고 그 제사는 위로 舂陵節侯(광무제의 高祖父)까지 群臣이 제사를 지내도록 하여 尊長을 높이는 尊敬의 뜻과 血親을 가깝게 모시는 親親의 정을 밝혀야 합니다.」

광무제는 그 의견에 따랐다. 이때 宗廟가 완전하다 갖춰지지 않아 元帝 이상은 洛陽의 高廟에서 제사를 올리고, 成帝 이하는 長安의 高廟에서 제사를 지냈으며, 南頓君(남돈군)의 四世에 대한 제사는 (광무제의 고향) 章陵의 묘당에서 제사를 올렸다.

明年, 純代朱浮爲太僕. 二十三年, 代杜林爲大司空. 在位慕曹參之跡, 務於無爲, 選辟掾史, 皆知名大儒. 明年, 上穿陽渠, 引洛水爲漕, 百姓得其利. 二十六年, 詔純曰,

「禘,祫之祭, 不行已久矣. '三年不爲禮, 禮必壞, 三年不爲樂, 樂必崩'. 宜據經典, 詳爲其制.」

純奏曰,「《禮》, 三年一祫, 五年一禘. 《春秋傳》曰,'大祫者何? 合祭也.'毁廟及未毁廟之主皆登, 合食乎太祖, 五年而再殷. 漢舊制三年一祫, 毁廟主合食高廟, 存廟主未嘗合祭. 元始五年, 諸王公列侯廟會, 始爲禘祭. 又前十八年親幸長安, 亦行此禮. 禮說三年一閏, 天氣小備, 五年再閏, 天氣大備. 故三年一祫, 五年一禘. 禘之爲言諦, 諦定昭穆尊卑之義也. 禘祭以夏四月, 夏者陽氣在上, 陰氣在下, 故正尊卑之義也. 祫祭以冬十月, 冬者五穀成孰, 物備禮成, 故合聚飲食也. 斯典之廢, 於茲八年, 謂可如禮施行, 以時定議.」

帝從之, 自是禘,祫遂定.

| 註釋 | ○(建武) 二十三年 – 서기 47년. ○曹參之跡 – 曹參(조참)은 소하의 법도를 그대로 준수하고 고치지 않았다. 蕭規曹隨(소규조수). ○三年不爲禮~ – 宰我問, 三年之喪, 期已久矣. 君子三年不爲禮, 禮必壞, 三年不爲樂, 樂必崩. ~. ○五年而再殷 – 殷은 盛也. 5년에 다시 융성한 제사를 올리다 ○(平帝) 元始五年 – 서기 5년. ○三年一閏 – 3년 만에 한 번 윤달이 들면.

[國譯]

다음 해, 張純(장순)은 朱浮(주부)의 후임으로 太僕(태복)이 되었다. (建武) 23년, 杜林(두림)의 후임으로 大司空이 되었다. 재임 중에는 曹參(조참)의 자취를 흠모하여 無爲(무위)의 治를 구현하려 애를 썼고 선임한 보좌관은 모두 이름이 알려진 大儒들이었다. 다음 해, 광무제는 陽渠(양거, 渠는 인공수로)를 개통하여 洛水(낙수)를 끌어 漕運(조운)하여 백성에게 이익이 되었다. (建武) 26년, 조서로 장순에게 명했다.

「禘祭(체제)와 祫祭(협제)를 시행하지 않은 지가 오래 되었다. '예를 3년간 행하지 않으면 필히 禮가 사라지고, 3년간 음악을 아니하면 필히 樂이 무너진다.' 고 하였으니, 경전에 근거하여 상세한 규칙을 마련토록 하라.」

이에 장순이 상주하였다.

「《禮》에 3년에 한 번 祫祭(협제)를, 5년에 한 번 禘祭(체제)를 지낸다고 하였습니다. 《春秋傳》에도 '大祫祭(대협제)란 무엇인가? 合祭

이다.' 라고 하였습니다. 없앤 묘당이나 아직 없애지는 않은 묘당의 神主를 모두 모시고 太祖廟에서 합동을 지내는 제사로 5년마다 다시 크게 제사하는 것입니다. 漢의 舊制에 3년에 한번 협제를 올린다고 한 것은 없앤 묘당의 신주는 고조 묘당에서 한데 모아 제사하는 것으로 묘당이 남아 있는 신주는 모시지 않는 제사입니다. (平帝) 元始 5년에, 모든 王公과 列侯가 고조의 묘당에 모여 처음 禘祭(체제)를 지냈습니다. 또 앞서 (建武) 18년에, 폐하께서 長安에 친히 행차하시어 이 체제를 올리셨습니다. 禮에 3년에 한 번 윤달이 들면 天氣가 약간 갖춰지고, 5년에 다시 윤달이 들면 天氣가 크게 갖춰진다고 하였습니다. 禘(체)라고 말한 것은 확실히 하는 것(諦, 살필 체)으로 昭穆(소목)과 尊卑(존비)의 뜻을 확실히 한다는 뜻입니다. 禘祭(체제)를 여름 4월에 지내는데, 여름은 陽氣가 위에 있고, 陰氣가 아래에 있기 때문이며 이로써 尊卑의 대의를 바로잡는다는 뜻입니다. 祫祭(협제)를 겨울인 10월에 지내는데, 겨울은 오곡이 성숙하여 品物과 儀禮가 갖춰졌으니 한데 모여 음식을 먹는다는 뜻입니다. 이 예를 행하지 않은 지가 지금 8년이 되었으니 시행할 수 있는 때가 되었으니 시기는 협의해서 정하면 됩니다.」

광무제는 장순의 의견을 따랐고 이로써 체제와 협제가 확정되었다.

█ 原文

時, 南單于及烏桓來降, 邊境無事, 百姓新去兵革, 歲仍有年, 家給人足. 純以聖王之建辟雍, 所以崇尊禮義, 旣富而教者也. 乃案七經讖,明堂圖,河間〈古辟雍記〉,孝武太山明堂制度, 及平帝時議, 欲具奏之. 未及上, 會博士桓榮上言宜立辟雍,明堂, 章下三公,太常, 而純議同榮, 帝乃許之.

| 註釋 | ○南單于 - 이때 흉노는 南單于와 북선우로 분열된 상태였다. ○歲仍有年 - 仍은 거듭. 거듭할 잉. 有年은 豊年. ○富而教者也 - 인구가 많으면(庶) 부유하게 하고(富), 부유하면 교화해야(教) 한다는 孔子의 말을 인용하였다. 「子適衛, 冉有僕. 子曰, "庶矣哉!" 冉有曰, "旣庶矣, 又何加焉?" 曰, "富之." 曰, "旣富矣, 又何加焉?" 曰, "教之."」《論語 子路》. ○七經讖 - 七經은 詩, 書, 易, 禮, 樂, 春秋와 論語. 讖(참)은 徵驗. 관련 자료. ○河間〈古辟雍記〉 - 무제 때, 河間 憲王(劉德)이 바친〈古辟雍記〉. ○博士 桓榮(환영) - 37권, 〈桓榮丁鴻列傳〉에 立傳.

[國譯]

이때 南單于(남선우)와 烏桓(오환)이 귀부해서 변경이 무사하였고, 백성은 근래에 전쟁을 잊었으며 해마다 거듭 풍년이 들어 백성의 살림이 넉넉하였다. 장순은 聖王도 辟雍(벽옹)을 세워 禮義를 높이 실행하였으며 백성이 부유하면 가르쳐야 한다고 생각하였다. 이에 七經의 관련 자료와 明堂圖, 河間 憲王의〈古辟雍記〉, 孝武帝의 太山(泰山) 明堂 제도와 平帝 때의 논의 자료 등을 갖춰 이를 상주하려고 하였다. 그러나 상주하기 직전에 마침 博士 桓榮(환영)이 벽옹과 명당을 설치해야 한다고 주청하여 이를 三公과 太常이 논의하게 하였는데 장순의 건의와 환영의 주청이 같아 광무제는 바로 수락하였다.

原文

三十年, 純奏上宜封禪, 曰,「自古受命而帝, 治世之隆, 必有封禪, 以告成功焉. 《樂動聲儀》曰, '以〈雅〉治人, 〈風〉成於〈頌〉.' 有周之盛, 成, 康之間, 郊配封禪, 皆可見也. 《書》曰, '歲二月, 東巡狩, 至於岱宗', 則封禪之義也. 臣伏見陛下受中興之命, 平海內之亂, 修復祖宗, 撫存萬姓, 天下曠然, 咸蒙更生, 恩德雲行, 惠澤雨施, 黎元安寧, 夷狄慕義. 《詩》云, '受天之祜, 四方來賀.' 今攝提之歲, 倉龍甲寅, 德在東宮. 宜及嘉時, 遵唐帝之典, 繼孝武之業, 以二月東巡狩, 封於岱宗, 明中興, 勒功勳, 復祖統, 報天神, 禪梁父, 祀地祇, 傳祚子孫, 萬世之基也.」

中元元年, 帝乃東巡岱宗, 以純視御史大夫從, 並上元封舊儀及刻石文.

三月, 薨, 諡曰節侯. 子奮嗣

| 註釋 | ○(建武) 三十年 - 서기 54년. ○封禪(봉선) - 封은 天子가 단을 쌓고 제천하는 의식. 泰山의 동쪽에 조성한 壇(단)은 길이 1丈2尺(1丈은 231cm, 1尺 = 23.1cm) 높이 9尺이라는 기록이 있다. 禪(墠, 제터 선)은 땅을 깨끗하게 쓸고(除地) 올리는 제사. 이는 山川의 諸神에 대한 제사를 의미. 秦始皇은 始皇 28年(前 219)에 泰山에 封하고 梁父山에서 禪하였다. 漢武帝는 元封 원년(前 110) 封泰山하고 肅然山에서 禪했다. 光武帝는 封泰山하고 梁父山에서 禪祭를 올렸다. ○《樂動聲儀》-《樂經》緯書의 편명. 孔子가 지었다고 가탁하였으나 漢代의 위작으로 알려졌고 오래 전에 실전되

었다. ○至於岱宗 - 岱宗은 太山(태산)의 다른 명칭, 岱嶽(대악). 岱는 태산 대. 泰山은 今 山東省 泰安市 위치. 主峰인 玉皇峰은 해발 1532.7m. 五嶽 중 東嶽. 중국 諸神이 머무는 곳이라 생각했다. ○黎元安寧 - 黎元(여원)은 백성. 夷狄慕義. ○《詩》云 -《詩 大雅 下武》의 詩. ○攝提之歲 - 12支의 寅에 해당하는 해(太歲在寅曰 攝提格). ○禪梁父 - 梁父(양보)는 縣名. 今 山東省 泰安市 관할 新泰市. 또 태산 아래의 小山, 梁甫로도 표기. ○中元元年 - 서기 56년. '建武中元'으로 표기한 年表도 있다. ○元封 - 武帝의 연호, 元封은 前 110 - 105년.

[國譯]

(建武) 30년(서기 54), 張純(장순)은 封禪(봉선)을 해야 한다는 생각으로 상주하였다.

「自古로 천명을 받아 제위에 올라 훌륭한 치세를 이룩했으면 반드시 封禪(봉선)을 하여 대업 성취를 天帝에 告해야 합니다.《樂動聲儀》에 의하면 〈大雅〉로 백성을 다스리고, 〈國風〉을 바탕으로 〈頌〉을 칭송한다.'고 하였습니다. 周代의 盛世인 成王과 康王(강왕) 代에도 교외에서 封禪하였음은 다 알려진 사실입니다.《書》에서도 '해마다 2월에 동쪽을 巡狩(순수)하여 岱宗(대종, 泰山)에 이른다.'고 하였으니 바로 封禪을 뜻합니다. 삼가 臣의 생각으로, 폐하께서는 中興의 천명을 받아 海內 혼란을 평정하시고 祖宗 大統을 다시 이었으며, 만백성을 어루만져 살리시었으며, 천하는 태평하여 모두가 갱생의 복을 누리었으며 구름 가듯 은덕을 베푸시고 비가 내리듯 혜택을 내리셨기에 백성은 평안하고 夷狄(이적)도 흠모하고 있습니다.《詩》에서도 '하늘의 복을 받으니 사방에서 축하하러 온다.'고 하였습니다. 금년은 寅에 해당하는 해(攝提格)이라서 倉龍이 甲寅方에 있으며 大德은 東宮에 있습니다. 응당 좋은 날을 골라 唐帝(堯)의 典禮를 따르고 孝武帝의 대업을 계승하여야 하니, 2월에 동쪽을 巡狩(순수)하시어 岱宗(대종)에 封하시며, 中興을 천명하시고 功勳을 돌에 새기시며, 先祖의 대통을 회복하셨음을 天神께 알려야 하며, 梁父(양보)에서 禪(선)하여 地神을 제사하고 福祚(복조)를 자손에 전해야 하니 이는 만세를 이어갈 바탕이 될 것입니다.」

中元 원년에, 광무제는 동쪽으로 岱宗(泰山)을 순수하였는데 장순은 御史大夫 직분으로 수행하였는데, 元封(원봉) 연간의 옛 儀禮와 석각문을 함께 바쳤다. 3월에 죽었는데, 시호는 節候이었다. 아들 張奮(장분)이 뒤를 이었다.

❷ 張奮

█原文

奮字稚通. 父純, 臨終敕家丞曰, "司空無功於時, 猥蒙爵土, 身死之後, 勿議傳國." 奮兄根, 少被病, 光武詔奮嗣爵, 奮稱純遺敕, 固不肯受. 帝以奮違詔, 勅收下獄, 奮惶怖, 乃襲封. 永平四年, 隨例歸國.

奮少好學, 節儉行義, 常分損租奉, 瞻卹宗親, 雖至傾匱, 而施與不怠. 十七年, 儋耳降附, 奮來朝上壽, 引見宣平殿, 應對合旨, 顯宗異其才, 以爲侍祠侯.

建初元年, 拜左中郎將, 轉五官中郎將, 遷長水校尉. 七年, 爲將作大匠, 章和元年, 免. 永元元年, 復拜城門校尉.
四年, 遷長樂衛尉. 明年, 代桓郁爲太常. 六年, 代劉方爲司
空.

| 註釋 | ○司空 – 본래 나라의 水土에 관한 업무를 담당했다. 천하의 水
土에 대한 功課를 심사, 상벌과 백관 감찰을 담당. 前漢 御使大夫의 개칭.
丞相 闕位(궐위) 시에 승상의 직무 수행, 副丞相, 三公(太尉, 司徒, 司空)의
하나. 大司空으로 불리다가 建武 27년 이후 '大'를 생략. 司空 아래 副職
으로 長史 1인, 掾 29인 외 속관 42명이 정원임. ○(明帝) 永平四年 – 서
기 61년. ○瞻卹(섬휼) – 구휼하다. 卹은 가엽게 여길 휼(恤과 同). ○傾匱
(경궤) – 재물이 바닥나다. ○儋耳降附 – 儋耳(담이)는 今 海南省에 살던
소수민족 이름 겸 郡名. 今 海南省 북부 儋縣에 해당, 무제 때 설치, 뒤에
朱崖郡(주애군)에 합쳐짐. 후한에서는 合浦郡 朱崖洲(주애주, 朱崖縣)로 통
칭. ○侍祠侯 – 제후 중 공로가 아주 뛰어나 조정에서 존경의 대상이면 지
위가 特進으로 三公의 다음에 위치한다. 특진보다 낮은 공신을 朝侯라 하
며 九經의 다음 자리이다. 朝侯보다 못한 공적을 남긴 제후는 侍祠侯(시사
후)이고, 또 그 다음은 土小國侯라 하였다. ○(章帝) 建初元年 – 서기 76
년. ○(章帝) 章和元年 – 서기 87년. ○(和帝) 永元元年 – 서기 89년. ○桓
郁(환욱) – 37권, 〈桓榮丁鴻列傳〉에 立傳.

[國譯]

張奮(장분)의 字는 稚通(치통)이다. 부친 張純(장순)은 임종하며 家
丞(가승)에게 일러 말했다. "나는 司空으로 있으면서 공도 없으나 외
람되게 작위와 식읍을 받았다. 내가 죽은 뒤에 제후를 물려받을 생
각을 하지 말라."

장분의 형 張根(장근)은 어려 병을 앓았기에 광무제는 조서로 장분이 작위를 승계하라고 하였지만, 장분은 부친의 유언이라며 굳이 받지 않았다. 광무제는 조서의 명을 거부한다며 옥에 가두라 명하자, 장분은 두려워 작위를 계승하였다. (明帝) 永平 4년에, 관례에 따라 봉국에 취임하였다.

장분은 젊어 호학하였고 절약 검소하고 대의를 지켰으며, 늘 조세 봉록을 아껴 종친을 구휼하였는데 재물이 바닥나도 시혜를 게을리 하지 않았다. 17년에, 儋耳族(담이족)이 투항 귀부하자 석분이 입조하여 祝壽하자, (明帝가) 宣平殿에서 장분을 만났는데 응대가 황제의 마음에 들자 顯宗(明帝)은 장분의 재능을 기이하게 여겨 侍祠侯(시사후)로 삼았다.

(章帝) 建初 원년에, 左中郎將에 임명되었고 五官中郎將으로 전임하였다가 長水校尉로 승진하였다. 7년에, 將作大匠이 되었다가 (章帝) 章和 원년에 사임하였다. (和帝) 永元 원년에, 다시 城門校尉에 임명되었다. 4년에, 長樂衛尉로 승진하였다. 그 다음 해 桓郁(환욱)의 후임으로 太常이 되었고, 6년에 劉方(유방)의 후임으로 司空이 되었다.

原文

時歲災旱, 祈雨不應, 乃上表曰,

「比年不登, 人用饑匱, 今復久旱, 秋稼未立, 陽氣垂盡, 歲月迫促. 夫國以民爲本, 民以穀爲命, 政之急務, 憂之重者也. 臣蒙恩尤深, 受職過任, 夙夜憂懼, 章奏不能敍心, 願對中常侍疏奏.」

即時引見, 復□陳時政之宜. 明日, 和帝召太尉,司徒幸<u>洛陽獄</u>, 錄囚徒, 收<u>洛陽令陳歆</u>, 卽大雨三日.

|註釋| ○人用饑匱 – 백성의 財用이 굶주리고 바닥이 나다. 匱는 匱乏(궤핍), 匱竭(궤갈), 바닥나다. ○秋稼未立 – 추수할 곡식이 없다. 立은 成也. ○錄囚徒 – 죄수의 기록을 재심하다. 억울한 원한이 쌓여 날이 가물었다는 고대의 觀念을 볼 수 있다.

[國譯]

그 해 크게 가물었고, 기우제도 효험이 없자 張奮(장분)이 表文을 올렸다.

「해마다 흉년이 들어 백성은 굶주리고 재물도 바닥났으며, 추수할 곡식도 없는데 陽氣는 이제 다하려 하니 매우 위급합니다. 나라의 근본은 백성이고, 백성은 곡식으로 살 수 있으니 가장 긴요한 政事이며 걱정거리입니다. 臣은 각별한 은택을 입었고 과분한 임무를 받아 밤낮으로 걱정뿐입니다만 문서로는 제 심정을 다 서술할 수 없어 中常侍를 만나 조목별로 말을 하겠습니다.」

그리하여 즉시 불러 만나게 하자, 장분은 지금 당장 해야 할 일을 조목조목 구술하였다. 다음 날 和帝가 太尉와 司徒와 함께 洛陽의 獄(옥)에 가서 죄수의 기록을 재심한 뒤에, 洛陽 현령 陳歆(진흠)을 잡아 가두자 바로 큰 비가 3일 동안 내렸다.

　奮在位淸白, 無他異績. 九年, 以病罷. 在家上疏曰,

　「聖人所美, 政道至要, 本在禮樂. 《五經》同歸, 而禮樂之
用尤急. 孔子曰, '安上治民, 莫善於禮, 移風易俗, 莫善於
樂.' 又曰, '揖讓而化天下者, 禮樂之謂也.' 先王之道, 禮樂
可謂盛矣. 孔子謂子夏曰, '禮以修外, 樂以制內, 丘已矣夫!'
又曰, '禮樂不興, 則刑罰不中, 刑罰不中, 則民無所厝其手
足.' 臣以爲漢當制作禮樂, 是以先帝聖德, 數下詔書, 愍傷
崩缺, 而衆儒不達, 議多駁異. 臣累世臺輔, 而大典未定, 私
竊惟憂, 不忘寢食. 臣犬馬齒盡, 誠冀先死見禮樂之定.」

　十三年, 更召拜太常. 復上疏曰,

　「漢當改作禮樂, 圖書著明. 王者化定制禮, 功成作樂. 謹
條禮樂異議三事, 願下有司, 以時考定. 昔者孝武皇帝,光武
皇帝封禪告成, 而禮樂不定, 事不相副. 先帝已詔曹褒, 今
陛下但奉而成之, 猶周公斟酌文武之道, 非自爲制, 誠無所
疑. 久執謙謙, 令大漢之業不以時成, 非所以章顯祖宗功德,
建太平之基, 爲後世法.」

　帝雖善之, 猶未施行. 其冬, 復以病罷. 明年, 卒於家.

| 註釋 |　○(和帝 永元) 九年 – 서기 97년.　○揖讓而化天下者~ –《禮記
樂記第十九》에 있는 孔子의 말. 揖讓(읍양)은 읍하여 겸손의 뜻을 표함. 文
德, 文治를 상징.　○子夏 – 공자의 제자. 孔門十哲의 한 사람(文學). 공자
는 자하에게 "汝爲君子儒, 無爲小人儒"라고 말해주었다.　○丘已矣夫 –

丘는 孔丘. 孔子의 이름. ㅇ臣累世臺輔 - 張奮의 7代祖 張湯이 武帝 때 御
史大夫가 된 이후 여러 대에 걸쳐 三公의 지위에 올랐고, 부친 張純은 광무
제의 司空을 역임하였다.

[國譯]

張奮(장분)은 관리로 청렴결백하였지만 특별한 치적은 없었다.
(和帝 永元) 9년에, 병으로 사임하였다. 장분은 집에서 상소를 올렸
다.

「聖人께서 찬미하는 가장 훌륭한 정치 목적은 본래 禮樂의 실천
에 있습니다. 《五經》의 근본 뜻은 서로 같으며 새로운 禮樂의 제정
은 매우 시급한 일입니다. 孔子께서는 '백성을 평안하게 잘 다스리
려면 禮보다 더 좋은 것이 없으며, 移風易俗(이풍역속)하려 한다면
樂보다 더 좋은 것은 없다.' 고 하였습니다. 또 '文德으로 천하를 교
화하는 것은, 곧 禮樂을 뜻한다.' 고 하였습니다. 이처럼 先王의 道
란 결국 禮樂의 융성입니다. 孔子께서는 子夏(자하)에게 '禮로써 외
모를 바로잡고, 樂으로 내심을 도야하나니 나는 이제 뜻을 이루었도
다!' 라고 말했으며, 또 '禮樂이 융성하지 않으면 형벌이 적정하지
않고, 형벌이 적정하지 않다면 백성은 손발을 둘 데가 없다.' 고 하
였습니다. 臣의 생각은, 漢에서 응당 새로운 禮樂을 제정하는 것이
니 先帝께서도 聖德으로 여러 번 조서를 내려 예악의 붕괴와 결손,
그리고 많은 유생이 예악에 통달하지 못하고 여러 가지 異論이 많은
사실을 안타깝게 여기셨습니다. 臣의 선조는 累世에 걸쳐 황제를 보
필하였습니다만 예악의 大典이 아직 제정되지 못한 것을 걱정하며
늘 잊을 수가 없었습니다. 臣은 이미 늙어 곧 죽을 것이지만 죽기 전

에 예악이 갖춰지기를 진정으로 희망합니다.」

(永元) 13년에, 다시 부름을 받아 太常이 되었다. 장분은 다시 상소를 올렸다.

「漢朝에서 응당 禮樂을 다시 제정해야 하는 것은 여러 圖書에 분명히 기록되었습니다. 왕이 된 자가 교화를 행하여 나라가 안정되면 儀禮를 제정해야 하고, 禮가 갖춰지면 새로운 樂을 제정해야 합니다. 지금 예악에 관하여 3개의 서로 다른 의견이 제시되어 있지만 담당자들의 논의를 거쳐 적당한 시기에 확정되어야 할 것입니다. 과거에 孝武皇帝와 光武皇帝께서 封禪하여 대업의 완성을 하늘에 고하였으나 禮와 樂을 제정하지 못하였으니, 이는 봉선에 상응하지 못한 것입니다. 先帝께서 曹襃(조포)에게 조서로 명령하셨고 지금 폐하의 뜻을 받아 실행을 상주하였으니, 이는 周公이 文王과 武王의 大道를 짐작하여 제정했고 의심의 여지없이 周公이 스스로 제정하지 않은 것과 같습니다. 너무 오랫동안 겸손의 뜻에서 漢의 큰 업적에 때맞춰 예악이 완성되지 못한 것은 祖宗의 공덕을 명확하게 드러내는 길이 아니었으니, 이제 태평치세의 기반을 확립하여 후세의 법도가 되게 해야 합니다.」

和帝는 장분의 의견을 타당하다고 보았지만, 그래도 실천하지는 못했다. 그해 겨울에 다시 병으로 사임하였다. 장분은 다음 해에 집에서 죽었다.

原文

子甫嗣, 官至津城門候. 甫卒, 子吉嗣. 永初三年, 吉卒,無子, 國除. 自昭帝封安世, 至吉, 傳國八世, 經歷簒亂, 二百年間未嘗譴黜, 封者莫與爲此.

| 註釋 | ○津城門候 – 낙양성 남쪽 성벽의 서문. 候는 질록 6백석. ○(安帝) 永初三年 – 서기 109년. ○簒亂(찬란) – 王莽의 簒逆(찬역)과 재위. ○譴黜(견출) – 죄를 책망하게 지위를 강등시키다.

[國譯]

아들 張甫(장보)가 승계했는데 관직은 津城門候이었다. 장보가 죽고, 아들 張吉(장길)이 계승했다. (安帝) 永初 3년에, 장길이 죽고 아들이 없어 나라를 없앴다. (前漢) 昭帝가 張安世(장안세)를 책봉한 이후 장길에 이르기까지 나라가 八世에 걸쳐 왕망의 찬탈을 겪으면서도 2백 년간 譴黜(견출)되지 않았으니 이와 같은 제후가 없었다.

❸ 曹襃

┃原文

曹襃字叔通, 魯國薛人也. 父充, 持《慶氏禮》, 建武中爲博士, 從巡狩岱宗, 定封禪禮, 還, 受詔議立七郊, 三雍, 大射, 養老禮儀. 顯宗卽位, 充上言, "漢再受命, 仍有封禪之事, 而禮樂崩闕, 不可爲後嗣法. 五帝不相沿樂, 三王不相襲禮, 大漢當自制禮, 以示百世." 帝問, "制禮樂云何?" 充對曰,

"〈河圖括地象〉曰, '有漢世禮樂文雅出.' 〈尙書璇機鈐〉曰, 有帝漢出, 德洽作樂, 名予." 帝善之, 下詔曰,「今且改太樂 官曰太予樂, 歌詩曲操, 以俟君子.」拜<u>充</u>侍中. 作章句辯難, 於是遂有慶氏學.

| 註釋 | ○曹襃(조포) – 襃는 기릴 포. 褒는 俗字. ○魯國薛 – 국명. 治 所 魯縣, 今 山東省 서남부 濟寧市 관할 曲阜市. 薛(설)은 현명. 今 山東省 濟寧市 관할 微山縣. ○《慶氏禮》 – 慶普(경보, 字 孝公)가 后蒼(후창)으로부 터 배워 傳한《禮記》. ○七郊 – 五帝와 天地에 대한 郊祭. ○三王不相襲 禮 – 예악은 시대에 따라 損益(가감)이 달랐다는 뜻. ○〈河圖括地象〉 – 《河圖》의 편명. 간칭 〈括地象〉. ○〈尙書璇機鈐〉 – 《尙書緯》의 편명. 璇은 아름다운 옥 선. 鈐은 자물쇠 검, 비녀장 검. ○名予 – 予는 나 여(余와 同). 줄 여(與와 同). 주다. 豫의 俗字.

[國譯]

曹襃(조포)의 字는 叔通(숙통)으로 魯國 薛縣(설현) 사람이다. 부친 曹充(조충)은 《慶氏禮》로 建武 연간에 博士가 되어 광무제의 岱宗 봉 선을 수행하였고 돌아와 명을 받아 七郊(칠교)의 건립과 三雍, 大射, 養老의 儀禮 제정에 참여하였다. 顯宗(明帝)이 즉위하자, 조충은 "漢이 다시 천명을 받았기에 封禪의 예를 거행하였습니다만 禮樂이 무너졌기에 후사가 법으로 삼을 것이 없습니다. 五帝는 그 樂을 沿 用(연용)하지 않았으며, 三王은 그 禮를 답습하지 않았으니, 大漢도 응당 漢의 禮를 제정하여 百世의 후손에게 물려주어야 합니다."라 고 상주하였다.

명제가 "禮樂의 제정이란 무엇인가?"라고 묻자, 조충이 대답하였다.

"〈河圖括地象〉에는 '漢世에 禮樂과 문학과 雅樂이 출현한다.'고 하였으며, 〈尙書璇機鈐(상서선기검)〉에서는 '賢帝가 漢에서 나와서 도덕이 융합하고 作樂(작악)하니, 이름은 予(여)이다.'라고 하였습니다."

이에 명제는 조충을 칭찬하며 조서를 내렸다.

「지금부터 太樂官(태악관)을 太予樂(태여악)이라 개칭하고, 시가와 곡조를 제작하여 군자의 출현을 기다리겠다.」

그리고 조충을 侍中에 임명하였다. 조충은 《禮記》의 章句와 변론과 논란을 지었는데, 이로써 慶氏學(경씨학)이 성립되었다.

■原文

褒少篤志, 有大度, 結髮傳充業, 博雅疏通, 尤好禮事. 常感朝廷制度未備, 慕叔孫通爲漢禮儀, 晝夜硏精, 沈吟專思, 寢則懷抱筆札, 行則誦習文書, 當其念至, 忘所之適.

初擧孝廉, 再遷圉令, 以禮理人, 以德化俗. 時它郡盜徒五人來入圉界, 吏捕得入, 陳留太守馬嚴聞而疾惡, 風縣殺之. 褒敕吏曰, "夫絶人命者, 天亦絶之. 皐陶不爲盜制死刑, 管仲遇盜而升諸公. 今承旨而殺之, 是逆天心, 順府意也, 其罰重矣. 如得全此人命而身坐之, 吾所願也." 遂不爲殺. 嚴奏褒奾弱, 免官歸郡, 爲功曹.

| 註釋 |　○叔孫通(숙손통) -《漢書》43권,〈酈陸朱劉叔孫傳〉에 立傳.
《史記 劉敬叔孫通列傳》참고.　○再遷圉令 - 圉는 현명. 今 河南省 중부 開
封市 관할 通許縣. 圉는 마부 어.　○陳留 - 군명. 治所 陳留縣. 今 河南省
동부의 開封市. 陳國과는 별개. 陳國의 북쪽.　○皐陶(고요) - 舜帝와 夏朝
초기의 賢臣. 舜의 理官을 역임. 中國 司法의 鼻祖(비조)로 널리 알려졌다.
○管仲遇盜而升諸公 - 관중은 도적 2명을 만났지만 도적을 관리로 발탁
하였다.　○耎弱(연약) - 軟弱(연약). 耎은 가냘픈 연, 부드러울 연.

[國譯]

　曹褒(조포)는 젊어서 마음이 한결 같았고 도량이 넓었으며, 어려
서부터 부친의 학문을 전수받아 박학하고 여러 분야에 통달하였는
데 특히 의례를 좋아하였다. 조포는 조정의 여러 제도가 아직 미비
한 점을 아쉬워하며 叔孫通(숙손통)이 漢 의례를 제정한 것을 흠모하
여 주야로 깊이 연구하고 깊이 사색하였고, 잠자리에서도 붓과 간찰
을 끼고 잤으며, 길을 가더라도 책을 외웠는데 생각에 잠겨 갈 곳을
잊어버린 때도 있었다.

　처음에 孝廉(효렴)으로 천거되어 두 번 승진하여 (陳留郡) 圉縣(어
현) 현령이 되어 백성을 禮로 다스리고 德으로 교화하였다. 그때 다
른 군의 도적 5명이 어현에 들어와 관리에게 체포되었는데, 陳留郡
태수인 馬嚴(마엄)은 보고를 받고 도적을 크게 증오하며 현에서 처
형할 것을 종용하였다. 그러자 조포가 담당 관리에게 말했다.

　"사람을 죽이는 자라면 하늘도 그를 죽일 것이다. 皐陶(고요)도 도
적을 사형에 처하지 않았으며 管仲(관중)은 도적을 만나자 도적을
관리로 발탁하였다. 지금 태수의 뜻에 따라 도적을 죽인다면, 이는

天心을 거역하는 것이고 현내 여럿의 뜻을 존중한다 하여도 형벌이 무거운 편이다. 만약 이들의 목숨을 살려주면 내가 벌을 받을 것이 니 차라리 이것이 더 나을 것이다.”

그리고는 끝내 처형하지 않았다. 태수 마엄은 조포를 연약하다고 상주하였는데 조포는 사임하고 고향 薛縣(설현)으로 돌아와 功曹가 되었다.

■ 原文

徵拜博士. 會肅宗欲制定禮樂, 元和二年下詔曰,

「《河圖》稱‘赤九會昌, 十世以光, 十一以興’. 〈尙書璇機鈐〉曰, ‘述堯理世, 平制禮樂, 放唐之文.’ 予末小子, 托於數終, 曷以纘興, 崇弘祖宗, 仁濟元元? 〈帝命驗〉曰, ‘順堯考德, 題期立象.’ 且三五步驟, 優劣殊軌, 況予頑陋, 無以克堪, 雖欲從之, 末由也已. 每見圖書, 中心惡焉.」

襃知帝旨欲有興作, 乃上疏曰,

「昔者聖人受命而王, 莫不制禮作樂, 以著功德. 功成作樂, 化定制禮, 所以救世俗, 致禎祥, 爲萬姓獲福於皇天者也. 今皇天降祉, 嘉瑞並臻, 制作之符, 甚於言語. 宜定文制, 著成漢禮, 丕顯祖宗盛德之美.」

章下太常, 太常巢堪以爲一世大典, 非襃所定, 不可許.

| 註釋 | ○(章帝) 元和二年 – 서기 85년. ○赤九會昌 – 광무제는 고조

의 9세손이다.　○十世以光 – 明帝를 지칭.　○十一以興 – 章帝를 지칭.
○曷以纘興 – 纘은 이을 찬.　○且三五步驟 – 삼황오제의 도덕의 융성과
적용에서 三皇은 걷는 속도이고, 五帝는 빨리 걷는 것과 같다는 뜻. 여기에
三王은 수레로 달린다는 뜻으로 '三王馳'라 하였다. 驟는 달릴 취.　○優
劣殊軌 – 우열과 궤적이 다르다.　○中心惡焉 – 마음에 부끄럽다. 惡은 부
끄러울 뉵.

[國譯]

　(曹褒는) 부름을 받아 博士에 임명되었다. 그때 肅宗(章帝)는 (漢
의) 禮樂을 새로 제정하고 싶어 (章帝) 元和 2년에 조서를 내렸다.

　「《河圖》에서는 赤帝의 9세손(光武帝)이 번창할 때를 만나고, 十
世(明帝)에 광명을 발하며 十一세(章帝)에 홍성한다고 하였다. 〈尙
書璇機鈐(상서선기검)〉에서는 '堯帝의 백성 교화를 본받아서 禮樂을
評議하여 제정하고 唐帝(舜)의 文治를 모방한다.'고 하였는데, 짐은
아직 어린 後生인데, 先帝께서 붕어하시면서 무거운 책임을 맡기셨
지만 내가 어찌 중흥의 대업을 잘 계승할 수 있겠으며, 祖宗의 대업
을 弘揚하고 백성에게 인자하며 구제할 수 있겠는가? 〈帝命驗〉에
서는 '堯帝의 인덕을 따르며 그 태평을 드러내어야 한다.'고 하였
다. 또 三皇五帝의 도덕 융성의 차이가 있고 우열과 궤적이 다르다
고 하였다. 그리고 짐은 우둔하고 식견도 천박하며 중책을 감당하기
조차 어려우니 따르고자 하여도 어디서 시작할 바를 모르겠도다. 여
러 圖書를 볼 때마다 짐은 늘 마음에 부끄럽기만 하도다.」

　조포는 황제가 새 예악을 제정하려는 뜻을 갖고 계신다는 것을
알고 곧 상소하였다.

「옛적 聖人께서는 천명을 받아 통치하시면서 制禮作樂을 하여 그 공덕을 밝게 하지 않은 분이 없었습니다. 대업을 이룩하시고 새로운 樂을 제정하셨으며 교화가 이뤄지면서 각종의례를 제정하셨기에 세속을 바로 구제할 수 있었으니 祥瑞(상서)가 나타났으며 만백성은 황천으로부터 복을 받았던 것입니다. 지금 皇天에서 복을 내리시고 상서가 한꺼번에 나타나며 예악을 제정해야 한다는 여러 조짐이 어떤 말보다도 더 명백합니다. 문치의 여러 제도를 정비하고 漢朝禮의 의례를 만들어서 祖宗의 훌륭하신 공덕을 크게 드러내야 합니다.」

조포의 상서가 太常에게 내려갔는데 太常인 巢堪(소감)은 한 세대의 큰 의례를 조포가 제정할 수 없다고 생각하여 수용하지 않았다.

原文

帝知群僚拘攣, 難與圖始, 朝廷禮憲, 宜時刊立, 明年復下詔曰,

「朕以不德, 膺祖宗弘烈. 乃者鸞鳳仍集, 麟龍並臻, 甘露宵降, 嘉穀滋生, 赤草之類, 紀於史官. 朕夙夜祇畏, 上無以彰於先功, 下無以克稱靈物. 漢遭秦餘, 禮壞樂崩, 且因循故事, 未可觀省, 有知其說者, 各盡所能.」

褒省詔, 乃嘆息謂諸生曰, "昔奚斯頌魯, 考甫詠殷. 夫人臣依義顯君, 竭忠彰主, 行之美也. 當仁不讓, 吾何辭哉!" 遂復上疏, 具陳禮樂之本, 制改之意. 拜褒侍中, 從駕南巡, 旣還, 以事下三公, 未及奏, 詔召玄武司馬班固, 問改定禮制

之宜. 固曰, "京師諸儒, 多能說禮, 宜廣招集, 共議得失."
帝曰, "諺言 '作舍道邊, 三年不成'. 會禮之家, 名爲聚訟,
互生疑異, 筆不得下. 昔堯作〈大章〉, 一夔足矣."

| 註釋 | ○拘攣 – 拘는 잡을 구. 攣은 걸릴 련(연). ○赤草之類 – 赤草는
朱草. 날마다 잎이 하나씩 15일간 자라나고, 16일 째부터는 하나씩 떨어지
기를 반복한다고 하였다. ○諸生 – 太學의 학생. 前漢에서는 博士弟子, 後
漢에서는 諸生, 또는 太學生이라 불렀다. ○昔奚斯頌魯 – 奚斯(해사)가 魯
를 칭송하다. 奚斯(해사)는 춘추시대 魯國의 大夫. 文才가 있어 魯 종묘가 완
성되자 시를 지어 칭송했다. ○考甫詠殷 – 考甫는 正考甫(정고보), 춘추시
대 宋國의 上卿. 孔氏의 선조,〈商頌〉12편을 지었다고 한다. ○當仁不讓
– 仁을 실천은 남에게 양보할 수 없다. 「子曰, "當仁, 不讓於師."」《論語 衛
靈公》. ○玄武司馬班固 – 玄武門의 司馬인 班固(반고). 성문마다 성문 교위
가 있고 교위의 속관으로 司馬를 두었다. 질록 1천석.《漢書》의 저자 班固.
○作舍道邊, 三年不成 – 衆說이 분분하여 成事하기 어렵다는 뜻. '如彼築
室于道謀, 是用不潰于成.'《詩 小雅 小旻》참고. ○昔堯作〈大章〉–〈大章〉
은 樂名. 章은 明. ○一夔足矣 – 夔는 樂官의 이름. 夔는 조심할 기.

[國譯]

  章帝는 여러 신료들이 서로를 견제하여 시도조차 어렵다는 것을
알았으나 朝廷 儀禮의 大法은 응당 즉시 제정되어야 하기에 그 다음
해 다시 조서를 내렸다.

  「朕은 不德하나 祖宗의 弘烈(大業)을 이어받았다. 지난 날, 鸞鳥
(난조)와 鳳凰(봉황)이 여러 번 날아왔고, 麒麟(기린)과 飛龍도 함께
나타났으며 甘露(감로)가 밤마다 내려 곡식이 잘 자라고 있으며 赤

草가 자라는 등 이 모두를 史官이 기록하였다. 짐은 밤낮으로 위로
는 선조의 훌륭한 공적을 현창하지 못하고, 아래로는 靈物의 출현에
상응하지 못할까 걱정뿐이다. 漢은 秦(진)의 뒤에 건국되었기에 예
악이 무너졌는데도 예전 하던 그대로 답습하며 볼만한 치적을 이루
지 못하고 있으니, 예악에 대하여 할 말이 있다면 모두 능력을 발휘
하여 짐을 도와주기 바란다.」

조포는 조서를 읽고 나서 탄식하며 여러 사람에게 말했다.

"옛날에 奚斯(해사)가 魯를 칭송하였고 (宋의) 正考甫(정고보)는
殷(商)을 노래하였습니다. 신하는 예에 의거 주군의 공덕을 찬양해
야 하며 충성을 바쳐야 합니다. 仁의 실천은 결코 남에게 양보할 수
없다 하였으니, 내 어찌 사양하겠습니까?"

그리고서는 다시 상소하여 예악의 바탕과 다시 제정해야 하는 의
미를 진술하였다.

이에 장제는 조포를 侍中에 임명했고, 조포는 어가를 수행하여
남쪽을 순수하고 돌아왔는데 예악의 개정 일은 三公에게 이관되었
다. 조포가 상주하기 전에 장제는 조서로 玄武門 司馬인 班固(반고)
를 불러 禮制을 개정해야 할 당위성을 물었다. 이에 반고가 대답하
였다.

"京師의 여러 유생 중에는 禮說에 능한 자가 많을 것이니 널리 소
집하여 그 득실을 함께 논의해야 합니다."

이에 장제가 말했다. "속언에 '길가에 집을 짓는다면 3년이 걸려
도 완성하지 못한다.' 고 하였다. 禮를 안다고 하는 사람들은 명분으
로는 쟁론이 많아 결정할 수 없다 하지만 서로 다른 것을 트집 잡으
며 시작도 못할 것이다. 옛날 堯帝가 〈大章〉 樂을 만들 때 夔(기) 한

사람으로도 충분하였다."

章和元年正月, 乃召襃詣嘉德門, 令小黃門持班固所上叔
孫通《漢儀》十二篇, 敕襃曰, "此制散略, 多不合經, 今宜依
禮條正, 使可施行. 於南宮, 東觀盡心集作."

襃旣受命, 及次序禮事, 依準舊典, 雜以《五經》讖記之文,
撰次天子至於庶人冠婚吉兇終始制度, 以爲百五十篇, 寫以
二尺四寸簡. 其年十二月奏上. 帝以衆論難一, 故但納之,
不復令有司平奏. 會帝崩, 和帝卽位, 襃乃爲作章句, 帝遂
以〈新禮〉二篇冠. 擢襃監羽林左騎. 永元四年, 遷射聲校
尉. 後太尉張酺, 尙書張敏等奏襃擅制《漢禮》, 破亂聖術, 宜
加刑誅. 帝雖寢其奏, 而《漢禮》遂不行.

| 註釋 | ○(章帝) 章和元年 – 서기 87년. ○東觀(동관) – 洛陽 南宮의
장서각. 觀은 누각 관. 道敎의 사원. ○終始制度 – 終生과 出生의 의례.
○和帝卽位 – 서기 88년. ○(和帝) 永元四年 – 서기 92년. ○射聲校尉 –
射聲은 활솜씨가 뛰어나 야간에 소리를 듣고서 그 방향으로 화살을 쏘아
맞힌다는 뜻. 校尉는 장군 아래 직위, 단위 부대를 校라 하고 一校의 지휘
관이 교위이다. 질록 比二千石. 교위 아래에 丞과 司馬 등 속관을 두었다.
수도 방위를 담당하는 상비군인 北軍에 5校尉(屯騎, 越騎, 步兵, 長水, 射
聲校尉)가 있었다. ○張酺(장포) – 45권, 〈袁張韓周列傳〉에 立傳. ○尙書
張敏(장민) – 44권, 〈鄧張徐張胡 列傳〉에 立傳.

(章帝) 章和 원년, 장제는 曹襃(조포)를 嘉德門(가덕문)으로 소환하
였고 小黃門을 시켜 班固(반고)가 올린 叔孫通(숙손통)의 《漢儀》 12
편을 내려주며 주포에게 명했다.

"이 禮制는 산만하고 소략하며 경전의 뜻에 어긋나는 곳이 있으
니 禮에 맞도록 각 조목을 고쳐 실행할 수 있게 하라. 南宮 東觀(동
관)에서 진력하여 각 편을 완성토록 하라."

주포는 명을 받고 禮制의 차서를 정한 뒤에 舊典(《漢儀》)에 각 항
목에 맞춰 《五經》讖記(참기)의 내용을 보태어 天子에서 서인에 이르
기까지 冠禮, 婚禮, 吉禮, 兇禮와 終生과 出生의 제도를 150편에 걸
쳐 2척 4촌의 목간에 기록하였다. 조포는 그해 12월을 이를 상주하
였다. 章帝는 衆論을 하나로 통일하기가 어렵다며 일단 상주를 받아
들였지만 다시 有司에게 내용을 평결하라고 명령하지는 않았다. 그
다음 해 마침 장제가 붕어하였고, 和帝가 즉위하자 조포는 이에 章
句를 지어 올렸고, 和帝는 〈新禮〉 2편을 首篇으로 삼았다.

화제는 조포를 監羽林左騎에 발탁하였다. (和帝) 永元 4년에, 조
포는 射聲校尉로 승진하였다. 뒷날 太尉 張酺(장포)와 尙書 張敏(장
민) 등은 조포가 제멋대로 《漢禮》를 조작하여 성인의 典禮를 파괴하
고 어지럽혔으니 처형해야 한다고 상주하였다. 화제는 그 상주를 묵
살하였지만 끝내 《漢禮》는 시행되지 못했다.

[原文]

襃在射聲, 營舍有停棺不葬者百餘所, 襃親自履行, 問其

意故. 吏對曰, "此等多是建武以來絶無後者, 不得埋掩."
襃乃愴然, 爲買空地, 悉葬其無主者, 設祭以祀之. 遷城門
校尉,將作大匠. 時有疾疫, 襃巡行病徒, 爲致醫藥, 經理饘
粥, 多蒙濟活. 七年, 出爲河內太守. 時春夏大旱, 糧穀踊
貴. 襃到, 乃省吏幷職, 退去姦殘, 澍雨數降. 其秋大孰, 百
姓給足, 流冗皆還. 後坐上災害不實免. 有頃徵, 再遷, 復爲
侍中.

　襃博物識古, 爲儒者宗. 十四年, 卒官. 作《通義》十二篇,
演經雜論百二十篇, 又傳《禮記》四十九篇, 教授諸生千餘
人, 慶氏學遂行於世.

| 註釋 |　○埋掩(매엄) - 묻다. 장례를 치르다. 埋는 묻을 매. 掩은 가릴
엄. 보이지 않게 가리다.　○踊貴(용귀) - 크게 오르다. 踊은 뛸 용.　○澍雨
(주우) - 단비. 澍는 단비 주.

[國譯]

　曹襃(조포)가 射聲校尉로 재직할 때, 군영 내 건물에는 매장하지
않은 관이 1백여 개나 그대로 있었는데 조포가 친히 확인하며 그 연
고를 물었다. 관리는 "이 관들은 대부분 建武 이래로 후손이 없어
장례를 치르지 못한 것입니다." 라고 대답하였다. 조포는 크게 슬퍼
하며 空地를 사서 후손이 없는 관을 묻어주고 제물을 차려 제사를
지내주었다. 조포는 승진하여 城門校尉와 將作大匠이 되었다. 그때
질병이 유행하였는데, 조포는 병든 자들을 둘러보며 의약으로 치료

하고 죽을 쑤어 공급하여 많은 사람을 살려냈다.

(和帝 永元) 7년에, 河內郡 太守로 전임되었다. 그해 봄과 여름에 날이 크게 가물고 양곡 가격이 크게 뛰었다. 조포는 관리를 줄여 겸직케 하면서 간악하고 횡포한 자를 내치자 단비가 자주 내렸다. 그해 가을에 풍년이 들어 백성 살림이 넉넉해졌으며 유민은 모두 돌아갔다. 그 뒤에 재해의 피해를 사실대로 보고하지 않았다 하여 면직되었다. 얼마 후에 다시 부름을 받았고 두 번 승진하여 다시 侍中이 되었다.

조포는 지식이 많고 옛일을 잘 알아 유학의 宗師였다. (永元) 14년(서기 102)에 재직 중에 죽었다.《通義》 12편을 저술했고 경전과 관련한 雜論 120편도 저술하였으며, 또《禮記》 49편의 傳을 지었고 1천여 명의 제자를 가르치니 이에 慶氏(경씨)의《禮記》가 세상에 널리 알려졌다.

原文

論曰:漢初天下創定, 朝制無文, 叔孫通頗采經禮, 參酌秦法, 雖適物觀時, 有救崩敝, 然先王之容典蓋多闕矣. 是以賈誼,仲舒,王吉,劉向之徒, 懷憤嘆息所不能已也. 資文,宣之遠圖明懿, 而終莫或用, 故知自燕而觀, 有不盡矣. 孝章永言前王, 明發興作, 專命禮臣, 撰定國憲, 洋洋乎盛德之事焉. 而業絶天筭, 議黜異端, 斯道竟復墜矣. 夫三王不相襲禮, 五帝不相沿樂, 所以〈咸〉,〈莖〉異調, 中都殊絶. 況物運遷回, 情數萬化, 制則不能隨其流變, 品度未足定其滋章, 斯固世主所當損益者也. 且樂非夔,襄, 而新音代起, 律謝皐,蘇, 而制令亙易, 修補舊文, 獨何猜焉? 禮云禮云, 曷其然哉!

| 註釋 | ○先王之容典蓋多闕矣 − 先王之容의 容은 禮容, 禮에 맞는 동작. 闕은 빠지다. 모자라다. 집 궐. ○王吉(왕길) − 昭帝 때 昌邑王 劉髆(유박, 昭帝 붕어 뒤에 27일간 재위)의 신하. 宣帝 즉위 후에 재 등용. 왕길이 장안에 유학할 때, 왕길의 아내는 자기 집 뜰에 떨어진 옆집 대추나무의 대추를 주어 왕길에게 올렸는데 왕길이 이를 알고 아내를 내쫓았다. 이웃 사람이 말려 왕길의 아내는 겨우 돌아올 수 있었다. 왕길은 貢禹(공우)와 아주 가까운 친우였기에 '王陽(王吉)在位, 貢公彈冠'이라는 속언이 나왔다. 《漢書》72권, 〈王貢兩龔鮑傳〉에 立傳. ○故知自燕而觀 − 孔子가 죽자, 燕나라 사람이 와서 子夏의 집에 머물며 공자의 장례를 관람하였다. ○洋洋乎 ~ − 洋洋은 훌륭하다. ○業絶天筭 − 筭은 算. ○五帝不相沿樂 − 沿은 따라 내려갈 연. 沿의 俗字. ○所以〈咸〉,〈莖〉異調 − 〈咸〉은 咸池(함지), 黃帝의 樂. 〈莖〉은 六莖(육경), 顓頊(전욱)의 樂. 異調는 같지 않다. ○中都殊絶 − 中都는 魯邑. 孔子는 한때 中都宰를 역임했었다. 殊絶은 단절되다. ○且樂非夔,襄 − 夔(기)는 舜의 樂官, 襄(양)은 魯의 樂官. ○律謝皐,蘇 − 皐(고)는 虞(우)의 史官인 皐繇(고요). 蘇(소)는 周 武王의 司寇(사구)인 蘇忿生(소분생). ○禮云禮云 − 子曰, "禮云禮云, 玉帛云乎哉? 樂云樂云, 鐘鼓云乎哉?"《論語 陽貨》. ○曷其然哉 − 어찌 그럴 수 있겠는가? 확정할 수 없다는 강조.

[國譯]

范曄(범엽)의 史論 : 漢初에 천하가 겨우 안정되었지만 조정의 제도가 明文으로 확정된 것이 없었다. 그래도 叔孫通(숙손통)이 제법 경전의 儀禮를 따르고 秦(진)의 법제를 參酌(참작)하여 당시의 상황에 적응할 수 있도록 예법이 붕괴된 상황에서 (漢儀를) 마련하였지만 先王의 의례에 따른 거동이나 동작은 많이 누락되었었다. 이에 대하여 (文帝 때) 賈誼(가의), (武帝 때) 董仲舒(동중서), (宣帝 때) 王吉(왕길), (哀帝 때) 劉向(유향) 같은 사람들이 자신들도 어쩔 수 없다며 크게 탄식할 뿐이었다. 비록 文帝나 宣帝의 심모원려도 賈誼(가의) 등의 건의를 채납하지 못했으니, 燕人이 공자의 장례를 관람했다는 옛 의례 역시 완전하지는 못했었다. 孝章帝는 늘 예전 왕조의 禮樂을 언급하면서 밤낮으로 制禮하려고 禮臣에게 특명하여 국가의 큰 의례를 제정코자 하였으니, 사실 이는 아주 훌륭한 큰 사업이라 할 만하다. 그러나 이도 章帝의 붕어로 중단되었고 의례를 평결하여 이단을 배척하지도 못하였으며 결국 큰일은 다시 무너져버렸다. 대개 三王은 서로 禮를 답습하지 않았고, 五帝는 樂을 沿用하지 않았기에 咸池(함지, 黃帝의 樂)와 六莖(육경, 顓頊전욱의 樂)의 음악이 같지 않았고, 魯邑 中都(중도)의 古禮 역시 단절되었다. 하물며 세월이 계속 흘러가고, 인정도 수없이 바뀌기에 옛 제도 또한 그 변화를 따라갈 수가 없으며, 시대의 변화에 따라 禮法의 가감 또한 일정할 수가 없으니, (예악이란) 응당 그 시대 그 主君에 따라 생략하거나 보태져야 할 일이다. 그리고 樂도 夔(기, 舜의 樂官)나 襄(양, 魯의 樂官)이 아닌 새로운 음악이 계속 생겨났고, 음률도 虞(우)의 皐繇(고요)나 (周 武王의 司寇)인 蘇忿生(소분생) 이후 쇠퇴하였으며, 律令의 제도

도 아주 자주 바뀌었으니 옛 문헌의 개정이나 보완을 어찌 다 맞출 수 있겠는가? 누구나 禮, 그리고 또 禮를 말하지만 예악을 어찌 확정할 수 있겠는가?

❹ 鄭玄

原文

鄭玄字康成, 北海高密人也. 八世祖崇, 哀帝時尙書僕射. 玄少爲鄕嗇夫, 得休歸, 嘗詣學官, 不樂爲吏, 父數怒之, 不能禁. 遂造太學受業, 師事京兆第五元先, 始通《京氏易》,《公羊春秋》,《三統曆》,《九章算術》. 又從東郡張恭祖受《周官》,《禮記》,《左氏春秋》,《韓詩》,《古文尙書》. 以山東無足問者, 乃西入關, 因涿郡盧植, 事扶風馬融.

| **註釋** | ㅇ鄭玄(정현) – 서기 127 – 200년. ㅇ高密 – 현명. 今 山東省 동부 濰坊市 관할 高密市. ㅇ遂造太學~ – 造는 찾아가다. 오다. 통달하다. ㅇ第五元先(제오원선) – 第五는 복성. ㅇ《三統曆》– 漢 武帝 太初元年(前 104년)에 唐都(당도), 落下閎(낙하굉), 司馬遷(사마천) 등이 과거 역법을 보완 시행한 역법이 太初曆인데. 成帝 말년에 劉歆(유흠)이 다시 정정보완하여 三統曆이라 개칭. 太初曆은 1년을 365과 385/1539日로 산정하였다. ㅇ《九章算術》– 수학책. 前漢의 張蒼, 耿壽昌(경수창) 등이 정리 보완한 것으로 알려졌는데 後漢代에 체계가 확정된 것으로 알려졌다. 九章은 方田章, 粟米章, 衰分章, 少廣章, 商功章, 均輸章, 盈不足章, 方程章, 勾股章 등이다.

○盧植(노식) – 64권, 〈吳延史盧趙列傳〉에 입전. ○馬融(마융, 79 – 166) –
伏波將軍 馬援의 侄孫. 經學者. 《周易》, 《尙書》, 《毛詩》, 《論語》, 《老子》,
《淮南子》, 《離騷》, 《列女傳》 등을 주석했다.

[國譯]

　　鄭玄(정현)의 字는 康成(강성)으로 北海郡 高密縣 사람이다. 8世祖
인 崇(숭)은 哀帝 때 尙書僕射(상서복야)였다. 정현은 젊어 鄕의 嗇夫
(색부)였는데 휴가일에는 늘 學官에 나갔고 색부의 일을 즐겨하지
않았기에 부친이 여러 번 화를 내었지만 금할 수 없었다. 결국 太學
에 가서 受業을 받았는데 京兆人 第五元先(제오원선)을 사부로 모시
고 《京氏易》, 《公羊春秋》, 《三統曆》, 《九章算術》 등에 능통하였다.
또 東郡의 張恭祖(장공조)로부터 《周官》, 《禮記》, 《左氏春秋》, 《韓
詩》, 《古文尙書》 등을 배웠다. 정현은 山東에서 더 배울 사람이 없다
하여 서쪽으로 관중에 들어가서 涿郡(탁군)과 盧植(노식)과 함께 右
扶風의 馬融(마융)을 스승으로 섬겼다.

原文

　　融門徒四百餘人, 升堂進者五十餘生. 融素驕貴, 玄在門
下, 三年不得見, 乃使高業弟子傳授於玄. 玄日夜尋誦, 未
嘗怠倦. 會融集諸生考論圖緯, 聞玄善算, 乃召見於樓上,
玄因從質諸疑義, 問畢辭歸. 融喟然謂門人曰, "鄭生今去,
吾道東矣."

玄自遊學, 十餘年乃歸鄉里. 家貧, 客耕東萊, 學徒相隨已數百千人. 及黨事起, 乃與同郡孫嵩等四十餘人俱被禁錮, 遂隱修經業, 杜門不出. 時任城何休好《公羊》學, 遂著《公羊墨守》,《左氏膏肓》,《穀梁廢疾》, 玄乃發《墨守》, 鍼(針)《膏肓》, 起《廢疾》.

休見而嘆曰, "康成入吾室, 操吾矛, 以伐我乎!" 初, 中興之後, 範升,陳元,李育,賈逵之徒爭論古今學, 後馬融答北地太守劉瑰及玄答何休, 義據通深, 由是古學遂明.

| 註釋 | ○升堂進者 − 학문이나 기예의 대의에 통달한 자. 升堂은 학문이 高明正大의 경지에 도달하다. 入室(奧妙精密의 단계) 이전의 단계. ○融素驕貴 − 마융은 음률과 여색도 꽤나 좋아하였다. ○吾道東矣 − 나의 학문이 동쪽으로 가다. 나의 학문이 동쪽에서도 알려질 것이다. ○東萊 − 東萊(동래)는 青州刺史部 군명. 치소는 黃縣, 今 山東省 烟臺市 관할 龍口市. 동래군은 今 山東省 烟臺, 威海市 일대. ○黨事起 − 黨錮(당고)의 禍를 지칭. 1차 '黨錮의 禍'는 桓帝인 말기인 延熹九年(166), 2차는 靈帝 초년인 168년에 일어났다. 67권,〈黨錮列傳〉참고. 朋黨之人으로 지목된 사람의 門生, 故吏, 父子, 兄弟는 現職에서 배제하고(免官) 신규 임용도 할 수 없는 禁錮(금고)에 처했다. ○任城何休 − 任城은 東平國 任城縣, 今 山東省 齊寧市 任城區에 해당. 何休(하휴, 129 − 182년)는 陳蕃(진번)의 막료로 있었는데 진번이 黨錮를 당하자 하휴도 당고에 묶여 귀향하였다. 79권,〈儒林列傳〉(下)에 立傳. ○《公羊墨守》−《春秋公羊傳》의 의리는 심원하여 墨翟(묵적)의 守城과 같다는 뜻. ○《左氏膏肓》−《左氏傳》의 폐단은 너무 심각하여 도저히 고칠 수 없는 병이 膏肓(고황)에 들었다는 뜻. ○《穀梁廢

疾》-《穀梁傳》은 나쁜 질병을 앓는 폐질자와 같다는 뜻.

[國譯]

馬融(마융)의 門徒는 4백여 명이나 되었고 그중 升堂(승당) 급에 드는 자가 50여 명이었다. 마융은 평소에 교만 고귀하였는데 정현은 그 문하에서 3년 간 마융을 만날 수도 없어 많이 배운 제자가 정현에게 학문을 전수하였다. 그래도 정현은 밤낮으로 외우며 게으름을 피우지 않았다. 마침 마융이 모든 제자를 모아 놓고 圖讖(도참)과 緯書(위서)를 토론케 하였는데, 정현이 계산에 우수한 것을 보고 정현을 누각에 따로 불러 만났고, 정현은 그간의 의문을 질문하였고, 질문을 다 마친 뒤에 돌아가겠다고 사직 인사를 하였다. 이에 마융은 한숨을 쉬며 제자들에게 말했다.

"鄭玄이 지금 떠나간다니 나의 학문이 동쪽에 전해질 것이다."

정현은 遊學한 지 10여 년 만에 향리로 돌아왔다. 그러나 집이 가난하여 東萊郡(동래군)에 가서 다른 사람의 농토를 빌려 경작하였는데 정현을 따르는 문도가 이미 수 백에서 천 명 가까이 되었다. 黨錮(당고)의 禍가 일어나자, 정현은 同郡의 孫嵩(손숭) 등 40여 명이 모두 禁錮를 당했는데 정현은 은거하면서 경서 연구에만 전념하고 두문불출하였다.

그때 (東平國) 任城縣의 何休(하휴, 129 - 182년)는 《春秋公羊傳》의 학문만을 좋아하며 《公羊墨守》, 《左氏膏肓》, 《穀梁廢疾》 등을 저술하였다. 이에 정현은 '發《墨守》, 鍼《膏肓》, 起《廢疾》'을 저술하였다. 하휴가 이를 읽고 "康成(정현)이 내 방에 들어와 나의 창을 가지고 나를 공격하였다!"고 탄식하였다.

예전에 후한의 中興 이후에 範升(범승), 陳元(진원), 李育(이육), 賈逵(가규) 같은 사람들이 古文經學과 今文經學을 논쟁하였는데, 그 이후로의 馬融(마융)이 北地郡 太守 劉瑰(유괴)에 답변을 보내고 鄭玄이 何休(하휴)에 맞서 논쟁하면서 경전의 대의는 더욱 심오해지면서 이로써 古學이 더욱 우세하였다.

靈帝末, 黨禁解, 大將軍何進聞而辟之. 州郡以進權戚, 不敢違意, 遂迫脅玄, 不得已而詣之. 進爲設几杖, 禮待甚優. 玄不受朝服, 而以幅巾見. 一宿逃去. 時年六十, 弟子河內趙商等自遠方至者數千. 後將軍袁隗表爲侍中, 以父喪不行.

國相孔融深敬於玄, 屢履造門. 告高密縣爲玄特立一鄕, 曰, "昔齊置'士鄕', 越有'君子軍', 皆異賢之意也. 鄭君好學, 實懷明德. 昔太史公, 廷尉吳公, 謁者僕射鄧公, 皆漢之名臣. 又南山四皓有園公, 夏黃公, 潛光隱耀, 世嘉其高, 皆悉稱公. 然則公者仁德之正號, 不必三事大夫也. 今鄭君鄕宜曰'鄭公鄕'. 昔東海于公僅有一節, 猶或戒鄕人侈其門閭, 矧乃鄭公之德, 而無駟牡之路! 可廣開門衢, 令容高車, 號爲通德門."

| 註釋 | ○靈帝末 – 後漢 12대 皇帝(재위 168~189년), 章帝(肅宗)의 玄孫, 桓帝의 堂姪. 주색 탐닉과 황음무도, 宦官과 외척의 세력 싸움과 부

패 무능, 연속되는 천재지변, 張讓(장양) 등 十常侍의 발호. 張角의 黃巾賊
의 亂이 시작(184년) 등 모두 靈帝 재위 중이었다. ㅇ黨禁解 – 서기 184
년. ㅇ何進(하진, ? – 189) – 南陽 宛縣의 가축을 잡는 屠戶 출신, 이복 여동
생이 입궁하여 영제의 황후가 되었다. 大將軍으로 錄尙書事 겸임. 환관 세
력을 꺾겠다고 董卓(동탁)을 불러들인 장본인. 十常侍에게 피살. 河南尹은
국도 낙양의 행정을 담당. 69권, 〈竇何列傳〉에 입전. ㅇ袁隗(원외) – 司徒
역임. 袁隗妻 馬氏는 84권 〈烈女傳〉에 입전. ㅇ國相孔融(공융, 153 – 208년)
– 國相은 제후국(北海國) 행정을 담당하는 相. 孔子의 12세손인 孔融. 70
권, 〈鄭孔荀列傳〉 立傳. ㅇ屣履造門 – 屣履(사리)는 신을 제대로 신지 못
하고 신발을 끌면서 급하게 가다. 손님을 반갑게 맞이하다. 屣는 짚신 사.
신발을 끌다. 履는 신을 리. 신발. 밟다. 造門은 찾아오다. ㅇ昔齊置 ‘士
鄕’ – 齊의 管仲이 桓公을 섬길 때 鄕 21개를 신설하였는데 그중 15개가
유명 학자를 기념하기 위한 마을(士鄕)이었다. ㅇ越有 ‘君子軍’ – 越王 句
踐(구천)의 私兵 집단. 君子는 왕의 측근으로 志行이 바른 자. ㅇ太史公 –
무제 때 司馬談(사마담). ㅇ廷尉吳公 – 文帝 때 河南郡 太守. ㅇ謁者僕射
鄧公 – 景帝 때 사람. ㅇ南山四皓 – 고조 때 商雒(상락)의 南山에 은거한
노인 4명. 皓는 흴 호. 머리가 하얗다. 園公, 夏黃公 외 角里先生, 綺里季를
지칭. ㅇ東海于公僅有一節 – 昭帝 때 東海郡 于公(우공)은 縣의 獄吏였는
데 決獄이 공평하여 사람들이 生祠를 세웠다고 한다. 사당의 출입문을 수
리할 때 큰 수레가 드나들 수 있게 높여달라고 자청하였다. 자신이 좋은
일을 했기에 후손이 높이 등용될 것이라는 자부심이었다. ㅇ矧 – 하물며
신. ㅇ駟牡之路 – 말 4마리가 끄는 수레가 다닐 수 있는 큰 길.

[國譯]

　　靈帝 말기에 黨人에 대한 禁錮가 풀리자 大將軍 何進(하진)은 소
문을 듣고 鄭玄(정현)을 초빙했다. 州郡에는 하진의 세력을 따르는

친척이 있어 감히 뜻을 어길 수 없다며 정현을 협박하여 부득이 갈 수 밖에 없었다. 하진은 정현의 안석과 지팡이를 준비하였고 상당한 예우를 갖췄다. 정현은 朝服을 받지 않고 보통 문인의 복장으로 알현했다. 정현은 하룻저녁을 자고 도망치듯 떠나왔다. 그때 나이가 60이었고, 제자인 河內郡 趙商(조상) 등 먼 곳에서 찾아와 배우는 자가 수천 명이었다. 後將軍 袁隗(원외)는 표문을 올려 정현을 侍中에 임명했으나 부친상을 당해 부임하지 못했다.

(北海國) 相인 孔融(공융)은 정현을 아주 존경하며 급히 서둘러 찾아와 高密縣에 鄭玄을 위한 특별한 鄕을 설치하겠다며 말했다.

"옛날 齊(제)에는 '土鄕'이 있었고, 越(월)에는 '君子軍'이 있었는데 모두 특별한 현인을 우대하려는 뜻이었습니다. 鄭君께서는 好學하시고 실제로 훌륭한 덕을 갖고 계십니다. 옛날 太史公(司馬談)이나 廷尉인 吳公, 謁者僕射(알자복야)인 鄧公(등공) 등은 모두 漢의 名臣이였습니다. 또 南山 四皓(사호)인 園公(원공)과 夏黃公(하황공) 공은 은거하면서 광채를 발휘하여 세인들은 그 지조를 가상히 여겨 모두 公이라 호칭하였습니다. 그러한즉 公은 仁德을 가지 분의 正號이니 두세 번씩 大夫의 직임을 맡을 필요가 없습니다. 지금 鄭君의 鄕을 응당 '鄭公鄕'이라 불러야 합니다. 옛날 東海郡의 于公(우공)은 겨우 하나의 지조만을 실천했는데도 鄕人에게 旌閭(정려)의 大門을 크게 만들라고 하였는데, 하물며 鄭公의 덕행이라면 말 4마리가 끄는 수레가 다닐 수 있게 길을 크게 넓히고 '通德門'이라고 불러야 하지 않겠습니까?"

董卓遷都長安, 公卿舉玄爲趙相, 道斷不至. 會黃巾寇青部, 乃避地徐州, 徐州牧陶謙接以師友之禮. 建安元年, 自徐州還高密, 道遇黃巾賊數萬人, 見玄皆拜, 相約不敢入縣境. 玄後嘗疾篤, 自慮, 以書戒子益恩曰,

「吾家舊貧, 不爲父母群弟所容, 去廝役之吏, 遊學周, 秦之都, 往來幽, 并, 兗, 豫之域, 獲覲乎在位通人, 處逸大儒, 得意者咸從捧手, 有所受焉. 遂博稽六藝, 粗覽傳記, 時睹秘書緯術之奧. 年過四十, 乃歸供養, 假田播殖, 以娛朝夕. 遇閹尹擅勢, 坐黨禁錮, 十有四年, 而蒙赦令, 舉賢良方正有道, 辟大將軍三司府. 公車再召, 比牒併名, 早爲宰相. 惟彼數公, 懿德大雅, 克堪王臣, 故宜式序. 吾自忖度, 無任於此, 但念述先聖之元意, 思整百家之不齊, 亦庶幾以竭吾才, 故聞命罔從. 而黃巾爲害, 萍浮南北, 復歸邦鄉. 入此歲來, 已七十矣. 宿素衰落, 仍有失誤, 案之禮典, 便合傳家. 今我告爾以老, 歸爾以事, 將閑居以安性, 覃思以終業. 自非拜國君之命, 問族親之憂, 展敬墳墓, 觀省野物, 胡嘗扶杖出門乎! 家事大小, 汝一承之. 咨爾煢煢一夫, 曾無同生相依. 其勗求君子之道, 研鑽勿替, 敬愼威儀, 以近有德. 顯譽成於僚友, 德行立於己志. 若致聲稱, 亦有榮於所生, 可不深念邪! 可不深念邪! 吾雖無紱冕之緒, 頗有讓爵之高. 自樂以論贊之功, 庶不遺後人之羞. 末所憤憤者, 徒以亡親墳壟未成, 所

好群書率皆腐敝, 不得於禮堂寫定, 傳與其人. 日西方暮, 其可圖乎! 家今差多於昔, 勤力務時, 無恤饑寒. 菲飲食, 薄衣服, 節夫二者, 尙令吾寡恨. 若忽忘不識, 亦已焉哉!」

| 註釋 | ○董卓遷都長安 － 董卓(동탁. 141－192년), 涼州 隴西 臨洮人. 後漢 末 涼州 軍閥(군벌)이며 權臣, 포악한 행위로 역사상 가장 부정적 평가를 받는 인물. 獻帝 初平 원년(서기 190) 춘 2월에 洛陽을 불태우고 자신의 근거지에 가까운 長安으로 천도하였다. 72권, 〈董卓列傳〉에 입전. ○趙相 － 趙王 劉乾(유건)의 相. ○青部 － 青州刺史部. 治所는 齊國 臨淄縣, 今 山東省 淄博市 臨淄區. ○徐州牧陶謙(도겸) － 73권, 〈劉虞公孫瓚陶謙列傳〉에 입전. ○建安 － 獻帝의 연호, 서기 196－219년. ○廝役 － 賤役. ○周, 秦之都 － 洛陽과 長安. ○遇閹尹擅勢 － 환관이 官長이 되어 멋대로 권세를 부리는 시대를 만나. 閹은 내시 엄. ○比牒併名 － 比牒은 連牒(연첩). ○故宜式序 － 式은 用也. 序는 列也. ○萍浮南北 － 남북을 떠돌아다니다. 萍은 부평초 평. ○便合傳家 － 가사를 자손에게 맡기다. '七十老而傳'. ○咨爾煢煢一夫 － 咨는 탄식하는 모양. 물을 자. 爾는 너. 煢煢(경경)은 근심하는 모양. 煢은 외로울 경. ○其勗求君子之道 － 勗求는 힘써 구하다. 勗은 힘쓸 욱. 勗은 勖(힘쓸 욱). ○研鑽勿替 － 연찬을 게을리하지 말라. ○敬愼威儀, 以近有德 － 《詩經 大雅 民勞》의 구절. ○吾雖無紱冕之緒 － 紱冕(불면)은 인수와 관. 高官. ○讓爵之高 － 여러 번 부름을 받았지만 취임하지 않았다는 뜻.

[國譯]

董卓(동탁)이 長安으로 천도한 뒤 公卿들은 정현을 趙王 劉乾(유건)의 相으로 천거하였지만 길이 막혀서 가지 못했다. 마침 黃巾 무리가 靑州刺史部 지역을 휩쓸자, 정현은 徐州로 피난하였는데 徐州 牧인 陶謙(도겸)은 師友의 禮로 정현을 맞이하였다.

建安 원년(서기 196), 서주에서 高密縣으로 돌아왔는데 도중에 黃巾賊 수만 명을 만났는데, 황건적들은 정현을 보자 모두 절을 올리며 서로 고밀현 지역에는 들어가지 않겠다고 다짐하였다. 이후 정현은 병환이 심해지자 걱정이 되어 아들 益恩(익은)을 훈계하는 글을 지어 말했다.

「우리 집은 예전에 가난하여 나는 부모나 여러 형제들에게 도움이 되지 못하였고, 하급 관리직을 버리고 낙양과 장안으로 유학하였으며, 幽州(유주), 幷州(병주), 兗州(연주), 豫州(예주) 지역을 돌아다니면서 높은 자리에 출세한 사람이나 은거하는 大儒를 만났고 나를 따르려는 사람들의 도움도 많이 받았다. 그리하여 六藝의 經典을 널리 연구하고 여러 기록을 두루 열람하였으며 때로는 秘書나 緯書(위서), 術書의 오묘한 이치를 살펴보기도 하였다. 나이 40이 지나 고향에 돌아와 부모를 공양하며 임대한 땅에서 농사를 지으며 한가한 세월을 보내기도 하였다. 환관이 官長이 되어 멋대로 권세를 부리는 시대를 만나 黨人이라 하여 禁錮에 묶이기 14년에 사면을 받아 賢良方正하고 도덕이 있다 하여 大將軍이나 三司의 부서에서 초빙을 받았다. 公車令은 두 번 나를 징소하였는데 같이 이름을 올렸던 사람은 일찍 재상이 되었다. 그런 여러 사람들은 大德과 큰 지조가 있어 王者를 섬길 수 있는 응당 중용될만한 사람이었다. 나는 내 스스로 헤아려도 그럴 능력이 아니었기에 다만 先聖의 큰 뜻을 읽고 전술하고 百家의 서로 다른 사상을 조정하려 하였으니, 여기에 내 재주를 다할 수 있었기에 나라의 부름을 따르지 않았다. 그러나 黃巾의 폐해를 당해 남북을 떠돌아다니다가 다시 고향으로 돌아왔도다. 금년 들어 내 나이 벌써 70이다. 평소에 늙고 쇠약하였고 늘 실수를 하였기에 이제는 경전의 글에 따라서 바로 너에게 가사를 넘겨야겠다. 지금 늙은 내가 너에게 가사를 넘기고 좀 한가로이 내 性情을 수양하며 내 생애의 마지막을 깊이 생각하려 한다. 이미 조정의 명을 따르지는 않았었지만, 이제 친족의 걱정을 위로하고 선조의 무덤을 보살피며 야외의 경물을 즐기려 지팡이를 짚고 어찌 아니 나서겠는가! 家事의 大小는 네가 모두 이어받아라. 허나 너는 외로운 사내로 서로 의지할 형제가 없도다. 그래도 힘써 君子의 道를 추구할 것이며, 연찬을 게을리하지 말고 삼가고 조심하며 행실을 바로하며 훌륭한 덕을 가진 사람을 가까이 하라. 훌륭한 영예는 친우와 함께 이룰 수 있고 덕행은 자신의 의지에 의해 성취할 수 있다. 만약 명성을 얻을 수 있다면 너를 낳아준 부모에게도 영광일 것이니, 이를 깊이 생각하지 않을 수 있겠는가! 생각 아니할 수 있겠는가! 내가 비록 고관의 반열에 서지는 못했지만 그래도 여러 번 조정의 부름을 받았다는 영예를 누렸다. 나는 성현의 말씀 열심히 논찬하였으니 아마 後人에게 부끄럽지는 않을 것이다. 내 마음의 큰 걱정은 돌아가신 부모님의 묘소를 제대로 갖추지 못한 것이며, 내가 즐겨 읽었던 많은 글들은 곧 썩어 없어질 것이지만 예를 익힐 수 있는 건물을 마련하지 못했고 그런 저술을 적임자에게 남겨주지도 못하였다. 이제 해는 서산에 지려하는데, 어찌 시도할 수 있겠는가! 지금 가사는 예전과 같지 않나니 부지런히 힘쓰며 농사철을 놓치지 않는다면 굶거나 추위에 떨지는 않을 것이다. 나쁜 음식이나 얇은 옷일지라도 이를 아끼고 절약한다면 그래도 나보다는 걱정을 덜 것이다. 내가 이를 적어 남기지 않는다면 그냥 잊어버리지 않겠느냐!」

原文

時, 大將軍袁紹總兵冀州, 遣使要玄, 大會賓客, 玄最後
至, 乃延升上坐. 身長八尺, 飮酒一斛, 秀眉明目, 容儀溫偉.
紹客多豪俊, 並有才說, 見玄儒者, 未以通人許之, 競設異
端, 百家互起. 玄依方辯對, 咸出問表, 皆得所未聞, 莫不嗟
服. 時汝南應劭亦歸於紹, 因自贊曰, "故太山太守應中遠,
北面稱弟子何如?" 玄笑曰, "仲尼之門考以四科, 回,賜之徒
不稱官閥." 劭有慚色. 紹乃擧玄茂才, 表爲左中郎將, 皆不
就. 公車徵爲大司農, 給安車一乘, 所過長吏送迎. 玄乃以
病自乞還家.

| 註釋 | ○大將軍 袁紹(원소, 153 - 202) - 本初, 후한 말 할거 세력의 하
나. 전성기에 冀州, 幽州, 幷州, 靑州 등을 장악. 한때 가장 강성했으나 官
渡(관도)의 싸움에서 曹操(조조)에게 패배 후 곧 울분으로 죽었다. 74권, 〈袁
紹劉表列傳〉立傳. ○汝南 應劭(응소) - 48권, 〈楊李翟應霍爰徐列傳〉에
입전. ○四科 - "我於陳蔡者, 皆不及門也. 德行, 顔回, 閔子騫, 冉伯牛, 仲
弓. 言語, 宰我, 子貢. 政事, 冉有, 季路. 文學, 子游, 子夏."《論語 先進》.
○回,賜之徒 - 顔回(안회, 前 521 - 481), 顔淵(안연). 字 子淵, 春秋 魯國人. 孔
子 72 문도 중 첫째. 孔門十哲 중 德行 제일. 賜는 子貢(前 520 - 446년),
複姓 端木, 衛國人, 孔門十哲의 한 사람. 孔子가 '瑚璉之器' 라 칭찬했다.
상인으로 능력 발휘, 중국에서는 財神으로 숭배되기도 한다.

그때 大將軍 袁紹(원소)는 冀州(기주)의 군사를 총관하며 사자를 보내 정현을 부르고 빈객을 크게 모아 잔치를 벌였는데, 정현이 가장 늦게 도착했어도 정현을 상석으로 안내하였다. 정현은 신장 8척에 술 1斛(곡)을 마시며 수려한 이목에 용의가 온유하고 위엄이 있었다. 원소의 빈객에 뛰어난 호걸이 많았고 모두 재능과 변설에 능했는데, 정현을 만난 유생들은 모두가 박학을 인정하면서 경쟁적으로 특별한 문제를 정현에게 질문하였다. 정현은 차례대로 답변을 하였는데 모든 질문자가 생소하면서도 생각하지도 못한 내용을 듣자 탄복하지 않는 자가 없었다. 그때 汝南郡 應劭(응소) 역시 원소에 귀부하고 있었는데 틈을 보아 자찬하면서 "전임 太山太守인 應中遠(應劭)가 北面하여 제자가 되면 어떻겠습니까?"라고 물었다. 그러자 정현은 웃으면서 "仲尼의 문하에서는 四科(德行, 言語, 政事, 文學)로 제자를 살폈으며, 顏回(안회)나 子貢(자공) 같은 제자도 관직을 자랑하지 않았소."라고 말하자, 응소는 부끄러워했다.

원소는 정현을 茂才(무재)로 천거하면서 표문을 올려 左中郞將에 임명하였지만 부임하지 않았다. 公車令도 大司農에 임명하려고 徵召(징소)하며 安車 한 대를 보내며 정현이 지나는 곳의 현령이 정현을 영접하게 하였다. 그러나 정현은 병으로 근무하지 않고 집으로 돌아왔다.

五年春, 夢孔子告之曰, '起, 起, 今年歲在辰, 來年歲在已.' 旣寤, 以讖合之, 知命當終, 有頃寢疾. 時袁紹與曹操相拒於官度, 令其子譚遣使逼玄隨軍, 不得已, 載病到元城縣, 疾篤不進, 其年六月卒, 年七十四. 遺令薄葬. 自郡守以下嘗受業者, 縗絰赴會千餘人.

門人相與撰玄答諸弟子問《五經》, 依《論語》作《鄭誌》八篇. 凡玄所註《周易》,《尚書》,《毛詩》,《儀禮》,《禮記》,《論語》,《孝經》,《尚書大傳》,《中候》,《乾象歷》, 又著《天文七政論》,《魯禮禘祫義》,《六藝論》,《毛詩譜》,《駁許愼五經異義》,《答臨孝存周禮難》, 凡百餘萬言.

| 註釋 | ○(建安) 五年 - 서기 200년. ○曹操(조조, 155 - 220년) - 字 孟德, 小名 吉利, 小字 阿瞞, 沛國 譙縣(今 安徽省 亳州市) 출신. 曹操는《三國演義》에서 사실상의 主人公이다. 劉備나 諸葛亮, 孫權의 행적은 거의 曹操와 관련이 있다고 볼 수 있다. 小說에서 뿐만 아니라 歷史에서도 曹操는 劉備나 孫權보다 훨씬 큰 비중을 차지한다. 政治, 軍事的으로 중요한 인물일 뿐만 아니라 뛰어난 詩人이었기에 中國文學史에도 등장한다. 曹操 직위는 漢 丞相, 작위는 魏王, 사후에 시호 武王. 曹丕가 稱帝 후 武皇帝, 廟號 太祖로 추존했다. ○官度(官渡) - 今 河南省 鄭州市 仲牟縣의 황하의 작은 지류. 조조와 원소의 河北 패권을 결정지은 싸움. ○元城縣 - 魏郡의 현명. 今 河北省 邯鄲市 관할 大名縣. 河北省 최남단. ○縗絰(최질) - 상복과 首絰(수질). ○《尚書大傳》 - 伏勝이 찬한《尚書》. ○《中候》 -《尚書中候》, 일종의 緯書. ○《駁許愼五經異義》 - 許愼(허신, 約 58 - 約 147년). 有名한 經學, 文字學, 語言學의 대가. 中國文字學의 開拓者. 和帝 永元 11년에《說文解字》를 저술. 540개 部首에 9,353字를 수록.《五經異義》를 저술

했으나 지금은 失傳.

(建安) 5년 봄, 꿈에 孔子가 鄭玄(정현)에게 '일어나라, 일어나! 금
년이 辰(진, 龍)의 해이고, 내년은 巳(사, 뱀)이다.' 라고 말했다. 꿈을
깨고 생각하니 (辰, 巳年에 賢人이 탄식한다는) 참서와 합치되니 수
명이 다할 것이라 생각하였고 곧 병석에 누었다.

그때 袁紹(원소)와 曹操(조조)는 官度(官渡)에서 서로 대치하고 있
었는데 원소는 아들 譚(담)을 보내 정현에게 軍中에 머물라고 핍박
하여 부득이 앓으면서 (魏郡의) 元城縣 까지 갔으나 병이 위독하여
더 가지 못했는데 그 해 6월에 죽으니, 74세였다. 정현은 薄葬(박장)
하라고 유언하였다. 郡守 이하 그간 수업을 받은 자로 상복을 입고
장례에 참여한 자가 1천여 명이었다.

門人들은 함께 정현이 제자들과 5經에 관하여 문답한 내용을 《論
語》처럼 《鄭誌》 8편으로 편찬하였다. 정현은 《周易》, 《尚書》, 《毛
詩》, 《儀禮》, 《禮記》, 《論語》, 《孝經》, 《尚書大傳》, 《中候》, 《乾象歷》
에 주석을 달았고, 또 《天文七政論》, 《魯禮禘祫義》, 《六藝論》, 《毛詩
譜》, 《駁許愼五經異義》, 《答臨孝存周禮難》 등 총 100만 여자의 저술
을 남겼다.

玄質於辭訓, 通人頗譏其繁. 至於經傳洽孰, 稱爲純儒,
齊, 魯間宗之. 其門人山陽郗慮至御史大夫, 東萊王基, 淸河

崔琰著名於世. 又樂安國淵,任嘏, 時並童幼, 玄稱淵爲國器, 嘏有道德, 其餘亦多所鑒拔, 皆如其言. 玄唯有一子益恩, 孔融在北海, 舉爲孝廉, 及融爲黃巾所圍, 益恩赴難損身. 有遺腹子, 玄以其手文似己, 名之曰小同.

| 註釋 | ○玄質於辭訓 - 質은 바탕으로 삼다. 강조하다. 辭訓은 文辭와 訓詁(훈고). ○通人 - 학식이 廣博한 사람. ○洽孰(흡숙) - 넓고도 상세함.

[國譯]

　　鄭玄(정현)은 文辭와 訓詁(훈고)에 치중하였기에 학식이 廣博한 사람은 설명이 너무 번잡하다고 비판하였다 그러나 經傳에 관한 넓고도 상세한 지식으로 純儒(순유)라는 칭송을 들었고, 齊와 魯 일대에서는 宗師가 되었다. 정현의 門人으로 山陽郡 郗慮(학려)는 (뒷날) 御史大夫가 되었고, 東萊郡의 王基(왕기)와 淸河郡의 崔琰(최염)도 당대에 유명하였다. 또 樂安國의 國淵(국연)과 任嘏(임하)는 모두 어린아이였지만 정현은 국연을 나라의 인재(國器), 임하를 道德이 우수하다고 칭송하였으며, 그 나머지 많은 사람들을 인정하고 발탁하였으니 나중에 모두 그렇게 되었다. 정현의 유일한 아들인 益恩(익은)은 孔融(공융)이 北海郡 태수일 적에 孝廉(효렴)으로 천거하였는데, 공융이 황건적에게 포위되자 익은은 위난에 처한 마음을 구하다가 죽었다. 익은에게 유복자가 있었는데 정현은 손자의 손금이 자신과 비슷하다고 이름을 小同(소동)이라 지었다.

論曰, 自秦焚《六經》, 聖文埃滅. 漢興, 諸儒頗修藝文, 及東京, 學者亦各名家. 而守文之徒, 滯固所稟, 異端紛紜, 互相詭激, 遂令經有數家, 家有數說, 章句多者或乃百餘萬言, 學徒勞而少功, 後生疑而莫正. 鄭玄括囊大典, 網羅衆家, 刪裁繁誣, 刊改漏失, 自是學者略知所歸. 王父豫章君每考先儒經訓, 而長於玄, 常以爲仲尼之門不能過也. 及傳授生徒, 並專以鄭氏家法云.

| 註釋 | ○自秦焚《六經》 – 秦의 焚書坑儒. ○埃滅 – 먼지처럼 사라졌다. 埃는 티끌 애. 먼지. ○及東京 – 後漢의 開國. ○滯固所稟 – 자기주장만 고집하며 남의 주장을 받아들이지 않다. ○異端紛紜(분운) – 이단이 어지럽게 일어나다. 이단이 너무 많다. ○括囊(괄랑) – 묶다. 하나로 종합하다. ○刪裁繁誣(산재번무) – 번잡한 거짓 내용을 전부 잘라 버리다. ○王父豫章君 – 王父는 祖父. 父之父爲王父. 《후한서》 저자 范曄(범엽)의 祖父인 范甯(범영). 豫章君은 晋 武帝(사마염) 재위 중에 豫章태수를 역임. ○並專以鄭氏家法云 – 늘 鄭玄의 학설을 존숭하고 따르다.

[國譯]

范曄(범엽)의 史論 : 秦(진)에서 《六經》을 불사른 이후 聖文은 먼지처럼 사라졌다. 漢이 건국되고 여러 유생이 많은 경전을 복원하였으며 後漢에서 학자들은 각자 一家(學派)를 이루었다. 옛글을 따르려는 사람들은 자기주장만 고집하며 남의 주장을 받아들이지 않았으며, 이단의 학설이 어지럽게 일어나서 서로를 비난하고 격론을 벌리니 경전마다 여러 학파가 성립되었고, 학파마다 여러 학설이 나와서 풀이한 章句가 많은 경우 1百萬 자가 넘어 학자는 헛수고에 얻는 것이 없었으며, 後生은 의혹 속에서 정확한 것을 알 수도 없었다. 鄭玄은 이런 경전을 하나로 통합하고 여러 주장을 망라하며 번잡한 거짓을 전부 잘라 버렸으나 개정하며 빠트린 것도 있었지만 이로부터 학자들은 전체의 뜻을 파악할 수 있었다.

나의 祖父 豫章君〔范甯(범영)〕은 先儒의 大義를 연찬하면서 늘 鄭玄의 학설을 옳다 여기면서 仲尼의 문도에 정현보다 나은 사람이 없다고 생각하였다. 그리고 경전을 후생에게 전수하면서 언제나 정현의 학설을 존숭하고 따랐다.

原文

贊曰, 富平之緒, 承家載世. 伯仁先歸, 釐我國祭.
玄定義乖, 襄修禮缺. 孔書遂明, 漢章中輟.

| 註釋 | ○富平之緒 – 富平은 富平侯 張純(장순). ○伯仁先歸 – 伯仁은 張純(장순)의 字. 先歸는 광무제에게 먼저 귀부하다. ○釐我國祭 – 釐는 정리하다(理也). 나라의 제례를 먼저 제정하였다. ○玄定義乖 – 義乖(의괴)는 서로 다른 뜻. ○孔書遂明 – 孔書는 《六經》.

[國譯]

贊曰,
富平侯 張純의 傳承은, 여러 代의 家傳을 전수받았다.

伯仁(張純)은 광무에 귀부하고서, 나라 祭禮를 먼저 정했다.

鄭玄 경전 뜻을 통일했고, 曹襃(조포)는 의례를 보완했다.

六經은 드디어 확실해졌지만, 漢 儀禮 실행은 중단되었다.

36 鄭范陳賈張列傳
〔정,범,진,가,장열전〕

❶ 鄭興

原文

鄭興字少贛, 河南開封人也. 少學《公羊春秋》. 晚善《左氏傳》, 遂積精深思, 通達其旨, 同學者皆師之. 天鳳中, 將門人從劉歆講正大義, 歆美興才, 使撰條例,章句,傳詁, 及校〈三統歷〉.

│註釋│ ○少贛(소공) – 贛은 줄 공. 주다. ○《公羊春秋》–《春秋》는 左氏, 公羊, 穀梁의 三家가 있는데, 이를 '春秋三傳'이라 한다. 《左氏傳》은 春秋末期 魯國 史官 左丘明(좌구명)이, 《穀梁傳》은 春秋 시대 魯國人 穀梁子(곡량자)가, 《公羊傳》은 전국시대 齊의 公羊高(공양고)의 저술로 알려졌다. ○天鳳(천봉) – 왕망의 연호. 서기 14-19년. ○〈三統歷〉 – 劉歆(유흠)

이 太初曆을 보완, 개칭한 역법. 歷은 달력, 曆法. 曆과 通.

[國譯]

鄭興(정흥)의 字는 少贛(소공)인데, 河南尹 開封縣 사람이다. 젊어 《公羊春秋》를 배웠지만 만년에는 《春秋左氏傳》을 좋아하여 집중적으로 연구하여 그 대의에 통달하였는데, 같이 (左傳을) 공부하는 사람들이 스승으로 생각하였다. (왕망) 天鳳(천봉) 연간에 門人을 거느리고 劉歆(유흠)의 《左氏傳》大義 講解를 들었는데 유흠은 정흥의 재능을 인정하여 정흥으로 하여금 條例(조례)와 章句 및 傳詁(전고)를 편찬케 하고, 〈三統歷〉을 교정하게 하였다.

原文

更始立, 以司直李松行丞相事, 先入長安, 松以興爲長史, 令還奉迎遷都. 更始諸將皆山東人, 咸勸留洛陽. 興說更始曰, "陛下起自荊楚, 權政未施, 一朝建號, 而山西雄桀爭誅王莽, 開關郊迎者, 何也? 此天下同苦王氏虐政, 而思高祖之舊德也. 今久不撫之, 臣恐百姓離心, 盜賊復起矣. 《春秋》書‘齊小白入齊’, 不稱侯, 未朝廟故也. 今議者欲先定赤眉而後入關, 是不識其本而爭其末, 恐國家之守轉在函谷, 雖臥洛陽, 庸得安枕乎?" 更始曰, "朕西決矣."

拜興爲諫議大夫, 使安集關西及朔方, 涼, 益三州. 還拜涼州刺史. 會天水有反者, 攻殺郡守, 興坐免.

| **註釋** | ○更始立 - 劉玄, 光武帝의 族兄. 서기 23년 즉위. 11卷〈劉玄劉盆子列傳〉에 立傳. ○司直李松~ - 李松은 後漢 건국공신 李通(이통)의 從弟. 更始帝의 승상 역임. ○荊楚 - 옛 楚의 영역. 경시제의 고향인 南陽郡은 형주자사부 관할이다. ○山西 - 陝山(섬산) 以西, 또는 陝縣(今 河南省 서쪽 끝 三門峽市 陝州區) 서쪽. 곧 陝西. ○齊小白~ - 齊 桓公也. ○庸得安枕乎 - 庸은 어찌. 反語詞. 豈, 何의 뜻으로 쓰임.

[國譯]

更始帝(劉玄)가 옹립되자, 司直인 李松(이송)은 승상 직무를 대행하면서 먼저 長安에 입성했고, 鄭興(정흥)을 長史에 임명하고 경시제를 모시고 천도케 하라고 말하였다. 경시제의 여러 장수들은 거의 山東 사람이라서 모두가 경시제에게 낙양에 머물라 권유하였다. 이에 정흥이 경시제를 설득하였다.

"폐하께서는 옛 楚의 영역에서 거병하여 임시 정령을 내린 것도 없이 하루아침에 천자를 칭했습니다만, 山西의 웅걸들이 다투듯 거병하여 왕망을 죽이고서 관문을 열고 왜 폐하를 맞이하겠습니까? 이는 천하가 왕망의 학정에 고통을 받았기에 高祖의 옛 은덕을 그리워하기 때문입니다. 지금 오랫동안 關中 땅을 진무하지 않는다면 아마 백성의 마음은 떠나가고 도적이 다시 일어날 것입니다.《春秋》에도 '齊의 小白(소백)이 齊에 들어갔다.'고 기록했지만 侯를 칭하지 않은 것은 종묘에 절을 올리지 못했기 때문입니다. 지금 정세를 논하는 자들이 赤眉가 먼저 관중을 안정시킨 뒤 우리가 나중에 관중에 들어간다면 그 근본을 알지 못하면서 말단을 가지고 싸우게 되며 아마도 나라가 함곡관을 지켜야 할지도 모르니, 비록 낙양에 머문다

하여도 어찌 베개를 편히 베고 누울 수 있겠습니까?"

그러자 경시가 말했다. "朕은 서쪽으로 가기로 결정했다." 그러면서 정흥을 諫議大夫에 임명하면서 關西 및 朔方, 涼州, 益州刺史部의 三州를 진무케 하였다. 정흥이 임무를 마치고 돌아오자 涼州刺史에 임명하였다. 정흥이 부임한 뒤 天水郡에서 반역한 자가 군수를 살해하자, 정흥은 이에 연좌하여 면직되었다.

原文

時赤眉入關, 東道不通, 興乃西歸隗囂, 囂虛心禮請, 而興恥爲之屈, 稱疾不起. 囂矜己自飾, 常以爲西伯復作, 乃與諸將議自立爲王. 興聞而說囂曰,

"《春秋傳》云, '口不道忠信之言爲囂, 耳不聽五聲之和爲聾'. 閒者諸將集會, 無乃不道忠信之言, 大將軍之聽, 無乃阿而不察乎? 昔文王承積德之緒, 加之以睿聖, 三分天下, 尚服事殷. 及武王卽位, 八百諸侯不謀同會, 皆曰'紂可伐矣', 武王以未知天命, 還兵待時. 高祖征伐累年, 猶以沛公行師. 今令德雖明, 世無宗周之祚, 威略雖振, 未有高祖之功, 而欲擧未可之事, 昭速禍患, 無乃不可乎? 惟將軍察之."

囂竟不稱王. 後遂廣置職位, 以自尊高. 興復止囂曰,

"夫中郎將, 太中大夫, 使持節官皆王者之器, 非人臣所當制也. 孔子曰, '唯器與名, 不可以假人.' 不可以假人者, 亦不可以假於人也. 無益於實, 有損於名, 非尊上之意也."

囂病之而止.

| **註釋** | ○隗囂(외효) - 隗囂(隗䁈, 외효, ?-33) - 왕망 말기 今 甘肅省 동부 일대에 웅거. 隗 험할 외. 성씨. 囂 떠드는 소리 효. 13권, 〈隗囂公孫述列傳〉에 입전. ○西伯復作 - 西伯은 文王. 作은 흥기하다(起也). ○口不道忠信之言爲囂 - 道는 말하다. 囂은 어리석을 은. 벙어리. ○三分天下, 尙服事殷 -「舜有臣五人而天下治. ~. 三分天下有其二, 以服事殷. 周之德, 其可謂至德也已矣.」《論語 泰伯》. ○還兵待時 - 紂王이 比干(비간)을 죽이고 箕子(기자)를 가두자 武王은 제후에게 이를 알리고 정벌했다. ○唯器與名 - 器는 수레나 복식. 名은 爵號. ○囂病之而止 - 病은 걱정하다. 헐뜯다.

[國譯]

그때 赤眉(적미) 무리가 관중을 차지하고 있어 동쪽(洛陽)으로 가는 길이 막혀 鄭興(정흥)은 서쪽으로 가서 隗囂(외효)에 의탁하였고, 외효도 마음을 낮추며 정흥을 예우했지만 정흥은 외효에게 굴복하기를 부끄럽게 여겨 稱病하며 나서지 않았다. 외효는 오만하게 뽐내며 늘 西伯(文王)이 다시 출현했다고 여기며 자립하여 王이 되고자 여러 장수와 함께 논의하였다. 정흥은 이런 소식을 듣고 외효를 설득하였다.

《春秋傳》에 '입으로는 忠信의 말을 하지 못한다면 벙어리이고, 귀로 五聲 조화를 듣지 못한다면 귀머거리' 라고 하였습니다. 요즈음 여러 장수가 모여 논의할 때 忠信之言을 말하는 사람이 없는데도 大將軍은 그런 말을 듣고도 어찌 살피지 못합니까? 옛날 文王께서는 훌륭한 덕을 이어받았고 뛰어난 지혜를 갖고 있었으며 천하를 삼분하여 그 둘을 차지하고서도 오히려 殷을 섬겼습니다. 武王이 즉위하고, 8백 제후가 사전에 협의도 없이 함께 (孟津에) 모여서 모두가 '紂王을 정벌해야 합니다.' 라고 말했지만, 武王은 天命을 알 수 없다면서 군사를 돌려 때를 기다렸습니다. 高祖께서는 오랫동안 (秦을) 정벌하면서도 여전히 沛公(패공)으로 군사를 통솔하였습니다. 지금 장군의 덕행이 있더라도 宗周(西周)와 같은 천명이 있는가도 모르며 위세와 방략이 있다지만 아직 高祖와 같은 공덕이 없는데 (성패를) 알 수 없는 일을 시도한다면 스스로 화를 자초하는 일이니 불가하지 않겠습니까? 장군은 이를 잘 생각하십시오."

외효는 일단 王을 칭하지는 않았다. 그 뒤에 외효는 여러 관직을 설치하고 자신을 높여 행세했다. 이에 정흥은 다시 외효를 제지하며 말했다.

"中郞將이나, 太中大夫 등 부절을 가진 使者는 모두 王者의 도구이며 人臣이 설치할 제도가 아닙니다. 孔子는 '器物이나 爵號(작호)는 남의 것을 빌리지 않고 빌려줘서도 안 된다.' 고 하였습니다. 실제로 무익하며 명성에도 손해가 되며 자신을 높이는 뜻도 아닙니다."

외효는 걱정한 뒤에 관직 설치를 그만두었다.

及囂遣子恂入侍, 將行, 興因恂求歸葬父母, 囂不聽而徙興舍, 益其秩禮. 興入見囂曰,

"前遭赤眉之亂, 以將軍僚舊, 故敢歸身明德. 幸蒙覆載之恩, 復得全其性命. 興聞事親之道, 生事之以禮, 死葬之以

禮, 祭之以禮, 奉以周旋, 弗敢失墜. 今爲父母未葬, 請乞骸骨, 若以增秩徙舍, 中更停留, 是以親爲餌, 無禮甚矣. 將軍焉用之!"

囂曰, "囂將不足留故邪?" 興曰,

"將軍據七郡之地, 擁羌胡之衆, 以戴本朝, 德莫厚焉, 威莫重焉. 居則爲專命之使, 入必爲鼎足之臣. 興, 從俗者也, 不敢深居屛處, 因將軍求進, 不患不達, 因將軍求入, 何患不親, 此興之計不逆將軍者也. 興業爲父母請, 不可以已, 願留妻子獨歸葬, 將軍又何猜焉?"

囂曰, "幸甚." 促爲辨裝, 遂令與妻子俱東. 時建武六年也.

| 註釋 | ○及囂遣子恂入侍 – 외효는 광무제에게 아들을 인질로 보냈다. 외효가 반역하자, 아들은 洛陽에서 처형되었다. ○以將軍僚舊 – 僚舊는 옛 동료. 鄭興이 涼州刺史일 때 외효는 西州將軍이었다. ○奉以周旋 – 周旋(주선)은 받들어 모시다(遵奉). ○是以親爲餌 – 餌는 먹이 이. 낚싯밥(釣餌). ○七郡之地 – 외효는 명목상으로 天水, 隴西, 武威, 張掖, 酒泉, 敦煌, 金城郡 등 涼州 관내 7개 군의 군사를 지휘하였다. 외효는 이 지역기반을 바탕으로 반역할 수 있었다. ○擁羌胡之衆 – 涼州 지역에 거주하는 羌族(羌)과 흉노족(胡)을 군사로 충원할 수 있어 전력이 막강했다. ○時建武六年也 – 서기 30년.

[國譯]

외효가 아들 隗恂(외순)을 광무제에게 入侍(입시)시키려 출발할 즈음에 정홍은 외순과 함께 돌아가 부모를 고향(河南 開封)에 이장하려 했지만, 외효는 수락하지 않으면서 정홍의 거처를 옮기게 하고 질록을 늘려주었다. 이에 정홍이 외효를 만나 말했다.

"앞서 赤眉의 난에 나는 장군의 옛 동료였기에 장군에게 의지했습니다. 그래서 장군의 보호를 받아 생명을 지켜 무사했습니다. 내가 알기로, 事親의 도리는 살아계실 때 예를 다해 모시고, 돌아가셨다면 예에 따라 장례하고 또 제사를 지내면서 예를 다하여 받들어 잘못이 있어서는 안될 것입니다. 지금 父母를 고향에 모시지 못했기에 고향에 돌아가 장례를 치르려는 것인데, 지금 질록을 올려 받고 이사해야 한다면 더 머물러야 한다는 뜻이니, 이는 부모의 시신을 미끼처럼 이용하는 무례의 극치인데 장군께서 어찌 이럴 수 있습니까!"

그러자 외효가 말했다. "이 외효와 같이 지내기가 부족해서 돌아가려 합니까?"

이에 정홍이 말했다.

"장군은 七郡의 땅을 차지하고 羌族(羌)과 흉노족(胡)의 군사를 동원할 수 있어서 지금의 조정(漢)에 비해 은덕이 부족하지 않고 위세도 약하지 않습니다. 장군은 여기서 한의 명을 따르는 관리여야 하고 조정에 들어가면 조정을 지키는 신하입니다. 이 정홍도 세속을 따르는 사람이기에 여기서 은거할 수도 없으며, 장군을 통해 승진을 바라지만 뜻을 못 이룰까 걱정하지 않으며, 장군을 따라 조정에 들어가야 하는데 어찌 가깝지 못하다고 걱정을 하겠습니까? 부친을 이장하려는 뜻은 장군을 거스르려는 것이 아닙니다. 나의 부탁은 부모를 위한 일이기에 그만둘 수 없으니 여기에 처자를 두고 혼자 돌아가 장례를 치를 수도 있는데 장군은 무엇 때문에 의심을 하십니까?"

그러자 외효가 말했다. "그렇다면 좋습니다." 그러면서 준비를 서둘러 처자를 거느리고 함께 동쪽으로 돌아가게 하였다. 이때가 建武 6년(서기 30)이었다.

侍御史杜林先與興同寓隴右, 乃薦之曰,

"竊見河南鄭興, 執義堅固, 敦悅《詩》《書》, 好古博物, 見疑不惑, 有公孫僑,觀射父之德, 宜侍帷幄, 典職機密. 昔張仲在周, 燕翼宣王, 而詩人悅喜. 惟陛下留聽少察, 以助萬分."

乃徵爲太中大夫.

| 註釋 | ○侍御史 - 侍御史는 御史大夫의 속관이었으나 어사대부를 司空이라 칭하면서 少府 御使中丞의 속관으로 남았다. 정원 15인, 질록 6백석. 관리의 非法행위 감찰, 公卿과 관리의 상주 내용을 살펴 잘못이 있으면 탄핵했고, 郊祠나 조정의 각종 행사, 의례 중 실수한 자를 적발하였다. ○杜林(두림) - 정통 文字學을 小學이라고 한다(儒家의《小學》이 아님). 杜林은 중국 문자학의 開祖와 같은 사람. 두림은 馬援(마원)과 같은 고향 사람으로 서로 도움을 주었다. 외효 밑에 있다가 낙양으로 돌아가 광무제를 섬겼고 司空을 역임하였다. 27권,〈宣張二王杜郭吳承鄭趙列傳〉에 立傳. ○公孫僑,觀射父之德 - 公孫僑(공손교)는 춘추시대 鄭國의 卿. 字 子産. 鄭나라의 개혁을 추진, 鄭을 강대하게 만들었다. 觀射父(관사보)는 楚의 大夫. ○張仲在周 - 張仲은 西周 宣王의 賢臣.

[國譯]

　侍御史인 杜林(두림)은 이전에 鄭興과 함께 隴右(농우)에 거처한 적이 있었는데 정흥을 광무제에게 천거하며 말했다.

　"제가 볼 때 河南 사람 鄭興(정흥)은 굳게 의리를 따르고 《詩》와 《書》를 무척 좋아하며, 옛글을 좋아하고 박식하고 의혹에 휘둘리지 않아 (춘추시대 鄭의) 公孫僑(공손교, 子産)와 (楚의) 觀射父(관사보)의 덕을 갖추었으니 폐하를 측근에서 모시면서 국가 기무를 담당할 만 합니다. 옛날 張仲(장중)이 周에서 宣王(선왕)을 기꺼이 보좌하자 그 때 詩人은 이를 즐겨 노래하였습니다. 폐하께서 잠시 불러 살펴보시면 폐하에게 조그만 도움이 될 것입니다."

　광무제는 정흥을 불러 太中大夫로 삼았다.

原文

　明年三月晦, 日食. 興因上疏曰,

　「《春秋》以天反時爲灾, 地反物爲妖, 人反德爲亂, 亂則妖灾生. 往年以來, 譴咎連見, 意者執事頗有闕焉. 案《春秋》 '昭公十七年夏六月甲戌朔, 日有食之.'

　傳曰, '日過分而未至, 三辰有災, 於是百官降物, 君不擧, 避移時, 樂奏鼓, 祝用幣, 史用辭.' 今孟夏, 純乾用事, 陰氣未作, 其灾尤重. 夫國無善政, 則譴見日月, 變咎之來, 不可不愼, 其要在因人之心, 擇人處位也. 堯知鯀不可用而用之者, 是屈己之明, 因人之心也. 齊桓反政而相管仲, 晉文歸國而任郤縠者, 是不私其私, 擇人處位也. 今公卿大夫多擧漁陽太守郭伋可大司空者, 而不以時定, 道路流言, 咸曰 '朝廷欲用功臣', 功臣用則人位謬矣. 願陛下上師唐, 虞, 下覽齊, 晉, 以成屈己從衆之德, 以濟群臣讓善之功. 夫日月交會, 數應在朔, 而頃年日食, 每多在晦. 先時而合, 皆月行疾也. 日君象而月臣象, 君亢急則臣下促迫, 故行疾也. 今年正月繁霜, 自爾以來, 率多寒日, 此亦急咎之罰. 天於賢聖之君, 猶慈父之於孝子也, 丁寧申戒, 欲其反政, 故灾變仍見, 此乃國之福也. 今陛下高明而群臣惶促, 宜留思柔克之政, 垂意〈洪範〉之法, 博採廣謀, 納群下之策.」

| 註釋 | ○譴咎連見 − 譴(꾸짖을 적)은 謫과 同. ○日過分而未至 − 分은 춘분, 至는 하지. ○三辰有灾 − 三辰은 日, 月, 星. ○於是百官降物 − 降物은 素服하다. ○君不擧 − 主君은 성찬을 들지 않다. 減食하다. ○避移時 − 正殿(正寢)에서 피하다. ○樂奏鼓 − 북을 치다. ○祝用幣 − 토지 神社에 예물을 올리다. ○史用辭 − 자책하는 글을 지어 반포하다. ○擇人處位也 − 인재를 등용하여 벼슬을 내리다. ○堯知鯀 − 鯀(곤)은 治水에 성공한 大禹의 부친. ○郤縠 − 郤縠(극곡)은 春秋時代 晉國의 公族, 公子 重耳(뒷날 文公)가 외국에 망명 중 晉 국내에서 내응했던 사람. ○以濟群臣 ~ − 濟는 성공하다. ○急咎之罰 − 일을 서두른데 대한 벌이다. ○柔克之政 − 柔克은 和柔. 온화가 일을 잘 처리할 수 있다는 뜻. ○垂意〈洪範〉之法 −《書 周書 洪範》.

明年 3월 그믐에, 日食(日蝕)이 일어나자 정홍이 상소하였다.

「《春秋》에는 하늘이 평상시 절기와 다른 것이 災(災, 재앙)이고, 大地의 만물이 그 본성과 다른 것을 妖(요, 怪奇), 인간이 도덕을 어기는 것을 亂(난)인데 인간이 나쁜 짓을 하면 (天地에) 재앙이 나타난다고 하였습니다. 작년 이래로 하늘의 견책이 자주 보이는데, 이는 나라 통치에 잘못이 많았다는 뜻일 것입니다. 《春秋》를 보면 '昭公 17년 여름 6월 甲戌日 초하루에 일식이 있었다.' 고 하였습니다.

기록에 의하면, '해(日)가 춘분 자리를 지났으나 夏至의 자리에 오지 않으면 三辰(日, 月, 星)에 災殃이 내리는데, 그러면 百官은 素服하고 主君은 성찬을 들지 않으며, 正殿(正寢)에서 피하고, 북을 치며, 토지 神社에 禮物(幣帛)을 올리고, 史官은 자책하는 글을 지어 반포한다.' 고 하였습니다. 금년 초여름에 純一한 陽氣(乾)가 운행을 주도하면서 陰氣가 일어나지 않아 그 재해가 더욱 중한 것 같습니다. 대체로 나라에 善政이 없다면 그에 대한 견책이 日月을 통해 나타나는데, 이런 견책이 내린다면 政事를 삼가지 않을 수 없으니 그 이유는 백성의 마음 때문이며 인재를 등용하여 벼슬을 내려야 합니다. 堯(요)가 鯀(곤)이 등용할만한 재능이 아닌데도 등용한 것은 자신의 덕을 낮추어 백성의 뜻에 순응한 것입니다. 齊 桓公(환공)은 정권을 되찾고 管仲(관중)을 재상으로 삼았고, 晉 文公은 귀국한 뒤에 郤縠(극곡)을 임용하였으니, 이는 자신이 좋아하는 사람을 편애하지 않고 인재를 골라 관직을 내린 것입니다. 지금 公卿大夫 여러 사람들이 漁陽 太守인 郭伋(곽급)을 大司空으로 추천하고 있지만 때가 되도 결정이 되지 않자, 길 위의 백성들은 모두 '조정에서는 공신을 등

용하려 한다.'는 유언을 말하는데, 공신만을 등용키로 한다면 적임
자는 관직에서 밀려나게 될 것입니다. 바라건대, 폐하께서는 위로는
唐堯와 虞舜을 본받으시고, 아래로는 齊와 晉(진)의 전례를 살펴 폐
하의 뜻을 꺾고 백성의 뜻을 따르는 미덕을 보여서 群臣으로 하여금
선행을 실천하도록 만들어야 합니다. 대체로 日月이 만나는 교체는
거의 초하루에 이루어지는데 근년에는 일식이 매월 그믐에 자주 일
어나고 있습니다. 이는 전에는 일월 운행이 잘 맞았으나 月이 빨리
간다는 뜻입니다. 해는 주군의 象이고, 달은 臣의 象이니 주군이 아
주 급하면 신하는 쫓기듯 서두르게 되고 그래서 빨리 가는 것입니
다. 금년 정월에 서리가 자주 내렸는데 이 때문에 추운 날이 많았으
며, 이는 일을 서두른데 대한 징벌일 것입니다. 하늘은 賢聖한 주군
이니 이는 효자에 대해 자애로운 부친과 같으니 정녕 주군에 대한
경고를 내린 것이라 받아들여서 정사를 바르게 실천한다면 이런 재
해가 자주 일어나더라도 나라에는 복이 될 수 있을 것입니다. 지금
폐하의 고명하신 식견에도 아래 신하가 두려워 서두른다면 폐하께
서는 온화한 정치에 더욱 유념하시며 〈洪範〉의 법도를 지켜 많은
의견을 들으시고 신하의 여러 방책도 널리 채용하시기 바랍니다.」

原文

　書奏, 多有所納. 帝嘗問興郊祀事, 曰, "吾欲以讖斷之,
何如?" 興對曰, "臣不爲讖." 帝怒曰, "卿之不爲讖, 非之
邪?" 興惶恐曰, "臣於書有所未學, 而無所非也." 帝意乃解.
興數言政事, 依經守義, 文章溫雅, 然以不善讖故不能任.

九年, 使監征南,積弩營於津鄉, 會征南將軍岑彭爲刺客所殺, 興領其營, 遂與大司馬吳漢俱擊公孫述. 述死, 詔興留屯成都. 頃之, 侍御史舉奏興奉使私買奴婢, 坐左轉蓮勺令. 是時喪亂之餘, 郡縣殘荒, 興方欲築城郭, 修禮敎以化之, 會以事免.

興好古學, 尤明《左氏》,《周官》, 長於歷數, 自杜林,桓譚, 衛宏之屬, 莫不斟酌焉. 世言《左氏》者多祖於興, 而賈逵自傳其父業, 故有鄭,賈之學. 興去蓮勺, 後遂不復仕, 客授閿鄉, 三公連辟不肯應, 卒於家. 子衆.

| 註釋 | ○征南,積弩 – 군영의 이름. 征南營은 岑彭(잠팽), 積弩營은 傅俊(부준)이 지휘관이었다. ○津鄉(진향) – 鄉名. 江津, 今 湖北省 江陵縣. 荊州와 楊州를 연결하는 요지. ○岑彭(잠팽) – 野戰 사령관으로 큰 공을 세웠지만 하필 彭亡(팽망)이란 곳에서 자객에게 당했다. 17권, 〈馮岑賈列傳〉立傳. ○大司馬 吳漢(오한) – 군사적으로 가장 화려한 전공을 세운 개국공신은 吳漢(오한)이다. 오한은 정직, 결단력에 질박하며 말수가 적은 충직한 신하였다. 18권, 〈吳蓋陳臧列傳〉立傳. ○坐左轉蓮勺令 – 蓮勺(연작)은 左馮翊의 현명. 今 陝西省 남부 渭南市. ○《周官》 –《周禮》, 또는《周官經》, 周代 官制 및 百官의 직무에 관한 책. 周公이 지은 것이라 하나 前漢 河間獻王 劉德이《周官》의 古文經을 얻어 조정에 바쳤다고 한다. 궁중에 보관 중인 것을 전한 말기에 劉歆(유흠)이《周禮》로 명칭을 바꾸었고 후한 말에 鄭玄(정현)이 주석을 달았다. 鄭興은《周官解詁》를 저술하였다. 淸代 阮元(완원, 1764 – 1849, 字 伯元)의《十三經註疏》의《周禮》는 鄭玄의 注이다. ○桓譚(환담) – 박학하고 多才多藝했으나 광무제에게 귀에 거슬리는 상소를 해서

미운털이 박혀 불운한 종말을 맞이했다. 28권, 〈桓譚馮衍列傳〉立傳. ○衛宏(위굉) – 79권, 〈儒林列傳〉(下)에 立傳. ○賈逵(가규) – 36권, 본권에 입전. ○閿鄉(문향) – 閿은 聞의 古字. 建安 연간에 '聞鄉'으로 바뀌었다.

[國譯]

상서가 보고되자, 광무제는 鄭興(정흥)의 의견을 많이 받아들였다. 언젠가 광무제가 정흥에게 郊祀(교사)에 관하여 물으면서 말했다. "나는 讖書(참서)에 의거 교사를 중단하려 하는데 어떻겠는가?" 정흥은 "臣은 참서를 공부하지 않았습니다."라고 말했다. 이에 광무제가 화를 냈다. "경이 참서를 하지 않았다면 참서가 틀렸단 말인가?" 정흥은 놀라고 두려워 떨며 말했다.

"臣은 그 책을 아직 배우지 않았을 뿐 틀렸다는 뜻이 아닙니다."

그러자 광무제의 마음이 겨우 풀어졌다. 정흥은 정사에 관하여 자주 건의를 하였는데, 늘 경전의 뜻에 의거하였고 문장은 온건하고 품격이 있었지만 참위설에 대한 내용이 없어 높이 쓰이지는 못했다.

(建武) 9년, 정흥은 사자로 나가서 (江陵縣) 津鄉(진향)의 征南營(정남영)과 積弩營(적노영)을 감찰하였는데, 마침 征南將軍인 岑彭(잠팽)이 자객에게 피살되자 정흥은 정남영을 지휘하여 大司馬 吳漢(오한)과 함께 公孫述(공손술)을 공격하였다. 공손술이 죽자, 조서로 정흥을 成都縣(성도현)에 주둔케 하였다. 얼마 뒤에 侍御史가 정흥이 使者로 있는 동안 私的으로 노비를 사들였다고 적발 보고하자, 이에 연좌하여 (左馮翊의) 蓮勺(연작) 현령으로 좌천되었다. 그때 전란의 뒤끝이라서 군현이 황폐하였는데 정흥은 성곽을 축성하며 예의를 지켜 백성을 교화하였지만 다른 일로 면직되었다.

정홍은 옛 학문을 좋아하였는데 특히 《春秋左氏傳》과 《周官(周禮)》에 밝았고, 역법과 수리에도 정통하였는데 杜林(두림), 桓譚(환담), 衛宏(위굉) 등 이외는 정홍의 뜻을 짐작하지도 못했다. 그래서 《左氏傳》을 연찬하는 많은 사람들은 정홍을 祖師로 생각하였으며, 賈逵(가규)는 부친의 학통을 계승하였기에 세상에는 정홍과 가규의 학통이 이어졌다. 정홍은 연작현에서 면직된 뒤 閿鄕(문향)이란 곳에서 후학을 가르쳤는데 三公府에서 연이어 초빙하였으나 응하지 않았고 집에서 죽었다. 아들은 鄭衆(정중)이다.

❷ 鄭衆

原文

衆字仲師. 年十二, 從父受《左氏春秋》, 精力於學, 明《三統歷》, 作《春秋難記條例》, 兼通《易》,《詩》, 知名於世. 建武中, 皇太子及山陽王荆, 因虎賁中郎將梁松以縑帛聘請衆, 欲爲通義, 引籍出入殿中. 衆謂松曰, “太子儲君, 無外交之義, 漢有舊防, 蕃王不宜私通賓客.” 遂辭不受.

松復風衆以 “長者意, 不可逆.” 衆曰, “犯禁觸罪, 不如守正而死.” 太子及荆聞而奇之, 亦不强也. 及梁氏事敗, 賓客多坐之, 唯衆不染於辭.

| **註釋** | ○鄭衆(정중, ?-83년) - 著名한 經學者. ○皇太子及山陽王荆 -

황태자는 劉彊(유강). 모친 郭황후가 폐위된 뒤에 藩王이 되기를 자원, 東海王에 봉해졌다. 건무 28년(52)에 봉국에 취임, 明帝 永平 元年(58년)에 34세로 病死. 山陽王 劉荊(유형)은 42권, 〈光武十王列傳〉에 입전. ○梁松(양송) - 梁統의 아들, 光武帝의 長女 舞陰長公主와 결혼. 양송은 여러 번 私書를 보내 郡縣에 청탁을 했는데 (明帝) 永平 2년에 발각되어 면직되자 원망을 품었다. 4년 겨울에, 縣에서 무기명 투서를 보내 비방하자 하옥되었다가 죽었다. 34권, 〈梁統列傳〉에 立傳. ○儲君(저군) - 다음 대를 이을 主君. 儲는 쌓을 저. 버금, 다음. 太子.

[國譯]

鄭衆(정중)의 字는 仲師(중사)이다. 12살에 부친을 따라 《左氏春秋》를 배웠고 학문에 온 힘을 쏟았는데 《三統歷》에 능통하였고, 《春秋難記條例》를 저술하였으며 아울러 《易》과 《詩》에도 밝아 이름이 알려졌다. 建武 연간에, 皇太子(劉彊)와 山陽王 劉荊(유형)은 虎賁中郎將인 梁松(양송)을 통해 비단을 예물로 보내며 정중을 초청하고 교제를 허락하고 이를 이용하여 궁궐에 출입 시키려 하였다. 그러나 정중은 양송에게 말했다. "太子儲君(태자저군)에게는 다른 사람과 교제할 道義가 없으며, 漢의 옛 금령에 蕃王(번왕)은 빈객과 사통할 수 없습니다." 그러면서 보내온 비단을 받지 않았다.

양송이 다시 정중에게 "윗분의 뜻이라 거역할 수 없다."고 암시하였다. 그러자 정중은 "금법을 어기고 죄를 받느니 정도를 지켜 죽는 것이 낫습니다."라고 대답했다. 太子와 산양왕은 이를 전해 듣고 특이하게 여겼지만 더 강요하지 않았다. 뒷날 양송이 옥사하면서 많은 빈객들이 연좌되었지만 오직 정중에 대한 말은 나오지 않았다.

永平初, 辟司空府, 以明經給事中, 再遷越騎司馬, 復留給
事中. 是時北匈奴遣使求和親. 八年, 顯宗遣衆持節使匈奴.
衆至北庭, 虜欲令拜, 衆不爲屈. 單于大怒, 圍守閉之, 不與
水火, 欲脅服衆. 衆拔刀自誓, 單于恐而止, 乃更發使隨衆
還京師. 朝議復欲遣使報之, 衆上疏諫曰,

「臣伏聞北單于所以要致漢使者, 欲以離南單于之衆, 堅
三十六國之心也. 又當揚漢和親, 誇示鄰敵, 令西域欲歸化
者侷促狐疑, 懷土之人絶望中國耳. 漢使旣到, 便偃塞自信.
若復遣之, 虜必自謂得謀, 其群臣駮議者不敢復言. 如是,
南庭動搖, 烏桓有離心矣. 南單于久居漢地, 具知形勢, 萬
分離析, 旋爲邊害. 今幸有度遼之衆揚威北垂, 雖勿報答,
不敢爲患.」

帝不從, 復遣衆. 衆因上言, "臣前奉使不爲匈奴拜, 單于
恚恨, 故遣兵圍臣. 今復銜命, 必見陵折. 臣誠不忍持大漢
節對氈裘獨拜. 如令匈奴遂能服臣, 將有損大漢之强."

帝不聽, 衆不得已, 旣行, 在路連上書固爭之. 詔切責衆,
追還繫廷尉, 會赦歸家.

| 註釋 | ○給事中 – 황제 측근에서 여러 잡무를 담당, 加官의 한 종류.
황제를 가까이 모실 수 있는 자리. ○越騎司馬 – 秩 1천석. ○三十六國之
心也 – 서역의 36국. ○侷促狐疑 – 두려워 멈칫거리거나 의심을 품게 하
다. 侷促(국촉)은 局促. ○懷土之人 – 중국으로 돌아가고자 하는 사람들.

흉노에게 잡혔던 많은 사람들. 懷는 품을 회. 그리워하다. ○偃蹇(언건) -
뽐내고 거만함. 偃은 쓰러질 언. 교만하다. 蹇은 다리를 절 건. 강하다. 교
만하다. ○駁議者不敢復言 - 駁議(박의)는 남의 의견이나 주장의 결점을
잡아 공격하다. 여기서는 흉노 單于의 歸漢을 권유하는 주장. 駁은 얼룩말
박. 駮議와 同. ○度遼之衆揚威北垂 - 永平 8년(서기 65)에 漢에서는 흉
노나 오환족의 배반과 요동과 요서 북방의 외적을 방어할 목적으로 度遼
將軍을 임명하고 군영을 五原郡 曼柏縣(만백현)에 설치하였다. 전한의 度
遼將軍으로 昭帝 때 范明友(범명우, ?-前 66)가 유명했다. ○單于恚恨 - 恚
는 성낼 에. ○氈裘(전구) - 털로 짠 갖옷. 흉노 선우를 지칭.

[國譯]

　(明帝) 永平 初에, 鄭衆(정중)은 司空府의 부름을 받아 明經으로
給事中이 되었다가 두 번 승진하여 越騎司馬(월기사마)가 되었다가
다시 급사중이 되었다. 이때 北匈奴가 사신을 보내 화친을 요구하였
다. (永平) 8년, 顯宗(明帝)은 정중에게 부절을 주어 흉노에 사신으
로 보냈다. 정중이 흉노의 王廷에 도착하자, 흉노는 정중에게 拜禮
를 요구하였으나 정중은 굽히지 않았다. 單于(선우)는 대노하며 일
행을 에워싸 출입을 봉쇄하고 飲水나 火木도 주지 않으면서 정중을
굴복시키려 하였다. 정중을 칼을 빼들고 굴복하지 않겠다고 맹서하
자, 선우는 두려워 그만두었고 이어 정중을 따라 사신을 보내 낙양
에 돌아가게 하였다.

　조정에서 흉노에 답례 사신을 다시 보내려는 논의를 하자 정중은
이를 반대하는 상소를 올렸다.

　「臣이 삼가 듣기로, 北單于가 漢의 사자를 요구하는 것은 南單于
의 무리를 이간시키면서, (북흉노에 굴복한) 서역 36국의 마음을 굳

히고, 우리와의 화친을 인근 적들에 알리고 과시하여 서역에서 우리에게 귀화하려는 나라로 하여금 두려워 멈칫거리거나 의심하게 하며, 본토를 그리는 우리 백성이 중국에 대해 절망케 하려는 뜻입니다. 우리의 사절이 도착하면 북흉노는 곧 뽐내고 거만해하며 (뜻대로 되었다고) 자신할 것입니다. 만약 다시 사신을 보내는 흉노는 자신들의 꾀가 먹혀들었다면서 그간 흉노 單于가 歸漢하기를 권유하는 여러 신하들은 다시는 할 말을 못하게 됩니다. 이렇게 되면 흉노의 남선우는 동요할 것이며 (북쪽의) 烏桓(오환) 역시 떨어져나가려 할 것입니다. 남선우는 오랫동안 우리 영역 안에 살고 있어 우리의 형세를 잘 알고 여러 가지 분석하고 있는데 남흉노가 돌아선다면 변방에 큰 危害(위해)가 될 것입니다. 지금 다행히 度遼將軍(도료장군)의 군사가 북쪽 국경에서 위세를 떨치고 있으니 우리가 다시 답례 사신을 보내지 않아도 우환이 되지는 않을 것입니다.」

그러나 명제는 받아들이지 않으면서 정중을 다시 파견하였다. 이에 정중이 말했다.

"臣이 앞서 사신으로 나가 흉노에게 배례하지 않아 선우가 원한을 품어 군사로 신을 포위하기도 했었습니다. 이제 다시 명을 받아 간다면 틀림없이 무시당할 것입니다. 臣은 정말로 大漢의 부절을 가지고 차마 흉노 선우에게 절을 할 수 없습니다. 만약 흉노가 저를 굴복시키게 된다면 강대한 漢의 국위가 손상될 것입니다."

명제가 수용하지 않자, 정중은 부득이 출발하였지만 가면서도 계속 상서하며 간쟁하였다. 명제는 조서로 정중을 엄히 문책하고 돌아오게 했는데 정중은 廷尉(정위)의 옥에 갇혔다가 사면을 받아 귀향하였다.

其後帝見匈奴來者, 問衆與單于爭禮之狀, 皆言匈奴中傳
衆意氣壯勇, 雖蘇武不過. 乃復召衆爲軍司馬, 使與虎賁中
郎將馬廖擊車師. 至敦煌, 拜爲中郎將, 使護西域. 會匈奴
脅車師, 圍戊己校尉, 衆發兵救之. 遷武威太守, 謹修邊備,
虜不敢犯. 遷左馮翊, 政有名多.

建初六年, 代鄧彪爲大司農. 是時肅宗議復鹽鐵官, 衆諫
以爲不可. 詔數切責, 至被奏劾, 衆執之不移. 帝不從. 在位
以淸正稱. 其後受詔作《春秋删》十九篇. 八年, 卒官.

子安世, 亦傳家業, 爲長樂, 未央廏令. 延光中, 安帝廢太
子爲濟陰王, 安世與太常桓焉, 太僕來歷等共正議諫爭. 及
順帝立, 安世已卒, 追賜錢帛, 除子亮爲郎. 衆曾孫公業, 自
有傳.

| **註釋** | ○蘇武(소무, ?-前 60)－무제 때 中郎將으로 흉노에 사신으로
갔다가 억류되었다(前 100년). 온갖 회유와 협박에도 굴하지 않고 버티다
가 昭帝 始元 6년(前 81) 봄에야 長安에 돌아왔다. 宣帝 麒麟閣(기린각) 11
功臣 중 한 사람.《漢書》54권,〈李廣蘇建傳〉에 입전. ○車師(거사)－西域
의 성곽 국가 이름. 姑師(고사)로도 표기. 지금 新疆省의 奇臺, 哈密, 吐魯
番, 烏魯木齊 일대. 국도는 交河城(今 新疆省 투루판 서북 雅爾湖 서쪽).
○敦煌(돈황)－군명. 治所 敦煌縣, 今 甘肅省 酒泉市 관할 敦煌市. 甘肅省
서북 끝. 敦煌石窟, 莫高窟, 장성 끝의 玉門關과 陽關이 있는 곳. ○戊己校
尉－戊己(무기)는 十干의 중앙. 중앙은 土, 곧 황색. 이는 漢을 상징하고 흉
노(北)를 제압한다는 뜻으로 택한 이름. 무기교위는 屯田校尉의 개칭. 서

역도호의 속관으로 둔전을 관장했다. ○武威太守 – 군명. 治所 姑臧縣, 今
甘肅省 중부 武威市. ○虜不敢犯 – 虜는 포로 노(로). 전쟁 포로, 죄인, 흉
노족을 지칭. ○(章帝) 建初六年 – 서기 81년. ○鹽鐵官 – 武帝 때 國用
이 부족하자 鹽鐵을 국가에서 전매하여 국가 수입을 올리려는 정책. 뒷날
昭帝 때 혁파하였는데 이제 그 설치를 재론하였다. ○廐令(구령) – 太僕의
속관, 질록 6백석. 廐는 마구간 구. ○(安帝) 延光中 – 서기 122 – 124년.
○桓焉(환언) – 37권, 〈桓榮丁鴻列傳〉에 立傳. ○順帝立 – 안제가 붕어한
뒤 즉위한 少帝는 재위 8개월에 죽고 順帝가 즉위한다(126 – 144년 재위).
○公業 – 鄭泰(정태)의 字 公業. 70권, 〈鄭孔荀列傳〉에 立傳.

[國譯]

그 뒤에 明帝는 흉노에서 온 자를 만나 鄭衆(정중)이 북선우와 拜
禮를 놓고 다툰 정황을 물었는데, 흉노 사람들은 정중의 의기가 장
하고 용감하여 蘇武(소무) 못지않았다는 말을 했다고 보고했다. 이
에 정중을 다시 불러 軍 司馬에 임용하고, 虎賁中郎將인 馬廖(마료)
와 함께 서역의 車師(거사)를 정벌케 하였다. 정중이 敦煌(돈황)에 도
착했을 때 中郎將에 임명하고 서역을 지키게 하였다. 그때 匈奴가
車師國을 위협하며 (漢의) 戊己校尉(무기)를 포위하자 정중은 군사
를 내어 무기교위를 구원하였다. 정중은 武威太守로 승진하였는데
변방 시설을 정비하며 엄히 경계하자 흉노족이 감히 넘보지 못했다.
左馮翊(좌풍익)으로 승진하였고 치적이 좋아 유명했다.

(章帝) 建初 6년에, 鄧彪(등표)의 후임으로 大司農이 되었다. 이때
肅宗(章帝)은 鹽鐵官(염철관)을 다시 설치하는 문제를 논의케 하였
는데 정중은 불가하다는 간언을 올렸다. 조서로 여러 번 엄한 질책
을 들었고 탄핵을 받기에 이르렀지만 정중은 주장을 바꾸지 않았다.

장제도 정중의 건의를 수용하지 않았다. 대사농 재직 중 청렴하고 정직하다는 명성을 얻었다. 그 뒤에 조서를 받고 《春秋刪(춘추산)》 19편을 저술하였다. 建初 8년에, 관직을 갖고 죽었다.

아들 鄭安世(정안세)는 家學을 전승하였고 長樂宮과 未央宮의 廐令(구령)이 되었다. (安帝) 延光(연광) 연간에, 安帝가 太子를 폐하여 濟陰王(제음왕)으로 봉했는데 정안세와 太常인 桓焉(환언), 太僕인 來歷(내력) 등은 함께 의론하며 간쟁하였다. 나중에 順帝가 즉위했을 때 정안세는 이미 죽고 없었는데 금전과 비단을 하사받았으며 아들 鄭亮(정량)은 낭관이 되었다. 정중의 증손인 鄭泰(정태, 字 公業)는 별도로 立傳하였다.

❸ 范升

原文

范升字辯卿. 代郡人也. 少孤, 依外家居. 九歲通《論語》, 《孝經》, 及長, 習《梁丘易》, 《老子》, 敎授後生.

王莽大司空王邑辟升爲議曹史. 時莽頻發兵役, 徵賦繁興, 升乃奏記邑曰,

「升聞子以人不聞於其父母爲孝, 臣以下不非其君上爲忠. 今衆人咸稱朝聖, 皆曰公明. 蓋明者無不見, 聖者無不聞. 今天下之事, 昭昭於日月, 震震於雷霆, 而朝云不見, 公云不聞, 則元元焉所呼天? 公以爲是而不言, 則過小矣, 知而從

令, 則過大矣. 二者於公無可以免, 宜乎天下歸怨於公矣. 朝以遠者不服爲至念, 升以近者不悅爲重憂. 今動與時戾, 事與道反, 馳騖覆車之轍, 探湯敗事之後, 後出益可怪, 晚發愈可懼耳. 方春歲首, 而動發遠役, 藜藿不充, 田荒不耕, 穀價騰躍, 斛至數千, 吏人陷於湯火之中, 非國家之人也. 如此, 則胡,貊守關, 靑,徐之寇在於帷帳矣. 升有一言, 可以解天下倒縣, 免元元之急, 不可書傳, 願蒙引見, 極陳所懷.」

邑雖然其言, 而竟不用. 升稱病乞身, 邑不聽, 令乘傳使上黨. 升遂與漢兵會, 因留不還.

| 註釋 | ○范升(범승) − 후한 초 經學者. ○《孝經》 − 총 1,800여 자. 13經 중 분량이 가장 적다. ○《梁丘易》 − 前漢 宣帝 때 梁丘賀(양구하)가 전수한 《易經》. ○王邑(왕읍) − 王商(왕상)의 아들, 왕망의 사촌 동생. 왕망의 심복. 大司空(대사공, 어사대부) 역임. ○子以人不間於其父母爲孝 − 間은 비난하다. ○馳騖覆車之轍 − 馳騖(치무)는 달려가다. 賈誼(가의)는 "前車覆은 後車誡"라고 말했다 ○探湯 − 孔子曰, "見善如不及, 見不善如探湯. ~《論語 季氏》. ○藜藿不充 − 藜은 명아주 려. 藿 콩잎 곽. 아주 거친 貧者의 음식. ○靑,徐之寇在於帷帳矣 − 왕망 연간의 靑州, 徐州 일대의 떼도적을 靑徐賊이라 하였다. ○倒縣 − 거꾸로 매달리다. 縣은 懸, 매달 현.

[國譯]

范升(범승)의 字는 辯卿(변경)으로 代郡 사람이다. 어려서 부친을 여의고 외가에서 살았다. 9세에 《論語》와 《孝經》을 깨우쳤고, 성년이 되어 《梁丘易》과 《老子》를 공부했고 後生을 가르쳤다. 王莽(왕망)

의 大司空인 王邑(왕읍)은 범승을 불러 議曹史에 임명하였다. 그때 왕망은 군사 동원이 많았고 賦役(부역)을 부과하였는데 범승은 왕읍에게 글을 올렸다.

「제가 알기로, 자식의 효도란 다른 사람들이 부모를 험담하지 않게 하는 것이고, 신하의 충성은 아래에서 주군을 비난하지 않게 하는 것이라 하였습니다. 지금 많은 사람들이 조정이 聖明하다고 말합니다. 대체로 明이란 모든 것을 보는 것이고, 聖이란 모두 다 듣는 것입니다. 지금 천하의 형편은 日月처럼 또렷하고 벼락이나 천둥처럼 울리는데도 아침에는 보지 못하고 저녁에는 듣지 못했다고 한다면 백성은 어디 가서 하늘을 불러보겠습니까? 公께서는 옳다고 생각하여 말을 안 한다면 적은 허물입니다만 알면서도 잘못을 따른다면 큰 잘못입니다. 公께서는 이 두 가지를 피할 수 없을 것이니 천하의 원망은 모두 公에게 돌아갈 것입니다. 조정에서는 변방에서 불복하는 이민족을 먼저 걱정하지만 제가 볼 때 가까이서 좋아하지 않는 백성을 가장 걱정해야 합니다. 지금의 정치는 실제에 동떨어졌고 정치와 도덕은 서로 반대이니 마치 전복된 수레의 전철대로 빠르게 달리고 실패한 일을 하고난 뒤처럼 더욱 괴상한 일만 벌어지니 더욱 두렵기만 합니다. 지금 일 년의 시작인 새 봄이나 백성을 먼 곳에 노역에 동원되고 양식도 부족하며 농토는 황폐하여 농사를 지을 수 없고, 곡물가격은 폭등하여 1斛(곡)에 수천 전인데 관리나 백성은 끓는 물, 타는 불길에 빠졌으니 이는 나라의 백성이 아닙니다. 이러하기에 흉노나 貊族(맥족)을 데려다가 관문을 지키게 하고 靑州와 徐州의 도적 무리는 집안에서 횡행하고 있습니다, 저 范升(범승)이 하려는 말은 거꾸로 매달린 나라를 풀어주고 위급한 백성을 구원하는 일이나 글로서 뜻을 다 전할 수 없으니 불러서 뵐 수 있다면 가슴에 품은 것을 다 말씀드리겠습니다.」

왕읍은 범승의 말이 옳다고 생각했지만 끝내 받아들이지 않았다. 범승은 병을 핑계로 물러나려 했으나 왕읍은 허락하지 않으면서 上黨郡에 출장을 보냈다. 범승은 上黨에서 漢軍을 만나 머물면서 왕읍에게 돌아가지 않았다.

原文

建武二年, 光武徵詣懷宮, 拜議郎, 遷博士, 上疏讓曰,

「臣與博士梁恭, 山陽太守呂羌俱修《梁丘易》. 二臣年並耆艾, 經學深明, 而臣不以時退, 與恭並立, 深知羌學, 又不能達進也, 慙負二老, 無顔於世. 誦而不行, 知而不言, 不可開口以爲人師, 願推博士以避恭, 羌.」

帝不許, 然由是重之, 數詔引見, 每有大議, 輒見訪問.

| 註釋 | ○山陽 – 郡名. 治所 昌邑縣, 今 山東省 서남부 菏澤市 관할의 巨野縣. ○耆艾(기애) – 노인, 耆는 늙은이 기(나이 60세). 艾는 늙은이 애(나이 50세). ○又不能達 – 達은 천거하다. 나아가다(進也). ○慙負二老 – 慙負는 부끄럽다. 慙은 부끄러울 참.

[國譯]

建武 2년, 光武帝는 범승을 懷宮(회궁)으로 불러 議郎을 제수했고 博士로 승진하게 되자 범승은 상소하여 사양하였다.

「臣과 博士 梁恭(양공), 山陽郡 太守인 呂羌(여강)은 함께 《梁丘易》을 전공하였습니다. 이 두 사람은 모두 나이가 많고 경학에 아주 밝지만 臣은 때맞춰 퇴임하지 못하고, 양공과 같은 직위이고 여강의 학문을 잘 알고 있지만 천거 받지도 못했으니 두 사람에게 부끄럽고 세상에 면목이 없습니다. 경전을 외웠지만 실천하지 못했고 알면서도 말을 못했으니 다른 사람의 스승이라는 말을 못하겠기에 博士 직분을 사양하여 양공과 여강한테서 피하고자 합니다.」

광무제는 허락하지 않았고 이에 범승을 중시하면서 자주 불러 만났으며 큰 의논이 있을 때마다 사람을 보내 묻게 하였다.

原文

時尙書令韓歆上疏, 欲爲《費氏易》,《左氏春秋》立博士, 詔下其議. 四年正月, 朝公卿,大夫,博士, 見於雲臺. 帝曰, "范博士可前平說." 升起對曰, "《左氏》不祖孔子, 而出於丘明, 師徒相傳, 又無其人, 且非先帝所存, 無因得立."

遂與韓歆及太中大夫許淑等互相辯難, 日中乃罷. 升退而奏曰,

「臣聞主不稽古, 無以承天, 臣不述舊, 無以奉君. 陛下愍學微缺, 勞心經藝, 情存博聞, 故異端競進. 近有司請置《京氏易》博士, 群下執事, 莫能據正.《京氏》旣立,《費氏》怨望,《左氏春秋》復以比類, 亦希置立.《京》,《費》已行, 次復《高氏》,《春秋》之家, 又有《騶》,《夾》. 如令《左氏》,《費氏》得置

博士,《高氏》,《驂》,《夾》,《五經》奇異, 並復求立, 各有所執,
乖戾分爭, 從之則失道, 不從則失人, 將恐陛下必有猒倦之
聽. 孔子曰, '博學約之, 弗叛矣夫.' 夫學而不約, 必叛道也.
顏淵曰, '博我以文, 約我以禮.' 孔子可謂知敎, 顏淵可謂
善學矣. 老子曰, '學道日損.' 損猶約也. 又曰, '絕學無
憂.' 絕末學也. 今《費》,《左》二學, 無有本師, 而多反異, 先
帝前世, 有疑於此, 故《京氏》雖立, 輒復見廢. 疑道不可由,
疑事不可行.《詩》《書》之作, 其來已久. 孔子尚周流遊觀,
至於知命, 自衛反魯, 乃正〈雅〉,〈頌〉. 今陛下草創天下, 紀
綱未定, 雖設學官, 無有弟子,《詩》《書》不講, 禮樂不修, 奏
立《左》,《費》, 非政急務. 孔子曰, '攻乎異端, 斯害也已.' 傳
曰, '聞疑傳疑, 聞信傳信, 而堯舜之道存.' 願陛下疑先帝
之所疑, 信先帝之所信, 以示反本, 明不專己. 天下之事所
以異者, 以不一本也.《易》曰, '天下之動, 貞夫一也.' 又曰,
'正其本, 萬事理.'《五經》之本自孔子始, 謹奏《左氏》之失
凡十四事.」

　時難者以太史公多引《左氏》, 升又上太史公違戾《五經》,
謬孔子言, 及《左氏春秋》不可錄三十一事. 詔以下博士. 後
升爲出妻所告, 坐繫, 得出, 還鄉里. 永平中, 爲聊城令, 坐
事免, 卒於家.

| 註釋 | ○尙書令 – 후한에서는 '雖置三公이나 事歸臺閣(삼공을 두었

지만 실권은 상서대에 귀속되다'이라고 하였다. 臺閣은 尙書臺의 별칭.

상서대에는 尙書令 1인(질록 1천석), 尙書僕射(상서복야, 질록 6백석) 1인, 尙

書 6인(질록 6백석), 尙書丞(질록 4백석), 尙書郞 등의 속관을 두었다. ○《費

氏易》 – 費直(비직, 字 長翁)이 전수한《易》. ○雲臺(운대) – 南宮 내의 누대

이름. 明帝 때 제작한 建武 功臣의 초상화가 있었다. ○《京氏易》 – 前漢

京房이 전승한《易》. ○《高氏》 – 費直과 동 시대 사람인 沛人 高相(고상)이

전수한《易》. ○《騶》,《夾》 –《春秋》의 학파. 騶氏(추씨)는 특별한 스승이

없었다. 夾氏(협씨)는 미상. ○博學約之, 弗叛矣夫 –「子曰, "君子博學於

文, 約之以禮, 亦可以弗畔矣夫!"」《論語 雍也》. 弗叛은 道에 위배되지 않다.

○博我以文, 約我以禮 –「顔淵喟然歎曰, "仰之彌高, 鑽之彌堅. 瞻之在前,

忽焉在後. 夫子循循然善誘人, 博我以文, 約我以禮, 欲罷不能. ~.」《論語 子

罕》. ○學道日損 –「爲學日益, 爲道日損. 損之又損, 以至於無爲. 無爲而無

不爲. 取天下常以無事, 及其有事, 不足以取天下.」《老子道德經》48章. ○自

衛反 – 孔子는 각국을 轍環(철환)하고 魯 哀公 11년에 衛에서 魯로 돌아왔다.

孔子는《詩經》을 바로잡아 〈雅〉와 〈頌〉이 제자리를 찾았다. ○攻乎異端,

斯害也已 –「子曰, "攻乎異端, 斯害也已."」《論語 爲政》. 攻은 학습하다. 異

端은 奇技. ○聞疑傳疑, 聞信傳信 –《穀梁傳》의 말. 堯舜之道存은《公羊

傳》의 말. '君子曷爲春秋? 樂堯舜之道也.' ○天下之動, 貞夫一也 –《易》

繫辭(下). ○正其本, 萬事理 –《易經》에 없는 말. ○爲聊城令 – (東郡) 聊

城縣(요성현) – 今 山東省 북서 끝 聊城市, 京杭大運河와 黃河 교차점.

[國譯]

그때 尙書令 韓歆(한흠)이《費氏易》과《左氏春秋》의 박사를 두어

야 한다고 상소하자 조서를 내려 의논케 하였다. (建武) 4년 정월,

公卿과 大夫와 博士가 雲臺(운대)에서 조회하였다. 광무제가 "范(범)

박사가 앞에서 의견을 말하시오." 라고 말하자, 범승이 일어나서 《左氏傳》은 孔子를 祖師로 하지 않고 左丘明에서 시작되었고 사부와 생도가 서로 이어왔으며, 또 그 적임자가 없으며 先代의 황제 누구도 설치하지 않았으니 박사관을 둘 수 없습니다." 라고 말했다.

그러자 한흠 및 太中大夫 許淑(허숙) 등이 서로 상대 변론을 반박하면서 한낮이 되어서야 끝났다. 범승은 退朝한 뒤 다시 상주하였다.

「臣이 알기로, 國君이 옛 교훈을 계승하지 않으면 天命을 이어받을 수 없으며, 신하가 옛 제도를 따르지 않으면 主君을 받들 수 없습니다. 폐하께서는 학문의 쇠퇴를 염려하시어 經學에 관심을 가지시고 여러 학문을 보존하시려는 뜻이 있으시기에 여러 이단조차 나타나고 있습니다. 근자에 담당자가 《京氏易》의 박사를 설치하자고 주청하였으나 여러 신하 중 누구도 그것을 바로잡으려 하지 않았습니다. 《京氏易》의 박사를 두자 《費氏易》은 원망하였으니 《左氏春秋》 이후 또 다른 비슷한 학파 역시 박사 설치를 바랄 것입니다. 《京氏易》, 《費氏易》이 행세하자 그 다음에 다시 《高氏易》이 나왔습니다. 《春秋》의 학파로는 (左氏傳 외에) 또 《騶氏傳》과 《夾氏傳》도 있습니다. 가령 《左氏傳》과 《費氏易》에 博士官을 둔다면, 《高氏》, 《騶氏》, 《夾氏》는 물론 《五經》의 기이한 학파가 모두 박사관을 두자고 할 것이며 각자 집착하며 서로 어긋나 분쟁할 것입니다. 이를 그대로 방치하면 학문의 정도를 잃게 되고, 설치하지 않는다면 인재를 잃게 될 것이니 아마도 폐하께서는 서로 다른 주장을 다 들 수도 없을 것입니다. 孔子는 '博學하고 요약한다면 道에 위배되지 않는다.' 고 하였습니다. 顔淵(안연)은 '학문으로 나의 식견을 넓혀주셨고 禮法

으로 나의 행실을 바로잡아 주셨다.'고 하였으니, 孔子는 가히 교육을 알았고, 顔淵은 가히 善學했다고 말할 수 있습니다. 老子는 '道를 배우면 날마다 할 일이 줄어든다.'고 하였으니, 줄어든다(損)는 것은 요약(約)입니다. 또 '絶學하면 無憂라.'고 하였으니, 絶은 학문을 하지 않는 것입니다. 지금 《費氏易》과 《左氏傳》의 학파는 본 師傳가 존재하지 않아 반대 주장이 많으며 前世에 先帝도 이런 의문이 있었기에 《京氏易》은 박사관을 설치했다가도 곧 폐지했었습니다. 의문이 되는 道理라면 따라갈 수가 없고 疑心이 남는 일이라면 실행할 수 없습니다. 《詩》나 《書》의 저작은 그 유래가 오래되었습니다. 공자께서 일찍이 여러 나라를 돌아보며 관찰하시어 天命을 깨닫고 衛(위)에서 魯(노)로 돌아온 뒤에야 〈雅〉와 〈頌〉이 제자리를 잡았습니다. 지금 폐하께서는 천하를 처음 다스리면서 아직 紀綱(기강)이 확립되지 않았으니 비록 博士官을 설치하더라도 弟子가 없을 것이며, 또 《詩》, 《書》를 강론하지 않으면 禮樂을 실행할 수 없지만 《左氏傳》이나 《費氏易》의 설치는 정사에 급한 일도 아닙니다. 孔子께서도 '異端(이단)을 학습하면 해로울 뿐'이라 하였습니다. 傳에서는 '의문을 배워 의문을 전수하게 되고 信義를 배워 신의를 전수하기에 堯舜의 道가 아직 남아있다.'고 하였습니다. 폐하께서는 先帝가 의심했던 일을 의심하시고 선제가 신뢰했던 일을 신뢰하시어 근본으로 돌아가야 한다는 뜻을 강조하시되 결코 혼자의 독단은 아니라는 것을 보여주시기 바랍니다. 天下의 일이 서로 다른 것은 근본이 하나가 아니기 때문입니다. 그래서 《易》에서 '天下의 生動은 바른 것(貞) 하나뿐이다.'라고 하였으며, 또 '근본이 바로서면 만사가 잘 돌아간다.'고 하였습니다. 《五經》의 근본은 모두 공자에서 나왔다할 수 있으며《左氏傳》의 오류 14조를 함께 상주합니다.」

　당시 반론을 편 사람들이 太史公(司馬遷)도《左氏傳》을 많이 인용하였다고 하자, 범승은 또 太史公이《五經》과 다르거나 공자의 말을 잘못 적용한 것과《左氏春秋》에서 인용할 수 없는 31개 조를 상주하였다. 조서로 이를 박사에게 내려 토론케 하였다.

　뒷날 범승은 쫓겨낸 아내에게 고발을 당해 옥에 갇혔다가 풀려나와 고향에 돌아왔다. (明帝) 永平 연간에, (東郡의) 聊城(요성) 현령이 되었다가 업무상 잘못으로 면직되었다가 집에서 죽었다.

❹ 陳元

▌原文

　陳元字長孫, 蒼梧廣信人也. 父欽, 習《左氏春秋》, 事黎陽賈護, 與劉歆同時而別自名家. 王莽從欽受《左氏學》, 以欽爲猒難將軍. 元少傳父業, 爲之訓詁, 銳精覃思, 至不與鄕里通. 以父任爲郎. 建武初, 元與桓譚,杜林,鄭興俱爲學者所宗. 時議欲立《左氏傳》博士, 范升奏以爲《左氏》淺末, 不宜立. 元聞之, 乃詣闕上疏曰,

　「陛下撥亂反正, 文武並用, 深愍經藝謬雜, 眞僞錯亂, 每臨朝日, 輒延群臣講論聖道. 知丘明至賢, 親受孔子, 而《公羊》,《穀梁》傳聞於後世, 故詔立《左氏》, 博詢可否, 示不專己, 盡之群下也. 今論者沉溺所習, 翫守舊聞, 固執虛言傳

受之辭, 以非親見實事之道.《左氏》孤學少與, 遂爲異家之所覆冒. 夫至音不合衆聽, 故伯牙絶弦, 至寶不同衆好, 故卞和泣血. 仲尼聖德, 而不容於世, 況於竹帛餘文, 其爲雷同者所排, 固其宜也. 非陛下至明, 孰能察之!」

| 註釋 | ○蒼梧 – 군명. 治所는 廣信縣. 今 廣西省 동부 梧州市. (廣東省과의 접경). ○黎陽(여양) – 魏郡의 현명. 今 河南省 북부 鶴壁市. ○賈護(가호, 字 季君) – 哀帝 때 待詔郎官, 胡常의 弟子. ○別自名家 –《陳氏春秋》로 별개의 학파를 세웠다. ○猒難將軍(압난장군) – 猒은 물릴 염. 막을 압. ○覃思(담사) – 깊이 생각하다. 覃은 깊을 담. 크다. ○伯牙絶弦 – 伯牙(백아)는 善鼓琴하고 鐘子期(종자기)는 善聽했는데, 종자기가 죽자 백아는 破琴絶弦하고 다시는 연주하지 않았다. ○卞和泣血 – 楚의 卞和(변화)가 寶玉(璞)을 얻었으나 楚 武王과 다음 文王이 돌(石)이라는 玉人의 말을 듣고 변화의 다리를 하나씩 잘랐다. 그 다음 成王 때 변화는 璞(옥돌 박)을 끌어안고 피눈물이 나올 때까지 울었다.

[國譯]

陳元(진원)의 字는 長孫(장손)으로 蒼梧郡(창오군) 廣信縣 사람이다. 부친 欽(흠)은《左氏春秋》를 전공하였는데, 黎陽縣(여양현)의 賈護(가호, 字 季君)를 스승으로 섬겼고 劉歆(유흠)과 같은 시대에 (《陳氏春秋》로) 별개의 학파를 세웠다. 王莽은 진흠으로부터《左氏學》을 배웠고 진흠을 猒難將軍(압난장군)에 임명하였다. 진원은 어려서부터 부친의 학문을 이어받아 그 뜻을 풀이하고 전심전력 깊이 탐구하며 심지어 향리 사람들과도 왕래하지 않았다. 진원은 부친의 관직에 의거 낭관에 임용되었다. 建武 초기에 진원은 桓譚(환담), 杜林(두림), 鄭興(정흥) 등과 함께 宗師로 인정되었다. 그때《左氏傳》博士를 설치하려고 하였으나 范升(범승)은《左氏傳》은 연원이 얕고 末枝라서 박사관을 설치할 수 없다고 상주하였다. 진흠은 이를 알고 궁궐에 가서 상소하였다.

「폐하께서는 혼란을 수습하여 정도를 회복케 하셨으며 文武를 병행하시면서 經學이 오류와 雜亂에 빠지고 眞僞가 뒤섞이는 것을 크게 염려하시며 매번 조회를 하시면서 조정 신하에게 聖人의 도를 강론케 하셨습니다. 폐하께서는 左丘明(좌구명)이 현인이며 공자로부터 직접 전수받았으며,《公羊傳》과《穀梁傳》보다는 늦게 알려졌다는 것을 알고 계시면서 조서로《左氏傳》의 박사관을 설치하게 하시려 가부를 널리 물으시면서 독단으로 결정하지 않고 할 말을 다하게 하셨습니다. 지금 어떤 論者는 전에 배운 것이나 들은 것만 따르고 虛言과 물려받은 말만 고집하면서 눈앞의 현실적 학설을 보고 들으려 하지 않았습니다.《左氏傳》의 학문이 고립되었고 찬동하는 사람이 적다는 이유로 다른 학설에 묻혀 무시되고 있습니다. 본래 아주 좋은 소리는(至音) 여러 사람이 함께 들을 수 없기에 伯牙(백아)는 鐘子期가 죽자 絶弦하였습니다. 그리고 아주 좋은 보물은 모두가 함께 좋아할 수 없기 때문에 卞和(변화)는 피눈물을 흘리며 울었습니다. 仲尼(중니, 孔子)의 聖德도 세상에 용납되지 않았으며 竹簡과 비단의 여백에 쓰인 글조차도 부화뇌동하는 자들에 의거 배척된 것은 그 글이 옳았기 때문입니다. 폐하의 명철하신 판단이 아니라면 누가 이를 살필 수 있겠습니까!」

「臣元竊見博士范升等所議奏《左氏春秋》不可立, 及太史公違戾凡四十五事. 案升爲所言, 前後相違, 皆斷截小文, 媟黷微辭, 以年數小差, 掇爲巨謬, 遺脫纖微, 指爲大尤, 抉瑕摘釁, 掩其弘美, 所謂 '小辯破言, 小言破道'者也. 升等又曰, '先帝不以《左氏》爲經, 故不置博士, 後主所宜因襲.' 臣愚以爲若先帝所行而後主必行者, 則盤庚不當遷於殷, 周公不當營洛邑, 陛下不當都山東也. 往者, 孝武皇帝好《公羊》, 衛太子好《穀梁》, 有詔詔太子受《公羊》, 不得受《穀梁》. 孝宣皇帝在人閒時, 聞衛太子好《穀梁》, 於是獨學之. 及卽位, 爲石渠論而《穀梁氏》興, 至今與《公羊》並存. 此先帝後帝各有所立, 不必其相因也. 孔子曰, '純, 儉, 吾從衆.' 至於拜下, 則違之. 夫明者獨見, 不惑於朱紫, 聽者獨聞, 不謬於清濁, 故離朱不爲巧眩移目, 師曠不爲新聲易耳. 方今干戈少弭, 戎事略戰, 留思聖藝, 眷顧儒雅, 采孔子拜下之義, 卒淵聖獨見之旨, 分明白黑, 建立《左氏》, 解釋先聖之積結, 洮汰學者之累惑, 使基業垂於萬世, 後進無復狐疑, 則天下幸甚. 臣元愚鄙, 嘗傳師言. 如得以褐衣召見, 俯伏庭下, 誦孔氏之正道, 理丘明之宿冤, 若辭不合經, 事不稽古, 退就重誅, 雖死之日, 生之年也.」

|註釋| ○媟黷微辭(설독미사) – 천박하고 미천한 말. 媟黷은 웃어른에

게 버릇없이 대하다. 媟은 깔볼 설. 黷은 더럽힐 독. ○掇爲巨謬 - 주워 모아서 큰 잘못이라고 하다. 掇은 주울 철. ○抉瑕擿釁 - 하자나 오류를 들춰내다. 抉은 도려낼 결. 瑕는 玉의 티 하. 擿은 들출 적. 釁 틈 흔. 결점. ○掩其弘美 - 掩은 가릴 엄. 덮어버리다. ○則盤庚不當遷於殷 - 商朝 君主인 盤庚(반경)은 奄(엄, 今 山東省 曲阜市)에서 殷(은, 今 河南省 安陽市)으로 천도하였다. ○營洛邑 - 周公은 지금의 洛陽을 副都로 건설하여 수도가 서쪽에 치우친 결점을 보완하였다. ○不當都山東也 - 여기 山東은 洛陽城. ○人閒時 - 민간에 살 때, 宣帝가 즉위하기 전. ○純, 儉, 吾從衆. 至於拜下, 則違之 - 실로 만든 冠의 검소를 따르고, 층계 아래의 拜禮가 많은 사람들과 다르지만 그것이 禮이기에 따르겠다. 「孔子曰, '麻冕, 禮也. 今也純, 儉, 吾從衆. 拜下, 禮也. 今拜乎上, 泰也. 雖違衆, 吾從下.」《論語 子罕》. ○不惑於朱紫 - 자주색에 현혹되지 않는다. 朱紫(주자)는 紫朱, 이는 正色이 아닌 間色이다. ○離朱不爲巧眩移目 - 離朱는 黃帝 때 明目者, 一名 離婁. 100보 밖에서도 아주 작은 솜털의 끝을 볼 수 있었다는 사람. ○師曠不爲新聲易耳 - 晉의 師曠(사광)은 知音에 뛰어났는데 衛 靈公(영공)의 새 가락, 연주를 亡國之音이라 하여 연주하지 못하게 하였다. ○洮汰(조태) - 洮는 씻을 조. 씻어내다. 洗濯(세탁). 淘汰(도태).

[國譯]

「臣 元(원)은 박사 范升(범승) 등이 상주한 《左氏春秋》의 박사를 둘 수 없는 이유와 太史公(司馬遷)의 착오 45개 조항을 읽었습니다. 범승 등이 상주한 말은 前後가 서로 맞지 않으며, 모두가 짧은 구절을 토막으로 끊었거나 천박하고 미천한 말이나 年數 같은 작은 차이 등을 주워 모아서 큰 잘못으로 만들었고, 脫字 같은 작고 미세한 착오를 지적하여 큰 허물로 만들었으며, 미세한 하자나 오류를 들춰내고 큰 장점은 엄폐하였으니, 이는 '작은 궤변이 전체 언사를 훼손하고, 별것 아닌 말로 정도를 훼손한 것'이라고 말할 수 있습니다. 범승 등은 또 '先帝가 《左氏傳》을 經傳으로 생각하지 않았기에 박사를 두지 않았으며 이후의 주군도 전례를 따랐다.'고 말했습니다. 臣의 어리석은 생각이지만 만약 先帝가 한 일을 後主가 꼭 해야 한다면 盤庚(반경)의 殷(은) 천도는 부당하고, 周公의 洛陽 경영도 옳지 않으며 폐하께서 山東(洛陽城)에 정도하신 것도 잘못입니다. 예전에 孝武皇帝께서는 《公羊春秋》를 좋아하셨는데, 衛(위)太子가 《穀梁春秋》를 좋아하자 조서를 내려 太子에게 《公羊春秋》를 배우고 《穀梁春秋》를 읽지 말라고 하셨습니다. 孝宣皇帝께서는 민간에 살면서 衛太子가 《穀梁春秋》를 즐겨 읽은 것을 알고서 혼자 공부하셨습니다. 그리고 즉위한 뒤에 (南宮의 장서각인) 石渠閣(석거각)에서 《穀梁春秋》를 진흥케 하여 지금까지 《公羊春秋》와 함께 내려오고 있습니다. 이처럼 先帝와 後帝가 각각 다르게 박사를 설치하였으니 꼭 전과 같아야 하는 것은 아닙니다. 孔子께서도 '실(絲)로 만든 冠은 (純) 검소하기에 따르고, 계단 아래의 拜禮가 衆人과 다르지만 禮이기에 따르겠다.'고 하였습니다. 눈이 밝아 다른 사람이 못 보는 것을 혼자 볼 수 있거나, 자주색에 현혹되지 않으며, 홀로 들을 수 있는 사람은 淸濁을 확실히 가려내기에 離朱(이주)는 교묘한 것에 현혹되어 눈을 돌리지 않았고, 師曠(사광)은 새 음률에 귀를 기울이지 않았습니다. 지금 겨우 전쟁이 끝나가면서 군사 정벌에서 학문에 관심을 가지고 유가 경전을 생각하실 때이니 孔子께서 계단 아래서 拜禮하는 뜻을 취하시고 성인의 깊은 뜻을 상세히 헤아리시며 흑백을 분명히 구분하시며 《左氏傳》 박사를 설치하여 先聖의 억울한 오해를 풀어주시고, 학자들에게 쌓인 의혹을 씻어내시어 왕조의 基業을 萬世에 전하시면서 後進에게 다른 의혹이 없게 하신다면 천하를 위해 다행일 것입니다. 臣 元(원)은 어리석고 비루하지만 일찍이 스승의 전수를 받았습니다. 만약 평민으로 폐하를 알현하더라도 왕정에 엎드려, 공자의 正道를 외우고 左丘明(좌구명)의 숙원을 호소할 것입니다. 만약 제 언사가 經義에 합치하지 않거나 경전에 근거가 없다면 중벌을 받아 처형될 것이니 그날이 제 생애의 끝이 될 것입니다.」

原文

書奏, 下其議, 范升復與元相辯難, 凡十餘上. 帝卒立《左氏》學, 太常選博士四人, 元爲第一. 帝以元新忿爭, 乃用其次司隸從事李封, 於是諸儒以《左氏》之立, 論議讙嘩, 自公卿以下, 數廷爭之. 會封病卒,《左氏》復廢.

元以才高著名, 辟司空李通府. 時大司農江馮上言, 宜令司隸校尉督察三公. 事下三府.

| 註釋 | ○司空 李通 −광무제의 개국공신. 15권,〈李王鄧來列傳〉立傳. ○司隸校尉 −前漢 武帝 征和 4년(前 89)에 京師지역, 곧 三輔(京兆, 右扶風, 左馮翊)와 三河(河東郡 河南郡, 河內郡) 및 弘農郡 등 7郡의 관리를 규찰하고 범법자를 다스리는 임무를 수행하도록 사예교위를 설치하였는데 13자사부와 같은 기능을 수행. 秩 二千石. 後漢의 司隸校尉는 질록 비이천석, 京師와 三輔의 백관, 외척, 제후, 태수를 규찰하고 1州(三輔 등 7郡)를 직접 감찰, 권세가 당당했다.

상서가 올라가 대신들이 논의하게 하였는데, 범승과 陳元(진원)은 상대를 비난하며 10여 차례 논쟁하였다. 광무제는 결국《左氏傳》의 박사를 설치하였고 太常이 4인의 박사 후보를 상신했는데 진원이 첫째로 추천되었다. 광무제는 진원이 분노로 논쟁을 했다면서 2번째로 올라온 司隸從事인 李封(이봉)을 선임하였다. 이에 여러 유생들이《左氏傳》박사 설치를 놓고 시끄러운 논쟁이 또 일어났는데 공경이하 모두가 여러 번 조정에서 논쟁하였다. 그러나 마침 이봉이 병으로 죽자《左氏傳》박사는 다시 폐지되었다.

진원은 재주가 많고 명성이 높았는데 李通의 司空府의 부름을 받았다. 그때 大司農 江馮(강풍)이 상서하여 司隸校尉가 三公府를 감찰할 수 있어야 한다고 상소하였다. 이를 삼공부에서 논의하게 하였다.

原文

元上疏曰,「臣聞師臣者帝, 賓臣者霸. 故武王以太公爲師, 齊桓以夷吾爲仲父. 孔子曰, '百官總己聽於冢宰.' 近則高帝優相國之禮, 太宗假宰輔之權. 及亡新王莽, 遭漢中衰, 專操國柄, 以偷天下, 況己自喻, 不信群臣. 奪公輔之任, 損宰相之威, 以刺擧爲明, 徼訐爲直. 至乃陪僕告其君長, 子弟變其父兄, 罔密法峻, 大臣無所措手足. 然不能禁董忠之謀, 身爲世戮. 故人君患在自驕, 不患驕臣, 失在自任, 不

在任人. 是以文王有日昃之勞, 周公執吐握之恭, 不聞其崇
刺舉, 務督察也. 方今四方尚擾, 天下未一, 百姓觀聽, 咸張
耳目. 陛下宜修文武之聖典, 襲祖宗之遺德, 勞心下士, 屈
節待賢, 誠不宜使有司察公輔之名.」

帝從之, 宣下其議. 李通罷, 元後復辟司徒歐陽歙府, 數
陳當世便事,郊廟之禮, 帝不能用. 以病去, 年老, 卒於家. 子
堅卿, 有文章.

| 註釋 | ○百官總己聽於冢宰 – (主君은 喪中에) 재상이 백관의 정사를
총괄하게 하고, 자신은 총재에게 정사에 대하여 듣다.「子張曰, "書云, '高
宗諒陰, 三年不言.'何謂也?" 子曰, "何必高宗, 古之人皆然. 君薨, 百官總
己以聽於冢宰三年."《論語 憲問》. ○高帝優相國之禮 – 고조는 相國 蕭何
(소하)에게 칼을 차고 신발을 신은 채 殿上에 오를 수 있고 황제 앞에서 종
종걸음을 걷지 않아도 된다고 우대하였다. ○假宰輔之權 – 文帝 때 승상
申屠嘉(신도가)가 文帝의 총신 鄧通(등통)을 죽이려 하자, 문제가 등통을 용
서해 달라고 요청하면서 다른 사람을 보내 대신 사과하였다. ○徼訐爲直
– 徼는 구할 요. 몰래 알아내다. 訐는 폭로할 알. ○董忠(동충) – 王莽의 大
司馬, 劉歆(유흠) 등과 왕망을 살해할 계획을 세웠다가 누설되어 자살하였
다. ○日昃之勞 – 文王은 아침부터 해가 기울 때까지 밥을 먹을 겨를도 없
었다. ○執吐握之恭 – 周公은 아들 伯禽(백금)에게 자신은 목욕 중에 3번
이나 머리카락을 움켜쥐고 나와 손님을 맞았고, 한 끼 식사 중 3번이나 입
안에 든 음식을 토하고 나와 현인을 맞이했다고 훈계하였다. ○歐陽歙(구
양흡) – 79권, 〈儒林列傳〉(上)에 立傳.

[國譯]

이에 陳元(진원)이 상소하였다.

「臣이 알기로, 신하를 스승으로 대하는 자는 帝位에 오르고, 신하를 손님처럼 우대하면 覇者(패자)가 된다고 하였습니다. 그래서 武王은 太公을 스승으로 대했고, 齊 桓公(환공)은 夷吾(이오, 管仲)를 仲父(중부)로 우대했습니다. 孔子는 '(喪中에) 백관의 정사를 재상이 처리하게 하고 자신은 총재에게 듣는다.'고 하였습니다. 가까운 예로 고조께서는 相國 소하를 예로 우대하였고, 太宗(文帝)께서는 재상(申屠嘉의) 권한을 잠시 멈춰달라고 요청하기도 했습니다. 그러나 新(신)의 王莽(왕망)은 漢의 쇠약을 틈타 국권을 잡고 천하를 훔쳤지만 자기 자신만을 믿고 群臣을 믿지 않았으며, 公輔(三公)의 권한을 빼앗고 宰相의 권위를 손상시키면서 재상의 죄를 들춰내는 것으로 자신의 총명을 뽐냈으며 남의 잘못을 고발하는 것을 정직하다고 생각하였습니다. 그래서 노비나 하급 관리가 주인이나 상관의 비밀을 고발케 하였고, 아들이나 아우가 부친이나 형을 배반케 하였으며, 촘촘한 법망과 엄격한 법을 적용하여 대신이라도 마음대로 손발을 놀릴 수 없게 만들었지만, 董忠(동충)의 모반을 막을 수가 없었으며 결국은 세상 사람들에게 도륙 당했습니다. 그러하기에 人君 자신의 교만을 걱정해야 하지 교만한 신하를 걱정하지 말 것이며, 실패는 자신의 책임이지 남에게 있지 않습니다. 이 때문에 文王은 해가 기울도록 (밥을 먹을 겨를도 없이) 부지런히 일했고, 周公은 목욕이나 식사하면서도 현인을 맞이하였지만, 몰래 사찰하거나 애써 감독했다는 말을 듣지 못했습니다. 지금 사방이 아직도 소란하고 천하가 통일되지 않았지만 百姓은 눈과 귀를 통해 다 보고 듣고 있습니다.

폐하께서는 文王과 武王의 훌륭한 치적을 본받고 祖宗의 좋은 본보기를 따라 실천하며 애써서 인재를 찾고 자신을 낮춰 현자를 예우해야지, 三公에 대한 사찰을 잘했다는 이름을 남겨서는 정말 아니 될 것입니다.」

광무제는 상소를 받아들였고 진원의 논의를 천하에 공표케 하였다. 뒤에 李通(이통)이 파직되자, 진원은 나중에 다시 歐陽歙(구양흡)의 司徒府에 근무하면서 당시 정치에 필요하고, 郊祀와 宗廟 의례에 관하여 자주 건의하였지만 광무제는 다 수용하지 못했다. 진원은 연로하여 집에서 죽었다. 아들 堅卿(견경)은 문장을 잘 지었다.

❺ 賈逵

原文

賈逵字景伯, 扶風平陵人也. 九世祖誼, 文帝時爲梁王太傅. 曾祖父光, 爲常山太守, 宣帝時以吏二千石自洛陽徙焉. 父徽, 從劉歆受《左氏春秋》, 兼習《國語》,《周官》, 又受《古文尙書》於塗惲, 學《毛詩》於謝曼卿, 作《左氏條例》二十一篇.

逵悉傳父業, 弱冠能誦《左氏傳》及《五經》本文, 以《大夏侯尙書》敎授, 雖爲古學, 兼通五家《穀梁》之說. 自爲兒童, 常在太學, 不通人閒事. 身長八尺二寸, 諸儒爲之語曰, '問事不休賈長頭.' 性愷悌, 多智思, 俶儻有大節. 尤明《左氏傳》,《國語》, 爲之《解詁》五十一篇, 永平中, 上疏獻之. 顯宗重其書, 寫藏秘館.

| 註釋 | ○賈逵(가규, 30 - 101년) - 逵는 한 길(큰 길) 규. 經學者, 천문학
자. ○平陵縣 - 今 陝西省 咸陽市 서북人也. ○九世祖誼 - 賈誼(가의, 前
200 - 168) - 文帝 때 長沙王 太傅, 政論으로는 〈過秦論〉, 〈論積貯疏〉, 〈論
治安策〉이 유명하다. 辭賦로는 〈弔屈原賦〉, 〈鵬鳥賦〉, 〈惜誓〉 등이 잘 알
려졌다. 《漢書》48권, 〈賈誼傳〉에 입전. ○梁王 太傅 - 文帝의 아들 梁王
劉揖(유읍)의 태부로 나갔는데 양왕이 말에서 떨어져 죽자 가의는 자기의
책임이라며 통곡했고, 다음 해(서기 168년), 가의는 33세를 일기로 죽었
다. ○《國語》 - 左丘明의 저술. 중국 國別史의 최초 저작, 四庫全書에는
史部 雜史類에 분류, 周朝 王室과 魯國, 齊國, 晉國, 鄭國, 楚國, 吳國, 越國
등 諸侯國의 역사를 기록. 기간은 周 穆王의 犬戎(견융) 정벌(서기 前 947
년)에서 智伯(지백)의 멸망(前 453년)까지. ○《毛詩》 - 前漢 魯國人 毛亨
(모형)과 모형의 조카인 毛萇(모장)에 의해 전수된 《詩經》. 漢代 《詩經》은
《齊詩》, 《魯詩》, 《韓詩》, 《毛詩》의 四家로 구분하는데, 지금은 《毛詩》만 남
아있다. 十三經의 《詩經》은 《毛詩》이다. ○兼通五家《穀梁》之說 - 尹更
始, 劉向, 周慶, 丁姓, 王彦(왕언) 등 5人의 학설. ○問事不休賈長頭 - 賈逵
(가규)의 머리에는 모르는 것이 없다. 의문이 남아 있지 않다. ○愷悌(개제)
- 기상이 화락하면서도 단아함. ○俶儻(숙당) - 뜻이 크고 재주가 뛰어남.
○《解詁》五十一篇 - 左氏傳 30篇, 國語 21篇이다.

[國譯]

賈逵(가규)의 字는 景伯(경백), 右扶風 平陵縣 사람이다. 九世祖 賈
誼(가의, 前 200 - 168)는 文帝 때 梁王의 太傅(태부)였고, 曾祖父인 光
(광)은 常山郡 太守였는데, 宣帝 때 二千石 관리로 낙양에서 장안으

로 이사하였다. 부친 徽(휘)는 劉歆(유흠)으로부터 《左氏春秋》를 전수받았고 겸하여 《國語》와 《周官》을 전공했으며, 또 《古文尙書》를 塗惲(도운)으로 전수받았고, 《毛詩》를 謝曼卿(사만경)에게 배웠으며 《左氏條例》21편을 저술했다.

가규는 부친의 학문을 전수받아 弱冠(20세)에 《左氏傳》 및 《五經》의 본문을 모두 외웠고, 《大夏侯尙書》를 敎授하였는데 비록 古文 經學을 전공했으면서도 五家의 《穀梁傳》 學說에도 두루 밝았다. 어린아이 시절부터 늘 太學에 머물면서 속세의 일에는 관심이 없었다. 신장은 8尺2寸의 큰 키라서 여러 유생들은 가규에 대하여 '키 큰 賈逵(가규)의 머리에는 모르는 것이 없다.' 고 말했다. 가규의 성품은 화락하면서도 단아했고 뛰어나게 지혜로웠으며 뜻이 크고 재주가 뛰어났으며 지조가 굳건하였다. 특히 《左氏傳》과 《國語》에 밝아 《解詁》51편을 저술하였다. (明帝) 永平 연간에 상소하며 이를 헌상하였다. 명제는 이 책을 중시하여 궁중 秘館에 보관케 하였다.

原文

時有神雀集宮殿官府, 冠羽有五采色, 帝異之, 以問臨邑侯劉復, 復不能對, 薦逵博物多識, 帝乃召見逵, 問之. 對曰, "昔武王終父之業, 鸑鷟在岐, 宣帝威懷戎狄, 神雀仍集, 此胡降之徵也." 帝勅蘭臺給筆札, 使作〈神雀頌〉, 拜爲郞, 與班固並校秘書, 應對左右.

| 註釋 | ㅇ臨邑侯劉復 – 臨邑은 東郡의 현명. ㅇ鸑鷟在岐 – 鸑鷟(악작)

은 神鳥. 봉황의 다른 이름. 鸑은 神鳥 이름 악. 鷟은 자색 봉황 작. 岐는 岐
山, 周 太王[古公亶父(고공단보), 文王의 祖父]은 戎狄(융적)의 침입을 피해
邠(빈)을 떠나 岐山(기산)으로 옮겨갔다. 今 陝西省 寶雞市 관할 岐山縣(기
산현). ㅇ神雀仍集 - 仍은 거듭할 잉. 자주. ㅇ蘭臺 - 궁중 圖書나 文籍을
보관하는 곳. 御使中丞의 관할. 蘭臺令史가 책임자.

[國譯]

그때 神雀(신작)의 궁전 官府에 자주 모여 들었는데 머리에 다섯
가지 색 깃이 있어 명제가 기이하게 여기며 臨邑侯 劉復(유복)에게
물었지만, 유복은 대답하지 못하고 賈逵(가규)가 견문이 넓고 박식하
다며 천거하였다. 명제가 가규를 불러 묻자, 가규가 말했다.

"옛날 武王이 부친 유업을 완성하자 鸑鷟(악작, 神鳥)이 岐山에 모
였고, 宣帝께서 위엄으로 戎狄(융적, 흉노)를 회유했을 때도 신작이
자주 모였으니, 이는 흉노가 투항할 징조입니다."

명제는 蘭臺令史에 명하여 붓과 목간을 갖고 오게 하여 가규에게
〈神雀頌〉을 짓게 하였고, 낭관에 임명하여 班固(반고)와 함께 궁중
의 秘書를 교정하면서 가까이서 응대하게 하였다.

原文

肅宗立, 降意儒術, 特好《古文尙書》,《左氏傳》. 建初元年,
詔逵入講北宮白虎觀,南宮雲臺. 帝善逵說, 使發出《左氏
傳》大義長於二傳者. 逵於是具條奏之曰,

「臣謹摘出《左氏》三十事尤著明者, 斯皆君臣之正義, 父

子之紀綱. 其餘同《公羊》者什有七八, 或文簡小異, 無害大
體. 至如祭仲,紀季,伍子胥,叔術之屬,《左氏》義深於君父,
《公羊》多任於權變, 其相殊絶, 固以甚遠, 而冤抑積久, 莫肯
分明.」

| 註釋 | ○北宮白虎觀 - 北宮의 서문이 白虎門이고 거기에 白虎觀이
있었다. 建初 4년에, 太常, 將軍, 大夫와 博士, 議郎과 郎官 및 모든 박사의
제자, 그리고 유생이 北宮의 白虎觀(백호관)에 會同하여《五經》의 同異에
대한 토론을 하였고, 이를 班固(32 - 92년, 字 孟堅)가 정리 撰集(찬집)한 책
이《白虎通義》이다.

[國譯]

肅宗(章帝)은 즉위한 뒤 유학에 큰 관심을 보였는데, 특히《古文
尙書》와《左氏傳》을 좋아하였다. 建初 元年(서기 76)에, 가규를 불
러 北宮의 白虎觀이나 南宮의 雲臺(운대)에서 강론하게 시켰다. 장
제는 가규의 논술을 좋아하여《左氏傳》에서《公羊傳》이나《穀梁傳》
에 비하여 대의를 크게 강조한 부분을 찾아 요약하라고 시켰다. 가
규는 이를 조목별로 나누어 상주하였다.

「臣이 삼가 뽑아낸《左氏傳》중 대의를 뚜렷하게 강조한 30개 조
항은 모두 君臣의 正義와 父子의 紀綱(기강)에 관한 것입니다. 그 나
머지 중에《公羊傳》과 비슷한 것이 10에 7, 8이지만 문장이 간략하
거나 약간 서술의 차이가 있지만 大體에 큰 영향은 없습니다. 祭仲
(제중)이나 紀季(기계), 伍子胥(오자서)나 叔術(숙술) 등에 관한 서술에
서《左氏傳》에서는 君臣과 父子의 대의를 강조하였지만,《公羊傳》

에서는 權變(임시변통)을 강조하여 차이가 많고 논지가 크게 다르지만 원한과 억제가 많다 보니 두 서술의 차이를 분명히 이해하기가 쉽지 않습니다.」

「臣以永平中上言《左氏》與圖讖合者, 先帝不遺芻蕘, 省納臣言, 寫其傳詁, 藏之秘書. 建平中, 侍中劉歆欲立《左氏》, 不先暴論大義, 而輕移太常, 恃其義長, 詆挫諸儒, 諸儒內懷不服, 相與排之. 孝哀皇帝重逆衆心, 故出歆爲河內太守. 從是攻擊《左氏》, 遂爲重讎. 至光武皇帝, 奮獨見之明, 興立《左氏》,《穀梁》, 會二家先師不曉圖讖, 故令中道而廢. 凡所以存先王之道者, 要在安上理民也. 今《左氏》崇君父, 卑臣子, 强幹弱枝, 勸善戒惡, 至明至切, 至直至順. 且三代異物, 損益隨時, 故先帝博觀異家, 各有所採.《易》有施,孟, 復立梁丘,《尙書》歐陽, 復有大小夏侯, 今三傳之異亦猶是也. 又《五經》家皆無以證圖讖明劉氏爲堯後者, 而《左氏》獨有明文.《五經》家皆言顓頊代黃帝, 而堯不得爲火德.《左氏》以爲少昊代黃帝, 卽圖讖所謂帝宣也. 如令堯不得爲火, 則漢不得爲赤. 其所發明, 補益實多. 陛下通天然之明, 建大聖之本, 改元正歷, 垂萬世則, 是以麟鳳百數, 嘉瑞雜還. 猶朝夕恪勤, 游情《六藝》, 研機綜微, 靡不審覈. 若復留意廢學, 以廣聖見, 庶幾無所遺失矣.」

| **註釋** | ○ 芻蕘(추요) – 芻는 꼴 추. 蕘는 풋나무 요. 초야에 묻힌 사람.
○ 建平 – 哀帝의 연호, 서기 前 6 - 前 3년. ○ 詆挫 – 꾸짖어 물리치다. 詆
는 꾸짖을 저. ○ 帝宣 – 전설 속의 인물인 少昊(소호), 號는 金天氏. 그 부
족은 까마귀(烏)를 토템으로 숭배했고, 今 山東省 일대에 살았던 東夷族이
었다. 《左氏傳》에서는 이 소호씨가 黃帝를 계승했다고 기록했고, 도참서
에서는 '帝宣'이라고 했다. ○ 改元正歷 – 建初 9년을 元和 元年으로 개
원, 四分曆을 사용했다. ○ 嘉瑞雜遝 – 雜遝은 많다. ○ 恪勤(각근) – 정성
껏 부지런히 힘쓰다. ○ 若復留意廢學 – 廢學은 《左氏傳》을 지칭.

[國譯]

「臣은 지난 永平 연간에 《左氏傳》과 圖讖(도참)이 부합하는 내용
을 상주하였는데 先帝(明帝)께서는 초야의 사람을 버리지 않으시고
저의 상주를 살펴 받아주셨고, 《左氏傳》의 훈고를 필사하여 궁정의
秘書閣에 보관하셨습니다. (哀帝) 建平 연간에, 侍中 劉歆(유흠)은
《左氏傳》의 博士를 설치하려 하면서도 《左氏傳》의 大義를 폭넓게
토론하지 않고 가벼이 (박사 선발 권한을 가진) 太常에 넘기면서
(左氏傳에는) 大義를 강조한 내용이 많은 사실을 믿었으나 여러 유
생들의 반대에 부딪쳤는데 유생들은 내심으로 불복하며 함께 《左氏
傳》을 배척하였습니다. 孝哀皇帝도 여러 유생의 뜻에 거듭 영합하
면서 유흠을 河內太守로 전출시켰습니다. 이후 《左氏傳》 학자는 공
격을 받아 깊은 원한을 품었습니다. 光武皇帝께서는 뛰어나게 명철
하신 안목을 발휘하시어 《左氏傳》과 《穀梁傳》을 함께 일으키셨으
나 마침 二家(左,穀 학파)의 先師(博士)들은 도참에 밝지 못해 결국

中道에 폐지되었습니다. 대체로 학문으로 선왕의 도리를 보전하려
는 뜻은 백성이 편안하도록 잘 다스리려는 뜻입니다. 지금《左氏傳》
의 君父를 숭상하고 臣子를 낮추는 대의는 바로 强幹弱枝(강간약지)
이고 勸善懲惡(권선징악)이며, 매우 영명하고 절실하며 매우 정직한
順理입니다. 三代의 제도가 다른 이유는 시대에 따른 가감이기 때문
에 先帝께서는 여러 학파의 장단을 널리 관찰하여 각 학파에서 필요
한 것을 채택한 것입니다.《易》에는 施讎(시수), 孟喜(맹희), 梁丘賀
(양구하)의 학파가 있고,《尙書》에는 歐陽和伯(구양화백)과 大 夏侯勝
(대 하후승), 小 夏侯建(소 화후건)으로 구분하고, 三傳(左氏, 公羊, 穀
梁)의 차이 역시 이와 같습니다. 또《五經》여러 학파에는 劉氏가 堯
帝의 後孫임을 분명히 설명한 도참 내용이 없으나 유독《左氏傳》에
만 확실한 明文이 있습니다.《五經》학파에는 모두 顓頊(전욱)이 黃
帝(황제)의 뒤를 이었고, 堯(요)는 火德을 받지 못했다고 하였으나
《左氏傳》에는 少昊(소호)가 黃帝(황제)의 뒤를 이었는데, 이는 곧 圖
讖(도참)에서는 말하는 帝宣(제선, 少昊)입니다. 가령 堯가 火德을 받
지 않았다면 漢 역시 赤德을 얻지 못했을 것입니다. 이처럼 (左氏傳
기록이) 漢을 補益한 것이 실제로 많습니다.

폐하께서는 天道의 神明을 잘 깨우쳐 아시고 大聖의 근본을 갖추
셨으며 改元하시고 역법을 바로잡아 만세에 전할 법칙을 확립하시
자 기린과 봉황이 100여 차례나 나타나며 다른 상서의 징조도 많았
습니다. 그래도 폐하께서는 조석으로 정성껏 힘쓰시며《六藝》에 관
심을 가지시고 심오한 뜻을 연찬하시어 확실하게 찾아 밝히시지 않
는 것이 없습니다. 만약 廢學(左氏傳)을 다시 새롭게 일으키시어 명
철하신 견해를 더욱 넓히신다면 거두지 못하여 遺失되는 바는 아마

없을 것입니다.」

書奏, 帝嘉之, 賜布五百匹, 衣一襲, 令逵自選《公羊》嚴, 顏諸生高才者二十人, 敎以《左氏,》與簡紙經傳各一通.

逵母常有疾, 帝欲加賜, 以校書例多, 特以錢二十萬, 使潁陽侯馬防與之. 謂防曰, '賈逵母病, 此子無人事於外, 屢空則從孤竹之子於首陽山矣.'

逵數爲帝言《古文尙書》與經傳《爾雅》詁訓相應, 詔令撰《歐陽》,《大小夏侯尙書》古文同異. 逵集爲三卷, 帝善之. 復令撰《齊》,《魯》,《韓詩》與《毛氏》異同. 並作《周官解故》. 遷逵爲衛士令. 八年, 乃詔諸儒各選高才生, 受《左氏》,《穀梁春秋》,《古文尙書》,《毛詩》, 由是四經遂行於世. 皆拜逵所選弟子及門生爲千乘王國郞, 朝夕受業黃門署, 學者皆欣欣羨慕焉.

| 註釋 | ○嚴,顏 – 嚴彭祖는 宣帝 때 박사. 태자태부 역임,《공양춘추》를 전공. 嚴氏學의 개조. 顏安樂은《公羊春秋》를 전공하여 顏氏學을 열었다.《漢書》88권,〈儒林傳〉에 입전. ○諸生 – 太學의 학생, 前漢에서는 博士弟子, 後漢에서는 諸生 또는 太學生이라 불렀다. ○與簡紙經傳各一通 – 죽간과 종이에 쓴 경전. ○屢空 – 屢는 자주. 空은 乏也. ○則從孤竹之子於首陽山矣 – 孤竹郡의 아들 伯夷와 叔齊(숙제)가 수양산에서 굶어 죽듯

賈逵의 어머니도 굶어 죽을지 모른다는 뜻. ㅇ《爾雅》- 백과사전의 성격
을 가진 訓詁書(詞義를 해석).《漢書 藝文志》에는 《爾雅》를 儒家의 經典으
로 분류, 十三經의 하나.《四庫全書》에도 經部에 속함. 爾는 가깝다(近)의
뜻. 雅는 正의 뜻. ㅇ《韓詩》- 韓嬰(한영, 前 200? - 前 130년), 文帝 때 박사 역
임, 今文經學者.《漢書》 88권, 〈儒林傳〉에 입전. 그가 전수한 韓詩는 轅固
大(원고생)의 《齊詩》, 申培의 《魯詩》와 함께 '三家詩'라 한다. ㅇ《毛氏》-
《毛詩》 魯人 毛亨(모형)과 조카 毛萇(모장)이 전수한 《詩經》. ㅇ 衛士令 - 北
宮의 위사를 지휘. ㅇ 千乘王國郞 - 千乘王國 치소는 治所 臨濟縣, 今 山東
省 淄博市 관할 高靑縣. 前漢 天乘郡, 和帝 때 樂安國으로 개명. 千乘王 劉
伉(유항)은 章帝의 아들. ㅇ 黃門署 - 궁중의 別處, 황문서를 관리하는 黃門
署長은 환관으로 질록 4백석. 署長으로는 畫室署長, 玉堂署長도 있었다.

[國譯]

　(賈逵의) 상서가 보고되자, 장제는 이를 가상히 여기며 布 5백 필
과 옷 한 벌을 하사하고, 가규에게 《公羊傳》 嚴彭祖(엄팽조)와 顔安
樂(안안락) 학파의 太學生이나 우수한 자 20인을 선발하여 《左氏傳》
을 가르치라 하면서 죽간과 종이에 쓴 경전 각 1부를 하사하였다.

　가규의 모친은 늘 병을 앓고 있어 장제가 물품을 하사하려고 하
였는데, 가규가 校書할 것이 매우 많다 하여 특별히 금전 2십만을
潁陽侯(영양후) 馬防(마방)을 시켜 보냈다. 장제는 마방에게 "賈逵의
母가 병중이나 그 아들은 다른 사람과 교제가 없어 양식이 자주 떨
어질 것이라서 아마 고죽군의 아들(伯夷와 叔齊)처럼 首陽山에서
굶어 죽을지 모르겠다."라고 말했다.

　가규는 장제를 위해 《古文尙書》와 經傳 《爾雅(이아)》의 훈고가 相
應한다고 말했는데, 황제는 가규에 명하여 《歐陽尙書》와 《大, 小夏

侯尙書》古文經의 同異을 정리하라고 하였다. 이에 가규는 이를 3권으로 엮었는데 황제가 칭찬하였다. 황제는 또《齊詩》,《魯詩》,《韓詩》와《毛氏》의 同異한 내용을 편찬케 하였고, 또《周官解故》를 편찬케 하였다. 가규는 승진하여 衛士令이 되었다. (章帝, 建初) 8년에, 바로 조서를 내려 박사들은 각자 우수한 유생을 선발하여《左氏》,《穀梁春秋》,《古文尙書》,《毛詩》를 교육받게 하였는데 이로써 四經이 세상에 널리 알려졌다. 이 유생들은 모두 가규가 선발한 제자들의 문생으로 千乘王國의 낭관에 임명되었고, 朝夕으로 黃門署에서 배웠는데 學者들은 모두 기뻐하며 가규를 우러러 흠모하였다.

原文

和帝卽位, 永元三年, 以逵爲左中郎將. 八年, 復爲侍中, 領騎都尉. 內備帷幄, 兼領祕書近署, 甚見信用.

逵薦東萊司馬均,陳國汝郁, 帝卽徵之, 並蒙優禮. 均字少賓, 安貧好學, 隱居敎授, 不應辟命. 信誠行乎州里, 鄕人有所計爭, 輒令祝少賓, 不直者終無敢言. 位至侍中, 以老病乞身, 帝賜以大夫祿, 歸鄕里. 郁字叔異, 性仁孝, 及親歿, 遂隱處山澤. 後累遷爲魯相, 以德敎化, 百姓稱之, 流人歸者八九千戶.

逵所著經傳義詁及論難百餘萬言, 又作詩,頌,誄,書,連珠, 酒令凡九篇, 學者宗之, 後世稱爲通儒. 然不修小節, 當世以此頗譏焉, 故不至大官.

<u>永元</u>十三年卒, 時年七十二. 朝廷愍惜, 除兩子爲太子舍
人.

| **註釋** | ○永元三年 – 서기 91년. ○左中郞將 – 光祿勳의 속관, 比二千
石. 그 아래 中郞은 比六百石. 侍郞은 比四百石. 郞中은 比三百石. 無定
員. ○領騎都尉 – 領은 본직을 가지고 타 직책을 겸임하다. 騎都尉는 比
二千石. 無定員. 羽林騎兵을 통솔 감독. ○輒令祝少賓 – 바로 少賓(소빈)
의 이름으로 서약하게 하다. ○誄 – 誄(뢰)는 祭文. ○連珠 – 文體의 한 종
류. 物에 情을 가탁하여 假借(가차)로 諷諭하되 情理를 잘 묘사한 것이 구
슬을 꿴 것 같다 하여 連珠라 하였다. 前漢 말 揚雄(양웅)이 최초의 작품을
남겼고 후한에서 문인들 사이에 크게 유행하였다. 현대어의 連珠에는 五
目, 五子棋라는 뜻도 있다. ○酒令 – 文體 이름. 行酒 時 주흥을 돋우기 위
한 行酒之令, 일명 酒警. 순번대로 詩詞를 읊거나 기타 유희를 보여야 했
다. 현대어로는 罰酒놀이. ○通儒 – 학문이 넓고 깊으며 經世致用에 밝고
知行合一의 유생. 知行合一을 못하고 講誦이나 하면 俗儒(속유)이다. ○(和
帝) 永元十三年卒 – 서기 101년. ○太子舍人 – 태자소부의 속관, 질록 2
백석, 무 정원.

[國譯]

和帝 즉위 후 永元 3년에, 賈逵(가규)는 左中郞將이 되었다. 8년,
다시 侍中이 되어 騎都尉를 겸임하였다. 宮內 휘장을 준비하고 궁중
秘書를 직접 관리하며 황제의 큰 신임을 받았다. 가규가 東萊郡의
司馬均(사마균), 陳國의 汝郁(여욱)을 천거하자 화제는 즉시 부르는
등 두 사람을 특별 우대하였다. 사마균의 字는 少賓(소빈)인데 安貧
好學하고 은거하며 교수하였는데 부름에 응하지 않았다. 신의와 성

실이 고을에서 통하여 향인이 서로 다툴 때마다 少賓(소빈)의 이름으로 서약하게 하면 옳지 못한 자가 감히 말을 하지 못했다. 나중에 관직은 侍中이었고 노환으로 퇴임하자 和帝는 大夫의 녹봉을 하사하여 귀향케 하였다. 여욱의 자는 叔異(숙이)인데 천성이 인자하고 효성스러웠는데 부친이 돌아가시자 산속에 은거하였다. 뒷날 여러 번 승진하여 魯國의 相이 되었고, 德으로 教化하여 백성의 칭송을 들었고 유민으로 귀향한 자가 8, 9천 호나 되었다.

가규가 저술한 경전의 訓詁, 論議와 辯難(변난)에 관한 글이 1백여만 자나 되었고, 詩와 頌, 誄(뢰, 祭文), 書, 連珠(연주), 酒令(주령) 9편이 있었으며, 학자의 宗師였으며 후세 사람으로부터 通儒라는 칭송을 들었다. 그러나 小節에 구애받지 않았기에 그 당대에는 이 때문에 적잖은 비판을 받아 大官에 오르지 못했다.

(和帝) 永元 13년(서기 101)에 죽었는데 時年 72세였다. 조정에서도 애석해 하며 두 아들에게 太子舍人을 제수하였다.

原文

論曰, 鄭,賈之學, 行乎數百年中, 遂爲諸儒宗, 亦徒有以焉爾. 桓譚以不善讖流亡, 鄭興以遜辭僅免, 賈逵能附會文致, 最差貴顯. 世主以此論學, 悲矣哉!

| 註釋 | ○亦徒有以焉爾 – 그냥 존중받을 뿐이었다. 徒는 헛되이. ○桓譚(환담) – 박학하고 多才多藝했으나 광무제에게 귀에 거슬리는 상소를 해서 미운털이 박혀 불운한 종말을 맞이했다. 28권, 〈桓譚馮衍列傳〉立傳.

[國譯]

范曄(범엽)의 史論 : 鄭興(정흥)과 賈逵(가규)의 학문은 수백 년간 통용되며 유생의 宗師이었지만 그저 학자의 존중뿐이었다. 桓譚(환담)은 도참을 안 했다 하여 그 학문도 사라졌고, 鄭興(정흥)은 겸손한 말로 질책을 겨우 모면하였으며, 賈逵(가규)는 참위로 牽强附會(견강부회)하여 부귀가 가장 顯赫(현혁)했다. 世主(皇帝)가 이렇게 학문을 논했으니 그저 슬플 뿐이다!

❻ 張霸

▌原文

張霸字伯饒, 蜀郡成都人也. 年數歲而知孝讓, 雖出入飲食, 自然合禮, 鄉人號爲‘張曾子’. 七歲通《春秋》, 復欲進餘經, 父母曰“汝小未能也”, 霸曰“我饒爲之”, 故字曰‘饒’焉.

後就長水校尉樊儵受《嚴氏公羊春秋》, 遂博覽《五經》. 諸生孫林, 劉固, 段著等慕之, 各市宅其傍, 以就學焉. 舉孝廉光祿主事, 稍遷, 永元中爲會稽太守, 表用郡人處士顧奉, 公孫松等. 奉後爲潁川太守, 松爲司隸校尉, 並有名稱. 其餘有業行者, 皆見擢用. 郡中爭厲志節, 習經者以千數, 道路但聞誦聲. 初, 霸以樊儵刪《嚴氏春秋》猶多繁辭, 乃減定爲二十萬言, 更名《張氏學》.

| 註釋 | ○我饒爲之 – 饒는 넉넉할 요. 충분하다. 더하다(益也). ○樊
儵(번조) – 明帝 때 長水校尉 역임. 32권, 〈樊宏陰識列傳〉立傳. 儵는 피라
미 조. ○諸生 – 太學의 학생. 前漢에서는 博士弟子, 後漢에서는 諸生 또
는 太學生이라 불렀다.

[國譯]

張霸(장패)의 字는 伯饒(백요)로 蜀郡 成都縣 사람이다. 어린 나이
에도 효도와 禮讓을 알아 출입과 음식에 자연스럽고 禮에 맞아 마을
사람들이 별호를 '張曾子'라고 불렀다. 7세에 《春秋》를 깨우치고
다시 다른 경전을 더 배우려 했는데, 부모가 "너는 어려서 배울 수
없다."고 말하자, 장패는 "저는 충분히 배울 수 있습니다."라고 말
하면서 字를 饒(요)라고 하였다.

뒷날 長水校尉인 樊儵(번조)에게 가서 《嚴氏公羊春秋》를 전수 받
았고 또 《五經》을 두루 배웠다. 孫林(손림), 劉固(유고), 段著(단저) 등
諸生이 장패를 흠모하여 각자 그 가까이에 집을 사서 살며 배웠다.
孝廉으로 천거되어 光祿勳의 主事가 되었다가 차츰 승진하여 (和
帝) 永元 연간에 會稽(회계) 태수가 되었고 표문을 올려 회계군 사람
인 處士 顧奉(고봉), 公孫松(공손송) 등을 천거하였다. 고봉은 뒷날 潁
川(영천)太守가 되었고, 공손송은 司隸校尉가 되어 모두 유명했다.
그 외에 학업이 우수하고 조행이 바른 사람을 뽑아 천거하였다. 그
러자 회계군에서는 사람들이 지조를 지키고 행실을 바로 했으며, 경
학을 공부하는 자가 수천 명이었고 길 어디서든 책 읽는 소리를 들
을 수 있었다. 그전에 장패는 樊儵(번조)가 刪定(산정)한 《嚴氏春秋》
도 오히려 문사가 번화하다고 생각하여 20만 자 정도로 삭감하여

이름을 《張氏學》이라 하였다.

霸始到越, 賊未解, 郡界不寧, 乃移書開購, 明用信賞, 賊遂束手歸附, 不煩士卒之力. 童謠曰, '弃我戟, 捐我矛, 盜賊盡, 吏皆休.' 視事三年, 謂掾史曰, "太守起自孤生, 致位郡守. 蓋日中則移, 月滿則虧. 老氏有言, 知足不辱." 遂上病.

後徵, 四遷爲侍中. 時皇后兄虎賁中郎將鄧騭, 當朝貴盛, 聞霸名行, 欲與爲交, 霸逡巡不答, 衆人笑其不識時務. 後當爲五更, 會疾卒, 年七十. 遺勅諸子曰, "昔延州使齊, 子死嬴, 博, 因坎路側, 遂以葬焉. 今蜀道阻遠, 不宜歸塋, 可止此葬, 足藏髮齒而已. 務遵速朽, 副我本心. 人生一世, 但當畏敬於人, 若不善加己, 直爲受之." 諸子承命, 葬於河南梁縣, 因遂家焉. 將作大匠翟酺等與諸儒門人追錄本行, 諡曰憲文. 中子楷.

| 註釋 | ○霸始到越 – 越(월)은 지금 福建省 지역, 지금의 浙江省 남부와 福建省 전체 지역이 당시 會稽郡 영역이었다. ○知足不辱 – 「~. 故知足不辱, 知止不殆, 可以長久.」《老子道德經》44章. ○虎賁中郎將 鄧騭(등즐) – 鄧訓의 아들 和帝 鄧황후의 친오빠. 騭은 오를 즐, 수말 즐. 말의 수컷. 16권, 〈鄧寇列傳〉에 입전. ○後當爲五更 – 五更(오경)은 五叟로도 표기(叟는 늙은이 수). 연로하여 致仕하고 經驗(五事인 貌, 言, 視, 聽, 思)이

풍부한 사람이란 뜻으로, 보통 지팡이를 짚지 않아도 되는 公卿 중에서 고른다. 황제가 年老한 三老와 更事致仕한 사람을 모시는 예를 시행하는 것은 백성에게 孝悌를 널리 펴기 위한 뜻이다. ㅇ昔延州使齊 － 延州는 吳의 延陵季子, 延陵은 지명. 吳 公子 季札(계찰)의 封地. ㅇ子死嬴,博 － 嬴(영)과 博(박)은 泰山郡의 현명. ㅇ因坎路側 － 坎은 구덩이 감. ㅇ直爲受之 － 直은 다만, 일부러, 겨우. 부사로 쓰였다." 諸子承命, 葬於河南梁縣(양현), 因遂家焉. ㅇ將作大匠翟酺(적포) － 48권, 〈楊李翟應霍爰徐列傳〉立傳.

[國譯]

장패가 처음 (會稽郡) 越(월)에 도착했을 때는 도적들이 해산하지 않아 군내가 불안하였는데, 장패는 격문을 보내 현상수배하면서 신의를 지켜 상벌을 분명히 하자 적들은 스스로 투항하여 군사를 동원하지 않았다. 그러자 아이들이 노래를 불렀다.

'내 미늘창(戟)을 버리고, 내 긴 자루 창(矛)도 필요 없네. 도적이 없어지니 관리는 모두 놀기만 하네.'

3년을 재직한 뒤에 아래 掾史(연사, 掾吏)에게 말했다.

"나는 부친을 일찍 여위었지만 태수가 되었다. 해도 한낮이 지나면 기울고 달도 차면 이지러진다. 老子는 知足하면 욕을 당하지 않는다고 하였다." 그리고는 병을 핑계로 사직하였다.

뒤에 다시 조정의 부름을 받아 네 번 승진하여 侍中이 되었다. 그때 (和帝) 鄧皇后의 오빠인 虎賁中郎將 鄧騭(등즐)이 귀척으로 한창 번성했는데, 장패의 명성을 듣고 교제를 희망하였지만 장패는 미루면서 대답하지 않자 衆人은 장패가 時務를 모른다고 비웃었다. 뒷날 장패는 당당히 五更(오경)이 되었다 병으로 죽으니, 나이 70이었다. 장패는 아들을 훈계하였다.

"옛날 吳의 延陵季子〔연릉계자, 公子 季札(계찰)〕는 아들과 함께 齊에 사신으로 갔는데, 아들이 (泰山郡의) 嬴縣(영현)과 博縣(박현)은 근처에서 죽자 적당한 곳에 묻었다. 지금(고향) 蜀(촉)까지 길이 험하고 멀어 先塋(선영)에 묻히기는 어려우니 여기서 장례를 치르되 두발이나 치아만 묻으면 된다. 빨리 썩게 하여 내 뜻에 따르도록 하라. 사람 한평생에 남을 늘 공경해야 하나니, 만약 나에게 나쁘게 하더라도 그냥 받아들이면 된다."

여러 아들은 부친의 유언에 따라 河南 梁縣(양현)에 장례하고 거기에서 살았다. 將作大匠 翟酺(적포) 등 여러 유생과 제자들은 그의 행적을 기록하여 시호를 憲文(헌문)이라고 했다. 작은아들이 張楷(장해)이다.

❼ 張楷

原文

楷字公超, 通《嚴氏春秋》,《古文尙書》, 門徒常百人. 賓客慕之, 自父黨夙儒, 偕造門焉. 車馬塡街, 徒從無所止, 黃門及貴戚之家, 皆起舍巷次, 以候過客往來之利. 楷疾其如此, 輒徙避之. 家貧無以爲業, 常乘驢車至縣賣藥, 足給食者, 輒還鄕里. 司隸擧茂才, 除長陵令, 不至官. 隱居弘農山中, 學者隨之, 所居成市, 後華陰山南遂有公超市. 五府連辟, 擧賢良方正, 不就.

| 註釋 | ○父黨夙儒 - 부친의 친우와 대학자. 夙儒는 宿儒(숙유). 夙은 일찍 숙. 아침. 빠를 숙. ○偕造門焉 - 모두가 찾아오다. 偕는 함께 해. 造는 이를 조. 오다. 가다. 높은 수준에 도달하다. ○皆起舍巷次 - 巷次는 골목 안. 巷은 골목. 거리 항. 次는 안(裏). ○除長陵令 - 長陵은 고조의 능, 京兆尹의 縣名. ○弘農山中 - 弘農은 군명. 治所는 弘農縣, 今 河南省 서쪽 三門峽市 관할 靈寶市. ○後華陰山南 - 華陰은 산 이름, 지명. 今 陝西省 동부, 渭河(위하) 하류, 渭南市 관할 華陰市. ○公超市 - 公超는 張楷의 字. ○五府 - 太傅, 太尉, 司徒, 司空, 大將軍府.

[國譯]

張楷(장해)의 字는 公超(공초)인데,《嚴氏春秋》와《古文尚書》에 능통하여 문도가 늘 백여 명이나 되었다. 빈객들은 장해를 흠모했고 부친의 친우나 대학자들이 모두가 장해의 집을 찾아왔다. 수레가 길을 메워 문도들이 다닐 수가 없었고, 黃門이나 貴戚의 집안에서는 마을 안길에 집을 짓고 오가는 사람을 기다려 장사를 하였다. 장해는 그런 것을 싫어하여 이사를 가기도 하였다. 집이 가난하고 재산이 없어 늘 나귀가 끄는 수레는 타고 縣에 들어가 약을 팔아 양식을 구해 향리로 돌아왔다. 司隸校尉部에서 茂才(무재)로 천거하여 長陵 현령을 제수 받았지만 부임하지 않았다. 弘農郡의 산속에 은거하였는데, 학자들이 따라와 거주하는 곳에 마을이 생겼으며 뒷날 華陰山 남쪽에 公超(張楷의 字) 市場이 생겨났다. 五府에서 연이어 불러 賢良方正 인재로 천거되었지만 관직에 나가지 않았다.

漢安元年, 順帝特下詔告河南尹曰, "故長陵令張楷行慕
原憲, 操擬夷,齊, 輕貴樂賤, 竄跡幽藪, 高志確然, 獨拔群
俗. 前比征命, 盤桓未至, 將主者翫習於常, 優賢不足, 使其
難進歟? 郡時以禮發遣." 楷復告疾不到.

性好道術, 能作五里霧. 時關西人裴優亦能爲三里霧, 自
以不如楷, 從學之, 楷避不肯見. 桓帝卽位, 優遂行霧作賊,
事覺被考, 引楷言從學術. 楷坐繫廷尉詔獄, 積二年, 恆諷
誦經籍, 作《尙書》注. 後以事無驗, 見原還家. 建和三年, 下
詔安車備禮聘之, 辭以篤疾不行. 年七十, 終於家. 子陵.

| 註釋 | ○(順帝) 漢安 元年 – 서기 142년. ○原憲(원헌) – 魯人, 孔子弟
子. 字는 子思, 淸約으로 守節하고 청빈하며 樂道했다. ○竄跡幽藪 – 竄은
숨을 찬. 幽藪는 깊은 숲. 藪는 덤불 수. 깊숙한 곳. ○盤桓(반환) – 머뭇거
리며 멀리 떠지지 않다. 뜻을 결정하지 못하고 머뭇거리다. ○(桓帝) 建和
三年 – 서기 149년.

[國譯]

(順帝) 漢安 원년, 順帝는 특별히 河南尹에게 명령하였다.

"옛 長陵 현령 張楷(장해)는 原憲(원헌)을 흠모하며 伯夷와 叔齊의
행실을 따라 부귀를 경시하고, 빈천한 생활을 즐기며 산택에 은거하
여 고상한 지조를 굳게 지키며 홀로 탈속하였다. 앞서 연이어 불렀
지만 뜻을 정하지 못하고 머뭇거리며 취임하지 않고 보통 사람을 부
르듯 늘 그런 것이라 여기고 있는데, 뛰어난 인재가 아쉬운 지금 그

를 불러올 수 없단 말인가? 郡에서는 즉시 예를 갖춰 조정으로 보내
도록 하라." 그러나 장해는 다시 병이라면서 가지 않았다.

　장해는 도술을 좋아하였고 5리에 걸친 짙은 안개를 불러올 수 있
었다. 그때 關西사람 裴優(배우)도 3리에 걸친 안개를 불러올 줄 알
았으나 장해만 못한 것을 알고 장해에게 배우려 하였으나 장해는 피
하면서 만나지도 않았다. 桓帝가 즉위 이후에 裴優(배우)는 안개를
불러일으키며 도적질을 하다가 잡혔는데 문초를 받으며 장해에게
도술을 배웠다고 말했다. 장해는 이에 연좌되어 廷尉의 詔獄(조옥)
에 2년 가까이 갇혀있었으나 늘 경전을 외우고 《尙書》를 주석하였
다. 뒤에 근거가 없어 본 집으로 돌아왔다. (桓帝) 建和 3년(서기
149)에, 조서를 내려 安車에 예를 갖춰 초빙하였으나 병이 깊어 떠날
수 없었다. 나이 70에 집에서 죽었다. 그의 아들이 張陵(장릉)이다.

❽ 張陵

原文

　陵字處沖, 官至尙書. 元嘉中, 歲首朝賀, 大將軍梁冀帶
劍入省, 陵呵叱令出, 勅羽林, 虎賁奪冀劍. 冀跪謝, 陵不應,
卽劾奏冀, 請廷尉論罪, 有詔以一歲俸贖. 而百僚肅然.

　初, 冀弟不疑爲河南尹, 擧陵孝廉. 不疑疾陵之奏冀, 因
謂曰, "昔擧君, 適所以自罰也." 陵對曰, "明府不以陵不肖,
誤見擢序, 今申公憲, 以報私恩." 不疑有愧色. 陵弟玄.

| 註釋 | ○(桓帝) 元嘉(원가) - 서기 151-152. ○大將軍 梁冀(양기) -
대장군 梁商의 아들 梁冀는 順帝의 順烈梁皇后의 친정 오빠로, 順帝 永和
6년(141)에 대장군이 되었다. 沖帝, 質帝, 桓帝를 옹립했고 그 가문에 侯 7
명, 皇后 3명, 貴人 6명, 대장군 2명, 그 외 卿, 將, 尹, 校尉가 57명이었다고
하니 그 세력과 횡포를 짐작할 수 있다. 34권, 〈梁統列傳〉에 立傳.

[國譯]

　張陵(장릉)의 字는 處沖(처충)으로 尙書를 역임했다. (桓帝) 元嘉
연간, 새해 朝賀에 大將軍 梁冀(양기)가 칼을 차고 조회에 참례하자
장릉은 꾸짖어 나가게 하면서 羽林과 虎賁의 군사를 시켜 양기의 칼
을 빼앗았다. 양기가 무릎을 꿇고 사과하였지만 장릉은 받아들이지
않고, 양기 탄핵을 상주하며 정위에 보내 논죄해야 한다고 주청하니
조서로 양기에게 일 년 질록으로 속죄케 하였다. 이에 조정 백관이
모두 숙연하였다.

　그전에 양기의 동생 梁不疑(양불의)가 河南尹이 되어 장릉을 효렴
으로 천거했었다. 양불의는 장릉이 양기 탄핵을 상주하자 장릉에게
일러 말했다. "옛날 당신을 천거했었는데 그 때문에 내 형이 징벌을
받는군요." 이에 장릉이 대답하였다.

　"明府께서 제가 불초한 줄을 모르고 잘못 추천하셨지만, 지금 내
가 나라 법도를 세웠으니 私恩에는 보답했습니다."

　이에 양불의는 부끄러웠다. 장릉의 동생이 張玄(장현)이다.

❾ 張玄

原文

玄字處虛, 沈深有才略, 以時亂不仕. 司空張溫數以禮辟, 不能致. 中平二年, 溫以車騎將軍出征涼州賊邊章等, 將行, 玄自田廬被褐帶索, 要說溫曰,

"天下寇賊雲起, 豈不以黃門常侍無道故乎? 聞中貴人公卿已下當出祖道於平樂觀, 明公總天下威重, 握六師之要, 若於中坐酒酣, 鳴金鼓, 整行陣, 召軍正執有罪者誅之, 引兵還屯都亭, 以次翦除中官, 解天下之倒縣, 報海內之怨毒, 然後顯用隱逸忠正之士, 則邊章之徒宛轉股掌之上矣."

溫聞大震, 不能對, 良久謂玄曰, "處虛, 非不悅子之言, 顧吾不能行, 如何!" 玄乃歎曰, "事行則爲福, 不行則爲賊. 今與公長辭矣." 卽仰藥欲飲之.

溫前執其手曰, "子忠於我, 我不能用, 是吾罪也, 子何爲當然! 且出口入耳之言, 誰今知之!"

玄遂去, 隱居魯陽山中. 及董卓秉政, 聞之, 辟以爲掾, 舉侍御史, 不就. 卓臨之以兵, 不得已强起, 至輪氏, 道病終.

| 註釋 | ○(靈帝) 中平二年 – 서기 185년. ○黃門常侍 – 中常侍, 환관, 황제 측근에서 시중, 고문 응대, 내궁에 출입. 無 定員, 질록 千石. 나중에는 比二千石으로 증액. ○祖道於平樂觀 – 祖道는 遠征하는 군사나 여행자를 위한 路祭. 송별 의식. 平樂觀은 후한 明帝 때 낙양 궁성의 서쪽에 지

은 궁궐. ㅇ宛轉股掌之上矣 - 완연히 손바닥 위에 있다. 쉬운 일이다. 宛
轉은 婉轉, 宛然(완연). ㅇ魯陽 - 南陽郡의 현명. 今 河南省 平頂山市 관할
魯山縣. ㅇ輪氏(윤씨) - 潁川郡의 현명. 今 河南省 平頂山市 관할 汝州市
病終.

[國譯]

　　張玄(장현)의 字는 處虛(처허)로 침착하고 재략이 뛰어났으나 혼란
한 시대라서 出仕하지 않았다. 司空 張溫(장온)이 여러 번 예를 갖춰
초빙했지만 장현은 응하지 않았다. (靈帝) 中平 2년에, 장온은 車騎
將軍으로 涼州(양주) 일대의 도적 邊章(변장) 등을 토벌하러 출정하
는데, 출발 전에 장현은 시골에서 갈 옷을 입고 허리에 새끼를 맨 채
로 장온을 만나 말했다.

　　"온 나라에 도적떼가 구름처럼 일어나는데, 이 모두가 환관 中常
侍가 무도하기 때문이 아니겠습니까? 듣자하니, 이번에 환관과 公
卿 이하 많은 사람들이 平樂觀(평락관)에서 祖道를 지낸다는데 明公
께서는 나라의 최고 자리에서 六師(六軍)을 장악한 요직에 있으니,
만약 중간에 술을 마시다가 징과 북을 울려 군진을 바로 정비한 뒤
에 軍正을 불러 죄인을 끌어내 처형하고 군사를 都亭에 주둔케 한
다음에 환관을 모두 도륙하여 거꾸로 매달린 듯 고통 받는 백성을
풀어주고 천하의 원한을 씻는 뒤에 숨어있는 忠正한 인재를 등용한
다면 邊章(변장) 같은 무리를 없애기는 아주 쉬운 일입니다."

　　장온은 듣고 크게 놀라 대답을 못하다가 한참 만에 장현에게 말
했다. "處虛(처허) 당신의 말을 싫어서가 아니라 내가 결행할 수가
없으니 어쩌겠습니까!" 이에 장현은 탄식하며 말했다.

"일을 결행하면 복이지만 못하면 도적질입니다. 이제 明公하고 영원히 헤어지렵니다."

그리고는 즉시 약을 마시려 했다. 장온이 급히 그 손을 잡고 말했다. "당신의 충언을 수용 못한 내 허물이거늘, 어찌 이리 해야 합니까! 그리고 당신이 금방 한 말을 나 아닌 누가 알겠습니까!"

장현은 마을을 떠나 (南陽郡) 魯陽縣 산속에 은거하였다. 董卓(동탁)이 정권을 잡은 뒤 장현의 명성을 듣고 참모로 불러 侍御史을 제수하였으나 장현은 부임하지 않았다. 동탁이 군사를 거느리고 찾아오자 어쩔 수 없이 억지로 출발하였지만 (潁川郡의) 輪氏縣(윤씨현)에 오는 길에 병으로 죽었다.

原文

贊曰, 中世儒門, 賈,鄭名學. 衆馳一介, 爭禮氈幄. 升,元守經, 義偏情較, 霸貴知止, 辭交戚里. 公超善術, 所舍成市.

| 註釋 | ○儒門 - 儒學. ○衆馳一介 - 鄭衆(정중). 介는 介甲. 武將. ○爭禮氈幄 - 氈은 모전 전. 털로 만든 옷. 幄은 휘장 안. 흉노의 선우.

[國譯]

贊曰,

賈逵(가규)와 鄭興(정흥)이 中世의 名儒이었다.

鄭衆은 흉노에 사신으로 가서 單于와 禮를 다퉜다.

范升(범승)과 陳元은 경학을 고수했고 正義를 견지하였다.

張霸(장패)는 머물 데를 알고 고향에 묻히지 않았다.
張楷(장해)의 도술에 그가 사는 곳에 시장이 생겼다.

37 桓榮丁鴻列傳
〔환영,정홍열전〕

❶ 桓榮

桓榮字春卿, 沛郡龍亢人也. 少學長安, 習《歐陽尙書》, 事博士九江朱普. 貧窶無資, 常客傭以自給, 精力不倦, 十五年不窺家園. 至王莽簒位乃歸.

會朱普卒, 榮奔喪九江, 負土成墳, 因留敎授, 徒衆數百人. 莽敗, 天下亂. 榮抱其經書與弟子逃匿山谷, 雖常饑困而講論不輟, 後復客授江淮閒.

|註釋| ○桓榮(환영) – 東晉의 世族인 譙國 桓氏(桓溫, 桓玄 등등)의 遠祖. ○沛郡 龍亢(용항) – 今 安徽省 중앙부 蚌埠市(방부시) 근처. ○習《歐陽尙書》– 歐陽和伯(구양화백)이 전수한 《尙書》. ○貧窶無資 – 窶는 가난

할 구. 空也.

　桓榮(환영)의 字는 春卿(춘경)으로 沛郡(패군) 龍亢縣(용항현) 사람이다. 젊어 長安에 유학하여《歐陽尙書》를 전공하며 九江郡 朱普(주보)를 스승으로 모셨다. 가난하고 재산이 없어 늘 품팔이로 자급하며 노력을 게을리하지 않았으며 15년 간 뜰을 바라보지 않았다고 한다. 왕망이 漢을 찬탈하자 고향으로 돌아왔다.

　마침 사부 朱普(주보)가 죽자, 환영은 九江郡에 가서 문상하고 흙을 날라 봉분을 만들었으며 겸해서 그곳에 머물며 교수하였는데 문생이 수백 명이나 되었다. 왕망이 패망하고 천하가 혼란했다. 환영은 經書를 가지고 弟子와 함께 산속에 숨었는데, 비록 굶주리면서도 강론을 그치지 않았고 다시 長江과 淮水 지역을 돌며 경전을 교수하였다.

原文

　建武十九年, 年六十餘, 始辟大司徒府. 時顯宗始立爲皇太子, 選求明經, 乃擢榮弟子豫章何湯爲虎賁中郞將, 以《尙書》授太子. 世祖從容問湯本師爲誰, 湯對曰, "事沛國桓榮." 帝卽召榮, 令說《尙書》, 甚善之. 拜爲議郞, 賜錢十萬, 入使授太子.

　每朝會, 輒令榮於公卿前敷奏經書. 帝稱善, 曰, "得生幾晚!"會《歐陽》博士缺, 帝欲用榮. 榮叩頭讓曰, "臣經術淺薄, 不如同門生郎中彭閎,揚州從事戲弘." 帝曰, "兪, 往, 女諧." 因拜榮爲博士, 引閎,弘爲議郞.

| 註釋 | ○建武十九年 – 서기 43년. ○顯宗始立爲皇太子 – 顯宗(明帝)는 建武 19년 6월에 황태자로 책립되며 莊으로 개명했다. ○豫章 – 豫章은 郡名. 治所 南昌縣, 今 江西省 북부 南昌市(江西省의 省都). ○女諧 – 女는 汝. 諧는 화합할 해. 어울리다. 적임자이다(汝能和諧此官).

[國譯]

建武 19년, 桓榮(환영)은 나이 60여 세였는데 그때서야 大司徒府에 초빙되었다. 그때 顯宗(明帝)은 막 皇太子로 책립되었는데 경학에 밝은 자를 선임하면서 환영의 제자인 豫章郡 출신 何湯(하탕)을 발탁하여 虎賁中郎將에 임명한 뒤 《尙書》를 태자에게 교수하게 하였다.

世祖(光武帝)가 조용히 하탕에게 본 스승이 누구냐고 물었는데, 하탕은 "沛國의 桓榮(환영)을 스승으로 섬겼습니다."라고 대답하였다. 광무제는 즉시 환영을 徵召(징소)하여 《尙書》를 강의하게 시켰는데 환영을 크게 칭찬하였다. 광무제는 환영에게 議郎을 제수하고 錢 10만을 하사하고 태자를 가르치게 하였다.

(광무제는) 朝會 때마다 환영에게 公卿 앞에서 경서 내용을 설명케 하였다. 광무제는 칭찬하며 말했다. "桓生을 너무 늦게 만났도다!" 그때 《歐陽尙書》의 博士가 결원이었는데 광무제는 환영을 임명하려고 했다. 이에 환영은 머리를 조아리며 사양하였다.

"臣의 경학은 천박하여 同門生인 郞中 彭閎(팽굉)이나 揚州從事 戱弘(희홍)만 못합니다."

광무제는 "그렇다면 가서 데려오라. 자네는 이 자리 적임자다." 그리고 환영에게 박사를 제수하고, 팽굉과 희홍을 만나 議郞으로 임명하였다.

原文

車駕幸大學, 會諸博士論難於前, 榮被服儒衣, 溫恭有蘊籍, 辯明經義, 每以禮讓相猒, 不以辭長勝人, 儒者莫之及, 特加賞賜. 又詔諸生雅吹擊磬, 盡日乃罷. 後榮入會庭中, 詔賜奇果, 受者皆懷之, 榮獨擧手捧之以拜. 帝笑指之曰, "此眞儒生也." 以是愈見敬厚, 常令止宿太子宮. 積五年, 榮薦門下生九江胡憲侍講, 乃聽得出, 旦一入而已. 榮嘗寢病, 太子朝夕遣中傅問病, 賜以珍羞,帷帳,奴婢, 謂曰, "如有不諱, 無憂家室也." 後病癒, 復入侍講.

| 註釋 | ○車駕幸大學 – 車駕는 황제. 大學은 太學. ○蘊籍(온자) – 너그럽고 여유가 있다. 함축성과 여유가 있음. ○相猒(상압) – 논쟁 상대를 설복시키다. 猒은 물릴 염. 막을 압. 누르다. ○雅吹擊磬 – 〈雅〉나 〈頌〉을 피리로 불고 磬(경)을 연주하다. 磬은 악기 이름 경. 돌로 만들 타악기. ○中傅(중부) – 태자궁의 관직명. 태자에 속한 관직이 많은데 太子太傅(中二千石. 輔導太子. 禮如師)는 관원을 통솔하지 않고 太子少傅(二千石. 輔導爲職, 悉主太子官屬)가 실질적 행정 책임자이다. ○如有不諱 – 不諱(불휘)는

死也.

[國譯]

　황제는 太學에 행차하여 모든 博士를 모아 면전에서 토론케 하였는데, 환영은 儒衣(유의)를 입고 온화 공손하고 여유가 있었으며, 經義를 설명할 때는 늘 禮讓으로 상대를 설득시켰지 말을 길게 하여 이기려 하지 않았는데, 다른 유생이 따라오지 못했기에 특별히 상을 더 받았다. 또 광무제는 諸生(太學生)에게 〈雅〉나 〈頌〉을 吹管(취관)하고 磬(경)을 연주하게 하여 날이 저물어야 끝이 났다.

　환영은 입조하거나 연회에 참석하여 귀한 과일을 하사받기도 했는데, 다른 사람은 그냥 품에 넣었지만 환영만은 손을 들어 받은 다음 절을 올렸다. 그러면 광무제는 웃으며 말했다. "이가 진짜 儒生이로다." 이로써 환영은 더욱 신임을 받았으며 늘 太子宮에서 유숙하였다. 5년이 지나서야 환영은 문하생인 九江郡 사람 胡憲(호헌)을 侍講(시강)으로 천거하자, 환영은 허락을 받아 나올 수 있었으나 아침에는 입궁해야 했다. 환영이 병이 났을 때 太子는 조석으로 中傅(중부)를 보내 문병하면서 좋은 음식이나 휘장, 노비 등을 하사하였고 "만약 죽더라도 가족을 걱정하지 말라."고 말했다.

　그 뒤 병이 낫자 다시 들어가 侍講하였다.

原文

　二十八年, 大會百官, 詔問誰可傅太子者, 群臣承望上意, 皆言太子舅執金吾原鹿侯陰識可. 博士張佚正色曰, "今陛下立太子, 爲陰氏乎? 爲天下乎? 卽爲陰氏, 則陰侯可, 爲天下, 則固宜用天下之賢才." 帝稱善, 曰, "欲置傅者, 以輔太子也. 今博士不難正朕, 況太子乎?" 卽拜佚爲太子太傅, 而以榮爲少傅, 賜以輜車,乘馬. 榮大會諸生, 陳其車馬,印綬, 曰, "今日所蒙, 稽古之力也, 可不勉哉!"

榮以太子經學成畢, 上疏謝曰,

「臣幸得侍帷幄, 執經連年, 而智學淺短, 無以補益萬分. 今皇太子以聰叡之姿, 通明經義, 觀覽古今, 儲君副主莫能專精博學若此者也. 斯誠國家福佑, 天下幸甚. 臣師道已盡, 皆在太子, 謹使掾臣氾再拜歸道.」

太子報書曰,「莊以童蒙, 學道九載, 而典訓不明, 無所曉識. 夫《五經》廣大, 聖言幽遠, 非天下之至精, 豈能與於此! 況以不才, 敢承誨命. 昔之先師謝弟子者有矣, 上則通達經旨, 分明章句, 下則去家慕鄕, 求謝師門. 今蒙下列, 不敢有辭, 願君愼疾加餐, 重愛玉體.」

| 註釋 | ○(建武) 二十八年 – 서기 52년. ○原鹿侯 陰識(음식, ?–59년) – 光武帝 皇后 陰麗華(음려화)의 이복 오빠. 父 陰陸(음륙), 異母弟로 陰興, 陰訢, 陰就가 있었다. 明帝의 외숙. 32권, 〈樊宏陰識列傳〉立傳. ○少傅 – 질록 이천석. 태자를 직접 훈도하고 교육하며 태자궁에 속한 백관을 통솔하였다. ○輜車(치거) – 덮개가 있는 수레. 짐수레 치. ○稽古之力也 – 학문의 힘이다. 稽古(계고)는 옛일을 상세히 고찰하다. 학문. 稽는 詳考할 계. ○可不勉哉 – 不可勉哉의 도치. 강조 어법. ○儲君副主 – 황태자. 儲君은

예비 주군. 다음의 주군. 副主는 주군의 副職. 황태자. ㅇ莊以童蒙 – 莊은 태자의 이름. 童蒙(동몽)은 어린아이. 蒙은 입을 몽, 어리석을 몽. ㅇ求謝 師門 – 스승의 문하를 떠나가다. 孔子의 제자 皐魚(고어)가 통곡하는 것을 보고, 공자가 물었다. "親喪을 당하지도 않았는데 어찌 이리 슬피 통곡하는가?" 그러자 고어가 말했다. "저는 젊어 호학하였고 제후를 찾아 여러 곳을 떠돌다 보니 부모가 모두 돌아가셨습니다. 樹欲靜이나 風이 不止하고 子欲養이나 親이 不待합니다. 흘러가니 따라갈 수 없는 세월이고, 돌아가시면 뵐 수 없는 부모님입니다." 이에 공자가 말했다. "제자들을 잘 기억하라." 이에 공자 문하를 떠나간 자가 十에 三이었다.

[國譯]

(建武) 28년, 百官이 모두 모인 자리에서 광무제는 누가 태자를 輔導할 사부의 적임자인가를 물었는데, 여러 신하들은 광무제의 뜻을 알고 모두가 태자의 외숙으로 執金吾인 元鹿侯 陰識(음식)이 적임자라고 말했다. 이에 博士 張佚(장일)이 정색을 하고 말했다.

"지금 폐하께서 태자를 세운 것이 陰氏를 위한 것입니까? 천하를 위한 일입니까? 만약 음씨를 위한다면 음씨 제후라도 좋습니다만 천하를 위한다면 응당 천하의 賢才를 꼭 임용해야 합니다."

이에 광무제가 칭찬하며 말했다. "태자의 사부를 둔다는 것은 태자를 돕는 일이다. 지금 박사가 꺼리지 않고 짐을 바로잡아주었으니 하물며 태자야 말할 것이 있겠는가?" 그리고서는 즉시 張佚(장일)을 太子太傅로 삼고, 환영을 少傅로 임명하고 (환영에게) 輜車(치거)와 타고 다닐 馬를 하사하였다. 환영은 태학생을 모아놓고 거마와 인수를 보여주며 말했다. "오늘 내가 받은 은택은 학문의 힘이다. 힘써 노력 않을 수 있겠는가!"

환영은 태자의 경학이 완성 단계에 이르자 사임을 상소하였다.

「臣이 요행히 태자를 모신 지 몇 년이 지났지만 지혜와 학문이 얕고 짧아 만분의 일도 도와준 것이 없습니다. 지금 太子께서는 총명예지의 자질로 經義에 통달하고, 고금의 사적을 두루 읽으셨으니 뒷날을 계승한 황태자로 이처럼 정통하시고 박학한 경우가 없을 것입니다. 이는 참으로 나라의 복이며 만백성을 위해서도 다행한 일입니다. 臣의 師道는 이제 다 했고 태자께서는 모두를 갖추었기에 삼가 掾吏(연리) 氾(사)를 보내 재배하며 사직코자 합니다.」

이에 太子가 答書를 보내왔다.

「저 莊(장)은 아직 어린 사람으로 9년을 배웠지만 아직 경전의 뜻도 잘 모르고 깨우쳐 아는 것도 없습니다. 《五經》은 廣大하며 聖言은 아주 幽遠(유원)하나니, 天下에 특출한 분이 아니라면 어찌 이와 같을 수 있겠습니까! 재주도 없는 저로서는 감히 가르치심을 따를 뿐이었습니다. 옛날 제자와 스승이 떠난 경우가 있습니다만 상등의 경우에 제자가 경전의 뜻에 통달하고 문장을 분명히 깨우쳐서 떠나보낸 경우이고, 아래로는 가향을 떠난 지가 오래되어 사부께서 제자 곁을 떠나려는 경우일 것입니다. 지금 저는 아래의 정황이라서 다시 드릴 말씀이 없습니다만 사부께서는 병환에 유념하시고 음식을 잘 챙기시어 옥체를 보중하시길 바랍니다.」

■原文

三十年, 拜爲太常. 榮初遭倉卒, 與族人桓元卿同饑厄, 而榮講誦不息. 元卿嗤榮曰, "但自苦氣力, 何時復施用

乎?"榮笑不應. 及爲太常, 元卿歎曰, "我農家子, 豈意學之
爲利乃若是哉!"

　顯宗卽位, 尊以師禮, 甚見親重, 拜二子爲郞. 榮年踰八
十, 自以衰老, 數上書乞身, 輒加賞賜. 乘輿嘗幸太常府, 令
榮坐東面, 設几杖, 會百官驃騎將軍東平王蒼以下及榮門生
數百人, 天子親自執業, 每言輒曰 "大師在是." 旣罷, 悉以
太官供具賜太常家. 其恩禮若此.

　永平二年, 三雍初成, 拜榮爲五更. 每大射養老禮畢, 帝
輒引榮及弟子升堂, 執經自爲下說. 乃封榮爲關內侯, 食邑
五千戶.

| 註釋 | ○(建武) 三十年 – 서기 54년. ○太常 – 卿, 질록 中二千石. 禮
儀祭祀를 담당, 행사에 天子를 보좌. 博士를 선임, 大射, 養老, 大喪의 의
례 주관 매월 그믐 능묘를 순시함. 부직으로 太常丞 1인, 질록 比千石, 실
무 총책. 소속 관원으로 太史令, 博士祭酒와 박사 14명, 太祝令, 太宰令, 大
予樂, 高廟令, 世祖廟令, 先帝陵, 陵園令 등을 관장하였다. ○倉卒 – 허둥
대다. 경황이 없다. 危難. ○饑厄(기액) – 굶주리고 위기에 처하다. 饑는
굶주릴 기. 厄은 좁을 액. 고생하다. 危難. ○元卿嗤榮曰 – 嗤는 웃을 치.
비웃다. ○令榮坐東面 – 주인의 자리에 앉음. ○設几杖 – 몸을 기댈 안석
과 지팡이. 几는 안석 궤. ○大師在是 – 태사께서 여기 계십니다. ○永平
二年 – 서기 59년. ○三雍初成 – 明堂, 靈臺, 辟雍. 하늘의 도움을 받아 和
氣를 불러 오는 건물. ○拜榮爲五更 – 五叟로도 표기(叟는 늙은이 수). 연로
하여 致仕하고 經驗(五事인 貌, 言, 視, 聽, 思)이 풍부한 사람이란 뜻으로,
보통 지팡이를 짚지 않아도 되는 公卿 중에서 고른다. ○執經自爲下說 –

경전을 펴고 자문자답하며 가르침을 청하다.

[國譯]

(建武) 30년, (桓榮은) 太常에 임명되었다. 그전에 환영이 환난을 당했을 때 같은 집안의 桓元卿(환원경)과 함께 굶주렸지만 환영은 경전 강론과 암송을 쉬지 않았다. 그러자 환원경은 환영을 비웃으며 말했다.

"그렇게 애써 힘들이지만 언제 다시 써 먹겠는가?"

그래도 환영은 웃을 뿐 대꾸하지 않았다. 태상이 되자 환원경이 탄식하며 말했다. "내가 농사꾼 아들로 학문의 이득이 이럴 줄 어찌 알았겠나!"

顯宗(明帝)이 즉위하고서는 師傅의 예로 환영을 받들었는데, 아주 극도로 존중하면서 환영의 두 아들을 낭관에 임명하였다. 환영은 나이 80이 넘자 노쇠하여 여러 번 면직을 신청하였지만 명제는 그때마다 상을 내렸으며, 한 번은 황제가 太常府에 행차하여 환영을 동향으로 앉게 한 뒤에 안석과 지팡이를 하사하였다. 그때 百官과 驃騎將軍 東平王 劉蒼(유창) 이하 환영의 門生 수백 명이 모였는데 天子는 스스로 경전을 들고 가르침을 청하면서 "태사께서 여기 계십니다.(大師在是)"라고 말했으며, 太官을 시켜 음식과 기타 물건을 모두 太常의 집에 보내도록 하였다. 명제의 사부에 대한 은택과 예의가 이러하였다

(明帝) 永平 2년, 三雍(明堂, 靈臺, 辟雍)이 완공되자 환영을 五更 (五叟) 임명하였고, 매번 大射나 養老禮가 끝나면 황제는 환영을 모시고 제자와 함께 당위에 올라와 명제가 경전을 펴들고 가르침을 청하였다. 그리고 환영을 關內侯에 봉했는데 식읍은 五千戶였다.

榮每疾病, 帝輒遣使者存問, 太官,太醫相望於道. 及篤,
上疏謝恩, 讓還爵土. 帝幸其家問起居, 入街下車, 擁經而
前, 撫榮垂涕, 賜以牀茵,帷帳, 刀劍,衣被, 良久乃去. 自是諸
侯將軍大夫問疾者, 不敢復乘車到門, 皆拜牀下.

榮卒, 帝親自變服, 臨喪送葬, 賜冢塋於首山之陽. 除兄
子二人補四百石, 都講生八人補二百石, 其餘門徒多至公
卿. 子郁嗣.

| 註釋 | ○牀茵 – 침상용 깔 자리. 茵은 자리 인. ○首山 – 首陽山. 今
洛陽市 동쪽 30km, 偃師市(언사시)의 산, 해발 359m, '日出之初, 光必先
及'이라 해서 얻은 이름. 伯夷, 叔齊가 고사리를 뜯어 먹은 산. ○都講生
– 스승을 대신하여 강의하는 제자 중고참. 문생의 우두머리. 塾頭, 接長.

[國譯]

桓榮(환영)이 병석에 누울 때마다 明帝는 바로 사자를 보내 안부
를 물었고 太官(太官令)이나 太醫가 길에서 서로 만날 정도였다. 병
이 위독하자, 환영은 상소하여 사은하며 작위와 식읍을 반환하려 했
다. 명제가 직접 환영의 집에 문안을 왔는데 길목에 들어 수레에서
내려 걸어 들어와서 책을 끼고 침상에 나아가 환영의 손을 어루만지
며 눈물을 흘렸고 침상용 깔 자리와 휘장, 도검, 이불을 하사하고 한
참을 머물다가 돌아갔다.

이후로 제후나 장군, 대부로 문병 오는 자는 수레를 타고 대문까
지 오지 못했으며 모두 병상 아래에서 拜禮하였다.

환영이 죽자, 황제가 직접 상복을 입고 장례에 임하였으며 首陽
山 남쪽 기슭에 묏자리를 하사하였고, 환영 형의 아들 2명을 질록 4
백석 관리에 임명하고 都講生 8인을 2백석에 임용하였으며 그밖에
많은 문도가 공경의 자리에 올랐다. 아들 桓郁(환욱)이 계승했다.

原文

論曰, 張佚許切陰侯, 以取高位, 危言犯衆, 義動明后, 知
其直有餘也. 若夫一言納賞, 志士爲之懷恥, 受爵不讓, 風
人所以興歌. 而佚廷議戚援, 自居全德, 意者以廉不足乎?
昔樂羊食子, 有功見疑, 西巴放麑, 以罪作傅. 蓋推仁審僞,
本乎其情. 君人者能以此察, 則眞邪幾於辨矣.

| 註釋 | ○許切陰侯 – 許은 들추어낼 알. ○志士爲之懷恥 – 志士로 당
연히 할 일을 했는데 그 보답을 바라거나 받는다면, 이는 商賈일 것이다.
○受爵不讓 – '受爵不讓 至於己斯亡'《詩經 小雅 角弓》. ○風人 ~ – 風人
은 詩人. ○自居全德 – 천하의 賢才를 뽑아 사부로 삼아야 한다고 말하고
자신이 그 자리를 바로 차지하였다. ○昔樂羊食子 – 樂羊(악양)은 魏將으
로 中山國을 공격하였다. 악양의 아들은 그때 中山國에서 잡혀있었는데
중산국에서는 아들을 삶아 죽이고 그 국물(羹)을 악양에게 보냈다. 악양은
국물을 마시고 중산국을 공격 점령하였다. ○西巴放麑 – 麑 사자 예. 사
슴 새끼. 孟孫이란 사람이 사냥을 하다가 사슴 새끼(麑 새끼 사슴 예)를 잡아
秦西巴(진서파)란 사람을 시켜 끌고 가게 하였는데, 어미 사슴이 따라오며
슬피 울어대자 진서파는 새끼 사슴을 풀어주었다.

范曄(범엽)의 史論 : 張佚(장일)은 陰侯(陰識)를 지적하며 반대하여
고위직에 올랐는데 그 직언이 여러 사람의 뜻과 같지 않았으나 의기
가 君侯를 감동케 하였으며, 그가 아주 정직하다는 것을 알 수 있었
다. 만약 말 한마디로 상을 받는다면 志士는 이를 수치로 생각할 것
이며, 작위를 받으며 양보하지 않는다면 詩人은 이를 풍자하는 노래
를 지을 것이다. 장일은 조정에서 외척을 밀어내고 스스로는 그 자
리를 차지하였으니 생각해보면 염치가 부족한 사람일 수도 있다. 옛
날 樂羊(악양)은 제 아들을 삶아 죽인 국물을 마셔가며 공을 세웠으
나 의심을 받았고, 秦西巴(진서파)는 새끼 사슴을 풀어주는 죄를 짓
고도 사부가 되었다. 대체로 仁義의 실천은 그 진위를 살펴야 하고,
인간의 보통 정서에서 우러나와야 한다. 人君이 이를 살펴본다면,
그 진위는 아마 거의 구별할 수 있을 것이다.

❷ 桓郁

原文

郁字仲恩, 少以父任爲郎. 敦厚篤學, 傳父業, 以《尙書》敎
授, 門徒常數百人. 榮卒, 郁當襲爵, 上書讓於兄子泛, 顯宗
不許, 不得已受封, 悉以租入與之. 帝以郁先師子, 有禮讓,
甚見親厚, 常居中論經書, 問以政事, 稍遷侍中. 帝自制《五
家要說章句》, 令郁校定於宣明殿, 以侍中監虎賁中郎將.

永平十五年, 入授皇太子經, 遷越騎校尉, 詔勅太子,諸王
各奉賀致禮. 郁數進忠言, 多見納錄. 肅宗即位, 郁以母憂
乞身,詔聽以侍中行服. 建初二年,遷屯騎校尉.

| 註釋 | ○桓郁(환욱) - 桓榮의 아들. ○(明帝) 永平十五年 - 서기 72
년. ○越騎校尉 - 질록 比二千石. 宿衛兵을 관장. ○詔聽以侍中行服 - 侍
中의 관직에 있으면서 복상하다. ○(章帝) 建初二年 - 서기 77년. ○屯騎
校尉 - 越騎校尉와 동급. 北軍 소속의 교위이다.

[國譯]

桓郁(환욱)의 字는 仲恩(중은)으로 젊어 부친의 관직에 의거 郎官
이 되었다. 환욱은 敦厚(돈후)하고 篤學(독학)하였는데, 부친의 학문
을 이어 받고《尚書》를 교수하였는데 門徒가 늘 수백 명이나 되었
다. 桓榮(환영)이 죽자, 환욱이 작위(關內侯)를 계승해야 하는데 상
서하여 작위를 형의 아들 桓泛(환범)에게 양보하려 했으나 顯宗(明
帝)이 불허하여 부득이 작위를 받고서는 (식읍의) 田租 수입을 조카
에게 주었다. 명제는 환욱이 先師의 아들이라 하여 예를 갖추면서
매우 두터이 친애하였는데 경서 강론을 들을 때마다 政事를 물었으
며 환욱은 점차 승진하여 侍中이 되었다. 명제는 친히《五家要說章
句》를 지었고, 이를 桓郁에게 宣明殿에서 교정케 하였고 (환욱이)
侍中으로 虎賁中郎將을 감독케 하였다.

(明帝) 永平 15년, 궁에서 皇太子에게 경학을 전수하였고 越騎校
尉로 승진하였다. 명제는 조서를 내려 태자와 여러 王이 각자 예를
갖춰 (환욱을) 치하케 하였다. 환욱은 자주 忠言을 올렸고 많이 채

택되었다. 肅宗(장제)가 즉위한 뒤, 환욱은 모친상을 당하여 사직하려 하자 조서로 侍中 관직에 있으면서 복상하도록 허락하였다. (章帝) 建初 2년, 屯騎校尉(둔기교위)로 자리를 옮겼다.

原文

和帝卽位, 富於春秋, 侍中竇憲自以外戚之重, 欲令少主頗涉經學, 上疏皇太后曰.

「《禮記》云, '天下之命, 懸於天子, 天子之善, 成乎所習. 習與智長, 則切而不勤, 化與心成, 則中道若性. 昔成王幼小, 越在襁褓, 周公在前, 史佚在後, 太公在左, 召公在右. 中立聽朝, 四聖維之. 是以慮無遺計. 擧無過事.' 孝昭皇帝八歲卽位, 大臣輔政, 亦選名儒韋賢, 蔡義, 夏侯勝等入授於前, 平成聖德. 近建初元年, 張酺, 魏應, 召訓亦講禁中. 臣伏惟皇帝陛下, 躬天然之姿, 宜漸敎學, 而獨對左右小臣, 未聞典義. 昔五更桓榮, 親爲帝師, 子郁, 結髮敦尙, 繼傳父業, 故再以校尉入授先帝, 父子給事禁省, 更歷四世, 今白首好禮, 經行篤備. 又宗正劉方, 宗室之表, 善爲《詩經》, 先帝所襃. 宜令郁, 方並入敎授, 以崇本朝, 光示大化.」

由是遷長樂少府, 復入侍講. 頃之, 轉爲侍中奉車都尉. 永元四年, 代丁鴻爲太常. 明年, 病卒.

|註釋| ○富於春秋 – 和帝는 10세에 즉위, 서기 88-105년 재위. 연호,

永元(89-104). 元興 105년. ○侍中竇憲(두헌, ?-92) - 司空을 역임한 竇融(두융)의 증손. 23권, 〈竇融列傳〉에 立傳. ○皇太后 - 章帝의 章德竇皇后(?-97年, 황후 재위 78-88년), 大司空 竇融의 증손녀. ○史佚在後 - 史佚(사일)은 成王 때의 史官, 佚이 名. ○慮無遺計 - 遺는 失也. ○孝昭皇帝八歲卽位 - 武帝의 아들. 재위 前 86-74년. ○韋賢(위현) - 《魯詩》전공. ○蔡義(채의) - 《韓詩》전공. ○夏侯勝(하후승) - 《歐陽尙書》전공. ○宗正 - 卿, 질록 中二千石. 王國 嫡庶의 순차, 宗室 親屬의 遠近관계 기록, 郡國에서 해마다 보고되는 종실의 名籍을 관리. 副職인 丞의 질록은 比千石. ○(和帝) 永元四年 - 서기 92년.

[國譯]

和帝가 즉위하였으나 나이가 어렸고, 侍中 竇憲(두헌)은 外戚으로 권력을 장악하였는데 어린 주군이 經學을 널리 배울 수 있게 하려고 皇太后(章帝의 章德竇皇后)에게 상소하였다.

「《禮記》에는 '天下의 운명은 天子에 달렸고 천자의 선행은 학습에 따라 형성된다. 학습과 지혜가 함께 진보하면 스스로 노력하여 독려하지 않아도 교화되고 결심이 서서 행실은 저절로 道에 맞게 된다. 옛날 (周) 成王이 아주 어려 여전히 강보에 싸여 있었지만 周公이 앞에서 史佚(사일)은 뒤에서 太公은 左에서, 召公은 右에서 보좌하였다. 성왕이 친정한 뒤에도 4명의 성인이 보좌하였다. 이 때문에 나쁜 생각을 하지 않았고 잘못된 행실이 없었다.' 라고 하였습니다. 孝昭皇帝는 8세에 즉위하셨는데 大臣이 정사를 보필하면서도 名儒를 뽑았으니 韋賢(위현), 蔡義(채의), 夏侯勝(하후승) 등이 궁에서 昭帝에게 교수하여 훌륭한 덕을 갖출 수 있었습니다. 가깝게는 (章帝) 建初 원년에 張酺(장포), 魏應(위응), 召訓(소훈) 등이 궁궐에서 강학하였습니다. 臣의 생각으로는, 황제 폐하께서는 천부의 자질을 타고 나셨지만 점차 학문이 습관화 되어야 하는데 좌우에 小臣만을 상대하시면 경전의 대의를 듣지 못하실 것입니다. 이전에 五更(오경)이던 桓榮(환영)은 황제(明帝)의 스승이셨으며, 아들인 桓郁(환욱)은 어려서부터 부친의 학업을 전수받았기에 校尉이면서도 궁에서 先帝(章帝)께 교수하였고, 父子가 궁궐에서 업무를 맡아 四世를 모셨으며 지금은 늙었지만 禮를 따르고 경학이 돈독합니다. 또 宗正인 劉方(유방)은 宗室의 대표이며 《詩經》에 밝아 선제께서도 칭찬하셨습니다. 환욱과 유방이 함께 궁에서 경학을 교수케 하여 皇朝를 숭상케 하고 교화를 널리 전파해야 할 것입니다.」

이에 환욱을 長樂少府로 승진시켜 다시 궁에서 강학하게 하였다. 환욱은 얼마 후 侍中 奉車都尉로 전직하였다. (和帝) 永元 4년에, 丁鴻(정홍)의 후임으로 太常이 되었다. 그 다음 해에 병으로 죽었다.

原文

郁經授二帝, 恩寵甚篤, 賞賜前後數百千萬, 顯於當世. 門人楊震,朱寵, 皆至三公.

初, 榮受朱普學章句四十萬言, 浮辭繁長, 多過其實. 及榮入授顯宗, 減爲二十三萬言. 郁復刪省定成十二萬言. 由是有《桓君大小太常章句》.

子普嗣, 傳爵至曾孫. 郁中子焉, 能世傳其家學. 孫鸞,曾孫彬, 並知名.

| 註釋 | ㅇ楊震,朱寵 – 楊震은 54권, 〈楊震列傳〉에 立傳. ㅇ刪省 – 줄이고 생략하다. 刪은 깎을 산.

[國譯]

桓郁(환욱)은 二帝(章帝와 桓帝)에게 경학을 교수하여 그 恩寵이 아주 돈독하였고 전후에 받은 賞賜가 百千 萬이었으며 당세에 유명하였다. 제자인 楊震(양진)과 朱寵(주총)은 모두 三公이 되었다.

그전에 桓榮은 朱普(주보)로부터 《歐陽尙書》의 章句 40만 자를 배웠는데 쓸데없이 浮華 번잡하고 길며 과장된 것이 많았다. 환영이 顯宗(明帝)에게 경학을 교수할 때 23만 자 정도로 축소하였다. 환욱은 다시 줄이고 생략하여 12만 자 정도로 확정하였다. 이리하여 《桓君大小太常章句》가 완성되었다.

아들 桓普(환보)가 계승하였고 작위는 증손까지 이어졌다. 환욱의 작은아들 桓焉(환언)은 그 가학을 전승하였다. 손자인 桓鸞(환란)과 증손 桓彬(환빈)도 모두 유명하였다.

❸ 桓焉

原文

焉字叔元, 少以父任爲郎. 明經篤行, 有名稱. 永初元年, 入授安帝, 三遷爲侍中步兵校尉. 永寧中, 順帝立爲皇太子, 以焉爲太子少傅, 月餘, 遷太傅, 以母憂自乞, 聽以大夫行喪. 踰年, 詔使者賜牛酒, 奪服, 卽拜光祿大夫, 遷太常. 時

廢皇太子爲濟陰王, 焉與太僕來歷,廷尉張晧諫, 不能得, 事
已具〈來歷傳〉.

順帝卽位, 拜太傅, 與太尉朱寵並錄尙書事. 焉復入授經
禁中, 因燕見, 建言宜引三公,尙書入省事, 帝從之. 以焉前
廷議守正, 封陽平侯, 固讓不受. 視事三年, 坐辟召禁錮者
爲吏免. 復拜光祿大夫. 陽嘉二年, 代來歷爲大鴻臚, 數日,
遷爲太常. 永和五年, 代王龔爲太尉. 漢安元年, 以日食免.
明年, 卒於家.

弟子傳業者數百人, 黃瓊,楊賜最爲顯貴. 焉孫典.

| 註釋 | ○桓焉(환언) - 焉은 어찌 언. ○(安帝) 永初元年 - 서기 107년.
○(安帝) 永寧中 - 서기 120년. ○張晧(장호) - 56권, 〈張王種陳列傳〉에
立傳. ○〈來歷傳〉- 來歙(내흡)의 曾孫. 15권, 〈李王鄧來列傳〉. ○順帝卽
位 - 서기 126년. ○(順帝) 陽嘉二年 - 서기 133년. ○大鴻臚(대홍려) - 9
卿의 하나. 질록 中二千石. 諸王의 入朝 時 접대와 諸侯 봉작에 대한 업무,
歸義하는 蠻夷(만이, 소수민족)와 관련한 업무도 담당. ○(順帝) 永和五年 -
서기 140년. ○王龔(왕공) - 56권, 〈張王種陳列傳〉에 立傳. ○(順帝) 漢安
元年 - 서기 142년. ○黃瓊(황경) - 61권, 〈左周黃列傳〉 立傳. ○楊賜(양
사) - 楊震의 손자. 54권, 〈楊震列傳〉 立傳.

[國譯]

桓焉(환언)의 字는 叔元(숙원)으로 젊어 부친의 관직에 의거 낭관
이 되었다. 경학에 밝고 행실이 돈독하여 유명하였다. (安帝) 永初
원년, 安帝에게 경학을 가르쳤고 3번 승진하여 侍中으로 步兵校尉

가 되었다. (安帝) 永寧 연간에, 順帝를 황태자로 책립하자 환언은 太子少傅가 되었다가 한 달 뒤에 太子太傅가 되었는데, 모친의 상을 당해 면직을 신청하자 大夫의 직책으로 복상토록 수락하였다. 1년 뒤에 안제는 사자를 보내 소고기와 술을 하사하며 탈상케 하고 즉시 光祿大夫에 임명했다가 太常으로 승진시켰다. 그때 皇太子를 폐위하여 濟陰王(제음왕)에 봉하자, 환언은 太僕인 來歷(내력), 廷尉인 張晧(장호)와 함께 충간하였으나 뜻을 이루지 못했는데, 이는 〈來歷傳〉에 기록하였다.

順帝가 즉위하여 太傅가 되어 太尉 朱寵(주총)과 함께 尙書 직무를 감독하였다. 환언은 다시 궁궐에서 경학을 가르쳤는데 順帝에게 三公이 尙書 업무를 감독할 수 있게 하라고 건의하였고 순제는 이를 받아들였다. 환언이 이전에 조정의 (황태자 폐위) 논의에서 正論을 견지하였다 하여 陽平侯(양평후)에 봉했으나 환언은 굳이 사양하며 받지 않았다. 환언은 3년간 업무를 담당하였으나 禁錮(금고)에 처한 자를 관리로 임용하였다 하여 면직되었다. 다시 光祿大夫가 되었다. (順帝) 陽嘉 2년에, 來歷(내력)의 후임으로 大鴻臚(대홍려)가 되었으나 며칠 뒤 太常으로 전임되었다. (順帝) 永和 5년에, 王龔(왕공)의 후임으로 太尉가 되었다가 (順帝) 漢安 원년에 日食이 일어나자 면직되었다. 그 다음 해에 집에서 죽었다.

弟子로 학업을 전수받은 자가 수백 명이었는데 黃瓊(황경)과 楊賜(양사)가 가장 높은 자리에 올랐다. 환언의 손자가 桓典(환전)이다.

❹ 桓典

原文

典字公雅, 復傳其家業, 以《尙書》敎授潁川, 門徒數百人. 舉孝廉爲郎. 居無幾, 會國相王吉以罪被誅, 故人親戚莫敢至者. 典獨弃官收斂歸葬, 服喪三年, 負土成墳, 爲立祠堂, 盡禮而去.

辟司徒袁隗府, 舉高第, 拜侍御史. 是時宦官秉權, 典執政無所迴避. 常乘驄馬, 京師畏憚, 爲之語曰, '行行且止, 避驄馬御史.' 及黃巾賊起滎陽, 典奉使督軍. 賊破, 還, 以悟宦官賞不行. 在御史七年不調, 後出爲郎.

靈帝崩, 大將軍何進秉政, 典與同謀議, 三遷羽林中郎將. 獻帝卽位, 三公奏典前與何進謀誅閹官, 功雖不遂, 忠義炳著. 詔拜家一人爲郎, 賜錢二十萬. 從西入關, 拜御史中丞, 賜爵關內侯. 車駕都許, 遷光祿勳. 建安六年, 卒官.

| 註釋 | ○潁川(영천) – 郡名. ○國相王吉(왕길) – 沛國의 相. 77권, 〈酷吏列傳〉에 立傳. ○司徒袁隗(원외) – 袁紹(원소)의 숙부. 關東의 反董卓軍의 중심이 袁紹, 袁術이었다. ○滎陽(형양) – 河南尹의 현명. 今 河南省 鄭州市 관할 滎陽市. ○悟宦官 – 悟는 거스를 오. 만나다. ○不調 – 승진하지 못하다. 調는 뽑힐 조. 옮기다. ○大將軍 何進(하진, ?-189) – 南陽 宛縣 출신, 본래 가축을 잡는 屠戶 출신, 이복의 여동생이 입궁하여 靈帝의 두 번째 황후가 되었다. 하진은 大將軍으로 錄尙書事 겸임. 환관 세력을 꺾겠다고 董卓(동탁)을 불러들인 장본인. 十常侍에게 피살. 69권, 〈竇何列傳〉

에 입전. ㅇ 閹官(엄관) 환관. 閹은 내시 엄. ㅇ 從西入關 初平 원년(190
년), 董卓이 獻帝를 협박하여 장안으로 천도했었다. ㅇ 車駕都許 헌제가
장안을 탈출하여 建安 원년(서기 196년) 낙양으로 돌아왔다가 曹操의 군
영이 있는 (潁川郡) 許縣(허현, 許都, 今 河南省 중부 許昌市)으로 옮겼다. ㅇ 建
安六年 서기 201년.

[國譯]

桓典(환전)의 字는 公雅(공아)인데, 다시 家學을 전승하여 潁川郡
(영천군)에서 《尚書》를 교수하였는데 門徒가 수백 명이었다. 孝廉(효
렴)으로 천거되어 낭관이 되었다. 얼마 뒤에 沛國의 相인 王吉(왕길)
이 죄를 짓고 처형되자 친구나 親戚이 감히 문상하는 자가 없었다.
환전만은 관직을 버리고 시신을 거두어 장례를 치루고 3년간 복상
하였으며, 흙을 날라 무덤을 만들고 사당을 세워 예를 다한 뒤에 떠
나갔다.

袁隗(원외)의 司徒府에 부름을 받아 근무하다가 품행이 바르다고
천거되어 侍御史가 되었다. 이때는 환관이 권력을 쥐고 있었는데,
환전은 업무를 처리하며 전혀 두려워하지 않았다. 환전은 늘 靑驄馬
(청총마)를 타고 다녔는데 낙양 사람들이 두려워하며 '가고 가다 쉬
더라도 청총마 어사는 피해라.' 라고 말했다. 黃巾賊이 滎陽(형양) 현
에서 봉기하자 환전은 사자가 되어 군사를 감독하였다. 황건적을 격
파하고 돌아왔으나 환관의 뜻을 거슬러 상을 받지 못했다. 시어사로
7년을 근무하였지만 승진하지 못했다. 뒤에는 낙양을 떠나 낭관으
로 강등되었다.

靈帝가 붕어하자, 대장군 何進(하진)이 권력을 잡았는데 환전은

하진과 함께 (환관 제거를) 모의했고 세 번 승진하여 羽林中郎將이 되었다. 獻帝가 즉위한 뒤 三公은 환전이 전에 하진과 함께 환관 제거를 모의하였는데, 거사가 성공하지는 못했지만 충성과 의기가 뚜렷하다고 상주하였다. 이에 헌제는 조서로 가족 1명을 낭관에 임용하고 금전 2십만을 하사하였다. 헌제를 따라 장안에 들어가 御史中丞이 되었고 關內侯 작위를 받았다. 헌제가 許都로 옮겨가자 光祿勳으로 승진하였다. 建安 6년에, 관직을 갖고 죽었다.

❺ 桓鸞

| 原文 |

鸞字始春, 焉弟子也. 少立操行, 縕袍糟食, 不求盈餘. 以世濁, 州郡多非其人, 恥不肯仕. 年四十餘, 時太守向苗有名多, 乃擧鸞孝廉, 遷爲膠東令. 始到官而苗卒, 鸞卽去職奔喪, 終三年然後歸, 淮汝之閒高其義. 後爲巳吾,汲二縣令, 甚有名多. 諸公並薦, 復徵拜議郎. 上陳五事, 擧賢才, 審授用, 黜佞幸, 省苑囿, 息役賦. 書奏御, 牾內豎, 故不省. 以病免. 中平元年, 年七十七, 卒於家. 子曄.

| 註釋 | ○桓鸞(환란) ─ 鸞은 난새 난. 瑞鳥. ○少立操行 ─ 操行(조행)은 몸가짐, 品行. ○縕袍糟食 ─ 변변치 못한 옷과 거친 음식. ○太守向苗(상묘) ─ 向은 성씨 상. ○膠東(교동) ─ 北海國 膠東縣. 膠는 아교 교. ○黜佞

幸 - 黜은 물리칠 출. ㅇ㤾內豎 - 內豎는 환관. 豎는 더벅머리 수. 환관.
ㅇ(靈帝) 中平元年 - 184년.

[國譯]

　桓鸞(환란)의 字는 始春(시춘)인데, 桓焉(환원) 동생의 아들(조카)
이다. 젊어서도 행실이 바르고 변변치 못한 옷과 거친 음식이라도
풍족하거나 많은 것을 바라지 않았다. 세상이 혼탁하고 州郡에 賢人
도 없다며 출사를 부끄럽게 생각했다. 나이 40여 세에 그때 太守 向
苗(상묘)는 명망이 높았는데 환란을 孝廉(효렴)으로 천거하였고, 환
란은 (北海國) 膠東(교동) 縣令으로 승진하였다. 환란이 현령으로 부
임하자마자 상묘가 죽었는데, 환란은 관직을 버리고 奔喪(분상)하여
3년을 마친 뒤에 돌아오자 淮南(회남)과 汝南郡 일대에서 그 의기를
높이 칭송하였다. 훗날 (陳留郡) 巳吾縣(사오현)과 (河內郡) 汲縣(급
현)의 현령이 되었는데 매우 유명하였다. 삼공이 함동으로 추천하여
다시 조정의 부름을 받아 議郎이 되었다. 환란은 賢才의 등용, 인재
채용 전의 심사, 간신배의 黜斥(출척), 황제의 놀이 정원 폐지, 부역
의 감소 등 5가지를 상소하였다. 상소가 황제에게 올라가야 하지만
환관의 뜻을 거슬렀기에 황제에게 올리지 않았다. 환란은 병으로 사
직하였다. (靈帝) 中平 원년에, 77세로 집에서 죽었다. 아들이 桓曄
(환엽)이다.

❻ 桓曄

曄字文林, 一名嚴, 尤修志介. 姑爲司空楊賜夫人. 初鸞
卒, 姑歸寧赴哀, 將至, 止於傳舍, 整飾從者而後入, 曄心非
之. 及姑勞問, 終無所言, 號哭而已. 賜遣吏奉祠, 因縣發取
祠具, 曄拒不受. 後每至京師, 未嘗舍宿楊氏. 其貞忮若此.
賓客從者, 皆祗其志行, 一餐不受於人. 仕爲郡功曹. 後擧
孝廉,有道,方正,茂才, 三公並辟, 皆不應. 初平中, 天下亂,
避地會稽, 遂浮海客交阯, 越人化其節, 至閭里不爭訟. 爲
凶人所誣, 遂死於合浦獄.

| 註釋 | ○尤修志介 – 尤는 더욱 우. 특히. 志介는 의지와 절개. ○司空
楊賜夫人 – 楊賜(양사)는 楊震(양진)의 손자. 54권, 〈楊震列傳〉에 立傳.
○貞忮若此 – 貞忮는 지조. 해칠 기. 뜻이 굳다. ○(靈帝) 初平中 – 서기
190–193년. ○合浦 – 合浦郡 治所는 合浦縣, 今 廣西壯族自治區 동남부
北海市 관할 合浦縣.

[國譯]

桓曄(환엽)의 字는 文林(문림)으로 일명 桓嚴(환엄)인데, 특히 의리
와 지조를 지켰다. 환엽의 고모는 司空 楊賜(양사)의 부인이었는데
桓鸞(환란)이 죽었을 때 친정에 상을 지르러 오면서 도착 전에 傳舍
에 들려 종자들의 차림새를 가다듬게 한 뒤에 들어오자, 환엽은 이
를 옳지 않다고 여겼다. 고모가 문상하며 위로하자, 환엽은 끝까지

아무 말도 하지 않고 哭(곡)만 하였다. 양사가 관리를 보내 제사를 도
우면서 縣에서 필요한 물자를 징발하자, 환엽은 거절하며 받지 않았
다. 뒷날 낙양에 가더라도 양사의 집에 머물지 않았으니 그의 굳은
지조가 이와 같았다. 그의 賓客이나 從者들도 모두 그의 지행을 흠
모하였는데 단 한 끼 식사도 다른 사람한테 접대 받지 않았다. 출사
하여 郡의 功曹가 되었다. 뒷날 孝廉과 有道, 方正과 茂才(무재)로 천
거되어 三公府에서 모두 초빙하였으나 환엽은 응하지 않았다. (靈
帝) 初平 연간에, 천하가 혼란해지자 會稽郡(회계군)으로 피난하였다
가 나중에는 바다로 交趾(교지)의 땅으로 이주하였는데 越人들도 그
의 지조에 감화를 받아 그가 거처하는 마을에서는 訟事(송사) 다툼
이 없었다. 흉악한 자의 모함을 받아 결국 合浦郡 옥에서 죽었다.

❼ 桓彬

原文

彬字彦林, 焉之兄孫也. 父麟, 字符鳳, 早有才惠. 桓帝初,
爲議郎, 入侍講禁中, 以直道忤左右, 出爲許令, 病免. 會母
終, 麟不勝喪, 未祥而卒, 年四十一. 所著碑, 誄, 贊, 說, 書凡
二十一篇.

彬少與蔡邕齊名. 初擧孝廉, 拜尙書郎. 時中常侍曹節女
壻馮方亦爲郎, 彬厲志操, 與左丞劉歆, 右丞杜希同好交善,
未嘗與方共酒食之會, 方深怨之, 遂章言彬等爲酒黨. 事下

尙書令劉猛, 猛雅善彬等, 不擧正其事. 節大怒, 劾奏猛, 以
爲阿黨, 請收下詔獄, 在朝者爲之寒心, 猛意氣自若, 旬日得
出, 免官禁錮. 彬遂以廢. 光和元年, 卒於家, 年四十六. 諸
儒莫不傷之.

所著〈七說〉及書凡三篇, 蔡邕等共論序其志, 僉以爲彬
有過人者四, 夙智早成, 岐嶷也, 學優文麗, 至通也, 仕不苟
祿, 絶高也, 辭隆從窊, 絜操也. 乃共樹碑而頌焉.

劉猛, 琅邪人. 桓帝時爲宗正, 直道不容, 自免歸家. 靈帝
卽位, 太傅陳蕃,大將軍竇武輔政, 復徵用之.

| 註釋 | ○彬字彦林 - 彬은 빛날 빈. 彦은 선비 언. ○許令 - (潁川郡)
許縣(허현) 縣令. 今 河南省 중부 許昌市. ○未祥而卒 - 祥은 제사 이름 상
(朞而小祥 又朞而大祥). ○蔡邕(채옹, 서기 133 - 192년) - 後漢 말년의 명사.
유명한 才女 蔡琰(채염, 文姬)의 부친. 60권. 〈馬融列傳〉(下)에 입전. ○中
常侍 曹節(조절) - (靈帝) 建寧元年(서기 168년)에 矯詔(교조)를 이용하여
太傅인 陳蕃(진번), 大將軍인 竇武(두무)와 尙書令 尹勳(윤훈), 侍中인 劉瑜
(유유), 屯騎校尉(둔기교위)인 馮述(풍술)을 주살하고 그들 일족을 모두 죽였
다.《三國演義》에 등장하는 '十常侍' 의 한 사람. ○爲之寒心 - 그를 한심
하게 생각하였다. 寒心은 안타깝고 어이없다. 몹시 두려워 몸이 오싹하다.
○(靈帝) 光和元年 - 서기 178년. ○〈七說〉- 문장 이름. 前漢의 辭賦의
작가 枚乘(매승, ?-前 140)의 〈七發〉과 유사한 성격의 문장. 〈七發〉은 漢代
賦의 발전과정에서 중요한 위치를 차지하고 있다. 〈七說〉은 그 부친 桓麟
(환린)의 〈七說〉1首가 있다 하였다. 부친의 작품인지 미상? 〈七設〉의 오
류라는 주석도 있다. ○僉以爲~ - 僉은 모두. 많은 사람. 僉은 다 첨. 여

러 사람. ㅇ夙智早成 - 夙智(숙지)는 어려서부터 총명함. ㅇ岐嶷(기억) -
어려서부터 재주가 뛰어나다. 岐는 지각이 드는 모양. 산 이름 기. 嶷은 높
을 억. 영리할 억, 산 이름 의. 어린아이가 매우 영리하다. ㅇ辭隆從窊(사륭
종와) - 문사가 뛰어나게 아름답다. 窊隆(와륭)은 높고 낮음. 문장이 아름답
다. 窊는 우묵할 와. ㅇ絜操 - 깨끗한 지조. 絜은 깨끗할 결. 헤아릴 현.
ㅇ琅邪(낭야) - 琅邪國. 治所는 開陽縣, 今 山東省 남부 臨沂市(임기시).

[國譯]

桓彬(환빈)의 字는 彦林(언림)인데, 桓焉(환언) 형의 손자이다. 부친
桓麟(환린)의 字는 符鳳(부봉)인데 어려서부터 재주가 많았다. 桓帝
초에 議郎이 되어 궁중에 들어가 侍講(시강)을 하였고 강직한 정도를
지켜 황제 측근의 뜻을 거슬러 (潁川郡) 許縣(허현) 현령으로 쫓겨났
다. 병으로 사직하였다. 마침 모친이 죽었는데, 환린은 喪事를 견디
지 못하고 小祥(소상) 전에 죽었는데 41세였다. 환림이 지은 碑文과
誄文(뇌문), 贊(찬)과 說(설), 書(서, 편지글) 등이 모두 21편이었다.

桓彬(환빈)은 젊어서 名士 蔡邕(채옹)과 함께 유명하였다. 처음에
孝廉(효렴)으로 천거되었는데 尙書郎이 되었다. 그때 中常侍인 曹節
(조절)의 사위인 馮方(풍방) 역시 낭관이었으나 환빈은 엄격한 지조
를 지켜 左丞인 劉歆(유흠), 右丞인 杜希(두희) 등과 잘 교제하면서도
풍방과는 함께 술을 마시지 않자, 풍방은 심하게 미워하면서 환빈
등을 酒黨이라고 비난하였다. 이 일이 尙書令 劉猛(유맹)에게 넘겨
졌는데, 유맹은 평소에 환빈 등과 가까웠기에 그 일을 정식으로 문
제 삼지 않았다. 이에 조절은 대노하며 유맹을 같은 무리라면서 詔
獄(조옥)에 가둬야 한다고 탄핵 상주하자, 조정에서는 이를 안타깝고

어이없는 일이라 생각하였다. 이에 유맹은 평소와 같이 태연하였는데 10일이 지나 출옥하였으나 면직되어 禁錮(금고, 관직 임용 제한)에 처해졌다. 환빈도 결국은 파직되었다. (靈帝) 光和 원년에, 집에서 죽었는데 46세였다. 슬퍼하지 않는 유생이 없었다.

환빈이 지은 〈七說〉과 書 등 모두 3편이 있는데, 蔡邕(채옹) 등이 함께 글을 지어 그의 뜻을 기렸는데 모두가 환빈이 다른 사람보다 뛰어난 4가지가 있다고 하였다. 어려서부터 총명하고 재주가 뛰어났으며, 학문이 깊고 훌륭한 문장은 이치에 통달하였으며, 出仕하면서 녹봉에 구애받지 않으니 지조가 높으며, 문사가 뛰어나게 아름다우며 깨끗한 지조를 가졌다고 하였다. 이에 함께 비석을 세워 칭송하였다.

劉猛(유맹)은 琅邪(낭야) 사람이다. 桓帝 때 宗正이었는데 강직한 정도를 지켜 다른 사람들이 배제하여 스스로 사임하고 귀향하였다. 靈帝가 즉위한 이후, 太傅 陳蕃(진번)과 大將軍 竇武(두무)가 정사를 보필하면서 다시 불러 등용하였다.

原文

論曰, 伏氏自東西京相襲爲名儒, 以取爵位. 中興而桓氏尤盛, 自榮至典, 世宗其道, 父子兄弟代作帝師, 受其業者皆至卿相, 顯乎當世. 孔子曰, '古之學者爲己, 今之學者爲人.' 爲人者, 憑譽以顯物, 爲己者, 因心以會道. 桓榮之累世見宗, 豈其爲己乎!

│ 註釋 │ ○伏氏自東西京相襲爲名儒 - 伏生에서 伏湛(복침)까지, 前漢 (西京)과 後漢(東京)에서 유명했다. 26권, 〈伏侯宋蔡馮趙牟韋列傳〉에 立 傳. ○孔子曰, 古之學者爲己, ~. -《論語 憲問》. ○憑譽以顯物 - 칭송을 들으려 하고 자신을 드러내다.

[國譯]

范曄(범엽)의 史論 : 伏氏(복씨)는 前漢과 後漢에서 대를 이어 名儒 로 작위를 받았다. 中興 이후에 桓氏(환씨)는 더욱 번성하였으니 桓 榮(환영)부터 桓典(환전)에 이르기까지 대대로 정도를 지켜 부자 형 제가 대를 이어 황제의 스승이었으며, 그의 제자들은 모두 公卿이 되어 당세에 유명하였다. 孔子는 '옛 학자는 자신을 위하여 학문을 했으나 지금 학자는 남에게 알려지려고 학문을 한다.'고 말했다. 남 을 위한 학문은 칭송을 받아 자신을 드러내려 하지만, 자신을 위한 학문은 마음을 道義에 일치시키려 한다. 환영 이후 여러 대에 걸쳐 존중을 받은 것은 자신을 위한 학문이라 어찌 아니 하겠는가!

❽ 丁鴻

│ 原文 │

丁鴻字孝公, 潁川定陵人也. 父綝, 字幼春, 王莽末守潁 陽尉. 世祖略地潁陽, 潁陽城守不下, 綝說其宰, 遂與俱降, 世祖大喜, 厚加賞勞, 以綝爲偏將軍, 因從征伐. 綝將兵先 度河, 移檄郡國, 攻營略地, 下河南,陳留,潁川二十一縣.

建武元年, 拜河南太守. 及封功臣, 帝令各言所樂, 諸將
皆占豐邑美縣, 唯綝願封本鄉. 或謂綝曰, "人皆欲縣, 子獨
求鄉, 何也?" 綝曰, "昔孫叔敖勅其子, 受封必求磽埆之地,
今綝能薄功微, 得鄉亭厚矣."

帝從之, 封定陵新安鄉侯, 食邑五千戶, 後徙封陵陽侯.

| 註釋 | ○父綝 - 綝은 말릴 침. 잡아매다. ○守潁陽尉 - 임시 (潁川郡)
潁陽縣 縣尉. ○孫叔敖(손숙오) - 楚 莊王(前 614 - 591 재위)의 相. 孫叔敖
는 죽기 전에 아들에게 "내가 죽은 뒤 왕이 좋은 땅에 너를 봉하겠지만, 좋
은 땅은 받지 말라. 다만 楚와 越 사이에 寢丘(침구)라는 곳은 땅도 좋지 않
고 이름도 나쁘니 그곳을 받으면 너희가 오래 보유할 수 있다."고 훈계했
다. ○磽埆之地 - 척박한 땅. 磽은 메마른 땅 교. 埆은 메마를 각.

[國譯]

丁鴻(정홍)의 字는 孝公(효공)으로 潁川郡(영천군) 定陵縣(정릉현)
사람이다. 부친 丁綝(정침)은 字가 幼春(유춘)으로 왕망 말기에 임시
(潁川郡) 潁陽縣(영양현) 縣尉였다. 世祖(光武帝)가 각지를 평정하며
영양현에 왔지만 영양 현령이 투항하지 않자, 정침이 현령을 설득하
여 함께 투항하자 광무제는 크게 기뻐하면서 후한 상을 내려 위로했
고, 정침은 偏將軍으로 임용되어 광무제를 따라 정벌에 나섰다. 정침
은 군사를 거느리고 먼저 河水를 건넜고, 각 군국에 격문을 보내고
경략하여 河南郡, 陳留郡(진류군), 潁川郡의 21개 현을 평정하였다.

建武 원년에, 河南太守가 되었다. 공신을 봉할 때 광무제는 각자
에게 좋은 곳을 말하게 하였는데 여러 장수들은 모두 풍요한 邑이나

큰 縣을 받았으나 정침만은 자기 본향에 책봉되기를 원했다. 어떤
사람이 정침에게 말했다. "다른 사람은 모두 縣을 원하는데, 왜 당
신은 鄕을 받으려 하는가?" 이에 정침이 말했다.

"옛날 (楚의) 孫叔敖(손숙오)는 그 아들에게 봉토를 받을 때 꼭 척
박한 땅을 받으라고 훈계하였는데, 지금 나는 능력도 부족하고 공적
도 미미하니 鄕이나 亭을 받아도 넉넉합니다."

광무제는 허락하고 정침을 定陵新安鄕侯에 봉하고, 食邑은 5천
호로 정했는데 나중에 陵陽侯로 옮겨 봉했다.

鴻年十三, 從桓榮受《歐陽尙書》, 三年而明章句, 善論難,
爲都講, 遂篤志精銳, 布衣荷擔, 不遠千里. 初, 綝從世祖征
伐, 鴻獨與弟盛居, 憐盛幼小而共寒苦. 及綝卒, 鴻當襲封,
上書讓國於盛, 不報. 旣葬, 乃掛縗絰於冢廬而逃去, 留書
與盛曰,

「鴻貪經書, 不顧恩義, 弱而隨師, 生不供養, 死不飯唅,
皇天先祖, 並不佑助, 身被大病, 不任茅土. 前上疾狀, 願辭
爵仲公, 章寢不報, 迫且當襲封. 謹自放弃, 逐求良醫. 如遂
不瘳, 永歸溝壑.」

鴻初與九江人鮑駿同事桓榮, 甚相友善, 及鴻亡封, 與駿
遇於東海, 陽狂不識駿. 駿乃止而讓之曰,

"昔伯夷, 吳札亂世權行, 故得申其志耳. 《春秋》之義, 不

以家事廢王事. 今子以兄弟私恩而絶父不滅之基, 可謂智
乎?"

鴻感悟, 垂涕歎息, 乃還就國, 開門教授. <u>鮑駿</u>亦上書言
<u>鴻</u>經學至行, <u>顯宗</u>甚賢之.

| 註釋 | ○掛縗絰於冢廬而逃去 – 掛는 걸 괘. 걸어놓다. 縗絰(최질)은
상복. 冢廬(총려)는 시묘살이하는 오두막(廬幕) ○弱而隨師 – 弱은 少也.
젊은 시절. ○不任茅土 – 不任은 감당하지 못하다. 茅土(모토)는 封土. 제
후를 봉할 때 長安을 기준으로 封地의 소재지 방향에 따른 색(五色)의 흙
을 茅(띠 모, 잔디)로 싸서 주는데, 제후는 그 흙을 封國의 社에 안치하였다.
○願辭爵仲公 – 동생 盛의 字. ○永歸溝壑 – 溝壑은 도랑이나 골짜기 구
덩이. 溝 물도랑 구. 壑은 산골짜기 학. ○伯夷 – 孤竹君의 子. 叔齊(숙제)
와 首陽山에서 餓死(아사). ○吳札亂世權行 – 吳王 壽夢(수몽)의 막내아들
季札. 형들이 讓國하려 했으나 집을 떠나 농사를 지었다. 이는 난세에 대
응하는 일시적 방편이지 정도는 아니라는 뜻.

[國譯]

丁鴻(정홍)은 13세에 桓榮(환영)으로부터 《歐陽尙書》를 배웠는데,
3년이 지나자 章句의 뜻에 통하고 토론도 잘하여 都講(도강)이 되었
고, 굳세고 돈독한 의지가 있어 무명옷에 旅裝을 꾸려 천리를 멀다
않고 스승을 찾아다녔다.

그전에 부친 丁綝(정침)이 광무제를 따라 정벌에 나선 동안 정홍
은 동생 丁盛(정성)과 함께 지냈는데 어린 동생이 추위에 떨며 고생
하자, 이를 늘 불쌍히 여겼다. 부친이 죽어 정홍이 작위를 세습해야

하지만 上書하여 작위를 동생에게 양보하려 했지만 허락받지 못했다. 장례를 치룬 뒤 정홍은 시묘살이 오두막(廬幕)에 상복을 걸어놓고 동생에게 편지를 남기고 몰래 떠나갔다.

"나는 經學에 대한 욕심으로 恩義를 못 지켰고 젊어서 스승을 따라다니느라 살아계신 부모께 봉양을 못했고 돌아가신 뒤에도 예를 다 하지 못하여 皇天 先祖께서 나를 돕지 않아 큰 병이 있어 작위를 감당할 수가 없다. 앞서 나의 病을 말하며 동생에게 작위를 양보하려했지만 올린 글이 폐기되어 허락을 받지 못하여 할 수 없이 작위를 받았다. 이제 내 스스로 버리고 良醫를 찾아가려 한다. 만약 내 병을 고치지 못한다면 도랑이나 골짜기에 묻힐 것이다."

정홍은 예전부터 九江郡 사람 鮑駿(포준)과 함께 桓榮(환영)에게 배웠고 서로 매우 친했는데 정홍이 작위를 버린 뒤에 포준을 東海郡에서 만났지만 미친 척하며 포준을 모른 척하였다. 이에 포준이 못하게 말리며 질책하였다.

"옛날에 伯夷(백이)나 吳의 季札(계찰)은 亂世에 임시방편으로 그 뜻을 이루었다지만《春秋》의 대의에도 家事 때문에 王事를 폐할 수 없다고 하였소. 지금 그대가 형제의 私恩으로 선친이 이룬 불멸의 공훈을 없애려 하는데 과연 지혜롭다 하겠는가?"

정홍은 크게 깨달아 눈물을 흘리며 탄식하고 바로 봉지로 돌아가서 문호를 열고 후학을 가르쳤다. 포준도 조정에 정홍의 經學과 의리를 上書하여 顯宗(明帝)도 정홍을 매우 칭송하였다.

　永平十年詔徵, 鴻至卽召見, 說〈文侯之命篇〉, 賜御衣及
綬, 稟食公車, 與博士同禮. 頃之, 拜侍中. 十三年, 兼射聲
校尉. 建初四年, 徙封魯陽鄉侯.

　肅宗詔鴻與廣平王羨及諸儒樓望,成封,桓郁,賈逵等, 論
定《五經》同異於北宮白虎觀, 使五官中郎將魏應主承制問
難, 侍中淳于恭奏上, 帝親稱制臨決. 鴻以才高, 論難最明,
諸儒稱之, 帝數嗟美焉. 時人歎曰, “殿中無雙丁孝公.” 數
受賞賜, 擢徙校書, 遂代成封爲少府. 門下由是益盛, 遠方
至者數千人. 彭城劉愷,北海巴茂,九江朱倀皆至公卿. 元和
三年, 徙封馬亭鄉侯.

|註釋| ○(明帝)永平十年 – 서기 67년. 詔徵, 鴻至卽召見, ○說〈文侯
之命篇〉 –《書經 周書 文侯之命》, 周 平王이 東遷한 뒤 晋 文侯를 方伯에
封하며 훈계한 내용. ○稟食公車 – 公車(공거)에서 대기하는 동안 숙식을
제공받다. ○(章帝)建初四年 – 서기 79년. ○廣平王羨 – 劉羨(유선), 明
帝 子. ○樓望(누망) – 인명. 관직은 太常. ○成封(성봉) – 인명. 少府. ○桓
郁(환욱) – 屯騎校尉였다. ○賈逵(가규, 30 – 101년) – 逵는 한 길(큰 길) 규.
당시 관직은 衛士令. ○論定《五經》同異於 – 36권,〈鄭范陳賈張列傳〉의
〈賈逵傳〉 참고. ○(肅宗)元和三年 – 서기 86년.

[國譯]

　(明帝)永平 10년, 조서를 내려 徵召하여 정홍이 도착하자, 즉시
인견하자 정홍은《書經 文侯之命》을 강설하였다. 명제는 정홍에게

御衣와 인수를 하사하였고 公車에서 숙식을 하면서 博士와 같은 예
우를 받았다. 얼마 후 侍中이 되었다. 13년 射聲校尉를 겸직하였다.
(章帝) 建初 4년, 정홍은 魯陽鄕侯에 옮겨 봉해졌다. 肅宗(章帝)이
정홍과 廣平王 劉羨(유선)과 여러 유생 樓望(누망), 成封(성봉), 桓郁
(환욱), 賈逵(가규) 등에게 명하여 《五經》의 同異를 北宮 白虎觀에서
토론하여 확정하게 하였는데 五官中郎將인 魏應(위응)이 토론할 주
제를 황제로부터 받아오고 侍中 淳于恭(순우공)이 결과를 상주하면
황제가 친림하여 결재하였다. 정홍은 재능이 뛰어나 토론에 가장 밝
아 여러 유생의 칭송을 들었고, 장제는 여러 번 감탄하였다. 그때 사
람들도 "殿中에 丁孝公(丁鴻)만한 이가 없다."고 하였다. 장제가 여
러 번 상을 내렸고 校書로 발탁하였으며 마침내 成封(성봉)의 후임
으로 少府가 되었다. 문하생들은 더욱 늘어 먼 곳에서 찾아오는 자
가 수천 명이나 되었다. 彭城(팽성)의 劉愷(유개), 北海의 巴茂(파무),
九江의 朱倀(주창) 등은 뒷날 모두 공경이 되었다. (肅宗) 元和 3년,
정홍은 馬亭鄕侯에 옮겨 봉해졌다.

原文

　和帝卽位, 遷太常. 永元四年, 代袁安爲司徒. 是時竇太
后臨政, 憲兄弟各擅威權. 鴻因日食, 上封事曰,

　「臣聞日者陽精, 守實不虧, 君之象也, 月者陰精, 盈毁有
常, 臣之表也. 故日食者, 臣乘君, 陰陵陽, 月滿不虧, 下驕
盈也. 昔周室衰季, 皇甫之屬專權於外, 黨類强盛, 侵奪主

勢, 則日月薄食, 故《詩》曰, '十月之交, 朔月辛卯, 日有食
之, 亦孔之醜.'《春秋》日食三十六, 弑君三十二. 變不空生,
各以類應. 夫威柄不以放下, 利器不可假人. 覽觀往古, 近
察漢興, 傾危之禍, 靡不由之. 是以<u>三桓</u>專<u>魯</u>, <u>田氏</u>擅<u>齊</u>, 六
卿分<u>晉</u>, 諸<u>呂</u>握權, 統嗣幾移, <u>哀</u>,<u>平</u>之末, 廟不血食. 故雖有
<u>周公</u>之親, 而無其德, 不得行其勢也.」

| 註釋 | ○(和帝) 永元四年 – 서기 92년. ○袁安(원안) – 45권,〈袁張韓
周列傳〉에 立傳. ○昔周室衰季 – 幽王 재위 중. ○皇甫之屬 – 幽王 王后
의 무리. ○《詩》曰 –《詩 小雅 十月之交》. ○亦孔之醜 – 孔은 심하다. 醜
는 나쁘다(惡也). ○威柄不以放下 – 威柄은 爵祿 수여의 권한이나 生과
死, 與와 奪 廢出과 誅殺 등의 권한. ○利器不可假人 – 국가의 권세. 假는
빌려주다. 넘겨주다. ○三桓專魯 – 魯 桓公의 후손인 季孫氏, 叔孫氏, 仲
孫氏를 지칭. ○田氏擅齊 – 田氏는 齊 陳敬仲의 후손으로 전국시대 齊의
왕족. 전국시대의 齊나라를 田齊라 한다. ○六卿分晉 – 智氏, 中行氏, 范
氏, 韓氏, 趙氏, 衛氏를 6卿이라 하였는데 이중 韓, 衛, 趙가 晋을 三分하며
전국시대가 열린다. ○諸呂握權 – 高祖 呂后의 일족. 呂産, 呂祿 등.

[國譯]

和帝가 卽位하자 (丁鴻은) 太常으로 승진하였다. 永元 4년, 袁安
(원안)의 후임으로 司徒가 되었다. 이때는 (章帝의) 竇太后가 臨政(임
정)하며, 竇憲(두헌) 형제가 큰 권한을 행사하였는데 일식이 일어나
자 정홍은 封事를 올렸다.

「臣이 알기로, 해(日)는 陽氣의 精華로 언제나 充實하여 결코 이

지러지지 않으니 君主의 형상입니다. 달은 음기의 정화로 찼다가 기울기를 늘 반복하니 신하의 표상입니다. 그래서 일식이란 신하가 주군을 이기고 음이 양을 능멸하는 형상이며, 달이 찼다가 기울지 않는다는 것은 신하의 교만이 가득 찼기 때문입니다. 옛날 西周 왕실의 쇠퇴기에 皇甫(황보)의 일족이 궁 밖에서 전권을 행사하며 族黨이 강성하여 주군의 세력을 침탈하자 일식 월식이 일어났기에 《詩 小雅 十月之交》에서는 '시월 초 초하루 辛卯日에, 일식이 일어나니 아주 나쁜 일이네.' 라고 하였습니다. 《春秋》에 日食이 36회, 주군 시해가 32번이나 있었습니다. 이런 이변은 공연히 발생하지 않고 각 상황에 상응하여 일어납니다. 대체로 주군의 권한을 아래 사람에게 내줄 수 없으며, 국가의 권세는 타인에게 넘겨주는 것이 아닙니다. 지나간 옛 기록이나 가까이는 漢 이후에도 위기에 처하는 재앙은 모두 이유가 있었습니다. 곧 三桓(삼환)이 魯의 국정을 전담했고, 田氏는 齊의 국정을 농단했으며, 六卿이 晉을 삼분하였습니다. 高祖 呂后의 일족이 전권을 쥐면서 황통이 거의 옮겨갈 뻔하였으며 哀帝와 平帝 말기에 종묘 제사가 거의 끊어졌습니다. 그러하기에 비록 周公 같은 친척일지라도 그만한 덕행이 없다면 권한을 행사할 수 없는 것입니다.」

原文

「今大將軍雖欲勑身自約, 不敢僭差, 然而天下遠近皆惶怖承旨, 刺史二千石初除謁辭, 求通待報, 雖奉符璽, 受臺勑, 不敢便去, 久者至數十日. 背王室, 向私門, 此乃上威損,下權盛也. 人道悖於下, 效驗見於天, 雖有隱謀, 神照其情, 垂象見戒, 以告人君. 間者月滿先節, 過望不虧, 此臣驕溢背君, 專功獨行也. 陛下未深覺悟, 故天重見戒, 誠宜畏懼, 以防其禍.《詩》云, '敬天之怒 不敢戲豫' 若勑政責躬, 杜漸防萌, 則凶妖銷滅, 害除福湊矣. 夫壞崖破巖之水, 源自涓涓, 干雲蔽日之木, 起於葱青. 禁微則易, 救末者難, 人莫不忽於微細, 以致其大. 恩不忍誨, 義不忍割, 去事之後, 未然之明鏡也. 臣愚以爲左官外附之臣, 依託權門, 傾覆諂諛, 以求容媚者, 宜行一切之誅. 間者大將軍再出, 威振州郡, 莫不賦斂吏人, 遣使貢獻. 大將軍雖云不受, 而物不還主, 部署之吏無所畏憚, 縱行非法. 不伏罪辜, 故海內貪猾, 競爲姦吏, 小民吁嗟, 怨氣滿腹. 臣聞天不可以不剛, 不剛則三光不明, 王不可以不彊, 不彊則宰牧從橫. 宜因大變, 改政匡失, 以塞天意.」

| 註釋 | ○勑身自約 - 勑 조서 칙(勅). 바로잡다. ○僭差(참치) - 신분을 벗어나고 분수에 어긋나다. ○《詩》云 - 《詩經 大雅 板》. ○則凶妖銷滅 - 銷는 녹일 소. ○害除福湊矣 - 湊는 모일 주. ○涓涓(연연) - 물이 졸졸 흐르는 모양. 涓은 물 흐를 연. ○葱青(총청) - 초목의 푸른 싹. 葱은 蔥. 푸를 총, 파 총. ○左官外附之臣 - 左官은 중앙 정부의 天子 편에 서지 않고 제후 藩王의 편에 서는 관리. 外附之臣은 정도를 배신하고 私人의 편에 서는 관리. ○傾覆諂諛 - 傾覆(경복)은 뒤엎다. 諂諛(첨유)는 아첨하다. ○不彊則宰牧從橫 - 宰牧은 지방관. 從橫은 멋대로 횡행하다.

[國譯]

「지금 대장군이 비록 자신의 몸가짐을 바로잡고 행실을 조심하며 신분과 분수에 어긋난 일을 하지 않는다고 하지만 천하 원근을 막론하고 모두가 두려워 그 뜻을 받들며, 刺史(자사)나 二千石(太守) 관리가 처음 임명을 받으면 대장군을 찾아가서 배알하고 인사를 올리면서 사례하고 부탁이나 지시를 받으니, 비록 국새가 찍힌 임명장을 받고 尙書臺에서 칙령을 받아도, 그대로 임지로 가지 못하고, 심지어는 (대장군을) 만나려고 수십 일을 기다리기도 합니다. 이는 황실을 등지고 개인을 섬기는 것이니, 이렇게 되면 황제의 권위는 훼손되고 신하의 권위는 더욱 극성하게 됩니다. 이처럼 人道가 아래에서 크게 어긋나기에 그 결과가 하늘에서 (日食으로) 나타나는 것이니, 비록 은밀한 모의일지라도 神明은 모든 정황을 알아 형상(日食)으로 나타나 훈계하며 人君에게 알리는 것입니다. 요즈음 달이 보름 이전에 가득 차고, 보름이 지나도 이지러지지 않는 것은 신하의 교만이 넘쳐 주군을 위배하며 전횡하고 독단한다는 증거입니다. 폐하께서는 깊이 알지 못하기에 하늘이 거듭 훈계하는 것이니 정말로 하늘을 두려워하며 재앙을 예방해야 합니다. 《詩》에서 '하늘의 노여움을 두려워하고 감히 장난치거나 즐기지 말라.' 고 하였습니다. 만약 정치적 독단이나 처신을 바로잡고 미미한 근원을 막아 그 싹을 자른다면 凶兆(흉조)와 妖邪(요사)는 사라질 것이며, 해악은 사라지고 복이 모여들 것입니다. 큰 제방을 무너트리고 바위를 부수는 물도 그 근원은 졸졸 흐르는 냇물이며, 구름에 닿고 해를 가리는 큰 나무도 조그만 싹이 큰 것입니다. 미미할 때 자르기는 쉽고, 재앙의 뒤끝은 수습하기 어렵습니다. 미세한 일을 소홀히 했기에 큰 재앙을 불러오지 않는 사람이 없습니다. 은덕을 내리되 가르치지 않거나 의리상 차마 버리지 못한다면 큰일을 겪은 다음에 그것은 앞으로 올 일을 예견할 수 있는 거울이 될 것입니다. 臣의 어리석은 생각이지만 天子를 위하지 않고 제후 藩王의 편에 서는 左官이나 正法을 버리고 私人의 편에 外附之臣, 권문에 의탁하거나 법을 어겨 아첨하고 총애나 얻으려 애쓰는 자들은 응당 모두 주살해야 할 것입니다. 요즈음 대장군이 다시 출정한다 하여 그 위세가 州郡을 뒤흔들며, 하급 관리나 백성에게 부세를 징수하거나 사자를 보내 여러 물자를 대장군에게 헌상하지 않는 자가 없습니다. 大將軍이 비록 받지 않는다고 말은 하지만 그런 물건이 원 주인에게 돌아가지 않으며, 대장군 휘하의 관리는 아무 두려움도 없이 불법을 자행하고 있습니다. 불법을 저질러도 처벌 받지 않기에 천하의 탐욕 교활한 자들은 경쟁하듯 불법을 저지르게 되니 힘없는 백성만 탄식 속에 怨氣(원기)가 뱃속에 가득 차있습니다. 臣이 알기로, 하늘은 굳세지 않을 수 없으니 만약 하늘이 굳건하지 않다면 三光(日, 月, 星)도 밝지 못할 것입니다. 천자 또한 강건하지 않을 수 없으니, 천자가 강건하지 못하면 지방관들이 멋대로 놀아나게 되니 이 때문에 큰 변란이 일어날 것이기에 政事를 一新하고 失政을 바로잡아 하늘의 재앙을 막아야 할 것입니다.」

原文

書奏十餘日, 帝以鴻行太尉兼衛尉, 屯南,北宮. 於是收竇憲大將軍印綬, 憲及諸弟皆自殺.

時大郡口五六十萬擧孝廉二人, 小郡口二十萬並有蠻夷者

亦擧二人, 帝以爲不均, 下公卿會議. 鴻與司空劉方上言,
"凡口率之科, 宜有階品, 蠻夷錯雜, 不得爲數. 自今郡國率
二十萬口歲擧孝廉一人, 四十萬二人, 六十萬三人, 八十萬
四人, 百萬五人, 百二十萬六人. 不滿二十萬二歲一人, 不
滿十萬三歲一人." 帝從之.

　六年, 鴻薨, 賜贈有加常禮. 子湛嗣. 湛卒, 子浮嗣. 浮卒,
子夏嗣.

| 註釋 |　○憲及諸弟皆自殺 - 和帝 永元 4년(서기 92) 6월 戊戌日 초하
루에 日食이 있었다. 丙辰日에는 13개 郡國에서 지진이 발생했다. 竇憲(두
헌)이 몰래 弑逆(시역)을 시도하였다. 두헌의 대장군 印綬(인수)를 회수했고,
두헌과 그 동생 竇篤(두독)과 竇景(두경)을 (두헌의) 봉국으로 보냈는데, 도
착하면서 모두 자살하였다.

[國譯]

　상서가 보고되고 10여 일에 和帝는 정홍을 太尉 대행으로 衛尉를
겸직케 하여 南, 北宮에 주둔케 하였다. 그리고 竇憲(두헌)의 大將軍
印綬를 회수하였다. 두헌과 그 동생들은 모두 자살하였다.

　그 무렵 大郡의 인구 5, 60만 명에 孝廉(효렴)으로 2명을 천거하였
고 小郡의 인구 20만에 이민족이 포함되었어도 역시 2인을 천거하
였는데 균등하지 않다 하여 이를 공경이 논의하게 하였다. 정홍과
司空인 劉方(유방)이 상서하였다.

　"무릇 인구를 표준으로 하는 조항은 응당 등급이 있어야 하고, 蠻
夷(만이)가 섞여 있다면 그만큼 숫자에 넣지 않아야 할 것입니다. 지

금부터는 군국 인구 20만을 기준으로 해마다 孝廉 1인을 천거하되 40만이면 2인, 60만 3인, 80만 4인, 100萬은 5인, 120만은 6일을 천거하게 합니다. 20만이 안 된다면 2년에 1인, 10만이 안 되는 군이라면 3년에 1인을 천거하도록 하겠습니다.”

화제가 승낙하였다.

(永元) 6년에, 정홍이 죽었는데 증정과 하사품이 常禮보다 많았다. 아들 丁湛(정담)이 계승했다. 정담이 죽자, 아들 丁浮(정부)가 승계하였다. 정부가 죽자, 아들 丁夏(정하)가 계승하였다.

原文

論曰, 孔子曰 '太伯三以天下讓, 民無得而稱焉.' 孟子曰 '聞伯夷之風者, 貪夫廉, 懦夫有立志.' 若乃太伯以天下而違周, 伯夷率絜情以去國, 並未始有其讓也. 故太伯稱至德, 伯夷稱賢人. 後世聞其讓而慕其風, 徇其名而昧其致, 所以激詭行生而取與妄矣. 至夫鄧彪, 劉愷, 讓其弟以取義, 使弟受非服而己厚其名, 於義不亦薄乎! 君子立言, 非苟顯其理, 將以啓天下之方悟者, 立行, 非獨善其身, 將以訓天下之方動者. 言行之所開塞, 可無愼哉! 原丁鴻之心, 主於忠愛乎? 何其終悟而從義也! 異夫數子類乎徇名者焉.

| 註釋 | ○孔子曰 –《論語 泰伯》의 구절. 太伯은 泰伯, 周 太王(古公亶父, 文王의 祖父)의 장남. 동생 仲雍(중옹)과 함께 막냇동생 季歷(계력)이 후

계자가 될 수 있게 하려고 당시로서는 야만의 땅이던 長江 하류로 移居하여 文身을 하고 살았다. ○民無得而稱焉 - 백성을 그 미덕을 칭송하지 못했다. 은밀한 양보였다는 뜻. ○孟子曰 -《孟子 盡心章句 下》의 구절. ○懦夫有立志 - 懦는 나약할 나. ○以天下而違周 - 違周는 去周. ○徇其名而昧其致 - 徇은 營也. 따르다. 영위하다. ○鄧彪(등표, ?-93) - 明帝 초 부친 鄧邯(등한)이 죽자, 그 작위를 3번이나 異母 弟에게 사양하였다. 章帝 때 太尉 역임, 청렴으로 명성, 백관의 모범, 和帝 즉위 후 太傅가 되었다. 44권, 〈鄧張徐張胡列傳〉에 立傳. ○劉愷(유개, ?-124) - 劉般의 아들, 부친 사후에 동생 劉憲에게 양보하였고 황제의 수락을 받았다. 39권, 〈劉趙淳于江劉周趙列傳〉에 입전.

[國譯]

范曄(범엽)의 史論(사론) : 孔子가 말했다. '太伯(태백)은 세 차례나 천하를 양보하였으나 백성은 그 미덕을 칭송하지 못했다.' 孟子는 '伯夷(백이)의 風貌(풍모)를 전해 들으면, 욕심 많은 자는 염치를 알고, 나약한 자는 뜻을 세웠다.'고 말했다. 太伯이 천하를 위해서 周를 떠났고, 伯夷는 潔白(결백)한 염치를 실천하려고 떠났지 결코 양보에 따른 명성을 얻으려 하지 않았다. 그러하기에 太伯을 至德이라, 伯夷(백이)를 賢人이라 칭송하는 것이다. 후세에 그런 양보를 들어 그 풍모를 흠모하고 명성을 따르려 하지만, 어째서 그런 명성을 얻게 되었는가를 모르기에 급작스레 이상한 행동을 하며 사양하고 받는 과정에서 거짓이 들어 있게 된다. 저 鄧彪(등표)나 劉愷(유개)는 동생에게 양보하여 義理를 실천하려 했지만 동생들은 받아 누릴 수 없었고, 자신(등표나 유개)은 명성을 얻었으니 그 의리란 것이 궁색할 뿐이다! 君子의 立言이 사리에 합당하지 않다면 천하에 무엇인가를 깨우치려는 사람에게 어떤 계기가 되어야 하고, 군자의 행실이 자신의 선행 실천이 아니라면 천하에 무엇인가를 실천하려는 사람에게 교훈이 되어야 한다. 그러니 군자 言行의 시작과 끝이 신중하지 않을 수 있겠는가! 丁鴻의 (동생에게 양보하겠다는) 본마음 바탕이 충성과 우애가 아니었던가? 결국 (春秋의) 대의를 깨닫고 돌아온 것은 명성을 따르려는 여러 사람과 무엇이 다른가?

原文

贊曰, 五更待問, 應若鳴鐘. 庭列輜駕, 堂修禮容. 穆穆帝則, 擁經以從. 丁鴻翼翼, 讓而不飾.

高論白虎, 深言日食.

| 註釋 | ○五更待問 – 五更은 새벽. 밤새 또는 새벽에 열심히 공부하고 (師傅에게) 질문할 시간을 기다리다. ○應若鳴鐘 – 응대는 종을 치는 것과 같다. 큰 종을 치면 큰소리가 난다. 배움의 깊이에 따라 질문의 내용과 수준이 다를 것이다. ○輜駕(치가) – 수레. ○穆穆帝則 – 穆穆(목목)은 威儀가 당당한 모양. ○擁經以從(옹경이종) – 擁은 껴안을 옹. 從은 就也. ○翼翼(익익) – 공경하고 삼가는 모양. 굳세고 강건한 모양.

[國譯]

贊曰,

새벽 시간 질문을 기다리니 응대는 종소리와 같도다.

뜰에는 귀인의 수레가, 당상에는 예의 바른 사람들.

위엄 있는 황제 곁으로 經典을 안고 나아가다.

丁鴻은 공경스런 모습이나 겸양으로 꾸미지 않았다.

白虎觀에서는 고담준론, 日食에는 심각한 충언을 올렸다.

38 張法滕馮度楊列傳
〔장,법,등,풍,도,양열전〕

❶ 張宗

原文

張宗字諸君, 南陽魯陽人也. 王莽時, 爲縣陽泉鄉佐. 會莽敗, 義兵起, 宗乃率陽泉民三四百人起兵略地, 西至長安, 更始以宗爲偏將軍. 宗見更始政亂, 因將家屬客安邑. 及大司徒鄧禹西征, 定河東, 宗詣禹自歸. 禹聞宗素多權謀, 乃表爲偏將軍.

|註釋| ○魯陽 – 현명. 今 河南省 平頂山市 관할 魯山縣. ○陽泉鄉佐 – 鄉佐는 鄉의 부세 징수를 보좌. ○安邑 – 河東郡의 치소인 安邑縣, 今 山西省 서남부 運城市 관할 夏縣. ○大司徒鄧禹(등우, 서기 2 – 58년) – 南陽 新野人. 광무제와 가까웠고, 광무제가 蕭何(소하)처럼 믿을 수 있는 사람이

라고 생각했다. 後漢 개국에 크게 기여하였으며 '雲臺二十八將'의 첫째.
등우의 아들이 鄧訓, 등훈의 딸이 和帝의 두 번째 황후, 和熹皇后[鄧綏(등
수), 81 – 121년].

[國譯]

   張宗(장종)의 字는 諸君(제군)으로 南陽郡 魯陽縣 사람이다. 왕망
시절에 縣의 陽泉鄕 鄕佐였다. 왕망이 패망하고 義兵이 일어나자,
장종은 곧 陽泉 향민 3, 4백 명과 함께 군사를 일으켜 각지를 경략하
며 서쪽으로 가서 長安에 들어갔는데, 경시제는 장종을 偏將軍에 임
명하였다. 장종은 경시제의 정치가 혼란한 것을 보고 가속을 거느리
고 河東郡 安邑縣에 임시 정착하였다. 이때 大司徒 鄧禹(등우)가 서
쪽 지역을 원정하며 河東郡을 평정하자, 장종은 등우를 찾아가 귀부
하였다. 등우는 장종이 평소 권모가 많은 것을 알고 표문을 올려 편
장군에 임명하였다.

原文

   禹軍到栒邑, 赤眉大衆且至, 禹以栒邑不足守, 欲引師進
就堅城, 而衆人多畏賊追, 憚爲後拒. 禹乃書諸將名於竹簡,
署其前後, 亂著筒中, 令各探之. 宗獨不肯探, 曰, "死生有命,
張宗豈辭難就逸乎!" 禹歎息謂曰, "將軍有親弱在營, 柰何
不顧?" 宗曰, "愚聞一卒畢力, 百人不當, 萬夫致死, 可以橫
行. 宗今擁兵數千, 以承大威, 何遽其必敗乎!" 遂留爲後拒.

諸營旣引兵, 宗方勒厲軍士, 堅壘壁, 以死當之. 禹到前縣, 議曰, "以張將軍之衆, 當百萬之師, 猶以小雪投沸湯, 雖欲戮力, 其勢不全也." 乃遣步騎二千人反還迎宗. 宗引兵始發, 而赤眉卒至, 宗與戰, 卻之, 乃得歸營, 於是諸將服其勇. 及還到長安, 宗夜將銳士入城襲赤眉, 中矛貫胛, 又轉攻諸營保, 爲流矢所激, 皆幾至於死.

| 註釋 | ○栒邑(순읍) - 右扶風의 읍명. 今 陝西省 咸陽市 관할 旬邑縣. 甘肅省 동부와 접경. ○亂著笥中 - 笥는 네모난 대바구니 사. 둥근 대바구니는 簞(단). ○小雪投沸湯 - 沸는 끓을 비. 湯은 끓인 물 탕. ○中矛貫胛 - 胛은 어깨 갑. ○流矢所激 - 矢는 화살 시. 激은 부딪칠 격.

[國譯]

등우의 군사가 (右扶風의) 栒邑(순읍)에 들어오자, 赤眉의 본 무리도 막 도착하였는데 등우는 栒邑에서 방어할 수 없다하여 군사를 이끌고 견고한 성으로 이동하려 했다. 많은 장수가 추격하는 적이 두려워 후미 방어를 꺼려했다. 등우는 장수의 이름을 竹簡(죽간)에 써서 바구니에 넣고 각자 뽑게 하였다. 그러나 장종 혼자는 추첨하지 않고 말했다. "죽고 사는 것이 命이거늘, 장종이 어찌 위험을 피해 살려하겠습니까!" 이에 등우가 탄식하며 말했다. "將軍의 부모와 애들이 군영에 있거늘, 왜 돌보려 않는가?" 이에 장종은 "제가 알기로, 병졸 하나가 온 힘을 다하면 百人이 당할 수 없고, 萬夫가 죽기로 작정하면 천하를 휘저을 수 있다고 하였습니다. 저 장종이 수천 군사를 거느리고 장군의 이름 아래에서 어찌 갑자기 패망하겠습니까!"

그리고서 잔류하여 후방을 막았다.

다른 부대가 모두 철수하였지만 장종은 군사를 독려하여 방벽을 튼튼히 쌓고 결사적으로 적을 막았다. 등우는 다른 현으로 이동한 뒤 장수와 의논하였다.

"張將軍의 군사로 백만 적미 군사를 방어하기는 작은 눈덩이를 끓는 물에 넣거나 비록 온 힘을 다 써도 살아남을 수 없을 것이다."

그리고는 곧 보병과 기병 2천 명을 보내 되돌아가 장종을 데려오게 하였다. 장종이 군사를 거느리고 출발하려 하자 적미 군사가 갑자기 들이 닥쳤는데, 장종은 적을 물리친 뒤 본영으로 돌아왔고 여러 장수는 장종의 용기에 감복하였다.

長安에 돌아온 뒤에 장종은 야간에 정예병을 거느리고 성 안의 적미 군사를 기습했는데, 등쪽 어깨 사이를 창에 찔렸고 돌아와 또 다른 군영을 공격하다가 화살에 맞아 거의 죽을 뻔했다.

原文

及鄧禹徵還, 光武以宗爲京輔都尉, 將突騎與征西大將軍馮異共擊關中諸營保, 破之, 遷河南都尉. 建武六年, 都尉官省, 拜太中大夫. 八年, 潁川桑中盜賊群起, 宗將兵擊定之. 後青,冀盜賊屯聚山澤, 宗以謁者督諸郡兵討平之.

十六年, 琅邪,北海盜賊復起, 宗督二郡兵討之, 乃設方略, 明購賞, 皆悉破散, 於是沛,楚,東海,臨淮群賊懼其威武, 相捕斬者數千人, 青,徐震慄. 後遷琅邪相, 其政好嚴猛, 敢殺伐. 永平二年, 卒於官.

| 註釋 | ○京輔都尉 – 京兆尹은 長安의 행정 책임자. 경조윤의 군사 책임자가 京補都尉, 무제 때 설치. 질록 이천석. ○馮異(풍이, ?-34) – 雲臺二十八功臣의 한 사람. 馮 성 풍. 탈 빙. 17권, 〈馮岑賈列傳〉에 입전. ○桑中(상중) – 鄕邑名. 今 河南省 중부 許昌市 일대.

[國譯]

　광무제가 등우를 소환한 뒤에 광무제는 張宗(장종)을 京輔都尉에 임명했는데, 장종은 突騎兵을 거느리고 征西大將軍 馮異(풍이)와 함께 關中의 여러 군영을 격파하였으며 河南都尉가 되었다. 建武 6년에, (內郡의) 都尉官이 폐지되자 太中大夫가 되었다. 8년, 潁川郡(영천군) 桑中(상중)에서 도적이 떼로 일어나자 장종은 군사를 거느리고 격파 평정하였다. 뒤에 靑州와 冀州(기주)의 도적들이 산과 沼澤地에 떼 지어 모여들자, 장종은 謁者(알자)로서 여러 군의 군사를 독려하여 토벌하였다.

　16년에, 琅邪郡(낭야군)과 北海郡(북해군)에서 도적이 다시 일어나자, 장종은 2개 군의 군사를 모아 토벌하였는데 여러 방책을 마련하고 현상금을 분명히 지급하자 모두 격파되거나 흩어졌으며, 沛郡, 楚郡, 東海郡, 臨淮郡(임회군, 下邳國)의 떼도적들도 장종이 무서워 서로 체포하거나 죽인 자가 수천 명이었고, 靑州와 徐州 일대가 두려워 떨었다. 뒤에 琅邪國(낭야국) 相이 되었는데 그 치적이 과감하고 살벌하였다. 永平 2년(서기 59년)에, 관직에 있으면서 죽었다.

❷ 法雄

法雄字文强, 扶風郿人也, 齊襄王法章之後. 秦滅齊, 子孫不敢稱田姓, 故以法爲氏. 宣帝時, 徙三輔, 世爲二千石. 雄初仕郡功曹, 辟太傅張禹府, 擧雄高第, 除平氏長. 善政事, 好發擿姦伏, 盜賊稀發, 吏人畏愛之. 南陽太守鮑得上其理狀, 遷宛陵令.

| 註釋 | ○法雄(법웅) – 後漢 말년 劉備(유비)의 모사 法正(법정)의 先祖. ○郿縣(미현) – 今 陝西省 寶雞市 郿縣. ○齊襄王法章 – 田法章. 재위, 前 283 – 264년. ○秦滅齊 – 前 221년. 6국 중 가장 늦게 멸망. ○三輔 – 前漢 長安 주변의 행정관이면서 그 관할 지역. 京兆尹(長安과 藍田縣 등 今 西安市 동남 지역), 右扶風(우부풍, 長安의 서쪽), 左馮翊(좌풍익, 장안성의 북쪽)을 지칭. 後漢의 수도 洛陽 지역의 행정 책임자는 河南尹이었다. 三輔와 三河, 弘農郡은 司隷校尉部 관할이었다. 前漢 초 秦의 故地 關中을 三秦이라 통칭하였다. 項羽는 漢王 劉邦의 關中 진출을 봉쇄하려고 雍王(옹왕)인 章邯(장한), 塞王(새왕)인 司馬欣(사마흔), 翟王(책왕)인 董翳(동예)를 봉했는데, 이를 三秦이라 하였다. 三秦은 지금 陝西省의 별칭으로도 쓰인다. ○郡功曹 – 功曹史. 史는 吏와 通. 郡內 官吏(掾吏) 중 首席. 우리나라 市, 郡廳의 총무과장 정도. ○張禹(장우) – 44권, 〈鄧張徐張胡列傳〉에 입전. ○除平氏長 – 平氏는 南陽郡 현명. 今 河南省 서남부 南陽市 관할 桐柏縣. 湖北省과 접경. ○宛陵(완릉) – 丹陽郡의 治所 宛陵縣. 今 安徽省 동남부 宣城市.

法雄(법웅)의 字는 文强(문강)으로, 右扶風 郿縣(미현) 사람이다. (전국시대) 齊 襄王인 田法章의 후손이다. 秦이 齊(제)를 멸망시키자 자손들은 田氏 姓을 쓸 수 없어 法(법)을 氏로 정했다. 宣帝 때 三輔로 이사하여 대대로 二千石(太守)를 배출했다. 법웅은 처음에 郡의 功曹吏로 출사하였는데 張禹(장우)의 太傅府의 부름을 받았고, 법웅은 근무 성적이 좋아 (南陽郡) 平氏縣 縣長이 되었는데, 백성을 잘 다스렸고 부정을 잘 찾아내자 도적도 거의 없어 관리들이 두려워하며 경애하였다. 南陽太守인 鮑得(포득)이 그 치적을 보고하자 (丹陽郡) 宛陵(완릉) 현령이 되었다.

原文

永初三年, 海賊張伯路等三千餘人, 冠赤幘, 服絳衣, 自稱將軍, 寇濱海九郡, 殺二千石令長. 初, 遣侍御史龐雄督州郡兵擊之, 伯路等乞降, 尋復屯聚.

明年, 伯路復與平原劉文河等三百餘人稱使者. 攻厭次城, 殺長吏, 轉入高唐, 燒官寺, 出繫囚, 渠帥皆稱'將軍', 共朝謁伯路. 伯路冠五梁冠, 佩印綬, 黨衆浸盛. 乃遣御史中丞王宗持節發幽, 冀諸郡兵, 合數萬人, 乃徵雄爲青州刺史, 與王宗並力討之. 連戰破賊, 斬首溺死者數百人, 餘皆奔走, 收器械財物甚衆. 會赦詔到, 賊猶以軍甲未解, 不敢歸降. 於是王宗召刺史太守共議, 皆以爲當遂擊之.

雄曰, "不然. 兵, 兇器, 戰, 危事. 勇不可恃, 勝不可必. 賊若乘船浮海, 深入遠島, 攻之未易也. 及有赦令, 可且罷兵, 以慰誘其心, 勢必解散, 然後圖之, 可不戰而定也."

宗善其言, 卽罷兵. 賊聞大喜, 乃還所略人. 而東萊郡兵獨未解甲, 賊復驚恐, 遁走遼東, 止海島上. 五年春, 乏食, 復抄東萊間, 雄率郡兵擊破之, 賊逃還遼東, 遼東人李久等共斬平之, 於是州界淸靜.

| 註釋 | ○(安帝) 永初三年 – 서기 109년. ○冠赤幘 – 붉은 건(幘, 건 책) 을 쓰다(冠). ○厭次城(염차성) – 平原郡의 현명. 今 山東省 북부 黃河 북안 濱州市 관할 惠民縣. ○高唐(고당) – 平原郡의 縣名. ○五梁冠(오량관) – 梁은 관의 앞이마부터 뒤로 둥그스름하게 접혀 넘어간 마룻대 양(冠上橫脊). 이것이 5개인 관. 諸侯는 三梁의 進賢冠을 착용했다.

[國譯]

(安帝) 永初 3년, 張伯路(장백로) 등 海賊 3천여 명이 붉은 건(幘) 을 쓰고 진홍색 옷을 입고 將軍을 자칭하며, 바닷가 9개 군을 노략 질 하며 二千石(太守)과 현령 현장을 살해하였다. 처음에는 侍御史 龐雄(방웅)을 보내 州郡의 군사를 감독하여 공격했는데 장백로 등이 투항했다가 얼마 후 다시 무리 지어 모여 있었다.

다음 해, 다시 平原郡의 劉文河(유문하) 등 3백여 명이 使者(사자) 를 자칭하며 (平原郡) 厭次城(염차성)의 縣長과 관리를 죽이고 高唐縣(고당현)으로 몰려 들어가 관청을 불태우고 갇힌 죄수를 풀어주었 는데, 우두머리들은 將軍을 자칭하며 장백로 등과 합세하였다. 장백로 등은 五梁冠(오량관)을 쓰고 印綬(인수)를 찼는데 무리가 점차 크게 늘어났다. 이에 조정에서는 御史中丞 王宗(왕종)을 보내 부절을 가지고 幽州와 冀州 관내 여러 군의 군사를 수만 명을 동원하였고, 법웅을 靑州刺史에 임명하여 왕종과 함께 토벌하게 시켰다. 법웅은 반적과 연속 싸워 수백 명이 죽이거나 익사시키며 격파하자, 나머지 무리는 달아났고 무기나 수레, 재물 등을 많이 회수하였다. 마침 적도를 사면한다는 조서가 내려왔지만 적도는 무장을 해제하거나 투항하지 않았다. 이에 왕종은 자사, 태수 등과 의논하여 다시 적도를 공격해야 한다고 생각하였다.

이에 법웅이 말했다. "그렇지 않습니다. 병기(兵)는 兇器(흉기)이고, 싸움은(戰) 위험한 일(危事)입니다. 용기도 믿을 수 없고 싸워 꼭 이길 수도 없습니다. 무리가 만약 배를 타고 바다로 나가 멀리 섬으로 들어간다면 공격도 쉽지 않습니다. 마침 사면령도 내려왔으니, 일단 군사를 해산하여 적도를 안심시키면 틀림없이 흩어질 것이니 그 뒤에 상황을 보아 대처한다면 싸우지 않고도 평정할 수 있습니다."

왕종은 법웅의 말에 따라 즉시 군사를 해산하였다. 적도들은 아주 좋아하며 잡아간 사람들을 풀어주었다. 그러나 東萊郡(동래군)에서 군사를 해산하지 않자, 적도들은 두려워서 遼東郡(요동군)으로 도망쳐 바다의 섬으로 들어갔다. (永初) 5년, 식량이 다하자, 다시 동래군 일대를 노략질하자 법웅이 郡의 군사를 동원하여 격파하였고, 적도는 다시 요동군으로 도망쳤으나 요동군 사람 李久(이구) 등이 평정하자 靑州 관내가 평온해졌다.

雄每行部, 錄囚徒, 察顔色, 多得情僞, 長吏不奉法者皆解
印綬去. 在州四年, 遷南郡太守, 斷獄省少, 戶口益增. 郡濱
帶江沔, 又有雲夢藪澤, 永初中, 多虎狼之暴, 前太守賞募張
捕, 反爲所害者甚衆. 雄乃移書屬縣曰, "凡虎狼之在山林,
猶人之居城市. 古者至化之世, 猛獸不擾, 皆由恩信寬澤,
仁及飛走. 太守雖不德, 敢忘斯義. 記到, 其毁壞檻穽, 不得
妄捕山林." 是後虎害稍息, 人以獲安. 在郡數歲, 歲常豐稔.
元初中卒官. 子眞, 在〈逸人傳〉.

| 註釋 | ○南郡 – 治所 江陵縣, 今 湖北省 남부 荊州市 江陵縣. ○郡濱
帶江沔 – 濱은 물가 빈. 江은 長江. 沔水(면수)는 長江의 지류. ○雲夢藪澤
– 雲夢(운몽)은 늪지 이름(雲夢澤, 당시 南郡 華容縣), 雲夢澤은 湖北省 江
漢平原에 있던 중국 최대 담수호였으나, 지금은 거의 메워져 육지가 되었
고 湖北省 남부에 洪湖(홍호, 荊州市 관할 洪湖市, 長江의 북안)가 조금 남았다.
○至化之世 – 완전한 교화가 이루어졌던 盛世. ○〈逸人傳〉 – 83권, 〈逸
民列傳〉.

[國譯]

法雄(법웅)은 (靑州刺史로) 관내를 순찰 중에는 늘 죄수의 기록을
확인하고 안색을 살펴 기록의 허위를 많이 가려내었으니 지방관이
나 관리로 불법을 자행한 자는 인수를 내놓고 떠나게 하였다. 4년,
재직한 뒤에 南郡太守로 승진하였는데 송사나 재판은 줄어들고 호
구는 해마다 증가하였다. 南郡에는 長江과 沔水(면수)가 흐르고 또

雲夢(운몽)은 늪지가 있어서 (安帝) 永初 연간에 호랑이의 피해가 많아 전임 태수는 현상금을 걸고 호랑이를 잡게 하였지만 오히려 호랑이 피해를 당하는 경우가 아주 많았다. 이에 法雄이 각 현에 문서를 보내 말했다.

"호랑이가 산속에 사는 것은 사람이 마을에 사는 것과 같다. 옛날 완전한 교화가 이루어졌던 성세에는 맹수라도 걱정하지 않았으니, 모두가 은혜와 신의, 관용을 베풀어 그 인의가 새나 짐승까지 미쳤기 때문이었다. 太守가 비록 不德하지만 이런 의리를 모르지는 않는다. 이 문서가 내려가면 덫이나 함정을 모두 없애고 산림에서 함부로 잡지 않게 하라."

이후 호랑이 피해는 점차 줄어들어 백성은 안심하고 살 수 있었다. 법웅은 (安帝) 元初 연간에 관직에 있으면서 죽었다. 아들 法眞 (법진)은 〈逸民列傳〉에 기록했다.

❸ 滕撫

原文

滕撫字叔輔, 北海劇人也. 初仕州郡, 稍遷爲涿令, 有文武才用. 太守以其能, 委任郡職, 兼領六縣. 風政修明, 流愛於人, 在事七年, 道不拾遺.

順帝末, 揚,徐盜賊群起, 磐牙連歲. 建康元年, 九江范容, 周生等相聚反亂, 屯據歷陽, 爲江淮巨患, 遣御史中丞馮緄

將兵督揚州刺史尹耀,九江太守鄧顯討之. 耀,顯軍敗, 爲賊
所殺. 又陰陵人徐鳳,馬勉等復寇郡縣, 殺略吏人. 鳳衣絳
衣, 帶黑綬, 稱'無上將軍', 勉皮冠黃衣, 帶玉印, 稱'黃帝',
築營於當塗山中. 乃建年號, 置百官, 遣別帥黃虎攻沒合肥.
明年,廣陵賊張嬰等復聚衆數千人反,據廣陵.

朝廷博求將帥, 三公舉撫有文武才, 拜爲九江都尉, 與中
郎將趙序助馮緄合州郡兵數萬人共討之. 又廣開賞募, 錢,
邑各有差. 梁太后慮群賊屯結, 諸將不能制, 又議遣太尉李
固. 未及行, 會撫等進擊, 大破之, 斬馬勉,范容,周生等千五
百級, 徐鳳遂將餘衆攻燒東城縣. 下邳人謝安應募, 率其宗
親設伏擊鳳, 斬之, 封安爲平鄉侯, 邑三千戶. 拜撫中郎將,
督揚,徐二州事. 撫復進擊張嬰, 斬獲千餘人. 趙序坐畏懦不
進, 詐增首級, 徵還弃市.

又歷陽賊華孟自稱'黑帝', 攻九江, 殺郡守. 撫乘勝進擊,
破之, 斬孟等三千八百級, 虜獲七百餘人, 牛馬財物不可勝
筭. 於是東南悉平, 振旅而還. 以撫爲左馮翊, 除一子爲郎.
撫所得賞賜, 盡分於麾下. 性方直, 不交權勢, 宦官懷忿. 及
論功當封, 太尉胡廣時錄尙書事, 承旨奏黜撫, 天下怨之.
卒於家.

| 註釋 | ○滕撫(등무) – 滕 물이 솟을 등, 나라 이름 등. 撫는 어루만질
무. ○劇(극) – 현명, 北海郡 縣名, 今 山東省 濰坊市 관할 壽光市. ○涿令

(탁령) - 涿郡(탁군)의 치소인 涿縣의 현령. 今 河北省 保定市 관할 涿州市. ○順帝 - 재위 126-145년. ○磐牙連歲 - 서로 연결되어 해를 넘기다. 磐牙는 서로 연결되다. 磐은 너럭바위 반. 뒤얽히다. ○(順帝) 建康元年 - 144년. ○屯據歷陽(역양) - 歷陽(역양)은 九江郡의 현명. 揚州刺史部의 치소. 今 安徽省 동부, 長江 하류 馬鞍山市 관할 和縣에 해당. ○九江 - 郡名. 治所 陰陵縣(음릉현), 今 安徽省 중동부 滁州市(저주시) 관할 定遠縣 서북. 今 江西省 九江市가 아님. ○當塗(당도) - 九江郡의 현명. 今 安徽省 馬鞍山市 當塗縣(당도현). ○合肥 - 合肥는 九江郡 縣名, 侯國名. 揚州자사부의 치소, 今 安徽省 省會(성도)인 合肥市. ○廣陵(광릉) - 군명. 治所 廣陵縣, 今 江蘇省 서남부 揚州市. ○梁太后(양태후) - 順帝의 順烈梁皇后. ○太尉 李固(이고) - 63권,〈李杜列傳〉立傳. ○下邳(하비) - 下邳縣, 今 江蘇省 徐州市 관할의 睢寧縣(수녕현). ○太尉 胡廣(호광) - 44권,〈鄧張徐張胡列傳〉에 입전.

[國譯]

滕撫(등무)의 字는 叔輔(숙보)인데 北海郡 劇縣(극현) 사람이다. 처음에 州郡에 출사했다가 차츰 승진하여 涿郡(탁군) 涿縣의 현령이 되었는데 文武의 재주가 있었다. 탁군 태수는 등무가 유능하다 하여 郡의 직무를 담당케 하면서 (탁군 내 다른) 6縣도 함께 다스리게 하였다. 등무는 교화와 치적이 바르고 명확했으며 백성을 고루 아꼈다. 이렇게 7년이 지나자 길에 떨어진 물건을 줍는 사람이 없었다.

順帝 말기에, 揚州와 徐州에서 도적이 떼로 일어나 서로 연결되어 다음 해까지 지속되었다. (順帝) 建康 원년에, 九江郡의 范容(범용)과 周生(주생) 등은 함께 반란을 일으켜서 歷陽縣(역양현)을 점거했는데 長江과 淮水 일대의 큰 걱정거리라서 어사중승 馮緄(풍곤)을

보내 군사를 거느리고 揚州刺史 尹耀(윤요)와 九江郡 태수 鄧顯(등현)을 감독하며 적을 토벌케 하였다. 그러나 윤요와 등현의 군사가 패하면서 적도에게 살해되었다. 또 陰陵(음릉) 사람 徐鳳(서봉)과 馬勉(마면) 등은 다시 여러 군현을 노략질하며 관리를 죽이고 재물을 노략질 하였다. 서봉은 진홍색 옷을 입고 검은색 인수를 차고서 '無上將軍'을 칭했고, 마면 등은 황색 옷을 입고 玉印을 차고 '黃帝'를 자칭하면서 當塗縣(당도현) 산중에 군영을 마련하였다. 이어 年號를 정하고 百官을 설치한 다음에 별장 黃虎(황호)를 보내 合肥縣(합비현)을 함락시켰다. 다음 해, 廣陵郡(광릉군)의 도적인 張嬰(장영) 등은 무리 수천 명을 모아 또 반역하며 광릉을 점거하였다.

조정에서 장수를 널리 모집하였는데 三公은 등무가 문무의 재능이 있다고 천거하자, 九江 都尉에 임명하여 中郎將 趙序(조서)와 함께 馮緄(풍곤)을 도와 州郡의 군사 수만 명을 거느리고 함께 토벌하게 하였다. 또 널리 현상금을 걸고 필요 경비를 각지에서 차등을 두어 징수하였다. 梁太后(양태후, 순제의 順烈梁皇后)는 많은 적도들이 큰 세력을 결집했으나 장수들이 제압하지 못할 것을 염려하여 다시 太尉 李固(이고)를 파견할 의논을 하였다. 이고가 출발하기 전에, 등무 등이 진격하여 도적을 대파하고 마면과 범용, 주생 및 적도 1,500명을 죽이자, 徐鳳(서봉)은 나머지 무리를 거느리고 (下邳國) 東城縣을 공격하고 불태웠다. 下邳(하비) 사람 謝安(사안)은 조정 모집에 응모하여 그 종친 등을 거느리고 매복했다가 서봉을 공격하여 죽여서 사안은 平鄕侯(평향후)가 되어 식읍 3천 호를 받았다. 등무는 중랑장으로 승진하여 揚州와 徐州의 군사를 감독하였다. 등무는 다시 張嬰(장영)을 공격하여 1천여 명을 죽이거나 생포하였다. (중랑장인) 趙

序(조서)는 적이 두려워 진격하지 못하고, 죽인 숫자를 늘려 보고한 죄로 소환 당해 기시형에 처해졌다.

또 歷陽縣(역양현)의 도적인 華孟(화맹)은 '黑帝'를 자칭하면서 九江郡을 공격하여 郡守를 죽였다. 등무는 승세를 타고 진격하여 무리를 격파하고 화맹 등 3,800여 명을 죽이고 7백여 명을 생포했으며 노획한 우마와 재물은 셀 수도 없었다. 이에 동남 지역이 다 평정되었고 등무는 군사를 정비하여 회군하였다.

등무는 左馮翊으로 승진했고 아들 한 명은 낭관이 되었다. 등무는 상으로 받은 재물을 모두 부하들에게 나눠주었다. 등무는 성격이 강직하여 권세가와 교제하지 않았는데 환관의 미움을 샀다. 논공하여 봉작을 받아야 하는데 太尉 胡廣(호광)이 그때 尙書事를 감독하면서 황제의 뜻에 따라 등무를 내치자 천하가 이를 한탄하였다. 등무는 집에서 죽었다.

❹ 馮緄

| 原文 |

馮緄字鴻卿, 巴郡宕渠人也, 少學《春秋》,《司馬兵法》. 父煥, 安帝時爲幽州刺史, 疾忌姦惡, 數致其罪. 時玄菟太守姚光亦失人和. 建光元年, 怨者乃詐作璽書譴責煥,光, 賜以歐刀. 又下遼東都尉龐奮使速行刑, 奮卽斬光收煥. 煥欲自殺, 緄疑詔文有異, 止煥曰, "大人在州, 志欲去惡, 實無它

故, 必是凶人妄詐, 規肆姦毒. 願以事自上, 甘罪無晚." 煥
從其言, 上書自訟, 果詐者所爲, 徵奮抵罪. 會煥病死獄中,
帝愍之, 賜煥, 光錢各十萬, 以子爲郞中. 緄由是知名.

| 註釋 | ○馮緄(풍곤) – 馮은 성 풍. 緄은 띠 곤. ○宕渠縣(탕거현) – 今
四川省 동부 達州市 관할 渠縣(거현). ○《司馬兵法》– 齊 景公의 장군인 司
馬穰苴(사마양저, 齊의 田穰苴)가 지었다는 병법서. ○玄菟(현도) – 郡名. 武
帝 元封 2년(前 109), 최초 설치할 때는 압록강 중류 지역 高句麗縣이 치소
였으나 고구려인의 저항으로 점차 서쪽으로 이동하여 후한 安帝 永初 元
年(서기 107)에는 만리장성 안쪽으로 이동하여 고구려 현 외에 內侯縣, 高
顯, 遼陽縣(요양현) 등을 통치. 今 審陽(심양), 撫順(무순) 일대. 당시 인구 약
4만 정도로 추산. ○(安帝) 建光 元年 – 서기 122년. ○歐刀(구도) – 죄인
의 목을 베는 칼.

[國譯]

　　馮緄(풍곤)의 字는 鴻卿(홍경)으로 巴郡(파군) 宕渠縣(탕거현) 사람
이다. 젊어《春秋》와《司馬兵法》을 배웠다. 부친 馮煥(풍환)은 安帝
때 幽州(유주) 刺史로 간악한 자를 증오하여 자주 범죄를 적발하였
다. 그때 玄菟郡(현도군) 태수 姚光(요광)도 다른 사람과 어울리지 못
했다. (安帝) 建光 원년에, 원한을 품은 자가 가짜 국새가 찍힌 문서
를 보내 풍환과 요광을 견책하며 죄인의 목을 자르는 歐刀(구도)를
보내왔다. 그러면서 遼東(요동) 도위 龐奮(방분)을 시켜 빨리 형을 집
행하게 하였다. 방분은 즉시 요광을 처형한 뒤에 풍환을 체포하였
다. 풍환이 자살하려 하자, 풍곤은 조서의 글이 이상하다면서 아버

지에게 말했다.

"아버님께서는 유주자사로 악인을 제거했을 뿐 다른 잘못도 없는데, 이는 틀림없이 흉악한 자의 거짓 흉계일 것입니다. 사실을 보고한 뒤에 형을 받아도 늦지 않을 것입니다."

풍환은 그 말대로 억울함을 상서하자, 과연 사기꾼의 거짓이 판명되었고 (요동도위) 방분은 소환 당해 벌을 받았다. 그때에 풍환도 옥중에서 병사하였는데, 安帝는 이를 안타깝게 여겨 풍환과 요광에게 10만 전을 하사하고 아들을 낭중에 임명하였다. 풍곤은 이로써 이름이 알려졌다.

原文

家富好施, 賑赴窮急, 爲州里所歸愛. 初擧孝廉, 七遷爲廣漢屬國都尉, 徵拜御史中丞. 順帝末, 以緄持節督揚州諸郡軍事, 與中郎將滕撫擊破群賊, 遷隴西太守. 後鮮卑寇邊, 以緄爲遼東太守, 曉喩降集, 虜皆弭散. 徵拜京兆尹, 轉司隸校尉, 所在立威刑. 遷廷尉, 太常.

時長沙蠻寇益陽, 屯聚積久, 至延熹五年, 衆轉盛, 而零陵蠻賊復反應之, 合二萬餘人, 攻燒城郭, 殺傷長吏. 又武陵蠻夷悉反, 寇掠江陵閒, 荊州刺史劉度,南郡太守李肅並奔走荊南, 皆沒.

| 註釋 | ○廣漢屬國都尉－廣漢屬國의 治所는 陰平道, 今 甘肅省 隴南

市 관할 文縣. 廣漢郡 북부 지역을 속국도위가 통치. ○虜皆弭散 – 虜는 도적, 침략하는 이민족. 포로, 弭散은 흩어지다. 활동을 그만두다. 弭는 활 고자 미. 그만두다. ○長沙蠻 – 長沙郡에 사는 이민족. ○益陽 – 長沙郡의 현명. '益水之陽'의 뜻. 今 湖南省 북부 益陽市. ○(桓帝) 延熹五年 – 서기 162년. ○零陵蠻 – 零陵은 군명. 治所 泉陵縣, 今 湖南省 서남부 永州市. ○武陵蠻夷悉反 – 武陵郡의 治所는 臨沅縣, 今 湖南省 북부 常德市 서쪽.

[國譯]

(풍곤은) 집이 부자여서 베풀기를 잘했고 가난하거나 위급한 사람을 구제하여 향리에서 존경을 받았다. 처음에 孝廉(효렴)으로 천거되었다가 7번 승진하여 廣漢 屬國都尉가 되었다. 조정의 부름을 받아 御史中丞이 되었다. 順帝 말년에, 풍곤은 부절을 받아가지고 揚州자사부 관내 여러 郡의 군사를 감독하였는데, 中郎將 滕撫(등무)와 함께 떼도적을 격파하였으며, 隴西(농서) 태수로 승진하였다. 뒷날 鮮卑(선비)족이 변경을 침략하자, 풍곤은 遼東太守가 되어 선비족을 선무하자 모두 투항하며 노략질을 중지하였다. 조정의 부름으로 京兆尹이 되었다가 司隸校尉로 전직하였는데 재직 중에 형벌의 위엄을 확립하였다. 나중에 廷尉와 太常으로 승진하였다.

그때 長沙郡에 사는 이민족이 益陽縣을 노략질하며 오랫동안 해산하지 않았는데, (桓帝) 延熹(연희) 5년에 이르러 큰 세력을 형성하였고, 零陵郡의 만이들도 다시 반역하며 호응하여 2만여 명이 성곽을 공격 방화하며 관리들을 살해하였다. 또 武陵郡의 만이들도 江陵일대를 노략질하자, 荊州刺史인 劉度(유도)와 南郡太守 李肅(이숙)

등이 荊南으로 도주하다가 모두 피살되었다.

於是拜緄爲車騎將軍, 將兵十餘萬討之, 詔策緄曰,

「蠻夷猾夏, 久不討攝, 各焚都城, 蹈籍官人. 州郡將吏, 死職之臣, 相逐奔竄, 曾不反顧, 可愧言也. 將軍素有威猛, 是以擢授六師. 前代陳湯, 馮, 傅之徒, 以寡擊衆, 郅支, 夜郎, 樓蘭之戎, 頭懸都街, 衛, 霍北征, 功列金石, 是皆將軍所究覽也. 今非將軍, 誰與修復前迹? 進赴之宜, 權時之策, 將軍一之, 出郊之事, 不復內御. 已命有司祖於國門.《詩》不云乎, '進厥虎臣, 闞如虓虎, 敷敦淮濆, 仍執醜虜.'將軍其勉之!」

| 註釋 | ○車騎將軍 – 무관직으로는 大將軍 다음이 驃騎將軍(표기장군)이고, 그 다음이 車騎將軍, 거기장군 다음 지위가 衛將軍이며, 그 다음에 일반 장군이다. 거기장군은 정치 상황에 따라 三公보다 높거나 낮았다.   ○蠻夷猾夏 – 猾은 혼란하게 하다. 노략질하다. 교활할 활. 夏은 華夏, 中華.   ○久不討攝 – 攝은 持也. 잡아내다.   ○蹈籍官人 – 蹈籍(도적)은 짓밟다. 籍은 밟을 적.   ○六師 – 六軍. 大軍, 全軍.   ○陳湯, 馮, 傅之徒 – 陳湯(진탕)은 元帝 때 서역의 郅支單于(질지선우)를 죽여 그 수급을 장안으로 보냈다. 馮奉世(풍봉세)는 宣帝 때 서역의 莎車國(사차국)에서 漢의 사신을 죽이자, 서역에서 5천 병력을 빌려 사차국왕을 죽여 그 수급을 장안으로 보냈다. 傅介子(부개자)는 昭帝 때 樓蘭國(누란국)이 자주 반역하자 霍光(곽광)의 명을 받아 사신으로 위장하고 누란국왕을 만나 음주하다가 누란국왕을 죽여

버렸다. ㅇ郅支,夜郎,樓蘭之戎 – 郅支(질지)는 흉노 선우의 이름. 夜郎(야
랑)은 西南夷의 국가 이름인데, 야랑왕을 죽인 사람은 成帝 때 陳立(진립)이
었다. 樓蘭(누란)은 서역의 국가 이름. 戎은 오랑캐 융, ㅇ衛,霍北征 – 衛靑
(위청)과 霍去病(곽거병).《漢書》55권,〈衛靑霍去病傳〉에 立傳. ㅇ《詩》不
云乎 –《詩經 大雅 常武》. ㅇ進厥虎臣 – 厥은 발어사. 虎臣은 武臣, 장군.
ㅇ闞如虓虎 – 闞은 범소리 함. 성내는 모양. 짐승 성내는 소리. 바랄 감. 虓
虎(효호)는 노한 소리. 咆哮(포효)하다. ㅇ敷敦淮濆(부돈회분) – 敷는 배치하
다. 濆은 강가(水崖). ㅇ仍執醜虜 – 醜虜는 포로 무리. 醜는 衆也.

[國譯]

(조정에서는) 이에 馮緄(풍곤)에게 車騎將軍을 제수하고 군사 10
여만 명을 거느리고 적을 토벌케 하면서 풍곤에게 조서를 내렸다.

「蠻夷(만이)들이 華夏(화하)의 땅을 노략질했으나 오랫동안 토벌
하여 잡아내지 못하자 여러 성읍을 불사르고 관리를 죽였도다. 州郡
의 장수나 관리는 죽음으로 직분을 수행해야 하거늘 서로 도망치고
숨어 다니며 백성을 돌아보지도 못하니 참으로 부끄러운 일이다. 將
軍은 평소에 용맹하였기에 이에 발탁하여 六軍을 장군에게 맡기노
라. 前代의 陳湯(진탕) 馮奉世(풍봉세), 傅介子(부개자) 등은 소수의 군
사를 거느려 대군을 격파하고서 郅支單于(질지선우)와 夜郎(야랑)의
국왕, 樓蘭(누란)의 오랑캐 왕의 수급을 잘라 장안의 거리에 매달게
하였으며, 衛靑(위청)과 霍去病(곽거병)은 북쪽 흉노를 원정하여 그
공적을 돌에 새겼는데, 이 모두를 장군도 이미 읽어 알고 있는 사실
이다. 지금 장군이 아니라면 누가 전대의 공적을 따라갈 수 있겠는
가? 상황에 따른 진군이나 전투 또는 상황에 따른 대처는 장군 혼자
의 결정이니 출동한 이후의 업무는 조정의 통제 밖이로다. 이미 담

당자에게 도성 문 밖에서의 路祭(조도)를 준비하라 명했다. 《詩》에도 있지 않은가! '용감한 장군이 진군하나니 맹수처럼 큰소리로 포효하도다. 淮水 강가에 군영을 설치하고는 많은 포로를 사로잡았네.' 장군은 힘쓸지어다!」

▌原文

時天下饑饉, 帑藏虛盡, 每出征伐, 常減公卿奉祿, 假王侯租賦, 前後所遣將帥, 宦官輒陷以折耗軍資, 往往抵罪. 緄性烈直, 不行賄賂, 懼爲所中, 乃上疏曰,

「勢得容姦, 伯夷可疑, 苟曰無猜, 盜跖可信. 故樂羊陳功, 文侯示以謗書. 願請中常侍一人監軍財費.」

尙書朱穆奏緄以財自嫌, 失大臣之節. 有詔勿劾.

|註釋| ○饑饉(기근) – 흉년. ○帑藏虛盡 – 帑은 금고 탕. 국가의 창고. ○盜跖可信 – 도척일지라도 믿을 것입니다. 孔子와 柳下惠는 친구였는데, 유하혜의 동생 이름이 盜跖(도척)이었다. 도척은 흉악한 사람의 대명사. 《莊子》에 나온다. ○樂羊陳功 – 樂羊(악양)은 전국시대 魏장군이었다. 魏文侯는 樂羊을 시켜 中山國을 정벌하게 시켰는데 3년이 지나서야 중산국을 함락시켰다. 樂羊이 돌아와 논공할 때 文侯는 그동안 악양을 비방한 글한 상자를 보여주었다. 그러자 樂羊이 再拜하며 말했다. "중산국 정벌은 저의 공이 아닙니다." 文侯가 비방을 물리쳤기에 가능했다는 뜻.

[國譯]

　그때에 온 나라가 흉년이 들어 국고의 물자가 바닥났고 원정을 할 때마다 늘 공경의 녹봉을 감액 지불하거나 지방 왕후의 조세 수입을 (국가가) 차용하였으며, 그동안 파견된 장수들은 환관으로부터 군대 비용을 착복했다는 모함을 받아 왕왕 형벌을 받기도 하였다. 풍곤은 성격이 강렬, 정직하여 환관에게 뇌물을 주지 않았으나 모함 당할 것이 걱정이 되어 바로 상소하였다.

　「간신이 끼어들 형편이 되면 伯夷(백이)도 의심을 받게 되지만, 질시하는 사람이 없다면 盜跖(도척)일지라도 믿게 될 것입니다. 옛날에 樂羊(악양)이 (中山國 정벌을) 논공할 때 文侯가 악양에 대한 비방 글을 보여주었습니다. 제 생각으로는 중상시 한 명을 데리고 가서 군사비용 지출을 감시하게 하겠습니다.」

　그러자 尙書 朱穆(주목)은 풍곤이 재물 때문에 불평을 말한 것은 大臣의 지조를 상실한 것이라 상주하였다. 조서를 내려 문제 삼지 못하게 하였다.

原文

　緄軍至長沙, 賊聞, 悉詣營道乞降. 進擊武陵蠻夷, 斬首四千餘級, 受降十餘萬人, 荊州平定. 詔書賜錢一億, 固讓不受. 振旅還京師, 推功於從事中郞應奉, 薦以爲司隸校尉, 而上書乞骸骨, 朝廷不許. 監軍使者張敞承宦官旨, 奏緄將傅婢二人戎服自隨, 又輒於江陵刻石紀功, 請下吏案理. 尙

書令黃鑭奏議, 以爲罪無正法, 不合致糾. 會長沙賊復起,
攻桂陽,武陵, 緄以軍還盜賊復發, 策免.

| 註釋 | ㅇ營道 – 零陵郡의 현명. ㅇ傅婢(부비) – 여종, 侍婢. ㅇ戎服
(융복) – 軍服.

[國譯]

馮緄(풍곤)의 군사가 長沙郡에 이르자 소문을 들은 도적 무리는
(零陵郡) 營道縣(영도현)에 모두 와서 투항하였다. 풍곤이 武陵(무릉)
의 만이를 공격하여 4천여 명을 죽이고 10여만 명의 투항을 받자 荊
州(형주) 일대는 평정되었다. 조서로 一億 전을 하사하였지만 풍곤
은 굳이 사양하며 받지 않았다. 군사를 정비하여 京師로 회군해서는
從事中郎인 應奉(응봉)에게 공을 돌리며 응봉을 司隷校尉로 천거하
였고 자신은 사직을 상서하였으나 조정에서 허락하지 않았다. 監軍
使者인 張敞(장창)은 宦官의 뜻에 따라 풍곤이 傅婢(부비, 侍婢) 2명을
군복을 입혀 데리고 있었으며, 또 江陵縣에서 돌에 공을 새겨 놓았
으니 담당 관리가 조사해야 한다고 상서하였다. 그러자 尙書令 黃鑭
(황이)는 그런 것은 죄가 되지 않으며 소송할 것도 아니라고 상주하
였다. 그때 마침 長沙郡의 도적 무리가 다시 봉기하여 桂陽郡과 武
陵郡을 공격하자, 풍곤이 회군하여 도적떼가 다시 일어났다 하여 책
서를 받아 免官되었다.

頃之, 拜將作大匠, 轉河南尹. 上言"舊典, 中官子弟不得
爲牧人職." 帝不納.

復爲廷尉. 時山陽太守單遷以罪繫獄, 緄考致其死. 遷,
故車騎將軍單超之弟, 中官相黨, 遂共誹章誣緄, 坐與司隷
校尉李膺, 大司農劉佑俱輸左校. 應奉上疏理緄等, 得免. 後
拜屯騎校尉, 復爲廷尉, 卒於官.

緄弟允, 淸白有孝行, 能理《尙書》, 善推步之術. 拜降虜校
尉, 終於家.

| 註釋 | ○將作大匠 – 궁궐과 능묘 건축을 책임지는 질록 2천석의 고급
관리. ○中官 – 宦官. ○牧人職 – 목민관이 될 수 없다. ○山陽太守單遷
(선천) – 單은 성씨 선. ○單超(선초) – 환관으로 梁冀(양기) 일족을 축출한
공로로 桓帝 延熹 2년에 제후가 되었다. 78권, 〈宦者列傳〉 立傳. ○李膺
(이응), 劉佑(유우) – 67권, 〈黨錮列傳〉에 立傳. ○俱輸左校 – 左校令의 간
칭, 좌교령은 장작대장의 속관, 질록 6백석, 좌교령 휘하의 인부로 보냈다
는 뜻. ○推步之術 – 천문역법의 계산. 日月과 五星의 운행을 재어 아침
과 저녁, 절기에 따른 차이를 알아내는 천문학 관련 지식.

[國譯]

얼마 후에 將作大匠(장작대장)이 되었다가 河南尹으로 전직되었
다. 풍곤은 "옛 법도에 中官(宦官)의 자제는 牧人職(목민관)이 될 수
없다고 하였습니다."라고 상주하였으나 받아들여지지 않았다.

다시 廷尉가 되었는데 그때 山陽 太守 單遷(선천)이 죄를 지어 옥

에 갇혔는데 풍곤을 그를 조사하다가 사망케 하였다. 선천은 車騎將軍인 (환관) 單超(선초)의 동생이었는데, 환관들은 무리를 지어 풍곤을 비방하고 모함하는 글을 올려서 결국 司隷校尉 李膺(이응), 大司農 劉佑(유우)의 죄에 연루되어 함께 左校令 휘하의 작업 人夫로 보내졌다. 이에 應奉(응봉)이 상소를 올려 풍곤 등을 변호하여 겨우 풀려날 수 있었다. 뒤에 屯騎校尉에 임명되었다가 다시 廷尉가 되어 관직을 갖고 죽었다.

풍곤의 동생인 馮允(풍윤)은 청렴결백하고 효행이 있고 《尙書》에 밝았으며, 推步術(추보술, 천문역법의 계산)에 뛰어났는데 降虜(항로) 교위가 되었다가 집에서 죽었다.

❺ 度尙

|原文|

度尙字博平, 山陽湖陸人也. 家貧, 不修學行, 不爲鄕里所推擧. 積困窮, 乃爲宦者同郡侯覽視田, 得爲郡上計吏, 拜郎中, 除上虞長. 爲政嚴峻, 明於發擿姦非, 吏人謂之神明. 遷文安令, 遇時疾疫, 穀貴人饑, 尙開倉稟給, 營救疾者, 百姓蒙其濟. 時冀州刺史朱穆行部, 見尙甚奇之.

|註釋| ○度尙(도상) - 度는 법도 도, 성씨 도. 헤아릴 탁. ○山陽 湖陸 - 山陽郡의 治所는 昌邑縣, 今 山東省 서남부 菏澤市 관할의 巨野縣. 湖陸은 현명. 前漢의 山陽郡 湖陵縣을 後漢에서는 湖陸縣으로 개칭. 今 山東省

濟寧市 관할 魚台縣. 江蘇省과 접경. ㅇ侯覽(후람) - 78권, 〈宦者列傳〉立傳. ㅇ上計吏 - 각 郡國에서는 1년에 한 번씩 재정, 물가 등 치적을 통계로 작성하여 司徒府에 보고하고 심사를 받았다. 郡國의 재정 등 치적을 보고하러 낙양에 보내는 관리를 上計吏라 하였다. ㅇ上虞(상우) - 會稽郡의 현명. 今 浙江省 북동부 紹興市 上虞區(상우구). ㅇ文安令 - 文安은 河間國의 현명. ㅇ冀州刺史 朱穆(주목) - 43권, 〈朱樂何列傳〉에 立傳.

[國譯]

度尙(도상)의 字는 博平(박평)으로 山陽郡 湖陸縣(호륙현) 사람이다. 집이 가난하여 學行이 많지 않아 향리에서 천거를 받지 못했다. 오랫동안 곤궁하게 지내다가 나중에 같은 군 출신 환관인 侯覽(후람)의 땅을 관리하였고 그 덕분에 郡의 上計吏가 되었다가 郞中이 되었으며, (會稽郡의) 上虞(상우) 縣長이 되었다. 도상은 치도는 엄격 준엄하였고 부정행위를 잘 적발하여 현의 관리들이 神明이라고 불렀다. (河間國의) 文安 縣令이 되었는데 전염병이 유행하면서 곡물 가격이 올라 백성이 굶주리자, 도상은 창고를 열어 병든 백성을 구제하였고 백성은 그 혜택을 입었다. 당시 冀州刺史인 朱穆(주목)이 관내를 순시하면서 도상을 보고 매우 특별하다고 생각하였다.

原文

延熹五年, 長沙,零陵賊合七八千人, 自稱'將軍', 入桂陽, 蒼梧,南海,交址, 交址刺史及蒼梧太守望風逃奔, 二郡皆沒. 遣御史中丞盛脩募兵討之, 不能克. 豫章艾縣人六百餘人,應募而不得賞直, 怨恚, 遂反, 焚燒長沙郡縣, 寇益陽, 殺縣令, 衆漸盛. 又遣謁者馬睦, 督荊州刺史劉度擊之, 軍敗, 睦, 度奔走.

桓帝詔公卿擧任代劉度者, 尙書朱穆擧尙, 自右校令擢爲荊州刺史. 尙躬率部曲, 與同勞逸, 廣募雜種諸蠻夷, 明設購賞, 進擊, 大破之, 降者數萬人.

桂陽宿賊渠帥卜陽, 潘鴻等畏尙威烈, 徙入山谷. 尙窮追數百里, 遂入南海, 破其三屯, 多獲珍寶. 而陽, 鴻等黨衆猶盛, 尙欲擊之, 而士卒驕富, 莫有鬪志. 尙計緩之則不戰, 逼之必逃亡, 乃宣言卜陽, 潘鴻作賊十年, 習於攻守, 今兵寡少, 未易可進, 當須諸郡所發悉至, 爾乃並力攻之. 申令軍中, 恣聽射獵. 兵士喜悅, 大小皆相與從禽. 尙乃密使所親客潛焚其營, 珍積皆盡. 獵者來還, 莫不泣涕. 尙人人慰勞, 深自咎責, 因曰, "卜陽等財寶足富數世, 諸卿但不並力耳. 所亡少少, 何足介意!"

衆聞咸憤踊, 尙勅令秣馬蓐食, 明旦, 逕赴賊屯. 陽, 鴻等自以深固, 不復設備, 吏士乘銳, 遂大破平之.

| 註釋 | ○(桓帝) 延熹 五年 − 서기 162년. ○蒼梧(창오) − 군명. 治所는 廣信縣, 今 廣西省 동부 梧州市. 廣東省과의 접경. ○南海 − 군명. 治所는 番禺縣(반우현), 今 廣東省 중남부 廣州市. 香港의 서북. ○交址(교지) − 군명 겸 자사부의 이름. 交趾(交州)刺史部와 교지군의 치소는 交趾郡 龍編縣, 今 越南國 河內(하노이)市 동쪽. 南海郡, 蒼梧郡, 鬱林郡, 合浦郡, 交趾

郡, 九眞郡, 日南郡 등 7개 군을 관리. ○不得賞直 - 보상을 받지 못하다. 直은 값 치(値 同). ○怨恚 - 恚는 성낼 에. ○右校令 - 將作大匠의 속관, 질록 6백석, 각종 공사에서 인부 감독 및 부정행위 감찰. ○士卒驕富 - 사졸이 교만하고 재물을 많이 갖고 있다. 漢代에는 전투 중 노획한 재물은 노획한 장졸의 몫이었다. 이 때문에 병졸로 자원도 하고 용감하게 싸웠다. ○秣馬蓐食 - 秣은 꼴 말. 말의 사료. 蓐食(욕식)은 새벽밥을 먹다.

[國譯]

(桓帝) 延熹 5년, 長沙郡과 零陵郡의 도적 7, 8천 명이 '將軍'을 자칭하며 桂陽, 蒼梧(창오), 南海, 交阯郡(교지군)에 침입하자 교지자 사와 蒼梧郡 태수는 적을 보고 바람처럼 도망했고 2개 군은 함락되었다. 조정에서는 御史中丞인 盛修(성수)를 보내 군사를 모아 토벌케 하였지만 이기지 못했다. 豫章郡(예장군) 艾縣(예현) 사람 6백여 명은 군대에 자원하였으나 보상을 받지 못하자, 원한을 품고 화를 내며 반역하여 長沙의 郡縣을 불사르고 益陽縣을 노략질하면서 현령을 살해하였고 무리는 점점 많아졌다. 조정에서는 다시 謁者인 馬睦(마목)을 보내 荊州刺史인 劉度(유도)를 독려하여 적을 공격케 하였지만 패전하면서 마목과 유도는 도주하였다.

桓帝가 공경에게 유도를 대신할 인물을 천거하라고 하자 尙書인 朱穆(주목)이 度尙(도상)을 천거하였고, 도상은 右校令에서 발탁되어 荊州刺史가 되었다. 도상은 몸소 부대를 이끌고 장졸과 함께 고생하였으며, 여러 종족의 만이들을 널리 모집하며 현상금을 분명히 밝히고 진격하여 적도를 대파하였고 투항자가 수만 명이나 되었다.

桂陽郡의 오래된 도적 渠帥(거수, 우두머리)인 卜陽(복양)과 潘鴻(반홍) 등은 도상의 위세가 두려워 산속으로 도주하였다. 그러나 도상은 적도를 끝까지 수백 리 추격하여 결국 南海郡 지역까지 들어가 적도의 3개 군영을 부수고 많은 재물을 노획하였다. 그런데도 복양과 반홍 등의 무리는 여전히 강성하였는데 도상이 적을 공격하려 해도 사졸은 게으르고 재물이 많아 투지가 없었다. 도상이 공격을 늦추면 싸우려 하지 않을 것이고, 전투를 서두르면 필히 도망할 것이라 생각하여 결국 도상은 병사들에게 복양과 반홍은 10여 년이나 도적질을 하며 공수에 익숙한데, 지금 우리는 병력이 부족하여 쉽게 공격할 수 없으니 여러 군에서 징발한 군사가 도착하면 그때 적을 공격할 것이라고 선언하였다. 이를 軍中에 널리 알리고 마음대로 사냥해도 좋다고 수락하였다.

兵士는 좋아하며 크고 작은 무리를 지어 사냥을 나갔다. 도상은 이에 몰래 가까운 빈객을 시켜 각 군영에 불을 질러 보물이나 노획품을 전부 불태웠다. 사냥에서 돌아온 자들은 모두 눈물을 흘렸다. 이에 도상은 장졸을 위로하며 자신의 책임이라 인정하면서 말했다.

"복양 등은 여러 해 동안 많은 재물을 모았으니 여러분들은 힘껏 싸워만 주면 될 것이다. 잃은 것은 아주 적은 것이니 신경 쓸 것 없다!"

여러 병사가 모두 용기백배하자, 도상은 軍馬에 사료를 주고, 병사는 새벽밥을 먹인 뒤에 날이 밝으며 지름길로 적도의 진지를 공격하였다. 복양과 반홍 등은 보루가 견고하다면서 대비가 없었고, 도상의 군사는 승세를 타서 마침내 적을 대파하고 평정하였다.

尙出兵三年, 群寇悉定. 七年, 封右鄕侯, 遷桂陽太守. 明年, 徵還京師. 時荊州兵朱蓋等, 征戍役久, 財賞不贍, 忿恚, 復作亂, 與桂陽賊胡蘭等三千餘人復攻桂陽, 焚燒郡縣, 太守任胤弃城走, 賊衆遂至數萬. 轉攻零陵, 太守陳球固守拒之. 於是以尙爲中郎將, 將幽, 冀, 黎陽, 烏桓步騎二萬六千人救球, 又與長沙太守抗徐等發諸郡兵, 並勢討擊, 大破之, 斬蘭等首三千五百級, 餘賊走蒼梧. 詔賜尙錢百萬, 餘人各有差.

時抗徐與尙俱爲名將, 數有功. 徐字伯徐, 丹陽人, 鄕邦稱其膽智. 初試守宣城長, 悉移深林遠藪椎髻鳥語之人置於縣下, 由是境內無復盜賊. 後爲中郎將宗資別部司馬, 擊太山賊公孫擧等, 破平之, 斬首三千餘級, 封烏程東鄕侯五百戶. 遷太山都尉, 寇盜望風奔亡. 及在長沙, 宿賊皆平. 卒於官. 桓帝下詔追增封徐五百戶, 並前千戶.

| 註釋 | ○桂陽 – 군명. 治所는 郴縣(침현), 今 湖南省 남부 郴州市(침주시). ○丹陽 – 군명. 治所는 宛陵縣, 今 安徽省 동남부 宣城市. ○宣城 – 前漢의 현명. 후한 초 폐현, 뒷날 復置. 今 安徽省 蕪湖市 관할 南陵縣. ○椎髻鳥語之人 – 椎髻(추계)는 상투. 鳥語之人은 그 언어가 새 울음소리 같다는 소수 민족.

[國譯]

度尙(도상)은 出兵 3년 만에 도적 무리를 모두 평정하였다. (桓帝

延熹) 7년, 右鄕侯에 봉해졌고 桂陽太守로 승진하였다. 다음 해, 조정의 부름을 받아 경사로 돌아갔다. 그때 荊州 출신 병사인 朱蓋(주개) 등은 군대에 오래 복무했어도 받은 재물이 넉넉지 않자, 원한을 품고 다시 반역하며 桂陽郡의 도적 胡蘭(호란) 등 3천여 명이 다시 桂陽郡을 공격하며 군현을 노략질하자, 태수 任胤(임윤)은 성을 버리고 도주하였고 무리는 수만 명으로 늘어났다. 적도들이 零陵(영릉)을 공격하자 태수 陳球(진구)는 굳게 지키며 적에 항거하였다. 이에 도상을 中郞將에 임명하여 幽州, 冀州의 군사와 黎陽郡(여양군)과 烏桓(오환) 등 보병과 기병 2만 6천여 명을 동원하여 진구를 구원하였으며, 또 長沙 太守인 抗徐(항서)도 여러 군의 군사를 동원하여 함께 적을 토벌하여 대파하면서 호란 등 3천 5백여 명을 참수하자 나머지 무리는 蒼梧郡으로 도주하였다. 조서로 도상에게 백만 전을 하사하였고 다른 사람도 각각 차등을 두어 지급했다.

그때 抗徐(항서)와 度尙(도상)은 모두 명장으로 여러 번 공을 세웠다. 항서의 字는 伯徐(백서)로 丹陽郡 사람인데, 단양에서는 항서의 담략과 지혜를 칭송하였다. 항서는 처음에 宣城縣 임시 현장이었는데 깊은 산속 숲에 사는 상투를 틀고 새 울음소리 같은 말을 하는 만이들을 모두 현으로 이주시키자 그때부터 현에는 도적이 없어졌다고 한다. 항서는 뒷날 中郞將인 宗資(종자)의 別部司馬가 되어 太山郡의 적도인 公孫擧(공손거) 등을 공격 평정하며 3천여 명을 죽여 烏程東鄕侯, 식읍 5백 호에 봉해졌다. 다시 太山 都尉가 되자, 적도들은 항서의 위세를 보고 모두 도주하였다. 항서가 長沙에 근무하는 동안 오래된 도적 무리는 모두 평정되었다. 항서는 관직에 있으면서 죽었다. 桓帝는 조서로 항서에게 식읍 5백 호를 추가하여 1천 호가 되었다.

復以尙爲荊州刺史. 尙見胡蘭餘黨南走蒼梧, 懼爲己負, 乃僞上言蒼梧賊入荊州界, 於是徵交址刺史張盤下廷尉. 辭狀未正, 會赦見原. 盤不肯出獄, 方更牢持械節, 獄吏謂盤曰, "天恩曠然而君不出, 可乎?" 盤因自列曰,

"前長沙賊胡蘭作難荊州, 餘黨散入交址. 盤身嬰甲胄, 涉危履險, 討擊凶患, 斬殄渠帥, 餘盡鳥竄冒遁, 還奔荊州. 刺史度尙懼盤先言, 怖畏罪戾, 伏奏見誣. 盤備位方伯, 爲國爪牙, 而爲尙所枉, 受罪牢獄. 夫事有虛實, 法有是非. 盤實不辜, 赦無所除. 如忍以苟免, 永受侵辱之恥, 生爲惡吏, 死爲敝鬼. 乞傳尙詣廷尉, 面對曲直, 足明眞僞. 尙不徵者, 盤埋骨牢檻, 終不虛出, 望塵受枉."

廷尉以其狀上, 詔書徵尙到廷尉, 辭窮受罪, 以先有功得原.

盤字子石, 丹陽人, 以淸白稱, 終於廬江太守. 尙後爲遼東太守, 數月, 鮮卑率兵攻尙, 與戰, 破之, 戎狄憚畏. 年五十, 延熹九年, 卒於官.

| 註釋 | ○懼爲己負 – 자신에게 불리할 것을 걱정하다. ○會赦見原 –
마침 사면령으로 용서되었다. 原은 놓아줄 원. 죄를 용서하다. ○怖畏罪
戾 – 怖畏(포외)는 두려워하다. 罪戾(죄려)는 罪. ○爪牙 – 爪牙는 武臣, 나
쁜 뜻으로 쓰이면 앞잡이. ○爲尙所枉 – 爲는 ~때문에. ○鮮卑 – 선비족
은 東胡族의 한 갈래. 북방 유목민족인 東胡族은 鮮卑와 烏桓(오환)으로 분

리되었다. 後漢 시대에는 흉노의 지배하에 있었다. 鮮卑의 명칭은 鮮卑山에서 유래. 지금의 내몽고자치주 북쪽 지역과 몽고에서 주로 거주했다. 북흉노가 서쪽으로 빠져나간 자리를 선비족이 차지. 후한 말부터 강성해졌다. 西晉 멸망 후 匈奴, 鮮卑, 氏(저), 羯(갈), 羌(강)의 5胡16國時代(304-439)가 이어진다. ○憚畏(탄외) - 두려워 떨다. ○(桓帝) 延熹九年 - 서기 166년.

[國譯]

  (조정에서는) 다시 度尙(도상)을 荊州刺史에 임명했다. 도상은 (도적인) 胡蘭(호란)의 잔당이 남쪽 蒼梧郡(창오군)으로 도주한 것이 자신에게 책임이 될 것이라 걱정하여, 바로 창오군에서 일어난 도적이 형주 관내로 들어왔다고 거짓 보고를 올렸는데, 이렇게 되자 交阯刺史인 張盤(장반)은 소환 당하여 廷尉에게 넘겨졌다. 장반에 대한 조사가 아직 종결되지 않았을 때 마침 사면령이 내려와 장반의 죄는 사면되었다. 그러나 장반이 옥에서 나가려 하지 않자, 옥리가 형구 매는 곳을 바꿔 주면서 장반에게 말했다. "황제의 大恩이 이처럼 크거늘 출옥하지 않겠다니 말이 됩니까?" 그러자 장반은 자신을 변호하며 말했다.

  "전에 長沙郡에서 횡행하던 (桂陽郡의) 도적 호란이 형주 관내를 노략질하고 그 잔당이 흩어져 나의 교지자사 관내로 들어왔습니다. 나 장반은 직접 갑옷을 입고 온갖 위험을 무릅쓰고 흉악한 도적을 토벌하고 그 우두머리를 참수하자 그 나머지 무리는 숨어버리거나 형주 관내로 되돌아갔습니다. 형주자사 도상은 내가 먼저 보고하면 자기에게 책임이 돌아갈 것이라 생각하여 거짓 보고를 올렸습니다.

나 장반은 지방관의 자리에 있는 국가의 武臣인데, 형주자사 도상 때문에 죄인으로 감옥에 갇혔습니다. 모든 일에는 거짓과 진실이 있고, 법에는 옳고 그름이 있습니다. 나 장반은 사실 아무 죄도 없으니 사면을 받을 이유가 없습니다. 만약 내가 그냥 사면을 받아 구차하게 나가면, 죄인으로 사면 받았다는 치욕은 영원히 남게 되니 살아서는 죄지은 관리이고, 죽어서는 惡鬼일 것입니다. 도상에게 알려 정위부에 와서 나와 대면하여 옳고 그름을 따지고 진위가 다 밝혀지기를 바랄 뿐입니다. 도상을 소환하지 않아 나 장반이 감옥에 뼈를 묻을지언정, 끝내 그냥 나갈 수가 없을 것이며 티끌만큼도 억울한 누명을 쓸 수가 없습니다."

정위는 그 상황을 보고하였고 조서로 도상을 소환하여 정위부에 가게 하였는데 도상은 할 말이 없어 죄를 받게 되었으나 옛 공적이 있어 사면 받았다.

장반의 字는 子石(자석)으로 丹陽郡 사람인데 청렴결백하다는 칭송을 받았고 廬江(여강) 太守를 역임했다. 도상은 뒷날 遼東 태수가 되었는데 부임 몇 달 뒤에 鮮卑族(선비족)이 군사를 거느리고 도상을 공격했지만 도상은 싸워 격파했고 적은 두려워 떨었다. 나이 50인 (桓帝) 延熹 9년에, 관직을 가진 채 죽었다.

❻ 楊琁

楊琁字機平, 會稽烏傷人也. 高祖父茂, 本河東人, 從光

武征伐, 爲威寇將軍, 封烏傷新陽鄕侯. 建武中就國, 傳封
三世, 有罪國除, 因而家焉. 父扶, 交址刺史, 有理能名. 兄
喬, 爲尙書, 容儀偉麗, 數上言政事, 桓帝愛其才皃, 詔妻以
公主, 喬固辭不聽, 遂閉口不食, 七日而死.

| 註釋 | ○楊琁(양선) − 琁은 옥 선. 玉과 비슷한 돌(璇 同). ○會稽(회
계) − 郡名. 治所 山陰縣, 今 浙江省 북동부 紹興市. ○烏傷(오상) − 縣名.
今 浙江省 중부 金華市 관할 義烏市. ○才皃(재모) − 재능과 풍채. 皃는 貌
와 同.

[國譯]

楊琁(양선)의 字는 機平(기평)으로 會稽(회계) 烏傷縣(오상현) 사람
이다. 고조부인 楊茂(양무)는 본래 河東郡 출신이었는데 光武帝를
따라 정벌에 나서서 威寇將軍(위구장군)이 되어 烏傷新陽鄕侯에 봉해
졌다. 建武 년간에 봉국에 와서 三世에 이어졌으나 죄를 지어 나라
가 없어졌으나 그대로 눌러 살았다. 부친 楊扶(양부)는 交址刺史였
는데 치적이 우수하다는 명성을 누렸다. 兄 楊喬(양교)는 尙書였는
데, 키가 크고 잘생겼으며 여러 번 정사에 관한 의견을 상주했는데,
桓帝는 그 재능과 외모를 아껴 公主를 아내로 주려 했으나 양교는
굳이 사양하며 따르지 않다가 입을 닫고 굶어 7일 만에 죽었다.

原文

琁初擧孝廉, 稍遷, 靈帝時爲零陵太守. 是時蒼梧, 桂陽猾

賊相聚, 攻郡縣, 賊衆多而璇力弱, 吏人憂恐. 璇乃特制馬
車數十乘, 以排囊盛石灰於車上, 繫布索於馬尾, 又爲兵車,
專轂弓弩, 剋期會戰. 乃令馬車居前, 順風鼓灰, 賊不得視,
因以火燒布, 布然馬驚, 奔突賊陣, 因使後車弓弩亂發, 鉦鼓
鳴震. 群盜波駭破散, 追逐傷斬無數, 梟其渠帥, 郡境以淸.
荊州刺史趙凱, 誣奏璇實非身破賊, 而妄有其功. 璇與相章
奏, 凱有黨助, 遂檻車徵璇. 防禁嚴密, 無由自訟, 乃齧臂出
血, 書衣爲章, 具陳破賊形勢, 及言凱所誣狀, 潛令親屬詣闕
通之. 詔書原璇, 拜議郎, 凱反受誣人之罪.

　璇三遷爲勃海太守, 所在有異政, 以事免. 後尙書令張溫
特表薦之, 徵拜尙書僕射. 以病乞骸骨, 卒於家.

| 註釋 |　○零陵(영릉) – 군명. 治所는 泉陵縣, 今 湖南省 서남부 永州市.
○特制 – 制는 製와 通.　○排囊(배낭) – 囊袋(낭대). 주머니, 자루.　○盛石灰
於車上 – 盛은 담다. 채우다.　○專轂弓弩 – 專轂는 마음대로 활을 쏘다. 轂
는 활을 당길 구.　○布然馬驚 – 然은 燃. 불태우다.　○梟其渠帥 – 梟는 올
빼미 효, 목 베어 매달 효. 渠帥(거수)는 우두머리, 魁首(괴수). 渠는 鉅(클 거).
○乃齧臂出血 – 팔뚝을 깨물어 피를 흘리다. 齧는 깨물 서. 臂는 팔 비.　○勃
海太守 – 군명. 治所 南皮縣, 今 河北省 남동부 滄州市 관할 南皮縣.

[國譯]

　楊璇(양선)은 처음에 孝廉(효렴)으로 천거되었는데 차츰 승진하여
靈帝 때 零陵(영릉) 太守가 되었다. 이때 蒼梧(창오), 桂陽(계양) 郡 일
대의 흉악한 도적이 무리를 지어 군현을 공격했는데, 도적은 많고

양선의 군사는 약하여 관리와 백성이 두려워했다. 양선은 이에 특별히 말이 끄는 수레를 수십 乘(승) 만들게 하여 石灰(석회)를 담은 자루를 싣게 한 뒤에 말의 꼬리에 헝겊을 묶어 놓았고, 또 兵車를 만들어 마음대로 활을 쏠 수 있게 준비하였다. 양선은 도적 무리와 맞서 싸울 때를 기다려서 말이 끄는 수레를 앞에 배치시켰다가 바람결에 석회를 날려 보내자 적은 눈을 뜰 수 없었고, 헝겊에 불을 붙이자 말들이 놀라 적진으로 내달았으며 뒤이어 병거에서 활과 쇠뇌를 마구 쏘며 징과 북을 크게 울렸다. 도적 무리가 줄줄이 놀라 흩어지자 뒤를 추격하며 적을 수 없이 많이 죽이고 그 우두머리를 잡아 목을 매달자 군내가 평온해졌다.

荊州刺史인 趙凱(조개)는 양선이 도적 무리를 직접 격파한 것이 아니라고 거짓 상주하면서 망령되게도 공을 가로채려고 하였다. 양선은 실상을 상주하였지만 조개는 黨人의 도움을 받아 결국 양선을 檻車(함거)에 실어 소환케 하였다. 양선은 감시가 엄격하여 자신을 변명할 수도 없었는데, 팔뚝을 깨물어 피를 흘려 옷에 적을 격파한 형세를 서술하고 조개의 무고를 언급한 뒤에 몰래 친척을 시켜 궁궐에 가서 알리게 하였다. 조서에 의거 양선은 풀려났고 議郎을 제수받았으며 조개는 도리어 무고죄에 처해졌다.

양선은 3번 승진하여 勃海(발해) 태수가 되었는데 임지에서 치적이 특별했지만 업무 관계로 면직되었다. 뒷날 尚書令인 張溫(장온)이 표문을 올려 양선을 특별히 천거하자 조정에 들어와 尚書僕射(상서복야)가 되었다. 나중에 병으로 사직한 뒤 집에서 죽었다.

論曰, 安順以後, 風威稍薄, 寇攘寖橫, 緣隙而生, 剽人盜
邑者不關時月, 假署皇王者蓋以十數. 或托驗神道, 或矯妄
冕服. 然其雄渠魁長, 未有聞焉, 猶至壘盈四郊, 奔命首尾.
若夫數將者, 並宣力勤慮, 以勞定功, 而景風之賞未甄, 膚受
之言互及. 以此而推, 政道難乎以免.

| 註釋 | ○風威稍薄 − 나라의 위엄은 점차 줄어들었다. ○寇攘寖橫 −
寇攘(구양)은 도둑질, 도적. 攘은 도둑질하다. 어지럽히다. 물리치다. 寖은
적실 침. 橫은 횡행하다. ○不關時月 − 關 문닫을 결. 끝나다. ○猶至壘盈
四郊 − 壘는 군진 루. 軍壁. ○奔命(분명) − 부지런히 명령을 수행하다.
○而景風之賞未甄 − 景風은 夏至를 지나 45일에 부는 열풍. 景風이 불면
유공자를 포상하고 대를 이어 제후에 봉했다. 甄은 밝을 견. ○膚受之言
互及 − 膚受는 살을 찌르는 것 같은 간절한 호소. 여기서는 참언. 비방.

[國譯]

范曄(범엽)의 史論 : 安帝와 順帝 이후로 황제의 위엄이 점차 줄어
들면서 도둑떼들은 점점 더 횡행하였는데, 도적들은 (국가 권력의)
공백을 틈타 일어났으며 백성이나 마을의 재물을 빼앗는 자는 세월
이 가도 줄어들지 않다. 황제나 왕을 사칭한 자가 수십 명이었고, 어
떤 자는 神道에 假託하였고, 또 어떤 자는 망령되이 면류관을 쓰고
예복을 입었다. 그러나 무리의 우두머리들은 널리 알려진 자들이 아
니었다. 사방에 군대 보루가 꽉 차있었지만 임무 수행은 힘들었다.
몇몇 장군들은 모두 열심히 애쓰고 방책을 마련하며 힘들여 성과를

거두었지만 제후에 봉해진다는 포상은 확실치도 않았으며, 도리어 참언이 횡행하였으니 이로써 추론한다면 정치란 비난을 면키 어려운 것이다.(이래저래 정치는 힘든 일이다.)

贊曰, 張宗裨禹, 敢殿後拒. 江,淮,海,岱, 虔劉寇阻. 其誰淸之, 雄,尙,緄,撫. 琔能用譎, 亦云振旅.

|註釋| ㅇ敢殿後拒 – 殿은 후군 전. 後陣의 군대. 최후까지 남아 적을 방어하는 일. ㅇ江,淮,海,岱 – 長江, 淮水, 東海, 岱山(泰山). ㅇ虔劉寇阻 – 虔은 죽일 건, 정성 건. 劉은 죽일 류. ㅇ雄,尙,緄,撫 – 法雄(법웅), 度尙(도상), 馮緄(풍곤), 滕撫(등무).

贊曰,
張宗은 鄧禹의 部將으로 후방에서 적을 막았다.
長江, 淮水, 東海, 泰山에서 도적을 막고 죽였다.
도적을 평정한 자가 누군가? 法雄, 度尙, 馮緄, 滕撫였다.
楊琔(양선)은 지모로 이겼지만 역시 군사를 잘 이끌었다.

39 劉趙淳于江劉周趙列傳
〔유,조,순,우,강,유,주,조열전〕

原文

孔子曰, "夫孝莫大於嚴父, 嚴父莫大於配天, 則周公其人也." 子路曰, "傷哉貧也! 生無以養, 死無以葬." 子曰, "啜菽飲水, 孝也." 夫鐘鼓非樂云之本, 而器不可去, 三牲非致孝之主, 而養不可廢. 存器而忘本, 樂之遁也, 調器以和聲, 樂之成也. 崇養以傷行, 孝之累也, 修己以致祿, 養之大也. 故言能大養, 則周公之祀, 致四海之祭, 言以義養, 則仲由之菽, 甘於東鄰之牲. 夫患水菽之薄, 干祿以求養者, 是以恥祿親也. 存誠以盡行, 孝積而祿厚者, 此能以義養也.

┃註釋┃ ※ 본 39권은 〈孝子列傳〉이라 할 수 있다. ○嚴父 - 嚴은 공경하다. 존경하다. 두려워하다. 아버지. 엄격할 엄. ○配天 - 王者가 조상을 하늘과 함께 제사하는 일. ○子路 - 공자의 제자. 孔門十哲의 한 사람(政

事, 冉有季路). 字는 仲由. ㅇ啜菽飲水 - 啜은 먹을 철(食也). 菽은 콩 숙.
콩잎. ㅇ夫鐘鼓非樂云之本 -「子曰, "禮云禮云, 玉帛云乎哉? 樂云樂云,
鐘鼓云乎哉?"《論語 陽貨》. 예악에서 귀하게 여기는 것은 移風易俗의 뜻이
고 음악 자체는 아니지만 악기를 없애지 않는다. ㅇ三牲 - 소, 양, 돼지의
제물. 牲 통째로 바치는 제물 생. 太牢(태뢰). ㅇ樂之遁也 - 遁은 달아날
둔. 숨다. ㅇ東鄰之牲 - 이웃의 큰 제사 봉양.

[國譯]

　孔子는 "부친 존경보다 더 큰 효도가 없고, 하늘과 함께 제사를
받게 하는 일보다 더 큰 부친 존경은 없으니, 周公이 이를 실천한 사
람이다."라고 말하였다. 子路가 "가난에 가슴이 아픕니다! 살아서
는 제대로 봉양하지도 못하고, 돌아가셔도 제대로 장례를 치르지 못
했습니다."라고 말했다. 이에 공자는 "콩잎을 먹고 맹물을 마셔도
효도할 수 있다."고 말했다.

　종과 북(鐘鼓)이 예악의 근본은 아니지만 음악을 폐하지 않으며,
三牲(삼생)을 갖춘 큰 제사가 효행의 근본은 아니지만 부모 봉양을
안할 수 없다. 기물(鐘鼓)을 갖추고서도 예악의 근본을 잊는다면 예
악을 잃은 것이고, 기물을 갖춰 음악을 한다면 예악 효용의 완성이
다. 봉양을 잘 하나 행실이 나쁘다면 효도를 망치는 것이고, 바른 행
실에 봉록을 받는다면 바른 봉양이다. 그래서 봉양을 크게 잘한 周
公의 제사처럼 천하 사람의 제사를 받는다면 大義의 봉양이며, 子路
의 콩잎 봉양은 이웃의 큰 제사 봉양보다 더 마음이 편할 수 있다.

　맹물이나 콩잎 같은 가난한 봉양을 부끄럽게 생각하기에 녹봉을
얻어 부모를 봉양하려 한다면, 이는 부끄러운 재물로 부모를 봉양하

는 것과 같다. 성심을 가지고 바른 행실로 효심을 바탕으로 많은 봉록을 받아 봉양한다면, 이는 大義의 부모 봉양이라 할 수 있다.

原文

中興, 盧江, 毛義, 少節, 家貧, 以孝行稱. 南陽人張奉慕其名, 往候之. 坐定而府檄適至, 以義守令, 義奉檄而入, 喜動顏色. 奉者, 志尙士也, 心賤之, 自恨來, 固辭而去. 及義母死, 去官行服. 數辟公府, 爲縣令, 進退必以禮. 後擧賢良, 公車徵, 遂不至. 張奉歎曰, "賢者固不可測. 往日之喜, 乃爲親屈也. 斯蓋所謂'家貧親老, 不擇官而仕'者也."

建初中, 章帝下詔襃寵義, 賜穀千斛, 常以八月長吏問起居, 加賜羊酒. 壽終於家.

| 註釋 | ○盧江 - 郡名. 治所는 舒縣, 今 安徽省 중서부 六安市 舒城縣. ○府檄適至 - 檄은 詔書. ○喜動顏色 - 기뻐하는 표정에 얼굴에 나타나다. ○斯蓋所謂 - 이는 아마 이른바 ~이다. ○家貧親老, 不擇官而仕 者也 - '任重道遠 不擇地而息, 家貧親老 不擇官而仕.' 짐은 무겁고 갈 길이 멀다면 아무데서나 쉬어야 한다. 집이 가난한데 부모님이 연로하다면 관직을 가리지 않고 출사해야 한다. 가난한 집에서 부모를 공양해야 한다면 지위의 고하를 가릴 수가 없을 것이다. ○(章帝) 建初中 - 서기 76-83년.

[國譯]

(光武帝의) 中興 이후에, 盧江(여강) 사람 毛義(모의)의 字는 少節

(소절)인데, 家貧하나 孝行으로 칭송이 있었다. 南陽 사람 張奉(장봉)
은 毛義의 명성을 흠모하여 찾아가 만났다. 坐定하자 마침 모의를
수령에 임명한다는 公府의 조서가 내려왔는데, 모의가 조서를 받고
들어오는데 기뻐하는 표정이 얼굴에 역력했다. 장봉은 뜻있는 지사
라서 마음으로 모의를 천하게 여겨 찾아온 것을 후회하면서 굳이 인
사하고 떠나갔다. 나중에 모의의 모친이 죽자, 모의는 관직을 사임
하고 돌아와 복상하였다. 여러 번 公府의 부름을 받아 縣令이 되었
는데 進退의 행동거지가 예에 합당하였다. 뒷날 현량한 인재로 公車
의 부름을 받았지만 부임하지 않았다. 이에 장봉이 탄식했다.

"賢者의 깊은 뜻은 정말 헤아릴 수 없다. 지난 날 그가 기뻐한 것
은 부모를 위하여 자기 뜻을 낮춘 것이었으니, 이는 아마도 '家貧하
고 부모가 연로하다면 관직을 고르지 않고 출사해야 한다.' 는 뜻이
었다."

(章帝) 建初 연간에, 章帝는 조서로 모의를 포상하고 기려 곡식 1
천 斛(곡)을 하사하였으며, 매해 8월에 관리를 보내 안부를 묻고 羊
1마리와 술을 하사하였다. 모의는 집에서 천수를 누렸다.

原文

安帝時, 汝南薛包孟嘗, 好學篤行, 喪母, 以至孝聞. 及父
娶後妻而憎包, 分出之, 包日夜號泣, 不能去, 至被歐杖. 不
得已, 廬於舍外, 旦入而灑掃, 父怒, 又逐之. 乃廬於里門,
昏晨不廢. 積歲餘, 父母慙而還之. 後行六年服, 喪過乎哀.
旣而弟子求分財異居, 包不能止, 乃中分其財. 奴婢引其老

者, 曰, "與我共事久, 若不能使也." 田廬取其荒頓者, 曰, "吾少時所理, 意所戀也." 器物取朽敗者, 曰, "我素所服食, 身口所安也." 弟子數破其産, 輒復賑給. 建光中, 公車特徵, 至, 拜侍中. 包性恬虛, 稱疾不起, 以死自乞. 有詔賜告歸, 加禮如毛義. 年八十餘, 以壽終.

若二子者, 推至誠以爲行, 行信於心而感於人, 以成名受祿致禮, 斯可謂能以孝養也. 若夫江革, 劉般數公者之義行, 猶斯志也. 撰其行事著於篇.

| 註釋 | ○至被歐杖 – 지팡이로 얻어맞기도 했다. ○昏晨 – 昏定晨省 (혼정신성). ○荒頓(황돈) – 荒廢(황폐). ○(安帝) 建光中 – 서기 121년. ○恬虛(염허) – 마음이 조용하고 맑다. ○有詔賜告歸 – 漢代의 관리는 3개월간 병가를 낼 수 있는데, 이 기간에 낫지 않으면 사직해야 했다. 그러나 황제가 특별히 병가를 연장하여 歸家養病하는 것을 賜告라 했다. 告歸(고귀)는 특별 병가를 받아 고향에 돌아오다. ○撰其行事著於篇 – 이는 孝子列傳의 서문이라 할 수 있다. 西晉 사람 華嶠(화교, ?-295년)의 紀傳體 史書《後漢書》의 글을 옮겨온 것이라는 주석이 있다.

[國譯]

安帝 때, 汝南郡 薛包(설포)의 字는 孟嘗(맹상)인데, 好學하고 篤行 (독행)하였으니 모친상에 효행을 다하여 효자로 알려졌다. 부친이 후처를 맞이했고 계모가 설포를 미워하여 나가 살게 하자, 설포는 밤낮으로 울며 떠나지 않아 지팡이로 얻어맞기도 했다. 부득이 집 밖에 오두막을 짓고 살며 아침에는 집에 들어가 청소를 하자 부친이

노하며 또 쫓아버렸다. 그러자 마을 문 밖에 오두막을 짓고 살며 昏定晨省(혼정신성)을 그치지 않았다. 1년이 넘어가자 부모가 부끄러워하며 돌아오게 하였다. 그 뒤 설포는 6년을 복상하였는데 상중에 크게 애통해 하였다. 얼마 뒤에 동생의 아들이 재산을 나눠 따로 살겠다고 하자 설포는 말릴 수가 없어 재산을 나눠주었다. 설포는 늙은 노비를 남겨두고서 "내가 오랫동안 일을 시켰기에 너는 부릴 수가 없을 것이다."라고 말했다. 전지와 농막은 황폐한 곳을 골라 갖고서는 "내가 젊어 일군 땅이라서 마음에 정이 간다."고 말했다. 가구는 낡은 것을 골라갖고서 "내가 평소에 쓰던 물건이라 마음이 편하다."고 하였다. 조카가 여러 번 그 재산을 잃었지만 그때마다 복구해 주었다.

(安帝) 建光 연간에, 公車令이 특별히 불러서 侍中을 제수하였다. 설포는 천성이 조용하고 깨끗했는데 병을 핑계로 출근하지 않으며 사직하려 했다. 조서를 내려 특별 병가로 귀가하여 養病하게 하면서 毛義(모의)와 같이 대우하였다. 설포는 80세가 넘어 천수를 누렸다.

이 두 사람은 성심으로 바른 행실을 지켰으니 마음에서 우러나는 성의가 다른 사람을 감동케 하였으며 명성과 함께 관직을 얻고 예의를 다 실천하였으니, 이는 孝養(효양)이라고 말할 수 있다. (다음에 입전한) 江革(강혁)과 劉般(유반) 등 여러 사람의 義行도 이와 같은 뜻이다. 그런 훌륭한 행실을 모아 이 편을 엮었다.

❶ 劉平

　劉平字公子, 楚郡彭城人也. 本名曠, 顯宗後改爲平. 王莽時爲郡吏, 守菑丘長, 政敎大行. 其後每屬縣有劇賊, 輒令平守之, 所至皆理, 由是一郡稱其能.

　更始時, 天下亂, 平弟仲爲賊所殺. 其後賊復忽然而至, 平扶侍其母, 奔走逃難. 仲遺腹女始一歲, 平抱仲女而弃其子. 母欲還取之, 平不聽, 曰, "力不能兩活, 仲不可以絶類." 遂去不顧, 與母俱匿野澤中. 平朝出求食, 逢餓賊, 將亨之, 平叩頭曰, "今旦爲老母求菜, 老母待曠爲命, 願得先歸, 食母畢, 還就死." 因涕泣. 賊見其至誠, 哀而遣之. 平還, 旣食母訖, 因白曰, "屬與賊期, 義不可欺." 遂還詣賊. 衆皆大驚, 相謂曰, "常聞烈士, 乃今見之. 子去矣, 吾不忍食子." 於是得全.

| 註釋 |　○楚郡彭城人也 – 후한에서는 彭城國 치소 彭城縣, 今 江蘇省 북부 徐州市. ○菑丘(치구) – 팽성국의 현명. 今 安徽省 북부 淮北市 동남. ○將亨之 – 亨(삶을 팽)은 烹(삶을 팽)과 通. ○食母畢 – 食은 밥 사, 먹일 사. ○屬與賊期 – 이미 도적과 기약하였으니, 屬은 屬者(촉자), 요사이, 昨今에, 近者에.

[國譯]

劉平(유평)의 字는 公子(공자)인데, 楚郡 彭城(팽성) 사람이다. 本名은 曠(광)이었는데 顯宗(明帝) 이후에 平(평)으로 개명하였다. 王莽 때에 郡吏가 되었다가 임시 (彭城郡) 菑丘(치구) 縣長이 되었는데 행정과 교화에 치적이 좋았다. 그 뒤에 군내 속현에 큰 도적떼가 출현할 때마다 유평을 보내 다스리면 모두 평온해졌기에 군내에서 그 능력을 칭찬하였다.

更始帝 때 천하가 혼란하여 동생 仲(중)이 도적에게 살해되었다. 그 후에 도적떼가 갑자기 다시 들이닥치자 유평은 모친을 모시고 피난하였다. 동생 유중의 유복녀는 그때 겨우 한 살이었는데, 유평은 조카를 안고 가며 친자식을 버렸다. 모친이 되돌아가 데려오려 하자, 유평은 따르지 않으면서 말했다. "힘들어서 둘 다 살릴 수 없는데 동생의 피붙이를 끊기게 할 수 없습니다." 그러면서 되돌아보지 않았고, 모친과 함께 들판의 늪지에 숨었다.

어느 날 유평이 아침에 밥을 얻으려 나갔다가 굶주린 도적떼를 만났는데 도적들이 유평을 삶아 죽이려 하였다. 유평이 고개를 숙이며 말했다. "오늘 아침 늙은 어머니의 밥을 얻으려 나왔는데, 지금 노모는 목이 빠지라 나를 기다리고 있으니, 내가 돌아가서 어머니 식사를 챙겨 드린 뒤에 돌아와 죽겠습니다." 그러면서 눈물을 흘렸다. 도적은 그 성의를 보고 불쌍히 여겨 보내주었다. 유평이 돌아와 모친 식사를 마친 뒤에 사실대로 말했다. "이미 도적과 기약하였으니 어길 수 없습니다." 그리고는 도적떼를 찾아갔다. 도적 무리는 크게 놀라며 서로 말했다.

"烈士가 있다는 말을 늘 들었지만 바로 오늘 만났습니다. 당신은 돌아가시오. 우리는 당신을 죽일 수 없습니다."

이에 모두가 무사하였다.

║原文║

建武初, 平狄將軍龐萌反於彭城, 攻敗郡守孫萌. 平時復
爲郡吏, 冒白刃伏萌身上, 被七創, 困頓不知所爲, 號泣請
曰, "願以身代府君." 賊乃斂兵止, 曰, "此義士也, 勿殺."
遂解去. 萌傷甚氣絶, 有頃蘇, 渴求飮. 平傾其創血以飮之.
後數日萌竟死, 平乃裹創, 扶送萌喪, 至其本縣.

後擧孝廉, 拜濟陰郡丞, 太守劉育甚重之, 任以郡職, 上書
薦平. 會平遭父喪去官. 服闋, 拜全椒長, 政有恩惠, 百姓懷
感, 人或增貲就賦, 或減年從役. 刺史,太守行部, 獄無繫囚,
人自以得所, 不知所問, 唯班詔書而去. 後以病免.

│註釋│ ○平狄將軍龐萌(방맹) – 龐은 클 방. 성씨. 萌은 싹 맹. 建武 5년
(서기 29년)에 반역하여 다음 해 2월에 생포, 참수되었다. 12권,〈王劉張
李彭盧列傳〉에 입전. ○濟陰郡丞 – 濟陰 태수의 副職. 濟陰郡 치소는 定
陶縣, 今 山東省 서남부 菏澤市 定陶區. ○(九江郡) 全椒 – 현명. 今 安徽
省 중동부 滁州市(저주시) 관할 全椒縣(전초현).

[國譯]

建武 초기에, 平狄(평적) 장군인 龐萌(방맹)이 彭城(팽성)에서 반역
하자, 팽성군수 孫萌(손맹)은 공격을 받아 패전했다. 그때에 劉平(유

평)은 다시 郡吏가 되었었는데, 창칼을 두려워하지 않고 손맹의 몸을 막아 7군데나 찔리면서도 지쳐 엎드려 어찌할 줄도 모르고 울면서 "내가 군수 대신 죽겠소."라고 말했다. 이에 반적은 창칼을 거두며 "이는 義士이니 죽이지 말라."라고 말한 뒤에 반적은 물러갔다. 손맹은 심하게 다쳐 기절했었는데 얼마 뒤 깨어나며 마실 물을 찾았다. 유평은 상처에서 흐르는 피를 손맹에게 마시게 하였다. 며칠 뒤에 손맹은 결국 죽었는데, 유평은 상처를 싸맨 채 손맹의 시신을 그 본향으로 운구하였다.

그 뒤에 유평은 효렴으로 천거되었고 濟陰 郡丞(군승)이 되었는데, 太守 劉育(유육)은 유평을 매우 존중하며 군의 행정을 맡겼고 상서하여 유평을 천거하였다. 그러나 유평은 부친상을 당해 관직을 사임하였다. 脫喪하자, 유평은 (九江郡) 全椒(전초) 縣長이 되었는데 행정에 은택을 베풀어 백성들이 감화되었는데 어떤 백성은 재산이 늘었다며 부세를 증액해서 납부하였고, 나이를 줄여 요역을 자청하는 사람도 있었다. 刺史나 太守가 현을 순시할 때, 옥에 갇힌 죄수가 없어도 이유를 묻지도 않았고 조서나 나눠주고 지나갈 뿐이었다. 뒷날 병으로 사직하였다.

┃原文

顯宗初, 尙書僕射鐘離意上書薦平及琅邪王望,東萊王扶曰,

「臣竊見琅邪王望,楚國劉曠,東萊王扶, 皆年七十, 執性恬淡, 所居之處, 邑里化之, 修身行義, 應在朝次. 臣誠不足知

人, 竊慕推士進賢之義.」

書奏, 有詔徵平等, 特賜辦裝錢. 至皆拜議郎, 並數引見. 平再遷侍中, 永平三年, 拜宗正, 數薦達名士承宮,郇恁等. 在位八年, 以老病上疏乞骸骨, 卒於家.

| 註釋 | ○尙書僕射(상서복야) – 문서 담당자인 尙書의 우두머리. 소부의 속관인 尙書令은 尙書臺의 책임자로 국가 기밀문서의 上奏를 담당, 황제의 측근. 秩祿 1千石. 상서령의 속관인 상서복야 질록은 6백석. 尙書(질록 6백석)의 정원은 6명 그중 한 사람이 상서복야임. 僕射(복야)는 본래 秦의 관제로(僕, 主也), 弓射 관련 업무 담당자였다. 복야는 주 담당자, 곧 우두머리란 뜻으로 각 분야별로 복야가 있었다. 侍中僕射, 尙書僕射, 謁者僕射 등이 그 예이다. 射 벼슬 이름 야. ○鐘離意(종리의) – 鐘離는 복성. ○朝次 – 조정의 班列. ○(明帝) 永平三年 – 서기 60년. ○郇恁(순임) – 郇은 나라 이름 순. 성씨. 恁은 생각할 임.

[國譯]

顯宗(明帝) 초, 尙書僕射(상서복야)인 鐘離意(종리의)가 상서하여 劉平과 琅邪郡(낭야군)의 王望(왕망), 東萊郡의 王扶(왕부)를 천거하였다.

「臣이 볼 때, 琅邪郡의 王望(왕망)과 楚國(彭城郡)의 劉曠(유광, 劉平), 東萊郡의 王扶(왕부)는 모두 70세이지만 천성이 온순 담백하여 사는 마을 백성을 순화하며 수신하고 대의를 따르니, 응당 조정의 班列에 서야 할 인재입니다. 臣이 정말 사람을 잘 볼 줄 모르지만 인재와 현인을 천거해야 한다는 대의에 따르고자 합니다.」

상서가 올라가자, 조서로 유평 등을 부르면서 특별히 旅裝(여장)
의 비용까지 하사하였다. 조정에 오자, 모두 議郎을 제수하였고 자
주 불러 알현하였다. 유평은 두 번 승진하여 侍中이 되었는데, (明
帝) 永平 3년에, 宗正이 되어 여러 번 정사에 통달한 名士인 承宮(승
궁)과 郇恁(순임) 등을 천거하였다. 在位 8년에, 老病으로 퇴임을 신
청했고 집에서 죽었다.

❷ 王望

▌原文

王望字慈卿, 客授會稽, 自議郎遷青州刺史, 甚有威名.
是時州郡災旱, 百姓窮荒, 望行部, 道見饑者, 裸行草食, 五
百餘人, 愍然哀之, 因以便宜出所在布粟, 給其稟糧, 爲作褐
衣. 事畢上言, 帝以望不先表請, 章示百官, 詳議其罪. 時公
卿皆以爲望之專命, 法有常條. 鐘離意獨曰, "昔華元, 子反,
楚,宋之良臣, 不稟君命, 擅平二國, 《春秋》之義, 以爲美談.
今望懷義忘罪, 當仁不讓, 若繩之以法, 忽其本情, 將乖聖朝
愛育之旨."

帝嘉意議, 赦而不罪.

| 註釋 | ○給其稟糧 – 먹을 양식을 공급하다. ○華元,子反 – 華元은 春
秋시대 宋의 대부. 子反은 楚國의 대부, 나중에 楚 共王의 승상. ○不稟君

命, 擅平二國 – 왕에게 품의하지 않고 자신의 뜻대로 두 나라의 화평을 이루다. ○若繩之以法 – 繩은 줄 승. 죄인을 검은 줄로 묶었다.

[國譯]

王望(왕망)의 字는 慈卿(자경)으로 會稽郡(회계군)에 돌며 글을 가르쳤는데, 議郎으로 시작하여 靑州刺史가 되었는데 威名(위명)이 대단하였다. 그때 州郡에 큰 가뭄이 들어 百姓이 크게 굶주렸는데, 왕망이 관내를 순시 중에 길에서 굶주린 5백여 백성이 옷도 없이 풀을 뜯어 먹는 것을 보고 불쌍하고 애통하여 우선 가까운 군현의 옷감과 곡식을 징발하여 먹을 양식을 공급하고 옷을 지어 입게 하였다.

왕망이 이를 보고하자, 명제는 왕망이 먼저 품의하지 않았다고 생각하여 왕망의 상주를 백관에게 보여주며 죄를 논의하게 하였다. 당시 공경은 모두 왕망이 자기 멋대로 처리하였으며 법에도 그런 조항이 있다고 말했다. 그러나 鐘離意(종리의) 혼자만이 말했다.

"옛날 (宋) 華元(화원)과 (楚)의 子反(자반)은 楚와 宋의 良臣으로 왕명을 품의하지 않고 두 나라의 화평을 이루었는데, 이를 《春秋》의 대의로도 美談이라 하였습니다. 지금 왕망은 대의만을 생각하고 죄가 되는 것을 생각하지 못했으며, 仁의 실천을 사양하지 않은 것인데, 만약 이를 법으로 잡아 가둔다면 인간의 착한 본성을 무시한 것이 되어 장차 聖朝의 백성 愛育의 취지에 어긋날 것입니다."

명제는 그 의논을 옳다 여겨 사면하고 처벌하지 않았다.

❸ 王扶

原文

王扶字子元, 掖人也. 少修節行, 客居琅邪不其縣, 所止
聚落化其德. 國相張宗謁請, 不應, 欲强致之, 遂杖策歸鄉
里. 連請, 固病不起. 太傅鄧禹辟, 不至. 後拜議郞, 會見, 恂
恂似不能言. 然性沉正, 不可干以非義, 當世高之. 永平中,
臨邑侯劉復 著〈漢德頌〉, 盛稱扶爲名臣云.

| 註釋 | ○掖(액) – 東萊郡의 현명. 今 山東省 烟臺市 관할 萊州市. 山東
省 북쪽 해안 萊州彎. ○不其縣 – 今 山東省 중부 해안의 靑島市 관할 卽
墨市. ○聚落(취락) – 모여 사는 마을. ○恂恂(순순) – 信實한 모양.

[國譯]

王扶(왕부)의 字는 子元(자원)으로 (東萊郡) 掖縣(액현) 사람이다.
젊어 지조를 지키며 琅邪郡(낭야군) 不其縣(불기현)에 객거하고 있었
는데 그가 사는 마을은 그의 감화를 입었다. 國相인 張宗(장종)이 알
현을 청했지만 응하지 않았는데, 강제로 데려가려 하자 지팡이를 짚
고 향리로 돌아갔다. 그래도 연이어 초빙하였으나 병을 핑계로 가지
않았다. 太傅인 鄧禹(등우)가 불러도 응하지 않았다. 뒷날 議郞을 제
수한 뒤에 만났는데 너무 공손하여 마치 말을 못하는 사람 같았다.
그러나 천성이 침착하고 정직하여 옳지 않은 일로 어찌하지 못하니
당대에 명성이 높았다. (明帝) 永平 연간에, 臨邑侯 劉復(유복)이〈漢
德頌〉을 지었는데 왕부를 名臣이라 하였다.

❹ 趙孝

趙孝字長平, 沛國蘄人也. 父普, 王莽時爲田禾將軍, 任孝爲郎. 每告歸, 常白衣步擔. 嘗從長安還, 欲止郵亭. 亭長先時聞孝當過, 以有長者客, 掃灑待之.

孝旣至, 不自名, 長不肯內, 因問曰, "聞田禾將軍子當從長安來, 何時至乎?" 孝曰, "尋到矣." 於是逡去. 及天下亂, 人相食. 孝弟禮爲餓賊所得, 孝聞之, 即自縛詣賊, 曰, "禮久餓羸瘦, 不如孝肥飽." 賊大驚, 並放之, 謂曰, "可且歸, 更持米糒來." 孝求不能得, 復往報賊, 願就亨. 衆異之, 遂不害. 鄕黨服其義. 州郡辟召, 進退必以禮. 擧孝廉, 不應.

永平中, 辟太尉府, 顯宗素聞其行, 詔拜諫議大夫, 遷侍中, 又遷長樂衛尉. 復徵弟禮爲御史中丞. 禮亦恭謙行己, 類於孝. 帝嘉其兄弟篤行, 欲寵異之, 詔禮十日一就衛尉府, 太官送供具, 令共相對盡歡. 數年, 禮卒, 帝令孝從官屬送喪歸葬. 後歲餘, 復以衛尉賜告歸, 卒於家. 孝無子, 拜禮兩子爲郎.

| 註釋 | ○沛國(패국) 蘄縣(기현) － 今 安徽省 북부 宿州市. ○田禾將軍 － 왕망 때 屯田을 담당하는 장군 명칭. ○尋到矣 － 尋은 얼마 아니 있을 심, 찾을 심. 보통의. ○米糒 － 쌀밥. 糒는 말린 밥(乾糧) 비. ○諫議大夫 － 光祿大夫의 속관, 질록 6백석. 無 定員. ○長樂衛尉 － 長樂宮은 황제 모

친(太后)이 거처하는 궁. 그 궁궐의 衛尉, 질록 2천석. 태후궁의 속관은 직함 앞에 長樂을 붙여 구분했다. 長樂少府, 長樂太僕, 長樂衛尉를 태후의 三卿이라 했다. 황태후가 없거나 죽으면 이 관직은 폐지되었다. 皇帝 祖母의 궁궐은 보통 長信宮이라 불렸다.

[國譯]

趙孝(조효)의 字는 長平(장평)으로 沛國(패국) 蘄縣(기현) 사람이다. 부친 趙普(조보)는 왕망 때 田禾(전화) 將軍이었기에 조효는 낭관이 되었다. 휴가를 받을 때마다 늘 흰옷에 짐을 메고 걸어 다녔다. 한번은 장안에서 고향에 가면서 郵亭(우정)에서 쉬려고 했다. 그 亭長은 조효가 온다는 소식을 먼저 듣고 長者의 손님이라 하여 청소를 하고 기다렸다.

조효는 우정에 도착하여 이름을 말하지 않았는데 정장이 못 들어오게 하며 물었다. "田禾장군의 아드님이 장안에서 오신다고 하였는데 언제 오실 것 같습니까?" 그러자 조효가 말했다 "곧 도착합니다." 그리고서는 떠나갔다.

천하가 혼란할 때라서 사람이 사람을 먹었다. 조효의 동생 趙禮(조례)가 굶주린 도적에게 잡혀갔는데, 조효가 소식을 듣고서는 자신을 묶은 뒤 도적을 찾아가서 말했다. "내 동생은 오래 굶어 말랐으니 살찐 나만 못할 것이다." 도적들은 놀라 모두 풀어주며 "돌아가서 쌀좀 갖다 주시오."라고 말했다. 조효가 쌀을 구하려 하였지만 구할 수 없자 다시 찾아가 삶아먹으라고 말했다. 도적들은 놀라면서 끝내 해치지 못했다. 마을 사람들은 형제의 의리에 감복하였다. 州郡의 부름을 받았는데 언제나 그 거취가 예법에 맞았다. 孝廉으로 천거되었지만 응하지 않았다.

(明帝) 永平 연간에, 太尉府의 부름을 받았는데 顯宗(明帝)도 평소 조효의 행실을 알고 있어 조서로 諫議大夫를 제수하였고, 조효는 侍中으로 승진하였다가 다시 승진하여 長樂衛尉가 되었다. 명제는 다시 동생 조례를 불러 御史中丞에 임명하였다. 조례 역시 공손 겸양하며 바른 행실은 조효와 비슷하였다. 명제는 그 형제의 돈독한 행실을 칭찬하며 특별히 총애하여 조례가 10일에 하루는 장락궁 衛尉府에 가되 (장락궁의 식사 담당) 太官은 형제가 함께 식사하게 하라고 명령하여 같이 즐겁게 지내도록 배려하였다. 몇 년 지나 조례가 죽자, 명제는 조효가 관속을 따라 고향에 돌아가 장례를 치르게 하였다. 일 년 뒤에 다시 衛尉의 직분으로 특별 휴가를 주어 고향에 돌아가게 하였는데 조효는 집에서 죽었다. 조효는 아들이 없어 조례의 두 아들을 낭관에 임용하였다.

原文

時汝南有王琳巨尉者, 年十餘歲喪父母. 因遭大亂, 百姓奔逃, 唯琳兄弟獨守塚廬, 號泣不絶. 弟季, 出遇赤眉, 將爲所哺, 琳自縛, 請先季死, 賊矜而放遣, 由是顯名鄕邑. 後辟司徒府, 薦士而退.

琅邪魏譚少閒者, 時亦爲饑寇所獲, 等輩數十人皆束縛, 以次當亨. 賊見譚似謹厚, 獨令主爨, 暮輒執縛. 賊有夷長公, 特哀念譚, 密解其縛, 語曰, "汝曹皆應就食, 急從此去."

對曰, "譚爲諸君爨, 恒得遺餘, 餘人皆茹草萊, 不如食我."
長公義之, 相曉赦遣, 並得俱免. 譚永平中爲主家令.

又齊國兒萌子明, 梁郡車成子威二人, 兄弟並見執於赤
眉, 將食之, 萌,成叩頭, 乞以身代, 賊亦哀而兩釋焉.

| 註釋 | ○塚廬 – 무덤의 오두막. ○將爲所哺 – 먹잇감으로 잡히다. 哺
는 먹을 포. ○獨令主爨 – 爨은 불 땔 찬, 밥 지을 찬. ○夷長公(이장공) –
夷는 성씨. ○茹草萊 – 茹는 먹을 여. 萊는 명아주 래. 식용이 가능한 풀.
○主家令 – 公主 家의 살림 집사. 宗正의 속관, 1인, 질록 6백석. 丞 1인 질
록 3백석. ○兒萌(예맹) – 兒는 성씨 예. 아이 아. ○梁郡(國) – 治所는 睢
陽縣(수양현), 今 河南省 동부 商丘市 睢陽區. 睢는 땅 이름 수, 우러러 볼
휴, 눈 부릅뜰 휴.

[國譯]
　　그때 汝南郡에 王琳(왕림, 字 巨尉)은 나이 10여 세에 부모를 잃었
다. 큰 난리를 당해 사람들은 모두 도망갔지만 다만 왕림 형제만 무
덤 오두막을 지키며 계속 울기만 하였다. 동생 王季(왕계)가 어디를
갔다가 赤眉(적미) 무리를 만나 먹잇감으로 잡혔다. 왕림은 스스로
손을 묶고 가서 동생보다 먼저 죽겠다고 간청하자 도적 무리가 불쌍
히 여겨 풀어주었는데 이 때문에 향읍에 이름이 알려졌다. 뒷날 司
徒府에 부름을 받았지만 다른 인재를 천거하고 물러났다.
　　琅邪郡(낭야군)의 魏譚[위담, 字 少閒(소한)]은 그때 굶주린 도적 무
리에게 잡혔는데, 같은 또래 10여 명이 모두 묶여 있다가 순차적으
로 烹殺(팽살)되었다. 도적이 볼 때 위담이 점잖게 생긴 것을 보고 위

담에게 밥을 짓게 하면서 밤이면 묶어 놓았다.

　도적 무리 중 夷長公(이장공)이란 사람이 위담을 특별히 애처롭게 여겨 몰래 포박을 풀어주며 말했다. "너희들은 모두 다 먹힐 것이니 너는 급히 여기를 떠나거라." 이에 위담이 말했다.

　"나는 여러분을 위해 밥을 해주면서 그래도 늘 남은 음식을 먹었지만, 다른 애들은 모두 풀만 먹었으니 나를 먹는 것이 더 좋을 것이요."

　이장공은 위담을 의롭게 여겨 서로 이야기를 하여 모두 풀어주었다. 위담은 (明帝) 永平 연간에, 公主 家令이 되었다.

　齊國의 兒萌(예맹, 字 子明)과 梁郡의 車成(차성, 字 子威) 두 사람은 형제가 함께 적미 무리에게 잡혀 먹히기 직전에 예맹과 차성 모두 머리를 조아리며 자신들이 대신 죽겠다고 애걸하였는데 적미 무리도 역시 불쌍히 여겨 두 사람 모두 다 풀어주었다.

❺ 淳于恭

原文

　淳于恭字孟孫, 北海淳于人也. 善說《老子》, 淸靜不慕榮名. 家有山田果樹, 人或侵盜, 輒助爲收采. 又見偸刈禾者, 恭念其愧, 因伏草中, 盜去乃起, 里落化之.

　王莽末, 歲饑兵起, 恭兄崇將爲盜所亨, 恭請代, 得俱免. 後崇卒, 恭養孤幼, 敎誨學問, 有不如法, 輒反用杖自箠, 以感悟之, 兒憋而改過. 初遭賊寇, 百姓莫事農桑. 恭常獨力田耕, 鄉人止之曰, "時方淆亂, 死生未分, 何空自苦爲?" 恭曰, "縱我不得, 它人何傷." 墾耨不輟. 後州郡連召, 不應, 遂幽居養志, 潛於山澤. 舉動周旋, 必由禮度. 建武中, 郡舉孝廉, 司空辟, 皆不應, 客隱琅邪黔陬山, 遂數十年.

建初元年, 肅宗下詔美恭素行, 告郡賜帛二十匹, 遣詣公車, 除爲議郎. 引見極日, 訪以政事, 遷侍中騎都尉, 禮待甚優. 其所薦名賢, 無不徵用. 進對陳政, 皆本道德, 帝與之言, 未嘗不稱善. 五年, 病篤, 使者數存問, 卒於官. 詔書褒歎, 賜穀千斛, 刻石表閭. 除子孝爲太子舍人.

| 註釋 | ○淳于恭(순우공) – 淳于는 복성. ○北海 淳于(순우) – 北海郡 치소는 劇縣, 今 山東省 중부 濰坊市(유방시) 관할 昌樂縣. 淳于(순우)는 縣 名. 今 山東省 濰坊市 관할 安丘市. 춘추시대 제후국인 淳于國. ○見偸刈 禾者 – 見偸(견투)는 다른 사람이 훔쳐가다. 피동형이다. 刈는 벨 예. 자르 다. ○輒反用杖自棰 – 輒는 문득 첩. 그때마다. 棰 매 추. 회초리로 때리 다. ○淆亂(효란) – 淆는 뒤섞일 효. ○縱我不得 – 縱은 가령, 만약에. ○墾 耨不輟 – 墾은 개간할 간. 耨는 김맬 누. 輟은 그만둘 철. ○(肅宗, 章帝) 建初元年 – 서기 80년. ○極日 – 해가 질 때까지. ○太子舍人 – 질록, 2 百石. 無 定員, 宿衛를 담당.

[國譯]

淳于恭(순우공)의 字는 孟孫(맹손)으로, 北海郡 淳于縣(순우현) 사람이다. 《老子》에 밝았으며, 淸靜한 마음에 영화나 명예를 추구하지 않았다. 집의 뒷산에 과일 나무가 있었는데, 사람이 혹 몰래 훔치러 오면 그때마다 과일 따는 것을 도와주었다. 또 몰래 벼를 베어가려는 자가 있으면 순우공은 그 도적이 부끄러울까 걱정하여 풀 속에 엎드려 있다가 훔쳐간 뒤에서 풀밭에서 일어섰는데 마을 사람들은 그런 그에게 감화를 받았다.

왕망 말기에 흉년이 들고 군사가 들이닥쳤는데 순우공의 형인 淳于崇(순우숭)이 도적 무리에 잡혀 삶겨서 죽게 되자, 순우공이 대신 죽겠다고 간청하자 형제가 다 살아나왔다. 뒤에 순우숭이 죽어 순우공은 어린 조카를 양육하며 글을 가르쳤는데, 혹 나쁜 짓을 하면 순우공은 그때마다 회초리로 자신을 때려 조카가 감화를 받아 깨우치게 하였는데 조카는 부끄러워하며 잘못을 고쳤다. 그전에 난리를 당했을 때 백성들은 농사나 길쌈을 하지 않았다. 그러나 순우공은 늘 혼자 농사일을 하였는데 마을 사람들이 그만두라면서 말했다. "난리를 만난 이런 때에 살지 죽을 지도 모르는데, 공연히 혼자서 무슨 고생을 하시는가?" 그러면 순우공은 "설령 내가 거두지 못하더라도 다른 사람이야 나쁠 것이 뭐가 있겠소?" 그러면서 밭갈이와 김매기를 쉬지 않았다.

뒷날 州나 郡에서 연이어 초빙하였지만 응하지 않고 은거하면서 고상한 心地를 지켰으며 산택에 은거하면서도 몸가짐과 일상생활이 언제나 禮度에 맞았다. (光武帝) 建武 연간에, 郡에서 孝廉으로 천거하고 司空府에서도 초빙하였지만 모두 응하지 않고 객지인 琅邪郡 黔陬山(검추산)에서 수십 년을 살았다.

(肅宗, 章帝) 建初 원년에, 肅宗은 조서를 내려 순우공의 평소 덕행을 칭송하며 군에서 비단 20필을 하사하고 공거령에게 보내게 하

여 議郞을 제수하였다. (장제가) 불러 해가 질 때까지 정사에 관하여 물었으며, 순우공은 侍中으로 騎都尉에 승진하였으니 예우가 아주 각별하였다. 순우공이 천거하는 명사나 현인은 등용되지 않은 사람이 없었다. 순우공은 불려가 응대하고 정사를 진술하면서 언제나 도덕에 바탕을 두고 말했다. 장제는 순우공과 이야기를 나눌 때마다 칭송하지 않는 경우가 없었다. (建初) 5년에, 병이 위독하자 장제는 사자를 보내 자주 안부를 물었는데, 순우공은 재임 중에 죽었다. 조서를 내려 순우공을 기렸고, 곡식 1천 斛(곡)을 하사하였으며 비석을 세워 마을을 표창하였다. 순우공의 아들 淳于孝(순우효)를 太子舍人에 임용하였다.

❻ 江革

原文

江革字次翁, 齊國臨淄人也. 少失父, 獨與母居. 遭天下亂, 盜賊並起, 革負母逃難, 備經阻險, 常採拾以爲養. 數遇賊, 或劫欲將去, 革輒涕泣求哀, 言有老母, 辭氣願款, 有足感動人者. 賊以是不忍犯之, 或乃指避兵之方, 遂得俱全於難. 革轉客下邳, 窮貧裸跣, 行傭以供母, 便身之物, 莫不必給.

建武末年, 與母歸鄉里. 每至歲時, 縣當案比, 革以母老, 不欲搖動, 自在轅中挽車, 不用牛馬, 由是鄉里稱之曰 '江巨

孝'. 太守嘗備禮召, 革以母老不應. 及母終, 至性殆滅, 嘗
寢伏冢廬, 服竟, 不忍除. 郡守遣丞掾釋服, 因請以爲吏.

永平初, 舉孝廉爲郞, 補楚太僕. 月餘, 自劾去. 楚王英馳
遣官屬追之, 遂不肯還. 復使中傅贈送, 辭不受. 後數應三
公命, 輒去.

| 註釋 |　○齊國 臨淄 − 臨淄(임치)는 齊國의 치소, 今 山東省 중동부 淄
博市(치박시) 臨淄區.　○辭氣願款 − 願은 謹也. 款은 정성 관.　○下邳(하비)
− 縣名. 今 江蘇省 北部 徐州市 관할 睢寧縣(수녕현).　○窮貧裸跣 − 裸는
벌거벗을 나(라).　跣은 맨발 선.　○縣當案比 − 현에서 호구를 조사할 때.
案比는 매년 8월에 인구조사 겸 개인별 인상과 모습을 조사하는 일.

[國譯]
　江革(강혁)의 字는 次翁(차옹)으로, 齊國 臨淄縣(임치현) 사람이다.
어려서 부친을 여의고 홀로 어머니와 함께 살았다. 천하의 난리를
만나 도적떼가 도처에 출현하자, 강혁은 모친을 모시고 피난했는데
여러 번 위기를 겪었지만 늘 먹을 것을 구해다가 봉양하였다. 여러
번 도적떼를 만났고 어떤 때는 끌려갈 뻔도 하였으나 강혁은 눈물을
흘리며 노모를 모셔야 한다고 애걸했는데 그 말이 매우 조심스럽고
정성되어 남의 심금을 울렸다. 그래서 도적들은 차마 해칠 수 없었
고 때로는 도적떼를 피할 길을 일러주기도 하여 마침내 난리 속에서
도 무사할 수 있었다. 강혁은 下邳(하비)를 떠돌면서 가난하여 헐벗
으면서도 늘 품팔이로 모친을 봉양했는데 모친에게 필요한 물건이
라면 무엇이든지 다 갖춰드렸다.

建武 말년에, 모친을 모시고 향리로 돌아왔다. 해마다 8월에 현에서 호구조사를 할 때면 모친을 먼 길에 흔들리며 모시지 않으려고 소나 말을 쓰지 않고 직접 끌 채(멍에)를 메고 수레를 끌었기에 향리에서는 강혁을 '江巨孝'라고 불렀다. 太守가 일찍부터 예를 갖춰 강혁을 불렀지만 강혁은 노모 때문에 응하지 않았다. 모친이 죽자, 강혁은 견딜 수 없는 슬픔에 몸이 거의 망가질 정도였고 늘 무덤의 초막에서 잠을 잤는데, 복상을 마치고서도 차마 상복을 벗질 못했다. 郡守는 郡丞이나 掾吏(연리)를 보내 복상을 마치라 권하면서 관리로 초빙하였다.

(明帝) 永平 초년에, 孝廉으로 천거되어 郎官으로 楚의 太僕에 임명되었다. 강혁은 한 달 남짓에 스스로 그만두었다. 楚王 劉英은 관리를 급히 따라가게 하여 만류했지만 강혁은 돌아가려 하지 않았다. (楚王은) 다시 中傅를 시켜 예물을 보냈지만 사양하며 받지 않았다. 그 뒤로도 여러 번 三公府의 부름을 받았으나 이내 그만두었다.

原文

建初初, 太尉牟融擧賢良方正, 再遷司空長史. 肅宗甚崇禮之, 遷五官中郎將. 每朝會, 帝常使虎賁扶侍, 及進拜, 恒目禮焉. 時有疾不會, 輒太官送醪膳, 恩寵有殊. 於是京師貴戚衛尉馬廖,侍中竇憲慕其行, 各奉書致禮, 革無所報受. 帝聞而益善之. 後上書乞骸骨, 轉拜諫議大夫, 賜告歸, 因謝病稱篤.

元和中, 天子思革至行, 制詔齊相曰,「諫議大夫江革, 前
以病歸, 今起居何如? 夫孝, 百行之冠, 衆善之始也. 國家每
惟志士, 未嘗不及革. 縣以見穀千斛賜'巨孝', 常以八月長
吏存問, 致羊酒, 以終厥身. 如有不幸, 祠以中牢.」

由是'巨孝'之稱, 行於天下. 及卒, 詔復賜穀千斛.

| 註釋 | ○太尉牟融(모융) – 26권,〈伏侯宋蔡馮趙牟韋列傳〉에 立傳.
○醪膳 – 술과 안주. ○衛尉 馬廖(마료) – 마원의 아들. 24권,〈馬援列傳〉
에 立傳. ○中牢(중뢰) – 제사의 희생물이 羊과 豚(돼지). 中牢에 牛를 더
하면 大牢가 된다.

[國譯]

(章帝) 建初 초기에, 太尉인 牟融(모융)이 賢良方正한 인재로 강혁
을 천거하였고, 두 번 승진하여 司空長史가 되었다. 肅宗(章帝)은 강
혁을 특별히 예우하여, 강혁은 五官中郎將이 되었다. 매번 조회를
할 때마다 황제는 虎賁(호분) 衛士에게 강혁을 늘 부축케 하였고, 강
혁이 拜禮하면 황제도 목례를 했다. 강혁이 병으로 조회에 못 나오
면 매번 太官을 시켜 술과 안주를 보내는 등 은총이 특별하였다. 이
에 낙양의 貴戚인 衛尉 馬廖(마료)와 侍中 竇憲(두헌) 등이 강혁의 행
실을 흠모하여 서신과 예물을 보냈지만 강혁은 받거나 답례하지 않
았다. 장제도 이를 알고 더욱 강혁을 칭송하였다. 뒷날 장혁이 사직
을 청원하자, 諫議大夫로 전직시키면서 특별 병가를 주어 고향에서
치료케 하였는데 강혁은 병이 심하여 사직하였다.

(章帝) 元和 연간에, 천자는 강혁의 돈독한 효행을 생각하여 齊國

相에게 조서를 내렸다.

「諫議大夫 江革은 앞서 병으로 귀향하였는데 지금은 어떠한가? 孝는 百行의 으뜸이며 모든 善行의 출발이다. 國家에서 매번 志士를 생각해보지만 강혁만한 사람이 없었다. 縣에서는 곡식 1千 斛(곡)을 '巨孝(江革)'에게 하사하고, 매년 8월에 관리를 보내 문안할 것이며, 羊고기와 술을 죽을 때까지 보내도록 하라. 만약 죽는다면 中牢(중뢰, 羊과 豚)로 제사를 지내라.」

이에 '巨孝'라는 칭호가 천하에 통용되었다. 강혁이 죽자, 조서로 곡식 1천 곡을 또 하사하였다.

❼ 劉般

|原文

劉般字伯興, 宣帝之玄孫也. 宣帝封子囂於楚, 是爲孝王. 孝王生思王衍, 衍生王紆, 紆生般. 自囂至般, 積累仁義, 世有名節, 而紆尤慈篤. 早失母, 同産弟原鄉侯平尙幼, 紆親自鞠養, 常與共臥起飮食. 及成人, 未嘗離左右. 平病卒, 紆哭泣歐血, 數月亦歿. 初, 紆襲王封, 因値王莽簒位, 廢爲庶人, 因家於彭城.

般數歲而孤, 獨與母居. 王莽敗, 天下亂, 太夫人聞更始卽位, 乃將般俱奔長安. 會更始敗, 復與般轉側兵革中, 西行上隴, 邃流至武威. 般雖尙少, 而篤志修行, 講誦不怠. 其

母及諸舅, 以爲身寄絶域, 死生未必, 不宜苦精若此, 數以曉
<u>般</u>, <u>般</u>猶不改其業.

| 註釋 | ○宣帝 - 재위 前 73 - 49년. 玄孫(현손)은 손자의 손자. 曾祖 -
高祖를 생각하여 曾孫 - 高孫이라고 말하면 망발이다. 손자의 손자한테 어
찌 高字를 붙여 불러야 하겠는가? ○太夫人 - 列侯의 처는 夫人이라 칭했
고, 모친은 太夫人이라고 하였다. ○武威 - 郡名. 治所는 姑臧縣, 今 甘肅
省 중부 武威市.

[國譯]

劉般(유반)의 字는 伯興(백흥)인데, 宣帝의 玄孫(현손)이다. 선제는
아들 囂(효)를 楚에 봉했으니, 이가 孝王이다. 효왕은 思王 衍(연)을
낳고, 유연은 아들 紆(우)를 낳았으며, 유우는 劉般(유반)을 나았다.
유효부터 유반에 이르기까지 仁義를 실천하여 명망과 지조를 지켜
왔는데 유우는 특히 돈독하였다. 유우는 일찍 母親을 여의었는데 동
복의 동생인 原鄕侯 劉平(유평)은 아직 어린아이라서 유우가 친히
양육하면서 늘 함께 기거하였다. 成人이 되었지만 한시도 떨어지지
않았다. 유평이 병으로 먼저 죽자, 유우는 통곡하며 피를 토하다가
결국 유우도 죽었다. 그전에 유우가 왕위를 세습했어야 하는데 王莽
(왕망)의 찬위를 당해 폐위되어 서인이 되자 그대로 彭城(팽성)에 눌
러 살았다.

유반은 불과 몇 살에 부친을 여의고 홀로 모친과 함께 살았다. 왕
망이 멸망하고 천하가 혼란할 때, 유반의 모친은 更始帝가 즉위했다
는 말을 듣고 유반을 데리고 長安으로 이사하였다. 그러나 更始帝가

죽자, 다시 유반을 데리고 전쟁터를 헤매며 서쪽 隴右(농우)로 갔다가 결국 武威郡까지 흘러갔다. 그때 유반은 비록 어렸지만 큰 뜻을 품고 몸가짐을 바로 하며 학습을 게을리하지 않았다. 모친과 외숙은 외진 곳, 생사를 알 수 없는 상황에서 힘들게 고생을 할 이유가 없다면서 여러 번 유반을 타일렀지만 유반은 학업을 그치지 않았다.

建武八年, 隗囂敗, 河西始通, 般卽將家屬東至洛陽, 修經學於師門. 明年, 光武下詔, 封般爲菑丘侯, 奉孝王祀, 使就國. 後以國屬楚王, 徙封杅秋侯.

十九年, 行幸沛, 詔問郡中諸侯行能. 太守薦言般束修至行, 爲諸侯師. 帝聞而嘉之, 乃賜般綬, 錢百萬, 繒二百匹. 二十年, 復與車駕會沛, 因從還洛陽, 賜穀什物, 留爲侍祠侯.

永平元年, 以國屬沛, 徙封居巢侯, 復隨諸侯就國. 數年, 揚州刺史觀恂薦般在國口無擇言, 行無怨惡, 宜蒙旌顯. 顯宗嘉之. 十年, 徵般行執金吾事, 從至南陽, 還爲朝侯. 明年, 兼屯騎校尉. 時五校官顯職閒, 而府寺寬敞, 輿服光麗, 伎巧畢給, 故多以宗室肺腑居之. 每行幸郡國, 般常將長水胡騎從.

| **註釋** | ○建武 八年 – 서기 32년. ○束修至行 – 몸과 마음을 단속하는 모범적 행실. ○侍祠侯 – 제후 중 공로가 아주 뛰어나 조정에서 존경의 대상이 될만한 자는 特進으로 三公의 다음에 위치한다. 특진보다 낮은 공신

을 朝侯라 하며, 九卿의 다음 자리이다. 朝侯보다 못한 공적을 남긴 제후는 侍祠侯(시사후)이고, 또 그 다음은 土小國侯라 하였다. ○居巢侯(거소후) - 居巢는 廬江郡의 縣名. ○口無擇言 - 입에서 마음먹은 대로 말해도 예법에 합당하다는 의미. ○五校 - 중앙 禁軍의 五校尉. 前漢의 中壘, 屯騎, 步兵, 越騎, 長水, 胡騎, 射聲, 虎賁(호분)의 8교위가 후한에서는 屯騎, 步兵, 越騎, 長水, 射聲校尉로 축소되었다. 校尉의 질록 이천석, 장수교위는 3천, 다른 교위는 7백 명의 군사를 지휘하였다. ○肺腑(폐부) - 天子의 먼 親屬.

[國譯]

建武 8년, 隗囂(외효)가 패망하자 河西 일대의 길이 열려 劉般(유반)은 바로 가족을 데리고 동쪽 洛陽으로 돌아와 스승으로부터 經學을 전수받았다. 그 다음 해에, 光武帝는 조서를 내려 유반을 菑丘侯(치구후)에 봉하고, 楚 孝王의 제사를 받들게 하고 봉국에 취임하게 하였다. 그 뒤에 유반의 侯國은 楚王에 속했고 다시 杼秋侯(저추후)로 옮겨 봉해졌다.

(建武) 19년, 광무제가 沛郡(패군)에 행차하여 조서로 郡內 제후의 행실과 능력을 물었다. 패군 태수는 유반이 몸과 마음을 단속하는 모범적 행실로 제후의 본보기가 된다고 추천하였다. 광무제는 이를 듣고 유반을 칭찬하며 유반에게 인수와 금전 百萬, 비단 2백 필을 하사하였다. (건무) 20년, 황제와 함께 다시 沛에 합류하고 황제를 수행하여 낙양으로 돌아왔는데, 황제는 곡식과 일용품을 하사하며 낙양에 侍祠侯(시사후)로 남게 하였다.

(明帝) 永平 원년, 유반의 제후국이 沛(패)에 속하면서 居巢侯(거소후)로 옮겨 봉해졌고 다시 제후들은 봉국으로 돌아갔다. 몇 년 뒤 揚州刺史 觀恂(관순)은 유반이 제후로서 언행이 예법에 합당하고 행

실이 원한을 사지 않으니, 응당 이를 표창하고 선양해야 한다고 천거하였다. 顯宗(明帝)는 이를 칭찬하였다. (永平) 10년, 유반을 중앙으로 불러 執金吾事를 대행케 하였고, 유반은 어가를 따라 南陽에 행차하였고 돌아와서는 朝侯(조후)가 되었다. 明年에 屯騎校尉를 겸직하였다. 그때 五校尉는 높은 지위나 업무는 한가하였고 근무 부서는 넓고 수레와 복장이 광채 화려하며 각종 생활 공예품도 지급되었기에 많은 宗室이나 天子의 親屬들이 차지하고 있었다. 황제가 매번 郡國에 행차할 때마다 유반은 長水校尉의 흉노족 기병을 거느리고 수행하였다.

原文

帝曾欲置常平倉, 公卿議者多以爲便.

般對以 "常平倉外有利民之名, 而內實侵刻百姓, 豪右因緣爲姦, 小民不能得其平, 置之不便."

帝乃止. 是時下令禁民二業, 又以郡國牛疫, 通使區種增耕, 而吏下檢結, 多失其實, 百姓患之. 般上言,

「郡國以官禁二業, 至有田者不得漁捕. 今濱江湖郡率少蠶桑, 民資漁采以助口實, 且以冬春閒月, 不妨農事. 夫漁獵之利, 爲田除害, 有助穀食, 無關二業也. 又郡國以牛疫,水旱, 墾田多減, 故詔勅區種, 增進頃畝, 以爲民也. 而吏舉度田, 欲令多前, 至於不種之處, 亦通爲租. 可申勅刺史,二千石, 務令實核, 其有增加, 皆使與奪田同罪.」

帝悉從之.

肅宗卽位, 以爲長樂少府. 建初二年, 遷宗正. 般妻卒, 厚加賵贈, 及賜冢塋地於顯節陵下. 般在位數言政事. 其收恤九族, 行義尤著, 時人稱之. 年六十, 建初三年卒. 子憲嗣. 憲卒, 子重嗣. 憲兄愷.

| 註釋 | ○常平倉 - 宣帝 때, 大司農 耿壽昌(경수창)이 변방의 郡縣에 창고를 짓고 곡물이 쌀 때 사들여 농민의 일정 소득을 보장하고 비쌀 때 팔아 물가를 조절할 수 있다고 건의하였는데 그 창고를 常平倉이라 하였다. ○禁民二業 - 農者의 상업 종사를 금한 법령. ○牛疫(우역) - 소의 돌림병. ○區種增耕 - 토질의 등급에 따라 종자를 심는 간격을 달리하여 경지를 늘리다. ○顯節陵 - 明帝 劉莊의 陵園, 今 河南省 洛陽市 孟津縣 소재. ○建初三年 - 서기 78년.

[國譯]

明帝가 常平倉을 설치하려고 이를 대신들에게 논의하게 하자, 많은 公卿은 그것이 편리하다고 말했지만 劉般(유반)이 말했다.

"常平倉은 겉으로는 백성을 위한다는 명분이지만 실제는 백성을 심하게 수탈하며, 豪門大族이 이를 계기로 부정을 저질러도 백성들은 불평할 곳조차 없으니 설치하는 것이 더 나쁩니다."

명제는 이를 중지하였다. 그때 법으로 農者는 상업에 종사할 수 없게 하였고, 또 郡國에서 소의 돌림병이 있을 경우 토질에 따라 종자를 심는 간격을 달리하여 경지를 늘리게 하였지만, 관리들은 실제 조사를 하지 않고 田租를 늘려 부과하여 백성의 원성이 많았다. 이에 유반이 상주하였다.

「郡國에서는 2가지 직업을 금한다 하여 토지를 갖고 있는 농민은 물고기를 잡을 수도 없습니다. 지금 강이나 호수를 끼고 있는 郡에서는 상대적으로 누에치기도 적은데, 백성은 고기잡이나 채취로 식량을 보충하며, 또 이는 겨울이나 봄철 농사일이 한가할 때라서 농사를 방해하지도 않습니다. 어업이나 사냥은 흉년에 곡물 부족을 보완하는 것으로 상업 금지와는 상관이 없습니다. 또 군국에서 소의 전염병이 돌거나 가뭄에 경작지가 많이 감소한다 하여 조칙으로 區種(구종)을 시행케 하여 경작 면적을 늘리게 하여 백성을 이롭게 하였습니다. 그러나 관리가 경작 면적을 조사하면서 전년도 보다 많이 늘려 보고하면서 미경작지에도 田租를 부과하고 있습니다. 이에 자사나 태수들에게 엄히 명하여 경작지를 사실대로 조사하고 실제보다 늘려 책정하면 백성 땅을 탈취한 것과 같은 죄로 다스려야 합니다.」

명제는 건의를 모두 수용하였다. 肅宗(章帝)이 즉위하자, 유반은 長樂 少府가 되었다. (章帝) 建初 2년에, 宗正으로 승진하였다. 유반의 妻가 죽자 여러 하사품이 많았으며 (明帝) 顯節陵 아래에 무덤자리도 하사하였다. 유반은 재직 중에 정사에 관한 건의가 많았다. 유반은 모든 친인척을 구제하였으며 仁義를 지켜 사람들의 칭송을 많이 들었다. 60세인 建初 3년에 죽었다. 아들 劉憲(유헌)이 승계했다. 유헌이 죽자, 아들 劉重(유중)이 승계했다. 유헌의 형이 劉愷(유개)이다.

❽ 劉愷

原文

愷字伯豫, 以當襲般爵, 讓與弟憲, 遁逃避封. 久之, 章和中, 有司奏請絕愷國, 肅宗美其義, 特優假之, 愷猶不出. 積十餘歲, 至永元十年, 有司復奏之, 侍中賈逵因上書曰,

「孔子稱 '能以禮讓爲國, 於從政乎何有.' 竊見居巢侯劉般嗣子愷, 素行孝友, 謙遜絜清, 讓封弟憲, 潛身遠多. 有司不原樂善之心, 而繩以循常之法, 懼非長克讓之風, 成含弘之化. 前世扶陽侯韋玄成, 近有陵陽侯丁鴻, 鄠侯鄧彪, 並以高行絜身辭爵, 未聞貶削, 而皆登三事. 今愷景仰前修, 有伯夷之節, 宜蒙矜宥, 全其先功, 以增聖朝尙德之美.」

和帝納之, 下詔曰, 「故居巢侯劉般嗣子愷, 當襲般爵, 而稱父遺意, 致國弟憲, 遁亡七年, 所守彌篤. 蓋王法崇善, 成人之美. 其聽憲嗣爵. 遭事之宜, 後不得以爲比.」

乃徵愷, 拜爲郎, 稍遷侍中.

| 註釋 | ○劉愷(유개) ─ 愷는 즐거울 개. 화락함. ○(章帝) 章和 ─ 서기 87-88년. ○特優假之 ─ 특별히 우대하여 관용을 베풀다. ○(和帝) 永元十年 ─ 서기 98. ○賈逵(가규) ─ 賈誼의 후손. 36권,〈鄭范陳賈張列傳〉에 立傳. ○孔子稱 ─「子曰, "能以禮讓爲國乎? 何有? 不能以禮讓爲國, 如禮何?"《論語 里仁》. ○繩以循常之法 ─ 繩(줄 승)은 법대로 처리하다. 政也. 循常之法은 일상적인 법. ○扶陽侯 韋玄成(위현성) ─ 韋賢(위현)의 아들, 元

帝 때 승상 역임. 부자가 승상을 역임했다. ○鄳侯(맹후) 鄧彪(등표, ?-93)
- 鄳은 땅이름 맹. 明帝 초 부친 鄧邯(등한)이 죽자, 그 작위를 3번이나 異
母 弟에게 사양하였다. 章帝 때 太尉 역임, 청렴으로 명성, 백관의 모범, 和
帝 즉위 후 太傅가 되었다. 44권, 〈鄧張徐張胡列傳〉에 立傳. ○成人之美
- 남의 장점을 키워주다. 「子曰, "君子成人之美, 不成人之惡. 小人反是."」
《論語 顔淵》.

[國譯]

劉愷(유개)의 字는 伯豫(백예)로 부친 劉般(유반)의 작위를 당연히
세습해야 했으나 동생 劉憲(유헌)에게 양보하고 멀리 도망하여 봉작
을 회피하였다. 한참 뒤에, (章帝) 章和 연간에 담당자가 유개의 봉
국을 폐지해야 한다고 상주하자, 肅宗(章帝)은 유개의 의리를 좋게
보아 특별히 우대하여 관용을 베풀게 하였으나 유개는 그래도 나타
나지 않았다. 10여 년이 더 지나 (和帝) 永元 10년에 有司가 다시 이
를 상주하자 侍中인 賈逵(가규)가 상서하였다.

「孔子는 '禮讓으로 나라를 다스릴 수 있다면 정사에 무슨 어려움
이 있겠는가?' 라고 하였습니다. 신이 볼 때 居巢侯(거소후) 유반의
嗣子(사자)인 유개는 평소에 효도하고 형제 우애가 많고 겸손하며
청렴한 사람으로 동생 유헌에게 양위하고 멀리 오랫동안 피신하였
습니다. 有司가 善을 즐겨 행하는 마음에 바탕을 두지 않고, 일상적
인 법규를 따져 처리해 버린다면, 이는 극기복례와 겸양의 풍조를
장려하여 관용과 仁厚의 교화를 이루려는 뜻이 아닐 것입니다. 前世
에도 扶陽侯 韋玄成(위현성)이 그러하였고, 근자에는 陵陽侯 丁鴻(정
홍), 鄳侯(맹후) 鄧彪(등표) 등도 고결한 행실에 작위를 사양하였는데,

그때 작위를 강등했다거나 봉국을 없앴다는 말을 들어보지 못했으며, 위의 3인은 모두 삼공의 자리에 올랐습니다. 지금 유개가 前代의 현인을 흠모하고 伯夷(백이)의 지조를 따르려는 것이니, 응당 이를 긍지로 삼고 관용을 베풀어 선대의 공적을 지킬 수 있게 하여야 聖朝(漢)의 尙德하는 미풍을 더욱 키워야 옳을 것입니다.」

和帝는 가규의 건의를 받아들이고 조서를 내렸다.

「옛 居巢侯 劉般(유반)의 嗣子인 愷(개)는 응당 般(반)의 작위를 세습하여 선친의 유지를 이어야 하지만 봉국을 동생 憲(헌)에 양보하고 숨어 있기 7년에 德行의 뜻은 더욱 독실해졌다. 聖王의 法度도 선행을 숭상하며 남의 장점을 완성시켜준다고 하였으니 憲(헌)의 작위 세습을 수락하노라. 이는 임시 조치일 뿐이니, 이후로 이를 전례로 삼을 수는 없다.」

이어 유개는 부름을 받아 낭관이 되었고 점차 승진하여 시중이 되었다.

原文

愷之入朝, 在位者莫不仰其風行. 遷步兵校尉. 十三年, 遷宗正, 免. 復拜侍中, 遷長水校尉. 永初元年, 代周章爲太常. 愷性篤古, 貴處士, 每有徵擧, 必先巖穴. 論議引正, 辭氣高雅. 永初六年, 代張敏爲司空. 元初二年, 代夏勤爲司徒.

舊制, 公卿,二千石,刺史不得行三年喪, 由是內外衆職並

廢喪禮. 元初中, 鄧太后詔長吏以下不爲親行服者, 不得典
城選擧. 時有上言牧守宜同此制, 詔下公卿, 議者以爲不便.

愷獨議曰,「詔書所以爲制服之科者, 蓋崇化厲俗, 以弘孝
道也. 今刺史一州之表, 二千石千里之師, 職在辯章百姓,
宣美風俗, 尤宜尊重典禮, 以身先之. 而議者不尋其端, 至
於牧守則云不宜, 是猶濁其源而望流清, 曲其形而欲景直,
不可得也.」太后從之.

時征西校尉任尙以姦利被徵罪. 尙曾副大將軍鄧騭, 騭黨
護之, 而太尉馬英,司空李合承望騭旨, 不復先請, 即獨解尙
臧錮, 愷不肯與議. 後尙書案其事, 二府並受譴咎, 朝廷以
此稱之.

| 註釋 | ○(和帝 永元) 十三年 − 서기 101년. ○(安帝) 元初二年 − 서기
115년. ○司徒(사도) − 백성 교화와 통치의 최고 책임자. 국가의 제도를 마
련하고 운영. 지방관의 치적 평가. 국가의 주요 제사를 총괄, 국상에서 梓宮
奉安, 광무제 때 大司徒라 칭했으나 건무 27년부터 大를 없애고 司徒라 호
칭. ○議者以爲不便 − 자사나 태수는 3년 복상하지 않는 옛 법제를 그대로
따르자는 뜻. ○千里之師 − 1郡의 영역을 사방 1천리(250리×4) 정도로 생
각하였다. 師는 師表. ○曲其形而欲景直 − 景은 그림자 영(影). 볕 경.

[國譯]

劉愷(유개)가 入朝하자, 조정에서는 그의 풍모와 행실을 흠앙하지
않는 자가 없었다. 유개는 步兵校尉가 되었다. (和帝 永元) 13년, 宗
正이 되었다가 면직되었다. 다시 侍中이 되었다가 長水校尉로 승진

하였다. (安帝) 永初 원년, 周章(주장)의 후임으로 太常이 되었다. 유개는 천성이 고풍을 숭상하고 지조 있는 지사를 귀히 여겼으며, 매번 조정의 초빙이나 천거에서 巖穴(암혈)에 은거한 자를 우선하였다. 정사를 논의하거나 근거를 설명할 때 그 언사가 매우 고상하고 우아하였다. 永初 6년, 張敏(장민)의 후임으로 司空이 되었다. (安帝) 元初 2년, 夏勤(하근)의 후임으로 司徒(사도)가 되었다.

舊制에 의하면, 公卿이나 二千石(太守), (13部) 刺史(자사)는 3년 복상을 할 수 없었는데, 內外의 여러 직위에서도 그에 따라 3년 복상을 지키지 않았다. 元初 연간에, 鄧太后(和熹鄧皇后)는 조서를 내려 (公卿, 태수, 자사 외) 長吏 以下 관리로 부모의 복상을 치르지 않은 자는 城(縣)의 천거를 받을 수 없게 하였다. 그때 刺史나 太守도 이런 법제에 따라야 한다는 상주가 있어 이를 공경의 논의에 회부하였는데 의론에 참여한 사람들은 이는 불편하다고 말했다.

그러나 유개는 혼자 다른 의견을 상주하였다.

「황태후의 조서에서 3년 복상을 실천하라는 조항은 교화를 숭상하고 풍속을 바꾸어 효도를 널리 실천케 하려는 뜻입니다. 지금 刺史는 一州의 表率(龜鑑)이며, 二千石(太守)은 사방 1천 리의 師表로 그 직분은 백성을 다스리고 교화하여 미풍양속을 널리 실천하는 데 있으니 더욱 모범적으로 典禮를 지켜 솔선해야 합니다. 지금 의견을 말하는 사람들은 근본 취지를 모르고 지방관에게는 편리하지 않다고 말하는 것은 마치 근원은 혼탁하나 맑게 흐르기를 바라고 굽은 물체가 그림자는 반듯하기를 기대하는 것이니 될 수 없는 일입니다.」 태후는 유개의 의견을 따랐다.

그때 征西校尉인 任尙(임상) 부정 축재로 소환되어 범죄를 조사받고 있었다. 임상은 이전에 대장군 鄧騭(등즐)의 副職을 지냈기에, 등즐은 같은 편이라 감싸주었고, 太尉 馬英(마영)과 司空 李合(이합)은 등즐의 뜻에 따라서 처벌을 먼저 주청하지도 않았고 체포된 임상을 방면해야 된다고 주장하였다. 이에 유개는 그런 주장에 동의하지 않았다. 뒤에 尙書가 이 사안을 조사하자 二府(太尉府와 司空府)는 모두 비난을 받았고 조정에서는 유개를 칭송하였다.

原文

視事五歲, 永寧元年, 稱病上書致仕, 有詔優許焉, 加賜錢三十萬, 以千石祿歸養, 河南尹常以歲八月致羊酒. 時安帝始親政事, 朝廷多稱愷之德, 帝乃遣問起居, 厚加賞賜. 會馬英策罷, 尙書陳忠上疏薦愷曰,

「臣聞三公上則臺階, 下象山嶽, 股肱元首, 鼎足居職, 協和陰陽, 調訓五品, 考功量才, 以序庶僚, 遭烈風不迷, 遇迅雨不惑, 位莫重焉. 而今上司缺職, 未議其人. 臣竊差次諸卿, 考合衆議, 咸稱太常朱倀, 少府苟遷. 臣父寵, 前忝司空, 倀, 遷並爲掾屬, 具知其能. 倀能說經書而用心褊狹, 遷嚴毅剛直而薄於藝文. 伏見前司徒劉愷, 沉重淵懿, 道德博備, 克讓爵土, 致祚弱弟, 躬浮雲之志, 兼浩然之氣, 頻歷二司, 舉動得禮. 以疾致仕, 側身里巷, 處約思純, 進退有度, 百僚景式, 海內歸懷. 往者孔光, 師丹, 近世鄧彪, 張酺, 皆去宰相, 復序上司. 誠宜簡練卓異, 以猒衆望.」

書奏, 詔引愷拜太尉.

|註釋| ○(安帝) 永寧元年 – 서기 120년. ○上則臺階 – 臺階는 하늘의
三階로 上階는 天子, 中階는 제후와 公卿大夫, 下階는 士와 백성이라고 생
각했다. ○鼎足居職 – 鼎의 三足은 三公을 상징한다. ○調訓五品 – 五常
(仁, 義, 禮, 智, 信). ○遭烈風不迷 – 遭는 만날 조. 봉착하다. 烈風과 迅雨
(신우)는 역경을 의미. ○臣父寵 – 陳寵(진총). 46권, 〈郭陳列傳〉에 立傳.
○忝司空 – 忝은 더럽힐 첨, 황송할 첨. 역임하였다는 謙辭. ○躬浮雲之志
– 子曰, "飯疏食飮水, 曲肱而枕之, 樂亦在其中矣. 不義而富且貴, 於我如浮
雲."《論語 述而》. ○兼浩然之氣 – 사람의 마음이나 天地에 가득한 正大한
기운. "敢問夫子, 惡乎長, 曰我知言, 我善養吾浩然之氣, ～ 其爲氣也, 至大
至剛, 以直養而無害～".《孟子 公孫丑(공손추) 上》. ○百僚景式 – 景慕(경
모)하며 法式으로 삼다. ○孔光, 師丹 – 孔光은 成帝 때 승상을 역임, 치사
했다가 애제 때 다시 승상을 역임했다. 師丹은 哀帝 때 大司馬, 다시 大司
空을 역임했다.

[國譯]

유개는 (司徒의) 5년간 직무를 담당하고, (安帝) 永寧 원년에 身
病으로 사직을 상서하자 조서를 내려 특별한 대우로 수락하여 금전
30만을 추가로 하사하고, 1千石 녹봉을 받으며 귀가하여 요양케 하
였으며, 河南尹은 해마다 8월에 양 1마리와 술을 공급하게 하였다.
그때는 安帝가 비로서 親政을 하였는데 朝廷에서는 유개의 덕행을
칭송하는 사람이 많았고, 안제는 자주 유개의 근황을 물었으며 많은
상을 내렸다. 그때 (太尉) 馬英(마영)이 책명으로 파직되었는데 尙書
인 陳忠(진충)이 유개를 추천하는 상소를 올렸다.

「臣이 알기로, 三公은 하늘의 三臺星과 같고, 아래로는 五嶽(오악)과도 같아 천자의 수족으로 세발 솥(鼎)처럼 직무를 수행하는데, 음양을 協和하고 五常(仁, 義, 禮, 智, 信)의 교화를 담당하며, 백관의 업무와 능력을 평가하여 서열을 판정해야 하고, 폭풍을 만나거나 폭우가 쏟아져도 미혹됨이 없어야 하는 막중한 자리입니다. 지금 太尉의 자리가 비었지만 아직 적임자에 대한 논의가 없습니다. 臣이 그 다음 서열의 여러 卿을 살펴보고 여러 사람의 의논을 종합할 때 어떤 사람은 太常인 朱倀(주창)과 少府인 荀遷(순천)을 일컫기도 합니다. 臣의 父親인 寵(총, 陳寵)은 前에 司空을 역임하였는데, 주창과 순천은 그 아래 속관이었기에 그 능력을 알고 있었습니다. 주창은 경서를 잘 알지만 그 마음씀씀이가 편협하고, 순천은 굳세고 엄격하지만 文才가 없다고 하였습니다. 臣이 볼 때 司徒였던 劉愷(유개)는 침착하고 도량이 넓으며 도덕을 두루 갖추었고, 작위와 식읍을 어린 아우에 양보하였으며, 그 자신이 부귀에 뜻이 없고 浩然之氣를 갖추었을 뿐만 아니라, 司徒와 司空을 역임하면서 예법에 맞는 행실을 보여주었습니다. 지금 비록 병으로 致仕(치사)하고 고향에 은거하지만 행실이 검약하고 思念이 순수할 뿐만 아니라 진퇴에 절도가 있어 백관이 우러러 본받고 천하 백성이 그리워하고 있습니다. 예전에 孔光(공광)과 師丹(사단), 近世에는 鄧彪(등표)와 張酺(장포)가 모두 재상직을 떠났다가 다시 상위 직분에 임용되었습니다. 진정 뛰어난 분을 간택하여 衆望에 부응하셔야 할 것입니다.」

상소가 보고되자, 조서로 유개를 불러 太尉를 제수하였다.

安帝初, 淸河相叔孫光坐臧抵罪, 遂增錮二世, 釁及其子.
是時居延都尉范邠復犯臧罪, 詔下三公, 廷尉議. 司徒楊震,
司空陳襃, 廷尉張皓議依光比. 愷獨以爲 "《春秋》之義, '善
善及子孫, 惡惡止其身', 所以進人於善也.《尙書》曰, '上刑
挾輕, 下刑挾重'. 如今使臧吏禁錮子孫, 以輕從重, 懼及善
人, 非先王詳刑之意也." 有詔, "太尉議是." 視事三年, 以
疾乞骸骨, 久乃許之, 下河南尹禮秩如前. 歲餘, 卒於家. 詔
使者護喪事, 賜東園秘器, 錢五十萬, 布千匹.

少子茂, 字叔盛, 亦好禮讓, 歷位出納, 桓帝時爲司空. 會
司隸校尉李膺等抵罪, 而南陽太守成瑨, 太原太守劉瓆下獄
當死, 茂與太尉陳蕃, 司徒劉矩共上書訟之. 帝不悅, 有司承
旨劾奏三公, 茂遂坐免. 建寧中, 復爲太中大夫, 卒於官.

| 註釋 | ○遂增錮二世 - 2世에 걸쳐 금고에 처하다. 禁錮는 관직에 임
용될 수 없는 제한(不準作官). ○釁及其子 - 釁은 피바를 흔. 허물(罪過),
틈, 벌. ○居延都尉 - 張掖居延屬國, 治所 居延縣, 今 內蒙古 阿拉善盟 관
할의 額濟納旗. ○復犯臧罪 - 臧은 贓. 뇌물 받을 장. ○上刑挾輕 -《尙
書 呂刑》에 '上刑適輕下服 下刑適重上服'을 풀이한 말.

[國譯]

安帝 초기에, 淸河國의 相인 叔孫光(숙손광)이 뇌물을 받는 죄를
지어 2세에 걸쳐 禁錮刑을 받아 그 죄가 아들까지 미쳤다. 이때 居

延(거연) 屬國 都尉인 范邠(범빈)도 受賂罪(수뢰죄)를 범했는데, 조서로 이를 삼공과 정위가 논의하게 하였다. 司徒인 楊震(양진)과 司空인 陳褒(진포), 廷尉인 張皓(장호)는 이에 대하여 숙손광과 같은 벌에 처해야 된다고 말했다. 그러자 유개가 말했다.

"《春秋》에도 '선행은 장려하여 자손까지 내려가게 하고, 악행을 미워하되 그 본인에 그쳐야 한다.'고 하였는데, 이는 백성에게 선행을 권장하는 뜻입니다. 《尙書》에서도 '중죄일수록 가볍게 처벌하고 경미한 죄는 무겁게 처벌하라.'고 하였습니다. 만약 지금 뇌물을 받은 관리라 하여 그 자손까지 벼슬을 못하게 한다면 경미한 죄를 중형으로 다스린 것으로 그 피해가 善人에게 미칠 수도 있으니 先王께서 형벌을 신중히 해야 한다는 뜻이 아닐 것입니다."

이에 황제는 "太尉의 의논이 옳다."고 하였다.

(太尉) 직무를 3년간 맡은 뒤 질병으로 사직을 청하였는데 한참 뒤에 수락을 받았는데, (安帝는) 河南尹(하남윤)에게 예우와 질록을 예전과 (司徒 퇴직) 같이 하라고 지시하였다. 1년 뒤에 집에서 죽었다. 使者를 보내 喪事를 돌보게 하였고 東園의 여러 秘器와 금전 50만, 布 1천 필을 하사하였다.

작은아들 劉茂(유무)의 字는 叔盛(숙성)인데, 역시 禮讓을 좋아하며 出納(尙書)일을 두루 역임하였고, 桓帝 때 司空이 되었다. 그때 司隷校尉 李膺(이응) 등이 죄를 지었고, 南陽太守 成瑨(성진)과 太原太守 劉瓆(유질) 등이 하옥되어 사형 전이었는데 유무와 太尉 陳蕃(진번), 司徒 劉矩(유거) 등이 함께 上書하여 변호하였다. 환제가 싫어하자 담당자는 황제의 뜻에 맞춰 삼공을 탄핵 상주하였고 유무는 이와 연관되어 결국 면직되었다. (靈帝) 建寧 연간에, 다시 太中大夫가 되었다가 재직 중에 죽었다.

❾ 周磐

周磐字堅伯, 汝南安成人, 徵士燮之宗也. 祖父業, 建武初爲天水太守.

磐少游京師, 學《古文尙書》,《洪範五行》,《左氏傳》, 好禮有行, 非典謨不言, 諸儒宗之. 居貧養母, 儉薄不充. 嘗誦《詩》至〈汝墳〉之卒章, 慨然而歎, 乃解韋帶, 就孝廉之擧. 和帝初, 拜謁者, 除任城長, 遷陽夏, 重合令, 頻歷三城, 皆有惠政. 後思母, 弃官還鄕里. 及母歿, 哀至幾於毁滅, 服終, 遂廬於冢側. 教授門徒常千人.

| 註釋 | ○安成 – 今 河南省 중서부 平頂山市 서북의 汝州市. ○徵士 – 조정의 부름을 받았지만 응하지 않은 사람. ○周燮(주섭) – 53권, 〈周黃徐姜申屠列傳〉에 立傳. ○〈汝墳(여분)〉 –《詩經 周南》편명. 卒章은 「魴魚赬尾, 王室如燬, 雖則如燬, 父母孔邇.」이다. ○韋帶 – 가죽 끈. 출사하지 않는 평민의 衣帶. ○任城縣 – 東平國 縣名. 今 山東省 서남부 齊寧市 任城區. ○陽夏 – 陳國의 현명. 今 河南省 중동부 周口市 太康縣. ○重合 – 渤海郡의 현명.

周磐(주반)의 字는 堅伯(견백)으로 汝南郡 安成縣 사람으로 徵士
(징사)인 周燮(주섭)의 일족이다. 祖父인 周業(주업)은 建武 初에 天水
郡 太守였다. 주반은 젊어 京師에 유학하며《古文尚書》와《洪範五
行》, 그리고《左氏傳》을 배웠고 禮를 실천하고 행실이 방정했으며,
경전의 글이 아니면 말하지 않았기에 여러 유생이 스승으로 여겼다.
가난하게 살면서도 모친을 봉양하였고 검소 절약하였어도 늘 궁색
하였다. 일찍이《詩》를 읽다가〈周南 汝墳〉의 卒章에 이르러 강개
탄식하며, 벼슬을 얻어야 한다고 생각하여 가죽 의대를 버리고 孝廉
으로 천거를 받았다. 和帝 初에 謁者가 되었다가 任城縣 縣長이 되
었고, 다시 陽夏縣과 重合縣을 맡아 백성을 잘 다스렸다. 그리고 모
친을 생각하여 관직을 버리고 귀향하였다. 모친이 죽자, 심히 슬퍼
하였고 복상을 마치고 무덤 근처에 집을 짓고 살았다. 가르치는 제
자가 늘 천여 명이나 되었다.

原文

公府三辟, 皆以有道特徵, 磐語友人曰, "昔方回, 支父嗇神
養和, 不以榮利滑其生術. 吾親以沒矣, 從物何爲?" 遂不應.
建光元年, 年七十三, 歲朝會集諸生, 講論終日, 因令其二子
曰, "吾日者夢見先師東里先生, 與我講於陰堂之奧." 旣而
長歎, "豈吾齒之盡乎! 若命終之日, 桐棺足以週身, 外椁足
以周棺, 斂形懸封, 濯衣幅巾. 編二尺四寸簡, 寫〈堯典〉一

篇,並刀筆各一, 以置棺前, 云不忘聖道.”

其月望日, 無病忽終, 學者以爲知命焉.

| 註釋 | ○方回(방회) - 堯 시절의 隱士. ○支父(지보) - 堯舜 시절의 은자, 신선. 嗇神은 마음의 勞苦를 아끼다. 정신을 혹사하지 않다.

[國譯]

三公府에서는 도덕이 뛰어난 인재라 세 번이나 특별히 초빙했는데, 周磐(주반)은 우인에게 말했다. “옛날 方回(방회)와 支父(지보)는 정신을 혹사하지 않고 和氣를 배양하였고, 榮利를 얻으려 長生術을 버리지 않았었습니다. 나는 부모도 안 계신데 물욕을 가져 무얼 하겠습니까?” 그리고서는 끝내 응하지 않았다.

(安帝) 建光 元年(서기121)에 73세였는데 정초라서 모든 문도를 모아놓고 종일 강론하였고 이어 두 아들에게 말했다.

“나는 한낮 꿈에서 나의 先師이신 東里(동리) 先生을 만났는데, 스승께서 어두운 방 동남쪽 아랫목에서 말씀을 해주셨다.” 그리고 길게 탄식하며 말했다. “나의 수명인들 어찌 끝이 없겠는가! 내가 죽는 날에 오동나무 관에 시신을 넣고 덧널은 관이 들어가면 되며, 빨래한 옷과 巾으로 시신을 염하여 입관하라. 그리고 2尺 4촌의 木簡(목간)의 〈尙書 虞書 堯典〉 일편을 기록하여 붓과 칼(刀筆)을 한 자루씩 관 앞에 놓아 聖人의 道를 잊지 않고 따랐음을 보여주도록 하라.”

주반은 그달 보름날 아무 병도 없이 홀연히 죽었는데 學者들을 주반이 知命했다고 생각했다.

原文

磐同郡蔡順, 字君仲, 亦以至孝稱. 順少孤, 養母. 嘗出求薪, 有客卒至, 母望順不還, 乃噬其指. 順卽心動, 弃薪馳歸, 跪問其故. 母曰, "有急客來, 吾噬指以悟汝耳."

母年九十, 以壽終. 未及得葬, 里中災, 火將逼其舍, 順抱伏棺柩, 號哭叫天, 火逐越燒它室, 順獨得免. 太守韓崇召爲東閣祭酒. 母平生畏雷, 自亡後, 每有雷震, 順輒圜冢泣, 曰, "順在此." 崇聞之, 每雷輒爲差車馬到墓所. 後太守鮑衆擧孝廉, 順不能遠離墳墓, 遂不就. 年八十, 終於家.

| 註釋 | ○乃噬其指 - 噬는 깨물 서. 씹다. ○東閣祭酒(동합제주) - 漢代의 三公府나 제후, 태수부의 동쪽 작은 대문을 東閣(東閤)이라 하였는데, 賢人이나 才士를 東閣으로 불러 자문을 받거나 같이 의논하였다. 祭酒는 관리의 우두머리를 지칭.

[國譯]

周磐(주반)과 같은 汝南郡(여남군) 蔡順(채순)의 字는 君仲(군중)인데, 지극한 효성으로 이름이 났다. 채순은 어려서 부친을 여의고 모친을 봉양하였다. 언젠가 채순이 나무하러 갔을 때, 갑자기 집에 손님이 왔으나 모친이 기다려도 채순이 돌아오지 않자, 모친은 손가락을 깨물었다. 채순은 마음이 떨려 나무를 버려두고 집으로 달려와 꿇어앉아 까닭을 물었다. 모친은 "급한 손님이 와서 손가락을 깨물어 너에게 알리려 했다."고 말했다.

모친은 나이 90에 천수를 누리고 죽었다. 아직 장례를 치루기 전에 마을에 불이 나서 불길이 채순의 집을 태우려 하자, 채순은 관을 끌어안고 하늘을 부르며 통곡하자 불길은 채순의 집을 건너 이웃집을 태웠고 채순 집만 홀로 화를 면했다. 여남군 태수인 韓崇(한숭)은 채순을 불러 東閣祭酒(동합제주)에 임명하였다. 채순의 모친은 평소에 벼락 치는 소리를 무서워하였는데 모친이 돌아가신 뒤에도 벼락이 칠 때면 채순은 무덤에 엎드려 울면서 "제가 여기 있습니다."라고 말했다. 태수 한숭도 이를 알고 벼락이 치는 날에 수레를 내주어 묘소에 갈 수 있게 하였다. 뒷날 태수 鮑衆(포중)이 효렴으로 천거하였으나 채순은 모친 묘에서 멀리 떠날 수 없다고 응하지 않았다. 나이 80에 집에서 죽었다.

❿ 趙咨

原文

趙咨字文楚, 東郡燕人也. 父暢, 爲博士. 咨少孤, 有孝行, 州郡召擧孝廉, 並不就.

延熹元年, 大司農陳奇擧咨至孝有道, 仍遷博士. 靈帝初, 太傅陳蕃,大將軍竇武爲宦者所誅, 咨乃謝病去. 太尉楊賜特辟, 使飾巾出入, 請與講議. 擧高第, 累遷敦煌太守. 以病免還, 躬率子孫耕農爲養.

盜嘗夜往劫之, 咨恐母驚懼, 乃先至門迎盜, 因請爲設食, 謝曰, "老母八十, 疾病須養, 居貧, 朝夕無儲, 乞少置衣糧."

妻子物餘, 一無所請. 盜皆慙歎, 跪而辭曰, "所犯無狀, 干暴賢者." 言畢奔出, 咨追以物與之, 不及. 由此益知名.

徵拜議郎, 辭疾不到, 詔書切讓, 州郡以禮發遣, 前後再三, 不得已應召. 復拜東海相. 之官, 道經滎陽, 令敦煌曹暠, 咨之故孝廉也. 迎路謁候, 咨不爲留. 暠送至亭次, 望塵不及, 謂主簿曰, "趙君名重, 今過界不見, 必爲天下笑!" 卽弃印綬, 追至東海. 謁咨畢, 辭歸家. 其爲時人所貴若此.

| 註釋 | ○東郡燕人也 – 東郡 治所는 濮陽縣, 今 河南省 동북 濮陽市(복양시). 燕縣은 今 河南省 북단 安陽市 관할 滑縣. ○太尉楊賜(양사) – 54권, 〈楊震列傳〉에 立傳. ○敦煌(돈황) – 군명. 治所는 敦煌縣, 今 甘肅省 酒泉市 관할 敦煌市. 甘肅省 서북 끝. ○東海 – 군국명. 治所는 郯縣(담현), 今 山東省 남부 臨沂市(임기시) 관할 郯城縣(담성현). ○滎陽(형양) – 河南尹의 현명. 今 河南省 鄭州市 관할 滎陽市.

[國譯]

趙咨(조자)의 字는 文楚(문초)로 東郡 燕縣(연현) 사람이다. 부친 趙暢(조창)은 博士였다. 조자는 어려서 부친을 여의었으나 孝行이 있어 州郡에서 불러 孝廉(효렴)으로 천거하였으나 모두 응하지 않았다. (桓帝) 延熹 원년(서기 158년)에, 大司農 陳奇(진기)가 조자를 지극한 효행과 덕행을 실천하는 인재로 천거하였고 부친에 이어 박사가 되었다. 靈帝 초기에, 太傅 陳蕃(진번)과 大將軍 竇武(두무) 등이 환관에게 주살 당하자 조자는 곧 병이라며 사직하였다. 太尉 楊賜(양사)가 특별히 초빙하여 巾을 쓰고(관을 착용하지 않음) 출입하게 하면서 경전 강의를 청하였다. 나중에 高第로 뽑혔고 여러 번 승진하여 敦煌(돈황) 太守가 되었다. 병으로 사직한 뒤 향리로 돌아와 자식들을 거느리고 농사를 지으며 모친을 봉양하였다.

언젠가는 밤에 도적이 조자의 집을 털려고 하자, 조자는 노모가 놀라지 않게 대문에 나가 도적을 맞이하고 음식을 준비하여 식사대접을 한 뒤에 사과하였다. "80세 노모가 편찮으시어 잘 봉양해야 하나 집이 가난해 조석으로 비축한 양식도 부족하여 옷이든, 양식이든 드릴 것이 거의 없습니다." 그러면서 아내와 자식, 아니면 무엇이든 가져 가라고 하였다. 그러자 도적들은 모두 부끄러워하며 무릎을 꿇고 말했다. "賢人을 겁박하는 죽을죄를 지었습니다." 말을 마치고 도적이 뛰어나가자 조자는 따라가며 물건을 주려고 하였으나 따라 갈 수가 없었다. 조자는 이로써 이름이 더 알려졌다.

조자는 부름을 받아 의랑에 제수되었지만 병이라 사양하자, 조서로 준절하게 질책하고 주군에서도 예를 갖춰 조정에 나가도록 여러 차례 권하자 부득이 徵召에 응하였다. 조자는, 곧 東海國 相에 제수되었다. 부임하는 길에 滎陽縣(형양현)을 지나가야 하는데 형양 현령은 敦煌(돈황) 사람 曹暠(조호)로, 조자가 예전에 孝廉으로 천거한 사람이었다. 조호는 조자가 지나갈 길에서 만나려 기다렸지만 조자는 유숙하지 않았다(직행하였다는 뜻). 조호는 다음 亭까지 따라가서 조자 수레의 먼지를 바라보다가 主簿(주부)에게 말했다. "趙君은 명성이 높으신 분인데 나의 형양 관내를 지나가는데도 모시지 못한다면 나중에 틀림없이 다른 사람의 웃음을 살 것이다."

그리고 즉시 인수를 풀어놓고 東海國까지 따라갔다. 조호는 조자를 알현한 뒤에 관직을 사직하고 향리로 돌아갔다. 그 당시 조자는 이처럼 다른 사람의 존경을 받았다.

原文

咨在官淸簡, 計日受奉, 豪黨畏其儉節. 視事三年, 以疾
自乞, 徵拜議郎. 抗疾京師, 將終, 告其故吏朱祗, 蕭建等, 使
薄斂素棺, 籍以黃壤, 欲令速朽, 早歸后土, 不聽子孫改之.
乃遺書勑子胤曰,

「夫含氣之倫, 有生必終, 蓋天地之常期, 自然之至數. 是
以通人達士, 鑒茲性命, 以存亡爲晦明, 死生爲朝夕, 故其生
也不爲娛, 亡也不知戚. 夫亡者, 元氣去體, 貞魂遊散, 反素
復始, 歸於無端. 旣已消仆, 還合糞土. 土爲弃物, 豈有性情,
而欲制其厚薄, 調其燥濕邪? 但以生者之情, 不忍見形之毀,
乃有掩骼埋窆之制.《易》曰, '古之葬者, 衣以薪, 藏之中野,
後世聖人易之以棺槨.' 棺槨之造, 自黃帝始. 爰自陶唐, 逮
於虞, 夏, 猶尙簡樸, 或瓦或木, 及至殷人而有加焉. 周室因
之, 制兼二代. 復重以牆翣之飾, 表以旌銘之儀, 招復含斂
之禮, 殯葬宅兆之期, 棺槨周重之制, 衣衾稱襲之數, 其事煩
而害實, 品物碎而難備. 然而秩爵異級, 貴賤殊等. 自成, 康
以下, 其典稍乖. 至於戰國, 漸至頹陵, 法度衰毀, 上下僭雜.
終使晉侯請隧, 秦伯殉葬, 陳大夫設參門之木, 宋司馬造
石槨之奢. 爰暨暴秦, 違道廢德, 滅三代之制, 興淫邪之法,

國貲糜於三泉, 人力單於酈墓, 玩好窮於糞土, 伎巧費於窀穸. 自生民以來, 厚終之敝, 未有若此者.

　雖有仲尼重明周禮, 墨子勉以古道, 猶不能御也. 是以華夏之士, 爭相陵尙, 違禮之本, 事禮之末, 務禮之華, 弃禮之實, 單家竭財, 以相營赴. 廢事生而營終亡, 替所養而爲厚葬, 豈云聖人制禮之意乎? 記曰, '喪雖有禮, 哀爲主矣.' 又曰, '喪與其易也寧戚.' 今則不然, 並棺合椁, 以爲孝愷, 豐貲重襚, 以昭惻隱, 吾所不取也. 昔舜葬蒼梧, 二妃不從. 豈有匹配之會, 守常之所乎? 聖主明王, 其猶若斯, 況於品庶, 禮所不及. 古人時同卽會, 時乖則別, 動靜應禮, 臨事合宜. 王孫裸葬, 墨夷露骸, 皆達於性理, 貴於速變. 梁伯鸞父沒, 卷席而葬, 身亡不反其屍. 彼數子豈薄至親之恩, 亡忠孝之道邪? 況我鄙闇, 不德不敏, 薄意內昭, 志有所慕, 上同古人, 下不爲咎. 果必行之, 勿生疑異.

　恐爾等目猒所見, 耳諱所議, 必欲改殯, 以乖吾志, 故遠采古聖, 近揆行事, 以悟爾心. 但欲制坎, 令容棺椁, 棺歸卽葬, 平地無墳. 勿卜時日, 葬無設奠, 勿留墓側, 無起封樹. 於戲小子, 其勉之哉, 吾蔑復有言矣!」

　朱祇, 蕭建送喪到家, 子胤不忍父體與土併合, 欲更改殯, 祇, 建譬以顧命, 於是奉行, 時稱咨明達.

│註釋│　○籍以黃壤 — (棺에) 黃土를 깔다.　○元氣去體 — 元氣는 天氣.

貞魂은 正魂. ○反素復始 - 素는 太素, 太始. 天地 최초의 상태. ○歸於無端 - 끝이 없는 상태로 돌아간다. 끝없이 순환하다. ○旣已消仆 - 이미 죽어 없어지다. 消는 사라지다. 仆는 엎드릴 부. 죽다. ○糞土(분토) - 흙. ○弃物 - 버린 물건. 가치 없는 것. ○燥濕 - 건조한 곳과 습지. ○掩骸埋窆之制 - 掩은 가릴 엄. 骸은 뼈 격. 육신. 埋는 묻을 매. 窆은 下棺할 폄. 壙中(광중, 관이 들어갈 자리). ○《易》曰 -《易 繫辭 下》. ○棺椁之造 - 棺은 시신을 넣는 것. 椁(덧널 곽)은 棺(관)을 감싸는 큰 궤(덧널). 椁은 槨과 同. ○復重以牆翣之飾 - 牆(담 장)은 관곽을 싣고 가는 수레를 가리는 넓은 천. 翣(운삽 삽)은 관곽을 싣고 가는 수레 양 옆을 가리는 넓은 천. 사람이 들고 수레를 따라 간다. ○表以旌銘之儀 - 銘은 死者를 구별하기 위한 깃발(銘은 明旌). ○招復含斂之禮 - 招復(초복)은 招魂(초혼)과 復魄(복백). 시신의 입안에 구슬(珠玉)을 넣다(含). 시신에 다시 옷을 입히는 절차(斂). ○殯葬宅兆之期 - 殯은 대렴 빈. 小殮을 마친 시신에 다시 옷을 입히고 입관하는 절차. 여기까지는 喪禮이고 이후는 葬禮이다. 葬은 장례, 宅兆(택조)는 무덤. 장례에 필요한 땅. 期는 이상 여러 절차의 기간. 제후는 五日而殯하고 五月葬을 하고 大夫는 三日殯에 三月葬, 士는 二日殯에 踰月葬(유월장)을 했다. ○棺椁周重之制 - 여러 겹(重) 관곽을 둘러싸는 제도.《禮記》에는 天子는 四重, 제후는 三重, ~, 士는 不重이라고 했다. ○衣衾稱襲之數 - 소렴을 할 때 몇 겹, 무슨 천(비단이나 무명 같은 종류)으로 천을 짠 올 수(稱) 등의 규정. ○至於戰國 - 戰國이 아니라 春秋가 되어야 한다. 다음의 晉侯는 춘추시대이다. 晉이 三國으로 갈라진 것이 전국시대이다. ○晉侯請隧 - 晉의 文公은 周 襄王에게 무덤 입구부터 땅을 파서 관을 둔 전실까지 땅속 길(隧)을 만들겠다고 요청했다. ○秦伯殉葬 - 秦伯은 秦 繆公(목공) 任好. 晉의 제후는 작위가 公이었으나 秦은 伯이었다. 殉葬은 산 사람(시녀 등)을 죽여 같이 묻는 것. 秦 繆公(목공)은 子車氏 등을 순장했다. ○宋司馬造石椁之奢 - 宋의 司馬인 桓魋(환퇴). ○國貲糜於三泉 - 國貲는

國家財物, 資産. 糜는 죽 미, 문드러질 미. 三泉은 깊은 지하. ㅇ人力單於
酈墓 - 單은 다하다. 남은 것이 없다. 殫(다할 탄)과 通. 酈墓는 酈山(여산, 驪
山)의 묘. 진시황릉. ㅇ伎巧費於窀穸 - 伎巧는 뛰어난 기술. 費는 허비하
다. 窀穸(둔석)은 무덤. 窀은 무덤구덩이 둔. 穸은 무덤구덩이 석. 壙中. ㅇ喪
與其易也寧戚 - 林放問禮之本. 子曰, "大哉問! 禮, 與其奢也寧儉, 喪, 與其
易也寧戚."《論語 八佾》. ㅇ豐貨重襚 - 貨는 資, 재물. 重襚는 겹겹의 수의
와 시신을 감싸는 이불. 襚는 壽衣 수. 시신에 입힌 수의와 수의 입힌 시신
을 감싸는 이불을 합해서 지칭한 말. ㅇ惻隱 - 측은하게 여기다. ㅇ鄙闇
(비암) - 미천하고 어리석다. 闇은 닫힌 암. 어리석다. ㅇ勿卜時日 - 장례
날짜를 점치다. 卜은 점 복. 점을 치다. ㅇ無起封樹 - 중국에서는 무덤에
나무를 심었다. 옛 황제의 능이 다 그러하다. ㅇ吾蔑復有言矣 - 蔑은 없
다. 업신여길 멸.

[國譯]

趙咨(조자)는 재직 중 淸白, 簡潔(간결)하였고, 근무 일수에 따라
녹봉을 받으니 土豪 무리도 조자의 검약을 두려워하였다. 재직 3년
에, 병이 심해 면직을 원했지만 조정에서는 議郎을 제수하였다. 洛
陽서 투병하며, 임종 전에 조자는 속관이었던 朱祇(주지)와 蕭建(소
건) 등에게 간단히 殮(염)을 하고 작은 관에 넣되 관 바닥에 황토를
깔아 시신이 빨리 썩어 흙이 되게 하고 자식이 어기는 것을 수락하
지 말라고 말했다. 그리고 아들 趙胤(조윤)을 타이르는 글을 지었다.

「氣를 받아 만물은 태어나면 필히 죽나니, 이는 天地의 정해진 기
간이며 자연의 불변하는 數이다. 이런 이치에 通達한 사람이라면 인
간의 性命의 본질을 잘 알기에 存亡을 어둠과 밝음으로, 生死를 낮
과 밤으로 인식하여 살아있다 하여 좋아하지 않고, 죽었다 하여 슬

퍼하지 않는다. 죽음이란 元氣가 육체를 떠나고 영혼이 흩어져 원래의 상태로(태어나기 이전으로) 돌아가서 끝이 없이 순환하게 된다. 이미 죽어 없어지면 흙으로 돌아가는 것이다. 흙은 버려도 되나니, 거기에 무슨 性情이 있어 厚葬과 薄葬을 따지고 건조한 곳과 습지를 맞춰야 하겠는가? 다만 살아있는 자의 감정이 있어 육신의 훼손을 차마 볼 수 없어 시신을 덮어 매장하는 제도가 생긴 것이다. 《易 繫辭》에서는 '옛날 장례는 (시신을) 섶나무(薪古)로 덮어 들판에 놓아 두었는데, 후세의 聖人이 이를 棺槨(관곽)으로 바꿨다.'고 하였다. 棺(관)은 黃帝(황제)가 처음 만들었다. 이것이 陶唐(堯)에 이어졌고, 虞(舜)과 夏(하)에서도 있었지만 아주 간결하고 소박하여 옹기나 나무로도 만들었는데 殷代에 와서 棺(관)에 槨(곽)을 더 보태게 되었다. 이를 周室에서도 따르게 되었으니 夏와 殷의 제도를 합한 셈이다. 여기에 다시 장례 수레를 덮는 牆(장)과 翣(삽, 운삽 삽, 옆 가림막)으로 꾸미게 되고 다시 명정(銘旌)으로 구분을 하고, 망자의 혼백을 부르고, 입안에 구슬을 넣고(含) 옷을 입히는 殮(염)을 하면서, 또 대렴과 장례의 입관 기간, 그리고 관곽을 몇 겹으로 감싸고, 소렴할 때 수의와 이불의 겹과 종류와 실의 굵기까지 정해져서 장례 절차와 일이 번잡하기만 하고 실질을 해쳤으며 필요한 물품이 너무 많아 다 갖추기도 어렵다. 거기다가 지위와 작위의 등급이 다르고 귀천에 따른 차등이 있었다. 周의 成王과 康王 이후로 장례에 관한 典範은 차츰 달라졌다. 戰國시대에 이르러서는 점차 문란해지고 법도마저 없어지고 상하 구별조차 참월하거나 뒤섞였다. 나중에 가서는 晉侯(진후)는 땅속 길〔隧, 墓道, 羨道(연도)〕을 만들었고, 秦 繆公(목공)은 殉葬(순장)을 했으며, 陳大夫는 參門(참문)을 만들었고, 宋의 司馬인 桓

魋(환퇴)는 石槨(석곽)을 만드는 사치를 했다. 이는 포악한 秦까지 이어지면서 도덕은 완전히 무너졌고 三代의 제도는 사라졌으며, 음란과 사악한 법이 행세하고 나라의 재물은 깊고 깊은 三泉에 묻혔고, 人力은 酈山(여산)의 묘지에서 바닥이 났으며, 여러 가지 사치품은 흙속으로 사라졌고, 장인의 온갖 솜씨는 무덤 어둠속에 묻혔다. 이 땅에 사람이 생긴 이래로 후장의 해악이 이 지경까지 온 적이 없었다.

비록 仲尼(공자)가 거듭 周禮를 강조하고, 墨子가 古道를 힘써 지키려 했지만 이런 풍조를 막을 수 없었다. 이로써 중국의 士人은 서로 잘난 듯 경쟁을 하면서 禮의 근본을 잃고 禮의 말엽을 숭상하였으며, 예의 외면에 힘쓰고 예의 내실을 버리니, 집안의 재물을 다 낭비하는 장례의 사치에 빠지게 되었다. 살아 섬기지를 않고 죽어 없는 것을 받들었으며, 살아 봉양 대신 죽은 뒤 厚葬을 따랐으니, 이 어찌 성인이 禮를 제정한 본뜻이라 할 수 있겠는가? 경전에서는 '喪葬에 예의가 있지만 근본은 슬픔이다.' 라고 했다. 또 '喪禮에 능숙하기보다는 차라리 슬퍼해야 한다.' 고 말했다. 지금은 그러하지 아니하니 棺(관)에 덧널(槨, 槨)을 보태야만 효도인 줄 알고, 풍성한 재물을 쓰고 겹겹의 시신 수의와 이불을 써야만 슬픔으로 생각하는데, 나는 그에 따르지 않겠다. 옛날 舜은 蒼梧山(창오산)에 묻혔지만 舜의 二妃(娥皇과 女英)는 같이 묻히지 않았다. 그러니 어찌 부부가 같이 묻혀야 하고, 같이 있어야 하는가? 聖主와 明王도 이러하거늘, 하물며 일반 서민에 대한 禮儀 규정은 없다. 古人은 시기가 같다면 같이 묻혔지만 때가 맞지 않으면 따로 묻혔으니, 행동은 예에 따르고 일은 합리적으로 처리해야 한다. 楊王孫(양왕손)은 裸葬(나장)을 원했고 (墨子의 弟子) 墨夷(묵이)는 시신을 묻지 말라고 하였으니, 모두가 본성을 깨달은 것이며 세속의 변화를 귀하게 생각한 것이다. 梁伯鸞(양백란)은 부친이 죽자 자리(席)에 말아서 장례하였고, 자신이 죽어서는 부친 묘소 곁에 묻어달라고 하지 않았다. 이러한 여러 사람은 어찌 부친의 은혜를 무시하고 忠孝의 도리를 지키지 않았다고 하겠는가? 그렇다면 나 역시 미천하고 어리석으며 덕행도 없고 똑똑하지도 못했으며, 내 뜻을 드러낼 것도 흠모를 받고 싶은 생각도 없으니, 위로는 옛사람을 따르고, 아래로는 허물이나 없기를 바랄 뿐이다. 너는 나의 뜻을 따르되 의심하거나 이상하다고 생각지 말라.

너희가 본 것이 있다고, 또 세상 사람에게 들은 것이 있다 하여 틀림없이 殮을 내 뜻대로 하지 않아 내 뜻을 어기지 말 것이니, 멀리는 옛 성인의 도를 따르고, 가깝게는 지금의 세태를 보아 내가 너를 깨우쳐 주는 것이다. 다만 너희들이 나를 묻을 때 棺槨을 쓰는 것은 어쩔 수 없지만 내 관이 도착하면 바로 장례를 치르되 평지에 묻고 봉분을 만들지 말고, 무덤 곁에 空地를 남기지 말고, 봉분을 만들어 봉분에 나무를 심지 말라. 아! 아들은 내 뜻을 따를 지어니, 나는 다시 더 할 말이 없도다!」

朱祇(주지)와 蕭建(소건)의 조자의 시신을 운구하여 본가에 도착하였는데, 아들 趙胤(조윤)은 차마 부친 시신을 흙에 직접 닿게 할 수 없다 하여 염을 다시 하려고 하였으나, 주지와 소건이 조자의 유언을 말해주자 그대로 받들었고 世人들은 조자가 사리를 깨우친 사람이라 칭송하였다.

原文

贊曰, 公子, 長平, 臨寇讓生. 淳于仁悌, '巨孝' 以名. 居巢
好讀, 遂承家祿. 伯豫逡巡, 方迹孤竹. 文楚薄終, 喪朽惟
速. 周能感親, 嗇神養福.

|註釋| ㅇ逡巡(준순) – 진심으로 삼가는 모양. 浚巡(준순). ㅇ嗇神養福
– 관직을 회피, 應召하지 않아 천수를 누렸다는 뜻. 嗇神은 번뇌하지 않
다. 마음으로 과로하지 않다. 嗇은 아낄 색.

[國譯]

贊曰,

劉平와 趙孝는 도적 앞에서 생명을 양보하였다.

淳于恭은 인자 공손했고 '巨孝' 로 이름났다.

劉般(유반)은 독서를 좋아하여 家祿을 이었다.

劉愷(유개)는 양위하며 伯夷의 지조를 실천했다.

趙咨(조자)는 薄葬(박장)하여 빨리 썩기를 바랐다.

周磐(주반)은 모친을 감동시키고 정신을 아껴 복을 누렸다.

40 班彪列傳(上)
〔반표열전(상)〕

❶ 班彪

原文

班彪字叔皮, 扶風安陵人也. 祖況, 成帝時爲越騎校尉. 父稚, 哀帝時爲廣平太守.

彪性沉重好古. 年二十餘, 更始敗, 三輔大亂. 時隗囂擁衆天水, 彪乃避難從之. 囂問彪曰, "往者周亡, 戰國並爭, 天下分裂, 數世然後定. 意者從橫之事復起於今乎? 將承運迭興, 在於一人也? 願生試論之." 對曰, "周之廢興, 與漢殊異. 昔周爵五等, 諸侯從政, 本根旣微, 枝葉强大, 故其末流有從橫之事, 勢數然也. 漢承秦制, 改立郡縣, 主有專己之威, 臣無百年之柄. 至於成帝, 假借外家, 哀,平短祚, 國嗣三

絶, 故王氏擅朝, 因竊號位. 危自上起, 傷不及下, 是以卽眞
之後, 天下莫不引領而歎. 十餘年閒, 中外搔擾, 遠近俱發,
假號雲合, 咸稱劉氏, 不謀同辭. 方今雄桀帶州域者, 皆無
七國世業之資, 而百姓謳吟, 思仰漢德, 已可知矣."

囂曰, "生言周,漢之勢可也. 至於但見愚人習識劉氏姓號
之故, 而謂漢家復興, 疎矣. 昔秦失其鹿, 劉季逐而羈之, 時
人復知漢乎?"

| 註釋 | ○班彪(반표, 서기 3 - 54년) – 반표의 고모가 漢 成帝의 妃嬪인 班
婕妤(반첩여). 班彪는 班固(반고)와 投筆從戎(투필종융)한 班超(반초), 그리고
《漢書》를 최후로 완성한 才女인 班昭(반소)의 父親. 반소는 84권, 〈列女傳〉
에 입전. 班超(반초)는 47권, 〈班梁列傳〉에 입전. ○扶風 安陵 – 安陵은 惠
帝의 능 이름. (右扶風) 安陵縣은 今 陝西省 咸陽市. ○廣平太守 – 廣平郡
은 鉅鹿郡을 나눠 설치한 군. 치소는 廣平縣, 今 河北省 중부 邯鄲市 廣平
縣. ○假借外家 – 外家는 王鳳, 王商 等, 元帝 王황후의 친정. ○哀,平短
祚 – 哀帝 재위 6년, 平帝 재위 5年. 그래서 短祚라 표현. ○國嗣三絶 – 成
帝, 哀帝, 平帝 모두 無子했다. ○危自上起, 傷不及下 – 成帝는 권위를 외
가에 내주었고, 危機는 위(上)에서 나왔지만 그 자체는 백성에게 위해가
되지 않았다. ○咸稱劉氏 – 後漢 초, 王郞, 盧芳(노방) 등이 劉氏를 사칭했
다. ○昔秦失其鹿 – 天下 평정을 사슴 사냥으로 비유했다. ○劉季 – 유
방. 한고조. 본래 셋째아들이었다.

[國譯]

　班彪(반표)의 字는 叔皮(숙피)로 右扶風 安陵縣 사람이다. 조부 班

況(반황)은 成帝 때 越騎校尉였다. 부친 班稚(반치)는 哀帝 때 廣平郡의 태수였다.

반표의 천성은 침착 안온하며 好古的이었다. 나이 20여 세에 更始帝가 패망하고 三輔 지역이 크게 혼란했다. 그때 隗囂(외효)는 天水郡을 차지하고 있었는데, 반표는 그쪽으로 피난을 갔기에 외효와 만났다. 외효가 반표에게 물었다.

"옛날 周가 망하자, 전국시대의 다툼으로 천하가 분열되었다가 여러 세대를 거친 뒤에 안정되었습니다. 생각해본다면, 합종연횡의 형세가 지금 다시 일어나겠습니까? 장차 왕조의 교체나 발흥이 어떤 한 사람에게 있을 것 같습니까? 당신의 담론을 듣고 싶습니다."

이에 반표가 대답하였다.

"周의 흥륭과 쇠퇴는 漢과 다릅니다. 옛날 周의 작위는 5등이었고 제후가 정치를 담당했는데 근본(周室)이 쇠약해졌어도 지엽은 강대하였기에 그 끝머리에서 여러 세력의 합종연횡으로 흘러간 것은 집권 과정에서 그럴 수밖에 없었습니다. 漢은 秦의 제도를 계승하여 군현제도를 채택하였고 主君이 모든 권위를 장악하였으며 신하(제후)는 백 년의 권력도 가지지 못했습니다. 그런데 成帝 때 外家에서 권력을 장악했고, 哀帝 平帝의 재위가 짧고 나라의 承統이 3번이나 단절되었기에 왕망이 정치를 독단하다가 제위를 탈취할 수 있었습니다. 이런 위기는 위에서 일어났지만 그 피해는 백성에 미치지 않았기에 왕망이 제위에 오른 뒤에도 천하 백성은 (漢을) 애타게 기다리며 탄식하지 않는 자가 없었습니다. 10여 년간에 걸쳐 나라의 안과 밖이 소란하고 멀고 가까운 곳에서 봉기한 구름처럼 많은 자들이 劉氏를 사칭하였는데, 아무런 사전 모의가 없는데도 똑같은 말이었습니다. 지금 여러 곳에서 州나 城을 차지한 호걸들은 전국시대 7국과 같은 세력을 가진 자가 아무도 없으며 백성은 신음하면서 漢室의 덕을 사모하고 있음은 누구나 다 알고 있습니다."

이에 외효가 말했다. "당신이 말한 周와 漢의 다른 형세는 맞습니다만, 나의 우견으로는 사람들이 그간 유씨의 호칭에 익숙했기에 漢이 다시 부흥할 것이라는 말은 맞지 않습니다. 옛날에 秦이 놓쳐버린 사람을 劉季(劉邦, 高祖)가 쫓아가 잡았던 것인데, 지금 사람이 다시 漢을 알겠습니까?"

彪旣疾囂言, 又傷時方艱, 乃著〈王命論〉, 以爲漢德承堯, 有靈命之符, 王者興祚, 非詐力所致, 欲以感之, 而囂終不寤, 遂避河西. 河西大將軍竇融以爲從事, 深敬待之, 接以師友之道. 彪乃爲融畫策事漢, 總西河以拒隗囂.

及融徵還京師, 光武問曰, "所上章奏, 誰與參之?" 融對曰, "皆從事班彪所爲." 帝雅聞彪才, 因召入見, 擧司隸茂才, 拜徐令, 以病免. 後數應三公之命, 輒去.

| 註釋 | ○〈王命論〉-《漢書》100권,〈敘傳〉(上)에 全文 수록. 필자의 역주 참고 바람. ○河西大將軍竇融 - 河西는 지역 이름, 今 甘肅省과 寧夏回族自治區를 흐르는 黃河의 서쪽, 곧 河西走廊 일대. 竇融(두융, 前 16 - 서기 62)은 酒泉, 敦煌 일대에서 세력을 잡고 있다가 광무제 劉秀에 투항하여 隗囂(외효)를 토벌하는데 공을 세웠다. 23권,〈竇融列傳〉에 입전. ○擧司

隷茂才 - 사예교위가 班彪를 茂才로 천거하다.   ㅇ拜徐令 - 下邳國(前漢, 臨淮郡) 徐縣은, 今 江蘇省 북부 宿遷市 泗洪縣.

[國譯]

　반표는 이미 외효의 말을 싫어하였고 또 당시 힘든 상황에 느낀 바가 있어 〈王命論〉을 저술하여 漢은 堯帝의 德을 계승하였고, 靈命이 符가 합일하며, 王者의 興祚는 거짓이나 무력으로만 얻지 못한다는 것을 외효가 알게 하려고 했으나 외효가 끝내 깨닫지 못하자, 반표는 河西지역으로 피신하였다. 河西大將軍인 竇融(두융)은 반표를 從事에 임명하고 특별한 대우를 하였는데, 반표를 師友의 道로 대접하였다. 반표는 이에 두융을 위하여 방책을 계획하고 漢을 섬기게 하면서 西河郡의 병마를 총괄하여 외효를 막게 하였다.

　두융이 광무제의 부름을 받아 洛陽에 들어가자, 광무제가 물었다. "먼저 올린 상주문은 누가 도와주었는가?"

　두융이 말했다. "모두 從事인 班彪가 지은 것입니다."

　광무제는 평소 반표의 재능을 들어 알고 있었기에 불러 만나본 뒤에 사예교위가 茂才로 반표를 천거하자 (下邳郡) 徐縣 현령에 임명하였으나 병으로 사직하였다. 그 뒤에도 삼공부의 부름에 응했지만 곧 사직하였다.

原文

　彪旣才高而好述作, 遂專心史籍之間. 武帝時, 司馬遷著《史記》, 自太初以後, 闕而不錄, 後好事者頗或綴集時事, 然

多鄙俗, 不足以踵繼其書. 彪乃繼采前史遺事, 傍貫異聞, 作後傳數十篇, 因斟酌前史而譏正得失. 其略論曰,

| 註釋 | ○司馬遷 −《漢書》62권, 〈司馬遷傳〉에 立傳. ○自太初～ −무제의 연호, 前 104-101년. ○後好事者～ −前漢의 楊雄(양웅), 劉歆(유흠), 褚少孫(저소손) 등을 지칭.

[國譯]

　반표는 재능이 뛰어나고 저술을 좋아하여 역사저술에 전념하였다. 武帝 때 司馬遷(사마천)이《史記》를 저술하였지만 (武帝) 太初 이후로는 서술이 없고, 이후 好事者들이 여러 번 당시 政事를 모아 기록하였지만 비속한 내용이 많아《史記》의 뒤를 이을 수 없다고 생각하였다. 반표는 이에《史記》에서 누락한 부분을 채집하고,《史記》와 다른 내용을 보완하여 그 이후 열전 수십 편을 저술하여《史記》와 대조하면서 득실을 논하였다. 반표의 略論은 다음과 같다.

■原文

　「唐虞三代,《詩》《書》所及, 世有史官, 以司典籍, 暨於諸侯, 國自有史, 故孟子曰 '楚之《檮杌》, 晉之《乘》, 魯之《春秋》, 其事一也.' 定哀之間, 魯君子左丘明論集其文, 作《左氏傳》三十篇, 又撰異同, 號曰《國語》, 二十一篇, 由是《乘》,《檮杌》之事遂闇, 而《左氏》,《國語》獨章. 又有記錄黃帝以

來至春秋時帝王公侯卿大夫, 號曰《世本》, 一十五篇.《春秋》之後, 七國並爭, 秦並諸侯, 則有《戰國策》三十三篇. 漢興定天下, 太中大夫陸賈記錄時功, 作《楚漢春秋》九篇. 孝武之世, 太史令司馬遷采《左氏》,《國語》, 刪《世本》,《戰國策》, 據楚,漢列國時事, 上自黃帝, 下訖獲麟, 作〈本紀〉,〈世家〉,〈列傳〉,〈書〉,〈表〉凡百三十篇, 而十篇缺焉.

遷之所記, 從漢元至武以絶, 則其功也. 至於采經摭傳, 分散百家之事, 甚多疎略, 不如其本, 務欲以多聞廣載爲功, 論議淺而不篤. 其論術學, 則崇黃老而薄《五經》. 序貨殖, 則輕仁義而羞貧窮. 道遊俠, 則賤守節而貴俗功. 此其大敝傷道, 所以遇極刑之咎也. 然善述序事理, 辯而不華, 質而不野, 文質相稱, 蓋良史之才也. 誠令遷依《五經》之法言, 同聖人之是非, 意亦庶幾矣.」

| 註釋 | ○世有史官 -《禮記》에 '왕의 행동은 左史가 기록하고, 언행은 右史가 기록한다.' 고 하였다. ○以司典籍 - 夏의 太史 終古(종고), 殷의 太史인 向摯(상지), 周의 太史 儋(담)이 典籍 관리를 담당하였다. ○國自有史 - 史는 기록을 뜻하는 글자로 하급 관직명으로도 통용된다. 吏(리)와 史는 같은 뜻으로 쓰였다. ○《檮杌(도올)》- 나무의 등걸을 뜻하는 글자인데, 역사에 흉악한 자나 악행을 기록한다는 뜻이 있다. ○《乘》- 田賦와 乘馬의 일에서 취한 글자인데 국정에 관한 기록을 뜻한다. ○《春秋》- 春과 秋는 4계절을 의미. 해마다 일어나는 일을 기록한다는 뜻. ○定哀之間 - 魯 定公(재위 前 510 - 495년), 哀公(재위, 前 495 - 468년). ○左丘明 - 複姓 左

丘에 이름이 明이라는 주장과 單姓 左에 名이 丘明이라는 주장이 있고, 左
는 관직명인 左史이고, 성이 丘, 이름이 明이라 주장도 있다. ㅇ闇 – 닫힌
문 암. 그때에 읽혀지지 않아 지금은 전하지 않는다는 뜻. ㅇ太中大夫陸賈
– 陸賈(육가, 前 240 – 170년)는 고조에게 '馬上得之나 寧可以馬上治乎?' 라고
말했다. 《新語》를 저술. ㅇ太史令司馬遷 – 太史令은 소부의 속관으로 질
록 6백석이다. 사마천의 문장으로 〈悲士不遇賦〉도 있다. ㅇ下訖獲麟 – 사
마천의 《史記 本紀》도 武帝 太始 2年(서기 95년) '獲白麟' 기사 끝났다.
ㅇ十篇缺焉 – 缺篇은 〈景紀〉, 〈武紀〉, 〈禮書〉, 〈樂書〉, 〈兵書〉, 〈將相年表〉,
〈日者傳〉, 〈三王世家〉, 〈龜策傳〉, 〈傅靳列傳〉 등이다. ㅇ崇黃老而薄《五
經》 – 黃帝와 老子의 사상, 곧 道家이다. 사마천은 부친 司馬談의 학문을
전승했다. 五經은 儒家. 사마천은 〈自序〉에서 '道家使人精神專一, 動合無
形, 瞻足萬物' 이라 하였고, 그리고 유가에 대해서는 '儒者博而寡要, 勞而
少功' 이라 하였다. 이를 두고 한 말이다. ㅇ序貨殖, 則輕仁義而羞貧窮 –
《史記 貨殖列傳》序에서 기본 생활의 충족을 말했다. '奇士의 행실도 없으
면서 늘 빈천한 사람이 仁義를 말한다면 부끄러운 일이다.' 라고 했다. 현
대인들도 당연히 공감할 수 있는 말이다. ㅇ道遊俠 – 道는 말하다. 《史記
遊俠列傳》이 있다. ㅇ所以遇極刑之咎也 – 사마천의 腐刑을 말한다. 司馬
遷은 〈報任少卿書〉에서 '最下腐刑, 極矣!' 라고 하였다.

[國譯]

「唐堯와 虞舜과 三代는 《詩經》이나 《書經》으로 알 수 있으며, 각
시대에는 史官이 있어 典籍도 관리하였다. 諸侯에 관해서는 나라마
다 史書가 있어서 孟子는 '楚의 《檮杌(도올)》, 晉의 《乘(승)》, 魯의
《春秋》가 있어 그 일은 마찬가지였다.' 라고 말했다. 魯 定公과 哀公
연간에, 魯의 君子인 左丘明(좌구명)이 (春秋의) 문장을 논하여 《左

氏傳》30篇을 엮었고, 또 나라별로 異同을 엮어 《國語》라 하여 모두 21편이었는데, 이에 《乘》과 《檮杌(도올)》의 기록은 읽혀지지 않았고 《左氏傳》과 《國語》만이 알려졌다. 또 黃帝 이래로 春秋시대의 帝王과 公侯와 卿大夫에 관한 기록으로, 《世本》 15편이 있었다. 《春秋》 이후에, 七國이 서로 경쟁하다가 秦이 諸侯를 병합한 것은 《戰國策》 33편에 있다. 漢이 흥기하여 천하를 차지하자 太中大夫인 陸賈(육가)는 당시의 일을 기록하여 《楚漢春秋》 9편을 지었다. 孝武帝 때 太史令 司馬遷(사마천)은 《左氏》와 《國語》에서 자료를 채집하고, 《世本》과 《戰國策》의 내용을 요약했으며, 楚와 漢 및 列國의 치적에 근거하여 黃帝로부터 (武帝 太始 2年) 白麟을 포획한 날까지 〈本紀〉, 〈世家〉, 〈列傳〉, 〈書〉, 〈表〉 등 총 130편으로 엮었으나 10편은 缺篇이 되었다.

사마천의 기록은 漢初에서 武帝까지 끝났지만 이는 큰 업적이었다. 경전을 근거로 자료를 모으고 百家의 일을 고루 기록하였으나 소략한 부분이 많아 그 본모습과 다르며, 많은 자료를 수록하였으나 의론은 비근하고 내용은 篤實하지 못하다. 사마천은 학술을 논하면서 黃老(老子)를 숭상하고 《五經》을 홀대하였으며, 貨殖傳(화식전)에서는 仁義를 경시하고 가난을 부끄럽게 여겼으며, 遊俠(유협)을 말하면서 守節을 천시하고 세속 행위를 소중히 여겨 도덕을 무너트렸다는 평을 들은 것이 큰 결점이며, 결국에는 이 때문에 極刑(腐刑)을 받았다. 그렇지만 사마천은 사물의 이치를 잘 서술하였으니 辯才(변재)가 뛰어나나 浮華하지 않았고, 질박하지만 비속하지 않으면서 文質이 함께 빛나니 실로 훌륭한 재능을 가진 史官이었다. 가령 사마천으로 하여금 《五經》의 法言에 의거 聖人과 그 시비를 판별케 한다면 그 뜻은 거의 비슷할 것이다.」

原文

「夫百家之書, 猶可法也. 若《左氏》,《國語》,《世本》,《戰國策》,《楚漢春秋》,《太史公書》, 今之所以知古, 後之所由觀前, 聖人之耳目也. 司馬遷序帝王則曰〈本紀〉, 公侯傳國則曰〈世家〉, 卿士特起則曰〈列傳〉. 又進項羽,陳涉而黜淮南, 衡山, 細意委曲, 條列不經. 若遷之著作, 采獲古今, 貫穿經傳, 至廣博也. 一人之精, 文重思煩, 故其書刊落不盡, 尙有盈辭, 多不齊一. 若序司馬相如, 擧郡縣, 著其字, 至蕭,曹,陳平之屬, 及董仲舒並時之人, 不記其字, 或縣而不郡者, 蓋不暇也. 今此後篇, 愼核其事, 整齊其文, 不爲〈世家〉, 唯〈紀〉,〈傳〉而已. 傳曰,'殺史見極, 平易正直,《春秋》之義也.'」

| 註釋 | ㅇ進項羽,陳涉而黜淮南,衡山 - 黜은 물리칠 출. 내치다. 폄하하다. 사마천은 項羽를 本紀에, 진섭은 6개월의 稱王이고 아들이 세습하지도 못했지만 世家에 넣은 것은 그 意義를 평가한 것이다. 그러나 淮南厲王 劉長과 衡山王 劉賜는 그 진퇴와 행실에 문제가 있기에 世家가 아닌 列傳으로 엮었다. ㅇ文重思煩 - 사실《史記》에 다룬 분량과 인물은 고대 중국사의 전 영역이라고 말할 수 있다. 또 그 방대한 분량 52만 자도 미증유의 대작이라 아니할 수 없다. ㅇ刊落不盡 - 刊은 깎아내다. 삭제하다(削也). ㅇ蓋不暇也 - 사마천은 궁형의 치욕을 당한 상태에서 부친의 유언을 완성하면 자결하겠다는 결심으로 근무하며 저술에 임하였으니 마음의 평온이

나 시간적 여유가 없었을 것이다.

[國譯]

「百家의 저서는 역시 본받을 만하다. 《左氏傳》,《國語》,《世本》, 《戰國策》,《楚漢春秋》,《太史公書》 등을 통해 지금 사람은 옛 일을 알 수 있고, 후세에서는 이전 세대를 볼 수 있으니 聖人의 耳目과 같은 것이다. 사마천은 帝王을 엮어 〈本紀〉라 하였고, 公侯의 傳國은 〈世家〉, 卿士로 특출한 사람은 〈列傳〉이라 하였다. 또 項羽와 陳涉 (진섭, 陳勝)을 올리고 淮南 厲王(劉長)과 衡山王(劉賜)를 폄하한 것은 그 행실을 상세히 고찰한 것이나 條列와는 맞지 않는다. 사마천의 저술과 같이 고금 일을 널리 골라 그 의의를 경전에 적응한다면 그것은 매우 방대할 것이다. 한 사람의 精力이지만 그 문장이 매우 번잡하여 그의 저작을 삭제하고 줄여도 여전히 많은 양이며 서술의 일관성을 유지하기도 어려울 것이다. 司馬相如(사마상여)를 서술하면서 그의 郡縣이나 字를 기록하였지만, 蕭何(소하), 曹參(조참), 陳平(진평)이나 같은 시대 사람인 董仲舒(동중서)까지도 그 字를 기록하지 않았거나 혹은 출신 縣을 기록하고 郡을 기록하지 않은 것은 그럴 여유가 없었기 때문일 것이다. 이후의 후속 저술에서는 그런 일에도 신중을 기하고 문장을 다듬을 것이며, 〈世家〉를 짓지 않고 〈紀〉와 〈傳〉만을 편찬할 것이다. 그래서 傳에서 말하는 대로 '史書를 망친다면 극형을 당할 것이니, 平易하면서도 正直한 역사 서술이야말로 《春秋》의 大義' 일 것이다.」

彪復辟司徒玉況府. 時東宮初建, 諸王國並開, 而官屬未備, 師保多闕. 彪上言曰,

「孔子稱'性相近, 習相遠也.' 賈誼以爲'習與善人居, 不能無爲善, 猶生長於齊, 不能無齊言也. 習與惡人居, 不能無爲惡, 猶生長於楚, 不能無楚言也.' 是以聖人審所與居, 而戒愼所習. 昔成王之爲孺子, 出則周公,邵公,太史佚, 入則大顚,閎夭,南宮括,散宜生, 左右前後, 禮無違者, 故成王一日卽位, 天下曠然太平. 是以《春秋》'愛子教以義方, 不納於邪. 驕奢淫佚, 所自邪也.' 《詩》云,'詒厥孫謀, 以宴翼子.' 言武王之謀遺子孫也.

漢興, 太宗使鼂錯導太子以法術, 賈誼教梁王以《詩》《書》. 及至中宗, 亦令劉向,王襃,蕭望之,周堪之徒, 以文章儒學保訓東宮以下, 莫不崇簡其人, 就成德器. 今皇太子諸王, 雖結髮學問, 修習禮樂, 而傅相未值賢才, 官屬多闕舊典. 宜博選名儒有威重明通政事者, 以爲太子太傅, 東宮及諸王國, 備置官屬. 又舊制, 太子食湯沐十縣, 設周衛交戟, 五日一朝, 因坐東箱, 省視膳食, 其非朝日, 使僕,中允旦旦請問而已, 明不媟黷, 廣其敬也.」

書奏, 帝納之. 後察司徒廉爲望都長, 吏民愛之. 建武三十年, 年五十二, 卒官. 所著賦,論,書,記,奏事合九篇. 二子, 固,超. 超別有傳.

| 註釋 | ○時東宮初建 – 建武 19년(서기 44년) 태자(뒷날, 明帝)를 책립. 그 2년 전에 광무제의 여러 아들을 王에 봉했다. ○性相近, 習相遠也 –「子曰, "性相近也, 習相遠也." 子曰, "唯上知與下愚不移."」《論語 陽貨》. ○《詩》云 –《詩經 大雅 文王有聲》. ○太宗使鼂錯～ – 太宗은 文帝. 鼂錯(조조)는 晁錯(조조, 朝錯), 太子家令. 景帝가 즉위하자 강력한 削藩策(삭번책)을 주장하여 吳楚七國亂의 단서를 제공한 사람.《漢書》49권,〈爰盎鼂錯傳〉에 立傳. ○梁王(양왕) – 文帝의 少子, 名 揖(읍). ○蕭望之, 周堪 – 宣帝의 태자 元帝. 蕭望之(소망지)가 太傅였고 周堪(주감)이 少傅였다. ○使僕, 中允 – 太子僕은 太子率更令, 질록 1千石, 태자궁 경비 및 호위 책임자. 中允(중윤)은 질록 4백석. ○明不媟黷 – 媟黷(설독)은 웃어른에게 버릇없게 굴다. 媟은 친압할 설. 黷은 더럽힐 독. ○望都長 – 望都(망도)는 中山國의 현명. 今 河北省 중부 保定市 관할 唐縣 동북. ○建武三十年 – 서기 54년. ○超別有傳 – 班超(반초)는 무장으로 명성을 날렸다. 아들 班勇(반용)과 함께 47권,〈班梁列傳〉에 立傳.

[國譯]

班彪(반표)는 다시 玉況(옥황)의 司徒府에 부름을 받아 근무했다. 그때 東宮이 처음 책립되었고 諸 王國도 같이 설치되었으나 아직 관속도 다 충원되지 못했고 (태자의) 師保도 결원이 많았다. 이에 반표가 상주하였다.

「孔子께서는 '천성은 서로 비슷하나 습관은 크게 다르다.'고 하였습니다. 賈誼(가의)는 '善人과 함께 오래 생활하면 선행을 아니할 수 없으니 마치 齊(제)에서 생장하면 齊(제)의 말을 아니할 수 없는 것과 같다. 惡人과 함께 오래 거처하면 악행을 하지 않을 수 없으니, 楚(초)에서 낳고 자라면 楚(초)의 말을 안할 수 없는 것과 같다.'고

하였습니다. 이 때문에 聖人은 거처할 곳을 잘 살피며 습성을 삼가는 것입니다. 옛날에 (周)의 成王이 어린아이였을 적에 조정에 나가면 周公(주공)과 邵公(소공), 그리고 太史佚(태사일)이 있었고 들어와서는 大顚(대전)과 閎夭(굉요), 그리고 南宮括(남궁괄)과 散宜生(산의생) 등이 전후좌우에서 보살폈기 때문에 예법을 어길 수가 없었기에 어느 날 어린 成王이 즉위하여도 天下는 아주 태평하였습니다. 이에 《春秋》에서는 '자식을 사랑한다면 대의로 가르쳐야 하고 바르지 못한 것(邪)을 보지 않게 해야 한다. 교만과 사치 淫佚(음일)은 邪에서 나온다.' 고 하였습니다. 《詩經 大雅》에서는 '(文王은) 손자(成王)에게 선한 방략을 일러주고 (武王은) 바른 道를 아들(成王)에게 가르친다.' 고 하였으니, 武王의 智謀를 후손에게 가르친 것입니다.

漢이 건국되고 太宗(文帝)께서는 鼂錯(조조)로 하여금 太子(景帝)에게 통치술을 교육케 하였으며, 賈誼(가의)는 梁王(양왕)에게 《詩》와 《書》를 교육하게 하였습니다. 그리고 中宗(宣帝)에 이르러서는 마찬가지로 劉向(유향), 王褒(왕포), 蕭望之(소망지), 周堪(주감) 등을 시켜서 文章과 儒學으로 東宮(元帝) 이하 여러 왕을 교육케 하였으니 적임자를 선임하여 존숭하지 않은 사람이 없었기에 훌륭한 품격을 갖출 수 있었습니다. 지금 皇太子와 諸王은 비록 어려서부터 학문을 하고 예악을 익혔다고 할 수 있지만, 그 사부나 보좌관이 賢才가 아니며 관속들도 법제보다 많이 부족합니다. 응당 名儒나 위엄이 있고 정사에 밝은 자를 널리 선임하여 太子의 太傅로 삼고, 東宮이나 모든 王國에 官屬 배치해야 합니다. 또 옛 제도에 의하면, 太子의 食邑과 湯沐邑은 10縣이며, 태자궁 주변에 수비 병력을 배치해야 하고, 태자가 5일에 하루 입조하면 大殿의 東箱(동상, 東廂)에 앉아 배워야 하며, 태자에게 올리는 식사를 감독해야 하고, 입조하지 않는 날에는 태자가 僕人과 中允(중윤)을 보내 (황제의) 문안을 여쭙게 하면서 (태자의) 행실이 輕慢(경만)하지 않게 하여 존경심을 가르쳐야 합니다.」

상서가 보고되자 광무제가 수용하였다. 반표는 그 뒤에 司徒府의 청렴 인재로 천거되어 (中山國의) 望都(망도) 縣長이 되었는데 백성의 존경의 받았다. 建武 30년, 52세로 재직 중에 죽었다. 반표의 저술로 賦와 論, 書와 記, 그리고 奏事(주사) 등 9편을 남겼다. 두 아들은 班固(반고)와 班超(반초)이다. 班超는 별도로 입전했다.

原文

論曰, 班彪以通儒上才, 傾側危亂之閒, 行不踰方, 言不失正, 仕不急進, 貞不違人, 敷文華以緯國典, 守賤薄而無悶容. 彼將以世運未弘, 非所謂賤焉恥乎? 何其守道恬淡之篤也!

| 註釋 | ○通儒上才 - 사리에 통달한 유생이며 상등의 재능을 가진 사람. ○行不踰方 - 행실이 仁의 道를 넘지 않았다. 仁을 실천하였다. ○恬淡之篤也 - 恬淡(염담)은 清靜. 篤은 굳다. 굳게 지키다.

[國譯]

范曄(범엽)의 史論 : 班彪는 사리에 통달하고 상등의 재능을 가진 유생으로 혼란과 위기 상황에서도 그 행실이 仁道를 위배하지 않았으며, 言行은 正道를 잃지 않았고 관직도 급히 상승하지 않았으며, 지조를 지켜 남을 배신하지도 않았고, 文才를 펼쳐 국가 典籍을 편찬하였으며, 낮은 관직을 번민하지도 않았다. 그의 세상 운수가 크게 융성하지 않았으니 낮은 관직이 그에게 수치였겠는가? 그가 끝까지 平淡淸靜의 道를 지킨 것은 무엇 때문이겠는가!

40 班彪列傳(下)
〔반표열전(하)〕

❷ 班固

原文

班固字孟堅. 年九歲, 能屬文誦詩賦, 及長, 遂博貫載籍, 九流百家之言, 無不窮究. 所學無常師, 不爲章句, 擧大義而已. 性寬和容衆, 不以才能高人, 諸儒以此慕之.

永平初, 東平王蒼以至戚爲驃騎將軍輔政, 開東閣, 延英雄. 時固始弱冠, 奏記說蒼曰,

|註釋| ○博貫載籍 - 博貫은 널리 다 읽다. 載籍은 典籍. ○九流百家之言 - 九流는 道, 儒, 墨, 名, 法, 陰陽, 農, 雜, 縱橫家. ○諸儒以此慕之 - 班固가 13살 때, 王充(왕충)이 班固를 만난 뒤 반고의 등을 두드리며 반표에게 "이 아이는 틀림없이 漢의 國事를 기록할 것이요."라고 말했다고 한

다. ○東平王 蒼 – 東平國 治所는 無鹽縣, 今 山東省 泰安市 관할 東平縣. 蒼은 劉蒼(유창, ?–83)은 광무제의 아들. 건무 17년에 王. 명제 즉위 후 驃騎將軍이 되었다. 章帝 建初 8년에 죽었다. 시호는 憲王. 42권, 〈光武十王列傳〉에 立傳. ○東閣 – 漢代의 三公府나 제후 관저, 태수부의 동쪽 작은 대문을 東閣(東閤)이라 하였는데, 賢人이나 才士를 東閣으로 불러 자문을 받거나 같이 의논하였다. ○奏記 – 건의서. 奏議. 奏는 올리다(進也). 記는 글(書也).

[國譯]

　班固(반고)의 字는 孟堅(맹견)이다. 나이 9세에 글을 짓고 詩賦(시부)를 외웠으며, 성인이 되어 典籍과 九流百家의 책을 두루 읽고 깊이 연구하지 않은 책이 없었다. 반고는 학문에서 일정한 스승이 없었으며 구절의 뜻보다는 대의를 탐색하였다. 천성이 관대 온화하여 모두를 포용하면서도 뛰어난 재능으로 자신이 최고라 생각하지 않았기에 유생 모두가 반고를 흠모하였다.

　(明帝) 永平 초기에, 東平王 劉蒼(유창)은 황제의 가까운 척족으로 驃騎將軍이 되어 국정을 보필하였는데 유창은 東閣(동합)에서 英雄들을 영입하였다. 이때 반고는 겨우 약관(20세)이었는데, 奏記(주기)를 올려 東平王에게 유세하였다.

[原文]

「將軍以周,邵之德, 立乎本朝, 承休明之策, 建威靈之號, 昔在周公, 今也將軍,《詩》《書》所載, 未有三此者也. 傳曰,

‘必有非常之人, 然後有非常之事. 有非常之事, 然後有非常
之功.’

固幸得生於淸明之世, 豫在視聽之末, 私以螻螘, 竊觀國
政, 誠美將軍擁千載之任. 躡先聖之蹤, 體弘懿之姿, 據高
明之勢, 博貫庶事. 服膺六藝, 白黑簡心, 求善無猒, 采擇狂
夫之言, 不逆負薪之議. 竊見幕府新開, 廣延群俊, 四方之
士, 顚倒衣裳. 將軍宜詳<u>唐</u>, <u>殷</u>之擧, 察<u>伊</u>,<u>皇</u>之薦, 令遠近無
偏, 幽隱必達, 期於總覽賢才, 收集明智, 爲國得人, 以寧本
朝. 則將軍養志和神, 優遊廟堂, 光名宣於當世, 遺烈著於
無窮.」

| 註釋 | ○必有非常之人～ － 司馬相如가 蜀郡 백성을 깨우치려 발표한
글에 나오는 말. ○螻螘(누의) － 땅강아지와 개미. 아주 미력한 힘. 螻는 땅
강아지 루. 螘는 개미 의(蟻와 同). ○千載之任 － 千載는 천년, 周公에서
明帝까지의 時空. ○躡先聖 － 先聖(周公)의 자취를 뒤따르다. ○服膺六藝
－《周禮》의 六藝는 西周 귀족 교육의 6학과로 禮, 樂, 射, 御, 書, 數(術)을
지칭. 漢代 이후의 六藝는《六經》으로 詩, 書, 禮, 樂, 易, 春秋를 지칭. ○白
黑簡心 － 聖人의 是非 판결은 눈으로 黑白을 구별하는 것과 같다는 의미.
○負薪之議 － 負薪은 나뭇단을 등에 지다. 하층 백성. ○幕府新開 － 幕府
는 야전 지휘소. 대장군이나 표기장군의 근무처. ○顚倒衣裳 － 옷을 뒤집
어 입다. 새벽에 서두르느라고 옷도 제대로 못 입는다는 뜻.

[國譯]

「장군께서는 周公과 邵公(소공)과 같은 德行이 있어 本朝의 官員

으로 聖明하신 천자의 책봉과 훌륭하고 위엄 있는 職名(驃騎將軍)을 받으셨으니, 옛날의 周公(주공)은 지금의 將軍과 같으시니《詩經》이나《尚書》에 기록된 내용으로 또 다른 사람이 없을 것입니다. 전해오는 기록에 의하면 '非常한 인물이 있어야 非常의 치적이 있다. 非常의 치적이 있은 연후에 非常한 공적을 이룰 수 있다.' 고 하였습니다.

　저 班固는 다행히도 淸明之世에 태어나 사적으로 아주 미미한 힘이지만 정사의 말단에 참여하며 국정을 살펴보니 將軍께서는 진정 천 년 전 周公과 같은 중임을 맡으셨습니다. 장군께서는 先聖(周公)의 자취를 이어 훌륭하신 자태에 고명하신 식견으로 庶政을 두루 관장하고 계십니다. 장군의 가슴에는 六藝을 품었으며, 白黑을 구분하듯 마음으로 是非를 판별하시고 끝없이 善을 추구하시면서도 狂夫의 말이라도 받아들이시고 나뭇단을 나르는 천한 백성의 뜻도 배척하지 않으셨습니다. 제가 볼 때 지금 幕府를 막 열고 많은 준걸을 널리 영입하시니 사방의 인재가 옷도 뒤집어 입고 서둘러 찾아오고 있습니다. 장군께서는 당연히 唐堯와 殷 湯王이 伊尹(이윤)과 皋陶(고요)를 살펴 등용하셨듯이 관계의 원근에 상관없이 불공평한 처우를 받는 인재가 없게 하시면 은거하는 인재도 틀림없이 찾아올 것이며, 다방면에 능력을 가진 賢才도 기필코 찾아올 것이니 이렇듯 나라를 위한 賢才를 다 모아 本朝를 평안케 할 것입니다. 그리하여 光明한 명성이 지금 널리 알려지고 장군의 훌륭하신 공적은 무궁히 전해질 것입니다.」

「竊見故司空掾桓梁, 宿儒盛名, 冠德州里, 七十從心, 行不踰矩, 蓋淸廟之光暉, 當世之俊彦也. 京兆祭酒晉馮, 結髮修身, 白首無違, 好古樂道, 玄默自守, 古人之美行, 時俗所莫及. 扶風掾李育, 經明行著, 教授百人, 客居杜陵, 茅室土階. 京兆,扶風二郡更請, 徒以家貧, 數辭病去. 溫故知新, 論議通明, 廉淸修絜, 行能純備, 雖前世名儒, 國家所器, 韋, 平,孔,翟, 無以加焉. 宜令考績, 以參萬事. 京兆督郵郭基, 孝行著於州里, 經學稱於師門, 政務之績, 有絶異之效. 如得及明時, 秉事下僚, 進有羽翮奮翔之用, 退有杞梁一介之死. 涼州從事王雍, 躬卞嚴之節, 文之以術藝, 涼州冠蓋, 未有宜先雍者也. 古者周公一擧則三方怨, 曰 '奚爲而後己.' 宜及府開, 以慰遠方. 弘農功曹史殷肅, 達學洽聞, 才能絶倫, 誦《詩》三百, 奉使專對. 此六子者, 皆有殊行絶才, 德隆當世, 如蒙徵納, 以輔高明, 此山梁之秋, 夫子所爲歎也. 昔卞和獻寶, 以離斷趾, 靈均納忠, 終於沉身, 而和氏之璧, 千載垂光, 屈子之篇, 萬世歸善. 願將軍隆照微之明, 信日昃之聽, 少屈威神, 咨嗟下問, 令塵埃之中, 永無荊山,汨羅之恨.」

蒼納之.

| 註釋 | ○宿儒 – 학식과 덕망이 높은 학자. ○七十從心, 行不踰矩 – 「孔子曰, “~, 七十而縱心所欲, 不踰矩.”《論語 爲政》. 마음 내키는 대로

행동해도 법도를 벗어나지 않는다는 뜻. ○蓋淸廟之光暉 -《詩 周頌 淸廟》, '於穆淸廟, 肅雍顯相, 濟濟多士, 秉文之德.' 桓梁(환량)은 이 시에 나오는 濟濟多士로 淸廟에서 助祭할만한, 광채 나는 사람이라는 뜻. ○當世之俊彦也 - 彦은 훌륭한 선비(美士). ○李育(이육) - 79권,〈儒林列傳〉(下) 立傳. ○韋,平,孔,翟 - 韋賢(위현), 平當(평당), 孔光(공광), 翟方進(적방진), 모두 前漢의 賢臣. ○督郵(독우) - 郡 太守의 속관, 관할 현의 업무를 감찰, 조세 납부 실적이나 군사 동원 관련 직무도 감사했다. 太守의 耳目 역할. ○杞梁一介之死 - 춘추시대 齊 莊公(재위 前 554 - 548년)이 莒(거)를 공격할 때 杞梁(기량)과 華周(화주)는 莒城(거성)에서 분전하다가 전사했다. ○卞嚴(변엄) - 魯나라 卞邑(변읍)의 大夫인 卞莊子(변장자)이다. 변장자는 모친이 살아계실 때 三戰三敗한 장수였으나 모친이 죽은 다음에 자원하여 용감히 싸우다가 죽었다.《論語 憲問》에서도 孔子는 변장자의 용기를 칭송하였다. ○文之以術藝 - 文은 문채, 무늬의 뜻. 문학의 뜻이 아님. ○奚爲而後己 - 奚는 어찌 해. 왜, 의문사. 어찌 ~하랴? 反語. 종(노비) 해. ○弘農 - 군명. 治所는 弘農縣, 今 河南省 서쪽 끝 三門峽市 관할 靈寶市. ○此山梁之秋 - 秋는 時와 같음.「孔子曰, "山梁雌雉, 時哉! 時哉!"」《論語 鄕黨》. '산등성이 암꿩은 때를 만났다! 때를 만났다!' 異說이 많은 구절이다. ○以離斷趾 - 離는 당하다(被也). 楚國 사람 卞和(변화)가 荊山에서 발견한 玉. '和氏獻璧', '完璧歸趙', '受命於天' 성어 참고. ○靈均納忠 - 靈均은 屈原(굴원, 前 340? - 278년)의 字. ○屈子之篇 -《離騷》,〈九章〉,〈天問〉,〈九歌〉의 楚辭와〈漁父辭〉 등.

[國譯]

「제가 볼 때, 옛 司空府의 掾吏인 桓梁(환량)은 宿儒(숙유)로 매우 유명하며 덕행은 마을에서 제일이고, 70여 세로 행실이 법도에 어긋나지 않는 사람으로 淸廟(청묘)에 광휘를 보탤 수 있는 이 시대의 뛰어난 인물입니다. 京兆尹의 掾吏 祭酒(제주, 우두머리)인 晉馮(진풍)은 어려서부터 修身하여, 白首가 되어도 행실에 잘못이 없으며 好古하고 樂道하며 玄妙에 沈默하면서 自我를 堅守하는데, 옛사람과 같은 그의 바른 행실은 지금 사람이 따라갈 수가 없습니다. 右扶風의 掾吏인 李育(이육)은 경학에 밝고 바른 행실이 뛰어났으며, 많은 사람을 치며 杜陵縣에 客居하고 있는데 초가집 흙 계단에 살고 있습니다. 이육은 京兆尹과 右扶風의 2郡에서 연이어 초빙하였으나 다만 가난 때문에 병을 핑계로 여러 번 관직을 사양하였습니다. 이육은 溫故知新(온고지신)하며 그 식견이 사리에 합당하며, 청렴하고 행실이 순수하면서도 주도면밀하여 비록 前世의 名儒이지만 國家의 大器로 韋賢(위현), 平當(평당), 孔光(공광), 翟方進(적방진)일지라도 이육보다 더 낫지 않을 것입니다. 그러하오니, 응당 이들로 하여금 정사를 숙고하게 하고 참여시켜야 할 것입니다. 京兆尹의 督郵(독우)인 郭基(곽기)는 그 孝行이 고을에서도 널리 알려졌고, 그의 經學은 師門에서도 뛰어나며 政務의 실적도 아주 뛰어난 사람입니다. 만약 태평성대에 태어나거나 장군의 휘하에서 일할 수 있으면 날개를 크게 펴고 하늘에 날아오를 수 있으며 물러서다가도 杞梁(기량)처럼 죽을 수도 있는 사람입니다. 涼州(양주) 刺史部의 從事인 王雍(왕옹)은 자신이 卞嚴(변엄)의 지조를 실천하고, 거기에 여러 재능을 보탠 사람으로 涼州에서도 으뜸가는 인재로 王雍보다 앞자리에 있을 사람이 없을 것입니다. 옛날에 周公이 1차 거병할 때 다른 세 곳에서는 '왜 우리 있는 곳을 늦게 정벌하는가?' 라고 하면서 불평하였습니다. 장군께서는 장군부를 개설하면서 원방을 먼저 위로해야 할 것입니다. 弘農郡의 功曹史인 殷肅(은숙, 段肅)은 통달한 학문에 견문도 많으며 그 재능은 누구보다도 뛰어난데《詩》三百을 외우고 사신으로 나가 책임을 다할 것입니다. 이상의 여섯 사람은 모두 행실이 바르고 재능이 뛰어났을 뿐만 아니라 이 시대에 덕행도 뛰어나니 장군께서 은혜를 베풀어 등용하여 보필하게 한다면 모두가 산 꿩처럼 때를 만나게 되어 孔子라도 감탄할 것입니다. 옛날 (楚의) 卞和(변화)는 옥석을 바치고서도 다리를 잘리는 형벌을 받았습니다. 屈原(굴원, 前 340? ‑278년)은 충성을 다 바치고서도 (汨羅水에) 몸을 던졌지만 和氏之璧(화씨의 벽옥)은 천 년 동안 빛을 발했고 屈原의 名篇은 만대에 이르도록 칭송을 받고 있습니다. 원컨대 장군께서는 작은 빛이라도 내리시어 그들을 불러 잠시 귀를 기울여 주시고, 神威(신위)를 잠깐 굽히시어 그들에게 하문해 주신다면 세속에 살고 있는 그들에게 영원히 荊山(형산, 卞和)과 汨羅(멱라, 屈原)와 같은 여한은 없을 것입니다.」

동평왕 유창은 건의를 받아들였다.

父彪卒, 歸鄕里. 固以彪所續前史未詳, 乃潛精硏思, 欲就其業. 旣而有人上書顯宗, 告固私改作國史者, 有詔下郡, 收固繫京兆獄, 盡取其家書. 先是扶風人蘇朗僞言圖讖事, 下獄死. 固弟超恐固爲郡所核考, 不能自明, 乃馳詣闕上書, 得召見, 具言固所著述意, 而郡亦上其書. 顯宗甚奇之, 召詣校書部, 除蘭臺令史, 與前睢陽令陳宗,長陵令尹敏,司隷從事孟異共成〈世祖本紀〉. 遷爲郎, 典校秘書. 固又撰功

臣,平林,新市,公孫述事, 作列傳, 載記二十八篇, 奏之. 帝乃
復使終成前所著書.

| 註釋 | ○父彪卒 – 서기 54년. ○京兆尹 – 전한 수도 장안의 치안 담
당관이면서 그 관할 구역. 治所 長安縣, 今 陝西省 西安市 서북. 후한에서
도 京兆尹이라는 명칭은 그대로 사용되었다. 후한의 도성의 행정담당은
河南尹이다. ○班超(반초, 서기 32 – 102년) – 字 仲升, 班固의 弟(쌍둥이로
추정), 父 班彪와 함께 '三班'이라 통칭. '投筆從戎'한 後漢 名將. ○蘭臺
令史(난대영사) – 蘭臺는 漢代 궁중의 장서각, 御使中丞이 관리. 蘭臺令史
는 질록 6백석. 질록이 1백석이라는 주석도 있다. ○典校秘書(전교비서) –
여러 秘書를 校勘(교감)하는 일. 이 일을 담당하는 낭관을 校書郎이라 하였
다. ○平林,新市,公孫述 – 모두 光武帝에 맞섰던 후한 초기의 할거세력.
○載記 – 고대 사서에서 입전하였지만 非 正統에 해당하는 난신적자에 관
한 기록. 《後漢書》의 경우 12권, 〈王劉張李彭盧列傳〉과 13권, 〈隗囂公孫
述列傳〉 등이 그런 예이다.

[國譯]

　반고는 부친 彪(표)가 죽어서 향리로 돌아왔다. 반고는 아버지가
이어 쓴 前史가 상세하지 못한 것을 보고 마음을 모아 연찬하여 그
일을 마무리하려고 생각했다. 그러나 얼마 뒤에 어떤 사람이 明帝에
게 반고가 몰래 國史를 개작하는 사람이라고 상서하자, 소재 군수
(右扶風)에게 조서를 내려 체포하여 京兆尹(경조윤)의 감옥에 가두
게 하고 집에 있는 책을 모두 압수하게 하였다. 이에 앞서 扶風사람
蘇朗(소랑)이 거짓으로 圖讖(도참)에 관한 말을 지어냈다 하여 하옥
되어 죽은 일이 있었다. 반고의 동생 班超(반초, 서기 32 – 102년)는 반

고가 郡(右扶風)에서 고문을 받으며 스스로는 해명이 되지 않을 것
같아 낙양 궁궐에 가서 상서했고, 황제를 만나 반고가 저술하는 뜻
을 설명하였고 우부풍에서도 상서하였다. 顯宗(明帝)는 아주 특별
하게 생각하여 반고를 校書部로 불러 蘭臺令史(난대영사)를 제수하
였다. 반고는 睢陽(수양) 현령이었던 陳宗(진종), 長陵(장릉) 현령 尹
敏(윤민), 司隸部 從事인 孟異(맹이) 등과 함께 〈世祖本紀〉를 완성하
였다. 반고는 낭관으로 승진하여 궁중의 여러 秘書를 校勘(교감)하
였다. 반고는 또 여러 功臣과 平林(평림), 新市(신시), 公孫述(공손술)
등에 관한 列傳과 載記(재기) 28편을 상주하였다. 명제는 이에 반고
로 하여금 전에 저술한 책을 완성하게 하였다.

原文

固以爲漢紹堯運, 以建帝業, 至於六世, 史臣乃追述功德,
私作〈本紀〉, 編於百王之末, 廁於秦,項之列, 太初以後, 闕
而不錄, 故探撰前記, 綴集所聞, 以爲《漢書》. 起元高祖, 終
於孝平王莽之誅, 十有二世, 二百三十年, 綜其行事, 傍貫
《五經》, 上下洽通, 爲《春秋》考紀,表,志,傳凡百篇. 固自永
平中始受詔, 潛精積思二十餘年, 至建初中乃成. 當世甚重
其書, 學者莫不諷誦焉.

|註釋| ○至於六世 – 武帝, 惠帝 다음 呂后를 代數에 넣어 武帝가 6세
이다. ○廁於秦,項之列 – 廁은 섞어 넣다. 뒷간 측. 《史記》는 黃帝에서 시

작했기에 漢이 가장 끝에 올 수 밖에 없었다. ㅇ十有二世 - 高祖, 惠, 呂后, 文, 景, 武, 昭, 宣, 元, 成, 哀, 平帝의 12代. ㅇ二百三十年 - 王莽 치세를 포함한 230년. ㅇ凡百篇 - 《漢書》는 12紀, 8表, 10志, 70列傳, 合 100篇. ㅇ(章帝) 建初 - 서기 76-83년. ㅇ乃成 - 반고는 和帝 永元 4년(서기 92)에 61세로 옥사했다. 이때까지 《漢書》의 八表와 〈天文志〉가 미완이었고, 이는 여동생 班昭에 의해 완성된다.

[國譯]

班固는, 漢은 堯帝의 天運을 이어 帝業을 성취하였다고 생각하였는데, 六世(武帝)에 이르러 史臣(司馬遷)이 그 功德을 서술하면서 사적으로 〈本紀〉를 지었기에 漢을 百王의 끝에 秦과 項羽의 줄에 끼어 넣었으며, (武帝) 太初 이후는 기록이 없기에 앞선 여러 기록을 찾고 들은 바를 엮어서 《漢書》를 지었다. 《漢書》는 高祖에서 시작하여 孝平帝와 왕망의 죽음까지 12世 230년간의 行事를 종합하고 《五經》의 뜻에 바탕을 두었으며, 上下가 융합 관통하여 《春秋》와 같이 紀, 表, 志, 傳 총 100편이다. 班固는 (明帝) 永平 연간에, 처음 命을 받고 20년을 전심전력하여 (章帝) 建初 연간에 완성하였다. 당시 사람들은 이 책을 매우 소중히 여겼으며 학자라면 누구나 다 이를 읽었다.

原文

自爲郞後, 遂見親近. 時京師修起宮室, 浚繕城隍, 而關中耆老猶望朝廷西顧.

固感前世相如,壽王,東方之徒, 造構文辭, 終以諷勸, 乃上
〈兩都賦〉, 盛稱洛邑制度之美, 以折西賓淫侈之論. 其辭曰

| 註釋 | ○相如, 壽王, 東方之徒 - 司馬相如는〈上林賦〉와〈子虛賦〉를
지었고, 吾丘壽王(오구수왕, 吾丘는 복성)은〈士大夫論〉과〈驃騎將軍頌〉을,
東方朔은〈客難〉과〈非有先生論〉을 지었는데, 그 목적은 諷喩(풍유)에 있
었다.〈上林賦〉와〈子虛賦〉는《漢書》57권,〈司馬相如傳(上,下)〉에 수록.
〈客難〉과〈非有先生論〉은《漢書》65권,〈東方朔傳〉에 수록. 필자의 번역
참고 바람. 吾丘壽王은《漢書》64권,〈嚴朱吾丘主父徐嚴終王賈傳〉(上)에
입전. ○〈兩都賦〉 - 班固의 작품.〈西都賦〉와〈東都賦〉의 양편으로 구
성. 후한의 西都인 長安城과 東都 洛陽을 묘사하였다. 이는 가상인물이 兩
都의 번화함을 말하게 하여 漢의 國勢를 칭송하였는데 漢賦의 수작으로
평가된다. 뒷날 張衡(장형)의〈二京賦〉와 左思(좌사)의〈三都賦〉에 영향을
주었다.

[國譯]

　(반고는) 낭관이 된 이후 황제의 측근이 되었다. 그때 낙양에 궁
궐을 짓고 준설공사를 하며 성곽을 수선하자, 關中 땅의 耆老들은
(낙양의 공사보다는 오히려) 조정이 서쪽 장안으로 옮겨오기를 희
망하였다.

　반고는 前世의 司馬相如(사마상여), 吾丘壽王(오구수왕), 東方朔(동
방삭) 같은 사람들이 辭賦를 지었지만 결국은 諷勸(풍권)의 그친 것
을 보고 느낀 바 있어〈兩都賦〉를 지어 올렸는데, 거기서 洛邑(낙양)
의 여러 시설의 아름다움을 찬양하여 西都에서 온 賓客(가상인물)
의 부화한 의론을 억제하였다. 그 辭賦는 다음과 같다.

＊〈兩都賦〉- 班固

原文

「有西都賓問於東都主人曰, "蓋聞皇漢之初經營也, 嘗有意乎都河洛矣. 輟而弗康, 寔用西遷, 作我上都. 主人聞其故而覿其制乎?" 主人曰, "未也. 願賓攄懷舊之蓄念, 發思古之幽情, 博我以皇道, 弘我以漢京." 賓曰, "唯唯."」

| 註釋 | ○有西都賓問於東都主人曰 - 西都賓은 서도에서 온 빈객, 낙양은 도읍이었기에 주인이라 했다. ○蓋聞皇漢之初經營也 - 皇은 大의 뜻. 장안에 도읍할 것을 최초로 건의한 사람은 高祖 5년에 劉敬(유경, 본명 婁敬, 劉는 고조가 하사한 姓)이었다. 고조가 이를 장량에게 묻자, 장량은 '關中은 金城千里로 天府之國'이라면서 장안 도읍에 찬동하였다. ○輟而弗康 - 輟은 止也. 康은 安也.

[國譯]

「西都에서 온 빈객이 東都主人에게 말했다. "제가 알기로, 大漢을 처음 건국하고서 河水와 洛水의 합류 지역에 建都하려 했습니다. 그러다가 그만두고 안전하지 않다며 서쪽으로 이동하여 우리의 上都(長安城)를 건설하였습니다. 주인께서 그 연고와 제도를 보셨습니까?" 이에 주인이 말했다. "잘 모릅니다. 손님께서 아는 바와 옛 정서를 설명하시어 漢都에 관한 지식을 넓혀 주시겠습니까?" 그러자 빈객은 "예! 좋습니다!"라고 말했다.」

「漢之西都, 在於雍州, 寔曰長安. 左據函谷,二崤之阻, 表以太華,終南之山. 右界褒斜,隴首之險, 帶以洪河,涇,渭之川. 華實之毛, 則九州之上腴焉. 防禦之阻, 則天下之奧區焉. 是故橫被六合, 三成帝畿, 周以龍興, 秦以虎視. 及至大漢受命而都之也, 仰寤東井之精, 俯協河圖之靈, 奉春建策, 留侯演成, 天人合應, 以發皇明, 乃眷西顧, 寔惟作京. 於是睎秦領, 睋北阜, 挾酆灞, 據龍首. 圖皇基於億載, 度宏規而大起, 肇自高而終平, 世增飾以崇麗, 歷十二之延祚, 故窮奢而極侈. 建金城其萬雉, 呀周池而成淵, 披三條之廣路, 立十二之通門. 內則街衢洞達, 閭閻且千, 九市開場, 貨別隧分, 人不得顧, 車不得旋, 闐城溢郭, 傍流百廛, 紅塵四合, 煙雲相連. 於是既庶且富, 娛樂無疆, 都人士女, 殊異乎五方, 游士擬於公侯, 列肆侈於姬,姜. 鄉曲豪俊遊俠之雄, 節慕原,嘗, 名亞春,陵, 連交合衆,騁騖乎其中.」

| 註釋 | ○雍州(옹주) – 廱州(옹주).《尙書》九州의 하나. ○寔曰長安 – 寔은 이 식. 이것. 長安은 秦代에는 鄕名. ○函谷(함곡) – 關名. 二崤는 두 봉우리의 崤山(효산). ○褒斜(포사) – 계곡 이름. 隴首는 산 이름. ○洪河 – 大河. ○華實之毛 – 草木. ○奧區焉 – 奧는 깊숙할 오(深也). ○六合 – 四方과 상하. ○三成帝畿 – 3번 국도가 되다. 周, 秦, 漢의 국도. ○仰寤東井之精 – 高祖가 霸上에 이르렀을 때 하늘에서는 五星이 東井의 자리에 모였다. ○俯協河圖之靈 – 아래를 보면 河圖의 영험이 있었다. ○奉春建

策 - 奉春君은 婁敬(누경). 누경은 최초로 長安 建都를 건의했다, ○留侯演
成 - 留侯(張良)이 이를 실현하였다. 演은 引也. ○以發皇明 - 皇明은 高
祖. ○睎秦領 - 睎는 바라볼 희(望也). 秦領은 산맥, 今 陝西省 西安市 藍
田縣. 玉의 産地로 유명. ○睋北阜 - 睋는 바라볼 아(視也). 北阜는 今 咸
陽市 三元縣의 높은 언덕. ○挾酆霸 - 酆水(풍수)와 霸水(패수)를 옆에 두
고. ○據龍首 - 龍首山 아래에 자리 잡다. ○歷十二之延祚 - 前漢의 황제
12대(高祖~平帝)가 이어지다. ○建金城其萬雉 - 쇠처럼 튼튼한 성(金
城)에는 1만 개의 성가퀴〔雉堞(치첩), 女墻(여장)〕가 있고, ○呀周池而成淵
- 넓게 두른 물은 큰 연못이고. 呀는 입 벌릴 하. 크게 넓음. ○立十二之通
門 - 도성 사방에 12개의 通門(4方×3門)이 있다. 天子城에 十二門이 있
다. ○內則街衢洞達 - 성 안 시가지에는 큰 길이 사방으로 이어졌다. ○閭
閻且千 - 閭는 이문 여(里門也). 閻는 里의 中門也. ○貨別隧分 - 隧는 길
수. 터널, 시장의 길. 화물이 곳곳으로 운반되어, ○闐城溢郭 - 성곽을 채
우고 넘치다. 廛은 가게 전(市物을 보관하는 집). ○豪俊遊俠 - 朱家(주
가), 郭解(곽해), 原涉(원섭) 같은 사람들.《漢書》92권,〈游俠傳〉에 입전.
○節慕原,嘗 - 지조로는 (趙) 平原君 趙勝(조승)과 (齊)孟嘗君 田文(전문)을
흠모하다. ○名亞春,陵 - (楚) 春申君 黃歇(황헐)과 (魏) 信陵君 衛無忌(위
무기) - 이상 4인을 '戰國四公子'라 칭한다. ○騁騖乎其中 - 騁騖(빙무)는
빨리 달려가다.

[國譯]

「漢의 西都는 옛 雍州(옹주) 땅으로 長安(장안)이라 합니다. 왼편
에는 함곡관과 崤山(효산) 두 봉우리와 太華山과 終南山이 막아줍니
다. 오른쪽에는 험고한 褒斜(포사)의 계곡과 隴首山이 있고 大河와
涇水(경수), 그리고 渭水(위수)가 흐릅니다. 華實之毛(草木)가 무성

하니 九州에서 가장 비옥한 땅이고, 방어도 쉬운 지형이며 천하의 가장 깊숙한 안쪽입니다. 그리고 天地의 사방으로 통할 수 있어 3대(周, 秦, 漢) 제왕이 여기에 도읍했으니, 周는 龍처럼 흥성했고 秦은 천하를 감시하였는데, 大漢이 天命을 받아 여기 도읍할 때 하늘에서는 五星이 東井(동정) 성좌에 모였고, 땅에서는 河圖(하도)가 출현하는 영험이 있었습니다. 奉春君(婁敬)이 처음 방책을 건의하자, 留侯(張良)가 실천하니 天과 人이 한마음으로 皇明(高祖)을 깨우쳐, 여기 서쪽을 둘러보고 關中에 오셔서 도읍하셨습니다. 여기서는 멀리 秦嶺(진령)과 北阜(북고)를 바라보이는데 酆水(풍수)와 霸水(패수)를 옆에 끼고 龍首山 아래에 자리 잡았습니다. 1억 년 제왕의 터라 생각하여 웅장한 설계를 꾸미니 高祖로부터 平帝까지 이어지면서 대대로 크고 화려함을 보태면서 12대가 이어졌습니다. 그간 온갖 화려함에 꾸밈을 다하니 金城에 1萬의 성가퀴〔雉堞(치첩), 女墻(여장)〕가 있고, 성을 넓게 두른 물은 큰 연못이며, 3개의 큰 길에 이어졌으며 사방에 12개의 通門이 있습니다. 성 안에는 큰 길이 사방으로 이어졌고, 수많은 마을(閭閻)이 널렸으며, 九市가 開場되면 물자가 곳곳으로 이동하는데, 사람이 많아 몸과 수레를 돌릴 수도 없으며, 꽉 들이찬 성 안에 길가로는 점포가 줄을 지었고, 사방에서 흙먼지와 구름 같은 연기가 피어오릅니다. 이처럼 사람이 많고 부유하며 娛樂도 끝이 없으니 성 안 남녀는 五方마다 놀이가 다르고 다니는 사람은 모두 공경이나 제후이며, 점포에서 물건을 사는 여인은 모두 큰 제후의 여인들입니다. 마을의 영웅호걸은 遊俠(유협)처럼 그 지조는 平原君이나 孟嘗君이며, 명성은 春申君과 信陵君에 버금가는데 서로 교류하고 왕래하며 분주히 오고갑니다.」

「若乃觀其四郊, 浮游近縣, 則南望杜,霸, 北眺五陵, 名都
對郭, 邑居相承, 英俊之域, 獻冕所興, 冠蓋如雲, 七相五公.
與乎州郡之豪桀, 五都之貨殖, 三選七遷, 充奉陵邑, 蓋以强
幹弱枝, 隆上都而觀萬國. 封畿之內, 厥土千里, 逴犖諸夏,
兼其所有. 其陽則崇山隱天, 幽林穹谷, 陸海珍藏, 藍田美
玉, 商,洛緣其隈, 鄠,杜濱其足, 源泉灌注, 陂池交屬, 竹林
果園, 芳草甘木, 郊野之富, 號曰近蜀. 其陰則冠以九嵏, 陪
以甘泉, 乃有靈宮起乎其中. 秦,漢之所極觀, 淵,雲之所頌
歎, 於是乎存焉. 下有鄭,白之沃, 衣食之源, 堤封五萬, 疆埸
綺分, 溝塍刻鏤, 原隰龍鱗, 決渠降雨, 荷臿成雲, 五穀垂穎,
桑麻敷菜. 東郊則有通溝大漕, 潰渭洞河, 泛舟山東, 控引
淮,湖, 與海通波. 西郊則有上囿禁苑, 林麓藪澤, 陂池連乎
蜀,漢, 繚以周牆, 四百餘里, 離宮別館, 三十六所, 神池靈
沼, 往往而在. 其中乃有九眞之麟, 大宛之馬, 黃支之犀, 條
枝之鳥, 踰崑崙, 越巨海, 殊方異類, 至三萬里.」

| 註釋 | ○五陵 - (高祖)長陵, (惠帝)安陵, (景帝)陽陵, (武帝)茂陵, (昭
帝)平陵. ○名都對郭 - 황제의 능을 건설하면 그 주변에 전국 부호나 고
급 관원을 이주시켜 현을 설치하였다. ○獻冕(불면) - 獻은 印綬. 冕은 관
(冠). ○七相五公 - 前漢의 승상을 역임한 車千秋, 黃霸, 王商, 韋賢, 平當,
魏相, 王嘉의 7인. 五公은 田蚡(전분), 張安世, 朱博(주박), 平晏(평안), 韋賞
(위상) 등. ○五都 - 洛陽, (趙)邯鄲(한단), (齊)臨淄(임치), (楚)宛(완), (蜀)成

都(성도)를 지칭. ○三選 – 三等의 백성을 선발하다. 選은 골라 이주시키다(徙)의 뜻. 二千石 이상의 고급 관리, 富人, 豪桀 등의 名士. 이는 强幹弱枝, 곧 지방 세력의 약화가 그 목적이었다. ○逴犖(탁락) – 크게 앞서다. 뛰어넘다. 逴은 멀 탁, 넘을 탁. 犖은 얼룩소 낙. 뛰어나다. 諸夏는 중국. ○穹谷(궁곡) – 深谷. 穹은 깊을 궁, 막힐 궁. 窮也. ○藍田 – 今 陝西省 西安市 藍田縣. 玉의 산지로 유명. ○隈 – 굽이 외. 山曲. ○濱(물가 빈) – 가깝다(近也). ○號曰近蜀 – 巴郡과 蜀郡은 토지가 비옥하고 온갖 농산물과 과일이 풍성한데, 장안 근교의 南山 역시 그러하여 蜀과 비슷하다는 말. ○甘泉山 – 秦始皇은 여기에 林光宮을 지었다. 漢에서도 甘泉宮, 益壽館, 延壽館, 通天臺 등을 지었다. ○泉,雲頌歎 – 王褒(왕포)의 字는 子泉, 〈甘泉頌〉을 지었다. 楊雄(揚雄, 字 子雲, 前 53 - 18년)은 〈甘泉賦〉를 지었다. ○鄭國渠 – 韓에서 秦의 국력을 약화시키려고 수리 기술자인 鄭國을 보내 대대적 토목공사를 일으켰는데 결국 鄭國은 秦을 위해 인공수로 만들어준 셈이 되었다. ○白渠 – 武帝 때 中大夫인 白公의 건의로 만들어진 인공수로. ○塍 – 밭두둑 승(田畦也). ○刻鏤 – 파서 새긴 듯 교차하다. ○元隰 – 元은 높고 평평한 들. 隰(습)은 물이 고이는 저지대. ○五穀 – 黍, 稷, 菽, 麥, 稻. ○棻 – 무성할 분(茂盛也). ○上囿 – 林苑. 上林苑에는 建章宮, 承光宮 등 11개 宮이 있고 平樂觀 등 25개 觀이 있다고 하였다. ○麓 – 산기슭 록. ○藪 – 늪 수. 물이 마른 연못. ○繚 – 감길 료. 둘러싸다.(繞也). ○條枝國 – 西海와 安息國(파르티아)에 닿아 있는데 大鳥의 알이 항아리(甕, 독 옹)만하다고 하였으니 타조일 것이다.

[國譯]

「만약 사방의 교외를 관망하고 물길로 가까운 縣을 돌아보면 남쪽으로 (宣帝) 杜陵과 (文帝) 霸陵이 있고, 북쪽으로는 五陵이 보이며 그곳 陵縣이 서로 맞보고 있는데, 각 고을의 줄지은 저택은 영웅

의 마을이며 고급 관원이 사는 곳이라 고급 관리도 많아 이를 七相
五公이라 합니다. 이런 고을의 豪桀(호걸)은 전국 5개 큰 도시에서
財貨와 함께 二千石, 부호, 명사들을 7차례에 걸쳐 이주시켜 陵邑을
충실히 채웠으니, 이는 바로 줄기를 강하게 하고 끝가지는 약하게
하려는 정책이었으며 수도를 융성케 하여 萬國을 지도하려는 뜻이
었습니다. 京畿(경기) 땅은 沃野가 천리인데 온 나라에서 제일이며
모든 것을 다 갖추었습니다. 그 남쪽으로는 높은 산이 하늘을 가리
고 깊은 계곡엔 숲이 우거졌으며, 水陸 만물이 모두 산출되고 藍田
縣(남전현)에서는 美玉이 산출되며, 商縣과 洛縣(낙현)은 산굽이에 鄠
縣(호현)과 杜縣(두현)은 산기슭에 자리 잡았으며, 맑은 시내가 경작
지를 적시고 저수지가 이어졌으며, 竹林과 果園이 많고 芳草(방초)와
좋은 나무가 많으니 교외의 풍부한 물산은 蜀과 비슷하다고 말합니
다. 그 북쪽에는 九嵕山(구종산)이 높이 솟아 甘泉山(감천산)과 짝을
지었는데 거기에는 크고 멋진 궁궐이 많습니다. 秦과 漢의 크고 화
려한 궁궐은 王襃(왕포, 字 子泉)와 楊雄(양웅, 揚雄, 字 子雲)이 賦를 지
어 칭송했는데 바로 여기에 있습니다. 산 아래에는 (秦代) 鄭國渠(정
국거)와 (武帝때 개통한) 白渠(백거)가 있어 비옥한 衣食의 근원이 되
었고, 그 水路는 5만 頃(경)의 넓은 땅에 비단처럼 펼쳐졌고, 물도랑
과 두둑이 가로세로로 이어졌으며, 평원과 습지가 용의 비늘처럼 널렸
고 물을 트면 비가 온 듯 농기구를 멘 농부가 구름처럼 떼를 지었고,
오곡 이삭이 고개를 숙이고 뽕나무와 삼밭(麻田)이 무성합니다. (長
安의) 동쪽 교외는 운하의 水運이 열려 渭水나 河水와 통하니, 배를
타면 山東까지 갈 수 있고 淮水(회수)로 연결되어 여러 호수를 지나
東海에 이릅니다. 서쪽 교외는 황실의 園囿(원유)로 禁苑(금원)이 있

는데 수풀과 山麓(산록), 마른 늪과 연못, 그리고 저수지 등이 연이어 蜀郡과 漢中郡으로 이어지는데 높게 두른 담이 4백여 리나 이어지면서 離宮과 別館이 36개소나 있으며 神池와 靈沼가 곳곳에 널려 있습니다. 그 상림원 안에는 九眞郡에서 보내온 기린(麟)과 大宛國(대원국)의 汗血馬와 黃支國에서 보내온 무소(犀 무소 서), 條枝國(조지국)의 駝鳥(타조)가 있는데, 모두 崑崙山(곤륜산)을 넘고 큰 바다를 건너왔으니 그 먼 나라는 3만 리나 떨어져 있습니다.」

原文

「其宮室也, 體象乎天地, 經緯乎陰陽, 據坤靈之正位, 放太, 紫之圓方. 樹中天之華闕, 豐冠山之朱堂, 因瑰材而究奇, 抗應龍之虹梁, 列棼橑以布翼, 荷棟桴而高驤. 雕玉瑱以居楹, 裁金璧以飾璫, 發五色之渥采, 光爛朗以景彰. 於是左城右平, 重軒三階, 閨房周通, 門闥洞開, 列鐘虡於中庭, 立金人於端闈, 仍增崖而衡閾, 臨峻路而啓扉. 徇以離殿別寢, 承以崇臺閒豫, 煥若列星, 紫宮是環. 清涼宣溫, 神仙長年, 金華玉堂, 白虎麒麟, 區宇若茲, 不可殫論. 增盤業峨, 登降照爛, 殊形詭制, 每各異觀, 乘茵步輦, 唯所息宴. 後宮則有掖庭椒房, 后妃之室, 合歡增成, 安處常寧, 茝若椒風, 披香發越, 蘭林蕙草, 鴛鸞飛翔之列. 昭陽特盛, 隆乎孝成, 屋不呈材, 牆不露形, 裹以藻繡, 絡以綸連, 隨侯明月, 錯落其間, 金釭銜璧, 是爲列錢, 翡翠火齊, 流耀含英, 懸黎

垂棘, 夜光在焉. 於是玄墀扣切, 玉階彤庭, 硬碱采緻, 琳珉
青熒, 珊瑚碧樹, 周阿而生. 紅羅颯纚, 綺組繽紛, 精曜華燭,
俯仰如神. 後宮之號, 十有四位, 窈窕繁華, 更盛迭貴, 處乎
斯列者, 蓋以百數.

左右廷中, 朝堂百僚之位, 蕭曹魏邴, 謀謨乎其上. 佐命
則垂統, 輔翼則成化, 流大漢之愷悌, 蕩亡秦之毒螫. 故令
斯人揚樂和之聲, 作畫一之歌, 功德著於祖宗, 膏澤洽於黎
庶. 又有天祿石渠, 典籍之府, 命夫諄誨故老, 名儒師傅, 講
論乎《六藝》, 稽合乎同異. 又有承明金馬, 著作之庭, 大雅
宏達, 於茲爲群, 元元本本, 周見洽聞, 啓發篇章, 校理秘文.
周以鉤陳之位, 衛以嚴更之署, 總禮官之甲科, 群百郡之廉
孝. 虎賁贅衣, 閹尹閽寺, 陛戟百重, 各有攸司. 周廬千列,
徼道綺錯. 輦路經營, 修涂飛閣.

自未央而連桂宮, 北彌明光而絚長樂, 陵墱道而超西墉,
混建章而外屬, 設璧門之鳳闕, 上枑棱而棲金雀. 內則別風
之嶕嶢, 眇麗巧而竦擢, 張千門而立萬戶, 順陰陽以開闔.
爾乃正殿崔巍, 層構厥高, 臨乎未央, 經駘蕩而出馺娑, 洞枌
橠與天梁, 上反宇以蓋戴, 激日景而納光. 神明鬱其特起,
遂偃蹇而上躋, 軼雲雨於太半, 虹霓回帶於棼楣, 雖輕迅與
儦狡, 猶愕眙而不敢階. 攀井幹而未半, 目眴轉而意迷, 舍
櫺檻而卻倚, 若顛墜而復稽, 魂怳怳以失度, 巡迴塗而下低.
既懲懼於登望, 降周流以彷徨, 步甬道以縈紆, 又杳窱而不

見陽. 排飛闥而上出, 若遊目於天表, 似無依而洋洋.

　前唐中而後太液, 攬滄海之湯湯, 揚波濤於碣石, 激神岳之蔣, 濫瀛洲與方壺, 蓬萊起乎中央. 於是靈草冬榮, 神木叢生, 巖峻崔崒, 金石崢嶸. 抗仙掌以承露, 擢雙立之金莖, 軼埃壒之混濁, 鮮顥氣之清英. 騁文成之丕誕, 馳五利之所刑, 庶松喬之群類, 時游從乎斯庭, 實列仙之攸館, 匪吾人之所寧.」

| 註釋 | ○放太, 紫之圓方 − 放은 본뜨다(像也). 太, 紫는 太微宮과 紫微宮. ○華闕 − 아름다운 대궐문. 闕은 門觀. ○豐冠山之朱堂 − 豐은 大也. 冠山은 산위에 있다. ○瑰材而究奇 − 진기한 재료로 기묘하게 잘 지었다. 瑰는 구슬 이름 괴. 瑰瑋(괴위)는 珍奇하다. ○棼橑以布翼 − 棼은 마룻대 분. 橑는 서까래 료. 翼은 지붕의 사방 끝. ○荷棟桴而高驤 − 荷는 짊어지다(負也). 얹다. 棟桴는 용마루의 마룻대. 용마루에 서까래를 얹을 수 있는 곳. 高驤(고양)은 높이 들다. ○雕玉瑱以居楹 − 瑱은 礩과 通. 礩은 주춧돌 전(礩也). 楹은 기둥 영(柱也). ○裁金璧以飾璫 − 璫은 귀걸이 玉 당. 여기서는 서까래 끝[榱頭(최두)]. ○發五色之渥采 − 渥은 두터울 악. 광택을 내다(光潤也). ○墄 − 층계 척. 층층대. ○重軒三階 − 軒은 난간 헌(樓板, 상하층 사이의 마루), 처마 헌. ○闈 − 궁궐 문 위(宮中之門). ○列鐘虡於中庭 − 虡는 쇠북을 매다는 틀 거. ○端闈(단위) − 宮의 正門. 闈는 대궐문 위. ○仍增崖而衡闑 − 仍은 因也. 衡은 橫也. 闑은 문지방 역(門限). ○徇以離殿別寢 − 徇은 에워싸다(繞也). ○殫 − 다할 탄(盡也). ○增盤業峨 − 增은 겹치다(重也). 盤은 낮다(屈也). 業峨(업아)는 높다(高也). ○殊形詭制 − 특별한 모양으로 지어진. 詭는 어길 괴. 異形의. ○乘茵步輦 − 茵은 자리 인(褥也). 사람이 끄는 수레를 輦(연)이라 한다. ○掖庭 − 婕妤(첩여)

이하 女官이 거처하는 곳. ○蒖若椒風 – 蒖는 구리때 채. 향초 이름. ○昭陽特盛 – 昭陽殿은 成帝의 총애를 받던 趙昭儀(趙飛燕)이 거처한 궁궐. ○裵以藻繡 – 무늬나 그림으로 전부 채우다. 향내가 밸 읍. 두르다. 싸매다(纏也). 藻는 무늬 조. 채색. 장식하다. 繡는 수놓을 수. ○絡以綸連 – 푸른 실 綬(인끈 수)로 둘러싸다. ○隨侯明月 – 명월이 비친 隨侯(수후)의 궁궐. 隨侯가 상처 입을 큰 뱀을 치료해주고 얻은 보배를 隨侯珠라고 한다. ○金釭銜璧 – 수레바퀴통에도 옥을 장식하다. 釭은 수레의 바퀴통 강. ○火齊 – 구슬 이름(珠也). ○懸黎垂棘 – 懸黎(현려) 垂棘(수극)은 옥석. 밤에도 빛을 발했다고 한다. ○玄墀扣切 – 玄墀는 검은 흙을 깔은 계단의 작은 공터. 扣切(구절)은 두드리다. 잘 깔다. ○玉階彤庭 – 玉階와 붉은 칠을 한 뜰 彤은 붉을 동. ○硬碱采緻 – 硬碱(연척)은 옥보다 못한 옥돌. 硬은 옥돌 연. 碱은 옥돌 척. 采緻(채치)는 옥돌의 무늬가 빽빽하게 아름답다. ○琳珉青熒 – 琳珉(임민)은 옥돌. 青熒(청형)은 푸른빛을 내다. ○珊瑚碧樹 – 산호와 푸른 돌을 나무처럼 세워 장식하다. ○周阿而生 – 온 모퉁이마다 세워놓다. ○紅羅颯纚 – 颯纚(삽시)는 긴소매가 고운 모양. 颯은 바람소리 삽. 纚는 수레 장식 시. ○綺組繽紛 – 綺組는 옷차림. 繽紛(빈분)은 아주 아름다운 모양. ○後宮之號, 十有四位 – 昭儀, 婕妤(첩여), 娙娥(형아), 俗華(용화), 美人, 八子, 充衣(충의), 七子, 良人, 長使, 少使, 五官, 順常 13등급과 無涓(무연), 共和(공화) 등등이 같은 질록을 받는 한 등급이라 총 14등급이었다. ○蕭,曹,魏,邴 – 蕭何(소하), 曹參(조참), 魏相(위상), 邴吉(병길, 丙吉). ○作畫一之歌 – 蕭何가 죽고 曹參이 후임자가 되어 소하의 정책을 그대로 계승하자, 백성은 이를 두고 '蕭何爲法 較若畫一, 曹參代之, 守而勿失.'(소하가 만든 법은, 한 일(一)字와 같았는데, 조참이 후임이 되어 따라하며 잃지 않았네.)라고 노래했다. ○青澤洽於黎庶 – 그 혜택이 백성에게 고루 미쳤다. 洽은 윤택하게 할 흡. 黎庶(여서)는 백성. ○諄誨故老 – 성실하게 교육하는 원로. 諄은 타이를 순. 성실한 모양. 誨는 가르칠 회.

○ 〈六藝〉 – 詩, 書, 禮, 樂, 易, 春秋. ○ 元元本本 – 근원이나 근본을 찾다. 元其元, 本其本. ○ 周以鉤陳之位 – 궁전 주변에 설치한 초소. ○ 嚴更之署 – 야간 순찰을 맡은 부서. ○ 禮官 – 奉常(太常). 9경의 한 사람. 博士 선발과 관리를 담당. ○ 虎賁(호분) – 宿衛 군사. 贅衣(췌의)는 옷을 꿰매다. 깁다. 主衣之官. ○ 閽尹閽寺(엄윤혼시) – 업무 담당 환관이나 건물 관아의 문지기. 閽은 내시 엄. 閽은 문지기 혼. ○ 輦路(연로) – 閣道. 復道(복도). ○ 修涂飛閣 – 涂는 塗(길 도). 古字 通用. 飛閣은 육교. 누각. ○ 未央宮 – 장안성의 서쪽에, 長樂宮은 동족에 있고, 桂宮과 明光宮은 북쪽에 있는데 육교로 서로 연결되었다. ○ 陵墱道而超西墉 – 墱道(등도)는 계단으로 이어진 길. 墉은 성벽 용. 담. ○ 內則別風之嶕嶢 – 別風은 건물 이름. 嶕嶢(초요)는 산이 높은 모양. ○ 眇麗巧而竦擢 – 竦擢(송탁)은 우뚝 솟다. 竦은 종긋 세우다. 우뚝하다. 놀랄 송. ○ 爾乃正殿崔巍 – 崔巍(최외)는 높다. ○ 神明鬱其特起 – 神明은 樓臺의 이름. ○ 遂偃蹇而上躋 – 偃蹇(언건)은 높은 모양. 躋는 오를 제. ○ 軼雲雨於太半 – 軼은 지나가다. 번갈아 나타날 질. ○ 虹霓回帶於棼楣 – 虹霓(홍예)는 무지개. 棼楣(분미)는 처마. 차양막. 門戶上의 橫樑(횡량). ○ 雖輕迅與僄狡 – 僄狡(표교)는 가볍고 재빠르다. ○ 猶愕眙而不敢階 – 愕眙(악이)는 놀라다. ○ 井幹 – 무제 때 건축했다는 樓名. 높이가 50 丈(장)이었다. ○ 舍櫺檻而卻倚 – 櫺檻(영함)은 누각의 난간. ○ 步甬道以縈紆 – 甬道(용도)는 飛閣의 復道. 縈紆(영우)는 이리저리 구부러지다. ○ 又杳窱而不見陽 – 杳窱(묘조)는 길이 깊고 어둡다. ○ 飛闥(비달) – 누각 꼭대기의 문. ○ 前唐中而後太液 – 唐은 뜰(庭也). 太液은 太液池. 太液池에는 蓬萊, 方丈, 瀛洲(영주)의 海中神山을 만들었다. ○ 攬滄海之湯湯 – 攬은 손에 잡을 람. 湯湯은 힘차게 흐르는 모양. ○ 揚波濤於碣石 – 濤는 大波. 碣石(갈석)은 산명. 今 河北省 동북 해안의 秦皇島市 관할 盧龍縣에 위치. 秦始皇과 武帝가 東巡하며 여기까지 왔었다. 바다에서 20km정도 떨어져 있으나 바다에서도 잘 보이기에 갈석산이 바닷가에 연했거나 海中

에 있다고 기록했다. ㅇ靈草 – 不死藥. ㅇ㵲㵲 – 물소리 장. ㅇ崔崒(최줄)
– 높고 험한 모양. ㅇ金石崢嶸 – 崢嶸(쟁영)은 가파르게 솟은 모양(高峻
也). ㅇ抗仙掌以承露 – 무제 때 구리로 높이 20丈의 承露盤을 만들었다.
ㅇ擢雙立之金莖 – 金莖(금경)은 銅柱. ㅇ軼埃壒之混濁 – 過也. 埃壒(애애)
는 티끌. 먼지. 埃는 티끌 애. 壒는 티끌 애. ㅇ騁文成之丕誕 – 文成은 齊
人 李少翁(이소옹)은 신선을 불러올 수 있다고 큰소리를 치며 무제를 만나
文成장군이 되었다. 丕誕(비탄)은 큰 사기극. ㅇ馳五利之所刑 – 膠東人 欒
大(난대)는 동해상에서 安期生과 같이 논다고 허풍을 쳐서 五利장군이 되
었다가 처형당했다. ㅇ庶松喬之群類 – 赤松子는 神農氏의 雨師였다. 王
子喬(왕자교)는 학을 타고 다니는 신선.

[國譯]

「(西都의) 宮室로 말하자면, 하늘과 땅을 본떴고 음양의 변화에
따라 배치되었기에 坤靈(地靈)의 正位에 자리 잡았으며, 하늘의 太
微星과 紫微宮(자미궁)을 본떠 둥글고도 평평합니다. 높이 솟은 문루
를 세우고 여러 산을 머리에 얹은 것 같은 붉은 전각을 지었으며, 진
기한 재료로 재주를 다해 지었고 용이 나르는 듯 구부러진 큰 대들
보에 서까래를 배치하여 날아갈 듯 지붕을 얹었습니다. 옥을 조각하
여 주춧돌의 기둥 위에 얹었고 금박으로 벽면과 서까래를 꾸몄기에
오색 광채를 내며 온갖 색채가 몹시 화려합니다. 그리고 좌측에는
층계가, 우측에는 평평한 경사로가 있고, 복층 난간은 3계단으로 閨
房과 두루 통하며, 출입문은 열려 있고 중정에는 여러 종을 매달아
놓았으며, 서북 端闈(단위, 正門)에는 金人을 세웠고, 높은 벽에는 미
닫이 문지방이 있으며 가파른 계단을 올라가서 문을 열고 내다봅니
다. 離宮 건물을 에워 싼 별도 건물은 큰 건물 사이에 이어져 있어

자미궁을 둘러싼 별처럼 빛이 납니다. 淸凉殿, 宣室殿, 中溫室殿, 神仙殿, 長年殿, 金華殿, 大玉堂殿, 白虎殿, 麒麟殿 등등 이루 다 말할 수도 없습니다. 높고 낮은 건물이 중첩해 솟아있고 층층이 빛나는 난간에 독특한 모양의 건물들이 각각 모양을 자랑하고, 앉아 타는 수레나 輦(연)을 타고와 쉬거나 잔치에 참석합니다. 後宮의 掖庭(액정)과 椒房殿(초방전)은 后妃의 거처이고, 合歡殿, 增成殿, 安處殿, 常寧殿, 虙若殿(채약전), 椒風殿(초풍전), 披香殿(피향전), 發越殿, 蘭林殿, 蕙草殿, 鴛鸞殿(원란전), 飛翔殿(비상전)이 줄을 지었습니다. 昭陽殿은 특히 아름다웠으니, 成帝 때 극성했는데 건물의 외형재료가 보이지 않았고, 담장도 그 본바탕이 노출되지 않았으니 장식이나 수를 놓아 꾸몄고 푸른 실끈으로 전체를 덮었으니, 隨侯宮(수후궁)에 明月이 떨어진 듯했으며, 수레 바퀴통에도 둥근 구슬을 장식했으니 엽전을 꿰어놓은 것 같았고, 翡翠(비취)와 火齊(화제, 구슬 이름)가 빛을 내고 懸黎(현려)와 垂棘(수극)도 밤에 빛을 발했습니다. 그리고 검은 흙은 간 계단 위 공터와 옥으로 만든 섬돌과 붉은 칠을 한 마당, 무늬가 아름다운 옥돌, 琳珉(임민, 옥돌 이름)이 푸른빛을 내고, 珊瑚(산호)와 푸른 돌을 나무처럼 모든 건물 모퉁이에 세워 장식했습니다. 붉은 비단 긴소매가 곱고 옷차림은 극히 아름다우며, 밝은 빛이 환하게 비추면 얼핏 보아 신선입니다. 後宮의 호칭은 14등급이 있고 아름다운 요조숙녀가 돌아가며 총애를 받았으니 이런 반열에 오른 여인은 1백 단위로 세어야 했습니다.

조정에는 좌우 양쪽에 백관의 자리가 마련되었으니 蕭何, 曹參, 魏相, 邴吉이 당상에서 국정을 논했습니다. 황제를 보좌하여 대통을 잇게 하고 국정을 이끌어 교화를 행하니 大漢의 화락한 정치로 멸망한 秦의 해독을 깔끔히 씻어내었습니다. 그래서 이들로 하여금 화락한 기풍을 널리 펴서 '畫一(획일)의 노래'를 부르게 만들었으니 그 공덕은 高祖나 中宗(宣帝)만큼 컸으며 그 혜택은 백성에게 고루 미쳤습니다. 또 天祿閣과 石渠閣(석거각)은 전적을 보관하는 곳으로 성실한 원로와 名儒나 師傅를 모아 《六藝》를 강론케 하고 (經典의) 同異를 고증케 하였습니다. 또 承明殿과 金馬署는 待詔者가 머무는 곳인데 박식하고 통달한 유생이 여기 모여 근원과 근본을 찾고 널리 많이 보고 들어 경전의 바른 뜻을 저술하고 여러 秘文(비서)을 교정합니다. 궁전 곳곳의 초소는 야간 순찰을 담당하고 禮官(太常)은 博士을 선발하고 모든 군에서 올라온 孝廉으로 추천받은 인재를 시험합니다. 虎賁(호분) 위사나 贅衣(췌의) 담당, 여러 업무 당당 문지기 환관, 무기를 가진 甲士는 각자 임무가 있습니다. 궁궐 주변에는 많은 초소와 순찰하는 길도 있습니다.

복도를 연결하고 길을 정비했으며 육교도 만들었습니다. 未央宮에서 桂宮(계궁)과 연결되고 북쪽의 明光宮까지, 그리고 長樂宮에 연결되고, 계단 길을 넘어가면 서쪽 城에 갈 수 있고 建章宮을 지나 성밖으로 연결되고 (建章宮에) 璧門(벽문)과 鳳闕(봉궐)이 있으며, 건장궁 높은 꼭대기에는 구리로 봉황을 만들어 놨습니다.

(建章宮) 안에는 別風闕(折風闕)이 높이 솟았고, 멀리서 보면 화려 교묘하게 우뚝 튀였으며 궁궐의 千門과 萬戶를 만들었으니 음양의 절기와 시각에 따라 열고 닫습니다. 이에 높은 솟은 正殿은 층층이 올라간 높이라 미앙궁보다 높고 駘蕩殿(태탕전)을 거쳐 馺娑殿(삽사전)으로 나와 洞枌殿(동예전)과 天梁殿(천량전)에 이르는데 지붕 위에 뚜껑을 열고 닫아 햇빛을 받아들이기도 합니다. 神明臺는 屹然

(홀연)히 우뚝 솟았는데 마침내 신명대에 높이 오르면 구름이나 비가 신명대 절반쯤에 교대로 지나가고 무지개가 처마나 차양에 걸리는데, 비록 아무리 재빠른 자라 할지라도 놀라 감히 계단을 내딛지 못합니다. 井幹樓(정간루)의 절반을 못 올라와도 눈이 어지럽고 정신이 혼미하여 누각의 난간을 놓고 뒤로 물러서는데, 만약 내려갔다가 다시 올라오라고 한다면 혼령이 놀라 제정신이 아니라서 빙빙 돌아 올라오는 계단을 따라 밑으로 내려갑니다. 꼭대기까지 올라 먼데를 바라본 사람은 내려가며 놀라 방황하고 걸어가는 甬道(용도)가 깊고 어두워 해를 못 볼 것 같다는 생각을 합니다. 누각 꼭대기 창문을 열고 밖으로 나와 보면 마치 하늘 끝에 서 있는 것 같아 아무 의지할 것 없는 허공에 떠있는 것 같습니다.

(建章宮) 앞에는 뜰이 있고, 뒤에는 太液池(태액지)가 있는데 滄海의 큰 물결을 손에 잡은 듯하고, 큰 파도가 일어 碣石을 때리는 듯, 파도가 신산을 때리는 소리가 들리는 듯, 海水가 瀛洲(영주)와 方壺山(방호산)을 흘러가고 蓬萊山(봉래산)은 가운데 솟아있습니다. 거기에는 靈草(不老草)가 겨울에도 파랗고 神木이 빽빽이 자라나고 큰 바위가 높고 험하며 단단한 바위가 가파르게 솟았습니다. (建章宮에 있는) 仙人의 손바닥을 들어 이슬을 받고, 나란히 선 구리 기둥은 구름을 뚫었으며, 俗塵(속진)의 혼탁을 뛰어넘어 하늘의 청명 신선한 기운을 받아들입니다. 文成장군의 큰 거짓(환상)을 뛰어넘고 五利將軍의 형벌을 넘어 모든 赤松子나 王子喬(왕자교) 등이 모두 이곳에서 놀았으니 이곳이야말로 여러 신선이 머무는 집이니 우리 같은 평범한 사람의 안식처는 아닙니다.」

原文

「爾乃盛娛游之壯觀，奮大武乎上囿，因茲以威戎夸狄，耀威而講事．命荊州使起鳥，詔梁野而驅獸，毛群內闐，飛羽上覆，接翼側足，集禁林而屯聚．水衡虞人，理其營表，種別群分，部曲有署．罘罔連紘，籠山絡野，列卒周帀，星羅雲布．於是乘輿備法駕，帥群臣，披飛廉，入苑門．遂繞酆鎬，歷上蘭，六師發胄，百獸駭殫，震震爚爚，雷奔電激，草木塗地，山淵反覆，蹂躪其十二三，乃拗怒而少息．爾乃期門佽飛，列刃鑽鍭，要趹追蹤，鳥驚觸絲，獸駭値鋒，機不虛掎，弦不再控，矢無單殺，中必疊雙，颮颮紛紛，矰繳相纏，風毛雨血，灑野蔽天．平原赤，勇士厲，猨狖失木，豺狼懾竄．爾乃移師趨險，並蹈潛穢，窮虎奔突，狂兕觸蹶．許少施巧，秦成力折，掎僄狡，扼猛噬，脫角挫脰，徒搏獨殺．挾師豹，拖熊螭，頓犀犛，曳豪羆，超迴壑，越峻崖，蹷巉巖，鉅石隤，松柏仆，叢林摧，草木無餘，禽獸殄夷．於是天子乃登屬玉之館，歷長楊之榭，覽山川之體勢，觀三軍之殺獲，原野蕭條，目極四裔，禽相鎮厭，獸相枕藉．然後收禽會衆，論功賜胙，陳輕騎以行炰，騰酒車而斟酌，割鮮野食，舉燧命釂．

饗賜畢，勞逸齊，大輅鳴鑾，容與裵回，集乎豫章之宇，臨乎昆明之池．左牽牛而右織女，似雲漢之無崖，茂樹蔭蔚，芳草被堤，蘭茝發色，曄曄猗猗，若摛錦布繡，燭耀乎其陂．玄鶴白鷺，黃鵠鵁鶄，鶬鴰鴇鶂，鳧鷖鴻鴈，朝發河海，夕宿江漢, 沉浮往來, 雲集霧散. 於是後宮乘轊路, 登龍舟, 張鳳蓋, 建華旗, 袪鷫帷, 鏡淸流, 靡微風, 澹淡浮. 櫂女謳, 鼓吹震, 聲激越, 謷厲天, 鳥群翔, 魚窺淵. 招白鷳, 下雙鵠, 揄文竿, 出比目. 撫鴻幢, 御繒繳, 方舟並鶩, 俛仰極樂.

遂風擧雲搖, 浮游普覽, 前乘秦領, 後越<u>九嵕</u>, 東薄<u>河華</u>, 西涉<u>岐雍</u>, 宮館所歷, 百有餘區, 行所朝夕, 儲不改供. 禮上下而接山川, 究休佑之所用, 采游童之歡謠, 第從臣之嘉頌. 於斯之時, 都都相望, 邑邑相屬, 國藉十世之基, 家承百年之業, 士食舊德之名氏, 農服先疇之畎畝, 商修族世之所鬻, 工用高曾之規矩, 粲乎隱隱, 各得其所. 若臣者, 徒觀乎舊墟, 聞之乎故老, 什分而未得其一端, 故不能徧擧也.」

| 註釋 | ○大武 – (10월에) 군사를 시범을 크게 보이다(大陳武事也). 천자는 장수에게 講武하고 궁사와 御車 시범을 보이게 하였다. ○毛群內闐 – 毛群은 짐승 무리. 闐은 채울 전. 盛하다. ○水衡虞人 – 上林苑의 관리 총책은 水衡都尉이다. 무제 때 처음 설치했는데, 上林苑과 황실의 재물을 관리하며 鑄錢도 담당하였다. 질록 二千石. 虞人(우인)은 사냥꾼. 수형도위의 속관(掌山澤之官)을 지칭. ○罘罔連紘 – 罘罔은 그물. 罘는 그물 부. 罔은 網, 그물 망. 紘은 그물의 굵은 줄(罘之綱). 갓끈 굉. ○列卒周帀 – 周帀(주잡)은 빙 둘러치다. 帀은 두를 잡. 한 바퀴 빙 돌다. ○乘輿備法駕 – 天子의 車駕는 大駕와 法駕, 小駕로 구분한다. 大駕는 公卿이 안내하고 法駕는 執金吾가 안내하며 시중이 驂乘한다. ○披飛廉 – 披는 나눌 피. 열다. 찢다. 출발하다. 飛廉(비렴)은 바람을 불러일으킨다는 神禽(신금)으로 표범 무늬의 사슴 같은 몸뚱이에 머리는 새 모양인데 뿔이 있고 뱀 같은 꼬리가

달렸다고 한다. 이를 지붕에 만들어 세웠기에 건물 이름이 되었다. ○遂
繞酆鎬 – 繞는 에워싸다. 酆(풍)은 文王이 도읍했던 곳으로 鄠縣(호현) 동
쪽. 鎬(호)는 武王의 도읍으로 당시 上林苑의 구역 안이었다. ○震震爚爚
– 분주한 모양. 震震(진진)은 천둥치고 震動하는 모양. 爚爚(약약)은 빛나는
모양. 爚은 빛 약. ○蹂躪(유린) – 발로 짓밟고 수레로 치다. ○乃拗怒而少
息 – 拗는 꺾을 요. 억제하다. 六軍의 고양된 분노를 억제하다. ○期門佽
飛 – 期門은 황제 호위병. 武帝는 北地의 良家 자제와 殿門에서 만나기로
기약했었다. 이에 호위병을 期門이라 불렀다. 佽飛(차비)는 상림원에 근무
하는 전문 사냥꾼. 佽는 도울 차. ○颮颮紛紛 – 많은(衆多) 모양. 颮는 많
을 박. 회오리바람 표. 颮颮는 많은 모양. ○矰繳相纏(증격상전) – 쏘아대
는 주살이 서로 얽히다. 矰은 주살 증. 繳 주살 줄 격. 纏은 얽힐 전. ○猨
狖失木 – 원숭이가 놀라 나무에서 떨어지다. 猨은 猿, 猨은 원숭이와 비슷
한데 팔이 길고 덩치가 크고 검은색이라는 주석에 의하면 고릴라 계통일
것임. 狖는 검은 원숭이 유. ○豺狼攝竄 – 승냥이나 이리(狼)는 놀라서 달
아나 숨다. ○儦狡(표교) – 재빠른 짐승(獸之輕捷者). ○脫角挫脰 – 挫는
꺾다(折也). 脰는 목 두(頸也). ○挾師豹 – 挾는 낄 협. 師豹는 사자와 표
범. 師는 獅子. ○拖熊螭 – 拖 잡아끌다. 螭는 교룡 리(이). ○頓犀犛 – 頓
은 넘어트리다. 犀는 무소 서. 犛는 야크 리(이). ○曳豪羆 – 曳는 끌 리.
豪는 트다. 羆는 큰 곰 비(似熊而黃). ○超迥壑 – 迥은 멀 형. 壑은 골짜기
학. ○蹶巉巖 – 蹶은 쓰러트릴 궐. 巉은 가파를 참. 山石이 高峻한 모양.
○屬玉之館 – 屬玉은 백로와 같은 물새의 종류. 건물 지붕에 이를 만들어
놓았다고 屬玉館이라 불렀다. ○歷長楊之榭 – 長楊은 상림원의 궁궐 이
름. 榭는 정자 사. 講武하는 마당. ○四裔(사예) – 사방의 끝. ○禽相鎮厭
– 사냥으로 잡은 새들이 수북하다. ○獸相枕藉 – 죽은 짐승은 이리저리
눕혀졌다. ○論功賜胙 – 胙는 제사 지낸 고기 조. 餘肉. ○陳輕騎以行炰 –
行炰(행포)는 짐승을 통째로 굽다(以毛曰炰). ○割鮮野食 – 鮮은 금방 죽

인 짐승의 고기(鳥獸新殺日鮮). ㅇ擧燧命爵 – 燧는 횃불 수. 봉화. 爵은 술잔 작. ㅇ大輅 – 輅는 수레 노(로). ㅇ左牽牛而右織女 – 昆明池에 있는 牽牛(견우)와 織女(직녀)의 石象. ㅇ雲漢 – 天漢, 天河, 은하수. ㅇ蘭茝發色 – 蘭과 茝는 구리때 채. 香草. ㅇ曄曄猗猗 – 아름답고 무성하다.(美茂之貌). 曄은 빛날 엽. 猗는 아름다울 의. ㅇ擒錦布繡 – 擒는 퍼질 이. 펼치다(舒也). ㅇ黃鵠(황곡) – 누런 고니. ㅇ鵁 – 해오라기 교. ㅇ鸛 – 황새 관(鸛雀). ㅇ鶬 – 왜가리 창. ㅇ鴰 – 재두루미 괄. ㅇ鴇 – 능에 보(기러기 계통의 큰 새, 似鴈而大). ㅇ鴩 – 거위 계통의 새 이름 역. ㅇ鳧 – 오리 부, 들오리. 집오리는 鶩(목). ㅇ鷖 – 갈매기 예. ㅇ鴻 – 큰 기러기(大日鴻), ㅇ鴈(雁) – 작은 기러기(小日鴈). ㅇ轏路 – 누워서도 탈 수 있는 수레. 轏은 와거(臥車) 잔. ㅇ袪蕭帷 – 袪는 소매 거. 들춰 올리다(擧也.). 蕭帷(보유)는 수놓은 휘장. ㅇ澹淡浮 – 澹은 담박할 담. 바람 따라 흔들리다(隨風之貌也). ㅇ櫂女謳 – 櫂는 노 도. 謳는 노래할 구(歌也). ㅇ謍𢓜天 – 謍은 작은 소리 영(聲也). ㅇ招白閒(백한) – 招는 활을 당기다(擧也). 白閒(백한)은 활 이름(白鷳으로도 표기, 솔개). ㅇ揄文竿 – 揄은 끌 유(引也). 낚시를 드리우다. 文竿(문간)은 翠羽(취우)로 장식한 낚싯대. ㅇ比目 – 比目魚. 두 마리가 같이 헤엄쳐 다닌다는 물고기. ㅇ撫鴻幢 – 넓은 휘장을 치다. 幢은 휘장용 막. 舟中의 幢蓋. ㅇ俛仰(면앙) – 굽어보고 올려보다. 俛仰(면앙, 부앙) 俛은 힘쓸 면. 숙일 부. 仰은 올려다볼 앙. ㅇ東薄河華 – 薄(엷을 박)은 아주 가깝다(迫也). 華는 華山. ㅇ雍縣 – 今 陝西省 중서부 寶雞市 관할 鳳翔縣. ㅇ禮上下而接山川 – 上下는 天地. 接은 제사하다(祭也). ㅇ究休佑之所用 – 究는 다하다. 犧牲(희생)이나 玉帛 등을 다 바치다.

[國譯]

　「이어 (西都의) 성대한 遊樂의 壯觀을 말씀드려야 하는데, 먼저 上林苑에서 군대를 사열하여 황제의 武威를 夷狄에게 과시하며 무

예의 능력을 평가합니다. 荊州(형주)에 명하여 鳥類를 사냥해 오게 하고, 梁(양)의 原野에서 짐승을 몰아다가 상림원을 채우며, 날짐승이 하늘을 덮는데 새들이 떼를 지어날고 짐승들은 서로 다리가 걸리면서 상림원의 곳곳에 모여 있게 됩니다. 水衡都尉의 虞人(우인)들이 상림원을 구분하여 관리하면서 무리를 구별해 놓고 각 부대별로 업무를 분장합니다. 그물이 밧줄로 연결되어 산야에 설치되고 줄지은 병졸이 상림원을 둘러싸니 마치 별이 하늘에 깔린 것 같습니다. 이어 황제는 乘輿로 法駕를 타고서 群臣을 거느리고 飛廉館(비렴관)을 나서 상림원으로 행차합니다. 또 酆(풍)과 鎬(호)를 지나고 上蘭館(상란관)을 지나가는데 갑옷을 입은 모든 군사(六師)가 출동하자, 모든 짐승들이 놀라 도망치고 거마가 분주하게 돌아다니니, 번개가 치고 벼락이 떨어지는 듯, 초목은 쓰러지고 산이 뒤집히는 듯, 짐승의 열에 두셋은 짓밟히는데 함성을 멈추고 잠시 쉽니다. 이어 期門의 군사와 佽飛(차비) 사냥꾼이 병기와 활을 들고 말을 달려 짐승을 추적하는데 새는 놀라 달아나다가 그물에 걸리고 짐승도 달아나다가 창칼에 찔리는데, 쇠뇌를 쉴 새 없이 쏘고 활도 계속 당기면 하나만 명중하는 화살이 없이 맞혔다 하면 쌍으로 명중시키고 주살의 줄이 서로 엉키며, 바람에 털이 날리고 피가 비처럼 튀어 들에 뿌려지고 하늘을 가릴 정도입니다. 들판은 피로 물들고 용사가 고함을 치면 원숭이는 나무에서 떨어지고 승냥이는 놀라 숨어버립니다. 이에 군사를 험한 곳으로 이동시켜 모두가 짐승이 숨은 곳을 수색하자 궁지에 몰린 호랑이가 튀어나오고 달아나던 외뿔 들소가 걸려 넘어집니다. 許少(허소)같은 용사가 솜씨를 발휘하고 秦成(진성)같은 사냥꾼도 힘으로 잡아 누르며, 재빨리 달아나는 짐승을 잡아채고 흉포한 짐승 목을 조이며, 뿔을 잡아 목을 꺾고 맨손으로 박살을 냅니다. 사자와 표범을 잡고, 곰과 교룡을 잡아끌고 오며, 무소와 야크를 쓰러트리고, 큰 곰을 잡고서도 멀리 골짜기를 지나 험준한 벼랑을 넘으며, 높고 큰 바위를 쓰러트리고, 큰 바위가 무너지며, 松柏도 넘어가고 빽빽한 숲도 절단 나며, 초목이 짓밟히고 짐승도 모두 다 잡았습니다. 이에 天子께서는 (상림원)의 屬玉館(촉옥관)에 행차하시어, 長楊宮의 강무하는 뜰에서 山川의 형세를 둘러보시고 三軍의 노획물을 구경하십니다. 들판은 쓸쓸한데, 눈을 돌려 사방의 끝을 보시면 사냥한 새들은 수북하고 죽은 짐승은 여기저기 놓여있습니다. 그런 뒤에 사냥 노획물을 모으고 군사를 점검하고 논공하며 시상을 하고 경기병을 시켜 짐승을 통째로 굽고, 酒車를 끌고 와서 술을 따르고, 날고기도 칼로 썰어 뜰에서 먹게 하며 횃불을 높이 들고 술을 마음껏 마시게 합니다.

　잔치를 마치면 군사를 정돈한 뒤에 황제의 큰 수레(大輅, 玉輅)에 방울을 울리며 돌아오는데 길게 구불구불한 대오가 豫章宮(예장궁)에 도착한 뒤에 황제는 昆明池(곤명지)를 감상하십니다. (昆明池) 왼쪽에는 牽牛(견우), 오른쪽에는 織女(직녀)의 석상이 있고 (곤명지의 물은) 雲漢(銀河)처럼 끝이 없으며, 큰 나무가 짙은 그늘을 드렸고, 芳草가 둑을 덮었는데, 蘭과 향초가 피어나 아름답고 무성하니, 비단과 수를 펼친 듯 휘황한 불빛이 둑에 가득합니다. 玄鶴과 白鷺(백로), 누런 고니와 해오라기와 황새, 왜가리와 재두루미, 그리고 능에(큰 기러기)와 거위, 물오리와 갈매기와 크고 작은 기러기가 있으며 (이런 새들은) 아침에 황하나 바다에서 날아와 저녁에 長江과 漢水에 자고, 물에 가라앉았다가 떠오르고 이러 저리 헤엄치고 모였다가 흩어지기도 합니다. 그리고 후궁들은 누워 타는 수레를 타고 와서 龍舟에 오르면, 봉황 가림막을 펴고 華旗(화기)를 세우며, 수놓은 휘장을 걷어 올리고 거울 같은 수면을 저어가면, 불어오는 미풍에 가볍게 흔들립니다. 노를 젓는 여인의 노래와 풍악이 울리고, 소리가 점점 커져 공중에 퍼져나가면 새들은 떼지어 날아가고 물고기들은 연못을 헤엄칩니다. 白閒(백한)의 활을 당기면 고니가 짝으로 떨어지고 푸른 낚시를 당기면 比目魚가 올라옵니다. 넓은 휘장에서 주살을 쏘고 方舟가 나란히 저어 가는데 위아래 어디든 쾌락뿐입니다.

이제 바람이 불어와 구름이 나는데, 온 천하를 두루 둘러보았으니 수레로 秦領(진령)을 넘고, 이어 九嵏山(구종산)을 넘으면 동쪽으로는 黃河와 華山이 지척이고, 서쪽으로 (右扶風의) 岐山(기산)과 雍縣(옹현)에도 宮館이 1백여 곳이나 많이 있어 별다른 공급이 없어도 조석으로 경유합니다. 天地와 산천에 제사를 지내면서 희생과 옥백 등을 다 바치고, 아이들이 놀며 부르는 노래도 채집하고 수행하는 신하의 칭송하는 글도 품평합니다. 한참을 가다보면 현과 현이 이어지고 마을과 마을이 맞닿았으니, 나라는 이를 바탕으로 10世代의 기초가 다져졌고 卿相의 가문은 백 년을 이어왔으며, 士人은 옛 명인의 은덕으로 살고, 농민은 선대의 논밭을 경작하며, 상인은 대대로 이어 물건을 팔고, 工人은 선대의 제품을 표준으로 삼으니 찬란한 前代를 이어 모두가 제자리를 잡았습니다. 나 같은 백성이야 기껏 옛 유적을 보고 옛 노인에게 들은 것이라 열 개(十) 중에서 겨우 하나도 잘 모르기에 전체를 다 말씀드릴 수도 없습니다.」

「主人喟然而歎曰,

"痛乎風俗之移人也! 子實秦人, 鄉誇館室, 保界河山, 信
識昭襄而知始皇矣, 惡睹大漢之云爲乎? 夫大漢之開原也,
奮布衣以登皇極, 繇數朞而創萬世, 蓋六籍所不能談, 前聖
靡得而言焉. 當此之時, 功有橫而當天, 討有逆而順人, 故婁
敬度勢而獻其說, 蕭公權宜以拓其制. 時豈泰而安之哉? 計
不得以已也. 吾子曾不是睹, 顧燿後嗣之末造, 不亦闇乎? 今
將語子以建武之理, 永平之事, 監乎太淸, 以變子之或志."」

| 註釋 |　○風俗 – 사람의 기질이나 언어 등 자연환경의 영향을 風이라
하고, 好惡나 動靜에서 다른 사람의 영향을 받는 것을 俗이라 하며 이 둘을
합하여 풍속이라 한다.　○繇數朞而創萬世 – 繇는 由와 同. 부역 요. 사계
절이 한번 지나는 것이 朞(돌 기), 1년.　○六籍 – 六經.　○顧燿後嗣之末造
– 顧는 도리어(反也). 燿는 炫耀(현요). 화려함. 後嗣는 무제나 成帝 때 궁
정의 사치와 화려함.

[國譯]

「主人이 크게 탄식하며 말했다.

"사람이 풍속에 따라 달라진다더니 그저 가슴이 아플 뿐입니다!
당신이야 말로 진짜 秦나라 사람과 같으니 호화스런 궁궐을 자랑하
고 산천의 험고한 지형이니 안전하다고 믿으니 (秦의) 昭王과 襄王
(양왕)과 秦始皇을 정확히 알고 있는 것이지만, 어찌 大漢을 제대로
보았다고 말하겠습니까? 大漢의 개국이란 (高祖께서) 布衣에서 발

분하여 皇極에 오른 것이며 불과 수년 동안에 萬世의 기초를 열은 것이니, 이는 아마 六經에서도 찾아볼 수 없으며 이전 聖人 누구도 이렇게 하지 못했습니다. 그때 (고조께서는) 횡포한 秦을 정벌하여 天意에 순응하셨고, 반역자들을 토벌하여 민심에 따랐는데, 婁敬(누경)은 정세를 헤아려 천도를 건의하였고 蕭公(蕭何)은 장안 도읍의 여러 설계를 마련하였습니다. 그때 장안 도읍이 자연스러운 천도였겠습니까? 천도하지 않을 수가 없었습니다. 손님께서 전혀 목도하지 못하였기에 그 화려한 것이 후손 말대의 번영으로 생각하니 어리석지 않습니까? 이제 제가 손님에게 建武 연간의 광무제 통치와 永平(明帝) 연간의 국사를 분명히 설명하여 손님의 잘못된 생각을 고치도록 하겠습니다.」

原文

「往者王莽作逆, 漢祚中缺, 天人致誅, 六合相滅. 于時之亂, 生民幾亡, 鬼神泯絶, 壑無完柩, 郛罔遺室, 原野猒人之肉, 川谷流人之血, 秦,項之災猶不克半, 書契已來未之或紀也. 故下民號而上愬, 上帝懷而降鑒, 致命於聖皇. 於是聖皇乃握乾符, 闡坤珍, 披皇圖, 稽帝文, 赫爾發憤, 應若興雲, 霆發昆陽, 憑怒雷震.

遂超大河, 跨北嶽, 立號高邑, 建都河洛. 紹百王之荒屯, 因造化之蕩滌, 體元立制, 繼天而作. 系唐統, 接漢緒, 茂育群生, 恢復疆宇, 動兼乎在昔, 事勤乎三五. 豈特方軌並多,紛綸後辟, 理近古之所務, 蹈一聖之險易云爾哉?

且夫建武之元, 天地革命, 四海之內, 更造夫婦, 肇有父子, 君臣初建, 人倫寔始, 斯乃虙羲氏之所以基皇德也. 分州土, 立市朝, 作舟車, 造器械, 斯軒轅氏之所以開帝功也. 龔行天罰, 應天順人, 斯乃湯武之所以昭王業也. 遷都改邑, 有殷宗中興之則焉. 卽土之中, 有周成隆平之制焉.

不階尺土一人之柄, 同符乎高祖. 克己復禮, 以奉終始, 允恭乎孝文. 憲章稽古, 封岱勒成, 儀炳乎世宗. 案《六經》而校德, 妙古昔而論功, 仁聖之事旣該, 帝王之道備矣.

| 註釋 | ○天人致誅 - 天意와 人事가 함께 왕망을 주살하다. ○鬼神泯絕 - 泯은 망할 민. 사람이 죽으면 사람의 혼령도 없어질 것이라는 뜻. ○郛罔遺室 - 郛는 성곽 부. 罔은 亡, 無. 그물 망. 없다. 아니다(不). ○書契已來 - 글자나 문서가 생긴 이래로. ○上帝懷而降鑒 - 上帝는 天也. 懷는 불쌍히 여기다(愍念也). 降鑒(강감)은 굽어보다. 鑒은 視也. ○聖皇 - 光武. ○乾符(건부) - 하늘의 符命. 坤珍(곤진)은 땅의 符瑞(부서). ○披皇圖 - 披는 쪼갤 피. 나누다. 皇圖, 帝文은 도참설의 글(圖緯之文也). ○霆發昆陽 - 霆은 천둥소리 번개(疾雷也). 昆陽(곤양)은 潁川郡의 현명. 今 河南省 중앙에 위치한 漯河市(탑하시) 부근. 여기서 왕망의 신하 王尋(왕심)과 王邑(왕읍)의 군사를 격파하였다. ○憑怒雷震 - 憑(기댈 빙)은 盛也. 벼락이 치듯 크게 노하다. ○立號高邑 - 鄗縣(호현)에서 즉위하고 鄗를 高邑縣이라 개칭하였다. 今 河北省 石家莊市 관할 高邑縣. ○繼天而作 - 天下를 주재하는 것은 天이고, 하늘의 뜻을 이어받은 자가 主君이다. ○系唐統 - 系는 繼也. 唐은 堯帝. ○恢復疆宇 - 恢는 大也. 疆宇(강우)는 영역. ○豈

特方軌並多 - 軌는 수레바퀴. 轍也. ○紛綸後辟 - 紛綸(분륜)은 뒤섞이다.
後辟은 제왕이 되다. ○蹈一聖之險易云爾哉 - 險易는 혼란을 수습하다
(理亂也). ○肇有父子 - 父子의 예를 바로잡다. 肇는 꾀할 조, 칠 조. 바로
잡다. 시작하다. 공격하다. ○斯乃虙羲氏之所以基皇德也 - 虙羲氏(복희
씨)는 결혼제도를 만들었으며 짐승을 죽여 요리를 하게 하여 백성을 먹여
살렸다는 전설의 인물. 庖犧(포희), 후대에 보통 伏犧(복희)로 표기. ○斯軒
轅氏~ - 軒轅氏(헌원씨)는 黃帝의 號. 중국인을 위한 여러 생활도구와 제
도를 창안하였다는 전설 속의 인물. ○斯乃湯武之所以昭王業也 - 光武의
征伐은 湯王 武王과 같다는 뜻. ○有殷宗中興之則焉 - 盤庚(반경, 서기 前
1300년대 전후)은 즉위 후에 國都를 奄(엄, 今 山東 曲阜)에서 殷(은, 今 河南省 安
陽市)으로 천도하였는데, 이를 '盤庚遷殷'이라고 한다. 이를 '殷道復興'이
라고 평가하기도 한다.

[國譯]

「옛날 王莽(왕망)이 반역하여 漢의 帝位는 중단되었지만, 天意와
人力이 합일하고 天地 四方의 힘이 모여 왕망을 주살하였습니다. 당
시의 전란 중에 백성은 씨가 없어질 정도라서 鬼神도 끊길 상황이었
으며, 골짜기에는 온전한 시신이 없고, 城邑에는 남은 집이 없었으
며, 들판에는 시신이 널렸고 골짜기에는 피가 흘렀는데, 秦末 項羽
때의 재난은 이의 절반도 안 될 정도였으며 유사 이래로 이런 기록
이 없었습니다. 그래서 아래 백성이 울부짖으며 하늘에 하소하자 上
帝는 백성을 불쌍히 여겨 아래를 굽어 살핀 뒤 聖皇(光武帝)에게 명
하셨던 것입니다. 이에 광무제께서 하늘의 부명을 받으시고, 땅의
상서로운 징조를 널리 알리고 도참설의 여러 글이나 문서를 상고하
여 크게 발분하시고 구름이 일어나듯 천하의 호응을 얻어 (穎川郡)

昆陽(곤양)에서 번개와 천둥을 치듯 왕망의 군사를 격파하셨습니다.

(光武帝는) 마침내 大河를 건너 北嶽(북악, 恒山)을 점거하시고, 高邑에서 제위에 오르신 뒤, 河水와 洛水의 합류에 도읍하셨습니다. 제왕의 모든 난관을 이겨내고 자연의 조화대로 모든 더러움을 깨끗이 씻어버렸으며, 天地의 대법에 의거 신체제를 수립하여 천의에 순응하셨습니다. 唐(堯)의 적통을 계승하고 漢의 제위를 이었으며, 群生(百姓)을 茂育하고 강역을 크게 복구하셨으니 三皇五帝의 업적을 따르는 것입니다. 다만 일반 군왕으로 맞서는 수많은 대항자를 제압하고 제위에 올랐으니, 이것이 어찌 近古에 혼란을 다스린 제왕과 같을 수 있겠습니까?

建武(건무) 연호를 정한 이후에 天地의 변화에 따라 四海에 夫婦의 윤리를 강화하고 父子의 예를 바로잡았으며 君臣의 예를 새롭게 하였으니, 人倫의 새로운 시작으로 이는 虙羲氏(복희씨, 伏羲)가 마련한 皇德의 기초와 같습니다. 국토를 구분하고 시장을 만들었으며 배와 수레를 제조하였고 여러 기계를 만들었는데, 이는 軒轅氏(헌원씨)가 이룩한 공덕입니다. 上天의 형벌을 받들어 행하고, 천의와 민심에 순응하니, 이는 湯王과 武王이 선왕의 王業을 밝혀 계승한 것입니다. 遷都하고 도시를 새롭게 하였으니, 이는 殷 中宗의 中興을 본받은 것입니다. 中華의 중앙에 정도한 것은 周 成王의 융성한 제도와 같은 것입니다.

다른 사람의 도움을 받을 수 있는 작은 땅도 없이 천하를 차지한 것은 고조의 치적과 같습니다. 克己復禮(극기복례)하고 有始有終한 것은 진실로 文帝와 같은 겸손과 공경입니다. 옛 전고를 본받아 (광무제가) 태산에 봉선하고 공덕을 아뢴 것은 世宗(武帝)의 의례보다

더 성대한 것입니다. 《六經》을 德政을 본받고 옛 사례를 본받아 논
공한 것은 仁慈聖賢의 응당한 일이니 이로써 帝王之道가 완비되었
습니다.」

原文

「至於永平之際, 重熙而累洽, 盛三雍之上儀, 修袞龍之法
服, 敷洪藻, 信景鑠, 揚世廟, 正予樂. 人神之和允洽, 君臣
之序旣肅. 乃動大路, 遵皇衢, 省方巡狩, 窮覽萬國之有無,
考聲敎之所被, 散皇明以燭幽. 然後增周舊, 修洛邑, 翩翩
巍巍, 顯顯翼翼, 光漢京於諸夏, 總八方而爲之極. 是以皇
城之內, 宮室光明, 闕庭神麗, 奢不可踰, 儉不能侈. 外則因
原野以作苑, 順流泉而爲沼, 發蘋藻以潛魚, 豐圃草以毓獸,
制同乎梁騶, 義合乎靈囿. 若乃順時節而蒐狩, 簡車徒以講
武, 則必臨之以〈王制〉, 考之以〈風〉〈雅〉. 歷〈騶虞〉, 覽〈四
騵〉, 嘉〈車攻〉, 采〈吉日〉, 禮官正儀, 乘輿乃出. 於是發鯨
魚, 鏗華鐘, 登玉輅, 乘時龍, 鳳蓋颯灑, 和鸞玲瓏, 天官景
從, 祓威盛容.

山靈護野, 屬御方神, 雨師泛灑, 風伯淸塵, 千乘雷起, 萬
騎紛紜, 元戎竟野, 戈鋋彗雲, 羽旄掃霓, 旌旗拂天. 焱焱炎
炎, 揚光飛文, 吐燄生風, 吹野燎山, 日月爲之奪明, 丘陵爲
之搖震. 遂集乎中囿, 陳師案屯, 駢部曲, 列校隊, 勒三軍,

誓將帥. 然後擧烽伐鼓, 以命三驅, 輕車霆發, 驍騎電鶩, <u>游基</u>發射, 范氏施御, 弦不失禽, 轡不詭遇, 飛者未及翔, 走者未及去. 指顧倏忽, 獲車已實, 樂不極般, 殺不盡物, 馬踠餘足, 士怒未泄, 先驅復路, 屬車案節. 於是薦三犧, 效五牲, 禮神祇, 懷百靈, 觀明堂, 臨辟雍, 揚緝熙, 宣皇風, 登靈臺, 考休徵.

俯仰乎乾坤, 參象乎聖躬, 目中<u>夏</u>而布德, 瞰四裔而抗稜. 西蕩<u>河源</u>, 東澹海漘, 北動幽崖, 南趨朱垠. 殊方別區, 界絶而不鄰, 自<u>孝武</u>所不能征, <u>孝宣</u>所不能臣, 莫不陸讋水栗, 奔走而來賓. 遂綏<u>哀牢</u>, 開<u>永昌</u>, 春王三朝, 會同<u>漢京</u>.

是日也, 天子受四海之圖籍, 膺萬國之貢珍, 內撫<u>諸夏</u>, 外接<u>百蠻</u>. 乃盛禮樂供帳, 置乎雲龍之庭, 陳百僚而贊群后, 究皇儀而展帝容. 於是庭實千品, 旨酒萬鐘, 列金罍, 班玉觴, 嘉珍御, 大牢饗. 爾乃食擧〈雍〉徹, 太師奏樂, 陳金石, 布絲竹, 鐘鼓鏗鎗, 管弦曄煜. 抗五聲, 極六律, 歌九功, 舞八佾, 〈韶〉〈武〉備, 太古畢. 四夷閒奏, 德廣所及, 〈伶〉〈侏〉〈兜離〉, 罔不具集. 萬樂備, 百禮暨, 皇歡浹, 群臣醉, 降烟熅, 調元氣, 然後撞鐘告罷, 百僚遂退.」

|註釋| ㅇ重熙而累洽 – 重은 거듭되다. 겹치다. 熙는 光也. 洽은 윤택할 흡. 두루 미치다(浹也). ㅇ三雍(삼옹) – 明堂, 辟雍, 靈臺. 명제는 永平 2년 정월에, 光武皇帝를 明堂에서 제사하고 이어 靈臺에 올랐다. 3월에는

辟雍(벽옹)에 가서 大射禮를 행했다. ○修袞龍之法服－袞龍(곤룡)의 法服
을 착용하다. ○敷洪藻－敷는 펼 부. 공포하다(布也). 洪은 大也. 藻(무늬
조)는 아름다운 文章(文藻). 온 천하와 八極까지 大道를 넓게 펴졌다는 조
서를 내리다. ○信景鑠－景은 大也. 鑠(녹일 삭)은 美也. 광무제의 위대한
업적을 찬양하다. ○揚世廟－광무제의 묘호(世祖)를 올리다. 世宗은 武
帝의 묘호. ○正予樂－予는 줄 여. 나. 명제 때 正樂(정악)의 이름, 大予(대
여)는 大雅의 뜻. 大予樂令의 질록은 6백석이었다. ○大路－천자의 수레
(玉路). 路는 수레(輅 수레 로). ○遵皇衢－遵은 길을 따라가다. 皇衢(황구)
는 馳道(치도). ○翽翽巍巍(편편외외), 顯顯翼翼(현현익익)－宮闕의 아주 번
성하고 화려한 모양. 翽翽(편편)은 궁궐이 높이 솟아 으리으리한 모양. 巍
巍(외외)는 높고 크고 웅장한 모양. 翼翼은 장엄하고 웅장한 모양. ○發蘋
藻以潛魚－蘋은 수초 빈. 藻는 무늬 있는 말 조. 水草 이름. ○豐圃草以毓
獸－圃(밭 포)는 넓다(博也) 毓은 기를 육. ○制同乎梁騶－梁騶(양추)는 天
子의 田獵(전렵). ○順時節而蒐狩－蒐狩(수수)는 사냥. ○考之以〈風雅〉－
〈國風〉과〈大雅〉,〈小雅〉. ○〈騶虞(추우)〉－본래 동물 이름. 산 生物은 잡
아먹지 않는다는 仁獸. ○〈四驖〉－《詩經 秦風》의 편명. 驖은 구렁말 철.
털빛이 밤색인 말. ○〈車攻〉－《詩經 小雅》의 편명. ○〈吉日〉－《詩經 小
雅》의 편명. ○鯨魚－鯨魚(海中大魚, 고래) 모양을 새긴 절굿공이. ○乘
時龍－馬의 키가 八尺 이상이면 龍이라고 했다. ○玲瓏－玲은 玉소리 영
(령). 瓏은 玉소리 농(롱). ○禡威盛容－禡은 햇무리 침. 妖氣. 盛하게 하
다. ○山靈護野－山靈은 山神. ○雨師泛灑－雨師는 畢星(필성). 泛灑(범
쇄)는 물을 뿌리다. 비를 내리다. ○風伯清塵－風伯은 바람의 神. 箕星(기
성). ○元戎竟野－元戎은 戎車(융거). 戰車. ○戈鋋彗雲－戈는 창 과. 鋋
은 작은 창 연. 彗雲(혜운)은 구름을 쓸어내다. 깨끗하게 치우다. 彗는 빗자
루 혜. ○羽旄掃霓－霓는 무지개 예. ○焱焱炎炎－병기와 거마의 광채.
焱焱(염염)은 불꽃이 아주 세게 타는 모양. 焱은 불꽃 염. 炎炎(염염)은 불타

는 모양, ㅇ吐燼生風 — 燼은 불꽃 염. ㅇ中囷 — 囷中, 苑囷. ㅇ骈部曲 — 骈(나란할 변)은 陳列. 부대를 배치하다. 部曲은 단위부대. 대장군은 5部를 거느리고 部의 지휘관이 校尉이다. 部 아래 曲이 있고, 曲에는 屯長이 있어 兵士를 관리한다. ㅇ游基發射 — 游基는 楚의 神弓 이름. ㅇ范氏施御 — 范氏는 趙의 御人. 수레를 법도에 따라 잘 몰았다. ㅇ指顧倏忽 — 갑자기, 아주 짧은 시간. 倏은 갑자기 숙. ㅇ於是薦三犧 — 天神, 地神, 宗廟에 바치는 犧牲. ㅇ五牲 — 麋(큰 사슴 미), 鹿(사슴), 麏(고라니 균), 狼〔이리 낭(랑)〕, 兔(토끼 토). ㅇ揚緝熙 — 緝熙(집희)는 光明也. ㅇ參象乎聖躬 — 聖躬은 天子. ㅇ瞰四裔而抗稜 — 瞰은 볼 감. 四裔(사예)는 四夷. 稜은 威也. 而抗稜 ㅇ西蕩河源 — 蕩은 씻어내다(滌也). 황하의 근원은 崑崙山(곤륜산)이라고 생각하였다. ㅇ東澹海湣 — 東澹은 담박할 담. 조용하다. 湣은 물가 순. ㅇ南趯朱垠 — 趯 뛸 약. 朱垠은 남쪽 땅 끝. 垠은 땅의 끝 은. ㅇ遂綏哀牢 — 綏는 편안할 수. 안정시키다. 哀牢(애뢰)는 西南夷의 종족 이름. 永平 12년에, 그 족장 柳貌(류모)가 무리를 이끌고 내부하자 그 지역에 永昌郡을 설치하였다. 그 治所는 不韋縣. 今 雲南省 중서부 保山市. ㅇ春王三朝 —《左傳》의 '春王正月'과 같은 뜻. 三朝는 元日. 1년의 아침, 정월달의 첫날 아침, 그날의 아침. ㅇ膺萬國之貢珍 — 膺은 가슴 응. 받다(受也). ㅇ盛禮樂供帳 — 성대한 예악을 연주하고 휘장을 설치하여 잔치하다(供設帷帳也). ㅇ庭實千品 — 庭實은 貢獻之物. 千品은 아주 많다. ㅇ旨酒萬鐘 — 旨酒는 좋은 술. 旨는 맛있을 지. 萬鐘은 많은 量. 鐘은 器也. 용량 단위. ㅇ列金罍 — 罍는 술독 뢰(酒器也). ㅇ嘉珍御 — 珍은 八珍也. ㅇ大牢饗 — 大牢(태뢰)는 牛, 羊, 豕(돼지 시, 豚). ㅇ食舉〈雍〉徹 — 식사를 할 때 〈雍(옹)〉을 노래하고서 끝내다. 〈雍(雝)〉은《詩經 周頌》의 篇名.《論語 八佾(팔일)》曰, '三家者以雍徹.' ㅇ太師奏樂 — 太師는 樂官. 陳金石, 布絲竹 — 金石과 絲竹은 모든 악기의 총칭. ㅇ鐘鼓鏗鎗 — 鐘鼓는 타악기. 음악. 鏗鎗(갱쟁)은 악기 연주 소리. ㅇ管弦曄煜 — 管弦은 管絃. 曄煜(엽욱)은 소리가 크게 울리

는 모양. ㅇ抗五聲 - 宮, 商, 角, 徵(치), 羽音. ㅇ極六律 - 12율 중에서 陽에 속하는 黃鐘, 太蔟(태주), 姑洗(고선), 蕤賓(유빈), 夷則(이칙), 無射(무역). 陰에 속하는 것은 六呂(육려)라고 한다. ㅇ歌九功 - 백성 생활의 근본인 金, 木, 水, 火, 土, 穀의 六府의 물자와 正德, 利用, 厚生의 三事를 총괄하는 천자의 대업. ㅇ舞八佾 - 佾은 춤추는 줄(舞行) 일. 1열 8인을 佾이라 한다. 천자는 八佾(팔일), 곧 8열×8人의 舞를 추게 한다. ㅇ〈韶〉〈武〉備 - 〈韶〉는 舜의 樂名. 〈武〉는 武王의 樂名. ㅇ〈佅〉〈休〉〈兜離〉 - 〈佅(악공 검)〉, 〈休(어두 울 매)〉, 〈兜離(두리)〉는 모두 蠻夷들의 음악. ㅇ降烟熅 - 음양의 온화한 기 운이 내려오다. 烟熅(연온)은 天地(陽陰)의 기운. 絪縕(인온)과 同.

[國譯]

「(明帝) 永平(서기 58 - 75) 연간, 연속되는 영광과 태평의 세월 속 에 三雍에서 의례를 성대하게 거행했고, 袞龍(곤룡)의 法服을 착용하 게 하였으며, 교화의 조서를 공포하고 광무제의 업적을 칭송하며, 묘호(世祖)를 올리고 大予樂(대여악)을 正樂으로 정하였습니다. 인 간과 천신이 조화 속에 자리를 잡았고 君臣의 次序가 엄숙 분명해졌 습니다. 그리고 大路(玉路)를 타시고 馳道(치도)를 달려 지방을 둘러 순수하셨으며, 친히 만국의 산물과 치적과 교화를 살피시면서 큰 광 명을 어두운 곳까지 비추셨습니다. 그런 연후에 周의 舊都(東都)인 낙읍을 增修(증수)하셨으니, 궁궐의 높고 크며 웅장한 모습이야말로 漢室의 도읍이 중국을 빛내며 팔방을 다 아울러 천하의 중심이 되게 하였습니다. 이로써 皇城之內에 光明한 宮室과 그 수려한 궁궐은 호 사스러우나 법도를 넘지 않았고 검소하나 지나치지 않았습니다. 도 성 밖에는 山野를 이용하여 苑囿(원유)를 만들었고 하천을 그대로 살려 沼澤地를 만들었으며, 蘋藻(빈조, 水草)가 있는 곳에 물고기가 살고, 초목이 무성한 곳에 들짐승이 새끼를 치니, 그 체제는 梁騶(양추)와 같고 그 大義는 文王의 靈囿(영유)와 합일합니다. 그리하여 계절에 맞춰 사냥을 하거나 작은 수레로 행차하여 講武하니, 이는《禮記》〈王制〉와《詩經》의 〈國風〉이나 〈大, 小雅〉와 뜻과 같습니다. 〈騶虞(추우)〉와 〈四轍(사철)〉을 읽으며, 〈車攻(거공)〉을 찬미하고, 〈吉日〉을 골라 (천자의 사냥) 행사를 하는데 禮官의 의표를 바로 한 뒤에 천자는 일정을 시작합니다. 그리고 鯨魚(경어, 고래) 모양을 새긴 절굿공이로 아름다운 종을 친 다음에 玉輅(옥로)를 타거나 계절에 따라 큰 준마를 타는데, 봉황 덮개는 바람에 날리고 영롱한 방울 소리가 울리며 천자를 수행하는 신하는 그림자처럼 따르니 큰 위엄이 매우 단아합니다.

山神은 들에서 지켜주고 사방의 여러 神도 수행하며, 雨師는 비를 내리고 風伯은 먼지를 날려버리며, 千乘의 戰車는 우렛소리에 萬騎는 힘차게 달려 나가며, 들판을 덮은 戰車에 兵器는 구름을 흩뜨리고, 많은 깃발은 무지개를 쓸어내듯 정기는 하늘을 덮고 펄럭입니다. 번쩍거리는 병기와 거마, 五彩가 아름다운 旌旗(정기), 섬광에 바람이 일어나고 들판을 덮는 함성과 광채에 日月도 빛을 잃은 듯하고, 산과 언덕이 흔들립니다. 드디어 苑囿(원유)에 도착하면 군사를 정렬시켜 병마를 주둔시키고 部曲을 배치하는데 순차대로 정렬한 뒤에 三軍을 지휘하며 將帥의 서약을 받습니다. 그런 뒤에 횃불을 피우고 북을 치며 삼면에서 짐승을 몰고 경무장한 戰車가 우레처럼 돌진하며 날랜 기병이 번개처럼 내닫고 游基(유기)같은 神宮이 활을 쏘고 范氏(범씨) 같은 사람이 戰車를 운전하는데 활을 쏘면 짐승을 놓치지 않고, 고삐를 잡고 운전하면 법도에 어긋나지 않으며 날짐승은 날지 못하고 들짐승은 도망가지 못합니다. 잠깐 주위를 둘러보는 사이에 사냥감은 수레에 꽉 찼고 충분히 다 즐기지도 못했으나 사냥감을 다 잡을 수도 없고 말은 더 달릴 힘이 남았으며, 군졸 열기도 가라앉지도 않았는데 앞선 몰이꾼은 되돌아가고 다른 戰車도 속도를 줄입니다. 이에 天神, 地神, 宗廟에 제사하며 五牲(오생)을 바치고, 여러 神에게 제사하고 百靈을 위로하며, 明堂을 참배하고서 辟雍(벽옹)에 나아가 큰 공덕을 찬양하며, 황실의 풍교를 널리 행하고 靈臺에 올라 美行을 평가합니다.

乾坤(天地)을 보아 기상을 살펴보고 天子께서는 자신을 돌아보며, 중국을 둘러보아 은덕을 널리 펴고 四裔(四夷)의 변방까지도 천자의 위엄을 알립니다. 천자의 위덕으로 서쪽 황하의 根源을 평안케 하고 동으로는 바다까지, 북으로는 아득하게 먼 곳까지, 남으로는 땅 끝까지 황제의 은덕이 미치게 됩니다. 이역 타향은 너무 먼 지역이라 이웃할 수 없기에 孝武帝도 정벌을 완성하지 못했고, 孝宣帝 역시 그들을 臣屬시키지 못하였기에 두렵지 않은 땅과 물이 없었지만 使者들은 분주히 왕래하였습니다. 그리하여 (남방의) 哀牢(애뢰)족이 안정되자 永昌郡을 설치하였고, 춘 정월 초하루 조회에 백관이 모두 낙양에 모였습니다.

이날, 天子(明帝)께서는 四海의 백성이 바치는 圖籍(圖書와 文籍)과 萬國에서 바치는 珍物을 받으셨으며, 안으로는 모든 제후국의 땅을 진무하시고 밖으로는 모든 이민족을 받아들이셨습니다. 이에 성대히 禮樂을 연주하고 휘장을 치고 잔치를 하였는데, 모든 참가자가 雲龍門의 뜰에 모였고 백관과 모든 제후도 동참하였으며 황제의 의식과 천자의 위엄을 보았습니다. 수많은 貢獻物이 모였고, 좋은 술

1만 鐘이 놋쇠 항아리에 담겼고, 玉觴(옥상, 玉杯)으로 술을 받았으며, 八珍味를 준비하고 大牢(대뢰)로 잔치를 벌였습니다. 그리고 잔치를 마치면서 詩 〈雍〉편을 노래하고 끝냈으며, 太師가 奏樂하며 金石과 絲竹의 악기를 모두 동원하여 타악기와 관현악기를 크게 연주하였습니다. 五聲의 歌樂과 六律의 음악을 연주하고, 天子의 九功을 노래하였고 八佾舞(팔일무)를 추고, 〈韶〉와 〈武〉의 예악 등 먼 옛 예악도 다 갖추어졌습니다. 四夷의 음악도 간간이 연주하였는데 천자의 恩德이 널리 미쳐 〈伶(검)〉, 〈佅(매)〉, 〈兜離(두리)〉 등 없는 것이 없었습니다. 萬樂과 百禮가 다 갖추고 모이니 황제께서는 대단히 흡족하였고 群臣이 취하였으며 하늘에서는 온화한 기운이 내려 원기를 조절하자 종을 쳐서 잔치를 마쳤고 백관은 물러났습니다.」

原文

「於是聖上覩萬方之歡娛, 久沐浴乎膏澤, 懼其侈心之將萌, 而怠於東作也, 乃申舊章, 下明詔, 命有司, 班憲度, 昭節儉, 示大素. 去後宮之麗飾, 損乘輿之服御, 除工商之淫業, 興農桑之上務. 遂令海內弃末而反本, 背僞, 女修織紝, 男務耕耘, 器用陶匏, 服尚素玄, 恥纖靡而不服, 賤奇麗而不珍, 捐金於山, 沉珠於淵. 於是百姓滌瑕蕩穢而鏡至清, 形神寂漠, 耳目不營, 嗜欲之原滅, 廉正之心生, 莫不優遊而自得, 玉潤而金聲.

是以四海之內, 學校如林, 庠序盈門, 獻酬交錯, 俎豆莘莘, 下舞上歌, 蹈德詠仁. 登降飫宴之禮旣畢, 因相與嗟歎玄德, 讜言弘說, 咸含和而吐氣, 頌曰 '盛哉乎斯世!'」

| 註釋 | ○怠於東作也 – 怠는 게으를 태. 東作은 봄철 농사 일. ○大素 – 질박한 생활의 근본(質之始也). ○弃末而反本 – 弃는 버릴 기. 末業인 商을 버리고 末業인 농업으로 되돌아가다. ○背僞 – 장식을 제거하다. 꾸미지 않다. 歸眞은 質素를 숭상하다. ○織紝 – 방직. 紝은 짤 임. 옷감을 짜다. ○陶 – 질그릇(瓦器也). 匏는 박 포. 바가지. ○捐金於山, 沉珠於淵 – 聖人은 不用珠玉하고 寶其身하였기에 舜은 黃金을 山에 던져버리고 珠玉을 五湖에 버려 마음속의 사치를 경계하였다. ○滌瑕蕩穢 – 滌은 씻을 척. 瑕는 티 하. 蕩은 쓸어버릴 탕. 穢는 더러울 예. ○形神寂漠 – 形이란 생명이 깃든 집이고, 神이란 형을 통제하는 것이라 생각하였다. ○玉潤而金聲 – 君子의 德은 玉에 비교된다. 온화하고 潤澤한, 바로 仁이라고 하였다. ○庠序盈門 – 庠은 周代 鄕의 교육기관. 序는 자연 마을(聚)의 학교. 또는 殷代의 鄕學. 盈은 가득 찰 영. ○獻酬交錯 – 獻酬는 예를 갖춰 술잔을 주고받다. ○俎豆莘莘 – 俎豆(조두)는 제물을 올려놓는 그릇. 莘은 많은 모양(衆多也). 족두리 풀 신. ○登降飫宴之禮 – 登降은 堂에 오르고 내려가다. 飫宴은 私的인 잔치. 飫는 물릴 어. 많이 먹다. 잔치. ○讜言弘說 – 讜은 곧은 말 당. 美言也.

[國譯]

「이에 聖上께서는 萬方 백성이 오랫동안 은택을 입어 즐거워하는 것을 목도하시고, 혹시 백성 마음에 사치가 싹트고 농사를 소홀히 하지 않을까 걱정하여 담당자에게 국법을 명확하게 밝히고 절약을 숭상하며 검소한 생활 시범을 보이라고 조서를 내리셨습니다. 그리하여 後宮의 화려한 장식을 없애고 수레나 시종하는 사람을 줄였으며, 工匠이나 상업을 억제하고 본업인 농사나 길쌈을 장려하셨습니다. 또 천하 백성이 상업에 종사하지 않고 농업에 돌아가게 하고, 사치를 버리고 실질을 숭상하며, 여인은 방직에, 남자는 농사일에 힘쓰게 하였으며, 질그릇이나 바가지를 사용하고 복장에서도 흰색이나 검은색을 숭상하고 화려한 옷을 부끄럽게 여겨 입지 않게 하였으며, 기이한 물건을 천하게 보아 보배라 여기지 않아 金을 산에 玉을 연못에 버릴 정도가 되었습니다. 이에 백성은 티나 더러움을 씻어버려 마음이 거울 같았으며, 몸과 마음도 정화되어 귀나 눈으로 쾌락을 듣고 보지 않아 욕망의 근원을 막았으며, 염치와 정직을 귀하게 여기는 마음이 생겨서 저절로 놀이나 방탕하려는 사람이 없어졌고 玉의 소리처럼 맑고 깨끗해졌습니다.

또 온 나라 안에 많은 學校가 생겨났고 배우는 곳에는 사람이 가득 찼으며, 서로 예의를 실천하고 禮器도 많이 갖추게 되었으며, 상하 모두가 기뻐 노래하고 춤추며 천자의 은덕과 仁義를 칭송하였습니다. 백성들은 예를 갖춘 행사를 마치면 無爲의 治를 베풀어 준 천자의 덕에 감탄하였고 서로 착하고 좋은 말을 나눴으며, 온화하고 기쁜 표정으로 '지금이 바로 태평성대이다!' 라고 말했습니다.」

■ 原文

「今論者但知誦虞夏之《書》, 詠殷周之《詩》, 講羲文之《易》, 論孔氏之《春秋》, 罕能精古今之淸濁, 究漢德之所由.

唯子頗識舊典, 又徒馳騁乎末流. 溫故知新已難, 而知德者鮮矣! 且夫辟界西戎, 險阻四塞, 修其防禦, 孰與處乎土中, 平夷洞達, 萬方輻湊? <u>秦領九嵕</u>, <u>涇渭</u>之川, 曷若四瀆五嶽, 帶<u>河</u>泝<u>洛</u>, 圖書之淵? <u>建章甘泉</u>, 館御列仙, 孰與靈臺明堂, 統和天人? <u>太液昆明</u>, 鳥獸之囿, 曷若辟雍海流, 道德之富? 遊俠踰侈, 犯義侵禮, 孰與同履法度, 翼翼濟濟也? 子徒習<u>秦阿房</u>之造天, 而不知<u>京洛</u>之有制也. 識<u>函谷</u>之可關, 而不知王者之無外也.」

| 註釋 |　○講羲文之《易》 − 伏羲(복희)는 八卦를 지었고, 文王은《易》卦辭를 지었다. ○古今之淸濁 − 淸濁은 善惡. ○馳騁乎末流 − 馳騁(치빙)은 빨리 달리다. 末流는 下流也. 성인의 도덕이 아닌 諸子의 사상을 지칭. ○溫故知新已難 − 孔子曰, "溫故而知新, 可以爲師矣."《論語 爲政》. "由, 知德者鮮矣."《論語 衛靈公》. ○四塞之國 − 四面에 山關으로 막힌 지형. ○四瀆五嶽 − 四瀆(사독)은 長江, 黃河, 淮水, 濟水. 지금의 황하 하류가 옛 濟水의 물길이다. 곧 지금은 濟水가 없다. 五嶽은 太山(泰山)은 東嶽, 衡山(형산)은 南嶽, 華山은 西嶽, 恒山(항산)은 北嶽, 嵩山(숭상)은 中岳. ○圖書之淵 − 황하와 洛水, '河出圖, 洛出書.' ○辟雍(벽옹) − 건물 주변에 연못이 있는데, 이는 四海를 상징한다.

[國譯]

「지금의 論者들은 다만 虞舜과 夏禹의《尙書》만을 읽을 줄 알고, 殷과 周의《詩》를 읊고, 伏羲(복희)와 文王의《易》을 말하며, 孔子의《春秋》만을 논할 뿐, 古今의 淸濁(善惡)을 아는 사람은 많지 않고,

漢의 大德이 어떻게 형성되었는가도 알지 못합니다. 손님도 역시 옛 법제를 많이 알고 있지만 동시에 末流(下流, 百家)에 치우쳤습니다. 溫故知新(온고지신)도 어렵지만 德의 본원을 아는 자 역시 많지 않습니다! 그리고 西戎(서융)에 가까운 關中은 땅은 주위 지형이 험고하여 방어하기에 좋다고는 알고 있지만, 중국의 중심은 평탄하여 사방에 통달할 수 있으며, 모든 곳에서 수레 바퀴살처럼 중앙으로 모여든다는 것을 어찌 알겠습니까? (장안의) 秦領(秦嶺)산맥과 九嵕山(구종산), 涇水(경수) 渭水(위수)의 하천이 어찌 四瀆(사독)이나 五嶽(오악), 그리고 황하를 끼고 洛水를 거슬러 올라 河圖와 洛書(낙서)의 근원과 어찌 같겠습니까? 建章宮과 甘泉宮, 그리고 별궁에 세워놓은 신선 모습이 어찌 (낙양의) 靈臺와 明堂의 하늘과 백성을 아우르는 神聖과 어찌 비교가 되겠습니까? 太液池와 昆明池, 새와 짐승을 기르는 禁苑을 어찌 辟雍(벽옹) 주변의 연못이나 도덕의 원천과 비교하겠습니까? 遊俠(유협)의 도를 넘는 사치와 의례 무시를, 어찌 법도를 지키며 恭敬과 威儀를 지키는 사람과 비교하겠습니까? 손님께서는 秦의 阿房宮이 하늘에 닿았다는 것은 알았지만 낙양의 여러 제도에 대해서는 모르고 계십니다. 函谷關이 적을 막기 좋다는 것은 알지만 王者에게는 안과 밖이 없다는 것을 모르고 있습니다.」

原文

「主人之辭未終, 西都賓矍然失容, 逡巡降階, 慄然意下, 捧手欲辭. 主人曰, "復位, 今將喩子五篇之詩." 賓旣卒業, 乃稱曰,

"美哉乎此詩! 義正乎楊雄, 事實乎相如, 非唯主人之好學, 蓋乃遭遇乎斯時也. 小子狂簡, 不知所裁, 旣聞正道, 請終身誦之."其詩曰,」

| 註釋 | ○矍然失容 – 矍은 당황하며 바라보다. 놀라서 바라보는 모양. 두리번거릴 확. ○懾然意下 – 懾은 두려워할 접. 상대의 위압에 눌리다. ○楊雄(揚雄, 前 53 – 18년) – 字 子雲. 말이 어눌해서 문학에 침잠했다. 〈蜀都賦〉 등 賦의 작가로 명성을 날렸지만, 양웅은 賦를 '雕蟲篆刻' 과 같은 일이라면서 '壯夫不爲' 라고 하였다. 《法言》, 《太玄》을 저술. 《漢書》〈揚雄傳(上,下)》에 입전. 〈長楊賦〉, 〈羽獵賦〉를 지었다. ○司馬相如 – 〈子虛賦〉, 〈上林賦〉를 지었는데 그 문사가 화려하고 잘 꾸몄지만 비현실적이라는 뜻. 司馬相如(前 179? – 118)는 漢賦의 代表作家, '賦聖' 이라는 칭송도 있다. 卓文君과의 私奔(사분)은 널리 알려진 이야기이다. 《漢書 藝文志》에 사마상여의 賦 29편명이 올랐는데, 잘 알려진 것으로는 〈子虛賦〉, 〈上林賦〉, 〈大人賦〉, 〈哀二世賦〉 등이 있다. 57권, 〈司馬相如傳〉 上, 下 참고. 《史記 司馬相如列傳》도 있다. ○小子狂簡 – 狂簡은 뜻은 크나 실천이 따르지 못하고 거칠고 소략하다. 「子在陳, 曰, "歸與! 歸與! 吾黨之小子狂簡, 斐然成章, 不知所以裁之."《論語 公冶長》.

[國譯]

「주인의 말이 끝나지도 않았는데 西都에서 온 손님은 크게 당황하여 멈칫거리며 계단을 내려가서 두려워 풀이 죽은 듯 拱手(공수)하고서 하직인사를 하였다. 이에 주인이 말했다. "다시 올라오십시오, 지금 손님에게 5수의 시를 읽어주겠습니다." 손님은 시를 다 듣고서는 훌륭하다며 말했다.

"이 시는 정말 훌륭합니다. 그 뜻은 楊雄(揚雄)의 문장보다 바르고, 司馬相如의 글보다 실질적이니 주인의 好學이 아니라도 태평성대를 만났음을 알겠습니다. 저 같은 소인이야 멋모르고 난 체를 하였으니 몸 둘 바를 모르겠으며 오늘 들은 正道를 죽을 때까지 마음에 새겨두겠습니다."라고 말했다.」

그 시는 아래와 같다.

| 原文

明堂詩:「於昭明堂, 明堂孔陽. 聖皇宗祀, 穆穆煌煌. 上帝宴饗, 五位時序. 誰其配之, <u>世祖光武</u>. 普天率土, 各以其職. 猗與緝熙, 允懷多福.」

| 註釋 | ○於昭明堂 – 於는 감탄사(歎美之辭). ○明堂孔陽 – 孔은 甚也. 陽은 明也. ○穆穆煌煌 – 穆穆(목목)은 공경하는 모양. 煌煌(황황)은 아름답게 빛나다. 煌은 빛날 황. ○五位時序 – 五位는 五帝. 五方의 神. ○普天率土 – 넓은 하늘 아래와 모든 땅 위. 普는 넓다(溥也). '普天之下, 莫非王土. 率土之賓, 莫非王臣.'《詩經 小雅 北山》. ○猗與緝熙 – 猗는 아름다울 의(美也). ○允懷多福 – 允은 진실로(信也). 懷는 오다(來也).

[國譯]

明堂詩:明堂의 시

「아! 빛나는 明堂이여, 아주 밝은 명당이라.
聖皇께서 조상을 제사하니 장중하고 휘황하도다.

488 後漢書(五)

上帝께서 제물을 바치고 五方 天帝도 제사하도다.

누가 이와 같으리오? 世祖 光武帝뿐이라.

하늘 아래 땅 위에서 각자 할 일을 다 하도다.

밝은 빛이 내리 비추나니 진실로 큰 복을 받으리라.」

原文

辟雍詩:「乃流辟雍, 辟雍湯湯. 聖皇馬止, 造舟爲梁. 皤
皤國老, 迺父迺兄. 抑抑威儀, 孝友光明. 於赫太上, 示我漢
行. 鴻化惟神, 永觀厥成.」

| 註釋 | ○辟雍湯湯 − 湯湯은 물이 넘실대다(水流貌). ○聖皇馬止 − 馬는 臨也. ○造舟爲梁 − 造는 至也. 배를 이어 부교를 만들다. ○皤皤國老 − 皤皤는 머리가 센 늙은이. 皤는 머리가 센 모양 파. 天子도 나라의 三老와 五更(오경)을 존중하였다. ○迺父迺兄 − 迺는 이에 내(乃와 同). 너(二人稱 代詞). 비로서, 처음으로. ○抑抑威儀 − 抑抑(억억)은 아름답다(美也). 삼가고 조심하다. ○於赫太上 − 於赫은 감탄사. 太上은 太古에 立德賢聖한 사람. ○鴻化惟神 − 鴻은 大也. ○永觀厥成 − 觀은 보여주다(示也).

[國譯]

辟雍詩:벽옹의 시

「물을 두른 辟雍(벽옹)이니, 辟雍의 물이 넘실댄다.

聖皇께서 여기에 오시니 배를 모아 다리가 되었다.

머리 하얀 나라의 원로시니 부친이며 형님이로다.

아름다운 위엄을 보이고 효도와 우애의 본보기이다.

아! 훌륭하신 옛 성인께서 우리 漢室에 출현하셨네.

크고 신령하신 교화로써 오래토록 그 성공을 보리라.」

原文

靈臺詩：「迺經靈臺, 靈臺旣崇. 帝勤時登, 爰考休徵. 三光宣精, 五行布序. 習習祥風, 祁祁甘雨. 百穀溱溱, 庶卉蕃蕪. 屢惟豐年, 於皇樂胥.」

│註釋│ ○迺經靈臺 – 영대를 짓다. '經始靈臺 經之營之'《詩 大雅 靈臺》. ○靈臺旣崇 – 崇은 高也. 時登은 以時登之. ○爰考休徵 – 爰은 이에, 발어사. 休는 美也. 徵은 驗驗也. ○三光宣精 – 三光은 日, 月, 星. 宣은 널리 펴다(布也). 精은 明也. ○五行布序 – 五行은 水, 火, 金, 木, 土. 布序는 그 본성에 따르다. ○習習祥風 – 習習은 온화한(和也). ○祁祁甘雨 – 祁祁(기기)는 조용히, 천천히(徐也). ○百穀溱溱 – 溱溱은 풍성한 모양(盛貌). ○庶卉蕃蕪 – 모든 풀도 무성히 자라다. 蕃蕪(번무)는 우거지다(豐也). ○於皇樂胥 – 이에 크게 즐기다. '君子樂胥, 受天之祜.'《詩 小雅 桑扈》.

[國譯]

靈臺詩 : 영대의 시

「이에 靈臺를 짓나니, 靈臺가 이미 높이 솟았네.

황제가 때때로 오르시니 길조를 불러오신다.

三光이 밝게 퍼지고 五行도 제대로 작용하도다.

온화한 祥瑞의 바람이 불고 조용히 내리는 甘雨로다.

百穀도 풍성하게 자라고 모든 초목도 무성하다.

해마다 풍년이 들으니 아! 크게 즐거웁도다.」

原文

寶鼎詩：「嶽脩貢兮川效珍, 吐金景兮歊浮雲. 寶鼎見兮色紛緼, 煥其炳兮被龍文. 登祖廟兮享聖神, 昭靈德兮彌億年.」

| 註釋 | ○寶鼎 – 明帝, 永平 6년(서기 63)에 당시 廬江郡의 王雒山(왕락산)에서 寶鼎을 얻었다고 廬江(여강)太守가 헌상하였다. 鼎은 세발 솥 정. 祭器. 廬江郡 治所는 舒縣, 今 安徽省 중서부 六安市 舒城縣. ○吐金景兮歊浮雲 – 金景은 금빛, 景은 光也. 歊는 김이 오를 효(氣出貌). ○煥其炳兮被龍文 – 煥은 빛날 환. 炳은 밝을 병. 龍文은 용무늬. ○昭靈德兮彌億年 – 彌, 終也. 萬의 萬이 億이다.

[國譯]

寶鼎詩 : 보정의 시

「산악과 강에서 진기한 보물이 나타나니

금빛이 찬란하고 구름이 솟는 듯하다.

寶鼎이 출현하니 광채가 미묘하도다.

눈부신 빛이 나며 龍 무늬를 새겼다.

종묘에 헌상하고 신령한 제사를 올렸다.

훌륭한 덕이 밝게 빛나고 萬萬年을 누리리라.」

█原文

白雉詩:「啓靈篇兮披瑞圖, 獲白雉兮效素烏. 發皓羽兮
奮翹英, 容絜朗兮於淳精. 章皇德兮侔周成, 永延長兮膺天
慶.」

│註釋│ ○白雉 – 建武 13년 9월에, 日南郡 경계 밖의 蠻夷(만이)가 白雉
(흰 꿩)과 白兔(백토, 흰토끼)를 바친 적이 있었다. 명제 永平 11년(서기 68)
에도 麒麟(기린), 白雉(백치, 흰 꿩), 嘉禾(가화) 등이 곳곳에서 나타났는데, 이
는 태평성대의 표상으로 생각되었다. ○啓靈篇兮披瑞圖 – 靈篇은 河圖나
洛書 같은 신성한 글. ○獲白雉兮效素烏 – 素烏는 흰 까마귀. 본래 까마
귀는 陽氣의 精華라고 인식되었다. ○發皓羽兮奮翹英 – 皓는 白也. 翹는
꼬리 긴 깃털 교(尾也). ○章皇德兮侔周成 – 章은 밝다(明也). 侔는 가지
런할 모(等也).

[國譯]

白雉詩:白雉(흰 꿩)의 시

「신령한 글과 상서로운 圖篇을 펼쳐보나니
흰 꿩을 헌상하니 옛날 흰 까마귀와 같도다.
흰 깃털을 펴고 긴 꼬리 깃이 아름다우며
깔끔한 그 자태에 우리 생각도 순수하도다.
위대한 덕을 펴시니 周 成王과 같고

帝福이 영원하니 하늘도 慶事로 부응하도다.」

及肅宗雅好文章, 固愈得幸, 數入讀書禁中, 或連日繼夜.
每行巡狩, 輒獻上賦頌, 朝廷有大議, 使難問公卿, 辯論於
前, 賞賜恩寵甚渥. 固自以二世才術, 位不過鄉, 感東方朔,
楊雄自論, 以不遭蘇,張,范,蔡之時, 作〈賓戱〉以自通焉. 後
遷玄武司馬. 天子會諸儒講論《五經》, 作《白虎通德論》, 令
固撰集其事.

| 註釋 | ○固自以二世才術 − 부친 班彪와 班固 자신. ○感東方朔,楊雄
自論 − 東方朔(동방삭)은 〈答客難〉을 지어 자신의 뜻을 서술했다.《漢書 東
方朔傳》에 全文 수록. 필자의 역주 참고 바람. 楊雄도 '조롱을 해명한다'
는 뜻으로, 〈解嘲〉를 지어 자신의 뜻을 서술했다.《漢書 揚雄傳 下》에 全
文 수록. 필자의 역주 참고 바람. ○以不遭蘇,張,范,蔡之時 − 蘇, 張은 蘇
秦과 張儀. 范, 蔡는 范雎와 蔡澤. 范雎〔범수, 范雎(범저)〕는 전국시대 魏人.
蔡澤(채택)은 전국시대 燕人. 두 사람은《史記 范雎蔡澤列傳》참고. ○〈賓
戱〉−〈答賓戱〉. 반고의 글 제목. 어떤 사람은 반고가 아무런 공적이 없다
고 비난하였고, 또 東方朔과 揚雄이나 蘇秦, 張儀, 范雎(범수)처럼 시대를
못 만났다 말했다. 반고는 그런 사람에게 끝까지 正道로 상대를 說服하지
도 못했고 君子가 지켜야 할 道를 밝히지 못했다고 생각하여 스스로 응답
하는 글 〈答賓戱〉을 지었다.《漢書 叙傳(上)》에 수록. 필자의 역주 참고.
○玄武司馬 − 玄武門의 司馬. 宮掖門마다 司馬 1인을 두었다. 질록 比千

石. ○白虎通德論 - 궁궐의 서문이 白虎門이었고 그 곁에 白虎觀이 있었다. 白虎觀에서 토론하고 황제가 결재한 내용을 《白虎議奏》라 한다. 논의 내용을 종합한 것이 《白虎通德論》(또는 《白虎通義》, 《白虎通》). 全 4권.

[國譯]

肅宗(章帝)은 평소에 文章을 좋아하였기에 반고는 더욱 신임을 받았는데, 자주 궁에 들어가 독서하였으며 가끔은 밤낮으로 연속 독서를 하였다. 황제가 지방을 순수할 때마다 반고는 賦나 頌(송)을 지어 올렸고, 朝廷에 큰 의논이 있으면 반고를 보내 공경의 옳고 그름을 따졌으며, 어전에서 변론을 할 때마다 후한 상을 내리거나 은총을 베풀었다. 반고는 그 부친과 함께 才華와 학술로 유명하였지만 지위는 낭관에 불과하였는데 東方朔(동방삭)과 楊雄(양웅, 揚雄)이 글을 지어 자신을 변론하였고 蘇秦(소진)과 張儀(장의), 그리고 范睢(범수)와 蔡澤(채택) 등이 모두 때를 못 만났다는 사실에 느낀 바가 있어 〈答賓戲〉라는 글을 지어 자신을 변명하였다. 반고는 뒤에 玄武司馬로 승진하였다. 章帝가 많은 유생을 모아 《五經》의 同異를 토론케 하면서 《白虎通德論》를 저술케 하였는데, 그 일을 반고가 담당하였다.

原文

時北單于遣使貢獻, 求欲和親, 詔問群僚. 議者或以爲 '匈奴變詐之國, 無內向之心, 徒以畏漢威靈, 逼憚南虜, 故希望報命, 以安其離叛. 今若遣使, 恐失南虜親附之歡, 而

成北狄猜詐之計, 不可.'

　固議曰,「竊自惟思, 漢興已來, 曠世歷年, 兵纏夷狄, 尤事匈奴. 綏御之方, 其塗不一, 或脩文以和之, 或用武以征之, 或卑下以就之, 或臣服而致之. 雖屈申無常, 所因時異, 然未有拒絶弃放, 不與交接者也. 故自建武之世, 復修舊典, 數出重使, 前後相繼, 至於其末, 始乃暫絶. 永平八年, 復議通之. 而廷爭連日, 異同紛回, 多執其難, 少言其易. 先帝聖德遠覽, 瞻前顧後, 遂復出使, 事同前世. 以此而推, 未有一世闕而不修者也. 今烏桓就闕, 稽首譯官, 康居,月氏, 自遠而至, 匈奴離析, 名王來降, 三方歸服, 不以兵威, 此誠國家通於神明自然之徵也. 臣愚以爲宜依故事, 復遣使者, 上可繼五鳳,甘露至遠人之會, 下不失建武,永平羈縻之義. 虜使再來, 然後一往, 既明中國主在忠信, 且知聖朝禮義有常, 豈可逆詐示猜, 孤其善意乎? 絶之未知其利, 通之不聞其害. 設後北虜稍强, 能爲風塵, 方復求爲交通, 將何所及? 不若因今施惠, 爲策近長.」

| 註釋 | ○逼憚南虜 - 逼憚(핍탄)은 핍박하고 협박하다. 南虜는 南匈奴. ○兵纏夷狄 - 이적과의 전쟁이 계속되다. 纏은 얽힐 전. 묶다. ○或卑下以就之 - 文帝 때는 흉노와 무역을 허락하고 漢의 공주를 보내거나 많은 비단을 보내주었다. ○臣服而致之 - 宣帝 때는 匈奴가 고개를 숙이고 臣服하였으며 선우의 아들이 漢 조정에 入侍하였다. ○前後相繼 - 建武 2년에, 흉노의 日逐王이 사자를 보내 漁陽에서 화친을 청하자 中郎將 李茂(이

무)를 보내 답방케 하였고, 26년에는 中郞將 段彬(단침)을 보내 南單于에게
인수를 수여하였다.   ○五鳳,甘露 — 宣帝 五鳳 3년(前 55년), 單于의 名王
이 5만 무리를 거느리고 투항했었다. 甘露 원년(前 53)에는 匈奴 呼韓邪單
于(호한야선우)가 아들 右賢王왕을 보내 入侍했다.   ○羈縻之義 — 羈縻(기
미)는 적을 적당히 통제하고 조정하는 방책. 중국의 여러 왕조의 주변 소수
민족에 대한 외교방책. 羈는 굴레 기. 縻는 고삐 미. 잡아끌다.

[國譯]

　　그때 북흉노의 單于(선우)가 사절을 보내 토산물을 헌상하며 화친
을 요구하자, 백관에게 이를 토론하게 하였다. 논의에 참여한 사람
들은 '흉노는 변심과 거짓이 많은 나라라서 진심으로 화친의 뜻이
없고, 단지 漢의 위세를 두려워하면서 남흉노를 핍박하려는 수단으
로 사절의 답방을 희망하며 이반하려는 세력을 진무하려는 속셈입
니다. 이번에 우리가 사신을 보내면 아마 우리에게 협조적인 남흉노
의 지지를 잃게 되며, 이는 북흉노의 속임수에 말려드는 것이니 불
가합니다.' 라고 말했다. 그러자 반고가 말했다.

　　「저의 생각으로는, 漢 건국 이래로 오랜 세월에 걸쳐 夷狄(이적)과
전쟁이 이어졌는데 특히 흉노와 많았습니다. 나라를 안전케 하는 방
법은 한 가지가 아니니 때로는 외교 문서로 교화하거나 또는 무력으
로 정벌하였으며, 자세를 낮춰 적을 물러가게 한 적도 있고, 흉노가
신하로 복속하자 흉노를 받아들인 적도 있었습니다. 비록 屈申(굴
신)이 일정하지 않은 것은 시대 상황에 따른 것이었지만 흉노를 거
절하여 방치하며 교류하지도 않았던 적은 없었습니다. 그리하여 建
武 연간에는 옛 제도에 의거 여러 번 사신을 보냈다가 建武 말기에

잠시 중단된 적이 있었습니다. (明帝) 永平 8년에, 다시 흉노와 통교를 논의하였습니다. 그때 며칠을 두고 논쟁을 하며 여러 주장이 나왔는데 통교의 어려움을 말하는 의견이 많았고 용이하다는 의견은 적었습니다. 先帝(明帝)께서는 聖德으로 멀리 내다보시고 전후의 사정을 고려하여 다시 사신을 보내면서 전대의 예를 따르게 하였습니다. 그렇게 하여 지금까지 이어온 것이나 一朝一代에 왕래를 하지 않은 적은 없었습니다. 지금 烏桓族(오환족)이 입조하여 그 譯官이 예를 행하였으며, 康居(강거)나 月氏(월지)족은 먼 곳이지만 사신을 보내왔으며, 匈奴는 지금 남북으로 분열되었지만 그들의 名王이 투항하는 등 여러 나라가 우리에게 복속한 것은 우리의 군사적 위세보다는 나라의 神明에 따른 자연적 왕래의 조짐으로 생각해야 합니다. 臣의 어리석은 견해이지만 북흉노에 다시 사자를 보내 멀리로는 (宣帝) 五鳳과 甘露 연간의 사례대로 흉노족의 투항을 받아들여야 할 것입니다. 가깝게는 建武와 永平 연간의 羈縻(기미) 정책을 버리지 말아야 합니다. 흉노가 다시 사절을 보내왔으니 우리가 한 번 사자를 보내는 것은 그들에게 우리가 禮義를 지킨다는 것을 보여주는 것인데, 어찌 그들 뜻에 거짓이 있다고 여겨 그 선의를 무시하겠습니까? 흉노와의 관계 단절의 이득은 알 수가 없고 왕래를 했다 하여 손해라는 말을 들은 적이 없었습니다. 설령 이후에 북흉노가 점차 강해져서 전쟁을 일으킬 것 같다 하여 왕래를 도모한다면 잘할 수 있겠습니까? 지금 우리가 그들에게 은혜를 베푸는 것이 가장 좋을 것 같습니다.」

固又作〈典引篇〉, 述敍漢德. 以爲相如〈封禪〉, 靡而不典, 楊雄〈美新〉, 典而不實, 蓋自謂得其致焉. 其辭曰,

| 註釋 | ○〈典引篇〉- 典은 堯典, 引은 잇다. 漢은 堯의 적통을 이었다고 생각하였다. ○相如〈封禪〉- 司馬相如의 〈封禪文〉. 사마상여가 武帝에게 상주한 글.《漢書 司馬相如傳 下》에 全文 수록. 필자의 역주 참고 바람. ○楊雄〈美新〉- 楊雄의 篇名, 일명 〈劇秦美新〉. 진시황과 왕망 新의 정치를 논했다. 왕망에 아부하는 뜻이 들어 있어 반고는 사실과 어긋난다고 하였다.

[國譯]

班固는 또 〈典引篇〉을 지어 漢室의 德을 서술하였다. 司馬相如의 〈封禪書〉는 문사가 화려하나 典雅하지 않고, 楊雄(揚雄)의 〈美新〉은 典雅하나 사실과 다르지만 자신의 글은 요지를 잘 파악하였다고 하였다. 그 글은 아래와 같다.

* 〈典引篇〉- 班固

原文

「太極之原, 兩儀始分, 烟烟熅熅, 有沈而奧, 有浮而淸. 沈浮交錯, 庶類混成. 肇命人主, 五德初始, 同於草昧, 玄混之中. 踰繩越契, 寂寥而亡詔者, 〈繫〉不得而綴也. 厥有氏

號, 紹天闡繹者, 莫不開元於太昊皇初之首, 上哉敻乎, 其書猶可得而脩也. 亞斯之世, 通變神化, 函光而未曜.」

| 註釋 | ○烟烟熅熅 - 음양이 하나처럼 서로 작용하는 모습. 渾沌(혼돈). 烟은 煙(연기 연). 熅은 숯불 온. ○有沈而奧 - 奧는 아랫목 오. 濁氣. 탁한 물질은 가라앉아 땅이 되었다. ○庶類混成 - 庶類는 萬物也. 混은 同也. ○五德 - 五行也. 처음에 伏犧氏(복희씨)는 木德에 의해 왕이 되었다. 다음에 木生火에 의거 神農이 火德으로 왕이 되었다고 五行相生의 원리가 적용되었다. ○同於草昧 - 草昧는 草創期의 혼동시대. 이때는 三皇이 재위할 때라고 한다. ○踰繩越契 - 上古에서 結繩(결승)하여 교화를 행하다가 나중에 書契로 바뀌게 되었다. 踰는 지나가다. ○寂寥而亡詔者 - 詔는 고하다. 알려주다. 誥也. 〈繫〉는 《易 繫辭》. ○厥有氏號 - 氏號는 太昊(태호)를 庖犧氏(포희씨), 炎帝를 神農氏, 黃帝를 軒轅氏라고 부르는 것. ○紹天闡繹者 - 紹는 繼也. 王者는 天命을 이어(繼) 흥기하였다. 闡는 열천(開也). 繹은 풀어낼 역(陳也). ○亞斯之世 - 이의 다음 세대, 곧 少昊, 顓頊(전욱), 高辛(고신) 등. ○函光而未曜 - 神化되어 《易 繫辭》에도 실리지 않아 그 행적을 알 수 없다는 뜻.

[國譯]

「최초의 太極에서 陰陽(兩儀)이 나눠지고 음양의 혼돈 속에 가라앉은 濁氣는 땅이 되고, 떠오르는 것은 하늘이 되었다. 가라앉고 떠오르는 것이 서로 섞여 만물이 출현하였다. 천명을 처음 받은 人主(天子)는 五德(五行)의 덕이 처음으로 시작하여 三皇이 출현하였다. 매듭을 매거나 줄을 새겨 약속을 표시하던 그 이전은 적막하여 문자가 없었기에 《易 繫辭》에도 내용이 없다. 다음에 氏라는 호칭이 생졌고 천명을 이어 開陳한 자는 太昊(태호, 伏羲氏)를 三皇의 최초로 꼽지 않는 사람이 없었으니 아주 먼 옛일이었지만 그 글은 그래도 우리가 배울 수 있었다. 그 다음 세대는 신격화 되어 빛은 있었지만 빛을 발하지는 않았다.」

原文

「若夫上稽乾則, 降承龍翼, 而炳諸〈典〉〈謨〉, 以冠德卓蹤者, 莫崇乎陶唐. 陶唐舍胤而禪有虞, 虞亦命夏后, 稷契熙載, 越成湯武. 股肱旣周, 天乃歸功元首, 將授漢劉. 俾其承三季之荒末, 値亢龍之災孼, 懸象暗而恒文乖, 彝倫斁而舊章缺. 故先命玄聖, 使綴學立制, 宏亮洪業, 表相祖宗, 讚揚迪哲, 備哉燦爛, 眞神明之式也. 雖前聖皐,夔,衡,旦密勿之輔, 比玆篾矣.

是以高,光二聖, 辰居其域, 時至氣動, 乃龍見淵躍. 拊翼而未擧, 則威靈紛紜, 海內雲蒸, 雷動電燶, 胡縊莽分, 不苨其誅.

然後欽若上下, 恭揖群后, 正位度宗, 有於德不臺淵穆之讓, 靡號師矢敦奮撝之容. 蓋以脣當天之正統, 受克讓之歸運, 蓄炎上之烈精, 蘊孔佐之弘陳云爾.」

| 註釋 | ○上稽乾則 - 하늘의 법칙을 상고해 본다면. 稽는 考. 乾은 하늘. ○降承龍翼 - 龍翼은 后稷(후직)이나 契(설) 등 堯의 羽翼(우익). 「孔子

曰, "唯天爲大, 唯堯則之."《論語 泰伯》. ○炳諸〈典〉〈謨〉 - 炳은 빛나다
(明也). 〈典〉은《尙書》의〈堯典〉, 〈皐陶謨〉. ○冠德卓蹤者 - 道德의 최고
봉(冠首). ○舍胤 - 堯는 그 胤子(아들) 丹朱(단주)를 버려두고 舜에게 선
양하였다. 舜도 역시 아들 商均(상균)을 버리고 夏의 禹에게 선양하였다.
○熙載 - 큰 일, 큰 업적. 공적. 熙는 廣也. 載는 事也. ○越成湯武 - 越은
이에(於也). 湯王은 契(설)의 후손이고, (周)武王은 后稷의 후손으로 천자
가 되었다. ○股肱旣周 - 股肱(고굉)은 후직과 설. ○歸功元首 - 元首는
堯. 하늘은 다시 堯의 공적을 인정하여 漢에게 천명을 맡겼다는 뜻. ○三
季之荒末 - 三季는 三王朝(夏, 殷, 周)의 末期(季). ○値亢龍之災孼 - 亢
龍(항룡)은 하늘 끝까지 오른 龍. '亢龍有悔, 窮之災也.' 孼(얼)은 재앙. 孼
은 첩의 자식 얼. 재앙. ○懸象暗而恒文乖 - 懸象은 日月. 乖(괴)는 常道를
잃다. ○彛倫斁而舊章缺 - 彛倫(이륜)은 올바른 통치. 떳떳할 이. 倫은 다
스리다(理也). 斁는 꺼낼 두. 부수다(敗也). 싫어할 역. 舊章缺은 秦이 詩書를
불태운 일. ○先命玄聖 - 玄聖은 孔子(孔丘). 공자의 모친 徵在(징재)가 꿈
에 黑帝를 뵙고 공자를 잉태하였다고 하여 공자를 玄聖이라 한다. ○綴學
立制 - 漢家의 法制. ○宏亮洪業 - 宏과 洪은 모두 크다. 亮은 信也. ○表
相祖宗 - 表는 明也. 相은 助也. ○讚揚迪哲 - 명철한 주군(漢 高祖)을 찬
양하고 따라가다. 迪은 나아갈 적. 밟다.(蹈也). 哲은 지혜(智也). ○備哉
燦爛 - 燦爛(찬란)은 盛明也. ○眞神明之式也 - 式은 法也. ○雖前聖皐,
夔, 衡, 旦密勿之輔 - 皐(고)는 皐陶(고요). 舜임금의 신하. 獄官을 역임. 최초
로 감옥과 법률을 만든 사람. 중국 司法의 鼻祖. 夔(기)는 舜의 典樂. 夔는
조심할 기. 衡은 阿衡(아형), 곧 伊尹(이윤). 旦(단)은 周公. ○旦密勿之輔 -
密勿(밀물)은 힘쓰다(䰞勉也). ○比茲禨矣 - 茲는 孔子를 뜻함. 皐陶(고요)
나 夔(기)는 공자에 비해서는 치적이 아주 작다는 뜻. ○辰居其域 - 北辰
(북신, 북극성)이 제자리에 자리 잡고 있다. 子曰, "爲政以德, 譬如北辰, 居其
所而衆星共之."《論語 爲政》. ○龍見淵躍 - '見龍在田'은《易 乾卦》九二

爻辭. '或躍在淵'은《易 乾卦》九四의 爻辭. 前漢과 後漢의 건국을 표현한
말. ㅇ拊翼而未擧 − 拊翼(부익)은 닭이 날개를 치다. 날이 밝을 때 닭이 날
개를 치고 우는 것. ㅇ威靈紛紜 − 紛紜(분운)은 김이 무럭무럭 피어오르는
모양(盛貌也). 天下英傑이 고조와 광무제에게 모여든 모양. ㅇ雷動電燡 −
燡는 불똥 표. 빛나다. ㅇ胡縊莽分 − 호해는 縊死(액사)했고, 王莽(왕망)은
分尸(분시)되었다. ㅇ不苙其誅 − 苙는 다다를 이, 그 자리에 임하다(臨也).
천하가 漢을 위하여 胡亥와 왕망을 죽였다. 고조와 광무제가 가기 전에 이
미 그렇게 되었다는 뜻. ㅇ欽若上下 − 欽은 공경하다(敬也). 若은 順應하
다. 上下는 天地. ㅇ靡號師矢敦奮撝之容 − 靡는 없다. 하지 않다. 矢는 陳
也. 敦은 핍박하다. 漢은 天下를 취한 뒤에 호령하며 군사를 동원하거나
정기를 휘두르지 않았다. 곧 하늘과 백성의 뜻에 따르며 위세를 자랑하지
않았다. ㅇ天之正統 − 正統은 漢은 周의 정통을 이어 火德을 취했다. ㅇ受
克讓之歸運 − 漢은 堯의 선양의 덕을 이어 받았다. ㅇ蓄炎上之烈精 − 炎
上은 火德, 烈精은 아주 盛하다. ㅇ蘊孔佐之弘陳云爾 − 蘊은 쌓을 온. 저
장하다(藏也). 孔佐(공좌)는 공자가 저술한《春秋》나 緯書(위서)가 漢의 정
당성을 입증한다는 뜻.

[國譯]

「하늘의 법칙을 상고해 본다면, 하늘 뜻을 이어 堯를 보필한 사람
은 〈堯典〉과 〈皐陶謨(고요모)〉에 잘 나와 있는데, 인덕이 뛰어난 사
람은 陶唐氏(堯)보다 더 나은 사람이 없었다. 陶唐(堯)은 아들을 버
리고 有虞(舜)에게 禪讓(선양)하였고, 虞(舜) 역시 夏后(禹)에게 선양
하였으며, 后稷(후직)과 契(설)은 선현의 공적을 더욱 發揚하여 후손
인 湯王과 武王의 대업을 뒷날 성취케 하였다. (堯의) 신하가 周를
이룩했고, 하늘은 다시 堯의 공적으로 돌려 漢의 劉氏에게 천명을

내렸다. 三代의 말기는 亢龍이 재앙을 만난 시기였으며, 일월도 빛을 잃었고 常禮는 붕괴되었으며, 바른 정치는 무너졌고 詩書도 불타 없어졌다. 그리하여 먼저 玄聖(孔子)으로 하여금 선현의 학문을 계승하고 제도를 마련케 하였으며, 참으로 위대한 업적을 이루었던 祖宗을 높이 받들고 명철한 주군(漢 高祖)을 본받아 실천하여 융성하고도 뚜렷한 문물을 융성케 하였으니, 이것이 바로 神明의 法式이라 할 수 있다. 비록 전대에 皐陶(고요)나 夔(기), 阿衡(아형, 伊尹), 周公旦(단) 등이 힘써 보필했다지만 공자에 비하면 성과는 매우 작았다.

이어 고조와 광무제 二聖께서는 北辰(북신)처럼 제자리를 잡았으며, 때가 되자 기운이 모여들었고, 神龍이 출현하였고 深淵에서 躍動하였다. 날개를 폈지만 거병하기 전에 신령한 위엄이 크게 떨치시어 해내에 英傑들이 구름처럼 일어났고, 천둥과 벼락이 치자 胡亥(호해)는 목을 매었고 王莽(왕망)은 토막이 났는데, 고조와 광무제가 들어가기 이전이었다.

그런 뒤에 하늘 뜻을 받들고 만백성의 뜻에 순응하자 제후는 예를 갖추었고, 지존의 제위에 오른 뒤에는 겸양의 덕과 현인을 우대하였으며, 호령하거나 무력을 함부로 사용하지 않고 위엄을 자랑하지 않았다. 하늘의 正統을 계승하였으며 堯 선양의 興運을 이어받았고 火德의 융성을 비축하고 孔子《春秋》의 증명으로 火德을 弘揚하였다.」

原文

「洋洋乎若德, 帝者之上儀, 誥誓所不及已. 舖觀二代洪纖

之度, 其蹟可探也. 並開多於一匱, 同受侯甸之所服, 奕世
勤民, 以伯方統牧. 乘其命賜彤弧黄戚之威, 用討韋,顧,黎,
崇之不格. 至乎三五華夏, 京遷鎬亳, 遂自北面, 虎離其師,
革滅天邑. 是故義士偉而不敦, 武稱未盡, 護有憨德, 不其
然與?

　　然猶於穆猗那, 翕純瞰繹, 以崇嚴祖考, 殷薦宗祀配帝, 發
祥流慶, 對越天地者, 舄奕乎千載. 豈不克自神明哉! 誕略
有常, 審言行於篇籍, 光藻朗而不渝耳.」

| 註釋 | ○洋洋乎若德 － 洋洋은 美也. 若은 如也. ○帝者之上儀 － 儀는
法也. ○誥誓所不及已 － 五帝 때는 上下가 和睦하여 맹서를 할 필요가 없
었다는 뜻. ○舖觀二代洪纖之度 － 舖는 펼 포. 두루(徧也). 二代는 殷과
周. 洪纖(홍섬)은 大小也. 度는 法度也. ○其蹟可探也 － 蹟은 깊숙할 색(幽
深색). ○並開多於一匱 － 匱는 함 궤. 삼태기. 흙을 담아 나르는 도구(盛
土籠也).「子曰, "譬如爲山, 未成一簣, 止, 吾止也. 譬如平地, 雖覆一簣, 進,
吾往也.」《論語 子罕》. 조그만 일도 진척이 있다면 그것이 공적이라는 뜻.
○同受侯甸之所服 － 侯服과 甸服(전복)은 諸侯의 땅. 湯王은 桀(걸)의 제후
였고, 文王은 紂王의 諸侯였다. ○奕世勤民 － 奕은 클 혁. 겹치다. 오랜 세
월, 여러 대에 걸쳐. 殷의 조상 契(설)에서 湯王까지는 14대였고, 后稷(후직)
에서 文王까지는 15대였는데 이 기간 동안에 백성을 위해 애를 썼다는 뜻.
○以伯方統牧 － 伯方은 方伯. ○乘其命賜彤弧黄戚之威 － 周禮에 제후를
임명할 때 하사하는 彤弧(동호, 붉은 활 赤弓)와 黄戚(황척, 황금 장식의 도끼)은
정벌과 誅殺의 권한을 상징했다. ○用討韋,顧,黎,崇之不格 － 韋(위)와 顧
(고)는 제후국명. 湯王이 멸망시켰다. 黎(여)와 崇(숭)도 國名. 文王이 공격

하여 멸망시켰다. 格은 來也. ○至乎三五華夏 - 三五는 未詳. 華夏는 중국 본토. ○京遷鎬亳 - 京은 京都也. 武王은 鎬(호)에, 湯王은 亳(박)에 도읍했었다. ○遂自北面 - 北面은 臣下. 湯王과 武王은 諸侯(臣下)로 伐君하였다. ○虎離其師 - 虎離는 용맹한 교룡. 離는 螭(교룡 리). ○革滅天邑 - 革은 改也. 天邑은 天子의 도읍. ○是故義士偉而不敦 - 義士는 伯夷와 같은 사람. 偉는 다르다(奇異). 敦은 厚也. ○武稱未盡 - 武는 周 武王 音樂. 「子謂韶, "盡美矣, 又盡善也." 謂武, "盡美矣, 未盡善也."《論語 八佾》. ○護有慙德 - 護는 湯王의 音樂. ○然猶於穆猗那 - 於는 歎辭. 穆은 美也. 이는 周室의 德을 찬미한 말. 猗(아름다울 의)도 감탄사. 那는 多也. 이는 湯王의 德이 많음을 찬탄한 말. '猗歟那歟.' ○翕純皦繹 - 翕(흡)은 음악이 장대 융성함(盛也). 純은 잘 어울림(和諧也). 皦(밝을 교)는 그 음악이 절도가 분명함. 繹(풀어낼 역)은 음악이 부드럽고 온화함(調達之貌). 이런 翕純皦繹의 평은 《論語》에 나온다. 「子語魯太師樂曰, "樂其可知也. 始作翕如也, 縱之純如也, 皦如也, 繹如也, 以成."《論語 八佾》. ○發祥流慶 - 상서롭고〔禎祥(정상)〕 그 복을 子孫에 물려주다. ○舄奕乎千載 - 舄은 클 석, 빛날 석. 奕은 클 혁. ○誕略有常 - 誕은 클 탄(大也), 넓을 탄. 大略有常道. ○審言行於篇籍 - 篇籍은 《詩》와 《書》에서 볼 수 있다. ○光藻朗而不渝耳 - 文藻는 光彩나는 文辭. 朗은 明也. 渝는 달라질 투(變也).

[國譯]

「이러한 美德은 五帝의 至高한 법에 合一하여 誥誓(고서)에는 기록되지 않았다. 殷과 周 二代의 크고 작은 법을 보면 그 깊은 뜻을 알 수 있다. 殷과 周의 건국도 꾸준한 노력이었으니 (건국자는) 제후로 복종하며 오랫동안 백성을 위해 애썼고 方伯으로서 힘써 다스렸다. (桀王, 紂王으로부터) 받은 제후의 붉은활과 황금장식 도끼로 입조하지 않은 (附庸國) 韋(위)와 顧(고), 그리고 黎(여)와 崇(숭)을 정벌하였다. 華夏(화하)의 땅에서 수도는 鎬京(호경)과 亳(박)으로 옮겼고, 북면하는 신하였지만 부도한 주군을 벌하고 용맹한 군사로 천자의 도성을 정벌하였다. 이에 伯夷같은 義士는 정벌을 기이하게 여기나 적극 찬동하지 않았으며, 武王의 음악(武)은 善이 모자라고 湯王의 음악(護)은 부끄러움이 들어있다 하였으니, 이런 정벌 때문이 아니겠는가?

그런데도 武王과 湯王의 덕이 많아 그 음악이 웅장, 조화, 절제, 유순하여 그 선조를 제사하며 종묘에서 天神을 함께 제사를 배향하기에 상서롭고 그 복을 후손에 물려주고, 또 그 덕이 천지와 함께 천년을 빛낼 수 있었다. 그러니 이 어찌 하늘이 도왔다고 하지 않을 수 있겠는가! (殷과 周) 政敎의 대략은 常道가 있고 그 언행은 《詩》, 《書》에서 볼 수 있으니 光彩와 文藻(문조, 文辭)는 밝게 빛나 오래도록 변하지 않을 것이다.」

原文

「矧夫赫赫聖漢, 巍巍唐基, 泝測其源, 乃先孕虞育夏, 甄殷陶周, 然後宣二祖之重光, 襲四宗之緝熙. 神靈日燭, 光被六幽, 仁風翔乎海表, 威靈行於鬼區, 慝亡迥而不泯, 微胡瑣而不頤. 故夫顯定三才昭登之績, 匪堯不興, 舖聞遺策在下之訓, 匪漢不弘. 厥道至乎經緯乾坤, 出入三光, 外運混元, 內浸豪芒, 性類循理, 品物咸亨, 其已久矣.」

| 註釋 | ○矧夫赫赫聖漢 – 矧은 하물며 신(況也). ○泝測其源 – 泝는
거슬러 올라갈 소(逆流). ○乃先孕虞育夏 – 孕은 아이 밸 잉(懷也). 育은
양육하다. ○甄殷陶周 – 甄은 질그릇 견. 만들다. 陶는 질그릇 도. 만들다
(造成也). 虞(舜), 夏, 殷, 周의 선조가 모두 堯의 신하였다. ○然後宣二祖
之重光 – 二祖는 高祖와 世祖(광무제). ○襲四宗之緝熙 – 襲은 계승하다
(重也). 四宗은 文帝(太宗), 武帝(代宗, 前漢에서는 世宗), 宣帝(中宗), 明帝
(顯宗)를 지칭. ○神靈日燭 – 신령이 해처럼 밝다. 燭은 照也, 言如日之
照. ○光被六幽 – 六幽(육유)는 六合의 幽遠한 땅. ○威靈行於鬼區 – 鬼區
는 遠方. ○慝亡迥而不泯 – 慝은 사특할 특(惡也). 迥은 멀 형(遠也). 泯은
멸망할 민(滅也). ○微胡瑣而不頤 – 瑣는 자질구레할 쇄(小也). 頤는 턱
이. 기르다(養也). ○故夫顯定三才昭登之績 – 三才는 天, 地, 人. 登은 오
르다(升也). 績은 공적. ○舖聞遺策在下之訓 – 舖는 펼 포(布也). 널리 알
리다. 遺策은 堯의 여러 가지 제도, 곧 堯典. 在下는 後代 子孫. ○厥道至
乎經緯乾坤 – 經緯乾坤(天地)은 陰陽이 정상적으로 작용하다. ○出入三
光 – 日, 月, 星得이 제자리에서 빛을 발하다. ○外運混元 – 渾元(혼원)은
天地의 總名. ○內浸豪芒 – 豪芒(호망)은 아주 작고 미세한 것. ○性類循
理 – 性은 生也. 循은 좇을 순. 順也. 생명을 가진 만물이 다 순리에 따라
융성하다. ○品物咸亨 – 亨은 通也.

[國譯]

　「赫赫하고 성스러운 漢은 위대하신 堯(唐)에 기반을 두었으니 그
근원을 거슬러 올라가면 虞(순)과 夏(禹), 그리고 殷(湯), 周(文,武王)
를 포함하였으며, 그 이후로 고조와 세조(광무제)의 큰 광명을 입었
고 四宗이 광채를 이어 보태어 神靈은 해처럼 밝았고 六合의 幽遠한
땅에도 빛이 비추고 바다 끝에도 仁風이 불었으며, 威靈이 먼 곳까지

전해져 사악한 죄는 아무리 멀다 하여도 벌하지 않은 자가 없었고, 아무리 미약하더라도 漢의 은덕을 안 받은 자가 없었다. 그래서 天, 地, 人 三才가 발흥할 수 있었던 공적은 堯가 아니면 흥기할 수가 없었고, 후손에게 전승된 堯典은 후손을 위한 훈계로, 이는 漢이 아니면 실천할 수 없을 것이다. 堯의 도는 經天緯地(경천위지)하고 日, 月, 星辰이 제자리를 찾아 빛나게 하며 밖으로는 온 우주가 운행하고, 안으로는 微物(미물)까지 道가 영향을 주어 생명을 가진 만물이 순리에 따라 모두 흥성하는 것이니 그 유래는 아주 오래라고 말할 수 있다.」

原文

「盛哉! 皇家帝世, 德臣列辟, 功君百王, 榮鏡宇宙, 尊無與抗. 乃始虔鞏勞謙, 兢兢業業, 貶成抑定, 不敢論制作. 至令遷正黜色賓監之事煥揚宇內, 而禮官儒林屯朋篤論之士而不傳祖宗之彷彿, 雖云優愼, 無乃葸歟!」

| 註釋 | ○皇家帝世 – 漢家의 歷代 帝位. ○德臣列辟 – 列辟은 古代의 帝王. 漢家의 德은 고대 제왕을 臣으로 거느릴 수 있다. ○乃始虔鞏勞謙 – 虔鞏(건공)은 견고하다(固也). 虔은 정성 건. 단단하다. 鞏은 묶을 공. 단단하다. 勞謙(노겸)은 어려운 일을 다하면서도 겸손함. ○兢兢業業 – 兢兢(긍긍)은 삼가고 조심하는 모양(戒愼也). 業業은 두려워하는 모양(危懼也). ○貶成抑定 – 王者는 새 나라를 세우면 作樂하고, 나라가 안정되면 制禮한다. ○不敢論制作 – 지금 後漢에서 制禮作樂을 논하지 않으니 겸양이 심하다는 뜻. ○至令遷正黜色賓監之事煥揚宇內 – 遷正은 正朔을 개정하

다. 黜色(출색)은 服色을 바꿔 제정하다. 賓은 殷과 周 두 왕조의 후예를 漢에서는 손님처럼 우대하다. 監은 視也, 殷과 周의 성패를 거울로 삼다. ○屯朋篤論之士 – 屯은 모으다(聚也). 朋은 무리(群也). ○不傳祖宗之彷彿 – 不傳은 새로운 저술로 공적을 기록하지 않다. 彷彿은 비슷하다. 대강(梗槪). ○無乃葸歟 – 葸는 두려워할 시. 삼가는 모양. 「子曰, "恭而無禮則勞, 愼而無禮則葸, 勇而無禮則亂, 直而無禮則絞."」《論語 泰伯》.

[國譯]

「성대하도다! 漢 皇家의 역대 황제시여, 그 덕은 옛 제왕을 신하로 거느리고, 공덕은 百王의 주군이 되어 우주를 두루 비추고 존엄하여 맞설 자가 없도다. 이에 정성을 다하여 애써 일하고 겸손하며, 더욱 삼가고 조심하며, 예악을 새로 제정해야 하나 자제하며 논하지 않고 있도다. 지금 조정에서는 正朔을 개정하고 服色을 새로 제정하거나 殷과 周의 후예를 漢에서 손님처럼 우대하더라도 그 성패를 거울로 삼아 천하에 알려야 하며, 禮官과 儒林 등 篤論之士를 모두 모아 조종의 큰 업적을 새로 저술하여 후세에 전하지 않는 것은 신중한 처사라고 말하지만, 이는 너무 소심한 일이 아니겠는가!」

原文

「於是三事嶽牧之僚, 僉爾而進曰,

"陛下仰監唐典, 中述祖則, 俯蹈宗軌. 躬奉天經, 惇睦辯章之化洽. 巡靖黎蒸, 懷保鰥寡之惠浹. 燔瘞縣沉, 肅祇群神之禮備. 是以來儀集羽族於觀魏, 肉角馴毛宗於外囿, 擾

緇文皓質於郊, 升黃暉采鱗於沼, 甘露宵零於豐草, 三足軒
翥於茂樹. 若乃嘉穀靈草, 奇獸神禽, 應圖合諜, 窮祥極瑞
者, 朝夕坰牧, 日月邦畿, 卓犖乎方州, 羨溢乎要荒. 昔姬有
素雉,朱烏,玄秬,黃麮之事耳, 君臣動色, 左右相趨, 濟濟翼
翼, 峨峨如也. 蓋用昭明寅畏, 承聿懷之福. 亦以寵靈文武,
貽燕後昆, 覆以懿鑠, 豈其爲身而有顓辭也? 若然受之, 宜
亦勤恁旅力, 以充厥道, 啓恭館之金縢, 御東序之秘寶, 以流
其占."」

| **註釋** | ○於是三事嶽牧之僚 − 三事는 三公. 嶽牧은 5嶽과 12牧. 公卿
과 제후. ○僉爾而進日 − 僉爾는 모두 같이. ○俯蹈宗軌 − 俯蹈(부도)는
따르다, 지키다. 宗軌는 종실 법도. ○躬奉天經 − 天經은 孝也. ○惇睦辯
章之化洽 − 惇은 厚也, 睦은 親也. 辯은 판별하다. 章은 明也. ○燔瘞縣沉
− 祭天을 燔柴(번시), 祭地를 瘞埋(예매, 瘞는 묻을 예), 祭山을 庪縣(기현, 庪는
매달 기. 縣은 懸, 매달다.), 祭川은 浮沉(부침)이라 한다. ○肅祇群神之禮備 −
肅祇(숙지)는 恭敬하다. ○是以來儀集羽族於觀魏 − 來儀는 鳳皇이 날아오
다. 羽族은 여러 새들이 따르는 모양. 觀魏는 궁궐의 대문(門闕也). ○肉
角馴毛宗於外圃 − 肉角은 기린(麟也). ○擾緇文皓質於郊 − 擾는 길들일
요(馴也). 緇文皓質(치문호질)은 騶虞(추우, 白虎 비슷한데 검은 무늬, 身長만큼
긴 꼬리가 있다는 짐승). ○升黃暉采鱗於沼 − 黃暉采鱗(황휘채린)은 黃龍을
말함. ○甘露宵零於豐草 − 무성한 풀밭에 감로가 내리다. ○三足軒翥於
茂樹 − 三足은 三足烏(삼족오). 軒翥(추저)는 떼지어 아래로 위로 날다. 章帝
연간에 이러한 祥瑞 출현에 관한 기록이 많다. 어떤 새가 봉황이고 무엇을
보고 黃龍이라고 하는지 상세한 기록은 없다. ○若乃嘉穀靈草 − 嘉穀은

嘉禾(가화). 靈草는 靈芝(영지). ㅇ奇獸神禽 - 白虎나 白雉 같은 짐승이나 새. ㅇ朝夕坰牧 - 坰牧(경목)은 도읍에서 멀리 떨어진 지역. 坰은 들 경. 먼 교외. ㅇ日月邦畿 - 邦畿는 지방과 수도권. ㅇ卓犖乎方州 - 卓犖(탁락)은 월등하게 뛰어남(殊絶也). 卓은 높을 탁. 犖은 얼룩소 낙(락). 명백하다. ㅇ羨溢乎要荒 - 羨溢(선일)은 남아 넘치다. 要荒은 要服과 荒服. 아주 먼 땅 끝. 王畿(왕기)에서 2천 리와 2천5백 리 밖의 땅. ㅇ玄秬,黃麰 - 秬는 찰기장 거. 오곡의 하나. 麰는 봄보리 모. ㅇ峨峨如也 - 峨峨(아아)는 위엄이 있는 모양, 태도. 峨는 산 높을 아. ㅇ蓋用昭明寅畏 - 寅畏(인외)는 공경하고 두려워하다. 寅은 敬也. 삼가다. ㅇ承聿懷之福 - 聿은 붓 율(筆과 同). 서술하다(述也). 懷는 생각하다(思也). ㅇ貽燕後昆 - 貽는 물려주다(遺也). 燕은 安也. 後昆(후곤)은 子孫. ㅇ覆以懿鑠 - 覆은 덮을 복. 거듭하다(重也). 懿는 아름다울 의. 鑠은 녹일 삭. 빛나다. 아름답다. ㅇ宜亦勤恁旅力 - 恁은 생각할 임(念也). 旅는 늘어설 여. 진열하다(陳也) ㅇ以充厥道 - 充은 當也, ㅇ啓恭館之金縢 - 恭館은 恭肅之館, 곧 종묘. 金縢(금등)은 쇠로 봉한 匱(궤, 함), ㅇ御東序之秘寶 - 御는 陳也. 東序는 종상(東廂, 廂은 행랑 상. 건물). 秘寶는 河圖와 같은 소중한 보물.

[國譯]

「이에 三公, 九卿과 諸侯 등 여러 신료가 함께 나아가 말했다.

"폐하께서는 상고의 〈堯典〉을 본받으시고 조종의 제도를 준수하시며, 아래로는 종실 법도를 지키시고 몸소 효도하시며, 종실과 돈후화목하시고 백성을 교화하셨습니다. 또 백성을 편안하게 위무하시고 환과고독의 窮民을 특별히 진휼하셨습니다. 폐하께서는 산천과 천지 신령을 제사하시고 그밖에 많은 신령을 받드셨습니다. 그리하여 대궐 궐문에 봉황이 날아오자 많은 새들이 떼지어 날았고 기린이 여러 짐승을 거느리고 외곽의 苑囿(원유)에 모여들었으며, 교외에서는 緇文皓質(치문호질)의 騶虞(추우)가 출현하였고, 늪에서는 黃龍이 승천하였으며, 무성한 풀밭에 밤새 감로가 내렸고, 숲에서는 三足烏(삼족오)가 떼지어 아래로 위로 날았습니다. 그리고 嘉禾(가화)와 靈芝(영지)가 자라났으며, 기이한 짐승(白虎)과 신령스런 새(白雉)가 나타나 瑞圖에 상응하고 史諜(사첩)에 합일하였으니, 이처럼 상서로운 일의 빈번한 출현은 교외에서는 아침저녁으로, 나라 안에서는 날마다 달마나 나타났으며, 사방에서 분명하게 또 먼 땅 끝에서도 많아 넘칠 지경이었습니다. 옛 周 成王 때 흰꿩(素雉)을 헌상받은 이래로 朱烏(赤烏, 붉은 까마귀)가 玄秬(현거, 검은 기장)와 黃麰(황모, 누런 봄보리)를 물고 나타나자, 주군과 신하 모두 놀랐고 백성은 이를 보고하였으며 신하들은 더욱 엄숙한 威儀를 갖추었습니다. 이처럼 공경하고 두려워하는 마음은 옛 행적을 기록하여 흠모한 복이었습니다. 또한 文王과 武王의 영험한 은총을 후손에게 물려준 훌륭한 복록이었으니, 이를 어찌 자신의 것으로만 생각하여 단순히 칭송의 글만 지을 수 있겠습니까? 만약 漢이 이런 符瑞를 받는다면 응당 부지런히 힘을 써서 그런 도를 실천하고 종묘에 보관 중인 쇠로 봉환 궤를 열고 東序(東廂)의 秘寶(비보)를 다 열어 두루 점을 쳐보아야 합니다."」

■ 原文

「"夫圖書亮章, 天哲也. 孔猷先命, 聖孚也. 體行德本, 正性也. 逢吉丁辰, 景命也. 順命以創制, 定性以和神, 答三靈之繁祉, 展放唐之明文, 茲事體大而允, 寤寐次於聖心. 瞻前顧後, 豈蔑淸廟憚勑天乎? 伊考自邃古, 乃降戾爰茲, 作者七十有四人, 有不偉而假素, 罔光度而遺章, 今其如臺而獨闕也!」

| 註釋 | ○夫圖書亮章, 天哲也 – 圖書는 〈河圖〉와 〈洛書〉. 亮은 진실로. 章은 밝게 하다. 깨우치다. 哲은 지혜(智也). ○孔猷先命, 聖孚也 – 孔은 孔子. 猷는 꾀 유. 시도하다(圖謀也), 孚는 믿을 만하다. ○體行德本 – 體行은 몸소 행하다(躬行). 德本은 孝道. ○逢吉丁辰, 景命也 – 丁은 當也. 辰(때 신)은 吉時. 景은 大也. ○順命以創制 – 命은 하늘이 내린 符瑞. ○答三靈之繁祉 – 三靈은 天, 地, 人의 神靈. 繁祉는 큰 복. 繁은 多也. 祉는 福也. ○展放唐之明文 – 展放은 따라서 실천하다. 唐堯의 明文은 封禪을 행하는 일. ○茲事體大而允 – 茲事는 封禪之事, 大而允은 크고도 중요한 일이다. ○寤寐次於聖心 – 늘 (천자의) 마음에 새겨두고 잠깐이라도 잊을 수 없다. 次는 止也. ○瞻前顧後 – 선왕의 사적을 살펴보거나 후손을 생각해서라도. ○豈蔑淸廟憚勑天乎 – 蔑은 업신여길 멸(輕也). 憚은 꺼릴 탄. 실천을 어렵게 생각하고 회피하다. 勑天은 천명을 바르게 실천하기. 곧 封禪 大事 거행.

[國譯]

「〈河圖〉와 〈洛書〉는 확실한 사실이니, 이는 천자의 지혜를 깨우치는 것입니다. 공자의 의도는 漢室의 封禪이며, 이는 성인의 신념이었습니다. 효행 실천은 바른 본성입니다. 聖代에 吉時를 골라서 封禪은 하늘의 大命을 따르는 것입니다. 천명에 순응하여 漢室의 바탕을 튼튼히 하기는 본성에 따라 心神의 조화를 꾀하는 것이고,

三靈에게 내리는 큰 복록에 보답하는 길이며, 唐堯의 明文(封禪)을 행하는 일은 크고도 중요한 일이라서 늘 (천자의) 마음에 새겨두고 잠깐이라도 잊을 수 없습니다. 선왕과 후손을 생각해서라도 어찌 사직을 경시하거나 (봉선을) 어렵다고 생각하여 회피할 수 있겠습니까? 생각해보면, 먼 옛날부터 지금에 이르기까지 봉선을 시행한 제왕은 74명이었고, 봉선을 하지 않고서 竹帛(죽백)의 글로 제사하면 법도를 널리 펴지 않고 文章을 放棄하는 것인데, 지금 우리만 왜 아니해야 하겠습니까!"」

原文

「是時聖上固已垂精游神, 包擧藝文, 屢訪群儒, 諭咨故老, 與之乎斟酌道德之淵源, 餚核仁義之林藪, 以望元符之臻焉.

既成群后之讜辭, 又悉經五繇之碩慮矣. 將紼萬嗣, 煬洪暉, 奮景炎, 扇遺風, 播芳烈, 久而愈新, 用而不竭, 汪汪乎丕天之大律, 其疇能亘之哉? 唐哉皇哉, 皇哉唐哉!」

| 註釋 | ○諭咨故老 − 諭는 告하다. 咨는 물을 자. 널리 계획하다(謀也). ○與之乎斟酌道德之淵源 − 道德과 仁義는 인간이 늘 실천하는 것이기에 음식에 비유하여 斟酌(짐작)이라 표현하였다. ○餚核仁義之林藪 − 餚核(효핵)은 안주. 餚는 肴와 同. 核은 果實. 林藪(임수)는 냇물의 근원. ○以望元符之臻焉 − 元은 天也. 符는 瑞也. ○既成群后之讜辭 − 讜은 곧은 말 당(直言也). ○又悉經五繇之碩慮矣 − 繇는 점괘 주(兆辭). 부역 요.

말미암을 유. 碩은 클 석(大也). 慮는 思慮(사려). ○將絣萬嗣 - 이을 붕(續也). 팽팽히 당긴 줄 팽. ○奮景炎 - 景은 大也. 炎은 火德. ○汪汪乎丕天之大律 - 汪汪은 넓고 깊은 모양(深也). 律은 法也. ○其疇能亘之哉 - 疇는 누구 주(誰也), 밭두둑 주. 丕은 클 비(大也). 亘은 걸칠 긍, 다할 긍(竟也). ○唐哉皇哉, 皇哉唐哉 - 唐哉는 堯也, 皇哉는 漢也.

[國譯]

「이때에 聖上(章帝)께서는 정신을 집중하시어 典籍의 저작을 주관하시며, 여러 유생을 불러 자문하시고 원로들의 의견을 참고하면서 학자들과 함께 도덕의 연원을 탐색하시고 仁義의 근본을 깊이 고찰하시면서 하늘의 祥瑞가 있기를 기대하였다.

여러 제후 왕의 직언은 이미 집성이 되었고, 또 5가지 점괘에 대한 熟慮(숙려)도 다 지나갔습니다. 앞으로 만대의 후손에 이어지고 성대한 빛을 발할 위대한 火德을 떨치고(奮振) 漢의 유풍을 널리 宣揚하고 훌륭한 업적을 널리 알리며, 또 오래도록 더욱 새로워지고 아무리 써도 다함이 없으며(不竭), 더욱 깊어질 위대한 天命의 大法에 같이 할 자가 그 누구겠습니까? 오로지 堯와 漢이며, 오로지 漢과 堯뿐입니다.」

原文

固後以母喪去官. 永元初, 大將軍竇憲出征匈奴, 以固爲中護軍, 與參議. 北單于聞漢軍出, 遣使款居延塞, 欲修呼韓邪故事, 朝見天子, 請大使. 憲上遣固行中郎將事, 將數

百騎與虜使俱出居延塞迎之. 會南匈奴掩破北庭, 固至私渠
海, 聞虜中亂, 引還. 及竇憲敗, 固先坐免官.

| 註釋 | ○(和帝) 永元初 − 永元 2년(서기 90), 南單于는 북흉노를 河雲
(하운)이란 곳에서 대파했었다. ○以固爲中護軍 − 中護軍(또는 護軍)은 護
軍將軍의 속관, 護軍都尉는 장군의 명을 받아 군사 지휘, 護軍司馬는 장군
의 업무를 보좌하는 중급 무관. 부대 내 감찰 업무 수행. ○居延塞 − 居延
의 要塞(요새), 前漢의 居延城은 張掖都尉의 治所. 後漢 安帝時, 張掖都尉
의 관할 지역을 張掖居延屬國이라 했다. 今 內蒙古 阿拉善盟 관할 額濟納
旗 동남. 漢代 居延澤은 늪지, 호수. 唐代 이후로는 '居延海'로 불렸다. 지
금은 지도에서 사라진 호수. ○呼韓邪(호한야) − 흉노 선우의 이름. 전한
초기 강성했던 흉노는 武帝 이후 쇠약해졌고, 宣帝 재위 중에는 呼韓邪單
于(호한야선우, 재위 前 58 − 31) 때 흉노는 선우가 남북으로 갈라진다. 호한야
선우는 前 51년에 장안에 와서 선우로서는 최초로 中原의 황제(宣帝)를 알
현한다. 元帝 마지막 해인 竟寧(前 33년)에 또 한 번 장안에 와서 和親하고
유명한 王昭君(왕소군)을 데리고 돌아갔다. ○私渠海 − 私渠比鞮海(사거비
제해)의 간칭. 흉노 땅의 지명. 今 蒙古國 서부 杭愛山脈의 동남쪽 고비알
타이(戈壁阿爾泰) 산맥의 접경 지역에 해당. 海는 내륙의 큰 호수. 예 北京
의 十刹海, 中南海, 裏海(카스피해)나 鹹海(함해, Aral해). 그러나 여기 海는
사막을 의미.

[國譯]
　班固는 뒷날 모친상을 당해 사직하였다. (和帝) 永元 초기에, 大
將軍 竇憲(두헌)은 흉노를 원정하였는데 반고는 中護軍으로 참모가
되었다. 北單于는 漢軍이 출정한다는 소식을 듣고 사자를 居延塞(거

연세)에 보내 (宣帝 때) 呼韓邪單于(호한야선우)의 전례에 따라 천자를 알현하고자 사절을 보내달라고 요청하였다. 이에 두헌은 반고를 中郞將 직무대행으로 보내 수백 기병을 거느리고 居延塞에 가서 북흉노 선우를 영접했다. 마침 南匈奴가 북선우의 근거지를 엄습하였는데, 반고는 私渠海(사거해)까지 갔다가 흉노 내분 소식을 듣고 군사를 이끌고 되돌아왔다. 뒤에 두헌이 패망하였는데, 반고는 그 이전에 죄를 범해 파직되었다.

∥原文

固不教學諸子, 諸子多不遵法度, 吏人苦之. 初, 洛陽令种兢嘗行, 固奴干其車騎, 吏椎呼之, 奴醉罵, 兢大怒, 畏憲不敢發, 心銜之. 及竇氏賓客皆逮考, 兢因此捕繫固, 遂死獄中. 時年六十一. 詔以譴責兢, 抵主者吏罪.

固所著〈典引〉,〈賓戲〉,〈應譏〉,詩,賦,銘,誄,頌,書,文,記,論,議,六言, 在者凡四十一篇.

| 註釋 | ○洛陽令种兢 − 种은 어릴 충. 성씨. ○抵主者吏罪 − 주모자인 관리로 법을 어긴 죄.

【國譯】

반고는 여러 아들 교육을 제대로 시키지 않아 아들들이 법도를 지키지 않았고 관리들은 적잖이 고생을 하였다. 그전에 낙양 현령인 种兢(충긍)이 길을 가는데 반고의 노비가 수레를 막아서자, 관리가 때려주고 꾸짖었는데 그 노비가 욕을 하여 충긍은 대노했지만 두헌의 권세가 두려워 어쩌지 못하고 마음에 감정을 품었다. 뒷날 두헌의 빈객들까지 체포 고문당할 때 충긍은 반고를 잡아가두었고, 반고는 옥중에서 죽었다. 그때 나이 61세였다. 조서를 내려 충긍을 문책하고 주모자 관리로 처벌하였다.

반고는 〈典引篇〉, 〈賓戱〉, 〈應譏〉를 지었고 詩, 賦, 銘, 誄(뢰), 頌, 書, 文, 記, 論, 議, 六言 등 41편이 남아있다.

原文

論曰, 司馬遷, 班固父子, 其言史官載籍之作, 大義粲然著矣. 議者咸稱二子有良史之才. 遷文直而事核, 固文贍而事詳. 若固之序事, 不激詭, 不抑抗, 贍而不穢, 詳而有體, 使讀之者亹亹而不猒, 信哉其能成名也. 彪, 固譏遷, 以爲是非頗謬於聖人. 然其論議常排死節, 否正直, 而不敘殺身成仁之爲美, 則輕仁義, 賤守節愈矣. 固傷遷博物洽聞, 不能以智免極刑. 然亦身陷大戮, 智及之而不能守之. 嗚呼, 古人所以致論於目睫也!

| 註釋 | ○不激詭, 不抑抗 − 激은 揚也. 詭(속일 궤)는 헐뜯다. 抑(누를 억)은 退也. 抗은 進也. ○亹亹而不猒 − 亹亹는 부지런히 힘쓰는 모양. 猒는 힘쓸 미. ○以爲是非頗謬於聖人 − 사마천의 시시비비가 성인의 뜻과는 다르다. 黃老를 숭상하고 五經을 가벼이 본 것, 仁義를 경시하고 守節을 천히 여긴 뜻을 비판하였다. ○不敘殺身成仁之爲美 − 不敘는 천하게 보지

않았다. 廝는 천할 시, 하인 시. ○賤守節愈矣 – 愈는 나을 유. 심하다(甚也). ○不能以智免極刑 – 蠶室(잠실)에 보내져서 궁형을 받은 일. ○智及之而不能守之 – 지혜로워도 자기 몸을 지키지 못하다. ○古人所以致論於目睫也 – 睫은 속눈썹 첩. 눈은 먼 곳에 있는 아주 작은 것을 보면서도 가장 가까운 속눈썹을 보지 못하는 폐단(目論)과 같다. 目論은 겉만 알고 진실을 모르는 이론이나 주장. 자신에 대해서는 모르고 남을 논하는 천박한 주장. 반고가 사마천을 비판하였지만 결국 자신도 화를 당해 옥사할 줄은 몰랐다는 뜻.

[國譯]

范曄(범엽)의 史論 : 司馬遷과 班固 父子의 史書 저술은 그 大義가 찬란하고 분명하다. 論者들은 두 사람이 모두 良史의 재능을 가졌다 하였다. 사마천의 문장은 정직하고 서술은 핵심을 잘 파악하였으며, 반고의 문장은 풍부하면서도 상세하다. 반고의 사실 기록은 칭송이 지나치거나 시류에 휩쓸리지 않았으며, 풍부하나 잡되지 않고 상세하면서도 條理가 있어 사람들이 읽고 읽어도 질리지 않기에 그의 명성은 당연하다고 볼 수 있다. 班彪(반표)와 班固는 사마천의 시비가 聖人의 관점과 다르다고 비판하였다. 그리하여 (사마천이) 평론에서 도덕을 지킨 죽음을 배척하고 정직한 행위를 부정적으로 보거나 살신성인의 미덕을 서술하지 않은 것은 仁義를 경시하고 절의를 지킨 사람을 낮게 평가하였다고 비판하였다. 반고는 사마천이 넓은 견문에도 불구하고 자신의 지혜로 極刑(腐刑, 宮刑)을 면하지 못한 것을 슬퍼하였다. 그렇지만 반고도 형을 받아 옥사하였으니, 그 지혜는 사마천과 비슷하면서도 역시 자신을 지키지 못했다. 嗚呼라! 古人의 이런 논평은 자신도 속눈썹을 보지 못하면서 의론을 말하기 때문일 것이다.

贊曰, 二班懷文, 裁成帝墳. 比良遷,董, 兼麗卿,雲. 彪識
皇命, 固迷世紛.

|註釋| ○裁成帝墳 – 帝墳은 황제의 事跡. ○比良遷,董 – 司馬遷과 董
狐(동호). 董狐(동호)는 春秋 시기 晉國 史官. ‘史狐’으로도 표기. ○兼麗
卿,雲 – 司馬長卿(司馬相如)과 楊子雲(楊雄. 揚雄).

[國譯]

贊曰,

班氏父子는 문재가 있어 漢代의 傳承을 편찬했다.

司馬遷과 董狐보다 낫고, 相如과 楊雄과도 같았다.

班彪는 天命을 살폈고, 班固는 분란에 미혹되었다.

41 第五鍾離宋寒列傳
〔제오,종리,송,한 열전〕

❶ 第五倫

原文

第五倫字伯魚, 京兆長陵人也. 其先齊諸田, 諸田徙園陵
者多, 故以次第爲氏. 倫少介然有義行. 王莽末, 盜賊起, 宗
族閭里爭往附之. 倫乃依險固築營壁, 有賊, 輒奮厲其衆,
引彊 持滿以拒之, 銅馬,赤眉之屬前後數十輩, 皆不能下.
倫始以營長詣郡尹鮮于襃, 襃見而異之, 署爲吏. 後襃坐事
左轉高唐令, 臨去, 握倫臂訣曰, "恨相知晚."

│註釋│ ○第五倫(제오륜) - 第五는 複姓. ○京兆長陵 - 京兆尹 長陵縣.
長陵은 高祖의 능. 今 陝西省 咸陽市 渭城區 正陽鎭 소재. 漢 高祖와 그 황후
呂雉(여치)의 同塋異穴의 合葬 陵園. 蕭何, 曹參, 周勃(주발), 戚夫人(척부인)

등 陪葬墓 63座가 있다. ○介然 – 耿介(경개). 절조를 굳게 지켜 세속과 타협하지 않다. ○高唐 – 平原郡의 縣名. 今 山東省 북부 德州市 관할 禹城市.

[國譯]

第五倫(제오륜)의 字는 伯魚(백어)인데, 京兆尹 長陵縣 사람이다. 그의 선조는 齊의 田氏인데, 田氏로 황릉 주변 현으로 이주한 사람이 많았는데 이주한 순서로 성씨를 삼았다. 제오륜은 젊어서 지조와 의리를 지켰다. 王莽(왕망) 말기 각지에서 도적이 일어날 때, 宗族과 마을 사람들이 서로 경쟁하듯 찾아가서 귀부하였다. 그러나 제오륜은 험지에 성벽을 쌓고 지키면서 도적떼가 들어오면 그 무리를 격려하며 함께 힘써 싸워 銅馬(동마)나 赤眉(적미) 무리의 전후 10여 차례 공격을 모두 막아내었다. 제오륜은 鎭營의 대표로 경조윤인 鮮于襃(선우포)를 알현하였는데, 선우포는 제오륜을 만나본 뒤에 특별히 屬吏로 임용하였다. 뒷날 선우포는 업무상 과오로 高唐(고당) 縣令으로 좌천되어 떠나면서 제오륜의 어깨를 잡고 "너무 늦게 만난 것이 아쉽다."고 말하며 헤어졌다.

原文

倫後爲鄕嗇夫, 平徭賦, 理怨結, 得人歡心. 自以爲久宦不達, 遂將家屬客河東, 變名姓, 自稱王伯齊, 載鹽往來太原, 上黨, 所過輒爲糞除而去, 陌上號爲道士, 親友故人莫知其處.

數年, 鮮于襃薦之於京兆尹閻興, 興卽召倫爲主簿. 時長

安鑄錢多姦巧, 乃署倫爲督鑄錢掾, 領長安市. 倫平銓衡,
正斗斛, 市無阿枉, 百姓悅服. 每讀詔書, 常歎息曰, "此聖
主也, 一見決矣." 等輩笑之曰, "爾說將尙不下, 安能動萬乘
乎?" 倫曰, "未遇知己, 道不同故耳."

| 註釋 | ○嗇夫(색부) - 鄕職名. 공평한 부역이 되도록 조정 역할 담당.
園陵의 색부는 제사 관련 업무도 담당. ○糞除 - 소제하다. ○萬乘 - 天
子.

[國譯]

第五倫(제오륜)은 뒷날 鄕(향)의 嗇夫(색부)로 鄕의 요역과 부세를
공평히 부과하였고 원한을 해결해주어 사람들의 환심을 샀다. 제오
륜은 향직에 오래 근무했으나 승진하지 못하자 가족을 거느리고 河
東郡으로 이사했고, 성명을 바꿔 王伯齊(왕백제)라 하면서 소금을 싣
고 太原郡과 上黨郡을 왕래하였는데, 가는 곳마다 지저분한 것을 소
제하여 길가는 사람들이 '正道를 가진 사람'이라 생각하였지만 친
우나 지인들은 제오륜이 어디 출신인가를 알지 못했다.

수년 뒤에 鮮于襃(선우포)는 제오륜을 京兆尹 閻興(염흥)에 천거하
였고, 염흥은 제오륜을 불러 主簿(주부)로 삼았다. 그때 長安에서는
鑄錢(주전)하면서 부정이 많았는데, 이에 제오륜은 주전을 감독하는
掾吏가 되어 長安의 市場까지 감독케 하였다. 제오륜은 저울을 맞게
하고 말(斗)이나 斛(곡)을 바로잡아 시장에 불법이 없어지자 백성들
이 기뻐하였다. 제오륜은 매번 조서를 읽을 때마다 늘 "이분은 聖主
이시니 한 번 알현하면 뜻을 이룰 수 있을 것이다."라고 말했다. 이

에 동료들은 제오륜을 비웃으며 "당신은 경조윤한테도 인정을 못 받으면서, 어찌 萬乘 天子를 감동시킬 수 있겠는가?"라고 말했다. 이에 제오륜은 "知己를 만나지 못했고, 道가 다르기 때문이요."라고 말했다.

原文

建武二十七年, 舉孝廉, 補淮陽國醫工長, 隨王之國. 光武召見, 甚異之. 二十九年, 從王朝京師, 隨官屬得會見, 帝問以政事, 倫因此酬對政道, 帝大悅. 明日, 復特召入, 與語至夕. 帝戲謂倫曰, "聞卿爲吏篣婦公, 不過從兄飯, 寧有之邪?" 倫對曰, "臣三娶妻皆無父. 少遭饑亂, 實不敢妄過人食." 帝大笑.

倫出, 有詔以爲扶夷長, 未到官, 追拜會稽太守. 雖爲二千石, 躬自斬芻養馬, 妻執炊爨. 受俸裁留一月糧, 餘皆賤貿與民之貧羸者. 會稽俗多淫祀, 好卜筮. 民常以牛祭神, 百姓財産以之困匱, 其自食牛肉而不以薦祠者, 發病且死先爲牛鳴, 前後郡將莫敢禁. 倫到官, 移書屬縣, 曉告百姓.

其巫祝有依託鬼神詐怖愚民, 皆案論之. 有妄屠牛者, 吏輒行罰. 民初頗恐懼, 或祝詛妄言, 倫案之愈急, 後遂斷絶, 百姓以安.

| 註釋 | ○建武 二十七年 - 서기 51년. ○篣婦公 - 篣은 볼기칠 방. 키

(농기구 이름) 방. 婦公은 아내의 아버지, 丈人. ○扶夷長 - 扶夷(부이)는 零陵郡의 縣名. ○妻執炊爨 - 炊은 불 땔 취. 취사하다. 爨은 불 땔 찬. 밥을 짓다. ○貧羸者 - 가난하고 병약한 자. 羸는 여윌 리. 앓다.

[國譯]

建武 27년, 孝廉으로 천거되어 淮陽國의 醫工長으로 보임되어 회양왕을 따라 회양국에 부임하였다. 光武帝가 불러보고서 매우 기특하다 생각하였다. 29년, 회양왕을 따라 낙양에 입조하여 다른 관속과 함께 광무제를 알현하였는데 광무제가 정사에 관해 묻자, 제오륜은 政道로 응대하자 광무제는 크게 기뻐하였다. 다음 날도 다시 특별히 불려 들어가 저녁까지 이야기를 하였다. 광무제가 제오륜에게 농담으로 물었다. "듣자니, 경은 관리가 되어 장인의 볼기를 때리고 형의 집에 가서도 밥을 안 먹었다는데 그런 일이 있는가?" 그러자 제오륜이 대답하였다. "臣이 아내를 세 번 맞이했는데 모두 장인이 없었습니다. 젊어서 흉년이 들었을 때 사실은 다른 사람의 집에 가서 식사를 하지 않았을 뿐입니다." 그러자 광무제가 크게 웃었다.

제오륜이 어전에서 물러나자 扶夷(부이)는 縣長에 임명되었는데, 미처 부임하기 전에 會稽(회계) 太守로 추가 발령을 받았다. (제오륜은) 태수이지만 몸소 풀을 베어다가 말을 먹였으며, 그 아내는 불을 때어 밥을 지었다. 받은 봉록으로 한 달 치 양식만을 남겨두고 나머지는 모두 물가가 쌀 때 곡식을 샀다가 가난하고 병든 자에게 나눠 주었다.

회계 지역의 습속은 淫祀(음사)가 많고 卜筮(복서, 점치기)를 좋아하였다. 백성은 소를 잡아 제사하였기에 백성의 재산은 늘 바닥이었으며, 소를 잡아먹지 않거나 제사하지 않으면 병이 나고 죽기 전에는 소처럼 울게 된다고 생각하였는데, 이전 태수들도 이를 금지시키지 못했다. 제오륜은 부임하면서 屬縣에 문서를 보내 백성을 깨우치게 하였다. 또 귀신을 핑계로 백성을 속이거나 겁을 주는 무당은 모두 법으로 처단케 하였다. 또 함부로 소를 죽이는 자는 즉시 형벌에 처하게 하였다. 백성은 처음에 두려워하며 망언으로 저주했지만 제오륜이 더욱 엄하게 다스리자, 결국은 소를 죽여 제사하는 일은 없어졌고 백성은 안정되었다.

永平五年, 坐法徵, 老小攀車叩馬, 啼呼相隨, 日裁行數里, 不得前, 倫乃僞止亭舍, 陰乘船去. 衆知, 復追之. 及詣廷尉, 吏民上書守闕者千餘人. 是時, 顯宗方案梁松事, 亦多爲松訟者. 帝患之, 詔公車諸爲梁氏及會稽太守上書者勿復受. 會帝幸廷尉錄囚徒, 得免歸田里. 身自耕種, 不交通人物. 數歲, 拜爲宕渠令, 顯拔鄕佐玄賀, 賀後爲九江,沛二郡守, 以淸潔稱, 所在化行, 終於大司農.

倫在職四年, 遷蜀郡太守. 蜀地肥饒, 人吏富實, 掾史家資多至千萬, 皆鮮車怒馬, 以財貨自達. 倫悉簡其豐贍者遣還之, 更選孤貧志行之人以處曹任, 於是爭賕抑絶, 文職修理. 所擧吏多至九卿,二千石, 時以爲知人.

| 註釋 | ○永平五年 - 서기 62년. ○梁松 - 梁統의 아들. 光武帝의 長女 舞陰長公主와 결혼. 양송은 여러 번 私書를 보내 郡縣에 청탁을 했는데, (明帝) 永平 2년에 발각되어 면직되자 원망을 품었다. 4년 겨울에 縣에서 무기명 투서를 보내 비방하자 하옥되었다가 죽었다. 34권, 〈梁統列傳〉에 立傳. ○宕渠(탕거) - 巴郡의 현명. ○怒馬 - 말이 살찌고 건장하여 그기운이 분노하는 것 같은 말. ○爭賕 - 賕는 뇌물 구. 청하다. 以財相貨.

[國譯]

　(明帝) 永平 5년, 제오륜이 법을 위반하여 소환되자 많은 백성들이 수레에 매달리거나 말을 붙잡고 울면서 따라와 하루에 겨우 몇 리를 가거나 가지 못하자, 제오륜은 거짓으로 亭에 묵었다가 은밀히 배를 타고 떠나왔다. 백성들이 알고서는 다시 쫓아왔다. 백성들은 廷尉部까지 와서 상서하면서 궁궐에 머무는 자가 1천여 명이나 되었다. 이때 顯宗(明帝)은 梁松(양송)의 사안을 다루고 있었는데, 양송을 위해 변호하려는 백성이 많았다. 명제는 이를 걱정하여 公車令에게 梁松이나 회계태수를 위하여 올라오는 상서를 다시는 받지 말라고 명령하였다. 그리고 명제가 정위부에 행차하여 죄수의 기록을 다시 심리한 뒤에 (제오륜을) 사면하여 귀향하게 하였다. 제오륜은 몸소 농사를 지으며 다른 사람과 왕래하지 않았다. 몇 년 지나 제오륜은 (巴郡) 宕渠(탕거) 현령이 되었는데, 제오륜은 鄕佐인 玄賀(현하)를 높이 천거하였고, 현하는 뒷날 九江과 沛郡(패군)의 태수를 역임하였으며, 청렴결백한 관리로 칭송을 들었고 임지의 교화에 성공하였으며 大司農을 역임하였다.

　제오륜은 재직 4년에 蜀郡太守로 승진하였다. 蜀郡의 비옥 풍요로운 땅으로 백성이나 관리가 부유하였고 관리 개인 자산이 많으면 1천만 전이나 되었으며, 모두가 좋은 수레에 큰 말을 타고 다녔으며 재물로 승진하는 일이 많았다. 제오륜은 재산이 많은 관리들을 골라 내보내고 가난하지만 뜻을 가진 사람을 선발하여 각 부서의 일을 맡기자, 이로부터 뇌물을 쓰는 관습이 없어지고 업무처리가 깨끗해졌다. 제오륜이 등용한 관리들 중에 9卿이나 태수로 승진한 사람이 많아 그대 사람들은 제오륜이 사람을 볼 줄 안다고 말했다.

原文

視事七歲, 肅宗初立, 擢自遠郡, 代牟融爲司空. 帝以明德太后故, 尊崇舅氏馬廖, 兄弟並居職任. 廖等傾身交結, 冠蓋之士爭赴趣之. 倫以后族過盛, 欲令朝廷抑損其權, 上疏曰,

「臣聞忠不隱諱, 直不避害. 不勝愚狷, 昧死自表.《書》曰, '臣無作威作福, 其害於而家, 凶於而國.' 傳曰, '大夫無境外之交, 束脩之饋.' 近代光烈皇后, 雖友愛天至, 而卒使陰就歸國, 徙廢陰興賓客, 其後梁·竇之家, 互有非法, 明帝即位, 竟多誅之. 自是洛中無復權威, 書記請托一皆斷絶. 又譬諸外戚曰, "苦身待士, 不如爲國, 戴盆望天, 事不兩施." 臣常刻著五臟, 書諸紳帶. 而今之議者, 復以馬氏爲言. 竊聞衛尉廖以布三千匹, 城門校尉防以錢三百萬, 私贍三輔衣冠, 知與不知, 莫不畢給. 又聞臘日亦遺其在洛中者錢各五

千, **越**騎校尉光, 臘用羊三百頭, 米四百斛, 肉五千斤. 臣愚以爲不應經義, 惶恐不敢不以聞. 陛下情慾厚之, 亦宜所以安之. 臣今言此, 誠欲上忠陛下, 下全后家, 裁蒙省察.」

| 註釋 | ○肅宗初立 – 章帝 재위, 서기76－88년. ○牟融(모융, ?－70년) – 牟는 소가 우는 소리 모. 성씨. 26권,〈伏侯宋蔡馮趙牟韋列傳〉에 立傳. ○明德太后 – 明德馬皇后(30?－79년), 名 不詳, 漢 明帝 劉莊의 皇后, 伏波將軍 馬援(마원)의 딸. 無子, 章帝의 養母, 아주 모범적인 황후였다. ○不勝愚狷 – 愚狷(우견)은 狂狷. 사려가 부족하여 완고하다. 狷은 성급할 견. 뜻을 굽히지 아니하다. ○《書》曰 –《尙書 洪範》. ○束脩之饋 – 束은 비단. 脩는 말린 고기(脯). 饋는 먹일 궤. 보내다. 받다. ○光烈皇后 – 光烈陰皇后 陰麗華(서기 5－64년), 光武帝의 2任 皇后, 미모가 뛰어났기에 광무제도 일찍이 '벼슬을 한다면 執金吾(집금오)를 해야 하고, 결혼을 한다면 응당 陰麗華를 얻어야 한다.' 고 말했다. 明帝의 생모. 本紀 10권,〈皇后紀〉(上)에 입전. ○裁蒙省察 – 裁는 纔, 才. 겨우, 그야말로.

[國譯]

제오륜이 재직 7년에, 肅宗(章帝)이 즉위하면서 먼 외지 郡 태수를 발탁하였는데, 제오륜은 牟融(모융)의 후임으로 司空이 되었다. 章帝는 明德太后의 양육을 받았기에 외숙 馬廖(마료)를 존숭하였고 그 형제가 모두 요직에 있었다. 마료 등이 몸을 낮춰 士人과 교제하자 冠蓋之士들은 다투어 馬氏 일족과 교제하였다. 제오륜은 태후 일족이 지나치게 강성해지는 것을 걱정하며 조정에서 권한을 억제해야 한다고 생각하여 상소하였다.

「臣이 알기로, 忠心은 숨기는 것이 없어야 하고 정직은 위해를 피하지 않는다고 하였습니다. 臣은 우직한 고집을 억제하지 못하여 죽음을 각오하고 상주하겠습니다. 《尙書》에서는 '신하는 위세를 부리거나 복록을 내릴 수 없으니, 그 폐해는 가문에 이르고 나라에도 흉한 일이다.' 라고 하였습니다. 다른 책에서는 '大夫는 업무 이외의 일로 왕래하지 않고 예물을 받을 수 없다.' 고 하였습니다. 근자에 光烈(陰)皇后께서는 천성적으로 형제 우애가 깊었지만 결국엔 (친정 형제) 陰就(음취)를 봉국으로 내보냈고 陰興(음흥)의 賓客들을 내쫓았으며, 그 뒤에 梁王과 竇氏의 집안에서 불법을 자행하자 明帝께서 즉위하신 뒤에 결국 처형되었습니다. 이후로 洛陽에서는 다시는 권위를 부리는 자가 없었고 私信으로 청탁이 완전히 없어졌습니다. 또 명제께서는 어린 외척에게 "고생하며 士人 접대하기는 나라를 위하는 일만 못하고, 동이를 덮어쓰고 하늘을 보는 일은 할 일이 아니다."라고 훈계하셨습니다. 臣은 이를 늘 마음에 잊지 않았으며 허리띠에 써놓았습니다. 지금 여러 사람들이 馬氏들을 말하고 있습니다. 신이 듣기로는, 衛尉(위위)인 馬廖(마료)는 布 3천 필을, 城門校尉인 馬防(마방)은 3백만 전을 개인적으로 三輔 지역의 관리나 士人에게 알든 모르든 베풀었다고 합니다. 또 섣달 臘日(납일)에도 낙양에 머무는 사람에게 금전을 5천씩 나누어 주었으며, 越騎校尉인 馬光(마광)은 臘祭(납제)에 羊 3백 두, 쌀 4백 곡, 고기 5천 근을 썼다고 하였습니다. 臣은 우매하지만, 이는 경전의 대의에 맞지 않기에 황공하지만 말씀드리지 않을 수가 없습니다. 폐하께서 외척에게 후한 대우를 하시고 싶다면 적합한 곳에 그들을 편히 지내게 해야 합니다. 신이 지금 이를 말씀드리는 것은 위로는 폐하께 충성하는 뜻이고, 아래로는 태후의 가문을 온전케 하려는 뜻이오니 살펴주시기 바랍니다.」

及馬防爲車騎將軍, 當出征西羌, 倫又上疏曰,

「臣愚以爲貴戚可封侯以富之, 不當職事以任之. 何者?
繩以法則傷恩, 私以親則違憲. 伏聞馬防今當西征, 臣以太
后恩仁, 陛下至孝, 恐卒有纖介, 難爲意愛. 聞防請杜篤爲
從事中郎, 多賜財帛. 篤爲鄉里所廢, 客居美陽, 女弟爲馬
氏妻, 恃此交通, 在所縣令苦其不法, 收繫論之. 今來防所,
議者咸致疑怪, 況乃以爲從事, 將恐議及朝廷. 今宜爲選賢
能以輔助之, 不可復令防自請人, 有損事望. 苟有所懷, 敢
不自聞.」

並不見省用.

| 註釋 | ○馬防(마방, ?-101년) - 馬援의 차남. (章帝) 建初 2년, 金城郡
과 隴西郡 경내의 강족들이 모두 반기를 들자, 마방은 車騎將軍 직무 대행
이 되어 長水校尉 耿恭(경공)을 副職으로 삼아 北軍 五校의 병력과 여러 군
에서 차출한 활을 잘 쏘는 군사 등 3만 명을 거느리고 강족을 토벌에 나섰
다. 24권, 〈馬援列傳〉에 입전. ○恐卒有纖介, 難爲意愛 - 纖介(섬개)는 아
주 작은 것, 보잘 것 없는 것. 難爲意愛는 은애 때문에 벌하지 않으면 법을
어기게 되어 난처할 것이라는 뜻. ○美陽 - 右扶風의 縣名. 今 陝西省 咸
陽市 관할 武功縣.

【國譯】

馬防(마방)이 車騎將軍으로 서쪽 羌族(강족)을 원정할 때 제오륜은
다시 상소하였다.

「臣은 어리석기에 인척은 제후로 삼아 부유하게 하고 조정 직책을 맡는 것은 부당하다고 생각합니다. 왜냐면 잘못을 법대로 처리하면 私恩을 버리게 되고, 사적으로 친애하면 법을 어기기 때문입니다. 제가 듣기로, 馬防(마방)의 이번 羌族 원정은 (馬)太后의 은혜와 仁德이고 폐하의 독실한 효심 때문이지만, 혹시 끝내 작은 실수가 있어 은애 때문에 처벌하지 않는다면 법을 어기게 됩니다. 신이 듣기로, 마방이 杜篤(두독)을 從事中郎으로 삼아 많은 재물과 비단을 하사했다고 합니다. 두독은 향리에서 쫓겨나서 美陽縣에서 客居하는데, 여동생이 馬氏 妻가 되어 이를 믿고 교제하는데 미양 현령이 그의 불법 때문에 고생한다고 하니 일단 체포하여 논죄해야 합니다. 지금 마방의 거소에 두독의 왕래를 많은 사람이 이상히 생각하는데, 하물며 그를 從事로 삼는다면 그 비난이 조정에서도 논의될 것입니다. 지금 응당 賢能한 자를 선임하여 마방을 돕도록 하고 마방 자신이 사람을 선발하지 않아야 원정에 대한 비난이 없을 것입니다. 느낀 바가 있어 말씀드리지 않을 수가 없습니다.」

그러나 두 번의 상소는 받아들여지지 않았다.

原文

倫雖峭直, 然常疾俗吏苛刻. 及爲三公, 值帝長者, 屢有善政, 乃上疏襃稱盛美, 因以勸成風德, 曰,

「陛下卽位, 躬天然之德, 體晏晏之姿, 以寬弘臨下, 出入四年, 前歲誅刺史,二千石貪殘者六人. 斯皆明聖所鑒, 非群

下所及. 然詔書每下寬和而政急不解, 務存節儉而奢侈不止者, 咎在俗敝, 群下不稱故也. 光武承王莽之餘, 頗以嚴猛爲政, 後代因之, 遂成風化. 郡國所擧, 類多辯職俗吏. 殊未有寬博之選以應上求者也. 陳留令劉豫, 冠軍令馹協, 並以刻薄之姿, 臨人宰邑, 專念掠殺, 務爲嚴苦, 吏民愁怨, 莫不疾之, 而今之議者反以爲能, 違天心, 失經義, 誠不可不愼也. 非徒應坐豫, 協, 亦當宜譴擧者. 務進仁賢以任時政, 不過數人, 則風俗自化矣. 臣嘗讀書記, 知秦以酷急亡國, 又目見王莽亦以苛法自滅, 故勤勤懇懇, 實在於此. 又聞諸王主貴戚, 驕奢逾制, 京師尙然, 何以示遠? 故曰, '其身不正, 雖令不從.' 以身敎者從, 以言敎者訟. 夫陰陽和歲乃豐, 君臣同心化乃成也. 其刺史, 太守以下, 拜除京師及道出洛陽者, 宜皆召見, 可因博問四方, 兼以觀察其人. 諸上書言事有不合者, 可但報歸田里, 不宜過加喜怒, 以明在寬. 臣愚不足探.」

| 註釋 | ○峭直(초직) - 준엄하고 강직하다. ○晏晏之姿 - 晏晏은 온화하다. ○陳留令 - 陳留는 군명. 治所는 陳留縣, 今 河南省 동부의 開封市. ○冠軍 - 南陽郡 冠軍縣, 今 河南省 南陽市 남쪽 鄧州市. ○其身不正, 雖令不從 -《論語 子路》.

[國譯]
　第五倫(제오륜)은 비록 준엄 강직했지만 늘 俗吏들의 가혹행위를

미워하였다. 三公의 지위에서 관대 후덕한 황제를 모시었고, 황제가 자주 선정을 베풀자 황제의 성덕을 칭송하며 仁德에 의한 정사를 더욱 권장하는 뜻에서 상소하였다.

「폐하께서 즉위하시고 천품의 은덕을 베푸시며 온화한 모습으로 아랫사람을 너그럽게 이끄시니, 신이 재직 4년에 작년까지 탐욕 잔악한 일로 처형된 刺史나 二千石(太守)은 6명이었습니다. 이 모두는 聖明하신 폐하의 보살핌이기에 신하가 따라갈 수 없는 은덕입니다. 그렇지만 詔書로 여러 번 관용과 온화를 지시하셔도 각박한 통치가 사라지지 않으며, 힘써 절약 검소하더라도 사치가 그치지 않는 것은 그 잘못이 세속의 폐단이며 아래 신하들이 제 역할을 못하기 때문입니다. 光武帝께서는 王莽(왕망)의 폐정을 물려받았기에 엄격하게 정사를 이끌었던 것인데, 이를 후대에서도 답습하여 마치 관습처럼 되었습니다. 郡國에서 천거하는 사람도 俗吏처럼 정무를 처리하며, 특별히 폐하께서 바라시는 관대 박식한 사람이 많지가 않습니다. (陳留郡) 陳留 縣令인 劉豫(유예)나 (南陽郡) 冠軍 縣令인 駟協(사협) 같은 자는 모두 刻薄(각박)한 태도로 백성 위에 군림하며, 행정에 약탈과 살상에만 전념하고 엄격 맹렬하여 백성은 고통 속에서 미워하지 않는 사람이 없었지만 지금 조정에서의 평가는 유능하다고 하니, 이는 天心에 위배되며 경전의 대의에도 맞지 않기에 신중하지 않을 수 없습니다. 비단 유예나 사협을 처벌할 뿐만 아니라 이들을 천거한 자도 견책해야 합니다. 인자 현명한 사람을 힘써 천거하여 時政을 담당케 한다면 불과 몇 사람만 등용하여도 풍속은 저절로 교화될 것입니다. 臣이 전에 읽은 책에 의하면, 秦은 잔혹하고 촉박한 정사로 나라를 망쳤음을 알 수 있고, 또 왕망 역시 가혹한 법으로 자멸했음을 직접 목도하였으니, 이제 부지런하면서도 성실하게 정치를 펴야 할 이유가 바로 이 때문입니다. 또 여러 왕이나 공주 등 貴戚의 교만과 사치가 법도를 넘었는데, 경사가 이러하다면 어찌 먼 곳에 본보기가 되겠습니까? 그래서 '그 자신이 바르지 않다면 명령하더라도 따르지 않을 것입니다.' 몸소 교화한다면 따르지만, 말로만 교화한다면 논쟁만 일으킵니다. 陰陽이 조화를 이룬다면 풍년이 들고, 君臣이 同心으로 교화한다면 성취할 수 있습니다. 刺史나 太守 이하로 경사의 관직을 제수 받거나 낙양을 떠나 부임하는 자들을 모두 폐하께서 불러 만나보시면서 四方의 정사에 관하여 물어보고 그 사람됨을 관찰하셔야 합니다. 또 모든 상서를 읽어서 사리에 맞지 않는 자는 일단 향리로 돌려보내시고, 지나친 칭송이나 喜怒의 감정을 삼가시면서 관용의 덕을 내보여야 합니다. 臣의 우견을 받아들이기 부족할 것 같습니다.」

原文

及諸馬得罪歸國, 而竇氏始貴, 倫復上疏曰,

「臣得以空虛之質, 當輔弼之任. 素性駑怯, 位尊爵重, 抱迫大義, 思自策勵, 雖遭百死, 不敢擇地, 又況親遇危言之世哉! 今承百王之敝, 人尚文巧, 感趣邪路, 莫能守正. 伏見虎賁中郎將竇憲, 椒房之親, 典司禁兵, 出入省闥, 年盛志美, 卑謙樂善, 此誠其好士交結之方. 然諸出入貴戚者, 類多瑕釁禁錮之人, 尤少守約安貧之節, 士大夫無志之徒更相販

賣, 雲集其門. 衆煦飄山, 聚蚊成雷, 蓋驕佚所從生也. 三輔
論議者, 至云以貴戚廢錮, 當復以貴戚浣濯之, 猶解醒當以
酒也. 詖險趣勢之徒, 誠不可親近. 臣愚願陛下中宮嚴敕憲
等閉門自守, 無妄交通士大夫, 防其未萌, 慮於無形, 令憲永
保福祿, 君臣交歡, 無纖介之隙. 此臣之至所願也.」

│ 註釋 │ ○竇氏始貴 – 章帝의 皇后인 章德竇皇后(?-97年, 황후 재위
78-88년)는 大司空 竇融(두융)의 증손녀. ○危言之世 – 고상한 말을 하며
시속을 쫓지 않아도 되는 세상.「子曰, "邦有道, 危言危行, 邦無道, 危行言
孫."」《論語 憲問》. 지금 聖君의 治世이니, 직언을 해도 괜찮을 것이라는
뜻. ○竇憲 – 章德竇皇后의 오빠인 竇憲(?-92, 字 伯度)은 외척이며 權臣
으로, 유명한 장군이었지만 뒷날 모반을 시도하여 賜死되었다. ○椒房之
親 – 황후의 친정 식구. 椒房(초방)은 산초가루를 벽에 바른 방. 后妃의 처
소. 산초나무는 열매가 많이 달린다. 온기를 유지하며 자식을 많이 생산하
라는 뜻. ○衆煦飄山, 聚蚊成雷 – 煦 따뜻하게 할 후. 입김을 불어 따뜻하
게 하다. 飄는 회오리바람 표. 聚는 모일 취. 蚊은 모기 문. ○猶解醒當以
酒也 – 해장술로 酒毒을 풀다. 醒은 숙취 정. 술병(酒毒). ○詖險趣勢之徒
– 詖는 치우칠 피. 趣勢之徒는 권세를 쫓는 무리.

[國譯]

馬氏 일족이 죄를 지어 封國으로 돌아가고, 竇氏(두씨) 일족이 득
세하기 시작하자 제오륜은 다시 상소하였다.

「臣은 내세울만한 덕행도 없는 사람으로 천자를 보필하는 임무를
받았습니다. 평소 천성이 노둔하고 겁이 많은데 높은 직위를 차지하

고 있기 때문에 大義를 따져 스스로 힘써 실천하다가 백 번을 죽는
다 할지라도 물러날 곳이 없으니, 하물며 직언을 할 수 있는 세상을
만났으니 직언을 안 하겠습니까? 지금 여러 제후 왕의 폐단이 나타
나고 있는데 사람들은 말을 교묘하게 꾸미며 邪路를 쫓느라고 正道
를 지키는 사람이 없습니다. 臣이 볼 때 虎賁中郎將인 竇憲(두헌)은
황후의 친족으로 禁軍의 병마를 장악하고 궁궐을 마음대로 출입하
며 젊은 나이에 큰 뜻을 갖고서 겸손한 말로 선행을 실천하니, 이는
훌륭한 士人과 잘 교제하는 방법일 것입니다. 그렇지만 貴戚(귀척)
인 두헌과 왕래하는 사람들 중에는 하자가 있고 前過가 있는 사람이
며, 검소하고 분수를 알아 지조를 지키는 사람이 적으며, 바른 뜻을
가진 사대부보다는 장사꾼 같은 사람들이 구름처럼 모여들고 있습
니다. 많은 사람이 입김을 불면 산도 날아가고 모기도 떼를 지으면
우렛소리를 낸다고 하였으니, 이 때문에 교만방자한 자들이 더 모여
드는 것입니다. 三輔 지역에서 정사를 논의하는 자들은 심지어 금고
에 처한 귀척을 이용하여 불량한 자들을 씻어내야 한다고 말하는데,
이는 술병(酒毒)은 술로 고쳐야 한다는 뜻과 같습니다. 간악 음험하
여 권세를 추구하는 자들은 정말 가까이 할 수 없습니다. 臣의 어리
석은 생각이지만 폐하께서는 中宮을 엄히 단속하시어 두헌 등이 폐
문하고 근신하면서 함부로 다른 사대부들과 교제하지 못하도록 단
속하여 그 싹을 미연에 방지하고 아직 형체가 갖추어지기 전에 두헌
으로 하여금 복록을 오래 누릴 수 있고 君臣이 함께 화락하면서 조
그만 間隙(간극)도 없어야 할 것입니다. 이것이 바로 신이 바라는 바
입니다.」

原文

倫奉公盡節, 言事無所依違. 諸子或時諫止, 輒叱遣之, 吏人奏記及便宜者, 亦並封上, 其無私若此. 性質慤, 少文采, 在位以貞白稱, 時人方之前朝貢禹. 然少蘊藉, 不修威儀, 亦以此見輕. 或問倫曰, "公有私乎?" 對曰,

"昔人有與吾千里馬者, 吾雖不受, 每三公有所選舉, 心不能忘, 而亦終不用也. 吾兄子常病, 一夜十往, 退而安寢, 吾子有疾, 雖不省視而竟夕不眠. 若是者, 豈可謂無私乎?"

連以老病上疏乞身. 元和三年, 賜策罷, 以二千石奉終其身, 加賜錢五十萬, 公宅一區. 後數年卒, 時年八十餘, 詔賜秘器,衣衾,錢布.

少子頡嗣, 歷桂陽,廬江,南陽太守, 所在見稱. 順帝之爲太子廢也, 頡爲太中大夫, 與太僕來歷等共守闕固爭. 帝卽位, 擢爲將作大匠, 卒官. 倫曾孫種.

| 註釋 | ○質慤 – 질박하면서도 성실하다. 慤은 성실할 각. 거짓이 없음. ○貢禹(공우) –《漢書》72권,〈王貢兩龔鮑傳〉에 입전. ○蘊藉(온자) – 마음이 온화함.

[國譯]

第五倫(제오륜)은 공무를 수행하며 충절을 다 받쳤으며 약속을 어긴 적이 없었다. 여러 아들은 때때로 그만두라는 말을 하였지만 그때마다 질책으로 물리쳤으며, 관리가 올리는 문서나 건의 사항은 모두 밀봉하여 상주하였으니 그가 사사로운 정에 끌리지 않기가 이와 같았다. 천성이 질박 성실하고 꾸밈이 없어 재위 중에 올곧다는 칭송을 들었고, 당시 사람들은 (前漢의) 貢禹(공우)와 비슷하다고 하였다. 그러나 제오륜은 온화한 아량이 적으면서도 체면을 세우려 하지 않아 약간 경시되었다. 어떤 사람이 제오륜에게 "당신도 사적인 인정이 있습니까?"라고 묻자, 제오륜이 대답하였다.

"예전에 어떤 사람이 나에게 아주 좋은 말을 보내주려고 하였는데, 내가 비록 받지는 않았지만 三公의 자리에서 인재를 천거할 때 마음에 잊을 수가 없었지만 끝내 그 사람을 등용하지는 않았습니다. 내 조카가 병이 났을 때 하룻밤에도 10번을 오갔지만 집에 와서는 편히 잠이 들었는데, 내 아들이 병이 났을 때 비록 챙겨보지는 않았지만 하룻밤 내내 잠이 들지 못했습니다. 이와 같으니, 어찌 치우침이 없겠습니까?"

제오륜은 노환으로 퇴직을 연이어 상신하였다. (章帝) 元和 3년(서기 86)에 조서를 받아 면직되었는데, 2천석 봉록을 죽을 때까지 받게 하였고 특별히 50만 전과 집 한 채를 하사받았다. 몇 년 뒤에 죽었는데 그때 나이 80여 세였고 조서로 각종 부장품과 수의와 이불, 금전과 곡식을 하사케 하였다.

막내아들 第五頡(제오힐)이 계승했는데, 桂陽, 廬江(여강), 南陽郡의 태수를 역임하면서 임지에서 칭송을 들었다. 順帝가 太子였을 때 폐위되었는데, 제오힐은 太中大夫로 太僕인 來歷(내력) 등과 함께 궐문을 지키면서 끝까지 간쟁하였다. 순제가 즉위하자 將作大匠으로 발탁되었는데 관직을 가진 채로 죽었다. 제오륜의 증손이 第五種(제오종)이다.

論曰, <u>第五倫峭覈爲方</u>, 非夫愷悌之士, 省其奏議, 惇惇歸
諸寬厚, 將懲苛切之敝使其然乎? 昔人以弦韋爲佩, 蓋猶此
矣. 然而君子侈不僭上, 儉不逼下, 豈尊臨千里而與牧圉等
庸乎? 詎非矯激, 則未可以中和言也.

| 註釋 | ㅇ峭覈 – 준엄하면서도 끝까지 캐다. 峭는 가파를 초. 覈은 핵
실할 핵. 실상을 조사하다. ㅇ愷悌之士 – 愷悌는 얼굴과 기상이 화락하고
단아함. 愷는 즐거울 개. 悌는 공경할 제. ㅇ惇惇 – 淳厚(순후)한 모양. 惇
은 도타울 돈. ㅇ以弦韋爲佩 – 활시위와 손질한 가죽. 활시위(弦)는 언제
나 팽팽하다. 성격이 느긋한 사람이 이를 가지고 서두르는 것을 생각한다.
손질하여 부드러운 가죽(韋)은 이를 갖고서 급한 성질을 늦춘다고 한다.
ㅇ臨千里 – 사방 천리(250리×4)를 다스리는 사람. 郡의 태수. ㅇ牧圉 –
牧夫(목부)와 圉車(어거) 가축을 먹이는 사람과 마부. 제오륜이 직접 꼴을
베어다가 말을 먹인 행적을 비판하는 말. ㅇ詎非矯激 – 詎는 어찌 거. 어
찌 ~이 아니겠는가? 설마 ~하겠는가? 反問의 어기를 강조. (難道~). 矯激
(교격)은 과격하게 바로잡다.

[國譯]

范曄(범엽)의 史論 : 第五倫(제오륜)의 업무처리는 엄격 준엄하여
온화하거나 平易(평이)한 사람은 아니었지만 그가 건의한 내용을 본
다면 순박하고 관대 중후하니, 그런 엄격한 질책이 그렇게 변할 수
가 있다고 생각하겠는가? 옛사람은 활시위나 손질한 가죽으로 조급
하고 느긋한 성품을 바로잡았다는 것도 아마 이런 것이리라. 그러나
군자는 사치하더라고 분수를 넘지 않고, 질박하더라도 아랫사람을

핍박하지 않는다 하였으니, 한 郡의 태수로서 어찌 牧夫나 마부와 같을 수 있겠는가? 급격하게 바로잡지 않는다면 中和를 이룰 수 없다고 말할 수 있겠는가?

❷ 第五種

原文

　種字興先, 少厲志義, 爲吏, 冠名州郡. 永壽中, 以司徒掾淸詔使冀州, 廉察災害, 擧奏刺史, 二千石以下, 所刑免甚衆, 棄官奔走者數十人. 還, 以奉使稱職, 拜高密侯相.

　是時徐, 兗二州盜賊群輩, 高密在二州之郊, 種乃大儲糧稸, 勤厲吏士, 賊聞皆憚之, 枹鼓不鳴, 流民歸者, 歲中至數千家. 以能換爲衛相.

│註釋│ ○(桓帝) 永壽中 - 서기 155 - 157년. ○司徒掾淸詔使冀州 - 司徒掾은 司徒府의 속관. 淸詔는 임시로 담당한 업무 이름. ○高密 - 高密은 前漢 高密國(치소 高密縣), 今 山東省 濰坊市(유방시) 관할 高密市. 靑島市 서북. 後漢 高密은 北海郡 侯國名. ○枹鼓不鳴 - 북을 치지 않다. 枹는 북채 부.

[國譯]

　第五種(제오종)의 字은 興先(흥선)인데, 젊어 의지와 도덕을 연마하였고 관리가 되어서는 명성이 州郡에서 제일이었다. (桓帝) 永壽

연간에, 司徒掾淸詔(사도연청조)로 冀州에 출장을 나가 재해 상황을 파악하여 刺史와 二千石(태수) 이하의 관리 실적을 보고하였는데, 형벌에 의거 면직된 사람이 아주 많았으며 관직을 버리고 도주한 자도 수십 명이었다. (洛陽으로) 돌아와 출장 임무를 잘 수행하였다 하여 高密侯의 相에 제수되었다.

이때 徐州와 兗州(연주)의 도적들이 떼지어 봉기하였는데, 고밀후국은 그 중간에 위치하였기에 제오종은 군량을 대대적으로 비축하고 관리들을 독려하자, 도적떼는 소문을 듣고 모두 두려워하여 북을 치지도 못했으며 流民으로 귀향한 자가 1년에 수천 호에 달했다. 제오종은 유능하여 衛國의 相이 되었다.

■原文

遷兗州刺史. 中常侍單超兄子匡爲濟陰太守, 負勢貪放, 種欲收擧, 未知所使. 會聞從事衛羽素抗厲, 乃召羽具告之. 謂曰, "聞公不畏彊禦, 今欲相委以重事, 若何?" 對曰, "願庶幾於一割." 羽出, 遂馳至定陶, 閉門收匡賓客親吏四十餘人, 六七日中, 糾發其臧五六千萬.

種卽奏匡, 並以劾超. 匡窘迫, 遣刺客刺羽, 羽覺其姦, 乃收繫客, 具得情狀. 州內震慄, 朝廷嗟歎之.

| 註釋 | ○兗州刺史部 – 치소는 山陽郡 昌邑縣, 今 山東省 濟寧市 관할의 金鄕縣. 陳留郡, 東郡, 東平國, 任城國, 泰山郡, 濟北國, 山陽郡, 濟陰郡

을 감찰. ○ 單超(선초) – 單은 성씨 선. 환관으로 梁冀(양기) 일족을 축출한
공로로 환제 延熹 2년에 제후가 되었다. 78권,〈宦者列傳〉立傳. ○濟陰
– 治所는 定陶縣, 今 山東省 서남부 菏澤市 定陶區. ○願庶幾於一割 – 한
번 잘라보겠습니다. 능력이 부족하지만 한번 힘껏 해보겠다는 겸사.

[國譯]

第五種(제오종)은 兗州(연주) 刺史로 승진하였다. 中常侍인 單超
(선초) 형의 아들인 單匡(선광)은 濟陰太守로 세력을 믿고 탐욕 방자
하자, 제오종이 잡아 가두려 했지만 누구를 보낼지 몰랐다. 마침 從
事인 衛羽(위우)가 평소에 강직한 것을 알고 위우를 불러 사정을 모
두 말하였다. "듣자니, 그대가 강한 자를 두려워하지 않는다니, 이번
에 중대한 일을 부탁하려는데 어찌하겠나?" 이에 위우는 "한번 잘
라보겠습니다."라고 말했다. 위우는 곧바로 (濟陰郡 치소인) 定陶縣
으로 가서 선광의 빈객과 가까운 관리 40여 명을 잡아 가두고서 6,
7일 간 그들이 착복한 5, 6천만 전을 밝혀내었다.

제오종은 즉시 선광의 비리를 상주하며 아울러 선초를 규탄하였
다. 선광은 궁지에 몰리자 자객을 보내 위우를 척살하려 했지만 위
우는 그 흉계를 알고 자객을 잡아가둔 뒤에 정황을 보고하자 연주
관내가 두려워 떨었고 조정에서도 크게 놀랐다.

▌原文

是時太山賊叔孫無忌等暴橫一境, 州郡不能討. 羽說種
曰, "中國安寧, 忘戰日久, 而太山險阻, 寇猾不制. 今雖有

精兵, 難以赴敵, 羽請往譬降之."

種敬諾. 羽乃往, 備說禍福, 無忌卽帥其黨與三千餘人降.
單超積懷忿恨, 遂以事陷種, 竟坐徙朔方. 超外孫董援爲朔
方太守, 稸怒以待之.

初, 種爲衛相, 以門下掾孫斌賢, 善遇之. 及當徙斥, 斌具
聞超謀, 乃謂其友人同縣閭子直及高密甄子然曰, "蓋盜憎
其主, 從來舊矣. 第五使君當投裔土, 而單超外屬爲彼郡守.
夫危者易仆, 可爲寒心. 吾今方追使君, 庶免其難. 若奉使
君以還, 將以付子." 二人曰, "子其行矣, 是吾心也." 於是
斌將俠客晨夜追種, 及之於太原, 遮險格殺送吏, 因下馬與
種, 斌自步從. 一日一夜行四百餘里, 遂得脫歸.

| 註釋 | ○竟坐徙朔方 − 朔方郡 治所는 臨戎縣(임융현), 今 內蒙古自治
區 黃河 북안 巴彦淖爾市 서남부의 磴口縣(등구현). ○稸怒 − 稸은 쌓을 축
(蓄과 同). ○當投裔土 − 裔土(예토)는 변방. ○寒心 − 마음이 섬뜩하다.

[國譯]

이때 太山(泰山) 郡의 도적 무리인 叔孫無忌(숙손무기) 등이 경내
를 횡행하였는데, 주군에서는 이를 토벌하지 못했다. 衛羽(위우)가
제오종에게 말했다. "중원이 안정되어 전쟁을 잊은 지 오래되었으
며 태산이 험하여 도적을 제압하지 못하고 있습니다. 지금 精兵이
있다 하여도 적을 상대하기 어려우니 제가 가서 적을 투항토록 설득
해 보겠습니다."

제오종은 허락했다. 위우가 가서 투항과 항거의 장단을 설득하자, 숙손무기 등은 곧 그 무리 3천여 명을 거느리고 투항하였다. 그러나 單超(선초)는 원한을 품고 있었기에 이를 근거로 제오종을 모함하였고 끝내 죄에 얽어 朔方郡으로 이주케 하였다. 선초의 외손인 董援(동원)은 朔方太守였는데 원한을 갖고 선초를 기다렸다.

그전에 제오종이 衛國의 相이었을 때, 門下掾인 孫斌(손빈)이 현명하여 그를 잘 대우했었다. 이번에 강제로 이주되자, 손빈은 선초의 모략임을 알고 바로 우인인 같은 현의 閭子直(여자직)과 高密縣의 甄子然(견자연)과 의논하였다. "도적이 주인을 증오하는 것은 예부터 마찬가지이다. 第五種 使君이 변방에 쫓겨난 것은 선초의 외손이 그곳 태수이기 때문이다. 큰 인물이 이리 쉽게 쓰러지니 정말 한심하도다. 내가 지금 使君을 쫓아가서 그 난관에서 구출할 것이다. 내가 만약 사군을 모시고 돌아온다면, 당신들에게 숨겨달라고 부탁하겠다." 이에 두 사람이 말했다. "그대가 그렇게 한다면 우리도 같은 생각이다."

이에 손빈은 협객을 거느리고 밤낮으로 제오종을 쫓아가서 太原郡에서 따라잡아 험로를 막고 호송하는 관리를 죽인 뒤에 말을 제오종에게 주고 손빈은 걸어서 하루 밤낮에 4백여 리를 달려 마침내 추격을 벗어나 돌아올 수 있었다.

| 原文

種匿於閭,甄氏數年, 徐州從事臧旻上書訟之曰,

「臣聞士有忍死之辱, 必有就事之計, 故季布屈節於朱家,

管仲錯行於召忽. 此二臣可以死而不死者, 非愛身於須臾,
貪命於苟活, 隱其智力, 顧其權略, 庶幸逢時有所爲耳. 卒
遭高帝之成業, 齊桓之興伯, 遺其亡逃之行, 赦其射鉤之讎,
拔於囚虜之中, 信其佐國之謀, 勳效傳於百世, 君臣載於篇
籍. 假令二主紀過於纖介, 則此二臣同死於犬馬, 沉名於溝
壑, 當何由得申其補過之功, 建其奇奧之術乎? 伏見故兗州
刺史第五種, 傑然自建, 在鄉曲無苞苴之嫌, 步朝堂無擇言
之闕, 天性疾惡, 公方不曲, 故論者說清高以種爲上, 序直士
以種爲首.《春秋》之義, 選人所長, 棄其所短, 錄其小善, 除
其大過. 種所坐以盜賊公負, 筋力未就, 罪至徵徙, 非有大
惡. 昔虞舜事親, 大杖則走. 故種逃亡, 苟全性命, 冀有朱家
之路, 以顯季布之會, 願陛下無遺須臾之恩, 令種有持忠入
地之恨.」

會赦出, 卒於家.

│註釋│ ○季布屈節於朱家 – 季布는 항우의 부장으로 漢王을 여러 번
최악의 궁지로 내몰았다. 때문에 漢王은 季布에게 천금의 상금을 내걸었
다. 수배 중인 계포는 머리를 깎고 노비의 신분으로 협객 朱家에 의탁했
다. 주가가 滕公(등공, 夏候嬰)에게 계포를 부탁하자, 高祖는 결국 계포를 용
서했다. '一諾千金' 成語의 주인공.《漢書 季布欒布田叔傳》,《史記 季布欒
布列傳》에 입전. ○管仲錯行於召忽 – 管仲(前 725 – 645년), 名 夷吾, 字
仲. 보통 管子, 또는 管夷吾라 호칭. 춘추시대 法家의 대표적 인물. 齊國의
政治家, 상업 중시.《國語 齊語》,《史記 管晏列傳》,《左傳》,《論語》참고.

齊의 내분에 召忽(소홀)은 管仲과 함께 公子 糾(공자 규)를 모시고 魯國에 망명했었다. 결국 莒國(거국)에 망명했던 公子 小白(소백)이 즉위하고(곧 桓公), 공자 규의 군사가 패망하고 노에서 피살되자, 소홀은 신하로서의 의무와 예를 다하고 자살하였다. 그러나 管仲은 살아남았다. 桓公(환공)은 관중이 자신을 죽이려고 활을 쏘아 자신의 혁대를 맞춘 뒤에도 鮑叔牙(포숙아)의 건의로 관중을 등용하여 大業을 성취하였고 覇者가 되었다. ㅇ齊桓之興伯 - 伯(패)는 霸(패). ㅇ赦其射鉤之讐 - 자신의 帶鉤(대구, 혁대 갈고리)을 쏜 원수. 곧 管仲. ㅇ無苞苴之嫌 - 苞苴는 선사하는 물건, 예물, 뇌물. 苞는 쌀 포. 包와 同. 苴는 자리 저, 꾸러미 저.

[國譯]

第五種(제오종)은 閭子直(여자직)과 甄子然(견자연)에게 몇 년간 숨어 살았는데, 徐州刺史의 從事인 臧旻(장민)이 상서하여 제오종을 변호하였다.

「臣이 알기로, 志士가 치욕을 당하고도 죽을 수 없는 것은 성취할 뜻이 있기 때문이며 그 때문에 季布는 지조를 굽혀 朱家에 의탁했고, 管仲은 召忽(소홀)과 다른 길을 택했습니다. 이 두 사람이 죽어야 했지만 죽지 않은 것은 잠시라도 자기 몸을 아끼거나 구차하게 살려는 뜻이 아니라 자신의 지혜와 능력을 숨긴 채 임시방편으로 지내다가 때를 만나면 할 일이 있었기 때문입니다. 그리하여 끝내 高帝(고조)를 만나 제업을 이루게 했으며 齊 桓公을 패자로 만들었으니, (고조는) 계포의 도망을 용서하였고 (환공은) 자신의 혁대를 맞춘 원수를 용서하여 죄수 중에서 발탁하였고, 나라를 보필할 책모를 믿어서 (계포는) 공훈을 백세에 전하였으며 (관중은) 君臣이 함께 典籍에 기록되었습니다. 가령 고조와 환공이 작은 잘못을 기억하였다면 두 사람은 개나 말처럼 죽어 구렁텅이에 버려졌을 것이니, 어찌 과오를 뛰어넘는 공을 세울 수 있었으며, 기묘 심오한 치국의 방책을 펼 수 있었겠습니까? 臣이 볼 때, 전에 兗州刺史인 第五種는 출중한 능력으로 입신한 이후로 향리에서 조그만 예물을 받았거나 출사한 이후로 말을 잘못한 적도 없었으며, 그 천성이 악을 미워하고 공평 정직하여 잘못이 없었기에 사람들은 청렴 고상한 사람으로 제오종을 꼽았고, 강직한 사람으로도 제오종을 첫째로 생각하였습니다. 《春秋》의 대의로도 남의 장점을 택하고 단점은 버리라 하였으며, 남의 작은 선행을 기억하고 큰 과실을 잊어버리라 하였습니다. 제오종이 도적떼가 일어나자 병력으로 토벌하지 않았다는 죄를 덮어썼으니, 제오종의 죄는 경미한데 강제 이주 당하였으며 대악을 저지르지도 않았습니다. 옛날 舜임금도 부모를 모시면서 큰 몽둥이 매질에는 도망을 쳤습니다. 그런 것처럼 제오종도 도망하여 생명을 보전한 것은 옛 朱家와 같은 구원과 계포와 같은 기회가 있기를 염원했던 것이니, 폐하께서 지금 작은 은덕을 유보하시지 않으신다면 제오종으로 하여금 충성을 바치지 못하여 한을 품고 죽게 하지 마시기를 바라옵니다.」

그러나 마침 사면령이 내렸고, 제오종은 집에서 죽었다.

❸ 鍾離意

原文

鍾離意字子阿, 會稽山陰人也. 少爲郡督郵. 時部縣亭長有受人酒禮者, 府下記案考之. 意封還記, 入言於太守曰,

《春秋》先內後外,《詩》云'刑於寡妻, 以御於家邦', 明政化之本, 由近及遠. 今宜先淸府內, 且闊略遠縣細微之愆."

太守甚賢之, 遂任以縣事. 建武十四年, 會稽大疫, 死者萬數, 意獨身自隱親, 經給醫藥, 所部多蒙全濟.

| 註釋 | ○鍾離意(종리의) – 鍾離는 복성. ○會稽山陰 – 會稽郡의 치소인 山陰縣, 今 浙江省 북동부 紹興市. ○督郵 – 郡 太守의 속관, 관할 현의 업무를 감찰, 조세 납부 실적, 군사동원 관련 직무도 감사, 太守의 耳目 역할. ○《詩》云 –《詩經 大雅 思齊》. ○獨身自隱親 – 홀로 직접 병자를 위문하다.

[國譯]

鍾離意(종리의)의 字는 子阿(자아)인데, 會稽郡 山陰縣 사람이다. 젊어 郡의 督郵(독우)가 되었는데 그때 縣의 亭長이 술과 예물을 받았다 하여 태수부에서 공문을 보내 이를 조사하라고 했다. 종리의는 공문을 봉해 돌려보내고 郡에 들어가 태수에게 말했다.

"《春秋》에 내부를 먼저 나중에 외부를 다스린다 하였으며,《詩經 大雅》에서도 '처자부터 바로잡아 가정과 나라를 거느린다.' 고 하였는데, 이는 교화의 근본이며 가까운데서 먼 곳으로 파급한다는 뜻입니다. 지금 응당 태수부 내부를 먼저 깨끗하게 한 다음 먼 곳 현의 작은 허물을 다스려야 합니다."

太守는 매우 옳다고 여기며, 현에 관한 업무를 맡겼다. 建武 14년(서기 38)에 회계군에 질병이 크게 돌아 수만 명이 죽었는데, 종리의만은 홀로 환자를 문병하며 의약을 공급하여 관내에 많은 사람들이 그 덕분에 살아남았다.

原文

舉孝廉, 再遷, 辟大司徒侯霸府. 詔部送徒詣河內, 時冬寒, 徒病不能行. 路過弘農, 意輒移屬縣使作徒衣, 縣不得已與之, 而上書言狀, 意亦具以聞. 光武得奏, 以視霸, 曰, "君所使掾何乃仁於用心? 誠良吏也!" 意遂於道解徒桎梏, 恣所欲過, 與剋期俱至, 無或違者. 還, 以病免.

| 註釋 | ㅇ侯霸(후패) – 建武 5年(서기 30)에 대사도가 되었다. 26권, 〈伏侯宋蔡馮趙牟韋列傳〉에 입전. ㅇ桎梏(질곡) – 차꼬와 수갑. 자유를 속박하다. 桎는 차꼬 질(발에 채우는 형구). 梏은 수갑 곡. 고랑.

[國譯]

(종리의는) 孝廉으로 천거되었고, 두 번 승진하여 大司徒 侯霸(후패)의 부서에 차출되었다. 명을 받아 죄수를 河內郡에 호송하였는데, 때가 한겨울이라 죄수가 병이 나서 걷지 못하였다. 도중에 弘農郡을 지나면서 종리의는 관내 현에 부탁하여 죄수의 옷을 짓게 하였는데, 현에서는 할 수 없이 죄수의 의복을 내주면서 상황을 보고하였고 종리의 역시 이를 보고하였다. 光武帝가 상주를 보고 받자, 후패에게 보여주면서 "君이 보낸 속리의 마음씨가 어찌 이리 인자하겠는가? 참으로 훌륭한 관리로다!" 라고 말했다. 종리의는 길에서 죄수의 형구를 벗겨주고 자기 마음대로 길을 골라 기일 내에 목적지에

도착하게 하였는데 어기는 자가 없었다. 종리의는 돌아와서 병으로 사직하였다.

原文

　後除瑕丘令. 吏有檀建者, 盜竊縣內, 意屛人問狀, 建叩頭服罪, 不忍加刑, 遣令長休. 建父聞之, 爲建設酒, 謂曰, "吾聞無道之君以刃殘人, 有道之君以義行誅. 子罪, 命也." 遂令建進藥而死.

　二十五年, 遷堂邑令. 縣人防廣爲父報仇, 繫獄, 其母病死, 廣哭泣不食. 意憐傷之, 乃聽廣歸家, 使得殯斂. 丞掾皆爭, 意曰, "罪自我歸, 義不累下." 遂遣之. 廣斂母訖, 果還入獄. 意密以狀聞, 廣竟得以減死論.

| 註釋 | ○瑕丘(하구) – 山陽郡의 현명. 今 山東省 서남부 濟寧市 兗州區. ○堂邑令 – 廣陵郡의 현명. 今 江蘇省 南京市 六合區. ○義不累下 – 허물이 아랫사람에게 있지 않다.

[國譯]

　(종리의는) 뒷날 (山陽郡) 瑕丘(하구) 현령이 되었다. 현의 관리 중 檀建(단건)이란 자가 縣에서 도적질을 하였는데, 종리의가 다른 사람 몰래 사실을 묻자, 단건은 고개를 숙이며 죄를 자백하자 차마 형벌을 가할 수 없어 장기 휴가를 내주었다. 단건의 부친이 사실을 알고

단건을 불러 술을 마시며 말했다.

"내가 알기로, 無道한 사람이면 잔인하게 사람을 죽이지만, 도를 아는 사람이면 대의로 벌을 내린다고 하였다. 네가 지은 죄는 목숨으로 갚아야 한다."

그리고는 아들에게 약을 주어 자살케 하였다.

건무 25년(서기 49), 종리의는 (廣陵郡의) 堂邑 현령이 되었다. 현내의 백성 防廣(방광)이란 사람이 부친의 원수를 갚고 옥에 갇혀 있었는데, 그 모친이 죽자 방광은 울면서 음식을 먹지 않았다. 종리의는 불쌍히 여겨 방광에게 귀가하여 장례를 마치라고 하였다. 담당 관리가 모두 간쟁하였지만 종리의는 "죄는 나에게 있으며 아랫사람에게 미치지 않을 것이다."라고 말하며 보내주었다. 방광은 모친의 장례를 마치고 돌아와 옥에 갇혔다. 종리의는 남모르게 사실을 보고 하였고, 방광은 마침내 사형에서 감형되었다.

▮原文

顯宗卽位, 徵爲尙書. 時交阯太守張恢, 坐臧千金, 徵還伏法, 以資物簿入大司農, 詔班賜群臣. 意得珠璣, 悉以委地而不拜賜. 帝怪而問其故. 對曰, "臣聞孔子忍渴於盜泉之水, 曾參回車於勝母之閭, 惡其名也. 此臧穢之寶, 誠不敢拜."

帝嗟歎曰, "淸乎尙書之言!" 乃更以庫錢三十萬賜意. 轉爲尙書僕射. 車駕數幸廣成苑, 意以爲從禽廢政, 常當年陣

諫般樂遊田之事, 天子卽時還宮. 永平三年夏旱, 而大起北宮, 意詣闕免冠上疏曰,

「伏見陛下以天時小旱, 憂念元元, 降避正殿, 躬自克責, 而比日密雲, 遂無大潤, 豈政有未得應天心者邪? 昔成湯遭旱, 以六事自責曰, ‘政不節邪? 使人疾邪? 宮室榮邪? 女謁盛邪? 苞苴行邪? 讒夫昌邪?’ 竊見北宮大作, 人失農時, 此所謂宮室榮也. 自古非苦宮室小狹, 但患人不安寧. 宜且罷止, 以應天心. 臣意以匹夫之才, 無有行能, 久食重祿, 擢備近臣, 比受厚賜, 喜懼相並, 不勝愚戇徵營, 罪當萬死.」

帝策詔報曰, "湯引六事, 咎在一人. 其冠履, 勿謝. 比上天降旱, 密雲數會, 朕戚然慚懼, 思獲嘉應, 故分佈禱請, 闚候風雲, 北祈明堂, 南設雩場. 今又敕大匠止作諸宮, 減省不急, 庶消災譴." 詔因謝公卿百僚, 遂應時澍雨焉.

| 註釋 | ○交阯 - 郡名 겸 자사부의 이름. 治所 龍編縣, 今 越南國 河內市(하노이시) 동쪽. ○盜泉 - 今 山東省 濟寧市 관할 泗水縣 동북에 있었다는 샘. ○廣成苑 - 당시 洛陽城 서쪽의 苑囿. ○般樂遊田之事 - 般樂은 잘 놀다. 풍악을 즐기다. 般은 즐길 반. 遊田은 사냥. ○成湯 - 湯王, 商朝(殷)의 개국자, 서기 前 1661 - 1650? 재위. 儒家에서 존중하는 上古 聖王의 한 사람. 商湯, 武湯, 成湯, 成唐으로도 표기. ○不勝愚戇徵營 - 우둔한 고집과 불안을 참지 못하여. 徵營은 불안한 모양. ○其冠履, 勿謝 - 관을 쓰고 신발을 신을 것이며 사죄하지 말라. ○闚候風雲 - 풍운의 변화를 관찰하다. 闚는 엿볼 규. ○南設雩場 - 남쪽에 기우제 제단을 마련하다. ○澍雨(주우) - 만물을 적셔 자라게 하는 비. 澍(적실 주)는 注.

[國譯]

顯宗(明帝)가 즉위한 뒤에 부름을 받아 尙書가 되었다. 그때 交阯 (교지) 태수인 張恢(장회)가 千金을 착복한 죄에 걸려 소환하여 처벌 받았는데, 장부에 적힌 대로 물자를 大司農에게 반납하자 조서에 의 거 모든 신하에게 나눠 주게 하였다. 鍾離意는 구슬을 珠璣(주기, 보 석)를 받았지만 땅에 던져버리고 賞賜에 대하여 배례하지도 않았다. 명제가 괴이하게 여겨 까닭을 물었다. 이에 종리의가 대답했다.

"臣이 듣기로, 孔子가 갈증을 참으며 盜泉의 물을 마시지 않았고, 曾參(증삼)이 勝母(승모)라는 마을에 들리지 않고 수레를 돌린 것은 그 이름이 나빴기 때문입니다. 이 보석은 도둑질한 더러운 물건이기 에 정말 배례할 수 없었습니다."

이에 明帝가 감탄하며 말했다. "상서의 말은 정말 청렴하도다." 그리고는 다시 국고의 돈 30만 전을 종리의에게 하사하였다. 종리 의는 尙書僕射(상서복야)가 되었다.

황제는 자주 廣成苑에 행차하였는데, 종리의는 사냥 때문에 정사 를 돌보지 않는다면서 수레를 가로막고 풍류와 사냥을 즐기는 일을 간쟁하자 천자는 즉시 환궁하였다. 永平 3년 여름에 가뭄이 들었는 데 北宮을 짓는 큰 공사를 시작하자 종리의는 관을 벗어놓고 상서하 였다.

「伏이 볼 때 陛下께서는 날이 조금만 가물어도 백성을 걱정하시 고 正殿을 피해 근신하시면서 자책하셨습니다만, 요즈음 구름은 많 이 꼈지만 비가 내리지 않으니 政事가 天心에 부응하지 못했다고는 어찌 생각하지 않으십니까? 옛날 湯王께서는 가뭄을 당하면 6가지, '政事에 절약하지 않았는가? 백성의 원한을 샀는가? 궁궐이 너무 사치하지 않은가? 총애하는 여인을 찾아오는 사람이 많지 않은가? 뇌물이 통하는가? 참언하는 사람이 높은 자리에 오르는가?'로 자책하였습니다. 臣이 볼 때 北宮을 크게 짓는 것은 백성의 농사 때를 빼앗으니 탕왕이 말한 궁궐의 사치입니다. 예로부터 궁궐이 좁아 고생한 것이 아니고 사람이 편안하지 않다고 걱정했을 뿐입니다. 응당 北宮 공사를 중지하여 천심에 순응해야 합니다. 臣 종리의는 필부의 재능에 능력도 없으면서 오랫동안 국록을 받았고, 近臣으로 발탁되었으며 연이어 후한 상을 받아 기쁘고도 두려우며 매우 어리석고도 황공 불안하니 만 번 죽어 마땅할 것입니다.」

明帝는 이에 책서를 내려 회답하였다.

"湯王이 인용한 여섯 가지 일은 모두 짐에게 해당한다. 다시 관을 쓰고 신발도 신고, 사죄하지도 말라. 요즈음 날이 크게 가물고 먹구름만 자주 껴서 짐도 매우 부끄럽고 두려우며, 하늘의 보살핌을 받고자 여러 곳에 기도를 올리고 風雲을 관찰하며, 북쪽 명당에 나아가 기원하고 남쪽에 기우제 제단을 설치하였도다. 이제 將作大匠에게 명하여 궁궐 공사를 중지케 하였으며, 긴급하지 않은 비용을 줄이고 하늘의 견책이 그치기를 바라노라."

그리고 조서를 내려 公卿百僚에게 미안함을 표시하자, 마침내 때맞춰 단비가 내렸다.

原文

時, 詔賜降胡子繰, 尙書案事, 誤以十爲百. 帝見司農上簿, 大怒, 召郞, 將笞之. 意因入叩頭曰, "過誤之失, 常人所容. 若以懈慢爲愆, 則臣位大, 罪重, 郎位小, 罪輕, 咎皆在臣, 臣當先坐." 乃解衣就格. 帝意解, 使復冠而責郎.

| 註釋 | ㅇ解衣就格 – 就格은 체벌을 받을 자리에 서다.

[國譯]

그때 조서로 투항한 흉노족 아들에게 비단을 하사케 하였는데, 尙書가 이 업무를 감사하니 十을 百으로 처리하였다. 명제는 대사농이 올린 장부를 보고 대노하면서 소속 낭관을 불러 매질하려고 하였다. 이에 종리의가 들어가 고개를 숙이며 말했다.

"過誤로 인한 실수는 늘 용서받았습니다. 만약 태만으로 인한 잘못이라면 관직이 높은 臣의 잘못이 많고, 낭관은 관직이 낮으니 그 죄가 가벼운 만큼 허물은 저에게 있기에 응당 신이 먼저 벌을 받아야 합니다."

그리고서 옷을 벗고 체벌을 받으려 하였다. 명제는 노기를 풀고 다시 관을 쓰라고 한 뒤에 낭관을 용서하였다.

原文

帝性褊察, 好以耳目隱發爲明, 故公卿大臣數被詆毀, 近臣尙書以下至見提拽. 嘗以事怒郎藥崧, 以杖撞之. 崧走入床下, 帝怒甚, 疾言曰, "郎出! 郎出!" 崧曰, "天子穆穆, 諸侯煌煌. 未聞人君自起撞郎."

帝赦之. 朝廷莫不悚栗, 爭爲嚴切, 以避誅責, 惟意獨敢諫爭, 數封還詔書, 臣下過失輒救解之. 會連有變異, 意復上疏曰,

「伏惟陛下躬行孝道, 修明經術, 郊祀天地, 畏敬鬼神, 憂恤黎元, 勞心不怠. 而天氣未和, 日月不明, 水泉湧溢, 寒暑違節者, 咎在群臣不能宣化理職, 而以苛刻爲俗. 吏殺良人, 繼踵不絶. 百官無相親之心, 吏人無雍雍之志. 至於骨肉相殘, 毒害彌深, 感逆和氣, 以致天災. 百姓可以德勝, 難以力服. 先王要道, 民用和睦, 故能致天下和平, 災害不生, 禍亂不作. 〈鹿鳴〉之詩必言宴樂者, 以人神之心洽, 然後天氣和也. 願陛下垂聖德, 揆萬機, 詔有司, 愼人命, 緩刑罰, 順時氣, 以調陰陽, 垂之無極.」

帝雖不能用, 然知其至誠. 亦以此故不得久留, 出爲魯相. 後德陽殿成, 百官大會. 帝思意言, 謂公卿曰, "鍾離尙書若在, 此殿不立."

| 註釋 | ○褊察 – 도량이 좁아 조그만 잘못도 찾아내어 꾸짖다. 褊은 옷이 좁을 편. ○以耳目隱發爲明 – 隱은 은밀히, 몰래. ○提拽 – 끌려가다. 拽는 끌 예. 질질 끌다. ○天子穆穆, 諸侯煌煌 – 穆穆은 아름다운 모양. 煌煌은 잘 꾸민 모양. ○雍雍之志 – 雍雍은 和樂하다. 온화하다. ○〈鹿鳴〉之詩 – 〈鹿鳴〉은《詩經 小雅》의 詩. 군신의 화락하게 잔치를 즐기는 내용. ○德陽殿 – 北宮의 궁궐 이름.

[國譯]

明帝는 성격이 매우 편협하여 사람을 시켜 남의 비밀을 캐내는 것을 明察하다고 생각하였는데 많은 公卿大臣이 질책을 당했으며, 近臣 尙書 이하는 끌려가 매질을 당하기도 했다. 한 번은 어떤 일로 藥崧(약숭)이란 낭관을 몽둥이로 때렸다. 그러자 약숭이 평상 아래로 들어가 숨자, 명제는 화가 나서 크게 소리 질렀다. "낭관은 나와라! 빨리 나오거라!" 그러자 약숭이 말했다. "천자는 훌륭하신 분이고 제후는 멋있다고 하였는데, 주군께서 낭관을 직접 때린다는 말을 들어보지 못했습니다." 이에 명제는 약숭을 용서하였다.

이후로, 조정에서는 두려워 떨지 않는 사람이 없었으며 모두 엄격하고 각박하게 일을 처리하여 형벌이나 책망을 피하려 하였는데, 종리의만은 홀로 과감하게 간쟁하였고, 황제의 명령을 자주 거부하였고 신하가 잘못하면 그때마다 변호하며 도와주었다. 그 무렵 연이어 재해가 일어나자 종리의가 다시 상소하였다.

「臣이 생각하건대, 폐하께서는 몸소 효도하시고 경학을 연찬하시며 교외에서는 천지신명께 제사를 올리시고 여러 귀신을 받드시며, 백성을 긍휼히 여기시어 잠시도 걱정하지 않을 때가 없으십니다. 그러나 天氣가 조화롭지 못하고 日月도 不明하며, 물이 범람하고 추위와 더위가 계절에 따르지 않으니, 이는 그 허물이 백관이 교화를 널리 펴지 못하고 직분을 제대로 감당하지 못하며 습속이 각박하기 때문입니다. 또 관리가 백성을 죽이는 일이 계속 일어나 그치지 않습니다. 百官은 서로 친애하는 마음이 없고 하급 관리는 화락한 마음이 없습니다. 또 골육이 서로를 해치며 그 해독은 더욱 더 심해지니, 이는 모두 和氣를 상하게 하여 天災를 불러오게 됩니다. 백성은 덕으로 굴복시켜야 하고 힘으로 복종케 할 수 없습니다. 先王이 치국하는 요체는 백성을 서로 화목하게 만들고, 천하의 화평을 이루었기에 재해가 없었고 禍亂을 겪지 않았습니다. 〈鹿鳴〉의 詩가 잔치의 즐거움을 읊었다고 하였는데, 이는 백성과 귀신의 마음이 하나가 되었기에 천기가 화목했던 것입니다. 바라옵나니, 폐하께서는 聖德을 베푸시고 萬機를 장악하시며, 담당자에게 지시하시고 인명을 중히 여기시며, 형벌을 완화하시고 시절에 순응하시어 음양을 조화를 꾀하시며 끝없는 은택을 베푸셔야 합니다.」

명제가 이를 그대로 받아들이지는 않았지만 종리의의 지성이라 생각하였다. 그러면서 이후 측근으로 오래 둘 수 없다 하여 魯國의 相으로 전출시켰다.

뒷날 德陽殿을 낙성하고 백관을 모아 크게 잔치를 했다. 명제는 종리의의 말을 생각하여 여러 공경에게 말했다. "鍾離 尙書가 만약 있었다면 이 덕양전은 지을 수 없었다."

原文

　意視事五年, 以愛利爲化, 人多殷富. 以久病卒官. 遺言上書陳昇平之世, 難以急化, 宜少寬假. 帝感傷其意, 下詔嗟歎, 賜錢二十萬.

| 註釋 |　○昇平之世 – 나라가 잘 다스려지고 태평한 세월.

[國譯]

　종리의가 魯國의 相으로 근무 5년에 백성을 이롭게 하고 교화하자 백성은 매우 부유하였다. 종리의는 병으로 재직 중에 죽었다. 유언으로 上書하여 昇平之世를 이루려면 급격한 교화가 아니라 너그럽게 관용을 베풀어야 한다고 진술하였다. 명제는 그 뜻에 감동하여 조서를 내려 위문하며 금전 20만을 하사하였다.

藥崧者, 河內人, 天性樸忠. 家貧爲郎, 常獨直臺上, 無被, 枕杜, 食糟糠. 帝每夜入臺, 輒見崧, 問其故, 甚嘉之, 自此詔太官賜尙書以下朝夕餐, 給帷被皁袍, 及侍史二人. 崧官至南陽太守.

| 註釋 | ○藥崧(약숭) – 藥이 성씨. 崧은 우뚝 솟을 숭. ○枕杜 – 도마를 베고 자다. 杜는 도마 사. ○食糟糠 – 지게미와 쌀 겨. 매우 거친 음식. 糟는 술지게미 조. 糠은 쌀겨 강. ○皁袍 – 검은 솜옷.

[國譯]

藥崧(약숭)은 河內 사람인데, 천성이 매우 순박하고 충실하였다. 집안이 가난하였는데, 낭관으로 상서대에서 숙직하면서 이불도 없이 도마를 베고 거친 지게미를 먹었다. 명제가 밤에 대각에 나갔다가 약숭을 보고 그 까닭을 물어보고서는 매우 가상히 여겼는데, 이후로 太官에게 명하여 상서대에 아침저녁 식사를 내주게 하였고, 휘장과 이불 및 검은 솜옷을 지급하였고, 시중드는 관리 2명을 배정하였다. 약숭은 남양 태수를 역임하였다.

❹ 宋均

宋均字叔庠, 南陽安衆人也. 父伯, 建武初爲五官中郎將. 均以父任爲郎, 時年十五, 好經書, 每休沐日, 輒受業博士, 通《詩》,《禮》, 善論難. 至二十餘, 調補辰陽長. 其俗少學者而信巫鬼, 均爲立學校, 禁絶淫祀, 人皆安之. 以祖母喪去官, 客授潁川.

| 註釋 | ○南陽安衆 - 남양군의 현명. 今 河南省 南陽市 부근 鄧州市 (省 직할 縣級市). 뒷날 安衆侯의 봉국(安衆國). ○父任爲郎 - 任은 保任. 二千石 이상 관리의 자제는 부친의 관직을 보증으로 郎官에 임용될 수 있었다. 이를 任子라 하였다. 일종의 蔭敍(음서) 제도이다. ○休沐日 - 휴가일. 漢代의 관리는 5일마다 정기휴가를 받았다. 공휴일이 아님. ○辰陽長 - 武陵郡의 현명. 1만 호 미만의 縣은 縣令이 아닌 縣長을 임명했다.

[國譯]

宋均(송균)의 字는 叔庠(숙상)으로 南陽郡 安衆縣 사람이었다. 부친 宋伯(송백)은 建武 초기에 五官中郎將이었다. 송균은 부친의 관직으로 나이 15세에 낭관이 되었는데 경서를 좋아하여 매 휴가일에는 박사에게 나아가 수업을 받아《詩》와《禮》에 밝았고 변론을 잘했다. 20여 세에 (武陵郡의) 辰陽 縣長이 되었다. 그곳 습속은 학자가 적고 무당의 말과 귀신을 믿었는데, 송균이 학교를 세우고 陰祀(음사)를 禁絶하자 백성이 모두 평안하였다. 조모상을 당해 관직을 사임했고 潁川郡에 객거하며 교수하였다.

後爲謁者. 會武陵蠻反, 圍武威將軍劉尙, 詔使均乘傳發江夏奔命三千人往救之. 旣至而尙已沒. 會伏波將軍馬援至, 詔因令均監軍, 與諸將俱進, 賊拒厄不得前. 及馬援卒於師, 軍士多溫濕疾病, 死者太半. 均慮軍遂不反, 乃與諸將議曰, "今道遠士病, 不可以戰, 欲權承制降之何如?" 諸將皆伏地莫敢應. 均曰, "夫忠臣出竟, 有可以安國家, 專之可也."

乃矯制調伏波司馬呂種守沅陵長, 命種奉詔書入虜營, 告以恩信, 因勒兵隨其後. 蠻夷震怖, 卽共斬其大帥而降, 於是入賊營, 散其衆, 遣歸本郡, 爲置長吏而還. 均未至, 先自劾矯制之罪.

光武嘉其功, 迎賜以金帛, 令過家上塚. 其後每有四方異議, 數訪問焉.

| 註釋 | ○武威將軍劉尙 – 서남이 토벌에 여러 번 공을 세웠으나 建武 23年(서기 47)에 패전하여 전사하였다. ○奔命 – 奔命(분명)은 郡國의 材官(步兵)이나 騎士 중 용맹한 자를 골라 편성한 군대. 유사 시에 우선 동원되는 군사. ○伏波將軍馬援 – 伏波將軍 마원은 建武 24年에 현지에 와서 西南夷를 토벌했고, 건무 24년에 풍토병으로 63세에 현지에서 병사했다.

馬援(前 14 - 서기 49)은 보통 馬伏波로 통칭. 마원의 딸이 명제의 馬皇后 (? - 79), 章帝의 養母. 明帝 때 名臣列將 28인의 초상화를 雲臺에 그릴 때 마원은 외척이라 하여 28將에 들어가지 않았다. 나중에 다른 3인과 함께 추가되었다. '畫虎不成反類狗'의 명언을 남긴 사람. 三國 時 馬騰(마등), 馬超(마초)는 馬援의 후손. 24권, 〈馬援列傳〉에 입전. ○守沅陵長 – 임시 沅陵(원릉) 縣長.

[國譯]

宋均은 뒤에 謁者(알자)가 되었다. 그 무렵 武陵郡의 만이들이 배반하며 武威將軍 劉尙(유상)을 포위 공격하자, 조서로 송균을 보내 傳車를 타고 가서 江夏郡의 奔命(분명) 3천 명을 동원하여 구원케 하였다. 송균이 도착했을 때 유상은 이미 전사하였다. 그때 伏波將軍 馬援(마원)이 도착했고 조서로 송균을 監軍에 임명하자, 송균은 여러 장수와 함께 진격하였지만 적이 험지를 막고 항거하여 전진할 수 없었다. 거기서 마원이 병사하였고 군사들은 더위와 습기, 풍토병으로 태반이 죽어나갔다. 송균은 군사를 되돌릴 수도 없어 여러 장수와 함께 의논하였다.

"지금 길은 멀고 군사는 병에 걸려 싸울 수가 없으니, 임시로 황제 명령을 행사하여 적의 투항을 권유하는 것이 어떻겠는가?" 그러나 장수들은 엎드려 대꾸하는 자가 없었다. 이에 송균이 말했다. "忠臣이 변경에 나와서는 국가를 안전케 하는 방법이라면 뜻대로 할 수 있다."

그리고서는 조서를 꾸며 복파장군의 司馬인 呂種(여종)을 임시 沅陵(원릉)의 縣長으로 임명하여 조서를 가지고 적의 군영에 들어가 은택과 신의로 투항을 권유케 하면서, 송균은 군사를 동원하여 그 뒤를 공격하였다. 만이들은 두려워 떨며 즉시 그 우두머리를 참수하고 투항하자, 송균은 적진 본영에 들어가 그 무리를 해산 시켜 본래 군으로 돌려보냈고, 현지 관리를 임명한 뒤에 귀환하였다. 송균은 도착하기 전에 조서를 임시로 꾸며 행사한 죄를 먼저 보고하였다.

광무제는 송균의 공적을 치하하여 금전과 비단을 상으로 하사하고, 고향에 들려 조사 무덤에 제사를 올리게 하였다. 그 뒤로 사방에 의론이 있을 때마다 여러 차례 송균의 의견을 물었다.

原文

遷上蔡令. 時府下記, 禁人喪葬不得侈長.

均曰, "夫送終逾制, 失之輕者. 今有不義之民, 尙未循化, 而遽罰過禮, 非政之先." 竟不肯施行.

遷九江太守. 郡多虎暴, 數爲民患, 常募設檻阱而猶多傷害. 均到, 下記屬縣曰, "夫虎豹在山, 黿鼉在水, 各有所託. 且江淮之有猛獸, 猶北土之有雞豚也. 今爲民害, 咎在殘吏, 而勞勤張捕, 非憂恤之本也. 其務退姦貪, 思進忠善, 可一去檻阱, 除削課制." 其後傳言虎相與東遊度江.

中元元年, 山陽,楚,沛多蝗, 其飛至九江界者, 輒東西散去, 由是名稱遠近. 浚遒縣有唐,后二山, 民共祠之, 衆巫遂取百姓男女以爲公嫗, 歲歲改易, 旣而不敢嫁娶, 前後守令莫敢禁. 均乃下書曰, "自今以後, 爲山娶者皆娶巫家, 勿擾良民." 於是遂絶.

○上蔡令 – 秦나라 李斯의 고향. 汝南郡(여남군) 治所, 今 河南省 駐馬店市 관할의 上蔡縣. ○九江太守 – 治所 陰陵縣, 今 安徽省 중동부 滁州市(저주시) 관할 定遠縣 서북. 今 江西省 九江市가 아님. ○黿鼉在水 – 黿은 자라 원. 鼉는 악어 타. ○浚遒縣 – 九江郡의 현명. 遒는 다가설 주.

[國譯]

宋均(송균)은 (汝南郡) 上蔡 縣令이 되었다. 그때 나라에서 공문을 내려 백성의 장례에 지나친 사치를 금하게 하였다. 이에 송균은 "장례에서 법도를 위반하는 것은 작은 과오입니다. 지금 법을 어기는 백성을 교화하지 않으면서 예법이 지나치다고 처벌하는 것은 행정의 우선순위가 아닙니다."라고 건의하였지만 시행되지는 않았다.

송균은 九江태수로 승진하였다. 구강군에는 호랑이 폐해가 많아 백성의 우환이 되었고, 사냥꾼을 모집하거나 함정을 설치하였지만 백성의 상해가 여전히 심했다. 송균은 부임하여 예하 각 현에 공문을 보냈다.

"호랑이가 산에 사는 것은 자라나 악어가 물에 사는 것처럼 제각각 의지할 뿐이다. 또 長江과 淮水 지역의 맹수는 북쪽 땅의 닭과 돼지나 마찬가지이다. 지금 백성에 해를 끼치는 것은 잔악한 관리이며, 힘들여 호랑이를 잡는 것은 백성을 구휼하는 근본이 아니다. 오히려 관리의 불법과 탐욕을 없애고 충실하고 선량한 인재를 등용하는데 힘써야 하며, 함정 하나를 없애는 것처럼 백성의 부담을 한 가지라도 없애야 한다."

그 뒤에 전하는 말로는 호랑이들이 떼를 지어 동쪽으로 강을 건넜다고 하였다.

(광무제) 中元 元年(서기 56), 山陽, 楚, 沛郡에 황충의 폐해가 심했는데 황충이 九江郡 지역에 날아와서는, 곧 동서로 흩어졌기에 송균의 명성이 원근에 알려졌다.

(九江郡) 浚遒縣(준주현)에 唐山과 后山이 있어 백성이 모두 산신을 받들었는데, 모든 무당들이 백성 중 젊은 남녀를 골라 山公과 山嫗(산구, 할미 구)라 하여 해마다 바꾸면서 한 번 뽑힌 여자는 시집을 갈 수 없었는데 이전의 태수나 현령 누구도 이를 금지시키지 못했다. 그러자 송균이 문서를 내려 말했다. "오늘 이후로는 산신을 위해 바쳐지는 자는 모두 무당과 혼인하여 양민에게 누를 끼치지 말라." 그러자 마침내 근절되었다.

原文

永平元年, 遷東海相, 在郡五年, 坐法免官, 客授潁川. 而東海吏民思均恩化, 爲之作歌, 詣闕乞還者數千人. 顯宗以其能, 七年, 徵拜尙書令. 每有駁議, 多合上旨. 均嘗刪翦疑事, 帝以爲有姦, 大怒, 收郞縛格之. 諸尙書惶恐, 皆叩頭謝罪.

均顧屬色曰, "蓋忠臣執義, 無有二心. 若畏威失正, 均雖死, 不易志."

小黃門在傍, 入具以聞. 帝善其不撓, 卽令賫郞, 遷均司隸校尉. 數月, 出爲河內太守, 政化大行.

| 註釋 | ○每有駁議 - 駁議(박의)는 남의 의견이나 주장의 결점을 잡아

공격하다. 駁은 얼룩말 박. 駁議와 同. ㅇ司隸校尉 - 司隸校尉部. 前漢의 司隸校尉는 前漢 武帝 征和 4년(前 89)에 京師지역, 곧 三輔〔京兆, 右扶風, 左馮翊(좌풍익)〕와 三河(河東郡, 河南郡, 河內郡) 및 弘農郡 등 7郡의 관리를 규찰하고 범법자를 다스리는 임무를 수행하도록 사예교위를 설치하였는데, 13자사부와 같은 기능을 수행. 秩祿 二千石. 後漢의 司隸校尉는 질록 비이천석, 京師와 三輔의 백관, 외척, 제후, 태수를 규찰하고 1州(三輔 등 7郡)를 직접 감찰하여 그 권세가 당당했다. 司隸校尉, 御史中丞, 尙書令을 三獨坐라 호칭한다. 建武 元年에 광무제는 御史中丞(어사중승, 최고 감찰관), 司隸校尉(백관규찰), 尙書令의 三官을 '三獨坐'라 호칭했는데, 이는 조회 시에 전용석에 혼자 앉는다는 뜻이다. 司隸校尉部의 치소는 洛陽. 東京을 司隸라고도 칭했다. 후한에서는 105개 郡을 사예교위부 등 13자사부에 소속시켜 지방을 관할 통제했다.

[國譯]

(明帝) 永平 원년(서기 58), 東海國 相이 되어 5년간 재직했으나 법을 어겨 면직되어 潁川郡에서 경학을 교수하였다. 東海國 관리나 백성은 송균의 은택과 교화를 추념하여 노래를 지어 부르고, 궐문에 나아가 돌려보내달라고 요청하는 자가 수천 명이었다. 명제는 그 능력을 인정하여 영평 7년에 조정으로 불러 尙書令을 제수하였다. 매번 타인의 의견을 반박할 때면 황제의 뜻과 같았다. 송균은 일찍이 의혹이 있는 사안에 대한 평결을 하였는데, 이에 대하여 명제는 불법이라 대노하면서 낭관을 묶고 매질을 하였다. 여러 상서들은 두려워 고개를 숙이며 사죄하였다 그러나 송균은 상서들을 보고 화를 내며 말했다.

"忠臣이 대의를 따른다면 두 마음이 없어야 한다. 만약 위세가 두려워 정도를 버려야 한다면, 송균은 죽을지언정 뜻을 바꾸지 않을 것이다."

젊은 黃門 곁에서 그 말을 황제에게 아뢰었다. 명제는 굽히지 않는 송균의 태도를 가상히 여겨 곧 낭관을 용서하였고, 송균을 司隷校尉로 승진시켰다. 몇 달 뒤에 송균은 河內太守가 되었고 정사와 교화가 크게 성공을 거두었다.

原文

均嘗寢病, 百姓耆老爲禱請, 旦夕問起居, 其爲民愛若此. 以疾上書乞免, 詔除子條爲太子舍人. 均自扶輿詣闕謝恩, 帝使中黃門慰問, 因留養疾. 司徒缺, 帝以均才任宰相, 召入視其疾, 令兩騶扶之. 均拜謝曰, "天罰有罪, 所苦浸篤, 不復奉望帷幄!" 因流涕而辭. 帝甚傷之, 召條扶侍均出, 賜錢三十萬.

均性寬和, 不喜文法, 常以爲吏能弘厚, 雖貪汙放縱, 猶無所害, 至於苛察之人, 身或廉法, 而巧黠刻削, 毒加百姓, 災害流亡所由而作. 及在尙書, 恒欲叩頭爭之, 以時方嚴切, 故遂不敢陳. 帝後聞其言而追悲之. 建初元年, 卒於家. 族子意.

|註釋| ○兩騶扶之 - 騶는 말 먹이는 사람 추. ○巧黠刻削 - 巧은 거짓. 黠은 약을 힐. 교활. 刻은 각박. 削은 삭감하다. 후려치다.

[國譯]

宋均이 병이 들자, 늙은 백성들은 송균을 위해 치성을 드리거나 아침저녁으로 문안을 물었으니 그의 백성 사랑이 이와 같았다. 질병으로 면직을 상서하자, 조서로 송균의 아들 宋條(송조)에게 太子舍人을 제수하였다. 이에 송균은 수레를 타고 조정에 와서 사은하였고, 明帝는 中黃門을 보내 慰問하며 집에 머물며 요양하게 하였다. 司徒가 공석이자, 명제는 송균을 재상에 임용하려고 불러 그 병을 살폈는데 두 사람을 시켜 부축케 하였다. 송균이 절을 올려 사례하며 말했다. "上天의 벌을 받을 죄를 지어 병이 위중하여 다시는 조정에서 폐하를 뵙지 못하겠습니다!" 그러면서 눈물을 흘리며 물러났다. 명제도 심히 슬퍼하며 송조를 불러 부친을 부축해 돌아가게 하고 금전 30만을 하사하였다.

송균은 천성이 너그럽고 온화하여 법규 따지기를 좋아하지 않았으며, 관리는 늘 인자하고 후덕해야만 비록 탐욕하고 법규를 어기더라도 백성에게 해를 끼치지 않는다고 생각하였으며, 가혹하게 규찰하는 관리에 대해서는 그가 비록 법을 잘 지키더라도 거짓, 교활, 각박하여 백성에게 해악을 끼치며 이들 때문에 유민이 발생하게 된다고 생각하였다.

송균이 상서로 재직하며 늘 머리를 조아려 간쟁했지만 조정의 분위기가 엄격하여 감히 뜻을 펴지 못하였다고 하였다. 명제는 뒷날 그 말을 전해 듣고 송균을 생각하며 슬퍼하였다. (章帝) 建初 元年 (서기 76)에 집에서 죽었다. 그의 조카가 宋意(송의)이다.

❺ 宋意

意字伯志. 父京, 以《大夏侯尙書》敎授, 至遼東太守. 意
少傳父業, 顯宗時擧孝廉, 以召對合旨, 擢拜阿陽侯相. 建
初中, 徵爲尙書.

|註釋| ㅇ《大夏侯尙書》- 夏侯勝이 전한 尙書. ㅇ阿陽 - 漢陽郡의 현
명. 今 甘肅省 天水市 秦安縣 부근.

[國譯]

宋意(송의)의 字는 伯志(백지)이다. 父 宋京(송경)은 《大夏侯尙書》
를 敎授했고, 관직은 遼東太守를 지냈다. 송의는 어려서 부친의 학
업을 전수받았고, 顯宗 때 효렴으로 천거되었는데 응대가 명제의 뜻
에 맞아 발탁되어 阿陽侯의 相이 되었다. (장제) 建初 연간에, 부름
을 받아 尙書가 되었다.

原文

肅宗性寬仁, 而親親之恩篤, 故叔父濟南,中山二王每數
入朝, 特加恩寵, 及諸昆弟並留京師, 不遣就國. 意以爲人
臣有節, 不宜逾禮過恩, 乃上疏諫曰,

「陛下至孝烝烝, 恩愛隆深, 以濟南王康,中山王焉先帝昆
弟, 特蒙禮寵, 聖情戀戀, 不忍遠離, 比年朝見, 久留京師,

崇以叔父之尊, 同之家人之禮, 車入殿門, 卽席不拜, 分甘損膳, 賞賜優渥. 昔周公懷聖人之德, 有致太平之功, 然後王曰叔父, 加以錫幣. 今康, 爲幸以支庶享食大國, 陛下卽位, 蠲除前過, 還所削黜, 衍食他縣. 男女少長, 並受爵邑, 恩寵逾制, 禮敬過度.

《春秋》之義, 諸父昆弟無所不臣, 所以尊尊卑卑, 彊幹弱枝者也. 陛下德業隆盛, 當爲萬世典法, 不宜以私恩損上下之序, 失君臣之正. 又西平王羨等六王, 皆妻子成家, 官屬備具, 當早就蕃國, 爲子孫基阯. 而室第相望, 久磐京邑, 婚姻之盛, 過於本朝, 僕馬之衆, 充塞城郭, 驕奢僭擬, 寵祿隆過. 今諸國之封, 並皆豪腴, 風氣平調, 道路夷近, 朝聘有期, 行來不難. 宜割情不忍, 以義斷恩, 發遣康, 爲各歸蕃國, 令羨等速就便時, 以塞衆望.」

帝納之.

|註釋| ○至孝烝烝 - 烝烝(증증)은 사물이 성하게 일어나는 모양. 烝은 찔 증. ○蠲除前過 - 前過를 모두 용서받다. 蠲은 깨끗하게 할 견. 용서받다. ○衍食他縣 - 다른 현의 조세를 추가로 더 받다. 衍은 넘칠 연. ○久磐京邑 - 磐은 머뭇거릴 반. 京邑은 都城.

[國譯]

肅宗(章帝)은 寬厚하고 仁愛한 性情이라서 친속을 친애하려는 은택이 아주 두터웠기에 숙부인 濟南王과 中山王이 자주 입조할 때마다 특별한 은총을 베풀었고 다른 형제 왕들도 모두 京師에 머물며 藩國에 부임하지 않았다. 宋意(송의)는 人臣이라면 禮度를 지켜야 하고, 禮를 넘어선 과도한 은택을 옳지 않다고 여겨 상소하여 이를 간쟁하였다.

「폐하의 지극하신 효도는 끝이 없고, 恩愛는 크고도 깊기에 先帝의 형제인 濟南王 劉康(유강)과 中山王 劉焉(유언)은 특별한 예우와 총애를 받고 폐하의 聖情은 끝없이 깊어 차마 멀리 보내지 못하시기에 해마다 조회에서 알현할 뿐만 아니라 오랫동안 京師에 머물러 叔父로서의 존경과 家人에 상당하는 예우를 받아서 수레를 타고 궁궐문을 출입하고 자리에서 배례하지도 않으며, 폐하께서 드실 좋은 음식도 나누어 주시며 賞賜가 많고도 두텁기만 합니다. 옛날 周公께서는 聖人의 品德을 갖추었고 천하를 태평케 한 공적을 쌓았으면서도 왕은 叔父라서 하사품을 내렸습니다. 지금 劉康과 劉焉은 支庶이지만 大國을 식읍으로 받았으며, 폐하께서 즉위하신 뒤에는 이전의 과오를 용서받았고 삭감 당했던 식읍을 돌려받았으면서도 다른 현은 賦稅를 더 받았습니다. 또 남녀와 어른, 아이를 막론하고 작읍을 더받으니 은택과 총애가 법제를 넘었고 그 예우가 도를 넘었습니다.

《春秋》의 大義로도 숙부와 형제일지라도 응당 신하이며, 어른으로 존중하고(尊尊), 아래는 아랫사람으로 대우해야 하며(卑卑), 이는 줄기를 강하게(强幹), 가지를 약하게(弱枝) 하는 원칙입니다. 폐하의 德業은 융성하여 응당 萬世의 典法이어야 하는데, 私恩으로 상하의 질서를 훼손하거나 君臣의 정도를 잃어서도 아니 됩니다. 또 西平王 劉羨(유선) 등 六王도 모두 妻子가 成家하였고 그 官屬도 다 갖추어졌으니 응당 빨리 藩國(번국)으로 돌아가는 것이 자손을 위한 근거를 마련하는 길입니다. 그간 왕들이 서로 가까운 곳에 저택을 마련하고 오랫동안 도읍에 머물러 살면서 그 혼인은 황실보다도 더 성대했고 노복이나 거마가 도성을 메울 정도이며, 교만과 사치가 분수를 모르고 총애와 재산이 지나치게 융성했습니다. 지금 제후 번왕의 봉지가 모두 기름진 땅이고 기후도 온화한 곳이며, 도로도 가깝고 평탄하기에 정해진 기일에 입조할 수 있으며 왕래에 아무 불편도 없습니다. 응당 차마 못하겠다는 온정을 끊고 의리에 입각하여 은애를 절단하여 劉康과 劉焉(유언)을 각각 번국으로 보내고 劉羨(유선) 등도 빠른 시일 안에 떠나게 하여 많은 백성의 기대를 충족시켜야 합니다.」

章帝는 건의를 수용하였다.

原文

章和二年, 鮮卑擊破北匈奴, 而南單于乘此請兵北伐, 因欲還歸舊庭. 時竇太后臨朝, 議欲從之. 意上疏曰,

「夫戎狄之隔遠中國, 幽處北極, 界以沙漠, 簡賤禮義, 無有上下, 彊者爲雄, 弱卽屈服. 自漢興以來, 征伐數矣, 其所克獲, 曾不補害. 光武皇帝躬服金革之難, 深昭天地之明, 故因其來降, 羈縻畜養, 邊人得生, 勞役休息, 於茲四十餘年矣. 今鮮卑奉順, 斬獲萬數, 中國坐享大功, 而百姓不知其勞, 漢興功烈, 於斯爲盛. 所以然者, 夷虜相攻, 無損漢兵者也.

臣察鮮卑侵伐匈奴, 正是利其抄掠, 及歸功聖朝, 實由貪

得重賞. 今若聽南虜還都北庭, 則不得不禁制鮮卑. 鮮卑外
失暴掠之願, 內無功勞之賞, 豺狼貪婪, 必爲邊患. 今北虜
西遁, 請求和親, 宜因其歸附, 以爲外扞, 巍巍之業, 無以過
此. 若引兵費賦, 以順南虜, 則坐失上略, 去安卽危矣. 誠不
可許.」

會南單于竟不北徙.

| 註釋 | ㅇ羈縻畜養 - 羈縻(기미)는 잡아매다. 자유를 속박하다. 羈는
굴레 기. 縻는 고삐 미. ㅇ夷虜相攻 - 선비와 북흉노가 서로 싸우다. 공 以
夷制夷(이이제이)의 성과라는 뜻. ㅇ豺狼貪婪 - 豺狼(시랑)은 숭냥이와 이
리. 사나운 짐승. 貪婪(탐람)은 탐욕. 婪은 탐할 남(람).

[國譯]

(章帝) 章和 2년(서기 88), 鮮卑(선비)가 北匈奴를 격파하자, 南單
于(남선우)는 이 기회에 漢의 군사를 빌려 북흉노를 원정하고 그들의
옛 본거지로 돌아가려고 했다. 이때 竇太后가 臨朝 聽政하면서 수락
하려고 논의 중이었다. 이에 宋意가 상소하였다.

「대체로 戎狄(융적)은 우리 中國과 멀리 떨어진 북쪽 끝 구석에 자
리 잡고 있으며 사막으로 경계를 이루고 있는데, 그들은 예의를 천
시하며 상하의 구분도 없이 강자가 세력을 잡고, 약자는 굴복하여
살고 있습니다. 漢의 건국 이후로 여러 번 그들을 정벌하였지만 정
벌 이득으로도 우리의 손해를 보충할 수가 없었습니다. 光武皇帝께
서는 몸소 갑옷을 입고 전투를 겪으시면서 천지의 광명을 밝히셨으
며, 그들이 來降하자 그들을 제어하면서 살도록 해주었기에 변방 백

성으로 살면서 전쟁을 멈추고 쉬는 것이 어언 40여 년이었습니다. 지금 선비족이 우리의 명령에 순종하며 북흉노 수만 명을 참수하거나 노획하였으니 우리로서는 앉아서 큰 전과를 거둔 것이며, 백성들은 그 고생을 알지 못해도 漢室을 공을 차지한 것이며, 또 매우 큰 성과입니다. 이러한 전과는 만이들이 서로 싸운 것이기에 우리는 한 명의 군사도 잃지 않았습니다.

臣이 볼 때 鮮卑가 북흉노를 공격 토벌한 것은 그들의 이익을 탈취하고 그 공로를 漢의 공로로 돌려 사실은 二重의 성과를 얻으려 한 것입니다. 지금 만약 남흉노로 하여금 그들의 북쪽 근거지로(北庭) 돌아가게 한다면 우리로서는 부득불 선비족을 제어해야 합니다. 이렇게 되면 선비족은 밖으로는 북흉노 토벌의 성과를 빼앗기는 것이며, 안으로는 (漢室에서 주는) 공로의 상도 잃게 되는 것이라서 그들의(선비족) 승냥이 같은 탐욕은 틀림없이 변방의 걱정거리가 될 것입니다. 지금 북흉노가 서쪽으로 도주하면서 우리에게 화친을 요구하고 있으니, 우리는 그들의 귀부를 허용하면서 바깥 울타리로 삼는다면 이보다 더 위대한 업적은 없을 것입니다. 만약 군사를 동원하고 賦稅를 소모하면서 남흉노의 요구를 들어준다면, 앉아서 최상의 방략을 잃는 것이며 안정을 버리고 위기에 처하는 것입니다. 참으로 허락할 수 없습니다.」

결국 南單于는 끝내 북쪽으로 돌아가지 못했다.

原文

遷司隷校尉. 永元初, 大將軍竇憲兄弟貴盛, 步兵校尉鄧疊,河南尹王調,故蜀郡太守廉範等群黨, 出入憲門, 負勢放縱. 意隨違擧奏, 無所迴避, 由是與竇氏有隙. 二年, 病卒. 孫俱, 靈帝時爲司空.

| 註釋 | ○靈帝時 - 後漢 12대 皇帝(재위 168 - 189년, 22년), 章帝(肅宗)의 玄孫, 桓帝의 堂侄. 황제의 주색 탐닉과 황음무도, 宦官과 외척의 세력 싸움과 부패 무능, 연속되는 천재지변, 張讓(장양) 등 十常侍의 발호. 결국 張角의 黃巾賊의 亂이 시작되었고, 桓帝 靈帝의 재위 기간은 後漢의 암흑기였다.

[國譯]

宋意는 司隸校尉로 승진하였다. (和帝) 永元 초년, 大將軍 竇憲(두헌) 형제는 극성하였기에 步兵校尉인 鄧疊(등첩), 河南尹인 王調(왕조), 전임 蜀郡太守였던 廉範(염범) 등의 群黨은 두헌의 문하에 출입하면서 그 세력을 업고 방종하였다. 송의는 그들의 위법 정황에 따라 조금도 꺼리지 않고 상주하였기에 두씨 일족과 간극이 벌어졌다. 송의는 영원 2년(서기 90)에 병으로 죽었다. 손자인 宋俱(송구)는 靈帝 때 司空이 되었다.

❻ 寒朗

原文

寒朗字伯奇, 魯國薛人也. 生三日, 遭天下亂, 棄之荊刺,數日兵解, 母往視, 猶尚氣息, 遂收養之. 及長, 好經學, 博通書傳, 以《尚書》教授. 舉孝廉.

永平中, 以謁者守侍御史, 與三府掾屬共考案楚獄顏忠, 王平等, 辭連及隆鄉侯耿建, 朗陵侯臧信, 護澤侯鄧鯉, 曲成侯劉建. 建等辭未嘗與忠, 平相見. 是時, 顯宗怒甚, 吏皆惶恐, 諸所連及, 率一切陷入, 無敢以情恕者. 朗心傷其冤, 試以建等物色獨問忠, 平, 而二人錯愕不能對. 朗知其詐, 乃上言建等無姦, 專爲忠, 平所誣, 疑天下無辜類多如此.

帝乃召朗入, 問曰, "建等卽如是, 忠, 平何故引之?" 朗對曰, "忠, 平自知所犯不道, 故多有虛引, 冀以自明." 帝曰, "卽如是, 四侯無事, 何不早奏, 獄竟而久繫至今邪?" 朗對曰, "臣雖考之無事, 然恐海內別有發其姦者, 故未敢時上." 帝怒罵曰, "吏持兩端, 促提下." 左右方引去, 朗曰, "願一言而死. 小臣不敢欺, 欲助國耳." 帝問曰, "誰與共爲章?"

對曰, "臣自知當必族滅, 不敢多污染人, 誠冀陛下一覺悟而已. 臣見考囚在事者, 咸共言妖惡大故, 臣子所宜同疾, 今出之不如入之, 可無後責. 是以考一連十, 考十連百. 又公卿朝會, 陛下問以得失, 皆長跪言, 舊制大罪禍及九族, 陛下大恩, 裁止於身, 天下幸甚. 及其歸舍, 口雖不言, 而仰屋竊歎, 莫不知其多冤, 無敢悟陛下者. 臣今所陳, 誠死無悔."

帝意解, 詔遣朗出. 後二日, 車駕自幸洛陽獄錄囚徒, 理出千餘人. 後平, 忠死獄中, 朗乃自繫. 會赦, 免官. 復舉孝廉.

|註釋| ○寒朗(한랑) – 寒(찰 한)이 성씨. ○魯國薛人 – 魯國의 治所는 魯縣, 今 山東省 서남부 濟寧市 관할 曲阜市. 薛(설)은 현명. 今 山東省 濟寧市 관할 微山縣. ○楚獄顔忠,王平 – 楚獄은 楚王 劉英의 반역 사건에 관련한 獄案. 明帝 永平 13년(서기 70) 11월, 楚王 劉英(유영)이 모반하자 폐위하여 나라를 없애고 涇縣(경현)에 옮겼는데, 이와 연관하여 죽거나 이주한 자가 수천 명이었다. 유영은 42권, 〈光武十王列傳〉에 입전. 顔忠과 王平은 이 사건의 주모자. ○試以建等物色~ – 物色은 形狀. ○二人錯愕不能對 – 錯愕(착악)은 倉卒. 갑자기. ○故未敢時上 – 時上은 즉시. 卽上. ○無敢悟陛下者 – 감히 폐하를 거역할 자 없습니다. 悟는 거역할 오, 만날 오. 悟가 아님. 悟(짐승 이름 오)는 譌字(와자).

[國譯]

寒朗(한랑)의 字는 伯奇(백기)인데, 魯國 薛縣(설현) 사람이다. 태어나 3일 만에 천하의 병란을 만나자 가시 덤불속에 버렸는데 며칠 지나 모친이 가 보니 아직 살아 있어 거두어 길렀다. 자라면서 經學을 좋아했고 경서와 傳에 능통하여《尙書》를 교수하다가 孝廉(효렴)으로 천거되었다.

(明帝, 顯宗) 永平 연간에, 謁者로 시어사 직무대리로 三公府의 掾屬(연속)과 함께 합동으로 楚王 劉英의 옥안을 맡아 顔忠(안충)과 王平(왕평) 등을 심문하였는데, 심문조서 내용에 隧鄕侯 耿建(경건), 朗陵侯 臧信(장신), 護澤侯 鄧鯉(등리), 曲成侯 劉建(유건) 등과 연관이 있었다. 경건 등의 조서에는 안충이나 왕평과는 서로 만난 적이 없었다.

顯宗의 분노가 극심하여 관리는 크게 두려워 떨었으며, 연관이 있는 자는 모두 잡혀 들어갔고 사실에 입각하여 용서받은 자는 한 사람도 없었다. 한랑은 관련자들의 억울한 사정에 가슴 아파하면서 안충과 왕평 등에게 경건의 키나 생김새 등 형상을 물었으나 두 사람은 갑작스런 질문에 대답을 하지 못했다. 한랑은 안충과 왕평의 진술이 거짓임을 알고 경건 등은 잘못이 없다고 상주하면서 전적으로 안충과 왕평의 무고이며, 아마도 이처럼 무고한 사람이 많을 것이라고 의심하였다. 이에 명제는 한랑을 들어오라 불러서 물었다. "경건 등이 이와 같이 무죄라면 안충과 왕평은 왜 그들을 끌어들였는가?"

이에 한랑이 대답하였다. "안충과 왕평은 자신이 지은 대역무도죄를 알기에 거짓으로 많은 사람들을 끌어들여 자기들의 죄가 없음을 알리려 한 것 같습니다." 그러자 명제가 또 물었다. "그와 같다면 경건 등 4사람이 무죄라는 것을 왜 빨리 상주하지 않고, 옥안 조사가 끝난 지금까지 가둬두고 있는가?" 한랑이 대답하였다. "臣의 조사로는 관련이 없지만, 혹시 세상에 다른 죄를 고발하는 자가 있을 수도 있기에 그때 즉시 상주하지 않았습니다."

그러자 명제가 화를 내며 꾸짖었다. "관리가 이쪽저쪽 눈치나 보고 있었으니 빨리 끌어 내가거라." 左右에서 막 끌어내려 하자 한랑이 말했다. "한 말씀만 드리고 죽겠습니다. 소신은 감히 폐하를 속이지 않았으며 나라를 위하고자 했습니다." 명제가 물었다. "누구와 함께 보고서를 작성하였는가?" 한랑이 대답하였다.

"臣은 그렇다고 말하면 일족이 다 죽는 것을 알고 있기에 다른 사람을 끌어들일 수 없으며, 다만 폐하께서 스스로 깨우치시기를 바랄뿐입니다. 신이 볼 때 죄수를 조사한 사람들은 모두 이구동성으로 반역의 죄가 너무 크기에 대신들도 모두 적개심을 품고 있어 죄수를

풀어주기보다는 그냥 가두어두는 것이 뒷날 책임이 없을 것이라고
생각합니다. 그래서 한 사람을 조사하면 10명이 관련되고, 10명을
조사하면 100명이 관련됩니다. 그리고 공경들도 조회에서 폐하께
서 득실을 물어보시면 모두 꿇어 엎드려 '옛날에도 반역의 대죄는
구족을 멸족시켰습니다.' 라고 하면서 '폐하의 大恩이 그 한 사람에
게만 그친다면 천하에 다행한 일'이라고만 말할 것입니다. 그리고
집에 돌아가서는 입으로 말은 하지 못하고 다만 하늘을 보고 탄식할
것이니, 얼마나 많은 사람들이 억울하게 당했는가를 알지도 못할 것
입니다. 그리고 천하에 폐하의 뜻을 거스를 사람은 없습니다. 臣은
이제 제 할 말을 다 말씀드렸으니 죽어도 여한이 없습니다."

이에 명제의 화가 누그러지면서 한랑을 풀어주라고 명령했다. 그
이틀 뒤에 명제는 낙양의 옥에 행차하여 죄수의 기록을 심사하고 1
천여 명을 출옥시켰다. 뒤에 안충과 왕평은 옥에서 죽었고 한랑은
스스로 옥에 갇혔다. 뒤에 사면을 받았지만 면직되었다. 나중에 다
시 효렴으로 천거되있다.

原文

建初中, 肅宗大會群臣, 朗前謝恩, 詔以朗納忠先帝, 拜爲
易長. 歲餘, 遷濟陽令, 以母喪去官, 百姓追思之. 章和元年,
上行東巡狩, 過濟陽, 三老吏人上書陳朗前政治狀. 帝至梁,
召見朗, 詔三府爲辟首, 由是辟司徒府. 永元中, 再遷淸河
太守, 坐法免.

永初三年, 太尉張禹薦朗爲博士, 徵詣公車, 會卒, 時年八十四.

| 註釋 | ○拜爲易長 – 易은 河間國의 현명. 今 河北省 중부 保定市 관할 雄縣 서북. ○遷濟陽令 – 濟陽은 陳留郡의 현명. ○淸河太守 – 淸河郡(國)의 治所는 甘陵縣, 今 山東省 직할 臨淸市(河北省과 접경) 동북. ○公車 – 公車는 관직명. 公車司馬令의 간칭. 公車는 궁전의 公車司馬門의 출입자를 단속 관장한다. 황제에게 上書할 사람이나 황제의 부름에 응하는 사람들이 대기하며 公車司馬令(약칭 公車令, 衛尉의 속관, 질록 6百石)의 지시를 받는다.

[國譯]

建初 연간에, 肅宗(章帝)은 모든 신하를 다 불러 모았는데 한랑은 앞에 나아가 사은하였고, 장제는 한랑이 先帝에게 충간을 하였다 하여 (河間國의) 易縣 縣長을 제수하였다. 1년 뒤에 (陳留郡의) 濟陽 縣令으로 옮겼으나 모친의 상을 당해 사직하였고 백성은 한랑을 그리워하였다. (章帝) 章和 원년(서기 87), 장제가 동족을 순수하면서 濟陽縣을 지나갈 때 三老와 吏人들은 上書하여 한랑의 좋은 치적을 진술하였다. 장제가 梁國에 이르러 한랑을 불렀고 조서로 삼공부에서 수석으로 초빙하라고 하여 한랑은 司徒府에 근무하였다. (和帝) 永元 연간에 두 번 승진하여 淸河太守가 되었으나 법을 어겨 면직되었다.

(安帝) 永初 3년(서기 109)에, 太尉 張禹(장우)가 한랑을 博士로 천거하였는데 부름을 받아 公車令에게 도착하여 죽으니, 나이 84세였다.

原文

論曰, 左丘明有言, "仁人之言, 其利博哉!" 晏子一言, 齊
侯省刑. 若鍾離意之就格請過, 寒朗之廷爭冤獄, 篤矣乎,
仁者之情也! 夫正直本於忠誠則不詭, 本於諫爭則絞切. 彼
二子之所本得乎天, 故言信而志行也.

| 註釋 | ㅇ齊侯省刑 – 齊 景公이 晏子에게 물었다. "경의 집이 시장 근
처에 있으니 무엇이 싸고 비싼가를 잘 알고 있겠습니다." 그러자 안자가
말했다. "踊(용, 발꿈치를 잘린 사람이 신는 신발)이 비싸고, 보통 신발(履)이 쌉
니다." 그러자 경공은 발꿈치 자르는 형벌(刖刑(월형))을 폐지하였다. ㅇ不
詭 – 詭는 거짓. 詐也. ㅇ絞切 – 남의 잘못을 가차 없이 꾸짖다. 絞는 목맬
교. 엄하다. 「子曰, "恭而無禮則勞, 愼而無禮則葸, 勇而無禮則亂, 直而無禮
則絞."《論語 泰伯》. ㅇ故言信而志行也 – 말을 하면 그 말을 믿어주고, 간
쟁을 하면 따라주기에 의지를 실천할 수 있다.

[國譯]

范曄(범엽)의 史論 : 左丘明(좌구명)이 "仁者의 말은 그 혜택이 크
도다!"라고 말했다. 晏子(안자)의 한 마디에 齊侯는 발꿈치 자르는
형벌을 없앴다. 鍾離意(종리의)는 (明帝에게) 과실에 대한 처벌을 자
청하였고 寒朗(한랑)이 어전에서 억울한 옥안을 간쟁하였으니 매우
돈독한 일이었으니, 이는 仁者의 情義이다! 본래 忠誠에 근본을 둔
正直은 거짓이 없고, 간쟁을 위한 정직은 남의 잘못을 가차 없이 꾸
짖는다. 鍾離意와 寒朗 두 사람은 上天에 바탕을 두었기에 그 말에
믿음이 있어 의지를 실천할 수 있었다.

讚曰, 伯魚,子阿, 矯急去苛. 臨官以潔, 匡帝以奢. 宋均達
政, 禁此妖祭. 禽蟲畏德, 子民請病. 意明尊尊, 割恩蕃屛.
慄慄楚黎, 寒君爲命.

| 註釋 | ○伯魚 - 第五倫(제오륜)의 字. 子阿는 鍾離意(종리의)의 字. ○禁
此妖祭 - 요사한 제사를 금지시키다. 祭은 재앙을 막는 제사 영. ○慄慄
楚黎 - 慄慄(접접)은 두려워하는 모양. 慄은 두려워할 접. 楚黎는 楚王 劉
英의 獄事에 관련된 많은 사람.

[國譯]

讚曰,

第五倫과 鍾離意는 급히 잘못을 바로잡았다.

청렴결백했고 황제의 사치를 바로잡으려 했다.

宋均은 정사에 밝았고, 요사한 제사를 근절했다.

짐승이나 벌레도 宋均의 은덕을 입었고 백성은 쾌유를 빌었다.

鍾離意는 尊者를 받들며 지나친 은덕을 끊었다.

寒朗은 楚王 獄事 관련자를 간쟁으로 지켜주었다.

저자 약력

陶硯 진기환 陳起煥

서울 대동세무고등학교 교장을 역임하였고 개인 문집으로《陶硯集》출간.

주요 저서로는 중국 고전소설《儒林外史》국내 최초 번역,《史記講讀》,《史記 人物評》, 《中國의 土俗神과 그 神話》,《中國의 신선이야기》,《上洞八仙傳》,《三國志 故事成語 辭典》,《三國志 故事名言 三百選》,《三國志의 지혜》,《三國志 人物評論》,《精選 三國演義 原文 註解》,《中國人의 俗談》,《水滸傳 評說》,《金甁梅 評說》,《논술로 읽는 論語》,《十八 史略 中(下)·下(上)·下(下)》,《唐詩三百首 上·中·下》共譯,《唐詩逸話》,《唐詩絶句》,《王維》, 《漢書》全 10권,《後漢書(一)·(二)·(三)·(四)권》외

E-mail : jin47dd@hanmail.net

原文 譯註

後漢書(五)
후 한 서

초판 인쇄 2018년 9월 14일
초판 발행 2018년 9월 20일

역   주 | 진기환
발행자 | 김동구
디자인 | 이명숙·양철민
발행처 | 명문당(1923. 10. 1 창립)
주   소 | 서울시 종로구 윤보선길 61(안국동)
          우체국 010579-01-000682
전   화 | 02)733-3039, 734-4798(영), 733-4748(편)
팩   스 | 02)734-9209
Homepage | www.myungmundang.net
E-mail | mmdbook1@hanmail.net
등   록 | 1977. 11. 19. 제1~148호

ISBN 979-11-88020-65-2 (04910)
ISBN 979-11-88020-43-0 (세트)
30,000원